U0812387

普通高等教育"十五"国家级规划教材

# 资源加工学

王淀佐　邱冠周　胡岳华　主编

科学出版社
北京

## 内 容 简 介

本书系统地介绍了矿物资源、非传统矿物资源和二次资源加工的基本原理。从介绍这些物料的鉴别、基本物理化学性质和表面性质出发,阐述了固体物料粉碎的基本原理;物料颗粒在流体力场中的运动特性及其在流体力和重力场中的分选规律;颗粒的磁性、电性及在电磁力场中的分选规律;颗粒的表面物理化学性质及以其为基础的分选原理;矿物加工药剂的类型、结构和性能;物料的化学分离方法及原理;典型矿物材料的物理化学特性及超细粉体加工的基本原理;固体物料成型与固结的基本原理;矿物微生物浸出提取冶金的基本规律。

本书可作为大专院校矿物加工工程专业本科生的基础课教材,也可作为冶金、化工等专业相关人员的教学参考书,对有关研究院所的科研人员也有很高的参考价值。

**图书在版编目(CIP)数据**

资源加工学/王淀佐等主编.—北京:科学出版社,2005

普通高等教育“十五”国家级规划教材

ISBN 978-7-03-013851-4

Ⅰ.资… Ⅱ.王… Ⅲ.选矿-高等学校-教材 Ⅳ.TD9

中国版本图书馆 CIP 数据核字(2004)第 079544 号

责任编辑:杨向萍　赵晓霞　吴伶伶 / 责任校对:宋玲玲

责任印制:赵　博 / 封面设计:陈　敬

科 学 出 版 社 出版

北京东黄城根北街 16 号

邮政编码: 100717

http://www.sciencep.com

北京建宏印刷有限公司印刷

科学出版社发行　各地新华书店经销

*

2005 年 3 月第　一　版　开本: 720 × 1000　1/16

2025 年 1 月第十六次印刷　印张: 29 3/4

字数: 561 000

**定价: 89.00 元**

(如有印装质量问题,我社负责调换)

# 《资 源 加 工 学》

## 编 委 会


**主　编**　王淀佐　邱冠周　胡岳华

**编　委**（按姓氏笔画排序）

王淀佐　邓海波　冯其明　庄剑鸣

刘晓文　杨华明　杨英杰　肖金华

邱冠周　宋晓岚　范晓慧　欧乐明

胡岳华　柳建设　袁明亮　顾帼华

蒋玉仁　覃文庆

**主　审**　王淀佐　邱冠周　胡岳华　邓海波

陈万雄

# 作者简介

王淀佐

王淀佐教授，1934 年出生，1961 年毕业于中南矿冶学院。中国科学院院士、中国工程院院士、美国国家工程科学院外籍院士、俄罗斯工程院外籍院士。

现任中南大学教授、北京有色金属研究总院教授，博士生导师。1998 年当选中国工程院副院长。

主要研究方向：矿物浮选和浮选剂、硫化矿浮选电化学、细粒浮选、浮选溶液化学、硫化矿生物冶金等。

出版著作 8 部，发表论文 300 多篇，曾获国家自然科学三等奖、国家科技进步一等奖和省部级科技一等奖等。

邱冠周

邱冠周教授，1949 年出生，1987 年获博士学位，现任中南大学教授、博士生导师，入选国家有突出贡献中青年专家。

主要研究方向：铁精矿冷固结球团煤基直接还原、硫化矿生物冶金、矿物材料、硫化矿浮选电化学、细粒浮选等。

出版著作 3 部，发表论文 200 多篇，曾获国家科技进步一等奖和省部级科技一等奖等。

胡岳华

胡岳华教授，1961 年出生，1989 年获博士学位，现任中南大学教授、博士生导师。中国青年科技奖及国家杰出青年基金获得者，入选教育部长江学者奖励计划——特聘教授。

主要研究方向：浮选溶液化学、硫化矿浮选电化学、氧化矿反浮选、硫化矿生物冶金等。

出版著作 2 部，发表论文 160 多篇，曾获国家科技进步一等奖和省部级科技一等奖等。

# 前　言

《资源加工学》一书，作为矿物加工专业国家教改项目的成果即将出版。本书是在《矿物加工学》、《烧结球团学》、《矿物加工材料学》等教材的基础上，为适应矿物加工专业教学改革的需要重新编写的，创新特色体现在以下几个方面。

(1) 研究对象多样化。此领域传统的教科书主要针对矿物的基本性质及矿石的分选。人类社会经济的发展依赖于对矿物资源的开发和日益增加的消耗，矿物资源面临短缺的危机。一些以往难以利用的“贫、细、杂”矿产资源、非传统矿产资源(如海洋矿产资源、工业灰渣)和二次资源的加工利用变得越来越重要，国内外在这方面已有许多研究工作。本书针对资源特点的变化，把一些新的知识介绍给学生。

(2) 全新的教学思路。传统的矿物加工教科书，是按照矿物加工流程(如破碎—磨矿—重选—磁电选—浮选、烧结—球团等)来编写教学内容的，其原理、技术、设备混在一起。本书从介绍待处理物料的基本物理化学性质出发，阐述了各种物料不同分选过程的基本原理，以理论基础和单元过程为框架，不单纯针对矿物的分选，使学生全面掌握适于不同物料分离、选别和深加工等加工过程的基本知识。有关设备、工艺流程和单元工艺操作等方面的知识内容，将在后续教材《资源加工工艺装备与技术》中阐述。

(3) 更新的教材内容。本书除保留传统矿物加工教科书中一些经典的理论外，更新了许多内容，把近10年矿物加工科学研究的新成果、新知识编进教材，如有关浮选溶液化学、电化学、矿物材料、矿物的生物浸出提取等，使学生具有更扎实的基础和更丰富的知识面。

(4) 全面系统的资源加工知识。本书系统地介绍了资源加工知识，包括：各种资源物料的鉴别和基本性质、物料的解离、物料在流体重力场和电磁力场中的分选、物料的表面物理化学分选、矿物加工药剂、化学分离、矿物粉体材料及表面改性、粉体成型与固结、矿物的生物浸出提取等。

本书由王淀佐、邱冠周、胡岳华三位在国内资源加工学领域卓有建树的教授任主编，讨论并拟定教材大纲、方向内容和编写框架。作者所在的中南大学资源加工与生物工程学院学术梯队的众多同志参加了编写工作，具体分工为：胡岳华(第1章)，刘晓文(2.1节)，冯其明(2.2节，2.3节)，欧乐明(第3章)，杨英杰(第4章)，邓海波(5.1 节,5.4 节,8.1 节,8.2 节,8.3 节),肖金华(5.2 节,5.3 节),顾帼华(6.1～6.5 节),覃文庆(6.6 节,6.7 节,7.1.6 节,7.1.7 节),蒋玉仁(第 7 章,7.1.6 节与 7.1.7 节除外),柳建设(8.4～8.6 节,第 12 章),宋晓岚(9.1 节,9.3 节),杨华明(9.2 节),袁明亮(9.4 节),庄剑鸣(第 10 章),范晓慧(第 11 章)。全书内容由胡岳华、邓海波、陈万雄审定,邓海波负责修改、插图清绘和统稿。

由于时间和水平关系,书中难免存在不当之处,欢迎读者批评指正。

作　者

2005 年 1 月

长沙岳麓山下

# 目　　录

# 第1章 资源加工学概述

## 1.1 资源加工学的形成

资源加工学是由传统的选矿学、矿物加工学发展演变形成的新的学科体系。在给出资源加工学的明确定义与内涵之前，让我们先来看看选矿、矿物加工的学科形成与发展。

传统选矿学、矿物加工学的研究对象均以天然矿物资源为主。选矿学是用物理、化学的方法，对天然矿物资源（通常包括金属矿物、非金属矿物、煤炭等）进行选别、分离、富集其中的有用矿物的科学技术，其目的是为冶金、化工等行业提供合格原料。矿物加工学是在选矿学的基础上发展起来的，是用物理、化学的方法，对天然矿物资源进行加工（包括分离、富集、提纯、提取、深加工等），以获取有用物质的科学技术。其目的已不单纯是为其他行业提供合格原料，也可利用其直接得到金属、矿物材料等。

### 1.1.1 选矿学科的形成

人类利用矿物资源已有数千年的历史，如自然金、自然铜、滑石、朱砂等的开采与利用。无论是公元前几千年的古埃及，还是中世纪的罗马帝国时代，或者是中国古代，由于科学技术水平整体落后，社会生产力低，人类利用的矿物资源主要是通过手工作业从天然矿石中得到的，如淘金、人工溜槽、手动跳汰筛、洗矿槽等原始重选方法及鹅毛蘸油刮取浮在水面上的金粉等原始浮选方法。我国古代将原始的重选、浮选总结为“澄、淘、飞、跌”。我国明代宋应星所著《天工开物》（1637年）一书中，对铁砂和锡砂的开采选别已有描述，见图1-1。这些手工作业虽然有近代“表层浮选”、“重选”的影子，但还算不上是一门工业技术，这种现象一直延伸到19世纪中期。

19世纪末至20世纪20年代，世界工业生产快速发展，对矿物原料的需求增大，加上18世纪产业革命的推动，使机械化成为可能，促使了“选矿”技术从古代的手工作业向工业技术的真正转变。近代大部分的选矿工艺与设备都属于这一时期选矿领域的技术发明，如颚式破碎机、球磨机、机械分级机，重选、电磁选的设备与工艺及浮选药剂、工艺与设备等。特别是20年代初，黄药、黑药在浮选硫化矿中的工业应用，使选矿技术（包括破碎、筛分、磨矿、重选、电选、磁选、浮选等）能处理大部分天然矿物原料。从那时起，选矿技术已成为一门人类从天然矿石中选别、富集

图 1-1 《天工开物》一书中的插图：淘洗锡砂和淘洗铁砂

有用矿物原料的成熟的工业技术，并得到广泛的应用。

随着选矿技术的大规模工业应用，对各种选矿工艺过程机制及基础理论的研究也随之展开。

首先，随着流体力学的发展，重选的基础研究起步较早。19 世纪下半叶，奥地利人 Rittinger 提出了"等降现象"；Monroe 等进一步提出"干涉沉降"。20 世纪 40 年代，原苏联学者施马茨柯夫提出了跳汰是在上升水流中"按悬浮体的相对密度分层"的学说；德国学者 Mayer 从床层位能降的角度解释了分层过程；英国学者 Bagnold 在 50 年代观察到了剪切运动下层流、斜面流中多层粒群的松散分层现象。这些学说构成了重选的理论基础。在电磁选矿方面，由于物理学的发展，人们早就认识到可用永久磁铁选别磁铁矿石。当电磁铁被用作磁选机的磁场并有了各种工业生产的电磁选矿机后，电磁选矿理论也已初步确立。

在浮选方面，从 20 世纪 30 年代开始，美国的 Taggart 及原苏联的 Plaksins 等先后提出了捕收剂的"化学反应假说"或"溶度积假说"，以解释重金属硫化矿的可浮性顺序。美国的 Gaudin、原苏联的 Bogdanov 及澳大利亚的 Wark 等较多地研究了矿物的润湿性与可浮性的关系、浮选剂的吸附作用机理、浮选的活化等。美国的 D. W. Fuerstenau 等系统地研究了矿物表面电性与可浮性的关系。到 60 年代前后，浮选的三大基本理论（润湿理论、吸附理论及双电层理论）已初步形成。

从 20 世纪 20 年代至 60 年代前后，经过几十年的发展，选矿已从一门纯工程技术向工程科学转化。这一时期中一些重要的著作有：美国 Taggart 的 *Handbook of Ore Dressing*（1927 年第 1 版，1944 年第 2 版）；Gaudin 的 *Flotation*（1932 年第 1 版，1957 年第 2 版）；澳大利亚的 Sutherland 和 Wark 的 *Principles of Flotation*（1955 年第 1 版）；原苏联 Bogdanov 的 *Theory and Technology of Flotation*（1959

年第1版)。选矿已具备了较独立的工程科学体系,有其明确的学科方向。

(1) 碎磨。以岩石力学为学科基础,通过机械力作用使矿石块度减小至适于工艺选别的粒度范围,并使有用矿物与脉石之间彼此解离。

(2) 重选。以流体力学为学科基础,根据不同矿物的密度差异在一定的介质中进行不同矿物的分选。

(3) 电磁选。以电磁学为学科基础,根据不同矿物磁性的差异分选不同矿物。

(4) 浮选。以表面化学为学科基础,根据不同矿物表面物理化学性质的差异,实现不同矿物的分选。

这个时期的选矿主要是从天然矿石(金属矿、非金属矿、煤炭等)中,分离、富集其中的有用矿物,为冶金、化工、建材提供原料,见图1-2。国外所用"选矿"词汇多为"ore dressing"或"mineral dressing"。

图1-2　我国武钢程潮铁矿选厂磨矿车间一览

引自:cnhubei.com

### 1.1.2　矿物加工学科的形成与发展

20世纪60年代以来,随着世界经济的快速发展,一方面人类对矿物资源的需求不断增加;另一方面,矿物资源中富矿减少、贫细矿物资源增加,而且矿山、冶炼厂排出的废水、固体废弃物等对环境的污染与治理问题日益受到重视,传统的选矿技术与理论已不能完全适应并解决这些问题。

为了从贫细矿物资源中有效地分离、富集有用矿物,充分合理地利用资源,并解决环境问题,选矿科技工作者开始认识到,不仅存在传统的选矿技术不能有效地解决贫细矿物资源的分离问题,而且更重要的问题是资源的综合利用。这就需要综合利用多学科的知识与新成就,寻找新的学科起点,开发新的科学技术,以实现矿物资源的综合利用，包括分离、富集贫细矿物资源的新技术、工艺和设备，对矿物的提纯与精加工，环境的综合治理，矿物新用途的开发等。矿物资源的利用已不单纯是通过“选矿”得到矿产品的问题，而是综合“加工”利用的问题。为此，近几十年来选矿及相邻学科的科技工作者在选矿学科及交叉学科领域，进行了大量的基础理论与工艺技术的研究。同时，由于相邻学科的发展，如电化学、量子化学、表面及胶体化学、紊流力学、生物工程、冶金学、材料科学与工程及计算机科学与技术在选矿学科领域中的应用，形成许多新的学科方向和各种加工利用矿物资源的新技术。“选矿”已不能涵盖多数新的加工利用矿物资源的科学领域，“矿物加工”呼之欲出。矿物加工学科无论学科基础、学科领域及其研究对象等方面都远比传统选矿学科更广、更深。事实上，国外从 20 世纪 60 年代开始，就逐步采用“mineral processing”代替“ore dressing”。在我国，经过近 10 年酝酿，已于 20 世纪 90 年代在国家教委招生目录上将“选矿”更名为“矿物加工”。

这一时期，中国国内一些重要的著作有：胡为柏的《浮选》(1986)；王淀佐、胡岳华的《浮选溶液化学》(1988)；卢寿慈的《矿物颗粒分选工程》(1990)；胡熙庚等的《浮选理论与工艺》(1991)；朱玉霜、朱建光的《浮选药剂的化学原理》(1991)；冯其明、陈荩的《硫化矿物浮选电化学》(1992)；姚书典的《重选原理》(1992)；刘树贻的《磁电选矿学》(1994)；许时的《矿石可选性研究》(1995)；王淀佐、林强、蒋玉仁的《选矿冶金药剂分子设计》(1996)；傅菊英、姜涛、朱德庆的《烧结球团学》(1996)；邱冠周、姜涛等的《冷固结球团直接还原》(2001)；邱冠周、袁明亮等的《矿物加工材料学》(2003)；王淀佐等的《矿物加工学》(2003)。

矿物加工学的主要学科方向如下。

(1) 浮选化学。包括浮选电化学、浮选溶液化学和浮选表面及胶体化学。

① 浮选电化学。根据电化学原理，研究浮选过程的机制，主要针对硫化矿。电化学反应主导硫化矿与浮选剂作用机理，通过电化学调控，实现多金属硫化矿分离。

② 浮选溶液化学。根据溶液化学原理，研究浮选行为，主要针对非硫化矿。根据矿物/浮选剂溶液化学反应行为，预测非硫化矿浮选分离条件与浮选机理。

③ 浮选表面及胶体化学。根据表面及胶体化学原理，研究颗粒间相互作用，讨论细粒矿物选择性凝聚、分散与浮选分离行为。讨论超细颗粒加工制备过程机制，如疏水凝聚、选择性絮凝、载体，主要针对超细粒矿物、煤炭的加工利用与废水治理等。

(2) 复合物理场矿物加工。根据流变学、紊流力学、电磁学等研究重力场、电磁力场或复合物理场(重力+磁力)中颗粒运动行为，确定细粒矿物的分级、分选条件，如磁流体水力旋流器分选、振动脉动高梯度磁选、流化床层干法选煤等。

(3) 高效低毒药剂分子设计。根据量子化学、有机化学、表面化学研究药剂的结构与性能关系，针对特定的用途，设计新型高效矿物加工用药剂。

(4) 矿物资源的生化提取。用生物浸出、化学浸出、溶剂萃取、离子交换等处理复杂贫细矿物资源，如低品位铜矿、铀矿、金矿的提取，煤脱硫等。由于细菌兼有氧化、吸附、降解等作用，因此生化提取不仅强化浸出过程，而且在环境与工艺控制上具有独特的优势。生化提取的基础理论与技术的研究近几年已成为矿物加工学科的重要方向之一。

(5) 直接还原与矿物原料造块。主要从事矿物原料造块与精加工方面的科学研究，研究铁精矿煤基回转窑直接还原、粉体物料成型等过程的机理(图1-3)。

图1-3 我国首钢700万吨/年铁精矿烧结球团厂一览

(6) 复杂贫细矿物资源综合利用。研究选-冶联合、选矿、多种选矿工艺(重、磁、浮)联合等处理一些大型复杂贫细多金属矿的工艺技术和基础理论，研究资源综合利用效益。

(7) 矿物精加工与矿物材料。通过提纯、超细粉碎、表面改性等方法，不经冶炼，将矿物直接加工成可用的材料，如性能优良的润滑剂——超纯辉钼矿的加工，功能陶瓷所需超细锆英砂、高岭土的加工，电子浆料所需超细金红石的加工，民用、工业用型煤、水煤浆的加工，煤炭地下气化等。

(8) 矿物加工过程计算机技术。用计算机科学技术对矿物加工过程进行模拟、仿真及优化、预测、设计，建立矿物加工过程专家系统，实现矿物加工过程的计算机管理与控制。

### 1.1.3 矿物加工学科面临的挑战与资源加工学科的形成

“人口、发展与环境”是21世纪国际社会共同关心的重要议题，一方面人口增加、社会发展对资源的需求与日俱增，而天然资源越来越复杂、贫细、短缺；另一方面，人类社会对环境问题越来越重视。虽然经过几十年的发展，矿物加工学科已形成了较为完整的学科体系，发展了许多新的矿物加工技术，但随着未来人类可利用资源的变化及现有技术的局限性，矿物加工科技的发展已面临许多挑战。人类社会生活的发展要求矿物加工科技发展的目标是实现矿物加工过程的“高效益、低能耗、无污染”。

矿物加工学科的进一步发展，面临着来自资源变化与所需技术难度方面的挑战。

(1) 复杂贫细矿物资源的综合回收。人类对矿物资源的消耗逐年增加，而易选矿物资源的不断开采利用，越来越多的是复杂、贫细、大型多金属矿床需要被开采利用，这些矿床的特点是金属品种及伴生稀有、贵金属品种多、品位低、难处理。现有矿物加工技术在处理这些矿物资源时，面临能耗高、综合利用率低、环境污染等问题。

(2) 废石及尾矿的加工利用。在金属矿选矿过程中，经过碎磨过程消耗了大量原材料和能耗，一般只回收了占总矿石质量约10%的有色金属矿物或约30%的黑色金属矿物，大量的伴生非金属矿（尾矿）未能利用。综合加工利用矿山在开采过程中剥离的废石、表外矿及尾矿中的有价金属等，需要新的加工利用技术。

(3) 矿物精加工技术。传统的矿物加工以提供精矿及粗级矿产品为主，产品的附加值低，而且也不能满足现代科技发展对矿物材料性能要求提高的需要。对金属矿物，特别是非金属矿物进行高纯化、超细化、表面改性等精加工，生产适合电子、宇航、兵器、高技术陶瓷、冶金、化工等不同行业所需的矿物材料，已成为现代矿物加工技术的重点发展趋势之一。

(4) 洁净煤技术。煤炭是重要的能源，在中国尤其如此。但燃煤给环境带来的污染已经成为全球密切关注的问题。煤炭的洗选脱矸脱硫及深加工技术一直是而且仍将是矿物加工面临的重要问题，见图1-4。

图1-4　我国唐山范各庄煤矿洗煤厂及其重介质分选车间

(5) 二次资源。矿山、冶炼厂、化工厂等排出的废水、废渣、废气中的稀有、稀散和贵金属,废旧汽车、电缆、机器及废旧金属制品等二次资源。由于一次资源逐步减少,二次资源的再生利用技术的开发无疑成了矿物加工领域的重要课题。目前,这方面的技术还不成熟,特别是从三废中回收有用物质及对环境的治理方面还无有效手段,造成资源浪费与环境污染。

(6) 海洋资源。海洋锰结核、钴结壳是一种赋存于深海底的巨大矿产资源,除含锰外,铜、钴、镍等金属的储量也十分丰富,在未来陆地资源贫化、枯竭时,这些将成为人类的宝贵资源。

(7) 非矿物资源。城市垃圾、废纸、废塑料、油污土壤、石油开采产生的油污水、内陆湖泊中的金属盐、重金属污泥,甚至红细胞与白细胞的分离等,都需要新的加工利用技术。

因此,面对待处理资源的变化及技术上存在的问题,矿物加工科技工作者及相关学科的科技工作者,在矿物加工领域及相关学科领域不断进行新的探索和研究。矿物加工工程学与相邻学科的相互交叉、渗透、融合,如物理学、化学与化学工程学、生物工程学、数学、计算机科学、采矿工程学、矿物学、材料科学与工程已大大促进了矿物加工学科的拓展,形成各种高效益、低能耗、无污染的资源加工新技术及新的研究领域。传统的矿物加工学无论从研究对象、目的、研究基础,还是应用领域等方面,都不能完全涵盖这些研究领域,需要建立新的学科体系,即现在提出的资源加工学。

## 1.2　资源加工学的学科体系

### 1.2.1　资源加工学的研究对象

资源加工学是根据物理、化学原理,通过分离、富集、纯化、提取、改性等技术对矿物资源、非传统矿物资源、二次资源及非矿物资源进行加工,获得其中有用物质的科学技术。其研究对象涉及以下几个方面。

(1) 矿物资源。包括金属矿物、非金属矿物、煤炭等。

(2) 非传统矿物资源。包括:① 工业固体废弃物。冶炼化工、废渣、尾矿、废石。② 海洋矿产。锰结核、钴结壳、海水中金属、海底热液硫化矿床,见图 1-5。③ 盐湖与湖泊中的金属盐、重金属污泥。

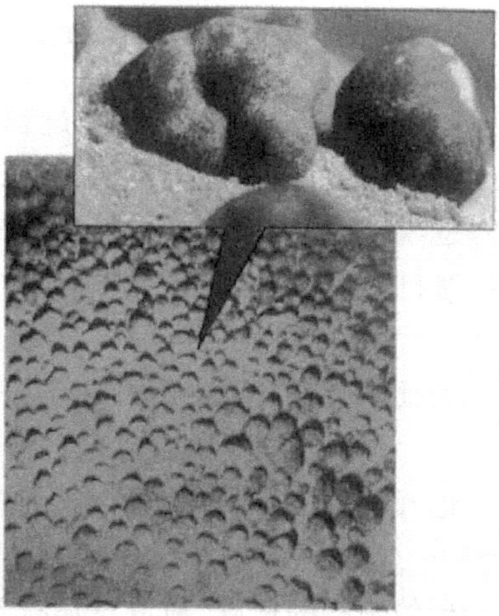

图 1-5　海洋锰结核

(3) 二次资源。包括：① 废旧电器。电视机、冰箱、音响等。② 废旧金属制品。电缆、电线、易拉罐、电池等。③ 废旧汽车。

(4) 非矿物资源。城市垃圾、废纸、废塑料、油污水、油污土壤等。

资源加工学的研究目的，一方面仍是将天然矿物资源加工成合格矿产品；另一方面，更重要的是通过对各种资源的物理、化学加工（分离、富集、提取、提纯、改性、超细、复合），生产出适合不同用途的有用物质，如高纯金属、矿物材料、精料、特殊燃料、可循环利用的工业与日常生活用品原料等，特别注重资源加工过程的环境治理，强调资源开发、加工利用与环境的协调发展。

### 1.2.2　资源加工学科体系

#### 1. 学科领域

资源加工学包括四大学科领域，即矿物加工（mineral processing）、矿物材料加工（mineral material processing）、二次资源加工（secondary material processing）、金属提取加工（metal metallurgical processing），可简称为 4-MP。

(1) 矿物加工是根据物理、化学原理对天然矿物资源进行加工，以分离、富集有用矿物。

(2) 矿物材料加工是根据物理、化学原理，对天然及非传统矿物资源进行分离、纯化、改性、复合等加工，制备功能矿物材料。

(3) 二次资源加工是根据物理、化学原理，对二次资源进行加工，分离回收各种有用物质。

(4) 金属提取加工是根据物理、化学原理，对各种资源进行化学溶出、生物提取、离子交换、溶剂萃取等加工，以获取有价金属。

#### 2. 学科基础及与相邻学科的关系

如图 1-6，资源加工过程中物料的碎解、分离、富集、纯化、提取、超细、改性、复合等过程，涉及矿物学、物理学、化学与化学工程学、冶金工程学、材料科学与工程学、生物工程学、力学、采矿工程学及计算机技术等多学科领域，体现不同的学科基础，形成不同的研究方向。

(1) 工艺矿物学。与矿物学、岩石学的交叉，研究资源物料组成的分析、鉴别、表征，物料的基本物理、化学特性，为“加工”提供基本信息。

(2) 粉碎工程。以岩石力学、断裂力学、晶体化学为基础，对所处理资源进行选择性碎解、解离或进行超细加工。

(3) 重力场、流体力场中的分离。以流体力学、流体动力学为基础，根据所处理的物料的密度、粒度及形状差异，分离、富集不同物料。如黑钨矿与石英的分离、聚氯乙烯和聚乙烯的分离、城市垃圾中重质物料与轻质物料的分离、铜线与橡胶的

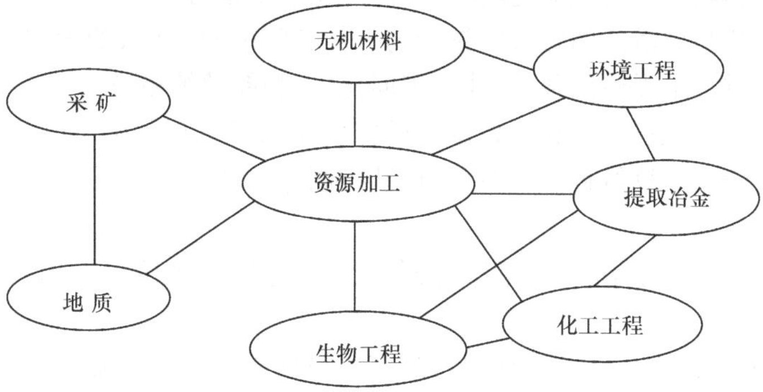


图1-6　资源加工学学科基础及与相邻学科的关系

分离等。

(4) 电磁场中的分离。以电磁学、静电学为基础的磁力分选和静电分选，根据所处理物料的磁性或导电性的差异，分离不同物料。如磁性矿物与非磁性矿物的分离、导电矿物与非导电矿物的分离、磁性炭粉与废纸的分离、红细胞与白细胞的分离、带电塑料与不带电塑料的分离、铜线与铝线的分离等。

(5) 浮选。资源加工中最重要的技术，可加工处理各种矿物资源、二次资源及非矿物资源，涉及无机化学、有机化学、表面化学、电化学、物理化学等几乎整个化学学科领域，形成了浮选电化学、浮选溶液化学、浮选剂分子设计、浮选表面化学等交叉研究领域。如硫化矿及非硫化矿的浮选、废纸及废塑料的浮选、废水中的离子浮选、油污水及油污土壤处理等。

(6) 生物提取。主要处理各种低品位矿物资源、难选难冶矿物资源、海洋矿物资源及非传统矿物资源，直接从这些资源中提取有价金属。如铜、金矿的生物堆浸、地下溶浸，重金属污泥、海洋锰结核的处理等(图1-7)，涉及生物工程、冶金反应工程、矿物工程及采矿工程等多个交叉学科。

图1-7　我国江西省德兴铜矿采剥废石和表外贫矿生物堆浸场

(7) 化学分离。包括溶剂萃取、离子交换、膜分离、化学浸出等，处理复杂矿物资源、海洋矿物资源、工业废水等，涉及化学与化学工程、冶金反应工程等领域。

(8) 化学合成，包括矿物材料、矿物复合材料、矿物-聚合物复合材料等的化学合成，涉及化学与化学工程、材料科学与工程领域。

(9) 表面改性。通过表面化学反应、选择性溶解、溶蚀、刻蚀、涂层等对矿物表面进行化学处理,制备功能矿物材料等,涉及化学工程与材料科学与工程领域。

(10) 聚集与分散。细颗粒的聚集与分散,矿物胶体体系的稳定与分散,溶剂萃取,球团、型煤、水煤浆制备等,涉及表面化学、颗粒学等领域。

(11) 资源加工过程计算机技术。研究资源加工过程的数学模型、仿真、优化与自动控制,涉及计算机科学与技术、自动控制等领域。

## 1.3　资源加工在国民经济建设中的地位和作用

矿物资源是人类社会发展和国民经济建设的重要物质基础;矿业是国民经济的基础产业,是人类社会发展的前提和动力。从石器时代到青铜器、铁器时代,到煤、石油、天然气、原子能的利用,人类社会生产的每一次巨大进步,都伴随着矿物资源利用水平的飞跃发展。矿物资源是冶金、化工、航天、建材、电力、轻工、核工业等行业的主要原料来源。虽然矿业在国内生产总值(GDP)中所占比重较小,但它作为基础产业支撑着其他行业生产对原料的需求。世界上90%以上的能源,80%以上的工业原料和70%以上的农业生产资料都来自矿产资源。

随着天然矿物资源地不断被开发利用,天然矿物资源量逐步减少,而随着人口增长、社会发展,对资源的需求又不断增大,因此,必须寻找开发利用新的资源。非传统矿物资源、二次资源、非矿物资源必将成为未来人类社会发展的重要资源。对这些资源的加工利用,不仅可以满足人类社会发展对资源的需求量的增加,还可减少环境污染,促使国民经济持续、快速、健康发展。

## 1.4　国内外重要的资源加工学术研究机构

### 1.4.1　国内

(1) 中南大学(Central South University),资源加工与生物工程学院(School of Resources Processing & Bioengineering)。

网址:http://www.csu.edu.cn/

学院现有涵盖矿业、材料和生物等学科的四个系:矿物工程系、钢铁系、无机非金属材料系、生物工程系,各学科专业均具有学士学位、硕士学位和博士学位授予权。其中,矿物加工工程为国家重点学科,钢铁冶金为湖南省重点学科。学院设有教育部生物冶金重点实验室和湖南省生物工程研究中心。

主要研究方向:浮选药剂分子设计、浮选溶液化学、硫化矿浮选电化学、细粒浮选、复杂矿石分选技术、氧化矿反浮选、矿物加工计算机应用、再生资源分选利用、直接还原、铁精矿烧结球团、矿物材料、纳米材料、生物冶金、环境技术。

(2) 中国矿业大学(China University of Mining and Technology)(徐州校区),化

学化工学院(School of Chemical Engineering and Technology);化学与环境工程学院(School of Chemical and Environmental Engineering)(北京校区)。

网址:http://www.cumt.edu.cn/; http://www.cumtb.edu.cn/

主要研究方向:煤炭分选、洁净煤技术、水煤浆制备。

(3) 东北大学(North East University),资源与土木工程学院矿物工程系(Department of Minerals Engineering)。

网址:http://www.neu.edu.cn/

主要研究方向:矿物加工分选、贵金属选冶、矿物材料、资源与环境微生物。

(4) 昆明理工大学(Kunming University of Science and Technology),国土资源工程学院矿业工程系(Faculty of Land Resource Engineering, Department of Mining and Minerals Engineering)。

网址:http://www.kmust.edu.cn/

主要研究方向:磨矿理论、磨矿设备与介质、浮选理论、螯合浮选剂、氧化铜矿浮选、环境工程、固体废弃物资源化。

(5) 北京科技大学(University of Science and Technology Beijing),资源学院(School of Resources)。

网址:http://www.ustb.edu.cn/

主要研究方向:矿物加工、铁矿分选技术。

(6) 江西理工大学(Jiangxi University of Science and Technology,原南方冶金学院),环境与建筑工程学院矿物加工工程教研室(Department of Minerals Engineering)。

网址:http://www.sim.jx.cn/

主要研究方向:碎磨分级、强磁选、复杂矿石分选技术。

(7) 武汉理工大学(Wuhan University of Technology),资源与环境工程学院矿物加工与材料工程系(Department of Minerals and Materials Engineering)。

网址:http://www.whut.edu.cn/

主要研究方向:矿物加工、非金属矿分选技术、矿物材料、纳米材料。

(8) 武汉科技大学(Wuhan University of Science and Technology),化工与资源环境学院矿物加工工程系(Department of Minerals Engineering)。

网址:http://www.wust.edu.cn/

主要研究方向:矿物加工、铁矿分选技术。

(9) 黑龙江科技学院(Heilongjiang Institute of Science and Technology),资源与环境工程学院矿物加工利用工程系(Department of Minerals Engineering)。

网址:http://218.7.13.212/index.asp

主要研究方向:煤炭分选、洁净煤技术。

(10) 北京矿冶研究总院(Beijing General Research Institute of Mining & Metallurgy),矿物工程研究设计所(Sub-institute for Mineral Engineering)。

网址:http://www.bgrimm.com/eng/index.jsp

主要研究方向:稀有金属矿分选技术、复杂硫化矿分选技术、选矿设备、选矿药剂。

(11) 北京有色金属研究总院(General Research Institute for Nonferrous Metals),选矿与冶金技术研究所(Sub-institute for Mineral Processing and Metallurgy)。

网址:http://www.grinm.com/

主要研究方向:复杂矿石分选技术、选矿设备、选矿药剂、生物冶金。

(12) 广州有色金属研究院(Guangzhou Research Institute for Nonferrous Metals),选矿工程研究所(Sub-institute for Mineral Engineering)。

网址:http://www.gzrinm.com/

主要研究方向:选矿工艺、选矿设备、选矿药剂。

(13) 长沙矿冶研究院(Changsha General Research Institute of Mining & Metallurgy),选矿工程技术研究所(Sub-institute for Mineral Engineering)。

网址:http://www.crimm.com.cn

主要研究方向:红铁矿分选技术、复杂硫化矿分选技术、选矿设备、选矿药剂。

(14) 中国冶金建设集团公司[China Metallurgical Construction Group Corportion]

网址:http://www.mcc.com.cn

主要研究方向:选矿厂设计、烧结球团厂设计。

### 1.4.2 国外

(1) 维吉尼亚工业学院[Virginia Technological University (Virginia Polytechnic Institute and State University)],采矿与矿物工程系(Department of Mining and Minerals Engineering)。

网址:http://www.eng.vt. edu/eng/mining/

研究人员与研究方向:

Gregory T.Adel:选矿、数学模型与计算机仿真、过程控制、在线设备。

Gerald H.Luttrell:原生与次生物料处理、环境管理、矿物提取技术。

Roe-Hoan Yoon:原生与次生物料处理、环境管理、资源工程。

(2) 哥伦比亚大学(Columbia University),地球与环境工程系(Department of Earth and Environmental Engineering)。

网址:http://www.seas.columbia.edu./columbia/departments/krumb/

研究人员与研究方向:

Ponisseril Somasundaran　矿物加工、应用表面与胶体化学、浮选与絮凝、废料回收、聚合表面剂交互作用、生物选矿、废物微生物处理。

Tuncel M. Yegulalp　矿物经济、矿业系统分析。

(3) 科罗拉多矿业学院(Colorado School of Mines),矿业工程系(Department of Minings Engineering)。

网址:http://www. mines. edu/

研究人员与研究方向:

Baki Yarar　浮选、絮凝选矿、提取冶金、细粒处理技术、分选工艺、环境保护。

(4) 多伦多大学(University of Toronto),矿物工程系(Division of Mineral Engineering, Faculty of Applied Science and Engineering)。

网址:http://www. lassonde. utoronto. ca/

研究人员与研究方向:

Dr. Germain Labonte　捕收剂、矿物电化学与表面化学。

(5) 劳伦廷大学(Laurentian University),工程学院(School of Engineering)。

网址:http://laurentian. ca/engr/

研究人员与研究方向:

Lucky M. Amartunga　选矿工程。

Turgut Yalcin　选矿工程。

(6) 密歇根工业大学(Michigan Technological University),矿业与材料加工工程系(Mining & Materials Processing Engineering Department)。

网址:http://www. mg. mtu. edu/

研究人员与研究方向:

Gary A. Campbell　矿物经济、运筹学研究。

Jiann-Yang (Jim) Hwang　环境工程、材料加工、选矿、工业副产品回收、矿山控污。

Allan M. Johnson　溶液采矿、生物浸出、矿山水文地质、采矿工程、工业矿物。

S. Komar Kawatra　粉碎作业在线传感控制、脱硫、粉碎工程。

Carl C. Nesbitt　湿法冶金、环境保护、废物管理、氧化还原化学、电化学。

(7) 新墨西哥工业大学(New Mexico Technological University),矿物与环境工程系(Mineral & Environmental Department)。

网址:http://www. nmt. edu/～mining/default. htm

研究人员与研究方向:

Ibrahim Gundiler　湿法冶金学、矿物加工。

(8) 麦吉尔大学(McGill University),矿业、金属与材料工程系(Department of Mining, Metals and Materials Engineering)。

网址：http://www.mcgill.ca/minmet/

研究人员与研究方向：

Dr. James Finch　硫化矿物浮选、污水处理。

(9) 帝国理工学院(Imperial College)，地球科学与工程系(Department of Earth Science and Engineering)。

网址：http://www.ese.ic.ac.uk/

研究人员与研究方向：

Rod Gochin　选矿。

John Monhemius　矿物与环境工程、湿法冶金、金矿选矿、矿冶工业废料管理、酸性矿液处理、土壤污染处理、工业生态。

(10) 犹他大学(University of Utah)，冶金工程系(Department of Metallurgical Engineering)。

网址：http://www.mines.utah.edu/

研究人员与研究方向：

Jan Dean Miller　表面化学、浮选、黄金选矿、生物冶金、废纸、废塑料回收、环境保护。

(11) 阿贝塔大学(University of Alberta)，化工与材料系(Department of Chemical and Materials Engineering)。

网址：http://www.ualberta.ca/CMENG/

研究人员与研究方向：

Zhenghe Xu　矿物与材料加工界面现象、界面特性、工业排污处理、细粒分选、油砂处理。

## 习　　题

1. 简述选矿学、矿物加工学、资源加工学三者之间的发展关系。
2. 资源加工学学科包括哪些领域？它的学科基础及与相邻学科的关系如何？
3. 资源加工学的研究对象及研究方向有哪些？
4. 资源加工学在国民经济建设中的地位和作用如何？

## 参考文献

胡岳华，王淀佐. 1999. 矿物加工学科的发展——历史、现状与未来. 矿冶工程，19(1)：3～6

汪旭光等. 2001. 21世纪中国有色金属工业可持续发展战略. 北京：冶金工业出版社

王淀佐等. 2003. 矿物加工学. 徐州：中国矿业大学出版社

# 第2章　物料的基本物理化学特性

## 2.1　物料的鉴别

物料的鉴别是物料加工的前提。正确地鉴别物料中有用组分，查明其在物料中的数量、分布等情况，是探讨物料经济利用的一个重要环节。同时随着生产技术和科学理论以及研究方法的不断提高，人们对物料的认识将会不断地拓宽和深入，如已鉴别了的物料仍需要进一步地研究，新的物料又不断地出现，这将为进一步提高物料加工工艺和拓宽物料加工领域提供一定的理论依据。矿物(mineral)仍是目前和今后相当长时期内人类生产金属和矿物材料的主要原料，因此，对矿物的认识和鉴别具有十分重要的意义。

### 2.1.1　矿物

*1．矿物的概念*

矿物是指由地质作用所形成的结晶态的天然化合物或单质。它们具有均匀且相对固定的化学成分和确定的晶体结构；它们在一定的物理化学条件范围内稳定，是组成岩石和矿石的基本单元。准矿物(mineraloid)为由地质作用形成的非结晶态的天然化合物或单质。目前已发现了3000多种矿物，其中大多数属于无机物，如金刚石C、黄铁矿$FeS_2$、方解石$CaCO_3$等；有机物如草酸钙$CaC_2O_4 \cdot H_2O$等，为数仅为几十种，而且都极少见。

在实验室和生产工艺过程中研制和生产而形成的结晶态的化合物或单质，称为工艺矿物(process mineral)，如合成金刚石、合成刚玉、合成水晶等。

*2．矿物的分类*

矿物分类的基本单位是种。矿物种(species)是指具有一定化学组成和一定晶体结构的一种矿物。人们给予每一种矿物的名称就是矿物的种名，如金刚石、闪锌矿、黄铁矿、方解石、高岭石、沸石等都是矿物的种名。矿物亚种(subspecies)是指同属于一个种的矿物，但在化学组成、物理性质等方面存在一定程度的差异。如铁闪锌矿(Zn,Fe)S是闪锌矿ZnS的亚种，其成分中Fe含量>8%(质量分数)；又如紫水晶是石英的亚种，呈紫色。

在矿物学中划分矿物种时，对于同质多象变体而言，同一物质的不同变体虽然化学组成相同，但它们的晶体结构有明显的差别，因而应区分为不同的矿物种。如金刚石和石墨即是两个不同的矿物种。一种物质的不同多型都只是同一个相,因此,同一矿物的不同多型,尽管晶体内部的结构层的堆垛顺序有所不同,有时可能属于不同的晶系,但仍把它们联合为一个名称,看成是同一个矿物种,如石墨-2H、石墨-3R。对于类质同象系列,特别是完全类质同象系列,它们的化学成分组成可以从一个端员组分连续递变到另一个端员组分,而两个端员组分具有互异的化学组成。过去通常将一个类质同象系列按其两端员组分所占的不同比例而划分为几个不同的矿物种或亚种。不同作者对某些系列的划分方法可能有所不同,有的作者把一个连续类质同象系列视为一个矿物种,其下再进一步划分亚种。例如,$Mn[WO_4]$-$Fe[WO_4]$系列一般划分为钨锰矿、黑钨矿、钨铁矿三种矿物种;$Mg[SiO_4]$-$Fe[SiO_4]$系列一般划分为镁橄榄石、橄榄石、铁橄榄石三种矿物种。但根据国际及我国新矿物及矿物命名委员会的规定,在类质同象系列中只有端员矿物才能作为矿物种独立命名,而中间成员称为亚种,按其靠近的端员矿物种命名,再在前面加上形容词;若有些类质同象系列矿物,命名时尚未发现靠近它的端员矿物,以后找到了端员矿物也不能取新的种名,只能作为亚种看待。

为了系统、全面地研究矿物,人们对矿物进行了科学的分类。矿物的分类方法很多,主要有以矿物化学成分为依据的化学成分分类,以元素的地球化学特征为依据的地球化学分类,以矿物成因为依据的成因分类,以矿物的晶体化学为依据的晶体化学分类等。从各种不同分类方案的内容中可以看出,大类、类和亚类的划分基本相同,都是依据矿物化学成分和化合物的类型来划分的,各自最显著的特色主要反映在族的划分上。但目前矿物学中广泛采用的是晶体化学分类,既考虑到矿物的化学组成的特点,也考虑到了晶体结构的特点,并且有利于阐明各种矿物本身及相互间的内在规律性的研究,是一种十分合理的分类。

晶体化学分类方案首先根据化学组成的基本类型,将矿物分为五个大类(broad heading)。大类以下,根据阴离子(包括络阴离子)的种类分为类(class),有时在类以下再分为亚类(subclass)。在类(或亚类)中,一般具有化学组成类似并且晶体结构类型相同的一组矿物即归为一个族(group),同时,为了便于说明某些矿物种之间的联系,通常也把同质多象亚种归于同一个族,如石英族、蓝晶石族。有时在族以下根据阳离子种类又可分为亚族(subgroup)。族(或亚族)以下一般即为种。矿物种是对矿物进行具体阐述的基本单位,有时在种以下还列出了某些亚种。

根据上述的晶体化学分类原则,本书对矿物采用如下的具体分类。

第一大类,自然元素。包括:第一类,自然金属元素;第二类,自然半金属元素;第三类,自然非金属元素。

第二大类,硫化物及其类似化合物。包括:第一类,简单硫化物;第二类,复硫化物;第三类,硫盐。

第三大类,氧化物和氢氧化物。包括:第一类,氧化物;第二类,氢氧化物。

第四大类，含氧盐。包括：第一类，硅酸盐；第二类，硼酸盐；第三类，磷酸盐、砷酸盐、钒酸盐；第四类，钨酸盐、钼酸盐；第五类，铬酸盐；第六类，硫酸盐；第七类，碳酸盐；第八类，硝酸盐。其中第一类又包括：第一亚类，岛状结构硅酸盐；第二亚类，环状结构硅酸盐；第三亚类，链状结构硅酸盐；第四亚类，层状结构硅酸盐；第五亚类，架状结构硅酸盐。

第五大类，卤化物。

### 3. 矿物的命名

每一种矿物都有它固有的名称。在矿物的命名方面，我国有着悠久的历史。例如，辰砂、水晶、雄黄等矿物名称，就是 2000 多年以前我国人民所创造的，而且这些矿物名称至今仍在沿用。在我国现在所用的矿物名称中，还沿用了某些我国古代矿物名称的字尾，如“矿”、“石”、“玉”、“晶”、“砂”、“华”、“矾”等。一般对于呈金属光泽的或可从中提炼金属的矿物，名称常用“矿”，如方铅矿、黄铁矿、闪锌矿等；对于可作为宝石的矿物，名称常用“玉”，如刚玉、硬玉、黄玉等；对于呈非金属光泽的矿物，名称常用“石”，如方解石、高岭石、叶蜡石等；对于呈透明晶体的矿物，名称常用“晶”，如水晶、黄晶等；对于以细小颗粒出现的矿物，名称常用“砂”，如辰砂、毒砂、硼砂等；对于在地表附近形成且呈松散状的次生矿物，名称常用“华”，如砷华、锑华、镍华等；对于易溶于水的矿物，名称常用“矾”，如胆矾、水绿矾等。

矿物命名有各种不同的依据，一般是根据该矿物的化学成分、物理性质、形态特点等而命名的，此外还有一些是以该矿物的首先发现地或人名而命名的。现举例说明如下。

(1) 根据化学成分命名，如自然金(Au)、硫镉矿(CdS)、碳酸钡矿($BaCO_3$)等。

(2) 根据物理性质命名，如电气石(具有焦电性)、重晶石(密度大)、沸石(受热时具沸腾现象)、孔雀石(孔雀绿色)、橄榄石(橄榄绿色)、蛇纹石(颜色斑驳如蛇皮)等。

(3) 根据形态特点命名，如石榴石(呈四角三八面体或菱形十二面体的粒状集合体而状如一团石榴)、方柱石(呈四方柱)、十字石(双晶呈十字形)、葡萄石(常呈葡萄状集合体)等。

(4) 结合两种特点命名，如绿柱石(绿色柱状晶体)、方铅矿(PbS，立方体形态和解理)、磁铁矿($Fe_3O_4$，具强磁性)、黄铜矿($CuFeS_2$，铜黄色)、辉锑矿($Sb_2S_3$，金属光泽)等。

(5) 根据地名命名，如高岭石(中国江西景德镇市高岭产出地最著名)、香花石(首先发现于中国湖南香花岭锡矿)等。

(6) 根据人名命名，如章氏硼镁石(英文名为 Hungtsaoite，可转译为鸿钊石)(为纪念中国地质学家章鸿钊而命名的)、彭志忠石(英文名为 Pengzhizhongite，为纪念中国矿物学家彭志忠而命名的)等。

我国目前在矿物学中所用的大量矿物学名称来源不一,除了沿用我国所固有的名称(如辰砂、雄黄等)和由我国学者所发现的矿物而命名的名称(如香花石、彭志忠石等)以外,更多的是根据不同外文矿物名称转译而来的,其中大多数译名是采用矿物的化学成分,间或考虑一些形态、物性特点来定名的,也有少数是采用外文名称的音译(如勃母石由 Boehmite 音译而来、伊利石由 Illite 音译而来)和借用日文中的汉字名称(如绿帘石、天河石、冰长石等)。

国际矿物协会新矿物与矿物命名委员会于 1959 年正式成立,目的在于统一全世界每年发现的新矿物并予以命名,避免出现研究粗浅的或不恰当的新矿物种命名,纠正命名上的混乱。我国的新矿物及矿物命名委员会于 1979 年成立,次年加入国际矿物协会新矿物与矿物命名委员会,于 1981 年组织专家小组进行英汉矿物种名称的订正工作,历时 4 年,几经反复征求意见,对近 3000 种的矿物中文名称进行了全面的审定,并纠正了一些译名错误,于 1984 年编辑出版了《英汉矿物种名称》一书,使我国有了统一的矿物名称可以遵循。常见矿物及其晶体形态见图 2-1。

### 4. 矿物的鉴定

矿物学研究致力于解决两个基本问题:矿物的晶体结构和矿物的成分。矿物的晶体结构研究可以采用 X 射线衍射、电子衍射、中子衍射、红外光谱和拉曼光谱等;矿物的化学成分研究则包括化学分析、等离子谱、电子探针、离子探针、质子探针和扫描电镜等。当前矿物学研究正从毫米级进入微米级、纳米级的尺度。随着显微 X 射线衍射、显微红外光谱和显微拉曼光谱、电子探针、分析电镜和电子衍射等表面分析技术的普及和应用,将为矿物学研究提供更快捷、准确的信息,使矿物学的研究更加深入。

矿物的鉴定是矿物学研究的一个非常重要的基础环节。通过正确地鉴定矿物的种属,查明矿石、岩石和工艺岩石中各种矿物或工艺矿物的数量、分布及相互关系,以及详细地研究同种矿物的化学成分和结构与其物化性质的关系,有助于了解矿物的成因规律,采用合理的选冶工艺和材料制备工艺,以使矿物资源得到最充分的利用。

常规的鉴定方法有:手标本的描述、物理性质(硬度、密度、折射率、反射率、比磁化系数等)测试、光学显微镜(体视显微镜、偏光显微镜、矿相显微镜及荧光显微镜等)鉴定、电子显微镜分析(扫描电镜、电子探针和透射电镜)、化学成分分析、化学物相分析、X 射线衍射物相分析等。

(a) 肾状赤铁矿 $Fe_2O_3$

(b) 条带状铬铁矿 $FeCr_2O_4$

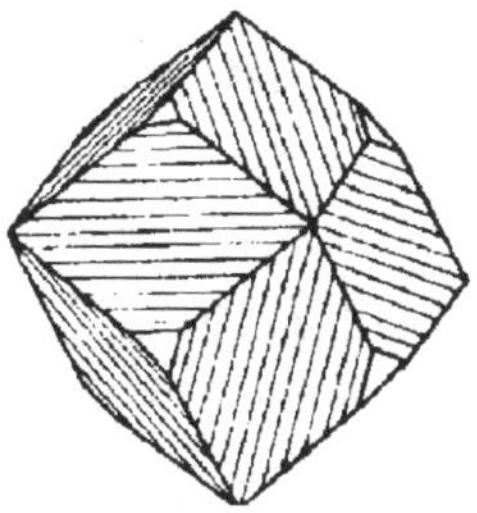

(c) 磁铁矿 $Fe_3O_4$晶体

(d) 方铅矿 PbS晶体

(e) 黑钨矿 (Fe,Mn)$WO_4$晶体

(f) 锡石 $SnO_2$ 晶体

(g) 辉锑矿 $Sb_2S_3$ 晶体

(h) 黄铁矿 $FeS_2$ 晶体

图 2-1　常见矿物及其晶体形态

### 2.1.2　岩石

1. *岩石及工艺岩石*

岩石(rock)是天然产出的由一种或多种矿物(包括火山玻璃、生物遗骸、胶体)组成的固体集合体。岩石学(petrology)是研究地壳、地幔及其他星体产出的岩石分布、产状、成分、结构、构造、分类、命名、成因、演化等方面的科学。对一般的岩石学来说,主要研究对象是地球上层的岩石。

19 世纪后期(1862 年),人们根据岩石成因,将其分为三类。

(1) 岩浆岩(magmatic rock)。主要由地壳深处或上地幔中形成的高温熔融的岩浆,在侵入地下或喷出地表时冷凝而成的岩石。它与火成岩(igneous rock)是同义词,如花岗岩、流纹岩等。

(2) 沉积岩(sedimentary rock)。在地表和地表下不太深的地方形成的地质体。它是在常温常压下由风化作用、生物作用和火山作用形成的物质,经过一系列改造(如搬运、沉积、石化等作用)而形成的岩石,如页岩、砂岩、石灰岩等。

(3) 变质岩(metamorphic rock)。由岩浆岩、沉积岩经变质作用转化而成的岩石,如大理岩、片麻岩、板岩等。

一般来说,三大类岩石的成因不同,特征也各异。但三大类岩石之间又密切相关,可以互相转化。岩浆岩、变质岩经风化、搬运、沉积、沉岩作用,可形成沉积岩;岩浆岩、沉积岩经变质作用(重结晶、交代、碎裂等),可转变为变质岩;沉积岩、变质岩经重熔作用可形成岩浆,冷凝为岩浆岩。有的成因是逐渐过渡的,岩石特征相似,不能截然分开;有的成因复杂不明,暂时不知划归何种类型。

岩石根据其主要矿物种类的多少,可分为两类。

(1) 单矿岩。主要由一种矿物组成的岩石,如石英岩(主要由石英矿物组成)、灰岩(主要由方解石矿物组成)、硬玉岩(主要由硬玉矿物组成)等。

(2) 多矿岩。由多种矿物组成的岩石,绝大多数的岩石都属于多矿岩,如花岗岩(主要由石英、长石、云母及一些次要矿物所组成)、辉长岩(主要由辉石和长石所组成)等。

在实验室和生产工艺过程中形成的非“天然产出”的矿物集合体,称为工艺岩石(process rock),如人造富矿、烧结矿、冶金炉渣、耐火材料、铸石、玻璃、陶瓷、水泥及混凝土等。工艺岩石的不同微观结构和物相组成是在不同的工艺过程中形成的,所以研究工艺岩石的微观结构和物相组成,对于了解工艺过程和控制产品性能有很重要的意义。

2. *岩石的特征*

(1) 岩浆岩。岩浆岩大部分为块状的结晶岩石,部分为玻璃质岩石(具有玻璃质的岩石，一般是岩浆岩）；岩浆岩中有一些特有的矿物和结构构造，如霞石、白榴石等矿物以及气孔构造和杏仁构造等只有岩浆岩中才有；岩浆岩体与围岩间一般有明显的界线，且呈各种各样的形态存在于周围的地层中，有的平行，有的切穿围岩的层理或片理，多具淬火（冷凝）边；岩体中常有附近围岩的碎块（捕虏体），这些被捕获的围岩碎块和岩体附近的围岩，常遭受热变质作用；各地质时期形成的岩浆岩类，大部分都可找到与其化学成分近似的现代火山岩；岩浆岩中没有生物遗迹。

（2）沉积岩。沉积物的主要来源为母岩风化的碎屑物、生物形成的有机物、地壳深部来源的沉积物（火山碎屑物及深部热卤水）、溶液中的化学沉淀物和宇宙来源的沉积物等；形成沉积物的温压变化范围为地壳地表最高 8848m、最深 −11 055m（马里亚纳海沟）、最高温度 85℃（非洲的中部）、最低温度 −75℃（北极圈）；成岩的温度不超过 230℃，压力不超过 $3\times10^8\sim5\times10^8$Pa，埋藏的深度可达 1000～10 000m 或更深；沉积物及沉积岩的形成主要与水和大气的作用、生物和生物化学的作用及重力作用有关。

（3）变质岩。变质岩的岩性特征常受原岩的控制，具有明显的继承性。同时，由于变质作用的成因特点，又决定了变质岩在矿物组成、结构构造等方面具有与原生岩石不同的特点；在深变质改造的岩石与原岩之间，存在一定的渐变关系。

### 2.1.3　矿石

矿产是指能被利用的矿物资源。目前按矿产的性质及其主要工业用途可分为以下三类：金属矿产、非金属矿产和可燃性有机岩矿产。

矿石（ore）一般由矿石矿物和脉石矿物两个部分组成。矿石矿物是指可以利用的金属或非金属矿物，也称有用矿物。如铜矿石中的黄铜矿和斑铜矿，云母矿石中的云母，叶蜡石矿石中的叶蜡石等。脉石矿物是指矿石中目前还不能被利用的矿物，也称无用矿物，如铜矿石中的石英、绢云母、绿泥石等，云母矿石中的石英等，叶蜡石矿石中的刚玉、石英、水铝英石等。脉石矿物主要为非金属矿物，但也包括金属矿物，如铜矿石中含量极少的方铅矿或闪锌矿，现时尚无综合利用价值，也被称为脉石矿物。

矿石矿物和脉石矿物的划分只是相对的，随着人类对矿物原料的需求不断增长以及工艺技术条件的不断改进，目前某些不能利用的脉石矿物也将逐步变为可利用的矿石矿物。

矿石的性质决定着产品、加工工艺和成本。以铝为例，虽然在霞石和黏土等铝硅酸盐矿物中铝含量较高，也能提取，但工艺复杂，成本较高，因此目前只能从氢氧化物矿物（铝土矿）中提取铝。因此，矿石性质的研究对矿石合理利用或综合利用起着重要的作用。

### 2.1.4 二次资源及其他固体物料

除了传统的矿产资源以外，非矿产资源及合成材料的研究和应用已越来越广泛，这些物料根据其性质及来源可以分为以下三类。

1. 二次资源

二次资源是指人类社会活动(生产和生活)产生的含有有价成分并有回收再利用价值的废弃物料，或称可再生资源，主要包括废旧电器(如电视机、电冰箱、音响等)、废旧金属制品(如电缆、电线、易拉罐和电池等)、废旧机器、废旧汽车、工厂“三废”(废渣、废液、废气)、生活废物(如垃圾、废纸)等。

2. 非传统矿物固体物料

非传统矿物固体物料是指主要由工艺矿物和矿物组成的固体废弃物，以及不属于传统矿产资源范畴的矿物资源，主要包括工业固体废弃物(如冶炼化工废渣、废石、尾矿、粉煤灰等)、海洋矿产(如锰结核、钴结壳、海底热液硫化矿床等)、盐湖与湖泊中的金属盐(如钾盐、硼砂)和重金属污泥等。

3. 非矿物资源固体物料

非矿物资源固体物料是指与有机化学物质组成有关的固体物料，主要包括沥青、城市垃圾、农业固体废弃物(如土壤中残存的农药、肥料等)、废纸、废塑料、废橡胶、油污土壤等。

### 2.1.5 非固体物料

非固体物料主要是指与烟尘、气、液等有关的物料，如石油、天然气、石油开采中的油污水，甚至血液中的红细胞与白细胞等。它们的分离都需要采用新的加工利用技术。水是有限的宝贵自然资源，是人类赖以生存和社会发展的物质基础，因此，合理开发和综合利用水资源，综合治理水污染和处理回收废水，具有重要的意义。

### 2.1.6 决定物料加工工艺的基本参数

研究物料和工艺产品中化学组成、物相组成、晶粒大小、结构构造、工艺性质等及其与各工艺过程中产品之间的相互关系，可为物料中各有用组分的分选分离、产品的合理利用或综合利用提供理论依据和有效的工艺措施，并且随着物料综合利用程度的不断深化和工业技术水平的提高，其研究领域将会不断地被拓宽和深入。不同物料的加工工艺的基本参数是不尽相同的，如液体物料与二次资源中废旧电器加工工艺的基本参数就不同。现以矿物物料为例，阐述决定物料加工工艺的基本参数。

1．物料的物相组成

查明物料中的物相(如有用矿物和脉石矿物)组成和含量，是决定物料加工工艺的基本参数之一。常规的研究方法通常为化学物相法、显微镜鉴定法和 X 射线衍射物相分析法，但对于微小的、微量的物相来说，通常需借助于电子显微镜来进行深入的研究。

2．物料中元素赋存状态

物料中除主要有用组分以外，在加工过程中可以回收或对产品质量有益的成分称为伴生有益组分。如有些铁矿石中伴生的钛、钴等；有些铜矿石中伴生的镍、钴、金、银、硒、碲等。综合评价伴生有益组分的含量及赋存状态，可以提高物料的工业价值。

物料中有害杂质的存在，对物料质量有很大影响。如铝土矿中的钛和伊利石将会造成熔出管道结巴现象，影响铝的冶炼工艺。铁矿石中含硫量高，会降低金属抗张强度，使钢在高温下变脆；铁矿石中含磷量高，会使钢在低温下变脆等。因此，对物料有害组分的最大允许含量需要有一定的规定。物料中的有益组分和有害组分的含量是评价物料质量和利用性能的重要标志之一。

同一元素赋存于多种物相中，是自然界的一种普遍现象。例如，矿石中有用元素主要有以下五种存在形式。

(1) 形成独立矿物。目前工业上利用的元素绝大部分是从独立矿物中提取出来的，如铜从黄铜矿、斑铜矿、辉铜矿、孔雀石等独立矿物中提取；钒和铀可从钒酸钾铀矿中提取等。

(2) 呈类质同象混入物形式存在于其他矿物中。在工艺技术处理上，又可分为三种情况：作为附属成分提取，如闪锌矿中的镉，辉钼矿中的铼，锆英石中的铪、钍和铀，铝土矿中的镓，方铅矿中的银、镉和镓等；作为主要成分提取，如钴黄铁矿中的钴，天河石中的铷和铯等；作为同样重要的金属提取，如独居石中的铀、钍和镧，烧绿石中的铌、钽、铀、钍和镧等。

(3) 呈固溶体分离状态。如磁铁矿中的钛铁矿，闪锌矿中的黄铜矿，方铅矿中的辉银矿，黄铜矿中的斑铜矿，磁黄铁矿中的镍黄铁矿等。

(4) 呈包裹物形式存在。如硫化物中的自然金以及其他的金属矿物等。

(5) 呈吸附状态。如锰结核中的钴，有机页岩中的铀和钒，黏土中吸附的稀土元素等。

查明物料中元素赋存状态，对加工工艺流程和综合利用方案的确定都具有重要的意义。一般采用光学显微镜和电子显微镜(扫描电镜、电子探针和透射电镜)等研究手段。

3. 物料中物相嵌布特征

物料中物相的嵌布特征、磨碎或破碎时的单体解离度,是决定物料加工工艺的基本参数之一。它既影响工艺流程方案的选择,又是确定破碎方法和磨碎细度的关键因素。显微镜(体视显微镜、偏光显微镜、矿相显微镜及荧光显微镜等)下的观察研究,是解决这一问题的常规而又基本的手段。

在评价某些非金属矿石时,除对矿石品位、有益和有害组分含量、矿物组成、嵌布特征等提出要求外,还要对物料的物理性能提出要求。如水晶的压电效应、光学性能;云母的分剥性、绝缘性能;蛭石、珍珠岩的膨胀率;滑石和高岭土的白度;用于磨料和宝石领域的矿物的耐磨程度和硬度;煤的结焦性和灰分等。

4. 工艺产品的研究

物理选矿、化学选矿、生物湿法冶金及与冶金工艺有关的工艺产品(包括选矿的精矿与尾矿、人造富矿、烧结矿、炉渣、耐火材料、陶瓷、铸石等)中化学组成、物相组成及其与各工艺过程中产品质量之间的相互关系研究;物料的细度和粒度分布特征对工艺流程的影响研究;物料的粒度和堆积的方式对生物湿法冶金的影响研究;工艺产品的结构构造、工艺性质(如球团矿的抗压强度、选矿产品的残余药剂等)等对后续中间工艺和产品质量的影响研究等。通过这些研究,以期改进现有的工艺流程和提高产品的质量。

## 2.2 物料的物理性质

### 2.2.1 密度

物料密度:单位体积的物质的质量叫做密度,用 $\delta$ 表示,其单位按国际单位制为 $kg/m^3$,按厘米·克·秒制为 $g/cm^3$。

矿石真密度:矿石是矿物加工的主要对象,矿石是多种有用矿物和脉石矿物的混合体,其单位体积矿石的质量叫做矿石的真密度,单位 $kg/m^3$。

矿石堆密度:堆积的矿石存在孔隙,一定粒度组成的矿石自然堆积时,其单位体积的质量称为矿石的堆密度,单位 $kg/m^3$。

矿物间的密度差异是其能否重选分离的主要因素。常见矿物的密度、比磁化率和电导率见表 2-1。

**表 2-1　常见矿物的密度、比磁化率和电导率**

| 矿　物 | 化学式 | 密度 /(kg/m³) | 比磁化率 /($10^{-7}m^3$/kg) | 电导率 /(S/cm) |
|---|---|---|---|---|
| 强磁性矿物 | | | | |
| 磁铁矿 | $Fe_3O_4$ | 4900～5200 | 6300～12000 | $10^6$～$10^{-5}$ |
| 磁赤铁矿 | $\gamma$-$Fe_2O_3$ | 4800～5300 | 5000～6000 | |
| 钛磁铁矿 | $Fe(Fe^{3+}$、$Ti)_2O_4$ | | 3000～4000 | |
| 磁黄铁矿 | $Fe_{1-x}S$( $x$=0～0.2) | 4650～4850 | 63～670 | $10^2$～$10^6$ |
| 弱磁性矿物 | | | | |
| 假象赤铁矿 | $Fe_2O_3$ | | 70～90 | |
| 赤铁矿 | $Fe_2O_3$ | 4800～5300 | 20～30 | $10^{-1}$～$10^{-7}$ |
| 褐铁矿 | $Fe_2O_3 \cdot nH_2O$ | 3400～4400 | 2～3 | |
| 菱铁矿 | $Fe_2CO_3$ | 3800～3900 | 6～7 | $10^1$～$10^{-5}$ |
| 黄铜矿 | $CuFeS_2$ | 4100～4300 | 17 | |
| 钛铁矿 | $(Mg,Fe)TiO_2$ | 4500～5500 | 14～34 | $10^4$～$10^2$ |
| 水锰矿 | $MnO_2 \cdot Mn(OH)_2$ | 4200～4400 | 6.3 | |
| 软锰矿 | $MnO_2$ | 4700～4800 | 4 | $10^4$～$10^{-2}$ |
| 黑钨矿 | $(Fe,Mn)WO_4$ | 7100～7500 | 8～12 | $10^{-2}$ |
| 白云石 | $CaMg(CO_3)_2$ | 2800～2900 | 3.4 | $10^{-5}$～$10^{-10}$ |
| 斑铜矿 | $Cu_5FeS_4$ | 4900～5400 | 18 | $10^3$～1 |
| 非磁性矿物 | | | | |
| 石英 | $SiO_2$ | 2650 | −0.025 | $10^{-13}$～$10^{-16}$ |
| 长石 | $(Na,K,Ca)[AlSiO_3O_8]$ | 2700～2800 | 0.630 | $10^{-8}$～$10^{-14}$ |
| 金红石 | $TiO_2$ | 4100～5200 | 0.250 | $10^4$～$10^1$ |
| 磷灰石 | $Ca_5(PO_4)_3(F,OH,Cl)$ | 3200 | 0.126 | $10^{-12}$～$10^{-14}$ |
| 黄铁矿 | $FeS_2$ | 4950～5100 | 0.126 | $10^4$～$10^{-1}$ |
| 闪锌矿 | $ZnS$ | 3500～4200 | 0.126 | |
| 辉钼矿 | $MoS_2$ | 4700～5000 | 0.126 | $10^{-1}$～$10^{-5}$ |
| 方铅矿 | $PbS$ | 3900～4100 | 0.022 | $10^4$～1 |
| 锡石 | $SnO_2$ | 6800～7100 | | $10^2$～$10^{-8}$ |
| 毒砂 | $FeAsS$ | 5900～6200 | 0.082 | 10～1 |
| 萤石 | $CaF_2$ | 3000～3250 | 0.060 | $10^{-13}$～$10^{-17}$ |
| 滑石 | $H_2Mg_3(SiO_3)_4$ | 2500～2800 | 0.082 | |
| 正长石 | $KAlSi_3O_8$ | 2500～2600 | 0.027 | |

### 2.2.2 物料颗粒的几何特征

颗粒的几何特征主要包括颗粒的大小、形状、表面积等，单个颗粒的几何特征及颗粒群的粒度组成和分布是分选和加工过程中应充分考虑的关键性因素之一。同时，对于矿物粉体在其他领域中的应用，其颗粒的几何特征也是重要的物性指标。

1. 颗粒的形状

颗粒的轮廓边界或表面上各点的图像，称作颗粒的形状。

颗粒的形状可归纳为 9 种，如球形、滚圆形、多角形、不规则体、粒状体、片状体、枝状体、纤维状、多孔状等。颗粒形状的定量分析已有许多方法，常用的有以下几种。

(1) 形状系数。对规则形状的颗粒而言，其表面积、体积分别和线性尺寸成平方或三次方的关系，其比例关系被定义为形状系数。

设颗粒的直径为 $d$、体积为 V、面积为 S，按上述定义得

表面形状系数

$$\varphi_{\mathrm{s}} = \frac{S}{d^2} \tag{2-1}$$

体积形状系数

$$\varphi_{\mathrm{v}} = \frac{V}{d^3} \tag{2-2}$$

比表面形状系数

$$\varphi_{\mathrm{sv}} = \frac{\varphi_{\mathrm{s}}}{\varphi_{\mathrm{v}}} \tag{2-3}$$

因单位体积颗粒的比表面积 $S_{\mathrm{v}} = S/V = \varphi_{\mathrm{s}} d^2 / \varphi_{\mathrm{v}} d^3$，所以有

$$\varphi_{\mathrm{sv}} = S_{\mathrm{v}} d \tag{2-4}$$

随着颗粒尺寸的减小，颗粒的形状趋于规则化，因此形状系数值也随之减小。

(2) 形状指数。与形状系数不同，它和具体的物理现象无关，只用数学表达式来描述颗粒的外形。常见的形状指数有球形度和粗糙度等。

① 球形度。广为应用的球形度 $\varphi$ 的定义式为

$$\varphi = \frac{\text{与颗粒等体积的圆球表面积}}{\text{颗粒的实际表面积}} = \frac{S_{\text{球}}}{S_{\text{粒}}} \tag{2-5}$$

② 粗糙度。定义为颗粒的实际表面积与把颗粒外观看成光滑时的表面积之比，实际应用时如下

$$\text{粗糙度 } P = \frac{\text{用吸附法测得的比表面积}}{\text{用渗透法测得的表面积}} \tag{2-6}$$

实验指出，实际上球形度 $\varphi$ 应表达如下

$$\varphi = \varphi_G p$$

式中：$p$——粗糙度系数；

$\varphi_G$——几何形状系数。

一些简单的几何形状的 $\varphi_G$ 见表 2-2。

**表 2-2　简单几何体的几何形状系数**

| 名称 | 直径($d$)或边长($a$) | $\varphi_G$ | 名称 | 直径($d$)或边长($a$) | $\varphi_G$ |
|---|---|---|---|---|---|
| 圆球 | $d=a$ | 1.0 | 正四面体 | $a$ | 0.672 |
| 正八面体 | $a$ | 0.846 | 平板 | $a,a,0.5a$ | 0.762 |
| 立方体 | $a$ | 0.806 | 平板 | $a,a,0.2a$ | 0.414 |
| 长方体 | $a,a,2a$ | 0.767 | 平板 | $a,a,0.1a$ | 0.261 |
| 长方体 | $a,a,3a$ | 0.718 | 平板 | $a,a,0.05a$ | 0.164 |
| 长方体 | $a,a,6a$ | 0.613 | | | |

### 2. 粒径与粒度

粒径是单个颗粒大小的度量，而粒度是描述颗粒群大小的总体概念。

(1)单颗粒的粒径。规则颗粒的粒径：如颗粒是理想的规则几何体，可以很方便地用 1～3 个特征长度准确地描述其形状及大小。例如，用一个特征长度——直径 $d$ 描述标准圆球体，用边长 $L$ 定义标准的正方体，用长度 $L$、宽度 $B$ 及厚度 $H$ 这 3 个特征长度描述长方体等。

非规则颗粒的粒径：颗粒的形状往往是不规则的，为了描述不规则的矿物颗粒，一般采用一个长度量纲——名义直径或标准直径表示。名义直径 $d_n$ 是根据颗粒的一种或两种易于测量的实际尺寸或性质计算出来的。通常采用的有 4 种名义直径：轴径、当量球径、当量圆径和统计直径。

① 轴径是指颗粒的特征线段的算术或几何平均值。例如

二轴平均径：平面图形长径和短径的算术平均值

$$d_b = (l + b)/2 \tag{2-7}$$

三轴平均径：立体图形三维尺寸的算术平均值

$$d_c = (l + b + h)/3 \tag{2-8}$$

② 当量球径是指与颗粒同性质的球体直径(如相同体积、相同投影面积、相同沉降速度等)。例如

体积直径：与颗粒具有相同体积的圆球直径

$$d_v = \sqrt[3]{6V/\pi} \quad (V\ 为颗粒实际体积) \tag{2-9}$$

面积直径：与颗粒具有相同表面积的圆球直径

$$d_s = \sqrt{S/\pi} \quad （S 为颗粒的表面积） \tag{2-10}$$

自由降落直径($d_f$)：与颗粒同密度球体，在密度和黏度相同的流体中，与颗粒具有相同沉降速率的球体的直径(该球称为标准粒子)

$$v_0 = \sqrt{\frac{\pi d_f(\delta_s - \rho_l)g}{6\varphi\rho_l}} \tag{2-11}$$

式中：$\rho_l$——液体密度；

$\delta_s$——颗粒密度；

$v_0$——颗粒沉降速率；

$g$——重力加速度；

$\varphi$——阻力系数。

③ 当量圆径是指与颗粒的投影轮廓同性质的圆的直径。例如

投影面积直径：与颗粒在稳定位置投影面积相等的圆直径

$$d_a = \sqrt{4A/\pi} \quad （A 为颗粒的投影面积） \tag{2-12}$$

此外，统计直径是指与某个固定方向平行测得的颗粒的长度尺寸(如通过显微镜测量等)。

(2) 颗粒群的平均粒度和粒度分布。颗粒群是由不同粒级的颗粒组成，必须找出一个具有代表性的尺寸来表示它们的大小。通常，有以下几种表示方法：

加权的算术平均值

$$d_{算} = \sum_{i=1}^{n} r_i d_i \tag{2-13}$$

加权的几何平均值

$$d_{几何} = \prod_{i=1}^{n} d_i^{r_i} \tag{2-14}$$

加权的调和平均值

$$d_{调和} = 1\Big/\sum_{i=1}^{n} \frac{r_i}{d_i} \tag{2-15}$$

式中：$r_i$——某一粒级质量分数；

$d_i$——某一粒级的平均粒径。

中位数：以混合料各粒级累计质量分数对粒级作图，占混合料质量一半时所对应的颗粒尺寸。

人们习惯使用加权算术平均值。

## 2.2.3 颗粒的表面积

1. 表面积

颗粒的表面积包括外表面积和内表面积两个部分。外表面积是指颗粒轮廓所包络的表面积，它由颗粒的尺寸、外部形貌等因素所决定。内表面积是指颗粒内部孔隙、裂纹等的表面积。上述两个部分表面积并无明确的界限，如颗粒尺寸较大时，其内部孔隙的表面积属内表面，但经充分粉碎后颗粒内部封闭的空洞被打开，内表面则变成外表面。

2. 比表面积

单位体积（或单位质量）物体的表面积，称为该物体的比表面积或比表面。

以 V 代表颗粒的总体积（或以 $w$ 代表颗粒的总质量），以 S 代表其总表面积，以 $S_v$（或 $S_w$）代表比表面积，则有

$$S_v = S/V \ (m^2/m^3) \tag{2-16}$$

或

$$S_w = S/w \ (m^2/kg 或 m^2/g) \tag{2-17}$$

颗粒是细化的固体，粒度越细的粒群，其表面积越大，如直径 1cm 的颗粒破碎成 1$\mu$m 的颗粒群时，表面积约增大 $10^4$ 倍。颗粒的比表面积可通过许多仪器进行测量，也可以利用实际粒度分析资料进行理论计算。常用的比表面分析方法如下。

(1) BET 吸附法。吸附法是在试样颗粒的表面上吸附截面积已知的吸附剂分子，根据吸附剂的单分子层吸附量计算出试样的比表面积，然后换算成颗粒的平均粒径。目前多用 BET 方法进行测定。BET 吸附等温式为

$$\frac{p}{V(p_0 - p)} = \frac{1}{V_m K} + \frac{K - p}{V_m K p_0} \tag{2-18}$$

式中：$p$——吸附气体的压力；

$p_0$——吸附气体的饱和蒸气压；

$V$——吸附量；

$V_m$——单分子层吸附量；

$K$——与吸附热有关的常数。

以 $p/[V(p_0 - p)]$ 对 $p/p_0$ 作图为一直线，由该直线的斜率和截距可以求得 $V_m$ 值，再由 $V_m$ 值及吸附气体的分子截面积 A，可计算出试样的比表面积 $S_w$，即

$$S_w = \frac{NA}{V_0} V_m \tag{2-19}$$

式中：$V_0$——标准状态下吸附气体的摩尔体积（$V_0$=22 410mL）；

N——阿伏伽德罗常量（$N=6.023\times10^{23}/mol$）。

由于氮吸附的非选择性，低温氮吸附法通常是测定比表面积的标准方法，此时$A=0.162nm^2$，当测定温度为77.2K时，式(2-19)可简化为

$$S_w = 4.36\,V_m \tag{2-20}$$

应该注意的是，吸附法测定颗粒粒度，原则上只适用于无孔隙和裂纹的颗粒，如果颗粒中存在孔隙或裂纹，用这种方法测得的比表面积包含孔隙内或缝内的表面积，因而测得的比表面积比其他方法（如透气法）的测定数值大，由此换算出的颗粒粒径则偏小。

(2) 气体透过法。气体透过法的理论根据是 Kozeny Carman 关于层流状态下气体通过固定颗粒层时透过流动速度与颗粒层阻力的关系式

$$\Delta P = 5\,S_v^2\,u\mu L\,\frac{(1-\varepsilon)^2}{\varepsilon^3} \tag{2-21}$$

式中：$\Delta P$——粉体层的阻力；

$L$——粉体层的厚度；

$\mu$——气体的黏度；

$u$——气体的透过流动速度；

$\varepsilon$——粉体层的空隙率。

气体透过法测定粉体比表面积应用最广泛的是 Bline 法（又称勃氏法）。

Bline 法是测定水泥比表面积的常用方法，也可用于测定其他干燥细粉。

### 2.2.4 磁性

磁性是物质的基本属性之一。从电磁学原理可知，任何物质的磁性都是带电粒子运动的结果。原子是组成宏观物质的基本单元，原子由原子核和电子组成，电子运动使原子具有磁性，因此，原子磁性是物质磁性的基础。

原子磁性由原子磁矩表示。原子的磁矩来源于原子核和电子的磁矩。原子核的磁矩很小，仅为电子磁矩的千分之一，一般可忽略不计。电子绕原子核的环形运动所产生的磁矩称为轨道磁矩。此外，每个电子还要自旋，由自旋产生的磁矩称为自旋磁矩。二者的矢量和就是原子的总磁矩。

#### 1. 磁化现象与物质磁化率

所谓磁化现象是指物质在磁场中显示出磁性。物质的磁化程度可用磁化强度表示，磁化强度为单位体积物质的磁矩，可用式(2-22)表示

$$M = \frac{m}{V} \tag{2-22}$$

式中：$m$——磁化物质的磁矩，是物质中所有原子磁矩的矢量和，$A\cdot m^2$；

$V$——物质体积，$m^3$；

$M$——磁化强度，A/m。

磁化强度与外磁场强度成比例增加，故又可表示为

$$M = KH \tag{2-23}$$

式中：$H$——外磁场强度，A/m；

$K$——物质体积磁化率，可用以表示物质磁性，无量纲。

合并式(2-22)和式(2-23)，得

$$K = \frac{M}{H} = \frac{m}{VH} \tag{2-24}$$

式(2-24)表明，物质体积磁化率为物质磁化时单位体积和单位磁场强度具有的磁矩。

物质的磁性又可用比磁化率表示，即

$$\chi = \frac{K}{\rho} = \frac{m}{\rho VH} \tag{2-25}$$

式中：$\rho$——物质密度，$kg/m^3$；

$\rho V$——物质质量，kg；

$\chi$——物质比磁化率，是物质磁化时单位质量和单位磁场强度的磁矩，又称为质量磁化率，$m^3/kg$。

与比磁化率相对应的一个物理量是比磁化强度，即

$$j = \frac{M}{\rho} = \chi H \tag{2-26}$$

式中：$j$——比磁化强度，$(A \cdot m^2)/kg$。

量度物质磁化程度的另一个重要物理量是磁感应强度，它与磁场强度的关系可用式(2-27)表示

$$B = \mu H = \mu_0 \mu_r H \tag{2-27}$$

式中：$B$——磁感应强度，T；

$\mu$——物质磁导率，$(T \cdot m)/A$；

$\mu_0$——真空磁导率，$\mu_0 = 4\pi \times 10^{-7} (T \cdot m)/A$；

$\mu_r$——相对磁导率，无量纲，$\mu_r = \mu/\mu_0 = 1 + K$。

不同物质的 $\mu_r$ 不同，如水的 $\mu_r = 1.000\ 08$，铁的 $\mu_r = 18\ 000$。

磁感应强度又可表示为

$$B = \mu_0 (H + M) = \mu_0 H + \mu_0 KH \tag{2-28}$$

在磁学测量中，给定 $H$，可用磁力天平等仪器测定比磁化率 $\chi$，计算 $K$、$j$、$M$ 和 $B$ 等物理量，也可用冲击检流计直接测量磁感应强度 $B$。根据给定的 $H$ 值和测出的其他磁量绘制 $B = f_1(H)$ 或 $M = f_2(H)$ 和 $\chi = f_3(H)$ 曲线，用于判别各种物

质的磁性。

2. 物质磁性的类型

固体物质的磁性可分为五类：逆磁性、顺磁性、反铁磁性、铁磁性和亚铁磁性。

- 固体磁性分类
  - 原子的固有磁矩为 0 ——逆磁性(感生磁矩)
  - 原子的固有磁矩不为 0
    - 弱磁体
      - 顺磁体(磁矩无序排列)
      - 反铁磁体
    - 强磁体（磁矩有序排列）
      - 铁磁体
      - 亚铁磁体

与此对应，物质按磁性类别可分为逆磁体、顺磁体、铁磁体、反铁磁体和亚铁磁体。在磁场中，其原子磁矩的排列方式、磁化强度与磁场强度的关系表现出极大的差别，见表 2－3。

**表 2－3　磁性物质分类及其特点**

| 类别 | 逆磁体 | 顺磁体 | 铁磁体 | 反铁磁体 | 亚铁磁体 |
|---|---|---|---|---|---|
| 磁矩排列 | 原子磁矩＝0 |  |  |  | 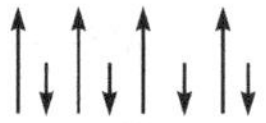 |
| 磁化强度 M 和外磁场强度 H 的关系 | 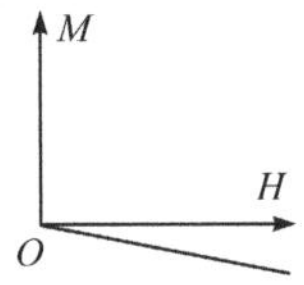  | 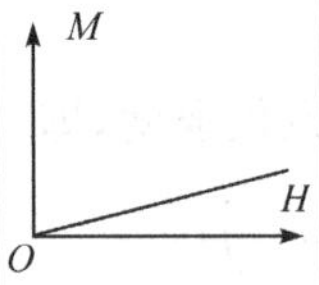  | 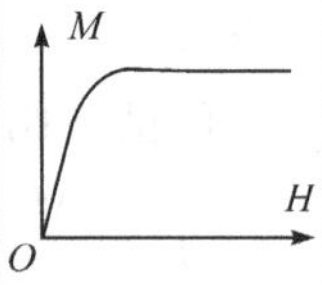  | 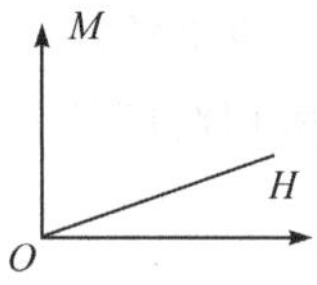  | 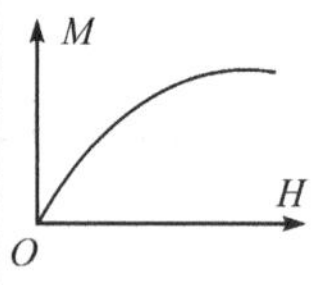  |
| 磁性强弱 | 逆磁性 | 弱磁性 | 强磁性 | 弱磁性 | 强磁性 |

(1) 逆磁性。这类物质的原子中的电子轨道磁矩和自旋磁矩互相抵消，即原子磁矩为零。当将这类物质放进磁场时，每个电子都产生一个附加磁矩，附加磁矩的方向与外磁场方向相反，因而显示逆磁性。

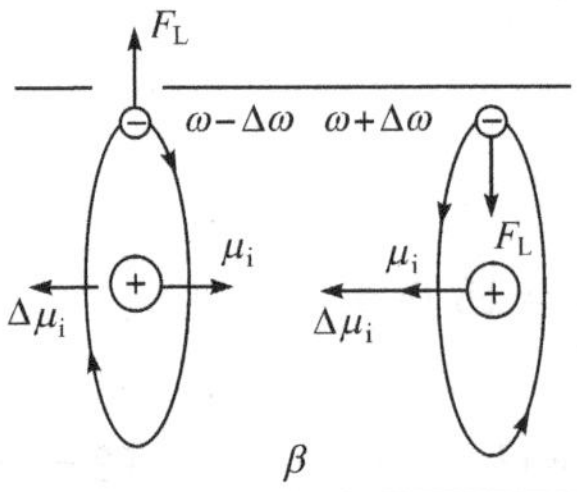


图 2－2　逆磁效应

图 2－2 表示两个电子的逆磁效应。轨道磁矩与外磁场平行的电子所受的洛仑兹力 $F_L$ 背离中心，由于轨道半径和电子与原子核之间的库仑力都保持不变，因而电子的向心力减小，角速度由 $\omega$ 减小到 $\omega-\Delta\omega$，结果，轨道磁矩由 $\mu_i$ 减小到 $\mu_i-\Delta\mu_i$。$\Delta\mu_i$ 即为电子在外磁场作用下产生的附加磁矩，其方向与外磁场方向相反。轨道磁矩 $\mu_i$ 与外磁场反平行的电子所受的洛仑兹力 $F_L$ 指向中心，因而电子的向心力增加，角速度由 $\omega$ 增加到 $\omega+\Delta\omega$，结果，轨道磁矩 $\mu_i$ 增加到 $\mu_i+\Delta\mu_i$，附加磁矩 $\Delta\mu_i$ 的方

向也与外磁场方向相反。这两个电子的逆磁效应表明，逆磁质所有电子在外磁场作用下的附加磁矩（又名感生磁矩）都与外磁场方向相反，因而逆磁质产生了与外磁场反向的磁化。

逆磁质的磁化率为负值，也是一个与温度无关的很小的常数值。由于逆磁性来源于原子中电子的感应附加磁矩，故任何物质都有逆磁现象。但非逆磁质的原子磁矩不为零，其附加磁矩只有轨道磁矩的百万分之几，因此不显逆磁性。

（2）顺磁性。顺磁性物质具有原子磁矩或分子磁矩，即具有本征磁矩。无外磁场作用时，单个原子磁矩的取向与其余原子磁矩的取向无关，各个原子磁矩的取向无序，并处于剧烈的热振动状态，物质总磁矩为零，因而对外不显磁性。在外磁场作用下，原子磁矩有向外磁场取向的趋势，外磁场越强，向外磁场方向取向的概率越大，物质总磁矩增大。但由于磁场远不能克服热振动分子磁矩取向的破坏作用，所以这种物质磁化时，对外显顺磁性。

顺磁质的体积磁化率为

$$K = \frac{M}{H} = \frac{\mu_0 N \mu_a^2}{3 K_B T} = \mu_0 \frac{C}{T} \tag{2-29}$$

式中：N——单位体积的原子数；

$\mu_a$——原子（或分子、离子）磁矩；

$K_B$——玻耳兹曼常量，$1.38 \times 10^{23}$ J/K；

T——热力学温度；

C——居里常量。

式（2－29）表明，当温度不变时，物质体积磁化率为常量，与磁场无关；当温度变化时，磁化率随温度的提高而降低，如图 2－3（a）。

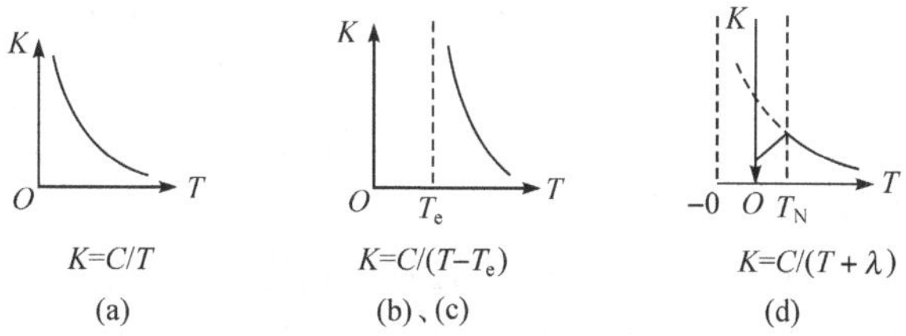


图 2－3　顺磁体（a）、铁磁体（b）、亚铁磁体（c）及反铁磁体（d）的典型磁化率与温度的关系

（3）反铁磁性。如图 2－3（d）所示，铂、钯、锰、铬等反铁磁质的磁化率随温度的变化规律为：低于临界温度时，与顺磁质和铁磁质都不同，随温度的提高而增加；只是在临界温度以后，才与顺磁质相同，磁化率随温度的提高而减少；在临界温度，磁化率有最大值。临界温度称为尼尔（N′ccl）点，用 $T_N$ 表示。换言之，当温度低

于尼尔点时，呈反铁磁性；温度高于尼尔点时，呈顺磁性。反铁磁质有小的正磁化率，其比磁化率为 $10^{-10} \sim 10^{-9} m^3/kg$ 数量级。

(4) 铁磁性。铁、钴、镍和某些稀土元素（如钆、镝、钬）等的磁性通称为铁磁性。这类物质称为铁磁性物质。

铁磁质加热到一定温度后可变为顺磁质，这一转变温度称为居里点，常用 $T_c$ 表示，铁的 $T_c = 630K$，见图 2-3(b)。铁磁质在居里点以上的磁化率可用式(2-30)表示

$$K = \frac{\mu_0 M}{B_0} = \frac{\mu_0 C}{T - T_c} \tag{2-30}$$

式中：C——居里常量；

$T_c$——临界温度（当 $T > T_c$ 时，热振动破坏了磁畴结构）。

鉴于铁磁性在磁选领域起着非常重要的作用，以下分几个问题对铁磁质的性质、磁畴结构和磁化原理作比较详细的介绍。

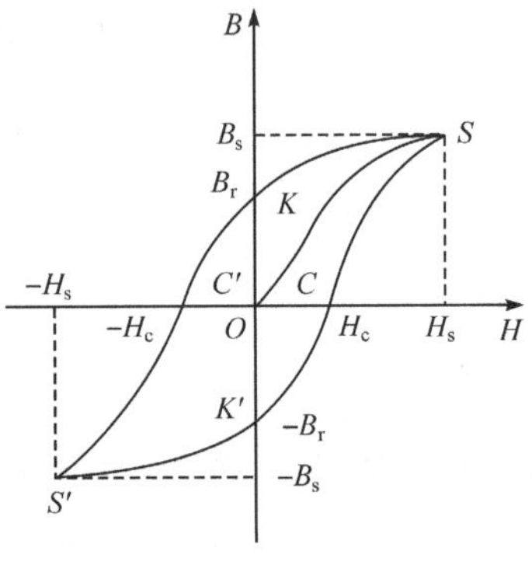


图 2-4　磁滞回线

① 铁磁效应。图 2-4 是用实验测定的某铁磁质完整的 B-H 相关曲线，这充分表明了铁磁质的磁化效应：起初，磁场强度 H 由 O→$H_s$ 时，磁感应强度 B 由 O→S，S 为磁饱和点，$B_s$ 为饱和磁感应强度，OS 为起始（或基本）磁化曲线；然后，H 由 $H_s$→O 时，则 B 由 S→$B_r$，$B_r$ 称为剩余感应强度，这种退磁不可逆现象称为磁滞，意即 B 滞后于 H 的变化。当磁场强度 H 按反向由 O→$-H_c$ 时，则 B 由 $B_r$→O，即剩磁被退掉，$H_c$ 称为矫顽力，$H_c$ 的大小表明退磁的难易程度；之后，H 由 $-H_c$→$-H_s$ 时，则 B 由 O→S′，在反向达到磁饱和；最后，H 由 $-H_s$→O→$H_s$ 时，则 B 由 S′→$-B_r$→S，即回到最初的磁饱和状态，形成封闭的磁滞回线。

铁磁质的磁性概括起来为：磁化时，磁感应强度（或磁化强度）随磁场强度的提高急剧增加，容易磁化到饱和状态；退磁时，有磁滞效应，撤销外磁场后有剩磁；外磁场按正弦波形变化时，磁感应强度按磁滞回线变化。

② 磁畴结构。前已述及，铁磁质原子中的轨道磁矩对原子磁矩没有贡献，原子磁矩只来源于电子的自旋。进一步研究证明，铁磁质相邻原子之间存在一种来源于静电作用的很强的直接交换作用，这种作用使相邻原子中电子的自旋磁矩平行取向，并处于最低的能量状态，即最稳定的状态。即使无外磁场作用，相邻的原子磁矩也能在一定范围内按同一方向排列，达到饱和磁化，这叫做自发磁化。

根据对铁磁质内部结构的理论和实验研究证明，铁磁质是由许多自发磁化的

小区域组成的，这些自发磁化的小区域叫做磁畴(图 2-5)，单个磁畴的体积约为 $10^{-15}m^3$，约含 $10^{15}$个原子。每个磁畴内，在无外磁场作用的情况下，原子磁矩排列在同一方向上，即自发磁化到饱和状态。磁畴之间的边界层叫做磁畴壁(图 2-6)。相邻磁畴的方向不同，因此，无外磁场作用时，各个磁畴的磁矩互相抵消，对外不显磁性。

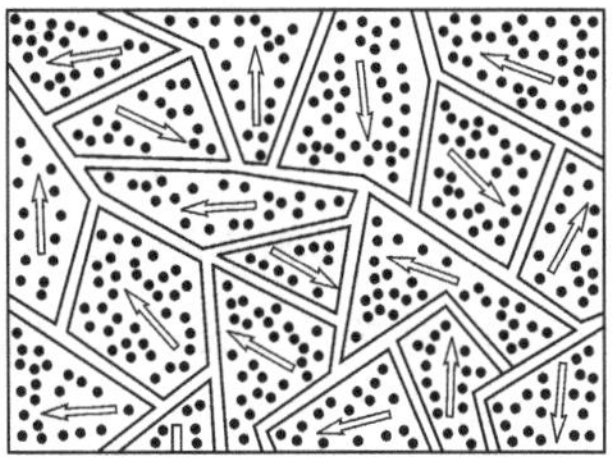

图 2-5　磁畴结构示意图

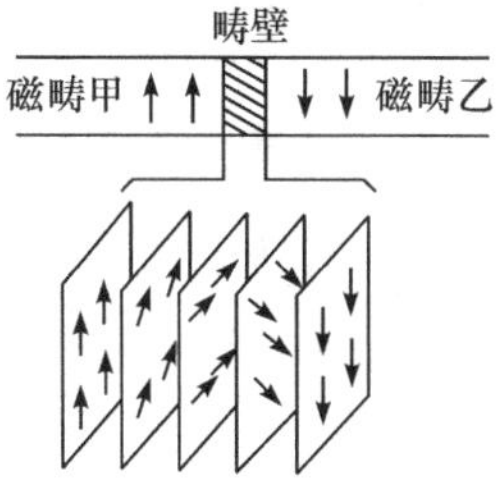


图 2-6　180°畴壁示意图

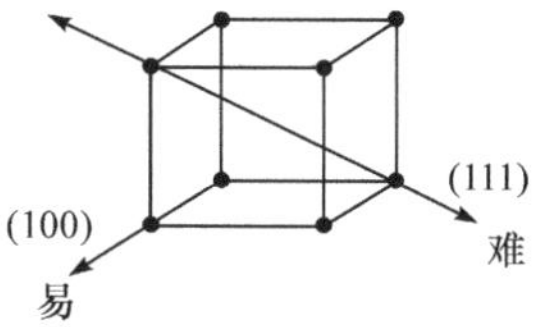


图 2-7　铁晶体难易磁化轴

磁畴的自发磁化方向不是任意的，而是取决于磁晶的各向异性。磁晶各向异性是指铁磁质晶体的最易磁化轴和最难磁化轴。如铁晶体为体心正立方体(图 2-7)，最易磁化轴为(100)轴，即立方晶体的三条棱边；最难磁化轴为(111)轴，即四面体对角线。每条轴有两个互为相反的方向，所以，铁晶体有 6 个易磁化方向和 8 个难磁化方向。磁畴处于最易磁化方向时，能量最低，取向最稳定，因此，磁畴的自发磁化方向是各个可能的最易磁化方向之一。磁畴从最易磁化方向转到其他方向需要外磁场做功。

磁畴壁有一定的厚度。由于相邻磁畴的自发磁化方向不同，因此，正如图 2-6 所示，磁畴壁实际上是从一个磁畴方向到另一个磁畴方向的连续过渡层。此外，由于铁磁晶体的 6 个易磁化方向只能构成 90°和 180°两种角度，所以铁晶体磁畴壁有 90°和 180°畴壁两种类型。

③ 磁化过程。在磁化磁场的作用下，铁磁质的磁化包括两个过程：畴壁的移动和磁畴的转动。畴壁移动时，与外磁场方向相近的磁畴的体积扩大，其他方向磁畴的体积缩小，以致消失(图 2-8)。

这一过程实质上是畴壁附近的原子磁矩在外磁场的影响下逐渐转向，由体积缩小的磁畴方向转到体积扩大的磁畴方向的结果，壁移所需的外加磁场强度较小，所以在低磁场中，磁化以壁移为主，磁化曲线的 OA 段为畴壁的可逆位移(图 2-9)，即磁场强度减到零时，磁化强度可沿 OA 曲线回降到零。AB 段畴壁的位移是不连续的、跳跃式的、不可逆的。畴壁位移的不可逆性，是由于磁晶中的杂质和晶格缺陷阻碍畴壁的移动，这种阻力相当于一种摩擦力；当畴壁越过这些障碍后，退磁时，它又妨碍畴壁回到原来的位置，因而产生磁滞现象。磁畴转动是磁畴

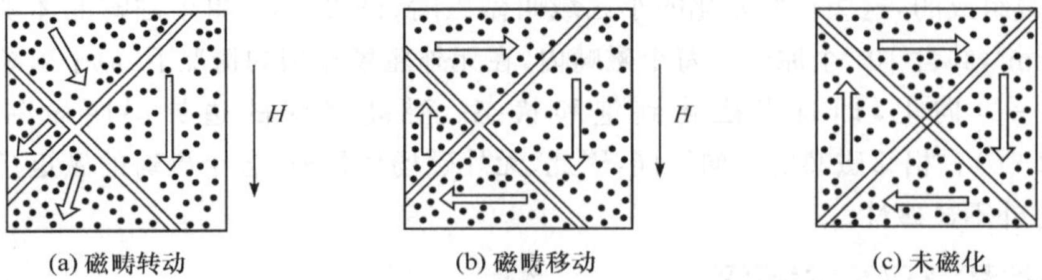


图 2-8　铁磁质的磁化过程

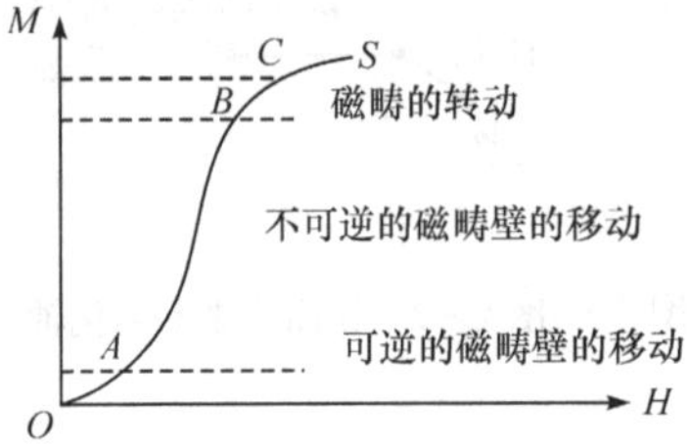


图 2-9　铁磁质的磁化曲线

逐渐转到与外磁场方向一致。畴转所需的外磁场强度较高，因此，在较高磁场中，磁化以畴转为主。当所有磁畴都转到外磁场方向时，磁化即达到饱和状态。磁化曲线的 BC 段是以畴转为主的磁化过程。

（5）亚铁磁质。亚铁磁质也有两种次晶格，但其邻近原子（或离子）磁矩的排列方向相反，大小不等，具有未被抵消的磁矩和相当大的自发磁化强度，因而具有很强的磁性，且与铁磁质的磁性十分相似。这种磁性被称为亚铁磁性，又称为未被抵消的铁磁性。磁铁矿（$Fe_3O_4$）是众所周知的亚铁磁质。以后又发现，$Fe_3O_4$ 中的二价铁离子 $Fe^{2+}$ 被 $Mn^{2+}$、$Co^{2+}$、$Ni^{2+}$、$Cu^{2+}$、$Sr^{2+}$、$Ba^{2+}$、$Zn^{2+}$、$Cd^{2+}$等二价离子取代的物质也具有亚铁磁性，这些材料被称为铁淦氧磁体，简称铁氧体，如锶铁氧体（$SrO·6Fe_2O_3$）。

### 3. 物体的磁性

如图 2-10 所示，将有限尺寸的磁性物体置于外磁场中磁化时，顺着外磁场方向的两端会出现许多自由磁极。自由磁极是磁化物体中的原子磁矩沿外磁场方向取向时，两端最外层原子磁矩朝内的一极与前一原子磁矩的异极相吸引，处于束缚状态，而朝外的一极则是处于自由状态，这些朝外的处于自由状态的磁极都被称为自由磁极。两端自由磁极在磁化体内部产生的磁场叫做退磁场。当磁化均匀时，退磁场强度与磁化强度 M 成正比，即

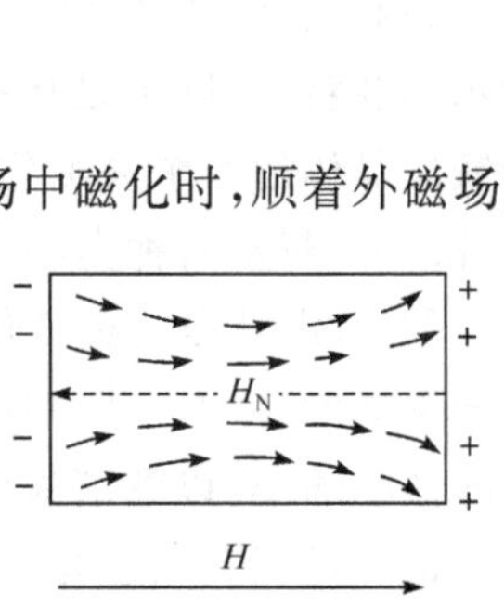


图 2-10　物体磁化时的自由磁极与退磁场

$$H_N = NM \tag{2-31}$$

式中：$H_N$——退磁场强度，A/m；

N——退磁因子，无因次。

退磁场强度 $H_N$ 的方向与外磁场强度 $H$ 及磁化强度 $M$ 的方向相反，它削弱

外磁场对物体的磁化作用。

理论证明，只有椭球体才能在均匀外磁场中均匀磁化。对于一般的椭球体[图 2-11(a)]，沿它的三个主轴 $a$、$b$、$c$ 的退磁因子 $N_a$、$N_b$和 $N_c$ 的计算很复杂，但有下述简单关系

$$N_a + N_b + N_c = 1 \tag{2-32}$$

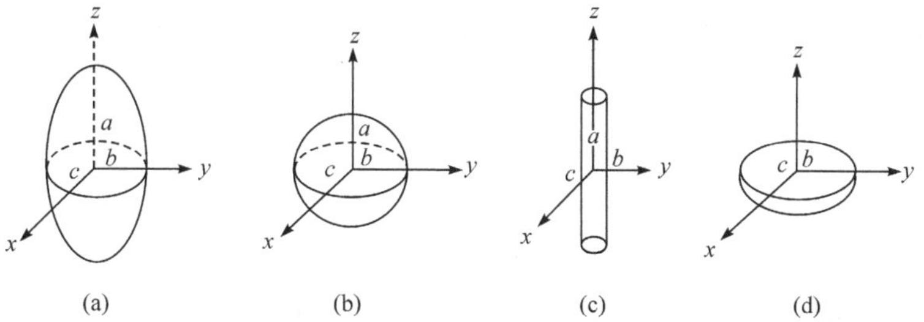


图 2-11　椭球体(a)、球体(b)、细长圆柱体(c)和薄圆片(d)的示意图

球体、细长圆柱体的无限大薄片[图 2-11(a)、(b)、(c)、(d)]是椭球体的特殊情况，其退磁因子分别为：

球体，$a=b=c$，三个轴向的退磁因子相等，即

$$N_a = N_b = N_c = \frac{1}{3} \tag{2-33}$$

细长圆柱体，$a \gg b=c$，$a$ 轴方向的退磁场非常弱，$N_a \approx 0$，其他两个轴向的退磁因子相等，所以

$$N_a = 0, \quad N_b = N_c = \frac{1}{2} \tag{2-34}$$

无限大薄片，$b=c=\infty$，$b$、$c$ 轴向的退磁因子都为零，所以

$$N_a = 1, \quad N_a = N_c = 0 \tag{2-35}$$

长旋转椭球体($a>b=c$)在 $a$ 轴方向的磁化，可用式(2-36)计算退磁因子 $N_a$

$$N_a = \frac{1}{\left(\frac{a}{b}\right)^2 - 1}\left[\frac{\frac{a}{b}}{\sqrt{\left(\frac{a}{b}\right)^2 - 1}}\ln\left(\frac{a}{b} + \sqrt{\left(\frac{a}{b}\right)^2 - 1}\right) - 1\right] \tag{2-36}$$

式中：$a$——椭球体的长轴，与外磁场方向平行；

$b$——椭球体的短轴，与外磁场方向垂直。

旋转椭球体的退磁因子 N 也可用经验公式(2-37)计算

$$N=\frac{1}{\left(2+0.3\,\frac{a}{b}\right)\frac{a}{b}+1}\tag{2-37}$$

显然,退磁因子与磁化物体的形状和磁化方向密切相关:薄片的退磁因子可达1;球体的退磁因子为 1/3;细长圆柱体的轴向退磁因子为零,径向退磁因子为 1/2。

由于物体磁化时退磁场的产生,因而实际使物体磁化的有效磁场强度 $H_E$,即物体内部的磁场强度,为外磁场强度 $H$ 与退磁场强度 $H_N$ 之差

$$H_E=H-H_N\tag{2-38}$$

或

$$H_E=H-NM\tag{2-39}$$

式(2-39)表明,物体的退磁因子越大,退磁场强度也越大;有效磁场强度越小,物体越难磁化。例如,用纯铁做成退磁因子为零的试样,只需 40kA/m(500Oc)的外磁场强度可磁化到饱和状态,而用产生高梯度的铁磁性细丝在均匀磁场中磁化时,由于丝的轴向与磁场方向垂直,退磁因子很大,以致需要 560kA/m(7000Oc)以上的外磁场强度才能磁化到饱和状态。

由于退磁场在不同程度上削弱外磁场对物体(或矿粒)的磁化作用,因而用同种物质做成退磁因子不为零和退磁因子为零的两个不同形状的试样,在相同外磁场强度 $H$ 条件下磁化时,磁化强度不同。若后者的磁化强度为 $M$,则前者的磁化强度小于 $M$;换言之,若要使退磁因子不为零的试样的磁化强度与退磁因子为零的试样的磁化强度相等,都为 $M$,则必须将前一种试样磁化时的外磁场强度由 $H$ 增加到 $H+\Delta H$,使增加的磁场强度 $\Delta H$ 恰好能抵消退磁场 $H_N$ 的反磁化作用,即 $\Delta H$ 应与 $H_N$ 大小相等,方向相反。鉴于此,通常将退磁因子不为零的磁化试样的磁化率叫做物体磁化率,以便与上述物质磁化率区别开来。显然,物体磁化率可用式(2-40)表示

$$K_p=\frac{M}{H+\Delta H}=\frac{M}{H+NM}\tag{2-40}$$

式中:$K_p$——物体体积磁化率。

物体体积磁化率 $K_p$ 与物质体积磁化率 $K=M/H$ 的关系为

$$K_p=\frac{M}{H+NM}=\frac{KH}{H+NKH}=\frac{K}{1+NK}\tag{2-41}$$

物体比磁化率 $\chi_p$ 与物质比磁化率 $\chi$ 的关系为

$$\chi_p=\frac{K_p}{\rho}=\frac{K}{\rho(1+NK)}=\frac{\chi}{1+N\rho\chi}\tag{2-42}$$

物质与物体的磁性差别取决于物体的形状,即退磁因子 $N$。表 2-4 列出了几种形状的物体的退磁因子与物体尺寸比($m$)的关系,其中

$$m=\frac{l}{\sqrt{S}} \tag{2-43}$$

式中：$l$——与磁场方向一致的物体长度；

　　S——垂直于磁场方向的物体的截面积。

一般来说，退磁因子 N 随尺寸比 $m$ 的增大而减小，N 介于 0～1 之间。

**表 2-4　椭圆体、圆柱体和棱柱体的退磁因子**

| 尺寸比 $m=l/\sqrt{S}$ | 退磁因子 N | | | | |
|---|---|---|---|---|---|
| | 椭圆体 | 圆柱体 | 棱柱体 | | |
| | | | 1∶1 | 1∶2 | 1∶4 |
| 10 | 0.020 | 0.018 | 0.018 | 0.017 | 0.016 |
| 8 | 0.033 | 0.024 | 0.023 | 0.023 | 0.022 |
| 6 | 0.051 | 0.037 | 0.036 | 0.034 | 0.032 |
| 4 | 0.086 | 0.063 | 0.060 | 0.057 | 0.054 |
| 3 | 0.104 | 0.086 | 0.083 | 0.080 | 0.075 |
| 2 | 0.174 | 0.127 | | | |
| 1 | 0.334 | 0.279 | | | |

由于受到物体形状的影响，物质与物体的磁性如图 2-12 所示。

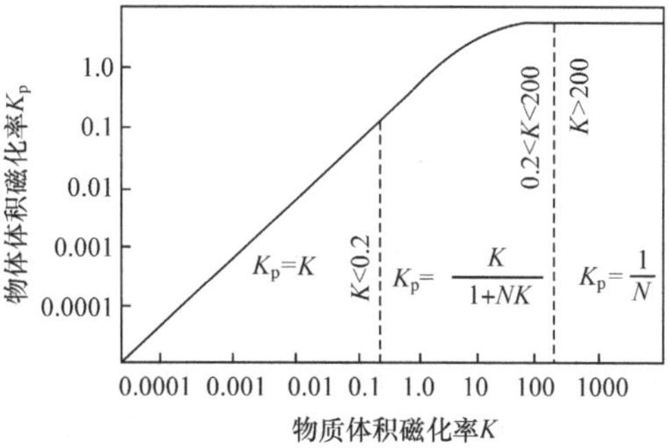


图 2-12　物体体积磁化率与物质体积磁化率的关系（N=0.16）

物体体积磁化率小于物质体积磁化率，即 $K_p<K$，物体比磁化率小于物质比磁化率，即 $\chi_p<\chi$，具体有三种情形：① $K\leqslant0.2$ 时，$K_p\approx K$，物体体积磁化率与物质体积磁化率几乎一致（弱磁性矿物）。②在 $0.2<K<200$ 区间，物体体积磁化率可用式(2-41)计算。若对伸长的磁铁矿粒平均取 N=0.16，则 $K_p$ 介于 0.193～

6.06之间。③当 $K>200$ 时，物体体积磁化率接近常数，近似于 $K_p=\frac{1}{N}$（强磁性矿物）。

天然磁铁矿的物质比磁化率约为 $800\times10^{-6}m^3/kg$，密度为 $5000kg/m^3$，若取 $N=0.16$，则物体比磁化率约 $500\times10^{-6}m^3/kg$。对于微细粒磁铁矿，当磁化形成细长链状体时，可取 $\chi_p\approx\chi=800\times10^{-6}m^3/kg$。

4. *矿物的磁性*

(1) 矿物按磁性分类。根据磁性，按比磁化率大小把所有矿物分成强磁性矿物、弱磁性矿物和非磁性矿物。

强磁性矿物：这类矿物的物质比磁化率 $\chi>3.8\times10^{-5}m^3/kg$（或 CGSM 制中 $\chi>3\times10^{-3}m^3/g$），在磁场强度 $H_0$ 达 120kA/m（~1500Oc）的弱磁场磁选机中可以回收。属于这类矿物的主要有磁铁矿、磁赤铁矿（$\gamma$-赤铁矿）、钛磁铁矿、磁黄铁矿和锌铁尖晶石等。这类矿物大都属于亚铁磁性物质。

弱磁性矿物：这类矿物的物质比磁化率 $\chi<7.5\times10^{-6}\sim1.26\times10^{-7}m^3/kg$（或 CGSM 制中 $\chi=6\times10^{-4}\sim10\times10^{-6}cm^3/g$），在磁场强度 $H_0=800\sim1600$ kA/m（10 000~20 000Oc）的强磁场磁选机中可以回收。属于这类矿物的最多，如大多数铁锰矿物——赤铁矿、镜铁矿、褐铁矿、菱铁矿、水锰矿、硬锰矿、软锰矿等；一些含钛、铬、钨矿物——钛铁矿、金红石、铬铁矿、黑钨矿等；部分造岩矿物——黑云母、角闪石、绿泥石、绿帘石、蛇纹石、橄榄石、石榴石、电气石、辉石等。这类矿物大都属于顺磁性物质，也有些属于反铁磁性物质。

非磁性矿物：这类矿物的物质比磁化率 $\chi=1.26\times10^{-7}m^3/kg$（或 CGSM 制中 $\chi<10\times10^{-6}cm^3/g$），在目前的技术条件下，不能用磁选法回收。属于这类矿物的很多，如部分金属矿物——方铅矿、闪锌矿、辉铜矿、辉锑矿、红砷镍矿、白钨矿、锡石、金等；大部分非金属矿物——自然硫、石墨、金刚石、石膏、萤石、刚玉、高岭土、煤等；大部分造岩矿物——石英、长石、方解石等。这类矿物有些属于顺磁性物质，也有些属于逆磁性物质（方铅矿、金、辉锑矿和自然硫等）。

应当指出的是，矿物的磁性受很多因素影响，不同产地不同矿床的矿物磁性往往不同，有时甚至有很大的差别。这是由于它们在生成过程中的条件不同，杂质含量不同，结晶构造不同等所引起的。另外，各类磁性矿物和非磁性矿物的物质比磁化率范围的规定，特别是弱磁性矿物和非磁性矿物的界限规定不是极其严格的，后者将随着磁选技术的发展，磁选机的磁场力的提高会不断地降低，所以上述分类是大致的。对于一个具体的矿物，其磁性大小应通过矿物磁性测定才能准确得出。

各种常见矿物的物质比磁化率值列于表 2-1。

(2) 强磁性矿物的磁性。磁铁矿、磁赤铁矿、钛磁铁矿、磁黄铁矿等强磁性矿物，它们的磁性具有共同的磁性。磁铁矿是典型的强磁性矿物，又是磁选所处理的主要矿石。

磁铁矿属于亚铁磁性物质，是典型的铁氧体。铁氧体的晶体结构主要有三种：尖晶石型、磁铅石型和石榴石型。尖晶石型铁氧体的化学分子式为 $XO \cdot Fe_2O_3$，其中，X 代表二价金属离子，常见的有 $Fe^{2+}$、$Co^{2+}$、$Mg^{2+}$、$Zn^{2+}$、$Cd^{2+}$、$Mn^{2+}$ 等，磁铁矿的分子式为 $Fe_3O_4$，还可写成 $FeO \cdot Fe_2O_3$，它是属于尖晶石型的铁氧体。

### 2.2.5　电性质

固态物质的电性质，在电学上按导电性能或电阻大小可分为导体、半导体和绝缘体。

矿物的电性质是指矿物的电阻、介电常数、比导电度以及电整流性等，它们是判断能否采用电选的依据。一般来说矿物具有较高的电阻，不是电的良好导体。矿物加工中电选分离所涉及的矿物的电性质是指矿物在电场中获得表面电荷的能力，以及表面电荷的传导能力。

1. 电导率

电导率是长 1cm，截面积为 $1cm^2$ 的直柱形物体沿轴线方向的导电能力。它是电阻率的倒数，是表示物体传导电流能力大小的物理量。根据所测出各种矿物的电导率值，常将矿物分成下列三种类型。

(1) 导体。电导率为 $10^4 \sim 10^5$S/cm，如自然铜。

(2) 半导体。电导率为 $10^2 \sim 10^{-10}$S/cm，介于导体与非导体之间。这种矿物很多，如硫化矿物和金属氧化矿物。

(3) 非导体。电导率为 $10^{-12} \sim 10^5$S/cm，如硅酸盐矿物和碳酸盐矿物。

部分矿物的电导率见表 2-1。

电选中的导体与非导体的概念与物理学中的导体、半导体和绝缘体是有很大差别的。电选中所指的导体矿物是指在电场中吸附电子后，电子能在矿粒上自由移动，或在高压静电场中受到电极感应后，能产生正负电荷，这种正负电荷也能自由移动。非导体则相反，它在电晕场中吸附电荷后，电荷不能在其表面自由移动或传导，在高压静电场中只能极化，正负电荷中心只发生偏离，并不能移走，只要一脱离电场则又恢复原状，而不表现出正负电性。导电性中等(或称半导体)的矿物，则是介于导体与非导体之间的这类矿物，除确有一部分这类矿物外，在实际中，通常是连生体居多。

矿物中的杂质对矿物的导电性有显著影响。在实际中，一些矿物表面常被其他物质污染，从而改变了矿物的电性质。例如，原本属于非导体的矿物如石英、石榴石、长石等，由于表面黏附有铁质变成了导体矿物，使其与其他导体矿物分选困难。

2. 电阻

矿物的电阻是指矿物的粒度 $d=1\text{mm}$ 时所测定出的欧姆数值。根据所测出各种矿物的电阻值，常将矿物分成下列三种类型：导体（电阻小于 $1\times10^6\Omega$ 者）、非导体（电阻大于 $1\times10^7\Omega$ 者）、中等导体（其导电性介于导体与非导体之间，电阻大于 $1\times10^6\Omega$ 而小于 $1\times10^7\Omega$ 者）。

对于电阻小于 $1\times10^6\Omega$ 者，电子的移动是很容易的；反之，电阻大于 $1\times10^7\Omega$ 者，电子不能在表面自由运动。当用电选分选导体和非导体时，两者电阻值差别越大，越容易分选。

3. 介电常数

介电常数是指带有介电质的电容与不带介电质（指真空或空气）的电容之比，用 ε 表示。在相同的电压下，如果在电容器两极之间放入介电质后，则电容器的电容会增加。介电常数可用式(2-44)表示

$$\varepsilon=\frac{C_k}{C_0} \tag{2-44}$$

式中：$C_k$——矿物或物料的电容，F；

$C_0$——空气的电容，F。

介电常数值的大小是目前衡量和判定矿物能否采用电选分离的重要判据，介电常数越大，表示其导电性越好；反之则表示其导电性差。一般情况下，介电常数 ε 大于 12 者，属于导体，用常规电选可作为导体分出；低于 12 者，若两种矿物的介电常数仍然有较大差别，则可采用摩擦电选而使之分开；否则，难以用常规电选方法分选。大多数矿物属于半导体矿物。

根据研究结果，介电常数的大小并不取决于电场强度的大小，而取决于测定所用交流电源的频率，且与温度有关。R. M. Fuoss 研究后得出结论：低频时介电常数大，高频时介电常数小。现在常见的矿物介电常数都是在 50Hz 或 60Hz 的交流电条件下测出的数值，在 SI 制中，真空介电常数 $\varepsilon=8.858\times10^{-12}\text{F/m}$。

矿物的介电常数，可以用平板电容法及介电液体法测定。前者为干法，适于测大块结晶纯矿物；后者为湿法，可用来测细颗粒的介电常数。

4. 比导电度

测定装置如图 5-32 所示，由一接地的金属滚筒和一个平行于滚筒的带高压电的金属圆管组成。被测矿物给到滚筒上，在电场的作用下，颗粒由于感应而产生表面电荷，当电压达到一定数值时，颗粒变成导体，迅速变成等电位表面，与接地滚筒的电位相同，因此被吸向电极，使其落下轨迹发生偏离，此时电压即为最低电压；

反之，如电压低，矿粒不表现出导体的偏离作用，而被吸附在滚筒上沿普通轨迹落下。为此可采用不同电压、不同电性(正电或负电)测定出各种矿物所需的最低电压。石墨是良导体，所需电压最低，仅为 2800V，国际上习惯以它为标准，将各种矿物所需最低电压与它相比较，其比值即定义为比导电度。如钛铁矿所需最低电压为 7800V，则其比导电度为 7800/2800=2.79，其他矿物比导电度依此类推。必须说明的是，这些测出和标定的电压是最低电压，而不是最佳分选电压，实际分选电压常比最低电压要高得多。

5. 整流性

在测定矿物的比导电度时会发现，有些矿物只有当高压电极带负电时才能作为导体分出，如方解石；另一些矿物则只有高压电极带正电时才能作为导体分出，如石英；还有一些如磁铁矿、钛铁矿等，无论高压电极的正负，均能作为导体分出。矿物表现出的这种与高压电极极性相关的电性质称作整流性。为此规定：只获得正电的矿物叫正整流性矿物，如方解石，此时电极带负电；只获得负电的矿物叫负整流性矿物，如石英，此时电极带正电；不论电极正负，均能获得电荷的矿物叫全整流矿物，如磁铁矿等。

根据矿物介电常数和电阻的大小，可以大致确定矿物用电选分离的可能性；根据矿物比导电度，可大致确定其分选电压，当然此电压是最低电压；根据矿物的整流性，可确定电极的极性。但实际上往往采用负电进行分选，正电很少采用，因为采用正电时对高压电源的绝缘程度要求较高，且不能带来更好的效果。

## 2.3 表面化学性质

矿物颗粒具有一些独特的表面化学性质，如表面能、表面电性、氧化与溶解性等。表面化学性质决定矿物颗粒表面的润湿性，而润湿性是矿物浮选的基础。因此，矿物表面化学性质是矿物加工学的基础之一。

### 2.3.1 晶体结构与价键类型

1. 矿物的价键类型

矿物内部结构按键能可分为四大类。

(1) 离子键或离子晶格。属于此类的矿物有萤石($CaF_2$)、方解石($CaCO_3$)、白铅矿($PbCO_3$)、铅矾($PbSO_4$)、白钨矿($CaWO_4$)、孔雀石[$CuCO_3 \cdot Cu(OH)_2$]、闪锌矿($ZnS$)、锆英石($ZrSiO_4$)和岩盐($NaCl$)等。

(2) 共价键或共价晶格。典型的例子是金刚石，一般是共价键带有弱的极性键，如石英($SiO_2$)、金红石($TiO_2$)、锡石($SnO_2$)等。

(3) 分子键或分子晶格。菱形硫中的硫分子与硫分子间是靠分子间力联系的，但每个硫分子由 8 个硫原子组成，硫原子与硫原子间是共价键。石墨、辉钼矿的层状结构中层与层之间也是分子键。

(4) 金属键或金属晶格。自然金属如自然铜属此类。

至于自然界常见的硫化矿如方铅矿、黄铁矿等具有半导体性，是介于离子键、共价键、金属键之间的过渡的包含多种键能的晶体。

2. 价键特性与解离

破碎时，矿物沿脆弱面——裂缝、解理面、晶格间含杂质区等处裂开，也会沿应力集中地区断裂。单纯离子晶格断裂时，常沿着离子界面断裂，岩盐(NaCl)的可能断裂面如图 2-13(a)所示，图中的虚线表示断裂面。较复杂的离子晶格，典型的如萤石($CaF_2$)，结晶层面有两种，一种是 $Ca^{2+}$ 与 $F^-$ 相互排列；另一种是 $F^-$ 与 $F^-$ 并列。在前一种层面间，$Ca^{2+}$ 与 $F^-$ 有较强的化合亲和力；在后一种，$F^-$ 相互间电性相斥，所以比较脆弱，从而易于沿此层面断裂，见图 2-13(b)的虚线。离子结晶中如含有基团，典型的如方解石($CaCO_3$)含有 $CO_3^{2-}$，重晶石($BaSO_4$)含有 $SO_4^{2-}$，则其解理面的规律如下。

(1) 不会使基团断裂，也就是说，不会使方解石中的 $CO_3^{2-}$ 拆开。

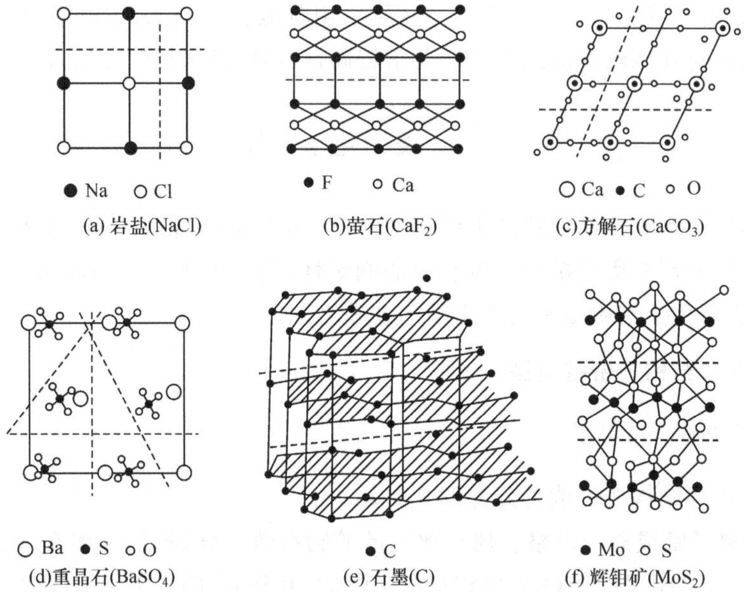


图 2-13　典型矿物晶格及可能断裂面

(2) 往往沿阴离子交界面断裂，如图 2 - 13(c)中的方解石，就是沿 $CO_3^{2-}$ 交界面断开。只有当没有阴离子交界层时，才可能沿阳离子交界层断裂。

(3) 当晶格中有不同的阴离子交界层或者各层间的距离不同时，常沿较脆弱的交界层或距离较大的层面间断裂。

典型的如图 2 - 13(d)的重晶石，它有三处可能的断裂面。

共价晶格的可能断裂面，常是相邻原子距离较远的层面或键能弱的层面。典型的层片结构石墨(C)，如图 2 - 13(e)所示，层与层间的距离(图 2 - 13(e)上垂直距离)是 0.339nm，而层内碳原子间的距离[图 2 - 13(e)上水平距离]仅为 0.142nm，所以易于沿层片间裂开。另一种典型片状矿物是辉钼矿，则是沿平行的硫原子层片间断裂见图 2 - 13(f)。

许多实际矿物的结构并不是典型的，如最常见的石英，就是介于离子晶格、共价晶格及架状结构等过渡形式。石英由硅氧四面体构成，中心是硅，四周是氧。图 2 - 14是硅氧四面体的基本结构。图 2 - 14 中黑小球是硅，周围 4 个白的大球是氧。Si—O 键中，40%是离子键，60%是共价键。硅氧四面体以共有角顶氧的方式，聚合组成各种硅酸盐络阴离子，称为硅氧骨干，硅氧骨干与不同阳离子化合，可以生成各种各样的硅酸盐矿物。硅酸盐构造分类如表 2 - 5。

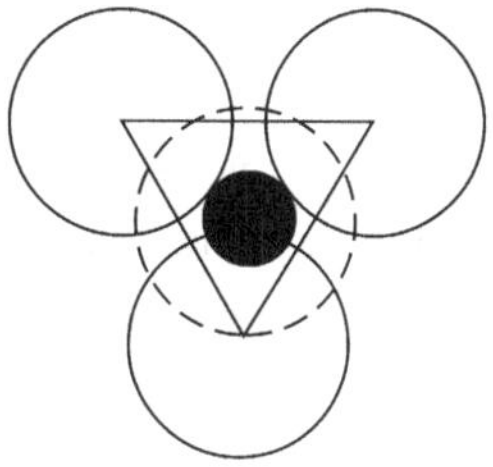

$SiO_4^{4-}$

图 2 - 14　硅氧四面体的基本结构

**表 2 - 5　硅酸盐构造分类**

| 硅酸盐类别 | 结构排列 | 结构基团 | 典型矿物 | 结构单位 |
|---|---|---|---|---|
| 正硅酸盐 | 独立四面体，无共用氧 | $SiO_4^{4-}$ | 镁橄榄石 $Mg_2SiO_4$ |  |
| 聚硅酸盐 | 独立双四面体，共用一个氧 | $Si_2O_7^{6-}$ | 镁黄长石 $Ca_2MgSi_2O$ | 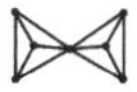 |
| 偏硅酸盐环 | 闭合的四面体的独立环，共用 2 个氧 | $(SiO_2)_n^{2n-}$ $n \geq 3$ | 蓝锥矿 $BaTiSi_3O_9$ 绿柱石 $Al_2Be_3Si_6O_{18}$ | 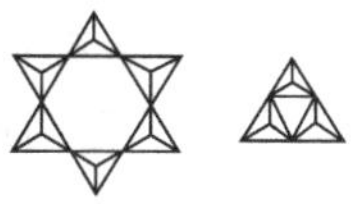 |
| 偏硅酸盐链（辉石类） | 共用 2 个氧的四面体的连续单链 | $SiO_3^{2-}$ | 透辉石 $CaMg(SiO_3)_2$ 锂辉石 $LiAl(SiO_3)_2$ | 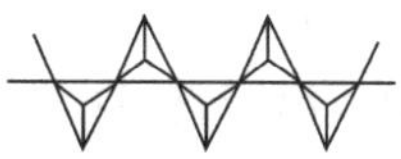 |

续表

| 硅酸盐类别 | 结构排列 | 结构基团 | 典型矿物 | 结构单位 |
|---|---|---|---|---|
| 偏硅酸盐链（闪石类） | 交替共用 2 个或 3 个氧的四面体连续双链 | $Si_4O_{11}^{6-}$ | 透闪石<br>$Ca_2Mg_5Si_8O_{22}(OH)_2$ | 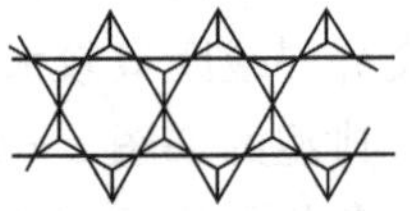 |
| 层状硅酸盐 | 每个四面体共用 3 个氧的连续层 | $Si_2O_5^{2-}$ | 高岭石<br>$Al_4Si_4O_{11}(OH)_8$<br>滑石<br>$Mg_3Si_4O_{10}(OH)_2$ | 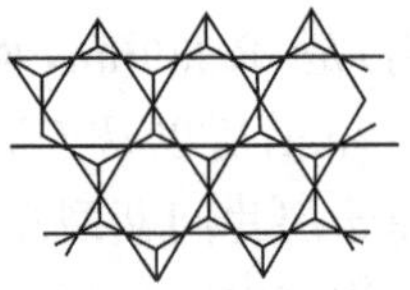 |
| 架状硅酸盐 | 共用所有 4 个氧的四面体的三度空间架状构造 | $SiO_2^0$ | 石英<br>$SiO_2$<br>正长石<br>$KAlSi_3O_8$ |  |

在硅酸盐四面体中，$Si^{4+}$易被 $Al^{3+}$所取代，这是因为 $Al^{3+}$的大小与 $Si^{4+}$相近，性质也相似，因而浮选时经常遇到铝硅酸盐矿物。四面体的 Al/Si 取代比例，影响解理面的性质。因为三价铝离子比四价硅离子少一个正价，因此，一个硅离子如被铝离子取代，就必须同时引进一个一价的阳离子，才能保持电中性。这种引进的阳离子常是碱土金属如 $K^+$或 $Na^+$，因而自然界常见钾长石或钠长石（$KAlSi_3O_8$ 或 $NaAlSi_3O_8$），这时矿物的断裂面比较复杂。

3. *矿物表面价键特性*

受到破碎作用时出现新的表面，矿物的解理面和表面键性、表面性质与矿物内部的价键性质、晶体结构互相关联（表 2－6）。

一般来说，矿物内部结构与表面键性有如下关系：

(1) 由分子键构成分子键晶体的矿物，沿较弱的分子键层面断裂，其表面是弱的分子键。这类表面对水分子引力弱，接触角都在 60°～90°之间，划分为非极性矿物（如石墨、辉钼矿、煤、滑石等）。

(2) 凡内部结构属于共价键晶格和离子晶格的矿物，其破碎断面往往呈现原子键或离子键，这类表面有较强的偶极作用或静电力，因而亲水，天然可浮性小。具有强共价键或离子键合的表面的矿物称为极性矿物（表 2－6）。

表 2-6　常见矿物按表面性质分类

| 类型 | Ⅰ | Ⅱ | Ⅲ | Ⅳ | Ⅴ | Ⅵ |
|---|---|---|---|---|---|---|
| 表面性质 | 分子键,非极性表面,润湿性小 | 共价键,部分金属键和离子键,润湿性较小 | 离子键,极性表面,润湿性较大 | 多种键型,极性表面,润湿性大 | 氧化易溶,极性表面,润湿性大 | 表面极易溶解 |
| 所包含的主要矿物 | 硫<br>石墨<br>煤<br>滑石<br>辉钼矿<br>金<br>银<br>铂 | 黄铜矿<br>辉铜矿<br>铜兰<br>斑铜矿<br>黝铜矿<br>斜方硫砷铜矿<br>砷黝铜矿<br>方铅矿<br>闪锌矿<br>黄铁矿<br>磁黄铁矿<br>砷黄铁矿<br>镍黄铁矿<br>针硫镍矿<br>砷镍矿<br>硫化钴矿<br>辉砷钴矿<br>雄黄<br>雌黄<br>毒砂<br>辉锑矿<br>辉铋矿<br>辰砂 | 萤石<br>白钨矿<br>磷灰石<br>方解石<br>白云石<br>重晶石<br>菱镁石 | 赤铁矿<br>针铁矿<br>磁铁矿<br>褐铁矿<br>软锰矿<br>菱锰矿<br>黑钨矿<br>钛铁矿<br>钽铁矿<br>铌铁矿<br>金红石<br>锆英石<br>绿柱石<br>锡石<br>锂辉石<br>石英<br>电气石<br>蓝晶石<br>高岭土<br>铝土矿<br>刚玉 | 孔雀石<br>蓝铜矿<br>赤铜矿<br>硅孔雀石<br>白铅矿<br>铜矾<br>钼铅矿<br>菱锌矿<br>异极矿 | 硼砂<br>岩盐<br>钾盐 |

### 2.3.2　表面能

1. 表面能与表面张力

破碎磨矿暴露的矿物表面是决定矿物可浮性的基础。矿物表面与内部的主要区别,就是矿物内部离子、原子或分子相互结合,键能得到平衡;表面层的离子、原子或分子，朝向内部的一面与内层有平衡饱和键能，而朝向外面的是空间，这方面的键能没有得到补偿，使表面质点比体内质点具有额外的势能，称为表面能，热力学上称为表面自由能。

表面自由能($A_s$)也可定义为产生新鲜的单位固体表面($\partial A$)所需的可逆功($\partial G$)。如不考虑晶体破裂时可能产生的拉伸张力，可把固体表面自由能($A_s$)与表面张力($\gamma$)等同起来。于是

$$A_s = \gamma = \left(\frac{\partial G}{\partial A}\right)_{rd} \tag{2-45}$$

根据表面热力学，单位表面积的表面焓 $H_s$ 为

$$H_s = E_s + pV = A_s + TS_s \tag{2-46}$$

式中：$T$——温度；

$E_s$——总表面能；

$S_s$——单位面积的表面熵。

对于表面而言，$pV$ 项可以忽略不计。此时表面能 $E_s$ 相当于表面焓 $H_s$，则有

$$A_s = H_s - TS_s \tag{2-47}$$

或

$$A_s = E_s - TS_s \tag{2-48}$$

已知在恒定压力下，表面熵 $S_s$ 为

$$S_s = -\left(\frac{\partial A_s}{\partial T}\right)_P = -\frac{d\gamma}{dT} \tag{2-49}$$

于是得总表面能 $E_s$ 和表面张力 $\gamma$ 的关系式

$$E_s = \gamma - T\frac{d\gamma}{dT} \tag{2-50}$$

对于多数液体，表面张力随着温度降低而呈线性减少。例如，20℃的水的界面张力 $\gamma = 72.75\times10^{-3}J/m^2$，$\frac{d\gamma}{dT} = -0.16$，按式(2-50)水的总表面能 $E_s$ 是 $120\times10^{-3}J/m^2$；正辛烷的 $\gamma = 21.80\times10^{-3}J/m^2$(20℃)，$\frac{d\gamma}{dT} = -0.010$，其总表面能 $E_s$ 应为 $51.1\times10^{-3}J/m^2$。

固体晶体的表面能 $E_s$ 与表面自由能 $A_s$(或表面张力 $\gamma$)难以通过实验直接测定。根据现有的数据看，在多数情况下 $E_s$ 与 $A_s$ 比较接近。例如，岩盐 NaCl 的 $A_s$ 为 $0.23J/m^2$，$E_s$ 为 $0.28J/m^2$；氧化镁(MgO)的 $A_s$ 为 $1.00J/m^2$，$E_s$ 为 $1.09J/m^2$；金刚石的 $A_s$ 与 $E_s$ 相同为 $5.6J/m^2$。所以，在有些场合，表面能和表面自由能、表

面张力可以不加区别。

2. 表面能的计算

(1) 共价型晶体的表面能。共价晶体表面能的估算最为简单。因为共价键是靠两个互相接近的原子共享电子对，并且是电子对贡献电子形成的，其距离比离子键短得多。因此，不必考虑长程力的相互作用。最典型的例子是金刚石表面能的估算。

温度为 0K 时金刚石表面能 $E_s$ 等于把 $1cm^2$ 面积上全部共价键打断所需的能量 $E_1$ 的一半，即

$$E_s = \frac{1}{2}E_1 \qquad (2-51)$$

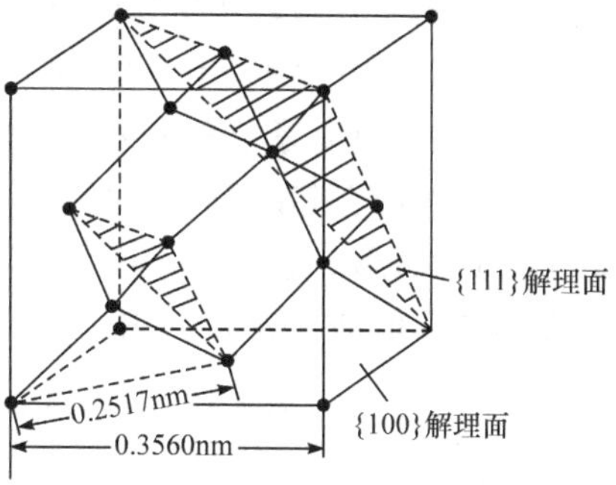


图 2－15　金刚石晶体的单位晶胞

金刚石的晶胞见图 2－15，其键能为 376.2kJ/mol。对于金刚石{100}晶面，$1cm^2$ 面积上的原子数为

$$\left(1+4\times\frac{1}{4}\right)/(3.56\times10^{-8})^2=1.59\times10^{15}$$

为形成{100}晶面，每个原子必断两个键，因此，打断 $1cm^2${100}晶面全部共价键所需能量 $E_I^{100}$ 为

$$E_I^{100}=\frac{376.2\times10^{10}\times1.59\times10^{15}\times2}{6.023\times10^{23}}=19\ 863erg/cm^2$$

$$=19.863J/m^2\ (1erg=10^{-7}J)$$

$$E_s^{100}=\frac{1}{2}E_I^{100}=9.93J/m^2$$

{111}晶面(图 2－15)$1cm^2$ 面积上的原子数为

$$\left(3\times\frac{1}{6}+3\times\frac{1}{2}\right)/(3.56\times10^{-8})^2\times\frac{1}{2}\times\sqrt{2}\times\frac{\sqrt{2}}{2}=1.83\times10^{15}$$

有 $1.83\times10^{15}$ 个键(H. B. 别洛夫等，1988)，若取键能为 376.2kJ/mol，则有

$$E_I^{111}=\frac{376.2\times10^{10}\times1.83\times10^{15}}{6.023\times10^{23}}=11\ 430erg/cm^2=11.43J/m^2$$

$$E_s^{111}=\frac{1}{2}E_I^{111}=5.72J/m^2$$

(2) 离子型晶体的表面能。离子键是荷正电和荷负电的离子间形成的键，其作用距离长，属长程力，而且不定向。

离子晶体的离子主要通过库仑力结合在一起。类似金刚石，0K 时离子晶体的表面能是表面附近分子的过剩势能。因此，计算其表面能时，也是按表面上净的互相作用能来计算的。比较流行的是 Huggins 和 Mayer 提出的势函数模型

$$E_{ij}(r) = -Z_i Z_j e^2/r - C_{ij}/r^6 - d_{ij}/r^8 + bb_i b_{je}^{-r/p} \tag{2-52}$$

式(2-52)中等号右边第一项是离子 i、j 之间的库仑力(引力)；第二、三项是偶极子相互作用引起的范德华力(引力)；第四项是电子斥力。第一项是对表面势能的主要贡献，第二项约占 20%～30%(冯钟燕，1984)。几种离子晶体不同晶面表面能的估算值列于表 2-7 中(H. B. 别洛夫等，1988)。

**表 2-7　几种离子晶体不同晶面表面能**(单位:$J/m^2$)

| 晶体 | | LiF | LiCl | NaF | NaCl | NaBr | NaI | KCl | RbCl |
|---|---|---|---|---|---|---|---|---|---|
| 表面能 | {100} | 142 | 107 | 216 | 158 | 138 | 118 | 141 | 138 |
| | {111} | 568 | 340 | 555 | 354 | 304 | 252 | 298 | 277 |

3. 棱边能、棱角能

固体的表面张力 $\gamma$ 还可以用下面简化方式导出。

假设最邻近的晶格原子间的结合能为 E，配位数为 K，晶体的总原子数为 $n$，当晶体相对原子而言足够大时，其总结合能 $H$(又称晶体的凝聚能)为

$$H = \frac{nKE}{2} \tag{2-53}$$

固体断裂时，设断开的邻近原子间距为 $a$，则单位面积新鲜表面所具有的能量 $A_s$ 为

$$A_s = \gamma = \frac{E}{2a^2} = \frac{H}{nKa^2} \tag{2-54}$$

表面自由能的数值取决于晶体断裂面的几何形状及表面原子所处的位置。棱边及尖角处的原子的配位数 K 小于表面平台处的原子配位数，故拥有较大的表面自由能，表现出较强的活性。

可以预料，不平整的破裂面上，棱边及尖角较多，比平整的破裂面具有更大的活性，而且晶体破碎得越细小，它的棱边能、尖角能在表面能中所占的比例也逐步增大。表 2-8 给出不同大小的石盐颗粒大小及表面能、棱边能的值。

**表 2-8 石盐颗粒大小及表面能、棱边能**

| 边 长 /mm | 个 数 | 总表面积 /$m^2$ | 总棱长 /m | 表面能 /(J/kg) | 棱边能 /(J/kg) |
|---|---|---|---|---|---|
| 7.7 | 1 | $3.6\times10^{-4}$ | $9.3\times10^{-2}$ | $1.08\times10^{-1}$ | $2.8\times10^{-10}$ |
| 1 | $4.6\times10^{2}$ | $2.8\times10^{-3}$ | 5.5 | $8.4\times10^{-1}$ | $1.7\times10^{-8}$ |
| $1\times10^{-1}$ | $4.6\times10^{5}$ | $2.8\times10^{-2}$ | $5.5\times10^{2}$ | 8.4 | $1.7\times10^{-6}$ |
| $1\times10^{-2}$ | $4.6\times10^{8}$ | $2.8\times10^{-1}$ | $5.5\times10^{4}$ | $8.4\times10^{1}$ | $1.7\times10^{-4}$ |
| $1\times10^{-3}$ | $4.6\times10^{11}$ | 2.8 | $5.5\times10^{6}$ | $8.4\times10^{2}$ | $1.7\times10^{-2}$ |
| $1\times10^{-5}$ | $4.6\times10^{17}$ | $2.8\times10^{2}$ | $5.5\times10^{10}$ | $8.4\times10^{4}$ | $1.7\times10^{2}$ |

注:已知 1g NaCl 的 $E_s=0.15J/m^2$,棱边能 $E_{ed}=3\times10^{-10}J/m$。

### 2.3.3 表面氧化与溶解

1. 硫化矿物表面氧化与溶解

硫化矿物的溶解度相对较小(表 2-9),但表面上的硫易发生氧化反应,从而改变硫化矿物的表面性质,这是硫化矿物的重要特征之一。

**表 2-9 几种典型硫化矿及其硫酸盐的溶解度**

| 硫化矿 | 溶解度 /(mol/L) | 硫酸盐 | 溶解度 /(mol/L) | 硫酸盐比硫化物易溶的倍数 |
|---|---|---|---|---|
| 磁黄铁矿 $Fe_xS_y$ | $53.60\times10^{-6}$ | $FeSO_4$ | 1.03(0℃) | ~20 000 |
| 黄铁矿 $FeS_2$ | $48.89\times10^{-6}$ | | | |
| 闪锌矿 ZnS | $6.55\times10^{-6}$ | $ZnSO_4$ | 3.3(18℃) | ~500 000 |
| 辉铜矿 $Cu_2S$ | $3.10\times10^{-6}$ | $CuSO_4$ | 1.08(20℃) | ~350 000 |
| 方铅矿 PbS | $1.21\times10^{-6}$ | $PbSO_4$ | $1.3\times10^{-4}$(18℃) | ~107 |

硫化矿物的表面氧化反应有如下几种形式[式(2-55)~式(2-58)],氧化产物有两类:一是硫氧化合物,如 $S^0$、$SO_3^{2-}$、$SO_4^{2-}$ 和 $S_2O_3^{2-}$ 等;二是金属离子的羟基化合物,如 $Me^+$、$Me(OH)_n^{(n-1)-}$。

$$MeS+\frac{1}{2}O_2+2H^+ = Me^{2+}+S^0+H_2O \tag{2-55}$$

$$2MeS+3O_2+4H_2O = 2Me(OH)_2+2H_2SO_3 \tag{2-56}$$

$$MeS+2O_2+2H_2O = Me(OH)_2+H_2SO_4 \tag{2-57}$$

$$2MeS+2O_2+2H^+ = 2Me^{2+}+S_2O_3^{2-}+H_2O \tag{2-58}$$

研究表明,氧与硫化物相互作用过程分阶段进行。第一阶段,氧的适量物理吸附，硫化物表面保持疏水；第二阶段，氧在吸收硫化物晶格的电子之间发生离子化；第三阶段，离子化的氧化学吸附并进而使硫化物发生氧化生成各种硫氧化基。

研究表明，在中性溶液中浮选时，需氧量按下列顺序递增：方铅矿＜黄铁矿＜磁黄铁矿＜砷黄铁矿。

2. 氧化矿物的溶解

与硫化矿物相比，在水溶液中氧化矿物的溶解度较大，表 2－10 列出一些典型

**表 2－10　矿物的溶解度**

| 矿物 | 矿物在水中的溶解度(20℃) | | 溶度积 | | 解离常数 | |
|---|---|---|---|---|---|---|
| | g/(100g $H_2O$) | mol/(1000g $H_2O$) | 数　值 | 温度/℃ | 数　值 | 温度/℃ |
| $Al(OH)_3$ | $1\times(10^{-7})$ | $1.3\times10^{-5}$ | $1.9\times10^{-23}$ | 25 | $6.3\times10^{-13}$ | 25 |
| $CaCO_3$ | $2.2\times10^{-3}$ | $1.1\times10^{-4}$ | $7\times10^{-9}$ | 16 | | |
| $BaSO_4$ | $2.3\times10^{-4}$ | $9.9\times10^{-6}$ | $1\times10^{-10}$ | 25 | | |
| $CaF_2$ | $1.8\times10^{-3}$ | $2.3\times10^{-4}$ | $4\times10^{-11}$ | 25 | | |
| $Ca(OH)_2$ | $1.7\times10^{-1}$ | $2.3\times10^{-4}$ | $5.5\times10^{-6}$ | 18 | $3.74\times10^{-3}$(一级)<br>$4.6\times10^{-2}$(二级) | 25 |
| $CaSO_4$ | $2\times10^{-1}$ | $1.5\times10^{-2}$ | $6.1\times10^{-5}$ | 25 | $5.3\times10^{-3}$ | 25 |
| $Cu(OH)_2$ | $6.7\times10^{-4}$ | $6.9\times10^{-5}$ | $5.6\times10^{-20}$ | 25 | $7\times10^{-8}$(一级)<br>$3.4\times10^{-7}$(二级) | 20 |
| CuS | $3.4\times10^{-5}$ | $3.6\times10^{-6}$ | $8.5\times10^{-45}$ | 18 | | |
| $Cu_2S$ | | | $2\times10^{-47}$ | 17 | | |
| $FeCO_3$ | $7.2\times10^{-4}$ | $6.2\times10^{-5}$ | $2.5\times10^{-11}$ | 18 | | |
| $Fe(OH)_2$ | $9.9\times10^{-5}$ | $1.1\times10^{-5}$ | $3.2\times10^{-14}$ | 18 | | |
| $Fe(OH)_3$ | $5\times10^{-9}$ | $4.7\times10^{-10}$ | $4\times10^{-38}$ | 25 | $2\times10^{-12}$(三级) | |
| FeS | $6.2\times10^{-4}$ | $7.1\times10^{-5}$ | $3.7\times10^{-19}$ | 18 | | |
| HgS | $1.3\times10^{-6}$ | $5.6\times10^{-8}$ | $4\times10^{-53}$ | 20 | | |
| $Hg_2S$ | | | $1\times10^{-45}$ | 25 | | |
| $MgCO_3$ | $1.1\times10^{-4}$ | $1.3\times10^{-3}$ | $2.6\times10^{-5}$ | 12 | | |
| $Mg(OH)_2$ | $9\times10^{-2}$ | $1.5\times10^{-4}$ | $1.2\times10^{-11}$ | 25 | $4\times10^{-3}$(二级) | |
| $MnCO_3$ | $4\times10^{-4}$ | $3.5\times10^{-3}$ | $1\times10^{-10}$ | 25 | | |
| $Mn(OH)_2$ | $2\times10^{-4}$ | $2.2\times10^{-5}$ | $4\times10^{-14}$ | 18 | | |
| MnS | $6\times10^{-3}$ | $6.9\times10^{-4}$ | $1.4\times10^{-15}$ | 20 | | |
| PbS | $3\times10^{-5}$ | $1.3\times10^{-6}$ | $1\times10^{-29}$ | 25 | | |

的硫化矿物和氧化矿物的溶解度数据。

一般来说，矿物晶格结合的离子键成分越强，晶格质点与水的作用越强，溶解度越大。从表 2-6 可知，硫化矿物有较高的共价键成分，氧化矿物的离子键成分较高，而盐类矿物完全是离子键晶体结构。

矿物溶解可以改变矿物的表面性质，如表面电性、表面导电性、润湿性等；同时，由于溶解而进入液相的离子，改变了液相的化学组成，从而影响溶解物与矿物的作用。

### 2.3.4　表面电性

矿物在水溶液中受水偶极及溶质的作用，表面会带一种电荷。矿物表面电荷的存在影响到溶液中离子的分布，带相反电荷的离子被吸引到表面附近，带相同电荷的离子则被排斥而远离表面。于是，矿物一水溶液界面产生电位差，但整个体系是电中性的。这种在界面两边分布的异号电荷的两层体系称为双电层(参见 6.2 节，图 6-7)。

有许多机理说明矿物表面电荷的起源，归纳起来，主要有以下四种类型。

(1) 优先解离(或溶解)。离子型矿物在水中由于表面正、负离子的表面结合能及受水偶极的作用力(水化)不同而产生非等当量向水中转移，使矿物表面荷电。

表面离子的水化自由能 $\Delta G_h$ 可由离子的表面结合能 $\Delta U_s$ 和气态离子的水化自由能 $\Delta F_h$ 计算。即对于阳离子 $M^+$

$$\Delta G_h(M^+) = \Delta U_s(M^+) + \Delta F_h(M^+) \tag{2-59}$$

对于阴离子 $X^-$，则

$$\Delta G_h(X^-) = \Delta U_s(X^-) + \Delta F_h(X^-) \tag{2-60}$$

根据 $\Delta G_h(M^+)$和 $\Delta G_h(X^-)$何者负值较大，相应离子的水化程度就较高，该离子将优先进入水溶液，于是表面就会残留另一种离子，从而使表面获得电荷。

对于表面上阳离子和阴离子呈相等分布的 1—1 价离子型矿物来说，如果阴、阳离子的表面结合能相等，则其表面电荷符号可由气态离子的水化自由能相对大小决定。

例如，碘银矿(AgI)，气态银离子 $Ag^+$ 的水化自由能为－441kJ/mol，气态碘离子 $I^-$ 的水化自由能为－279kJ/mol，因此 $Ag^+$ 优先转入水中，故碘银矿在水中表面荷负电；相反，钾盐矿(KCl)气态钾离子 $K^+$ 的水化自由能为－298kJ/mol，氯离子 $Cl^-$ 的水化自由能为－347kJ/mol，$Cl^-$ 优先转入水中，故钾盐矿在水中表面荷正电。

对于组成和结构复杂的离子型矿物，则表面电荷将决定于表面离子水化作用的全部能量，即式(2-59)和式(2-60)。

例如萤石($CaF_2$),已知:$\Delta U_s(Ca^{2+}) = 6117\,kJ/mol$,$\Delta F_h(Ca^{2+}) = -1515\,kJ/mol$;$\Delta U_s(F^-) = 2537\,kJ/mol$,$\Delta F_h(F^-) = -460\,kJ/mol$。由式(2-59)和式(2-60),得

$$\Delta G_h(Ca^{2+}) = -1515 + 6117 = 4602(kJ/mol)$$

$$\Delta G_h(F^-) = -460 + 2573 = 2113(kJ/mol)$$

即表面氟离子 $F^-$ 的水化自由能比表面钙离子 $Ca^{2+}$ 的水化自由能(正值)小,故氟离子 $F^-$ 优先水化并转入溶液,使萤石表面荷正电。转入溶液中的氟离子 $F^-$ 受表面正电荷的吸引,集中于靠近矿物表面的溶液中,形成配衡离子层。

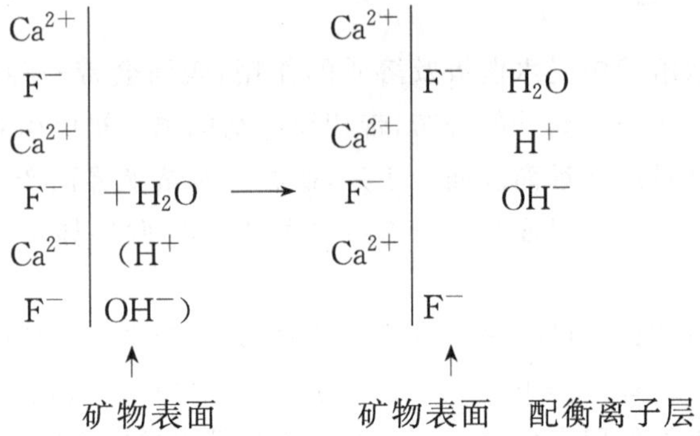


其他例子有:重晶石($BaSO_4$)、铅矾($PbSO_4$)的负离子优先转入水中,表面阳离子过剩而荷正电;白钨矿($CaWO_4$)、方铅矿(PbS)的正离子优先转入水中,表面负离子过剩而荷负电。

(2) 优先吸附。这是矿物表面对电解质阴、阳离子不等当量吸附而获得电荷的情况。

离子型矿物在水溶液中对组成矿物的晶格阴、阳离子吸附能力是不同的,结果引起表面荷电不同,因此矿物表面电性与溶液组成有关。

例如,前述白钨矿在自然饱和溶液中,表面钨酸根离子 $WO_4^{2-}$ 较多而荷负电。如向溶液中添加钙离子 $Ca^{2+}$,因表面优先吸附钙离子 $Ca^{2+}$ 而荷正电。又如,在用碳酸钠与氯化钙合成碳酸钙时,如果氯化钙过量,则碳酸钙表面荷正电(+3.2mV)。

(3) 吸附和电离。对于难溶的氧化物矿物和硅酸盐矿物,表面因吸附 $H^+$ 或 $OH^-$ 而形成酸类化合物,然后部分电离而使表面荷电,或形成羟基化表面,吸附或解离 $H^+$ 而荷电。以石英($SiO_2$)在水中为例,其过程可示意如下:

石英破裂

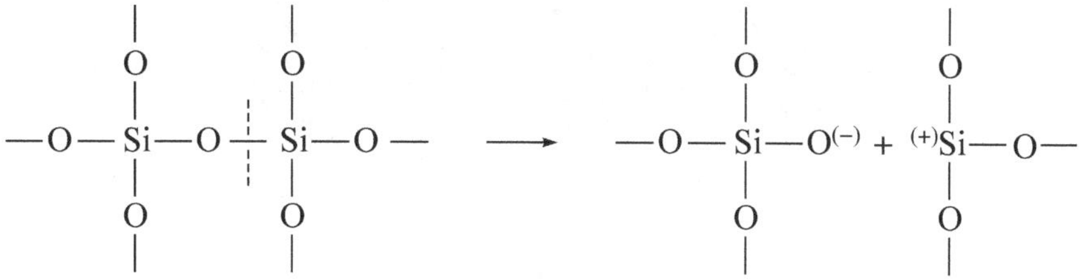

$H^+$和 $OH^-$吸附

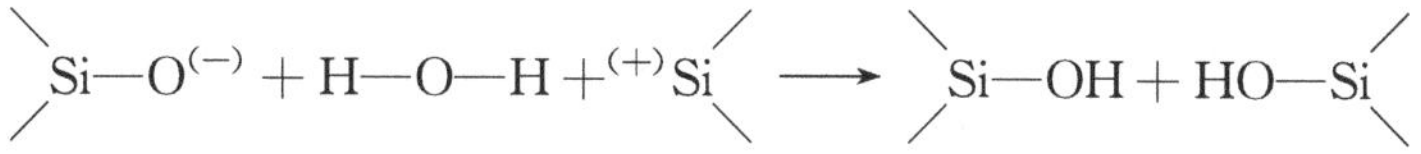

电离

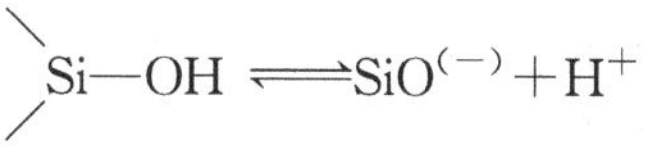

其他难溶氧化物，如锡石($SnO_2$)也有类似情况。因此，石英和锡石在水中表面荷负电。

(4) 晶格取代。黏土、云母等硅酸盐矿物是由铝氧八面体和硅氧四面体的层状晶格构成。在铝氧八面体层片中，当 $Al^{3+}$被低价的 $Mg^{2+}$或 $Ca^{2+}$取代，或在硅氧四面体层片中，$Si^{4+}$被 $Al^{3+}$置换，结果会使晶格带负电。为维持电中性，矿物表面就吸附某些正离子(如碱金属离子——$Na^+$或 $K^+$)。当矿物置于水中时，这些碱金属阳离子因水化而从表面进入溶液，故这些矿物表面荷负电。

### 2.3.5　表面润湿性

#### 1. 润湿现象

润湿是自然界常见的现象。例如，往干净的玻璃上滴一滴水，水会很快地沿玻璃表面展开，成为平面凸镜的形状。但若往石蜡表面滴一滴水，水则力图保持球形，但因重力的影响，水滴在石蜡上形成一椭圆球状而不展开。这两种不同现象表明，玻璃能被水润湿，是亲水物质；石蜡不能被水润湿，是疏水物质。

同样，将一水滴滴于干净的矿物表面上，或者将一气泡引入浸在水中的矿物表面上(图 2－16)，就会发现不同矿物的表面被水润湿的情况不同。在一些矿物(如石英、长石、方解石等)表面上水滴很容易铺开，或气泡较难于在其表面上扩展；在另一些矿物(如石墨、辉钼矿等)表面则相反。图 2－16 所示的这些矿物表面的亲水性由右至左逐渐增强，而疏水性由左至右逐渐增强。

由此可知，为了占有固体表面，在气相与液相之间存在着一种竞争。但矿物表面液相为另一相(气相或油相)取代的条件是非常重要的。杜普雷(Dupre)首先应

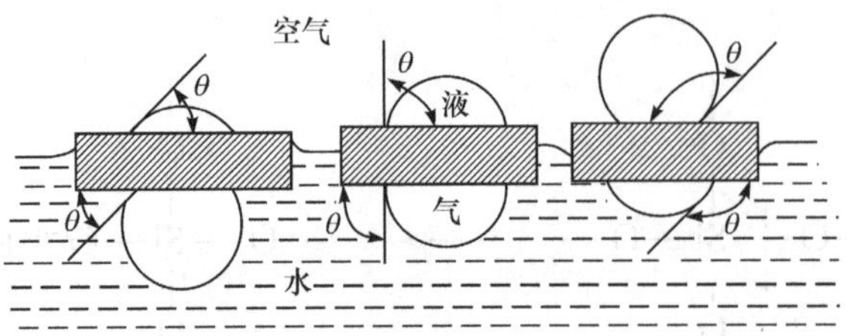


图 2-16 矿物表面润湿现象

用热力学进行研究，奥斯特豪夫(Osterhof)等提出了三种基本润湿形式，即附着润湿、铺展润湿和浸没润湿，参看图 2-16。图中的液相是水，另一相为空气。如果以油代替空气，并用其他液体代替水，其关系仍然相同。

任意两种流体与固体接触后，所发生的附着、展开或浸没现象(广义地说)均可称为润湿过程。其结果是一种流体被另一种流体从固体表面部分或全部被排挤或取代，这是一种物理过程，且是可逆的。例如，浮选过程就是调节矿物表面上一种流体(如水)被另一种流体取代(如空气或油)的过程(即润湿过程)。

2. 接触角与 Young 方程

为了判断矿物表面的润湿性大小，常用接触角 $\theta$ 来度量，如图 2-16 和图 2-17所示。在一浸于水中的矿物表面上附着一个气泡，当达平衡时气泡在矿物表面形成一定的接触周边，称为三相润湿周边。在任意二相界面都存在着界面自由能，以 $\gamma_{SL}$、$\gamma_{LG}$、$\gamma_{SG}$分别代表固-水、水-气、固-气三个界面上的界面自由能。通过三相平衡接触点，固-水与水-气两个界面所包之角(包含水相)称为接触角，以 $\theta$ 表示。可见，在不同矿物表面接触角大小是不同的，接触角可以表示矿物表面的润湿性：如果矿物表面形成的 $\theta$ 角很小，则称其为亲水性表面；反之，当 $\theta$ 角较大，则称其疏水性表面。亲水性与疏水性的明确界限是不存在的，只是相对的。$\theta$ 角越大说明矿物表面疏水性越强；$\theta$ 角越小，则矿物表面亲水性越强。

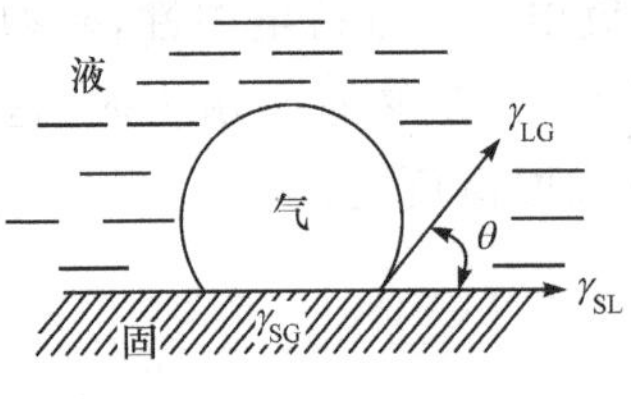


图 2-17 气泡在水中与矿物表面相接触的平衡关系

矿物表面接触角大小是三相界面性质的一个综合效应。如图 2-17，当达到平衡时(润湿周边不动)，作用于润湿周边上的三个表面张力在水平方向的分力必为零。于是其平衡状态 Young 方程为

$$\gamma_{SG}=\gamma_{SL}+\gamma_{LG}\cos\theta$$

或

$$\cos\theta=(\gamma_{SG}-\gamma_{SL})/\gamma_{LG} \tag{2-61}$$

式中：$\gamma_{SG}$——固-气界面自由能；

$\gamma_{SL}$——固-液界面自由能；

$\gamma_{LG}$——液-气界面自由能。

式(2－61)表明了平衡接触角与三个相界面之间表面张力的关系，平衡接触角是三个相界面张力的函数。接触角的大小不仅与矿物表面性质有关，而且与液相、气相的界面性质有关。凡能引起任何两相界面张力改变的因素都可能影响矿物表面的润湿性。但式(2－61)只有在系统达到平衡时才能使用。

3．接触角的测定

实际固体表面是非理想的，致使接触角的测量往往很难重复。但经过精心制备和处理过的表面，有可能得到较重复的数据。常用的接触角测定方法，它们都是针对气-液-固体系的接触角而设计的。其中有些方法只需略加修改，也可适用于液-液-固体系接触角的测定。

(1) 躺滴或气泡法。这是接触角测定最常用的方法，如图 2－18(a)、(b)，接触角可通过装在目镜上的量角器直接测量。如果液滴很小，重力作用引起液滴的变形可以忽略，这时的躺滴可认为是球形的一部分，如图 2－18(c)接触角可通过长度的测量按式(2－62)计算

$$\tan\frac{\theta}{2}=\frac{2h}{d} \tag{2-62}$$

式中：$h$——液滴高度；

$d$——滴底的直径。

若液滴体积小于 $10^{-4}$mL，此方法可用。若接触角小于 90°，则液滴稍大也可应用。液滴在纤维上的接触角也可用此法测量。

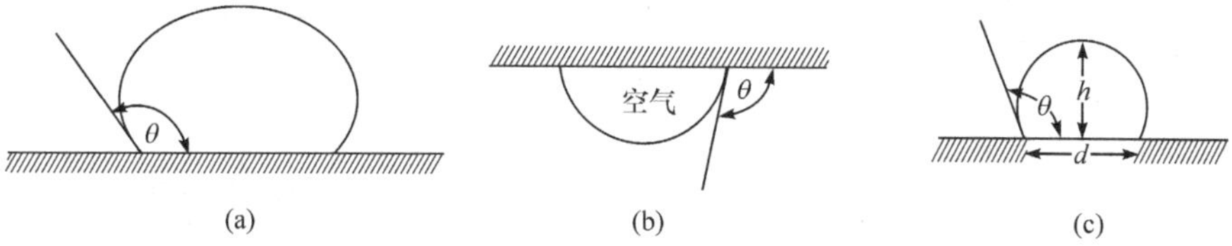


图 2－18　躺滴法和气泡法

实际固体表面几乎都是非理想的，总是或大或小地出现接触角滞后现象，因此需同时测定前进角($\theta_a$)和后退角($\theta_r$)。对于躺滴法，可用增减液滴体积的办法来测定，增加液滴体积时测出的是前进角，如图 2－19(a)；减少液滴体积时测出的为后退角，如图 2－19(b)。为了避免增减液滴体积时可能引起液滴振动或变形，在测定时可将改变液滴体积的毛细管尖端插入液滴中，尖端插入液滴不影响接触角

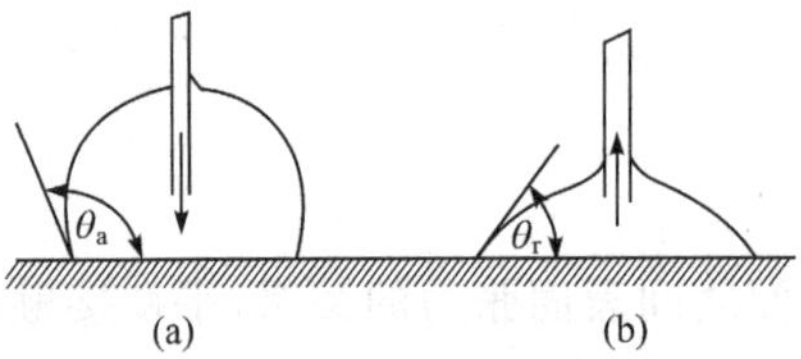


图 2-19　前进角和后退角的测定方法

的数值。

(2) 吊片法。吊片法是测定液体表面张力的一种方法，此方法的条件是要求吊片能被液体很好润湿，以保证 $\theta=0$，$\cos\theta=1$。如果接触角大于零，则可利用式(2-63)计算接触角数值

$$W = P\gamma_{LG}\cos\theta - V\rho g \qquad (2-63)$$

式中：W——吊片所受之力；

$P$——吊片周长；

V——吊片伸入液面下的体积；

$\rho$——液体的密度；

$V\rho g$——浮力校正项。

改变吊片插入液面下的深度测定 W，以 W 对吊片插入液面下的深度作图，外推到深度为零，得

$$W = P\gamma_{LG}\cos\theta \qquad (2-64)$$

若液体表面张力已知，即可计算 $\theta$。在吊片下降时测定吊片所受之力，则测得的接触角为前进角，反之为后退角。

(3) 水平液体表面法。此法又可分为斜板法和圆柱法两种，但常用的是斜板法。斜板法是调节固体表面的倾斜角，使固-液-气三相相遇处液体呈水平面，如图 2-20。固体表面相对液体水平面的倾斜角即为液体在固体表面上的接触角。降低或升高板的高度，即可得到前进角和后退角。

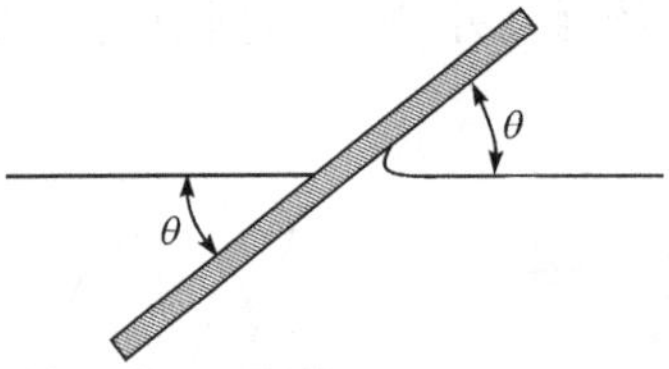


图 2-20　斜板法

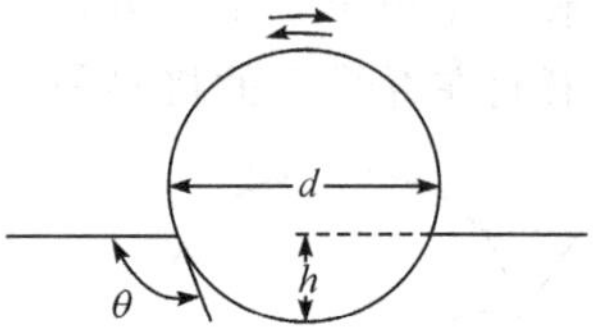


图 2-21　圆柱法

圆柱法是将水平圆柱部分浸入液体中，调节圆柱体浸入深度，使固-液-气三相接触处液体表面无弯月面，如图 2-21。在此条件下接触角可通过式(2-65)计算

$$\cos\theta = \frac{2h}{d} - 1 \qquad (2-65)$$

式中：$d$——圆柱体的直径；

$h$——圆柱浸入液体的深度。

根据圆柱体旋转的方向可决定 $\theta$ 是前进角还是后退角。倘若改变圆柱体的

旋转速度，此法还可以用来测定动前进角和后退角。

常见矿物在水中的接触角列于表 2－11。

**表 2－11　常见矿物在水中的接触角测定值**

| 物　质 | $\theta_1$/(°) | $\theta$/(°) | $\theta_2$/(°) | 物　质 | $\theta_1$/(°) | $\theta$/(°) | $\theta_2$/(°) |
|---|---|---|---|---|---|---|---|
| Au | 85±3 | | 46±2 | $BaSO_4$ | | | 0 |
| $CuFeS_2$ 多晶 | 47 | | 42 | $CaCO_3$ | 0～10 | | 0 |
| $CuFeS_2$ 单晶 | 46 | | 46 | $CuCO_3$ | 17 | | 0 |
| HgS | 113 | | 47 | $SiO_2$ | | 0 | |
| $MoS_2$ | 53 | | 13 | $SnO_2$ | | 0 | |
| $Sb_2S_3$ | 80 | | 0 | $TiO_2$ | | 0 | |
| $Sb_2S_3$ | | 38～84 | | $ZnCO_3$ | 47 | | 0 |
| ZnS | 81 | | 47 | 滑石 | 69～77 | | 52 |
| $FeS_2${100} | | 69 | | 滑石 | | 88 | |
| $FeS_2${010} | | 74 | | 碳(无定形) | | 40 | |
| PbS | 47 | 0 | 0 | 石墨 | | 60～86 | |

## 习　题

1. 什么是矿石、矿物、岩石？三者关系如何？
2. 二次资源包含哪些物料？
3. 工艺矿物学研究的内容是什么？
4. 物料的几何特性包括哪三项？
5. 物质的磁性可以分为哪几类？其磁性强弱如何？
6. 简述铁磁质物质的磁化过程。
7. 简述矿物磁性的分类及其分选特点。
8. 物质磁化率和物体磁化率两者之间的关系如何？
9. 矿物的电性质有哪些？
10. 简述矿物的价键类型及解理面规律。
11. 简述非极性矿物与极性矿物的矿物内部结构与价键特性。
12. 矿物表面自由能的数值取决于晶体断裂面的几何形状及表面原子所处的位置在矿物颗粒表面不同的位置，晶面上、棱面上和尖角上的表面张力的关系如何？
13. 硫化矿物表面氧化的几种形式及规律是什么？
14. 矿物表面电荷是由哪几种因素引起的？
15. 离子型矿物表面阴阳离子的溶解规律是什么？
16. 简述石英在水中的荷电过程及其机理。
17. 什么是接触角、三相润湿周边？
18. 如何通过接触角鉴别颗粒表面的润湿性？

19. 简述润湿方程及其物理意义。

20. 接触角的测量方法有哪些？躺滴法测润湿角应注意什么？

## 参考文献


陈丰. 2001. 二十一世纪的矿物学. 矿物学报，21(1)：1～13

陈武，季寿元. 1985. 矿物学导论. 北京：地质出版社

冯钟燕. 1984. 矿床学原理. 北京：地质出版社

顾惕人等. 2001. 表面化学. 北京：科学出版社

贺同兴，卢良兆，李树勋等. 1988. 变质岩岩石学. 北京：地质出版社

《矿产资源综合利用手册》编委会. 2000. 矿产资源综合利用手册. 北京：科学出版社

李世丰，张永光. 1991. 表面化学. 长沙：中南工业大学出版社

潘兆橹. 1990. 结晶学及矿物学(上、下册). 北京：地质出版社

邱家骧. 1985. 岩浆岩岩石学. 北京：地质出版社

任允芙. 1996. 冶金工艺矿物学. 北京：冶金工业出版社

许时. 1995. 矿石可选性研究. 北京：冶金工业出版社

袁见齐，朱上庆，瞿裕生. 1979. 矿床学. 北京：地质出版社

周乐光. 1990. 工艺矿物学. 北京：冶金工业出版社

Berry L G, Mason B. 1985. Mineralogy. CBS Publishers & Distributors

H. B. 别洛夫，A. A. 戈道维柯夫，B. B. 巴卡金. 1988. 理论矿物学. 齐进英等译. 北京：地质出版社

Hausen D M, Park W C. 1984. 工艺矿物学. 中国选矿科技情报网

Nickel E H. 1995. 矿物的定义. 岩石矿物学杂志. 14(4)：376～378

# 第3章 粉碎与分级

## 3.1 粉 碎

### 3.1.1 概述

粉碎是大块物料在机械力作用下粒度变小的过程。粉碎工程技术是人类向大自然获取赖以生存的资源以及高性能原材料的有效手段。在今天,随着现代工业化的发展,粉碎技术起着越来越重要的作用,已经在国民经济各行业中得到广泛的应用,表3-1是粉碎工程所涉及的行业及其应用。

表3-1 粉碎工程所涉及的行业及其应用

| 行业 | 用 途 |
|---|---|
| 农业 | 化肥、粉剂农药、土壤改良剂、饲料、添加剂、人工降雨催凝剂 |
| 食品 | 粮食加工、调味料、保健食品 |
| 矿业 | 金属矿物的粉碎研磨、非金属矿深加工、低品位矿物利用 |
| 冶金 | 粉末冶金、机械合金化、冶金原料处理、冶金废渣利用、硬质合金生产 |
| 化工 | 固体填料、补强材料、废旧橡胶制再生利用、涂料、油漆、催化剂、原料处理 |
| 塑料 | 塑料原料、增强填料、粉末塑料制品、塑料喷涂 |
| 造纸 | 纸浆制备、造纸填料、涂布造纸用超细浆料、纤维状增强填料 |
| 印刷 | 油墨生产、铜金粉、喷墨打印墨汁、激光打印和复印碳粉 |
| 药物 | 粉剂、片剂、注射剂、中药精细化、定向药物载体、喷雾施药 |
| 能源 | 煤粉燃烧、固体火箭推进剂、水煤浆 |
| 电子 | 电子浆料、电子塑料、集成电路基片、电子涂料、荧光粉、铁氧体 |
| 建材 | 水泥、建筑陶瓷、复合材料、原料细化处理、复合材料、颗粒表面改性 |
| 环保 | 脱硫用超细碳酸钙、固体废弃物的再生利用、粉状污水处理剂 |
| 机械 | 微粉磨料、超硬材料、固体润滑剂、铸造型砂 |

粉碎作业在这些行业中应用所起的主要作用如下:

(1) 原料制备。如烧结、制团、陶瓷、玻璃、粉末冶金等部门,要求把原料粉碎到一定粒度供下一步处理、加工之用。

(2) 共生物料中有用成分的解离。使共生的有价成分与非有价成分或多种有价成分解离成相对独立的单体，然后选择合适的分离方法分离成各自单独的产品。

(3) 增加物料的比表面。增大物料同周围介质的接触面积，提高反应速度，如催化剂的接触反应、固体燃料的燃烧与气化、物料的溶解、吸附与干燥以及强化粉末颗粒流化床的大接触面积传质与传热效率等。

(4) 粉体的改性。在新材料如一些功能材料、复合材料的制造中，利用了粉碎过程中所产生的机械化学效应所引起的粉末材料的晶体变形和变性来进行表面改性。

(5) 便于贮存、运输和作用。如物料需要采用风力或水力输送，食品等以粉状使用。

(6) 用于环境保护。如城市垃圾的处理、二次资源的利用中要将它们预先粉碎。

粉碎是一个高能耗、高钢耗而效率又低的过程。节能有着重要的意义。据统计，在世界许多国家的电能消耗中，粉碎占4%左右。因此，节能降耗，使产品满足用户要求，就成为粉碎过程研究的主要内容，如降低粉碎介质的磨损消耗；提高粉碎过程碎磨作用的针对性；提高粉碎过程中的能量利用率；改善粉碎产品粒度组成特性；提高物料解离的选择性等。

进入21世纪后，面对环境、资源和科技的发展，人类面临新的挑战。高新技术材料对粉碎产品粒度及粒度分布、颗粒形状、产品纯度提出更高的要求，传统产业技术也要求进步与更新换代。未来粉碎工程研究的主要内容及发展趋势如下：

(1) 粉碎基础理论。包括粉碎产品的粒度、表面物理化学性质及其表征方法；不同性质颗粒的受力变形和粉碎机理；颗粒粉碎过程的描述和数学模型；粉碎过程的粉碎效率、粒度分布、能耗规律等；不同粉碎方法对被粉碎物料的晶体结构和物理化学性质的影响；粉碎环境(物理化学环境、助磨剂、分散剂)对粉碎过程及粉碎产品特征的影响等。这些基础理论研究对粉碎设备的研究、工艺的优化及提高粉碎效率和能量利用率都是极为重要的。

(2) 粉碎设备。包括各种粉碎设备、分级设备以及与其配套的储存与输送、过滤干燥、包装等设备。发展新型设备和提高单机处理能力和降低单位产品能耗、减少磨耗、提高自动控制水平和综合配套性能。

(3) 粉碎工艺。包括不同种类、不同性质物料在一定粒度、粒度分布及纯度等指标要求下的粉碎工艺流程和设备选型。不同工业应用领域对粉碎产品的要求不同，不同的物料性质所要求的粉碎方法也不一样。因此，针对不同粉碎物料采用不同的粉碎工艺是粉碎产品能应用于工业生产的关键环节。

(4) 粉碎过程的粒度监控技术和粉体的粒度检测技术。粉碎过程的在线监控与检测技术是保证粉碎产品粒度及粉碎过程连续进行的关键因素之一。因此，研制高性能粒度监控仪和分析仪，快捷、方便、准确、实用地实现生产过程中的自动控制，是粉碎过程控制的主要发展趋势。

(5) 开发非机械力粉碎技术。

### 3.1.2 粉碎的工艺特征

1. 粉碎比

在进行粉碎过程研究时，只有弄清颗粒在细化过程中各个阶段的工艺特征，才能在粉碎物料中加强粉碎作用的针对性，提高粉碎物料的效率并减少粉碎过程中的能量消耗。

粉碎过程进行的程度可以用粉碎比表示，粉碎比定义为被粉碎物料粉碎前的粒度与粉碎产物粒度的比值，以 $i$ 表示。有关物料的粒度表达方式参见 2.2.2 节。

粉碎比的表示形式有三种：① 极限粉碎比。物料粉碎前后的最大粒度之比，$i=D_m/d_m$。② 名义粉碎比。粉碎机给料口的有效宽度(0.85 $B$)和排料口宽度(S)的比值，$i=0.85B/S$。③ 真实粉碎比。粉碎前后物料的平均粒度的比值，$i=D/d$。

被粉碎物料粉碎前的最大粒度，对于不同的行业是不一样的，如矿物加工过程进入选矿厂的原料最大粒度，露天采矿可达 1200～1500mm，井下开采也可达 300～700mm，而选矿方法所要求的粒度一般小于 0.1mm，因此矿石从开采出来到达到选矿要求，其粉碎比在 3000～15 000；如果是由矿物原料制备超细粉体材料，其粉碎比就更大。由于目前采用的粉碎设备结构上的原因，单靠一台粉碎设备不可能达到最终粉碎的目的。因此，将原料粉碎到最终产品粒度要通过不同的设备完成，即通常都是分阶段进行的。如选矿厂中破碎可分为粗碎、中碎、细碎(各自有相应的破碎设备)，磨矿有一段磨矿和多段磨矿等。其中，粉碎过程中，每个阶段达到的粉碎比称为部分粉碎比或阶段粉碎比，用 $i_n$ 表示，相应地，整个粉碎过程中达到的粉碎比叫总粉碎比，显然

$$i = i_1 \times i_2 \times i_3 \times \cdots \times i_n = D_{max}/d_{max} \qquad (3-1)$$

2. 分阶段粉碎

根据颗粒粉碎过程中所形成的产品粒度特征及这一过程中所用粉碎设备施力方式的差别，可将物料粉碎分为四个阶段：破碎、磨矿、超细粉碎和超微粉碎。各阶段产品的粒度特征如表 3-2。

表 3-2 粉碎各阶段产品的粒度特征

| 阶段 | | 给料最大块粒度/mm | 产品最大块粒度/mm | 粉碎比 |
|---|---|---|---|---|
| 破碎 | 粗碎 | 1500～300 | 350～100 | 3～15 |
| | 中碎 | 350～100 | 100～10 | 3～15 |
| | 细碎 | 100～40 | 30～5 | 1～20 |
| 磨矿 | 一段磨矿 | 30～10 | 1～0.3 | 1～100 |
| | 二段磨矿 | 1～0.3 | 0.1～0.075 | 1～100 |
| 超细粉碎 | | 0.1～0.075 | 0.075～0.0001 | 1～1000 |
| 超微粉碎 | | 0.075～0.0001 | <0.0001 | 1～1000 |

3. 粉碎产品的细度与性能

(1) 矿石硬度的影响。大多数物料的力学性质是不均匀的，粒度越粗微裂纹越多，机械强度越差，越易磨；粒度越细则机械强度越好，越难粉碎。用 3～0mm 粒级范围的石英及方解石(莫氏硬度分别为 7 及 3)在同样条件下进行磨碎，使它们均磨到 0.04mm 占 90%时，硬的石英需要 80min，而软的方解石只要 50min，证明硬度对细磨效率的影响仍然存在。另外，用同样物料的粗细两个级别在同样条件下磨相同时间，结果粗级别新生小于 0.019mm 颗粒的产率比细级别的多(表 3-3)，证明粒度越细越难粉碎。当对硬的石英及软的方解石进行细磨时(表 3-4)，产品磨得越细，新生细级别产率的差距越小，证明磨矿粒度越细，矿石硬度的影响逐渐减弱，产品细度的影响逐渐增强。这种现象的原因一方面是因为粒度变细之后，颗粒的宏观和微观裂纹减小，颗粒也较为均质，且缺陷减少，因此即使是软矿物的强度也相应增强了；另一方面是细磨时条件恶化，磨矿过程难以有效进行，细磨粉碎效率低。

表 3-3 同种物料粗细不同级别磨细时新生小于 0.019mm 产率

| 钢球直径/mm | 磨矿浓度/% | 磨矿时间/s | 磨机转速/(r/min) | 小于 0.019mm 产率/% | |
|---|---|---|---|---|---|
| | | | | 给料平均 0.3mm | 给料平均 0.15mm |
| 14 | 65 | 375 | 105 | 22.40 | 18.61 |
| 9 | 65 | 375 | 105 | 24.92 | 20.56 |

表 3-4 矿物细磨时细粒级(小于 0.04mm)增长情况

| 磨碎时间/min | 5 | 10 | 15 | 20 | 30 | 40 | 50 |
|---|---|---|---|---|---|---|---|
| 方解石小于 0.04mm 产率/% | 29.11 | 47.62 | 61.98 | 72.08 | 82.94 | 86.79 | 90.64 |
| 石英小于 0.04mm 产率/% | 8.04 | 20.52 | 28.66 | 32.08 | 49.02 | 65.24 | 71.19 |
| | 3.260 | 2.321 | 2.325 | 2.198 | 1.692 | 1.330 | 1.273 |

(2) 粉碎粒度与粉碎效率及能耗。细磨过程磨机的利用系数 $q_{-0.074mm}$仅是粗磨的 10%～20%。如将石英在工业磨机中磨到比表面积 0.7$m^2$/g 时能耗约 30(kW·h)/t,计算效率仅 0.7%。同时,细磨耗能显著增大。据统计,矿石在粗粒棒磨情况下耗能一般为 7.2～14.4mJ/t,细磨到选别程度时也仅为 18～54mJ/t,磨成很细(如水泥)时可达到 180～360mJ/t,磨微细粉末则为 360mJ/t 以上。由此可见,物料粉碎过程随粉碎粒度的变细,效率下降,能耗大幅度上升,被粉碎颗粒粒度越细,其抗粉碎的能力越强。这种现象的原因是一方面细粒强度增加,且被介质磨碎的概率降低;另一方面则可能与表面电性等性质影响有关。

(3) 选择性粉碎。力学性质不均匀的物料在细磨过程中强度小的被磨细,强度大的则残留下来,这种现象称选择性粉碎。由此引起磨机排料中某一粒级的强度比给矿中同一粒级的大,即物料细磨下存在抗磨性逐渐增强的趋势。这种现象从表 3-6 及表 3-7 列举的自磨机测定结果得到证实。随颗粒粒度的变细,矿物材料强度增加,软硬矿物的磨碎速度开始趋于一致。表 3-5 为选择性磨碎现象与磨碎时间的关系。结果说明:随磨矿时间的延长,矿物颗粒变细,软硬两种矿物的平均粒度差变小,磨碎时间足够长时,二者粒度可达到相同;软硬两种矿物小于 0.074mm 时,产率差随磨矿时间的延长而减少,而且时间越长产率差值越小,即粗磨下选择性磨碎现象显著,而细磨下选择性磨碎现象逐渐减弱。

**表 3-5 选择性磨碎与磨矿时间的关系**

| 磨矿时间/min | 5 | 10 | 15 | 20 | 25 |
|---|---|---|---|---|---|
| 磁铁矿加权平均粒度 $d_{Fe}$/mm | 0.324 | 0.130 | 0.094 | 0.084 | 0.080 |
| 石英加权平均粒度 $d_{Si}$/mm | 0.435 | 0.156 | 0.103 | 0.089 | 0.082 |
| 石英与磁铁矿粒度之比 $d_{Si}/d_{Fe}$ | 1.34 | 1.20 | 1.10 | 1.06 | 1.03 |
| 磁铁矿小于 0.074mm 产率 $r_{Fe}$/% | 28.96 | 51.72 | 68.52 | 81.12 | 88.48 |
| 石英小于 0.074mm 产率 $r_{Si}$/% | 18.04 | 41.48 | 59.16 | 73.80 | 84.64 |
| 小于 0.074mm 产率差($r_{Fe}-r_{Si}$)/% | 10.92 | 10.24 | 9.36 | 7.32 | 3.84 |

**表 3-6 自磨磨碎中不同粒度所需破坏强度比较**

| 粒度/mm | 60 | 50 | 35 | 25 | 15 | 6 | 4 | 2.5 | 1.0 |
|---|---|---|---|---|---|---|---|---|---|
| 给料 | 66.5 | 72.7 | 79.4 | 81.5 | 87.4 | 96.5 | 99.3 | 110 | 123 |
| 排料 | 102 | 117 | 129.3 | 148.4 | 157.6 | 166.8 | 173.4 | 181.7 | 197.4 |

注:破坏强度单位相当于 102MPa。

**表 3-7 几种矿物的强化系数**

| 矿块粒度/mm | 石英 | 长石 | 绢云母 | 碳酸盐 |
|---|---|---|---|---|
| 10～1.0 | 1.54～1.82 | 1.4～1.86 | 1.13～1.84 | 1.07～1.84 |

注:矿物强化系数为排矿中矿物破坏力与给矿中矿物破坏力之比。

(4) 粉碎过程中细粒物料的凝聚及覆膜现象。物料细磨时,表面积急剧增大,颗粒表面能增大,物料颗粒会自发地聚集在一起以降低表面能,即发生凝聚现象。而由于不饱和键力的影响,颗粒黏附在磨机筒体及磨碎介质上会发生覆膜现象。覆膜现象使自由运动粒群减少,也是降低细磨过程效率的原因之一。凝聚使粒子出现粗化现象。由实验室磨碎标准砂的试验可看出,经磨 15h 后,30μm 以下的颗粒含量随磨矿时间的延长反而降低,表明已磨细颗粒开始团聚,达到磨碎极限。凝聚及覆膜现象阻碍了细磨的进一步进行,可加入分散剂及表面活性剂等抑制或消除该现象。

(5) 微细颗粒布朗运动的影响。用重晶石、方解石、石英等三种矿物材料作细磨及超细磨试验(表 3-8 和表 3-9),结果发现,细磨下小于 1μm 的含量为 7%~15%,超细磨下小于 1μm 的含量则高达 15%~20%。胶体分散体系是指分散相大小在 1μm 到 0.1μm 之间的分散体系,具有明显的布朗运动现象。有资料显示(表 3-10),粒度稍大于 1μm 的颗粒的布朗运动位移量已大于重力作用的位移量。细磨或超细磨下,有 1/5 的颗粒接近布朗运动状态,所以在研究细磨时就不能不考虑这种现象。

(6) 随颗粒粒度变细,表面电化学力增强,料浆的黏度增加,料浆的流动性及粒子的分散性变差。只有采用较稀的料浆浓度或使用化学药剂改变料浆系统的流动、凝聚等性质,才可抵消因颗粒变细而引起的细磨恶化的现象。

使用无机电解质及胺分别作为添加剂用于粉磨石英的实验。结果发现,在一定 pH 条件下,钙、硫和硅酸盐使粉磨石英的效果显著下降,而氯化钾及胺能明显提高磨碎效果。化学药剂能改变料浆的许多性质,提高或降低磨碎效果。

**表 3-8 几种矿物材料细磨下产品中微细颗粒含量**

| 矿物 | 磨矿时间/min | 含量/% | | | | | |
|---|---|---|---|---|---|---|---|
| | | −75μm | −10μm | −5μm | −1μm | −0.5μm | −0.1μm |
| 重晶石 | 20 | 98.14 | 44.80 | 32.10 | 14.50 | 9.65 | 4.10 |
| 方解石 | 30 | 97.48 | 40.76 | 28.50 | 11.30 | 7.85 | 3.20 |
| 石英 | 80 | 98.66 | 34.90 | 24.00 | 7.40 | 4.58 | 1.50 |

**表 3-9 几种矿物材料超细磨下产品中微细颗粒含量**

| 矿物 | 磨矿时间/min | 含量/% | | | | | |
|---|---|---|---|---|---|---|---|
| | | −75μm | −10μm | −5μm | −1μm | −0.5μm | −0.1μm |
| 重晶石 | 30 | 96.49 | 51.66 | 39.00 | 19.10 | 14.20 | 7.00 |
| 方解石 | 50 | 97.48 | 46.92 | 34.20 | 15.50 | 10.80 | 5.00 |
| 石英 | 130 | 96.95 | 51.40 | 38.00 | 18.10 | 13.10 | 6.20 |

表 3-10 微粒在水中沉降时布朗运动与重力作用引起的位移量

| 颗粒直径/μm | 0.10 | 0.25 | 0.5 | 1.0 | 2.5 | 10.0 |
|---|---|---|---|---|---|---|
| 布朗运动引起的位移量/μm | 2.36 | 1.49 | 1.052 | 0.745 | 0.334 | 0.234 |
| 重力作用引起的位移量/μm | 0.005 | 0.035 | 0.138 | 0.554 | 13.81 | 55.4 |

4. 单体解离及解离度

在不同的行业中粉碎作业的目的是不同的，如水泥、建筑等行业仅要求粒度及粒度组成，但在矿物加工行业中，被加工的物料的有用组分和非有用组分或有用组分之间都是紧密连生在一起的，而用物理选矿方法要将有用组分和非有用组分分离成单独的精矿，首先必须使连生在一起的有用组分和非有用组分解离；同时，由于各种矿物分选方法对物料的分离粒度上限、下限有一定范围，因此矿物加工过程中，粉碎的物料粒度应尽可能的不低于选矿方法所能回收的粒度下限，不"过粉碎"。即既要求单体解离，又不过粉碎，粒度适合分离要求。这是矿物加工中的重要因素。

在矿石粉碎产品中，有些颗粒只含有一种矿物，叫单体[图 3-1(a)、(f)]；另一些颗粒两种或两种以上矿物连生在一起，叫连生粒[图 3-1(b)、(c)、(d)、(e)]。

矿石粉碎后，某矿物的单体解离度定义为：同一粒度级别的物料群中，某矿物的单体解离颗粒数占该粒群中含有该矿物的颗粒总数的百分数，即

$$C = \frac{A}{A + B} \times 100\% \tag{3-2}$$

式中：C——某矿物的单体解离度；

A——该矿物的单体解离粒子个数；

B——含有该矿物的连生粒子个数。

在矿物加工中，精矿品位低、尾矿品位高及中矿产率大，往往都是矿物解离度不够造成的。

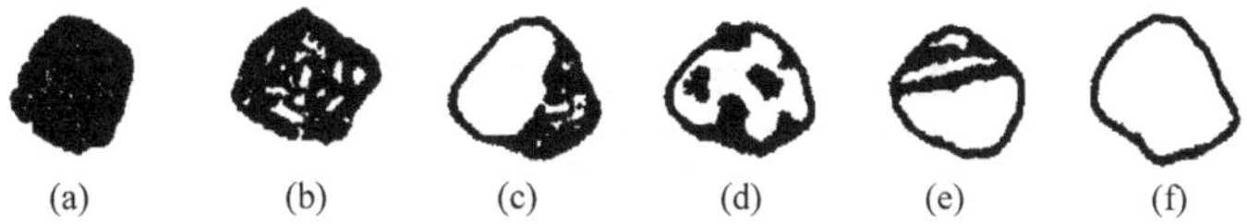

图 3-1 矿石颗粒截面

5. 可碎性

材料的强度是指其对外的抵抗能力，通常以材料破坏时单位面积上所受的力即 $N/m^2$ 或 Pa 来表示。按接受破坏力的方式不同，可分为压缩强度、拉伸强度、扭

曲强度、弯曲强度和剪切强度等；按材料内部的均匀性和有否缺陷分为理论强度和实际强度。

不含任何缺陷的完全均质材料的强度称为理论强度，它相当于原子、离子或分子间的结合力。

完全均质的物料所受应力达到其理论强度时，所有原子或分子间的结合键将同时发生破坏，整个材料将分散为原子或分子单元。然而，实际上，几乎所有材料破坏时都将分裂成大小不一的块状，这说明质点间结合的牢固程度并不相同，即存在着某些结合相对薄弱的局部，使其在受力尚未达到其理论强度之前，这些薄弱环节部位已达到其极限强度，材料已发生破坏，因此，材料的实际强度或实测强度往往远低于其理论强度。一般地，实测强度为理论强度的1/1000～1/100。

物料的实际强度可以用试验室仪器进行测量，根据静载下的测定结果，各种材料的机械强度有如下规律：

抗压强度＞抗剪强度＞抗弯强度＞抗拉强度

在矿物加工上习惯用普氏硬度系数作为矿石坚固性的标准，普氏硬度系数为抗压强度的百分之一，用符号 $f$ 表示，即

$$f=\frac{\sigma_p}{100} \tag{3-3}$$

式中：$\sigma_p$——抗压强度，$kg/cm^2$。

通常用“可碎（磨）性系数”来衡量矿石粉碎的难易程度，可碎（磨）性系数的表示如下

$$\text{可碎性系数}=\frac{\text{该粉碎机在同样条件下破碎指定矿石的生产率}}{\text{某粉碎机粉碎中硬矿石的生产率}} \tag{3-4}$$

实践中常以石英作为标准的中硬矿石，将其可碎性系数定为1，硬矿石的可碎性系数都小于1，而软矿石则大于1。

在矿物加工实践中，通常按普氏硬度将岩石分为五个等级，以此来表示岩石破碎的难易程度，详见表3－11。

**表3－11　岩石破碎难易程度分类**

| 硬度等级 | $\sigma_p/(kg/cm^2)$ | 普氏硬度系数 | 可碎性系数 | 可磨性系数 | 岩石实例 |
|---|---|---|---|---|---|
| 很软 | ＜200 | ＜2 | 1.3～1.4 | 2.00 | 石膏、石板岩 |
| 软 | 200～800 | 2～8 | 1.1～1.2 | 1.25～1.4 | 石灰石、泥灰岩 |
| 中硬 | 800～1600 | 8～16 | 1.0 | 1.0 | 硫化矿、硬质页岩 |
| 硬 | 1600～2000 | 16～20 | 0.9～0.95 | 0.85～0.7 | 铁矿、硬砂岩 |
| 很硬 | ＞2000 | ＞20 | 0.65～0.75 | 0.5 | 硬花岗岩、含铁石英岩 |

### 3.1.3　粉碎方法

物料粉碎是在机械力作用下进行的，任何一种粉碎机械都不只用一种力来完成粉碎过程。根据粉碎机械施力方式差异，粉碎施力种类有挤压、弯曲、剪切、劈碎、研磨、打击或冲击等(图 3－2)。对于某一种粉碎设备，多数情况下是以一种施力方式为主，若干种施力方式同时存在，这样有利于提高粉碎效率。

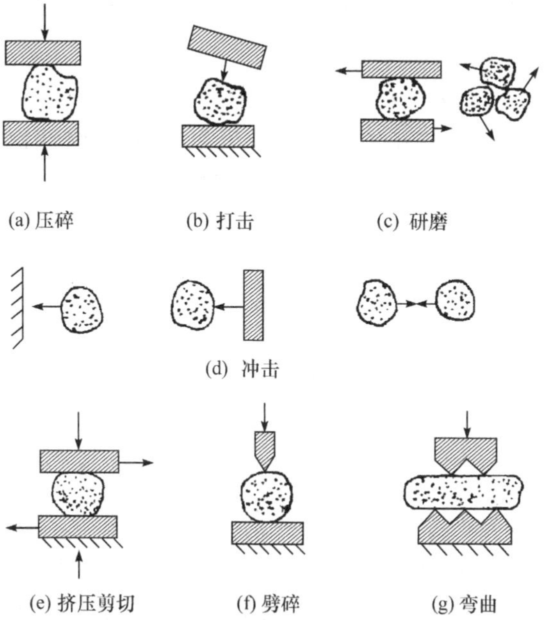


图 3－2　粉碎工具对物料施力的种类

对于矿物加工业，一般矿石都是由多种矿物组成，各矿物的物理、机械性质差别很大。矿石粉碎时，只有当所选用的粉碎设备与矿石性质相适应时，粉碎的效果才会最好。

1．挤压粉碎

挤压粉碎是粉碎设备的工作部件对物料施加挤压作用，物料在压力作用下发生粉碎。挤压磨、颚式破碎机等均属此类粉碎设备。物料在两个工作面之间受到相对缓慢的压力而被破碎，如图 3－2(a)所示。因为挤压力作用较缓慢均匀，故物料粉碎过程较均匀。这种方法通常多用于物料的粗碎，当然，近年来发展的细颚式破碎机也可将物料破碎至几毫米以下。另外，挤压磨出的物料有时会呈片状粉料，故也常作为细粉磨前的预粉碎设备。

2. 冲击粉碎

冲击粉碎包括高速运动的粉碎体对被粉碎物料的冲击和高速运动的物料向固定壁或靶的冲击以及运动物料的相互冲击，如图 3-2(d)所示。

这种粉碎过程可在较短时间内发生多次冲击碰撞，每次冲击碰撞时间极短，所以粉碎体与被粉碎物料的动量交换非常迅速。

设两个质量分别为 $m_1$、$m_2$ 的颗粒，碰撞前后的速度分别为 $v_1$、$u_1$ 和 $v_2$、$u_2$，根据力学原理有

$$m_1(u_1 - v_1) = m_2(v_2 - u_2) \tag{3-5}$$

发生碰撞时，颗粒因受到压缩作用会发生变形，对于脆性物料，碰撞后的颗粒总能量减小了，而这部分减小的能量是克服了颗粒间的结合能，从而使之发生粉碎。从此意义上讲，碰撞冲击的速度越快，时间越短，则在单位时间内施加与颗粒的粉碎能量也就越大，越易于将颗粒粉碎。

3. 挤压-剪切粉碎

挤压-剪切粉碎如图 3-2(e)所示。辊压磨、雷蒙磨及各种立式磨通常采用挤压-剪切粉碎方式。

4. 研磨、磨削粉碎

研磨和磨削，包括研磨介质对物料的磨碎和物料相互间的摩擦作用。振动磨、搅拌磨以及球磨机的细磨等都是以此为主要作用的。与施加强大粉碎力的挤压和冲击粉碎不同，研磨和磨削是靠研磨介质对物料颗粒表面的不断磨蚀而实现粉碎的。因此，研磨介质的物理性质、尺寸、形状及其填充率对粉磨效率具有重要影响。

### 3.1.4　粉碎理论

1. 粉碎模型

Rosin-Rammler 等认为，粉碎产物的粒度分布具有二成分性(严格地讲是多成分性)，即合格的细粉和不合格的粗粉。根据这种二成分性，可以推论，颗粒的破坏与粉碎并非由一种破坏形式所致，而是由两种或两种以上破坏作用共同构成的。人们提出了以下三种粉碎模型，如图 3-3 所示。

(1) 体积粉碎模型。如图 3-3(a)，整个颗粒均受到破坏，粉碎后生成物多为粒度大的中间颗粒。随着粉碎过程的进行，这些中间颗粒逐渐被粉碎成细粒。冲击粉碎和挤压粉碎与此模型较为接近。

(2) 表面粉碎模型。如图 3-3(b)，在粉碎的某一时刻，仅是颗粒的表面产生

破坏，被磨削下微粉，这一破坏作用基本不涉及颗粒内部。这种情形是典型的研磨和磨削粉碎方式。

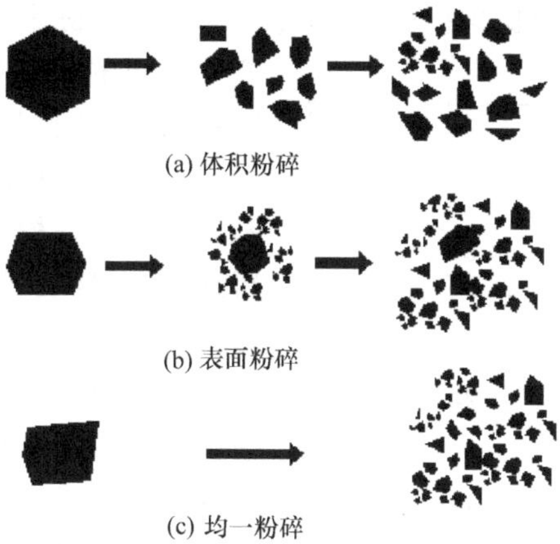


图 3-3　粉碎模型

(3) 均一粉碎模型。如图 3-3(c)，施加于颗粒的作用力使颗粒产生均匀的分散性破坏，直接粉碎成微粉。

三种模型中，均一粉碎模型仅符合结合不紧密的颗粒集合体如药片等的特殊粉碎情形，一般情况下可不考虑这一模型。实际粉碎过程往往是前两种粉碎模型的综合，前者构成过渡成分，后者形成稳定成分。

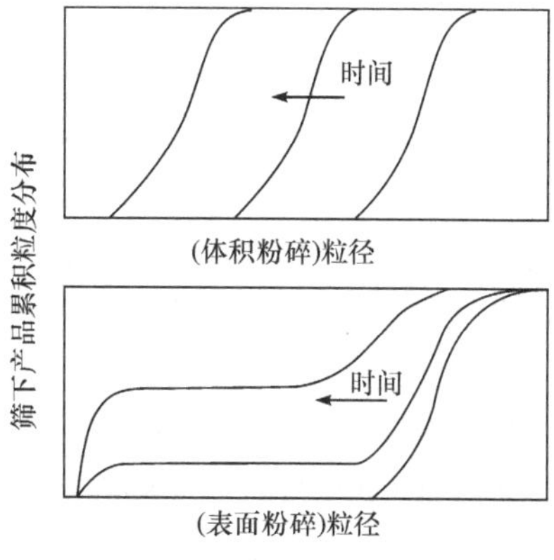


图 3-4　体积粉碎和表面粉碎的粒度分布

体积粉碎与表面粉碎所得的粉碎产物的粒度分布有所不同，如图 3-4 所示。体积粉碎后的粒度较窄较集中，但细颗粒比例较小；表面粉碎后细粉较多，但粒度分布范围较宽，即粗颗粒也较多。

应该说明，冲击粉碎未必能造成体积粉碎，因为当冲击力较小时，仅能导致颗粒表面的局部粉碎；表面粉碎伴随的压缩作用力如果足够大时也可产生体积粉碎，如辊压磨、雷蒙磨等。

2. 混合粉碎和选择性粉碎

当几种不同的物料在同一粉碎设备中同时进行粉碎过程时，由于各种物料的相互影响，较单一物料的粉碎情形更复杂一些。目前，对多种物料混合粉碎过程中各种物料相互是否有影响以及如何影响尚存在分歧。

一种看法是物料混合粉碎时无相互影响，认为无论单独粉碎还是混合粉碎，混合物料中每一组分的粒度分布本质上都遵循粒度特性分布函数。

另一种看法是各种物料存在相互影响。实际上，粉碎或粉磨过程中，粉碎（磨）介质之间的物料往往是多颗粒层，介质对物料的作用力可通过颗粒之间的传递，未必与颗粒接触即可使之发生粉碎。易碎物料混合粉碎时比其单独粉碎时来得细，难碎物料比其单独粉碎时来得粗是普遍现象。在以挤压粉碎和磨削粉碎为主要原理的粉碎情形（如辊压磨、振动磨和球磨）时，这种现象更为明显。这种多种物料共同粉碎时某种物料比其他物料优先粉碎的现象就是前述的选择性粉碎。例如，将莫氏硬度分别为 7 和 2.5 的石英和石灰石在球磨机中共同粉碎一定时间后的细度与其各自单粉碎时细度的比较见图 3－5。

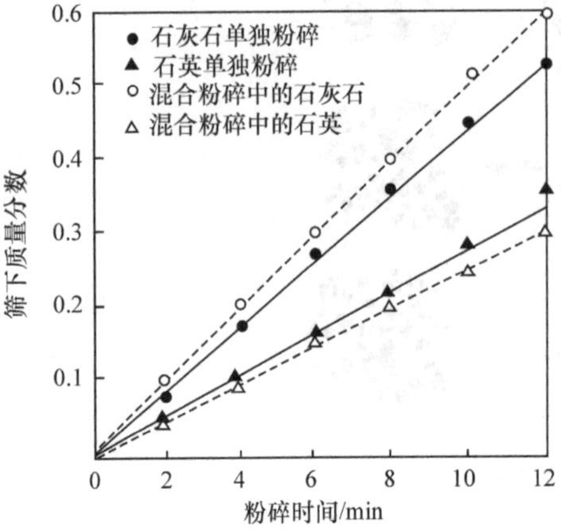


图 3－5　混合粉碎与单独粉碎的比较

出现这种选择性粉碎现象的原因可归纳如下：

（1）颗粒层受到粉碎介质的作用力即使不足以使强度高的物料颗粒碎裂，但其大部分（其中一部分作用能量消耗于直接受力颗粒的裂纹扩展）会通过该颗粒传递至位于力的作用方向上与之相邻的强度低的颗粒上，该作用足以使之发生粉碎，从这个意义上讲，倒是硬质颗粒对软质颗粒起到了催化作用。

（2）当两种硬度不同的颗粒相互接触并做相对运动时，硬度大者会对硬度小者产生表面剪切或磨削作用，软颗粒在接触面上会被硬颗粒磨削而形成若干细颗粒。此时，硬质颗粒对软质颗粒起着研磨介质的作用。

（3）两种硬度不同的颗粒在破碎过程中，硬度大的大颗粒的表面不均匀性（锐角）会对硬度小的颗粒起劈裂、压碎等作用，有利于硬度小的颗粒破碎。

上述三种作用的结果导致了软质物料在混合粉碎时的细颗粒产率比其单独粉碎时高，而硬质物料相反。

### 3. 粉碎能耗理论与功指数

众所周知，固体的粉碎不会自行发生，也是不可逆的，必须外力对固体颗粒作功。物料粉碎过程中外力所做的有用功称为粉碎功或能耗。

（1）能耗模型。为了探索粉碎所需能量和粉碎效果（粒度减小、比表面积增大）之间的关系，人们提出了不少的假设和模型。这主要有：Rittinger 的“表面积假说”,认为“碎磨过程中所消耗的有用功与表面积成正比,与产品粒度成反比”。这种假说不太符合实际过程。后来 Kick 提出“体积假说”,认为“外力作用于物体时,物体首先发生弹性变形,当外力超过该物体的强度极限时该物体就发生破裂,故破碎物料所需的功与它的体积大小有关”。这种假说适合解释物料的粗碎过程。综合以上两种假说 Bond 推出了“裂纹假说”,他认为:“物料在破碎时外力首先使其在局部发生变形,一旦局部变形超过临界点时则产生裂口,裂口的形成释放了物料内的变形能,使裂纹扩展为新的表面。输入的能量一部分转化为新生表面积的表面能,与表面积成正比;另一部分变形能因分子摩擦转化为热能而耗散,与体积成正比。两者综合起来,将物料粉碎所需要的有效能量设定为与体积和表面积的几何平均值成正比”。该假说接近于符合一般的粉碎过程,长期以来用于指导粉磨工艺和设备的研究,但至今没有从粉体特性和能量输入方面做出合理的科学解释。

以上三个假设可统一地用如下数学模型来表述,式(3-6)中 $E$ 为粉碎所需功耗,$x$ 为粒径,$n$ 为指数,则

$$\mathrm{d}E/\mathrm{d}x \propto x^{-n} \tag{3-6}$$

当 $n=2$ 时,其积分式 $\Delta E\propto(x_2^{-1}-x_1^{-1})$ 为 Rittinger 的表面积假说模型;当 $n=1.5$ 时,其积分式 $\Delta E\propto(x_2^{-0.5}-x_1^{-0.5})$ 为 Bond 的裂纹假说模型;当 $n=1$ 时,其积分式 $\Delta E\propto(\ln x_1-\ln x_2)$ 为 Kick 的体积假说模型。

以上研究表明,模型中的指数 $n$ 的确表明了粉碎过程中能量输入与产品粒度变化之间的关系,但没有明确的物理意义。

超细粉碎过程中,外力的作用使微粒表面出现严重的不规则化(如位错等晶格缺陷),颗粒直径 $x$ 与表面积 S 之间的 $S\propto x^2$ 关系不复存在,而出现了粒径不变的“粉碎极限”和粒径增大的“逆粉碎”现象。输入的能量不再使颗粒变小,而只使得其表面活化,积蓄大量的表面和体积能量。前述传统的能量输入-产品粒度模型,因无法使颗粒形貌引入模型,而不再适用于这一过程。

为了表征超细粉体颗粒形状的不规则化,Dfeifer 等首先引入分维的概念,用氮和其他分子大小不同的气体吸附法测定颗粒的比表面积及当量平均径,用表面构造的分维数 $D$ 定量描述粉体颗粒表面的不规则性

$$S_w \propto (\bar{x})^{D-3} \quad (D = 2 \sim 3) \tag{3-7}$$

式中:$S_w$——粉体比表面积;

$\bar{x}$——粉体平均粒径。

表面构造的分维数可由式(3-8)来确定。以不同大小分子的气体为吸附气体测定粉体的比表面积时,可得到 $S_w-\bar{x}$ 的对应值,将这些数据在对数坐标中作图,从所得直线斜率即可获得 $D$ 值。

$$\ln S_w \propto (D-3)\ln\bar{x} \tag{3-8}$$

$D$ 值定量描述了超细粉颗粒表面积的不规则性,从而也反映了粉碎能量的输

入使固体颗粒表面产生晶格畸变的差异。粉碎是分子量级上的分子键断裂，并形成凸凹界面，用分子吸附的方法测定其表面积是合理的。需要将超细粉体颗粒表面构造的定量化分维描述引入传统的粉碎能量-粒度数学模型，使这一模型的应用扩展到超细粉碎领域。

基于以上观点，在超细粉碎过程中能量的输入主要表现在产物的比表面积和颗粒的表面构造特征上，即能量输入正比于表面的变化，在颗粒表面构造用分维数来描述的基础上推出如式(3－9)模型。

$$\left.\begin{aligned} dE/dx &= x^{D-4} \\ \Delta E &\propto (S_{w2} - S_{w1}) \\ \Delta E &\propto (x_2^{D-3} - x_1^{D-3}) \end{aligned}\right\} \tag{3-9}$$

这与传统的粉碎能耗模型是相似的，但颗粒表面结构分维数 $D$ 的引入，给指数项赋予了明确的物理意义。当 $D$ 分别取 2、2.5、3 时，式(3－9)分别转化为Rittinger、Bond 和 Kick 能量粒度假说。在分维 $D$ 的定量描述下，把各种特殊条件下的假说统一起来了。

$D=2$ 说明颗粒在欧几里得空间上是规则表面，这与 Rittinger 的“粉碎过程中所消耗的有用功与新生颗粒表面积成正比”假说一致。随着颗粒表面不规则性增强，能量作用在颗粒上的体积效应逐渐明显。当 $D=3$ 时，在欧几里得空间上的表面已无实际意义，说明获得新生表面所需断裂分子结合键的能量与表现体积成正比，与 Kick 的体积假说是一致的。$D$ 在 2～3 范围内取值，正好说明了超细粉碎过程中能量的输入结果是表面效应和体积效应的综合，这也是为什么(在 $D=2.5$ 时，Bond 假说成立)Bond 假说较广泛地被人接受而又不能完全描述实际过程的原因。

可以用气体吸附方法测定细粉表面构造的分维值 $D$。用新的粉体表面特征与能耗方程计算具体超细粉碎过程的相对能耗特性，作为评价过程或设备相对能量利用率的依据。

(2) 功指数。在实践中，粉碎能耗模型最具实际应用价值和理论意义的是 Bond 的裂缝学说。将上述功耗模型经定积分后可得 Bond 的实用式

$$W = \frac{10\,W_i}{\sqrt{P}} - \frac{10\,W_i}{\sqrt{F}} = W_i\left(\frac{10}{\sqrt{P}} - \frac{10}{\sqrt{F}}\right) \tag{3-10}$$

式中：$F$，$P$——给料及产品中 80％通过的方形筛孔的宽度，μm；

$W$——将一短吨(st，1st＝907.185kg)给料粒度为 $F$ 的物料粉碎到产品粒度为 $P$ 时所消耗的功；

$W_i$——功指数，即将一短吨“理论上无限大的粒度”粉碎到 80％通过 0.01mm 筛孔宽(或 65％通过 0.075mm 筛孔宽)时所需的功。

Bond 公式可运用于以下几个方面：

① 在测出功指数 $W_i$ 的情况下可以计算各种粒度范围内的粉碎功耗。

② 测出被粉碎物料的功指数 $W_i$，可以计算设计条件下的需要功率，根据需用功率的容量，选择粉碎机械。

③ 可以比较不同粉碎设备的工作效率，如两台磨机消耗的功率相同，但产品粒度不同，分别算出两台磨机的操作功指数，就可确定哪台效率高。

4. 粉碎动力学

粉碎动力学模型基于粉碎速度，即粗大颗粒(大于指定粒级)消失速率与参加粉碎的粉体中这些大颗粒所占比率成正比，同化学反应动力学方程相类似，可以用如下模型来表示

$$x(t) = x_0\exp(-kt^n) \tag{3-11}$$

式(3-11)被称为 $n$ 阶粉碎动力学方程，其中 $x_0$ 为给料中大于指定粒级颗粒的比率；$x(t)$为经过 $t$ 时间粉碎后产品中大于指定粒级颗粒的比率；$k$ 相当于该指定粒级以上大颗粒被粉碎的选择函数。考虑给料和产品整个粒度分布时有

$$R_t(t) = R_i(0)\exp(k_i^{n_j}) \qquad (i = 1,2,\cdots,j) \tag{3-12}$$

式中：$j$——对给料和产品人为划定的窄粒级数目；

$R_i(0)$，$R_i(t)$——给料和产品中大于 $i$ 粒级的累积比率。

陈炳辰等考虑到式(3-12)中的 $k_i$ 和 $n_i$ 值是颗粒粒度的函数，推导出了将物料粒度分布与动力学相结合的新动力学模型

$$R_d = R_0\exp[-k(d)t^{n(d)}] \tag{3-13}$$

实验研究表明，这种新动力学模型不仅精度高，而且应用范围广。进一步研究还将粉碎动力学模型推广到批次磨碎线性叠加模型，把产品中各粒级产率与介质配比联系起来，扩展动力学模型应用范围。

为了开拓它在连续回路中的应用，陈炳辰还将磨机处理能力等参数引入模型，导出了连续粉碎过程动力学模型

$$R_t = R_0\exp(e^{B_0} \cdot q^{B_1+B_2\ln q}) \tag{3-14}$$

动力学模型虽结构简单、求解方便，但所采用的参数太少而不能全面反映粉碎过程特征和参变量间定量关系，难以应用于粉碎过程模拟、优化研究。

### 3.1.5　助磨作用

在粉碎作业中，能够显著提高粉碎效率或降低能耗的化学物质称为助磨剂。由于粉碎作业，尤其是超细粉碎的能耗较高，能量利用率又很低，因此，助磨剂的研究具有重要的理论和实际意义。许多研究表明，对于大体上恒定的给料速度，添加助磨剂后得到了粒度更细的磨矿产品。此外，添加助磨剂还可以扩展物料的磨矿

粒度下限。例如，添加无机盐聚合物或复盐 $K_4Fe(CN)_6$、$K_3Fe(CN)_6$、$Na_2Cr_2O_2$、$Al(NO_3)_3$、$Ce(NO_3)_3$ 等作助磨剂，在湿式球磨机中容易将金属粉末磨至 0.1μm。

1. 助磨剂的种类

按助磨剂添加时的物质状态可分为固体、液体和气体助磨剂；根据物理化学性质可分为有机助磨剂和无机助磨剂。①固体助磨剂：如硬脂酸盐类、胶体二氧化硅、炭黑、氧化镁粉、胶体石墨等。②液体助磨剂：包括各种表面活性剂、分散剂等。如用于水泥熟料、方解石、石灰石等的三乙醇胺，用于石英等的烷基油酸（钠），用于滑石的聚羧酸盐，用于硅石灰的六偏磷酸钠等。③气体助磨剂：如蒸气状的极性物质（丙酮、硝基甲烷、甲醇、水蒸气）以及非极性物质（四氯化碳等）。据报道，极性物质蒸气对水泥熟料特别有效。工业常用的各类助磨剂见表 3-12。

**表 3-12 常用助磨剂的应用领域**

| 类型 | 助磨剂 | 应用 | 类型 | 助磨剂 | 应用 |
|---|---|---|---|---|---|
| 有机助磨剂 | 甲醇 | 石英、铁粉 | 无机助磨剂 | 硅酸钠 | 黏土等 |
| | 异戊醇 | 石英 | | 氢氧化钠 | 石灰石等 |
| | 辛醇醛 | 石英 | | 碳酸钠 | 石灰石等 |
| | 乙二醇、丙二醇 | 水泥等 | | 氯化钠 | 石英岩 |
| | 甘油 | 铁粉 | | 六偏磷酸钠 | 铅锌矿等 |
| | 丙酮 | 水泥 | | 六聚磷酸钠 | 硅灰石等 |
| | 有机硅 | 氧化铝、水泥等 | | 三氧化铝 | 赤铁矿、石英 |
| | 12—14 胺 | 赤铁矿、石英 | 固体助磨剂 | 炭黑 | 水泥、石灰石 |
| | 丁酸 | 石英 | 气体助磨剂 | 二氧化碳 | 石灰石、水泥 |
| | 硬脂酸（钠） | 浮石、白云石 | | 丙酮蒸气 | 石灰石、水泥 |
| | 葵酸 | 水泥、菱镁矿 | | 氢气 | 石英等 |
| | 羊毛脂 | 石灰石 | | 氯气、甲醇 | 石英、石墨等 |
| | 环烷酸（钠） | 水泥、石英岩 | | | |
| | 环烷基磺酸钠 | 石英岩 | | | |
| | *n* 链烷系 | 苏打、石英 | | | |
| | 碳氢化合物 | 玻璃 | | | |

从化学结构上来说，助磨剂应具有良好的选择性分散作用；能够调节料浆的黏度；具有较强的抗 $Ca^{2+}$、$Mg^{2+}$ 的能力；受 pH 的影响较小等。即助磨剂的分子结构要与磨矿系统复杂的物理化学环境相适应。在非金属矿的湿式超细粉碎中，常用的助磨剂通常是表面活性剂，如：①碱性聚合无机盐，在这类中，除了用于硅酸盐矿物的磨矿外，一般多聚磷酸盐优于多聚硅酸盐。②碱性聚合有机盐，在这类中，最合适的是丙烯酸酯，它受 pH 的影响最小。③偶极-偶极有机化合物，如烷烃醇

胺等。

2. 助磨剂的作用原理

从颗粒的破坏机理来看，在超细研磨过程中微颗粒的细化过程有两种情况：颗粒受外力的冲击和挤压使内部裂纹扩展形成的体积破裂、颗粒表面受到研磨而形成的剥落。前者是晶体内结合键的断裂；后者是晶体表面的薄弱部位在剪切力的作用下微小晶粒从大颗粒表层的分离。

微颗粒的形成过程是晶界不断断裂和新生表面不断形成的过程，在这一过程中存在能量的转换与表面不饱和键能的积累，高表面能的累积又将导致微颗粒的团聚和颗粒内部裂纹的重新闭合。在机械粉碎过程中，颗粒并不是可以无限制地磨细的。随着颗粒不断细化，其比表面积和表面能增大，颗粒与颗粒间的相互作用力增加，相互吸附、黏结的趋势增大，最后颗粒处于粉碎与聚合的可逆动态平衡过程。颗粒表面积随能量输入的速率可用式(3－15)表示

$$ds/de = k(s_{\infty} - s) \tag{3-15}$$

式中：$ds/de$——粉碎能量效率；

$s$，$s_{\infty}$——过程中颗粒的比表面积和粉碎平衡时的比表面积；

$k$——系数(当 $s \to s_{\infty}$，能量效率趋于零)。

为解决粉碎过程中的聚合问题，降低平衡粒度、提高粉碎效率，有效的措施是在粉磨介质中引入表面活性剂物质，即助磨剂。任何一种有助于化学键破裂和阻止表面重新结合并防止微颗粒团聚的药剂都有助于超细粉碎过程。

许多研究表明，机械法制备超细粉体必须具备两个基本条件：①能量高度集中；②要使用助磨剂。助磨剂对超细粉碎过程有非常显著的影响。

对于助磨剂的助磨作用机理，研究者主要提出了两种学说。一是“吸附降低硬度”学说：助磨剂分子在颗粒上的吸附降低了颗粒的表面能或者引起近表面层晶格的位错迁移，产生点或线的缺陷，从而降低颗粒的强度和硬度，促进裂纹的产生和扩展。二是“料浆流变学调节”学说：助磨剂通过调节浆料的流变学性质和颗粒的表面电性等，降低浆料(如矿浆)的黏度，促进颗粒的分散，从而提高浆料的可流动性，阻止颗粒在研磨介质及磨机衬板上的黏附以及颗粒之间的团聚。前者首先由列宾捷尔(Rehbinder)和威斯特沃德(Westwood)提出，称之为“Rehbinder”或“Westwood”效应；后者是由克兰帕尔(Kimpel)等提出来的。

在磨机中，研磨区内的颗粒通常受到不同种类应力的作用，导致形成裂纹并扩展，然后被粉碎。因此，物料的力学性质，如在拉应力、压应力或剪切应力作用下的强度性质将决定对物料施加的力的效果。显然，物料的强度越低，硬度越小，粉碎所需的能量也就越少。根据格里菲斯定律，脆性断裂所需的最小应力与物料的比表面能成正比。显然，降低颗粒的表面能，可以减小使其断裂所需的应力，促进裂

纹扩展。从颗粒断裂的过程来看,助磨剂分子在新生表面的吸附可以减小裂纹所需的外应力,促进裂纹的扩展。在裂纹扩展的过程中,助磨剂沿颗粒表面吸附扩散,进入新生裂纹内部的助磨剂分子起到了劈契的作用,防止裂纹的再闭合,加快粉碎过程进行。

颗粒的强度还与物料本身的缺陷有关,使缺陷(如位错等)扩大无疑将降低颗粒的强度,促进颗粒的粉碎。列宾捷尔首先研究了在有无化学添加剂两种情况下液体对固体物料断裂的影响。他认为,液体尤其是水将在很大程度上影响碎裂,添加表面活性剂可以扩大这一影响,原因是固体表面吸附表面活性剂分子后表面能降低,从而导致键合力减弱。

列宾捷尔等提出的上述作用机理得到了一些实验结果的证实。例如,Boozer等研究表明,砂岩吸附油酸或油烯基胺等分子后强度下降。

除了前述颗粒的强度和硬度等外,从湿式超细粉碎工艺来考察,影响磨矿效率和能耗的主要因素还有浆料的黏度、颗粒的分散状态、颗粒与研磨介质及磨机衬板(微细颗粒在研磨介质及磨机衬板上的黏附)之间的作用等。这些因素都影响磨机内浆料的流动性。因此,改善磨机内浆料的流动性可以提高粉碎效率、提高产量或在产量一定时产出粒度更细的物料。

助磨剂改善干粉或料浆的可流动性,明显改变了物料连续通过磨机的速度,因而影响磨矿工艺过程。此外,流动性的变化改变了粒度在磨机中的分布以及钢球等介质的研磨作用,助磨剂通过保持颗粒良好的分散性阻止颗粒之间的相互黏结或团聚。从这个意义上说,助磨剂是能够降低料浆黏度,并提高料浆流动性的物质;从流变学观点来说,助磨剂是能够维持料浆的假塑性状态使其没有屈服应力或是降低稠的假塑性体料浆的屈服应力的物质。

在较稀的料浆中,添加助磨剂的效果甚微,因此没有必要添加助磨剂;只有当料浆浓度较高,即呈现一价粉碎状态时,添加助磨剂才有显著的效果,也才有必要添加助磨剂。

由于助磨剂在粉碎过程中与物料之间所发生的表面物理化学过程相当复杂,同一种助磨剂在不同物料粉碎过程中所表现出来的效果也不同,其使用量也有所不同。大量的研究和实践证明,选择合适的助磨剂会对整个生产过程起着显著的作用。

## 3.2 分　级

分级是将粒度不同的混合物料按粒度或按在介质中沉降速度不同分成若干粒度级别的过程,因此分级是物料按粒度分离的一种形式。根据分级的原理、设备及分级介质的不同,分级的方式有筛分分级、水力分级和气流分级。

### 3.2.1　筛分分级

1. 筛分方法及其特点

将粒度不同的混合物料，通过单层或多层筛子分成若干不同粒度级别的过程，称为筛分。筛分作业广泛用于选矿、冶金、建筑、化工、磨料等工业部门。按照应用目的和使用场合不同，筛分作业可以分为若干种：独立筛分（筛分产品作为最终产品供给用户使用时）、准备筛分（筛分作业是为下一道工序提供不同粒级的原料时）、辅助筛分（筛分与粉碎设备配合使用时）、预先筛分（筛分作业用于粉碎前将粒度合格的物料预先分出时）、检查筛分（筛分作业用于控制粉碎产品粒度时）。

生产实践中，粉碎产品的粒度分布比所要求的粒度范围更宽，不能满足最终产品粒度特性的要求，因此生产中粉碎设备一般与分级设备组合使用。

实践中，把粉碎设备与分级设备配合并且不合格的粗粒产品返回粉碎机进行再次粉碎的粉碎系统称为闭路粉碎系统。粉碎产品不经分级或不返回粉碎的粉碎系统称为开路粉碎系统。

筛分作业还可用于物料的脱水或分离矿浆，如选煤和洗矿的脱水及重介质选矿产物脱除介质等。在某些情况下，由于筛分物料的性质差别，筛分还可起到分选某些有用成分的作用，这种筛分称为选择筛分。

(1) 筛分分析和标准筛。为了获得物料的粒度分布特性需要进行筛分分析。筛分分析是将物料样品通过一系列不同筛孔的标准筛，筛分成若干个粒级，求得以质量分数表示的粒度分布。标准筛是由一套筛孔大小有一定比例的、筛孔孔径和筛丝直径都按标准制作的筛子。标准筛筛孔尺寸有规律，按一定比例逐渐变化构成筛序。各国都制定了不同的标准筛系列，常用的是国际标准筛和泰勒标准筛。标准筛由“基筛”和“筛比”两个参数决定，基筛是指作为基准的筛子，国际标准化组织（ISO）的标准筛是以 1mm 筛为基筛，美国泰勒标准筛以“目”（每英寸长度上的孔数）作为筛号，以 200 目为基筛，其筛孔尺寸为 0.075mm，丝直径为 0.053mm。筛比是指相邻筛子的筛孔尺寸之比，泰勒标准筛以$\sqrt{2}$为主筛比，$\sqrt[4]{2}$为辅助筛比，而国际标准筛以$(\sqrt[20]{10})^3$和$\sqrt[10]{10}$为主筛比，以$\sqrt[20]{10}$和$(\sqrt[40]{10})^3$为辅助筛比。

国际标准筛系列与泰勒标准筛系列的比较见表 3-13。

此外，还有法国标准筛（AFNOR）系列、日本标准筛（JIS）系列、德国标准筛（DIM）系列。目前我国尚未制定标准筛的国家标准。

(2) 工业用筛。工业用筛大致上分振动筛和摆动筛两类。前者筛面有垂直振动运动，振动数在 600r/min 以上。后者的摆动方向沿筛面，摆动数在 400r/min 以下。图 3-6 为典型的振动形式。通常，附着性较差的毫米级粗料用振动筛，附着性较强的 0.5mm 以下的细物料用摆动筛。

**表 3－13　国际标准筛系列与泰勒标准筛系列的比较**

| 泰勒系列 | | 国际系列 | 泰勒系列 | | 国际系列 |
|---|---|---|---|---|---|
| 目 | 筛孔尺寸/mm | 筛孔尺寸/mm | 目 | 筛孔尺寸/mm | 筛孔尺寸/mm |
| 5 | 3.962 | 4.00 | 42 | 0.351 | 0.355 |
| 6 | 3.327 | — | 48 | 0.295 | — |
| 7 | 2.794 | 2.80 | 60 | 0.246 | 0.250 |
| 8 | 2.362 | — | 65 | 0.208 | — |
| 9 | 1.981 | 2.00 | 80 | 0.175 | 0.180 |
| 10 | 1.651 | — | 100 | 0.147 | — |
| 12 | 1.397 | 1.40 | 115 | 0.124 | 0.125 |
| 14 | 1.168 | — | 150 | 0.104 | — |
| 16 | 0.991 | 1.00 | 170 | 0.088 | 0.090 |
| 20 | 0.833 | — | 200 | 0.075 | — |
| 24 | 0.701 | 0.701 | 250 | 0.061 | 0.063 |
| 28 | 0.589 | — | 270 | 0.053 | — |
| 32 | 0.495 | 0.500 | 325 | 0.043 | 0.045 |
| 35 | 0.417 | — | 400 | 0.038 | |

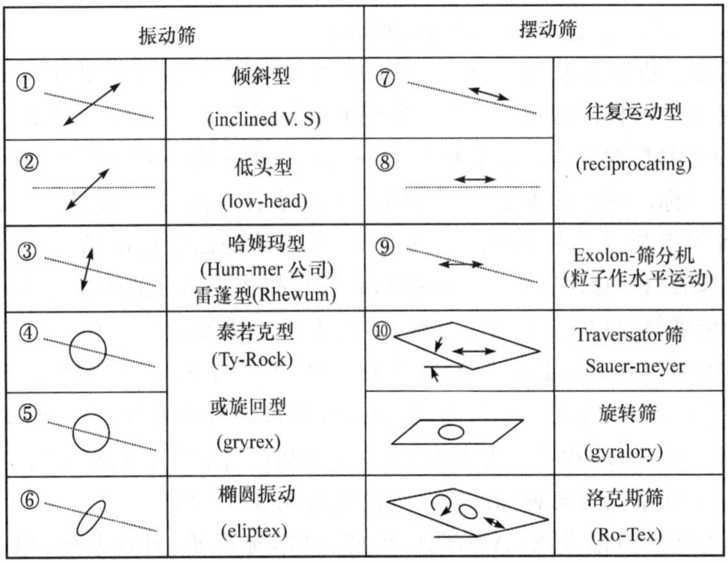


图 3－6　实用筛的各种振动形式

要使物料在筛面上分散并通过筛孔，物料和筛面间必须有相对运动，其效果取决于筛面的振动次数和振幅，以及振动加速度与重力加速度之比，即振动强度 K 必须大于 1，即

$$K = r\omega^2/g \tag{3-16}$$

式中：$r$——振幅；

　　$\omega$——角速度。

图 3-7 表示振动数-振幅-振动强度的关系。此外，近年来还出现了一种利用气流作用分级细颗粒和粉状物料的气流筛，其原理如图 3-8 所示。空气在负压作用下通过旋转喷嘴扫过筛面，使物料分散，同时将细粒子带过筛网，实现干式分级。其特点是：由电成形法制成的筛孔小至 5μm 的微孔筛也可实现分级。

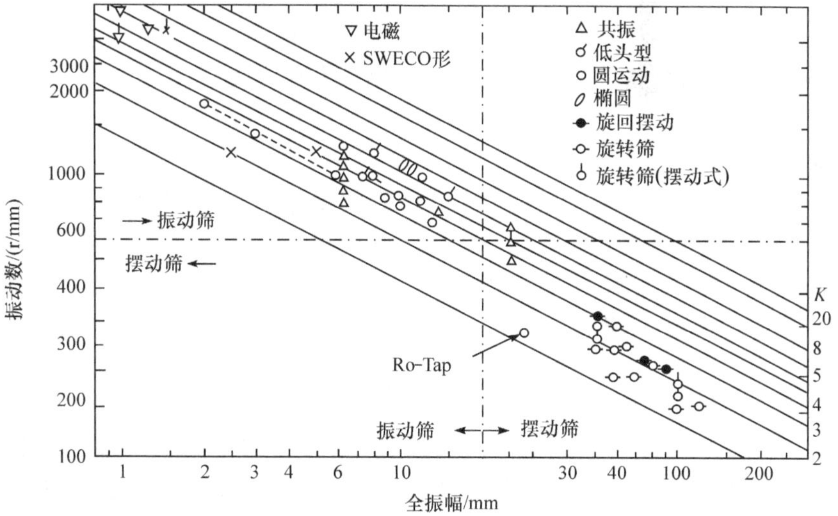


图 3-7　实用筛的振动数和振幅

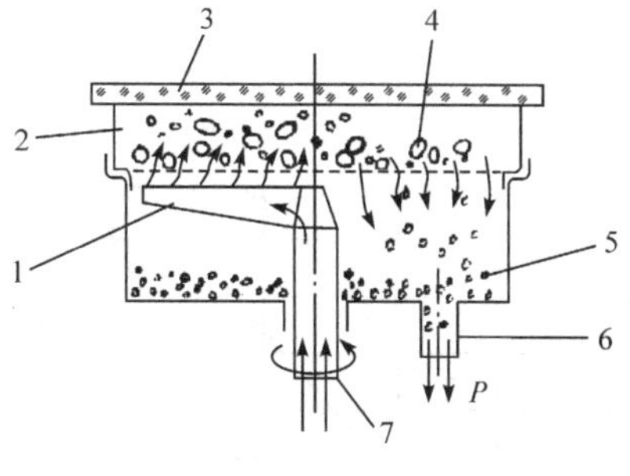


图 3-8　气流筛原理

1. 旋转喷嘴；2. 筛框；3. 玻璃盖；4. 粗颗粒；

5. 细颗粒；6. 空气出口(负压)；7. 空气入口

2. 筛分原理

(1) 筛分概率。理论上讲，小于筛孔的颗粒均能通过筛孔而进入筛下，实际筛分过程中由于受多种因素的影响和制约，小于筛孔的细颗粒即使到达筛面与筛孔接触，也不一定能透过筛孔，即筛分过程是一个随机过程。由于影响因素复杂，对单个颗粒透筛的预测是十分困难的，一般以统计的原理来分析颗粒透过筛的可能性。

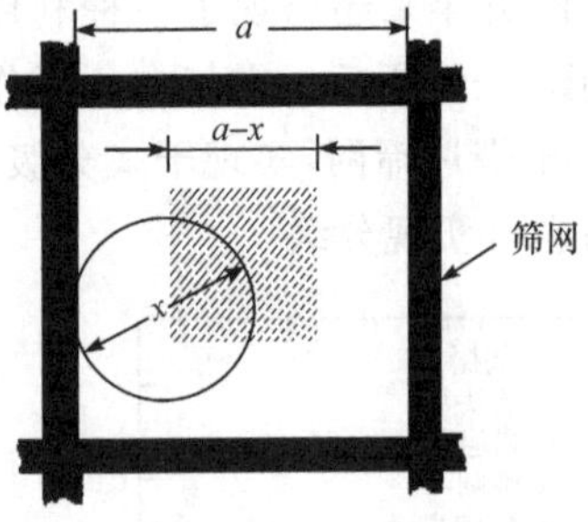

图 3－9 颗粒通过概率计算示意图

Gaudin 提出，当球形颗粒碰撞在图 3－9 所示的正方形筛孔上时，只有当颗粒（球）的重心处于虚线范围内时才能通过，颗粒通过概率 P 可以由式（3－17）确定，即

$$P=\frac{(a-x)^2}{a^2}=\left(1-\frac{x}{a}\right)^2 \quad (3-17)$$

式中：$x$——颗粒直径，mm；

$a$——筛孔尺寸，mm。

当 N 个颗粒分别与筛孔碰撞一次时，有 $NP$ 个颗粒通过筛孔，而（$N-NP$）个颗粒残留于筛上。如 $N(1-P)$ 个颗粒再次碰撞筛孔，则残留 $N(1-P)^2$ 个。同理，第 $i$ 次碰撞，就残留 $N(1-P)^i$ 个颗粒。筛上残留的颗粒数 $N(1-P)^i$ 与原颗粒数之比称为筛上残留率，以式（3－18）表示，即

$$\gamma_i=\frac{N(1-P)^i}{N}=(1-P)^i=\left[1-\left(\frac{a-x}{a}\right)^2\right]^i \quad (3-18)$$

以 $x/a$ 为横坐标，$\gamma_i$ 为纵坐标，$i$ 为参数可作出残留率曲线，此曲线即称为部分分离效率曲线（图 3－10）。由图 3－10 可知，$x/a=1$ 时，与筛孔同等大小的颗粒不能通过筛网，$x/\alpha$ 值越小，越易通过。颗粒与筛网碰撞次数 $i$ 越多，越易分离。

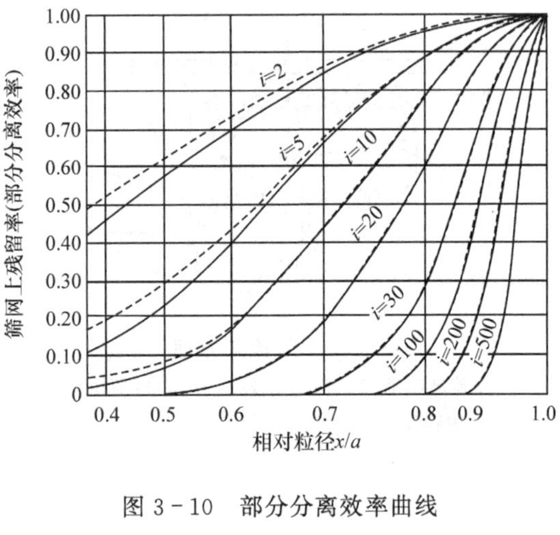


图 3－10 部分分离效率曲线

实践证明，物料粒度小于筛孔 3/4 的颗粒容易透过筛孔，被称为易筛粒；大于筛孔 3/4 的颗粒，因透筛困难，称为难筛粒。

对式(3-18)取对数，得

$$\ln\gamma_i = i\ln\left[1-\left(\frac{a-x}{a}\right)^2\right] \tag{3-19}$$

将右项级数展开，则

$$\ln\left[1-\left(\frac{a-x}{a}\right)^2\right]=-\left(\frac{a-x}{a}\right)^2+\frac{1}{2}\left(\frac{a-x}{a}\right)^4-\frac{1}{3}\left(\frac{a-x}{a}\right)^6+\cdots \tag{3-20}$$

因$[(a-x)/a]<1$，故仅取第一项，则得

$$\ln\gamma_i \approx -i\left(\frac{a-x}{a}\right)^2 \tag{3-21}$$

按式(3-21)计算的结果如图 3-10 虚线所示，当 $i>10$ 时已足够接近。

相应于 $\gamma_i=0.5$ 的粒径 $x_{0.5}$为中位径，由式(3-21)可得

$$\ln 0.5=-i\left(1-\frac{x_{0.5}}{a}\right)^2$$

其中

$$x_{0.5}=a-\frac{0.832a}{\sqrt{i}} \tag{3-22}$$

式(3-22)表明，对于给定的筛网，分级粒径 $x_{0.5}$是随碰撞次数 $i$ 而变化的。就碰撞次数而言，间歇式分级的 $i$ 与分级时间 $t$ 成正比，而连续式分级则与筛网长度 $L$ 成正比。如取 $\varepsilon_t$，$\varepsilon_L$ 分别为单位时间或单位长度的试行数，则

$$\left.\begin{aligned}&\text{间歇式分级} && i=\varepsilon_t t\\&\text{连续式分级} && i=\varepsilon_L L\end{aligned}\right\} \tag{3-23}$$

将式(3-23)代入式(3-22)得

$$x_{0.5}=a-\left(\frac{0.832a}{\sqrt{\varepsilon_t}}\right)\frac{1}{\sqrt{t}} \tag{3-24}$$

$$x_{0.5}=a-\left(\frac{0.832a}{\sqrt{\varepsilon_L}}\right)\frac{1}{\sqrt{L}} \tag{3-25}$$

由实验求得 $L$ 和 $x_{0.5}$，并作 $x_{0.5}$与$1/\sqrt{L}$的关系图。由图中直线斜率可求 $\varepsilon_L$，截距即为 $a$。$\varepsilon_L$ 反映筛机的性能。以上述理论为基础制得的实用筛机称为概率筛机。

(2) 筛分效率。筛分作业中常以处理能力和筛分效率来衡量其工作状态。筛分效率是一种质量标准，以实际得到的筛下产物量与入筛物料中所含粒度小于筛孔的物料量的比的百分数表示。筛分效率越高，筛分越完全。计算公式如下

$$E=\frac{C}{Q\times\frac{\alpha}{100}}\times100\%=\frac{C}{Q\alpha}\times10^4\% \tag{3-26}$$

式中：E——筛分效率，%；

C——筛下产物质量；

Q——入筛原物料质量；

$\alpha$——入筛原物料中小于筛孔级别的物料含量，%。

但在连续生产过程中，公式中的 Q、C 很难测定，不便于应用。为此，在图3-11的筛分过程中，设 Q、C、T 分别表示入筛原料、筛下产物及筛上产物的质量，而 $\alpha$、$\beta$、$\vartheta$ 分别表示其中小于筛孔的物料含量（%）。根据物料平衡原理可求得筛分效率的计算式

$$E_{筛分}=\frac{\beta(\alpha-\vartheta)}{\alpha(\beta-\vartheta)}\times100\% \tag{3-27}$$

在实际中 $\alpha$、$\beta$、$\vartheta$ 均可通过取样和筛分分析求出（根据物料中最大粒度得到有代表性的最小取样质量后进行筛分分析）。

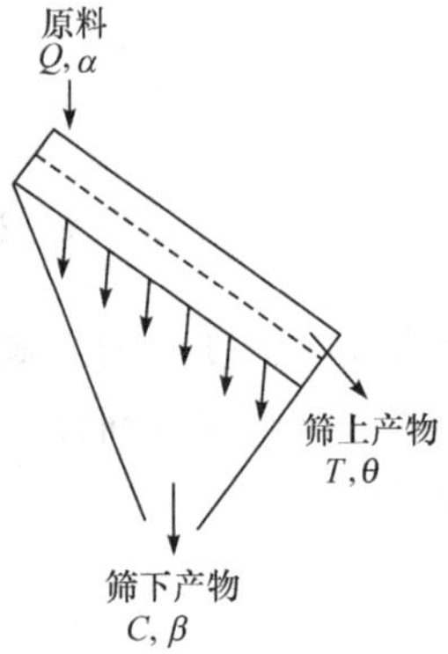

图 3-11 筛分过程示意图

用小于筛孔的所有物料来计算筛分效率，其结果称总筛分效率；只用小于筛孔物料的个别粒级或几个粒级计算，则称为部分筛分效率。

全部小于筛孔的物料包括易筛粒和难筛粒，所以总筛分效率是由这两种粒子的筛分效率组成。如部分筛分效率是用易筛粒求得，显然，部分筛分效率大于总筛分效率，而难筛粒的总分筛分效率总是小于总筛分效率。

(3) 筛分动力学。在松散物料的筛分过程中，筛分开始后，易筛粒很快通过筛孔，此时筛分效率很高；随着筛分时间的延长，筛面上的易筛粒越来越少，以至只有难筛粒存在时，筛分效率就越来越低了。这种筛分效率随时间的变化可以用筛分速率的微分方程表示

$$\frac{dw}{dt}=-kw \tag{3-28}$$

式中：$w$——某一时刻存在于筛面上但比筛孔小的物料质量；

$t$——筛分时间；

$k$——为比例系数，负号表示物料量是随筛分时间增长而减少的。

对式(3-28)进行积分，并利用筛分边界条件：筛分开始时 $t=0$，$w=w_0$，可得

$$\frac{w}{w_0} = e^{-kt} \tag{3-29}$$

式(3－29)表示筛下级别产物在筛上产物中的占有率，显然筛分效率

$$E = 1 - \frac{w}{w_0} = 1 - e^{-kt} \tag{3-30}$$

式(3－30)表明了筛分效率与筛分时间的关系，就是筛分动力学方程。

实践应用中，由于过程受物料性质和筛分工作条件的影响，必须对式(3－30)进行修正，即

$$E = 1 - e^{-kt^n} \tag{3-31}$$

式中：$n$——与物料性质、筛分条件有关的参数。

对式(3－31)进行变换，并两次取对数可得

$$\lg\left(\lg \frac{1}{1-E}\right) = n\lg t + \lg(k\lg e) \tag{3-32}$$

利用式(3－32)可求得动力学方程的参数 $k$，$n$。

### 3.2.2　水力分级

湿式分级是利用颗粒在液体介质流中沉降的速度差或运动轨迹的不同进行分级的过程。湿式分级所用的介质最常用的是水，所以又称为水力分级。

在湿式分级过程中，作用于颗粒的力有阻力、浮力、重力、离心力、惯性力、静电力、磁力、摩擦力、碰撞力、附着力等。水力分级就是利用颗粒在介质中所受的这些力中的一种或几种力的组合而进行的。

工业生产中水力分级一般用来处理 1mm 以下的细粒级物料。

水力分级中分级介质的运动有三种形式，见图 3－12。

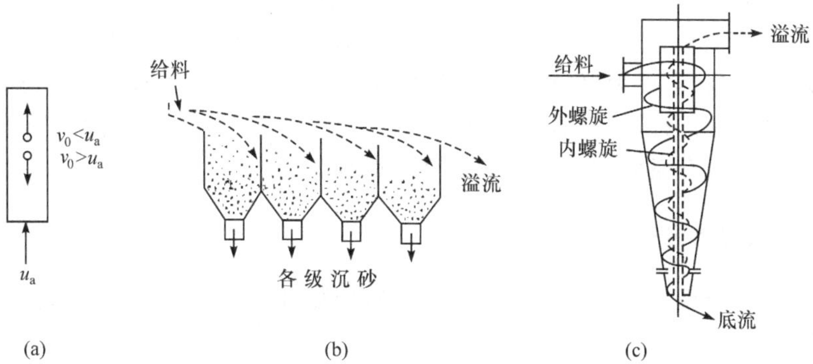


图 3－12　水力分级中分级介质运动的三种形式

(1) 介质的流动方向与颗粒沉降方向相反的垂直上升介质流[图 3－12(a)]。

利用垂直上升介质流进行分级时，颗粒在介质中的运动速度 $v$ 等于颗粒在静止介质中的沉降末速 $v_0$（参见 4.2.2 节）与上升介质流速 $u_a$ 之差，即 $v=v_0-u_a$，当 $v_0>u_a$时，颗粒在介质中下沉；$v_0<u_a$ 时，颗粒在介质中上升；$v_0=u_a$ 时，颗粒在介质中悬浮。

因此，沉降末速大于上升介质流速的颗粒，都将下沉到分级设备的底部，作为沉砂或底流排出；所有沉降末速小于上升介质流速的颗粒，随介质一同上升并从上端溢出，称为溢流。若需分出两种以上的粒级产物，可将每次分级所得的溢流产物（或底流产物），在流速渐减（或渐增）的上升介质流中依次进行多次分级。

(2) 水平介质流[图 3-12(b)]。利用水平介质流进行分级时，颗粒在水平方向的速度与水流速度大致相同，而在垂直方向，依据颗粒粒度（密度和形状）的不同而有不同的沉降速度，从而导致不同粒度的颗粒在经历分级过程时具有不同的运动轨迹。沉降速度越大的颗粒，其运动轨迹越陡，所以粗颗粒在距给料口较近处最先沉到底部，细颗粒则在距给料口较远处落到底部。沉降速度最小的颗粒，将随水平介质流而成溢流。常用的设备有螺旋分级机等。

为了提高分级效果和得到多个分级产品，上升介质流和水平介质流常联合应用于同一分级设备，如水力分级箱等。

(3) 旋转介质运动流[图 3-12(c)]。利用旋转介质流进行分级，目的是给分级过程提供一个离心力场，从而使分级过程得到强化。在旋转流中，不同粒度的颗粒根据径向速度的差别，得以分成粗、细两种不同粒度的产物，而介质流的向心速度则是决定分级粒度的基本因素。利用旋转介质流分级的典型设备有水力旋流器、卧式沉降离心脱水机等。

湿式分级机理与干式基本相同。由于流体介质密度和黏度相当大，因此湿式颗粒的沉降速度仅为干式的数十分之一。影响干式分级效率的因素如颗粒的相互碰撞及壁效应、颗粒的附着和聚集等明显地减小。因此，湿式分级的优点为：①微细颗粒在液体中易分散，分级精度高；②沉降速度小，现象变化迟缓，分级范围狭窄；③以稀料浆状态处理，供料输送等操作简便。缺点为：①分级产物为湿状，为制得干粉要有干燥过程，往往形成干燥固结；②因沉降速度小，单位面积产量低；③对于可溶解于分散介质的物质和易变质的物质不适用。

### 3.2.3 气流介质分级

气流介质分级主要用于超细粉碎粉体的分级，由于气流介质分级时物料是干的，也称为干式分级。

#### 1. 干式分级机理

干式分级通常是利用颗粒在气流中沉降速度差，或者说利用轨迹不同来进行的。作用于颗粒的力有阻力、浮力、重力、离心力、科里奥利力、惯性力、静电力、磁力、摩擦力、对撞力、附着力等。分级机即是利用这些力中的一种或几种力的组合而制成的。

几种气流分级机在机理上的差别大致如图 3-13 所示。

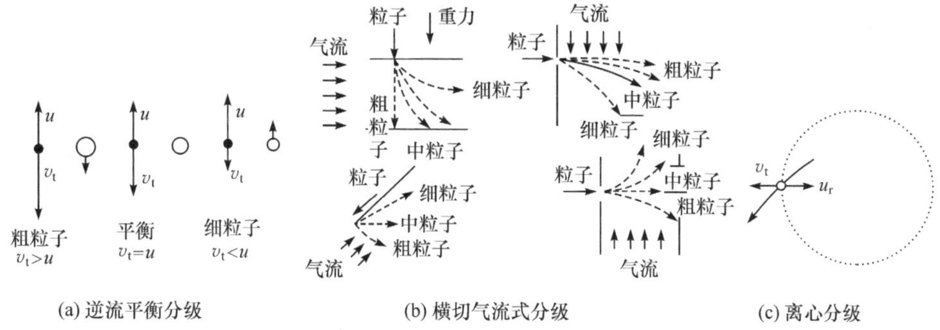


图 3-13　气流分级机理

图 3-13(a)为利用颗粒沉降速度与气流的平衡进行分级，$v_t$ 为颗粒在静止气流中的沉降速度，$u$ 为分级区气流速度，颗粒以($u-v_t$)速度沿气流方向运动。如果 $u<v_t$，则颗粒朝重力方向运动；若 $u>v_t$，颗粒顺气流方向运动；若 $u=v_t$，则颗粒在气流中处于静止状态，此时的颗粒直径即为分离界限。

图 3-13(b)为颗粒受横切气流作用，利用不同颗粒具有不同运动轨迹进行分级。

图 3-13(c)为离心分级，即处于离心力场中的颗粒，利用径向速度的平衡进行分级。具有 $v_t>u_r$ 的粗颗粒朝外侧运动；反之，具有 $v_t<u_r$ 的细颗粒朝内侧运动，从而实现粗、细颗粒分级。

气流分级机的分级过程可归纳如下：

(1) 分散。将附着或凝聚在一起的颗粒聚集体分散成单个颗粒。

(2) 分离。组合各种力的作用，使颗粒获得速度差，实现粗、细颗粒分离。

(3) 捕集。从气流中分离与捕集颗粒。

(4) 卸出。

### 2. 气流介质分级应具备的基本条件

由于颗粒不可能充分分散；形状不同的颗粒在气流中流动混乱、相互干扰；速度分布不均、壁效应或静电作用的影响，使颗粒运动复杂；颗粒相互排斥、再分散、再混合，以及在分级过程中的粉碎作用等因素均影响分级效果。

随着超微粉碎技术的开发，超微分级技术也得到了相应的发展。由于超微细颗粒粒径小至微米级以下，表面能大，更易于聚集。因此，为实现高回收率和高精度分级，气流分级装置必须尽可能达到：① 物料充分分散；② 分离作用力既瞬时作用于点或线上，又持久作用于整个分级区域内；③ 对气流作整流处理，避免产生局部涡流；④ 分离出的颗粒应立即卸出，避免再混合。

3. 超细分级原则和方法

(1) 迅速分级。根据前述逆流平衡分级原理可知，当 $u > v_t$，细颗粒上升，上升速度 $u_f = u - v_t$，则滞留时间[图 3-14(a)]为

$$t_f = \frac{H_1}{u_f} = \frac{H_1}{u - v_t} \tag{3-33}$$

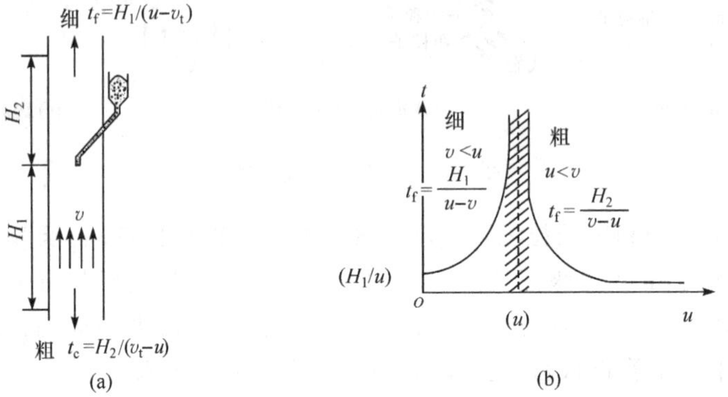


图 3-14　迅速分级原理

当 $u < v_t$ 时，粗颗粒下降，下降速度 $u_c = v_t - u$，则滞留时间[图 3-14(a)]为

$$t_c = \frac{H_2}{u_c} = \frac{H_2}{v_t - u} \tag{3-34}$$

显然，越接近于分级界限的颗粒，滞留的时间越长，也就是说，在分级过程中这些颗粒的浓度会不断增加，并产生聚集效应[图 3-13(b)]。因此，必须采取“迅速分级”的措施，以减少颗粒滞留时间，使临界颗粒迅速离开分级区。例如，采用高精度微量加料，分级前预先高度分散颗粒等。

(2) 减压分级。对于粒径为 $D_p$、密度为 $\delta$ 的颗粒，在黏度为 $\mu$、密度为 $\rho$ 的流体中沉降，在雷诺数较小的层流条件下，即颗粒在 Stokes 区的沉降速度为

$$u_{rns} = \frac{g(\delta - \rho)}{18\mu} D_p^2 \tag{3-35}$$

但是，对于超细分级而言，当颗粒粒度小于或等于气体分子的平均自由行程长度 $\lambda_m$ 时，由于颗粒周围产生分子滑动而使颗粒受的阻力减小，因此，在重力场中颗粒沉降速度须作 Cunningham 修正，即

$$u = C_c \frac{g(\delta - \rho)}{18\mu} D_p^2 \tag{3-36}$$

其中，Cunningham 修正系数为

$$C_c = 1 + \left[2.46 + 0.82\exp\left(-0.44\frac{D_p}{\lambda_m}\right)\right]\frac{\lambda_m}{D_p} \tag{3-37}$$

$$0.05 < \frac{\lambda_m}{D_p} < 67 \tag{3-38}$$

对于 20℃空气

$$\lambda_m = \frac{6.60}{p} \tag{3-39}$$

式中：$p$——压强，kPa。

以沉降速度为参数，考虑 Cunningham 修正时压力与粒径的关系如图 3-15 所示。以颗粒密度 2100kg/m$^3$，粒径 5μm 的颗粒为例，常压下的沉降速度可由横坐标 $D_p$=5μm 处作垂线与由纵轴 101kPa 处作水平线相交而得，通过该交点的沉降速度值为 1.59×10$^{-3}$m/s。2.67kPa 下的颗粒粒度，可在 2.67kPa 处作水平线与 1.59×10$^{-3}$m/s 线相交，由交点即可求得与常压时 5μm 颗粒具有相同沉降速度时的颗粒粒径为 2.5μm。即常压下具有分级粒径 5μm 的分级机，如果在 2.67kPa 下操作，分级粒径将下降至 2.5μm。粒径越细，在常压附近颗粒沉降速度受的影响越显著。一般减压可使分级粒度下降至 1/10 以下，因此，减压分级对于细颗粒和超细颗粒的分级十分有利。

减压下离心力分级原理：在离心力场中颗粒的分级粒径，可由颗粒离心惯性力 $F_c$ 与空气黏性阻力 $F_d$ 的平衡关系求得。

假设为球形颗粒，并在 Stokes 区，则

$$F_c = (\delta - \rho)(\pi/6) D_p^3 \gamma\omega^2 \tag{3-40}$$

$$F_d = 3\pi\mu D_p u \tag{3-41}$$

考虑 Cunningham 修正，则

$$F_d = 3\pi\mu D_p u \times 10^{-6} / C_c \tag{3-42}$$

由式(3-40)与式(3-42)相等，可得分级粒径

$$D_p^2 = \frac{18\mu u}{C_c(\delta - \rho)\gamma\omega^2} \tag{3-43}$$

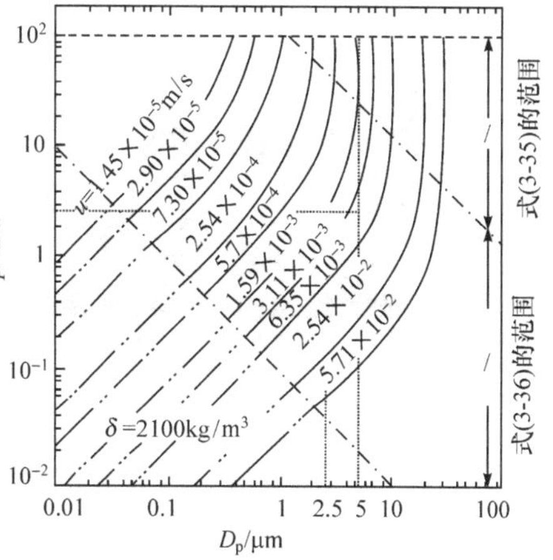


图 3-15　按式(3-37)确定的压力与粒径的关系

如考虑在同一装置内，具有同一沉降速度的颗粒有相同的运动状态，那么，常压下粒径为 $D_{p_1}$ 的颗粒与某气压(kPa)下

粒径为 $D_{p_2}$ 的颗粒具有相同沉降速度时，则有关系式(3－44)

$$D_{p_2}=(C_{c_1}/C_{c_2})^{0.5}D_{p_1} \tag{3-44}$$

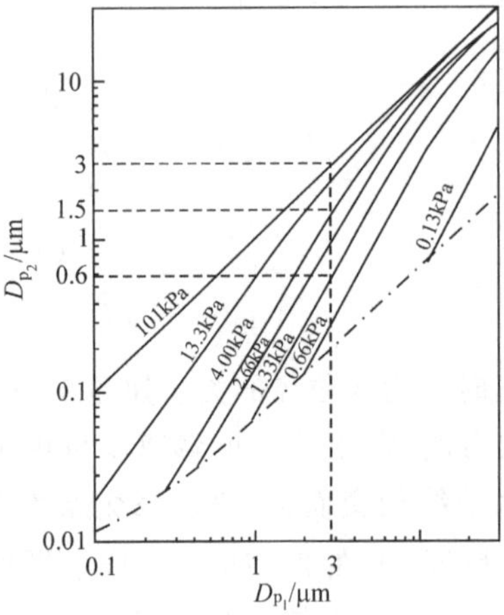


图 3－16　式(3－44) $D_{p_1}$ 与 $D_{p_2}$ 的关系曲线

式(3－44)的关系如图 3－16 所示。图 3－16 中点划线表示式(3－44)的下限范围。例如，与常压下 3μm 颗粒具有相同沉降速度时，气压为 4kPa 时粒径为 1.5μm；气压为 1.33kPa 时粒径为 0.6μm。显然，气压越低，则粒径越细，Cunningham 效应越大，由式(3－44)预测的分级粒径越小。利用这一现象可望改善现有分级机的性能。

(3) 离心逆流式分级。目前应用最广泛的涡轮型超细气流分级装置就是应用减压下离心力分级原理进行分级的，由于气流与离心力方向相反，故称离心-逆流式分级。图 3－17 为其工作原理，涡轮型分级转子旋转时，粗颗粒在离心惯性力作用下甩向转子外缘，而细颗粒却在气流力(由负压形成)带动下向涡轮中心做逆向运动，从而加强了分级作用。图示的涡轮上还附设有分散物料用叶片，以强化分级前对颗粒的分散作用。

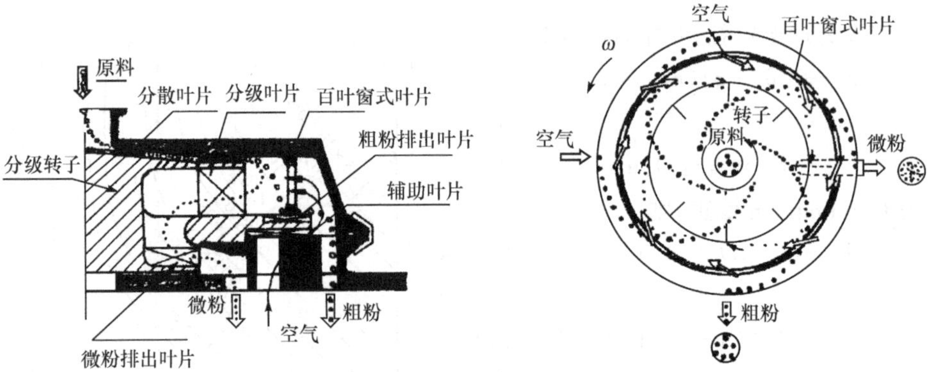


图 3－17　离心逆流式分级原理

### 3.2.4　分级效果的评价

如果将任一物料群颗粒按某一粒度 $d_0$ 进行分级，分级过程完成后，在粗粒级中未混入小于该粒度的颗粒，同时在细粒级中也未混入大于该粒度的颗粒，此时，按粒度的分级进行得很完全，称为理想分级。这时的分级效率为 100%。实际中由于受分级介质流的紊动作用、旋涡搅动、颗粒的密度及形状差异等诸因素的影响，分级后将有部分粗粒混入到细粒产物中去，而部分细粒也会混入到粗级别产品中去，这种不同粒度颗粒在对立产物中的混杂，反映了分级过程的不完善性。

1. 粒度分配曲线

以粒度为横坐标，各粒级在粗粒级或细粒级中的分配率为纵坐标，绘出的表示分级效果的曲线称为分配曲线。分配率 50% 所对应的粒度即为分级粒度，称为 $d_{50}$。曲线越陡表示分级效率越高(图 3-18)。

由于受分级过程各种因素的影响，在分级产品中(粗粒级和细粒级)均存在未分配物料，故实际的分配曲线为图 3-18(a)。实际应用中，为真实评价分级效果，应绘成校正曲线。

校正时按粗级别计

$$t_c = \frac{(t - y_1)}{1 - (y_1 + y_2)} \tag{3-45}$$

式中：$t_c$——校正的分配率；

$t$——实际的分配率；

$y_1, y_2$——分级产品粗、细级别中未分级的物料分数。

分级粒度应为从校正分配曲线上得到的 $d_{50}$。

将各粒度被分离粒度除时，可得到折算的分配曲线，如图 3-18(c)。

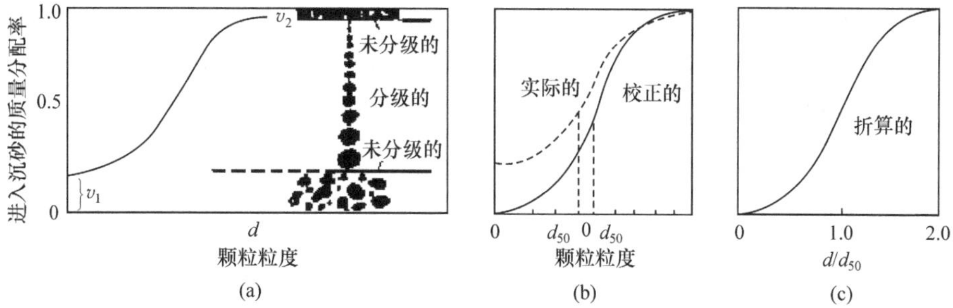


图 3-18　分级时的分配曲线

(a) 分级特征；(b) 分配曲线；(c) 折算曲线

利用分配曲线确定分离粒度是国内外广泛使用的方法，并可用偏差 $E_p$ 表示分级效率

$$E_p = \frac{d_{75} - d_{25}}{2} \tag{3-46}$$

式中：$d_{75}$，$d_{25}$——分配率75%和25%所对应的粒度。

显然，$E_p$值越小，表明分级效率越高。

2．分级效率

(1) 分级量效率 $E_{分级}$。实际分级过程中设：$E_{分级}$为分级量效率(%)，也称细粒级产物中小于规定粒度的粒子的回收率；$\alpha$为给料中小于规定粒度的粒子含量(%)；$\beta$为细粒级产物中小于规定粒度的粒子含量(%)；$\gamma$为分级后细粒级产物中的固体产率(%)，$\gamma = C/Q$；$\vartheta$为粗粒级产物中小于规定粒度的粒子含量(%)；Q为原料量；C为细粒级物料量；T为粗粒级物料量。

根据分级过程的物料平衡有

$$Q = T + C$$

$$100\alpha = \gamma\beta + (100 - \gamma)\vartheta \tag{3-47}$$

故得

$$\gamma = \frac{\alpha - \vartheta}{\beta - \vartheta} \times 100\% \tag{3-48}$$

给料中小于规定粒度的粒子进入细粒级产物中的回收率为

$$E_{分级} = \frac{\beta\gamma}{\alpha} = \frac{\beta(\alpha - \vartheta)}{\alpha(\beta - \vartheta)} \times 100\% \tag{3-49}$$

式(3-49)与式(3-27)有相同的表达方式。

(2) 综合分级效率 $\eta_f$。综合分级效率 $\eta_f$反映了产物在质(纯度)、量(回收率)两个方面提高的幅度。$\eta_f$被定义为：实际被有效分级的细颗粒量 $P$ 与理想条件下被分离的细颗粒量 $P_0$ 之比，用百分数表示。

定义被有效分级进入细粒级产物中的细颗粒，应扣除给料中小于规定粒度的粒子含量 $\alpha$(视其为机械移入)，于是真正被有效分级进入细粒级产物中的细颗粒量 $P$ 为

$$P = \gamma(\beta - \alpha) \tag{3-50}$$

式(3-50)中$(\beta - \alpha)$表示了质(纯度)提高的幅度。

由于理想条件下，小于规定粒度的粒子应全部进入细粒级产物中，于是细粒级产物中的固体产率 $\gamma_0 = \alpha$，且 $\beta = 100\%$，故理想条件下被分离的细颗粒量 $P_0$ 为

$$P_0 = \gamma_0(100 - \alpha) = \alpha(100 - \alpha) \tag{3-51}$$

根据综合分级效率 $\eta_f$的定义，可得

$$\eta_f = \frac{P}{P_0} \times 100\% = \frac{\gamma(\beta - \alpha)}{\alpha(100 - \alpha)} \times 100\% = \gamma\frac{\beta}{\alpha} - \gamma\frac{100 - \beta}{100 - \alpha} \tag{3-52}$$

式(3-52)中第一项是细粒级产品中细粒的回收率，第二项是粗粒在细粒级产品中的回收率。可见，综合分级效率 $\eta_f$也可以说是细粒级产品中细粒的回收率与

细粒级产品中粗粒回收率的差值。

细粒级产品中粗粒的回收率表示粗颗粒的混入对溢流产物质量降低的影响。

### 3.2.5　粉碎产品粒度特征

工业生产中，被粉碎物料产品是一群粒度分散、大小不一的混合颗粒群。粉体的粒度特性包括粉体的粒度及其分布、比表面积、形状特征等。对被粉碎物料的粒度特性的定性和定量描述是粉碎工程的基本内容之一。被粉碎物料的粒度大小和粒度分布是评价粉碎工艺和粉碎设备性能的重要参数之一，也是选择分级工艺和设备的基本依据之一。粉碎产品的粒度大小及其分布是粉碎产品的重要性能指标。

1. 粒度分布

所谓粒度分布即粉体中各粒度区间的颗粒含量占总量的比例。了解和控制粉体的粒度分布在实际粉体应用中往往具有重要意义。

(1) 累积分布和分布密度。若将粒径 $d_p$ 作为随机变量，当其取值小于任意指定的 $D_p$ 这一事件具有概率 $P\{d_p<D_p\}$，且此概率仅与 $D_p$ 值有关，即它是 $D_p$ 的函数 $F(D_p)$，则可表示为

$$P\{d_p < D_p\} = F(D_p)$$

如果在 $\Delta D_p$ 区间里有

$$\Delta F(D_p) = \frac{F(D_p + \Delta D_p) - F(D_p)}{\Delta D_p} \tag{3-53}$$

且

$$\lim_{D_p \to 0} F(D_p) = F'(D_p) = f(D_p) \tag{3-54}$$

则函数 $F(D_p)$称为随机变量 $d_p$ 的累积分布函数，函数 $f(D_p)$称为 $d_p$ 的分布密度或频率分布函数。

在粒度分析中，通常以累积筛上(大于某一筛孔尺寸的颗粒质量分数)或累积筛下(小于某一筛孔尺寸的颗粒质量分数)来表示累积分布。

(2) 粒度分布的表示方法。

① 列表法。将粉体粒度分析数据列成表格，分别计算出各粒级的百分数和累积筛下(或累积筛上)百分数，这种方法称为列表法，如表 3-14 所示。这种方法的特点是量化特征突出，但变化趋势规律不是很直观。

② 图示法。图示法是描述粉体粒度分布的重要方法之一。常用的粒度分布图示法有矩形图、扇形图和分布曲线等。

**表 3-14　粒度分布数据表**

| 粒度/μm | 质量/g | 频率分布/% | 累积分布 | |
|---|---|---|---|---|
| | | | 累积筛上百分数/% | 累积筛下百分数/% |
| +100 | 18 | 9.0 | 9.0 | 91.0 |
| −100～+80 | 30 | 15.0 | 24.0 | 76.0 |
| −80～+60 | 55 | 27.5 | 51.5 | 48.5 |
| −60～+40 | 46 | 23.0 | 74.5 | 25.5 |
| −40～+20 | 32 | 16.0 | 90.5 | 9.5 |
| −20～+0 | 19 | 9.5 | 100 | 0 |

注：累积筛上百分数和累积筛下百分数均是用粒度栏中带"+"号的筛孔尺寸表示。

根据表 3-14 中数据绘制的粒度分布矩形图如图 3-19。图 3-19 中每个矩形的面积表示相应粒度级别的质量分数。

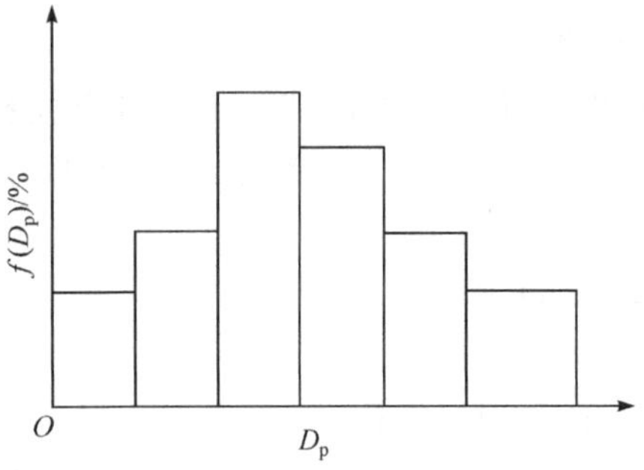

图 3-19　频率分布矩形图

若将粉体视为粒度连续，则当测量区间 $\Delta D_p$ 足够小时，图 3-19 中的矩形宽度足够窄。从微分角度看，$\Delta D_p \to 0$ 时，$\Delta F(D_p)$ 的极限值为 $f(D_p)$，且 $f(D_p)$ 关于 $D_p$ 连续，那么上面的矩形图就变为粒度分布密度曲线，如图 3-20(a)。

将分布密度函数 $f(D_p)$ 进行积分，可求得整个粒度区间内任意粒度的累积筛下百分数

$$F(D_p) = \int_{D_{p,\min}}^{D_p} f(D_p)\mathrm{d}(D_p) \tag{3-55}$$

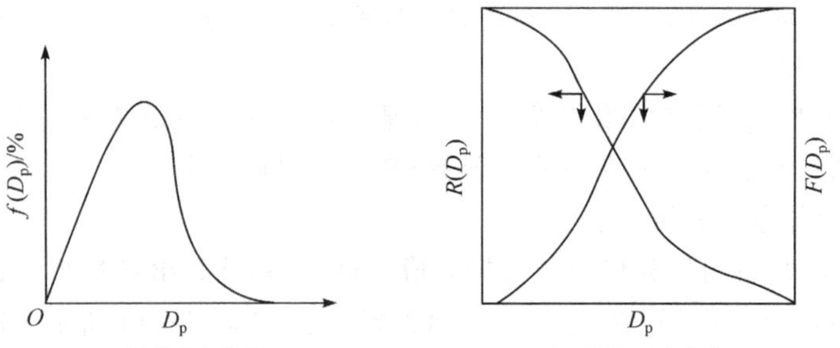

(a) 频率分布曲线　　(b) 累积分布曲线

图 3-20　粒度分布曲线

累积筛上可用式(3-56)求得。

$$R(D_p) = 100 - F(D_p) = 100 - \int_{D_{p,\min}}^{D_p} f(D_p)\,d(D_p) \tag{3-56}$$

据此绘出的粒度分布曲线为累积分布曲线，见图 3-20(b)。

可以看出，对于任一粒径 $D_p$，总有

$$R(D_p) + F(D_p) = 100 \tag{3-57}$$

(3) 特性函数法。特性函数法是根据粉体的粒度分析数据，通过数学方法将其整理归纳出足以反映其粒度分布规律的数学表达式。这种数学表达式称为粒度分布特性函数，它为粒度分布分析提供了简单的数学形式，能更准确地表达粒度分布规律，便于进行数学运算及应用计算机进行数据处理，还可用于计算粉体的比表面积、平均粒径及分级效率等参量。

迄今为止，不同研究者提出了许多描述粒度分布的特性函数式。常用的粒度分布特性函数如下：

① 高登-舒曼（Gaudin-Schuhman）分布函数（G-S 分布函数）。Gaudin 和 Schuhman 等提出了如下特性函数式

$$F(D_p) = 100\left(\frac{D_p}{D_{p,\max}}\right)^m \tag{3-58}$$

式中：$D_{p,\max}$——上限粒径；

$m$——与物料性质有关的常数。

若以累积筛余表示，则式(3-58)可写成

$$R(D_p) = 100\left[1 - \left(\frac{D_p}{D_{p,\max}}\right)^m\right] \tag{3-59}$$

指数 $m$ 决定曲线的凹凸程度。$m=1$ 时，为直线；$m<1$ 时，为双曲线；$m>1$ 时，为抛物线，如图 3-21。通常球磨机粉磨产品的 $m$ 值多为 0.7～1.0。

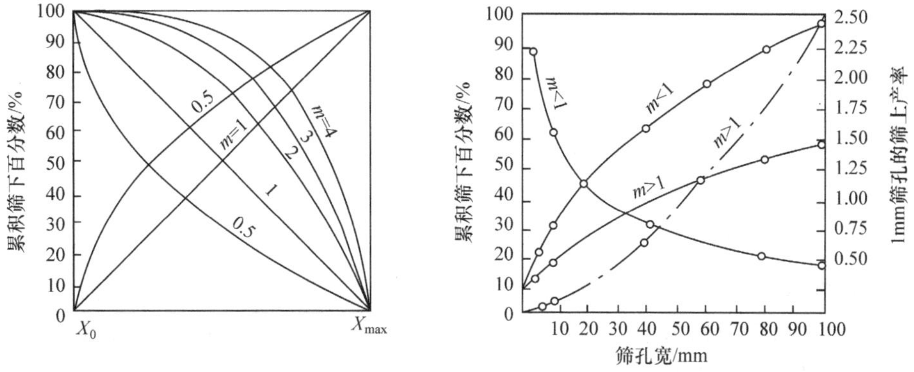


图 3-21　不同 $m$ 值的分布曲线

② Rosin-Rammler 分布函数(R-R 分布函数)。1933 年,Rosin 和 Rammler 等通过对煤粉、水泥等物料的粉碎实验研究,提出了下面的粒度分布函数式

$$R(D_p) = 100\exp\left[-\left(\frac{D_p}{D_e}\right)^n\right] \tag{3-60}$$

式中:$D_e$——特征粒径,表示粉体的粗细程度;

$n$——均匀性系数(表示该粉体粒度分布范围的宽窄程度。$n$ 值越小,粒度分布范围越宽;反之亦然。粉尘和粉碎产物的 $n$ 值往往小于1)。

当 $n=1$, $D_p=D_e$ 时,则

$$R(D_p = D_e) = 100e^{-1} = 100/2.718 = 36.8 \tag{3-61}$$

即 $D_e$ 为 $R(D_p)=36.8\%$时的粒径。

将式(3-60)两边取二次对数,可得

$$\lg\left[\lg\frac{100}{R(D_p)}\right] = n\lg\left(\frac{D_p}{D_e}\right) + \lg\lg e = n\lg D_p + C \tag{3-62}$$

其中

$$C = \lg\lg e - n\lg D_e$$

式(3-62)表明,$\lg\left[\lg\dfrac{100}{R(D_p)}\right]$ 与 $\lg D_p$ 呈线性关系,所以根据测试数据,分别以 $\lg D_p$ 和 $\lg\left[\lg\dfrac{100}{R(D_p)}\right]$ 作为横、纵坐标作图可得一直线,该直线的斜率即为 $n$ 值。另外,由 $R(D_p)=36.8\%$可求得 $D_e$。

③ 对数正态分布函数。对数正态分布的分布函数为

$$F(\ln D_p) = \frac{1}{\sqrt{2\pi}\ln\sigma_g}\int_0^{\ln D_p}\exp\left[-\frac{(\ln D_p - \ln D_g)^2}{2\times(\ln\sigma_g)^2}\right]d(\ln D_p) \tag{3-63}$$

将式(3-63)化为标准正态分布形式,可得

$$\sigma_g = \frac{D_{p,84.13}}{D_{50}} = \frac{D_{50}}{D_{p,15.87}} \tag{3-64}$$

式中:$D_{p,84.13}$——累积筛下为 84.13%的粒径;

$D_{50}$——中位径;

$D_{p,15.87}$——累积筛下为 15.87%的粒径。

判断粉体的粒度分布是否符合对数正态分布,只需根据测试分析数据在对数正态概率纸(即纵坐标为正态概率坐标,横坐标为对数坐标)上作图,若图像为一直线,则符合对数正态分布,如图 3-22 所示。

正态分布中,平均值和标准偏差两个特征参数决定着分布特性。在对数正态分布中,几何平均径的大小表征粉体的粗细,几何标准偏差 $\sigma_g$ 的大小则反映粒度

分布范围的宽窄，即粒度的集中程度。$\sigma_g$ 值越小，粒度越集中。

若 $\sigma_g \leqslant 1.2$，则 68.3% 的颗粒粒径在 $D_{50}/1.2$ 至 $1.2D_{50}$ 的较小范围内，常被称为单分散颗粒群。反映在对数坐标曲线上，粒度分布曲线越陡峭，则粒度分布越集中；反之亦然。

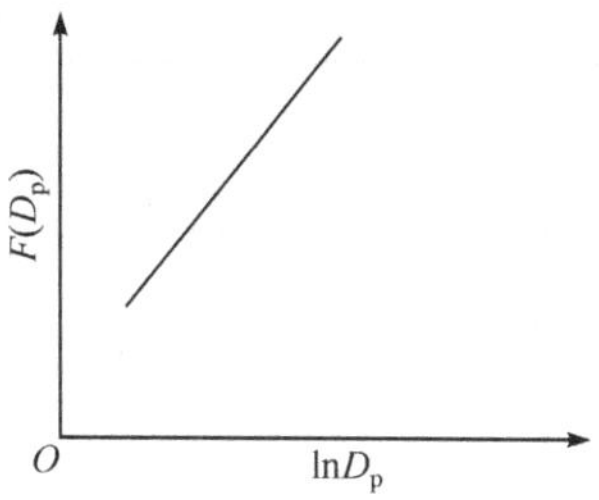

图 3-22　对数正态分布曲线

2. 粒度特性分析方法

颗粒的粒度特性直接影响粉末及粉碎产品的性质和用途，如水泥的强度与其细度有关，磨料的粒度和粒度分布决定其质量等级，粉碎和分级也需要测量粒度。随着纳米级材料的发展，人们对粒度的测量提出了更高的要求。

粒度特性的测定方法很多，对于不同粒度范围的物料，常用的粒度特性分析方法有筛分分析法、沉降分析法、显微镜分析法、比表面积测定以及其他仪器测定方法（如激光粒度测定）。表 3-15 列出了测定的颗粒粒度大小及主要测量方法。

(1) 筛分分析。筛分分析方法是用筛孔不同的一套标准筛对物料进行粒度分级，$n$ 个筛子可将物料分成 $n+1$ 个级别（标准筛的类型及标准见表 3-13）。

为了保证筛分分析的准确性，筛分分析的试样必须具有代表性，即所取样品能够代表原物料的粒度特征。所取样品的多少与物料粒度有关，粒度粗应多取，粒度细可少取。

筛析的方法有干筛、湿筛及干湿联合筛析法。试样含水含泥量不大及分级要求不甚严格时直接进行干筛即可。当物料黏结较严重及分级要求严格时，应采用湿筛或干湿联合筛析，以保证筛析结果较准确。

干法筛析，是先将标准筛按筛序套好，把样品倒入最上层筛面上，放在振筛机上筛分直到“终点”。

干湿联合筛析法，是先用细孔筛（如 200 目筛子）在水中筛分，然后再将干燥后的筛上物料用干法筛析。

筛析求得各粒级的质量分数（产率），从而确定物料的粒度组成，即各粒级的产率及累积产率。

(2) 沉降分析。沉降分析是根据粒子在介质中的沉降速度测定粉体粒度特性的方法。该法的理论依据是斯托克斯理论（详见重选理论部分）。常用介质为水，故又称为水力分析或水析，包括淘析法和上升水流法。

① 淘析法。淘析法是沉降分析法中最简单又比较准确的一种方法。淘析法的基本原理是利用逐步缩短沉降时间的方法，由细至粗地、逐步地将各粒级物料自试料中淘析出来。

**表 3-15　粒度大小及其测定方法**

<table>
<tr><td colspan="11">粒度大小/mm</td></tr>
<tr><td></td><td>$<10^{-7}$</td><td>$10^{-7}\sim10^{-6}$</td><td>$10^{-6}\sim10^{-5}$</td><td>$10^{-5}\sim10^{-4}$</td><td>$10^{-4}\sim10^{-3}$</td><td>$10^{-3}\sim10^{-2}$</td><td>$10^{-2}\sim10^{-1}$</td><td>$10^{-1}\sim10^{0}$</td><td>$10^{0}\sim10^{1}$</td><td>$>10$</td></tr>
<tr><td colspan="11">在 $1cm^3$ 中立方体形粒子的颗数</td></tr>
<tr><td></td><td>$>10^{24}$</td><td>$10^{24}\sim10^{21}$</td><td>$10^{21}\sim10^{18}$</td><td>$10^{18}\sim10^{13}$</td><td>$10^{13}\sim10^{12}$</td><td>$10^{12}\sim10^{9}$</td><td>$10^{9}\sim10^{6}$</td><td>$10^{6}\sim10^{3}$</td><td>$10^{3}\sim1$</td><td>$<1$</td></tr>
<tr><td colspan="11">比表面积/$m^2$</td></tr>
<tr><td></td><td>$>60\ 000$</td><td>600 00～6000</td><td>6 000～600</td><td>600～60</td><td>60～6</td><td>6～0.6</td><td>0.6～0.06</td><td>0.06～0.006</td><td>0.006～0.0006</td><td>$<0.0006$</td></tr>
<tr><td></td><td colspan="2">溶液</td><td colspan="4">胶体～悬浮体</td><td>−0.075</td><td colspan="3">+0.075mm</td></tr>
<tr><td></td><td colspan="2"></td><td colspan="2">超微</td><td colspan="3">微粉体</td><td colspan="2">粗粉体</td><td>粒体</td></tr>
<tr><td></td><td colspan="2">γ射线</td><td colspan="2">X 射线</td><td colspan="2">紫外线</td><td>可见光</td><td colspan="3"></td></tr>
<tr><td></td><td colspan="3">矿物晶体</td><td colspan="7">有用矿物</td></tr>
<tr><td rowspan="2">筛分径</td><td colspan="7"></td><td colspan="3">金属丝织筛</td></tr>
<tr><td colspan="6"></td><td colspan="3">电成型筛</td><td></td></tr>
<tr><td rowspan="5">统计径</td><td colspan="5"></td><td colspan="3">显微镜法</td><td colspan="2"></td></tr>
<tr><td colspan="4"></td><td colspan="3">扫描电子显微镜</td><td colspan="3"></td></tr>
<tr><td colspan="2"></td><td colspan="4">透射电子显微镜</td><td colspan="4"></td></tr>
<tr><td colspan="5"></td><td colspan="3">库尔特计数器</td><td colspan="2"></td></tr>
<tr><td colspan="4"></td><td colspan="5">光散射粒子计数器</td><td></td></tr>
<tr><td rowspan="4">有效径</td><td colspan="5"></td><td colspan="3">重力沉降法</td><td colspan="2"></td></tr>
<tr><td colspan="4"></td><td colspan="3">离心沉降法</td><td colspan="3"></td></tr>
<tr><td colspan="5"></td><td colspan="3">风力法</td><td colspan="2"></td></tr>
<tr><td colspan="3"></td><td>扩散法</td><td colspan="6"></td></tr>
<tr><td rowspan="3">比表面径</td><td colspan="4"></td><td colspan="2">吸附法</td><td colspan="4"></td></tr>
<tr><td colspan="3"></td><td colspan="5">透过法</td><td colspan="2"></td></tr>
<tr><td colspan="2"></td><td colspan="7">反应速度法</td><td></td></tr>
</table>

淘析过程是在一定容积和高度的容器中进行。在水中分散的物料经沉降一定时间后，用虹吸管将未沉降的一定粒度的细粒吸出。反复操作，直到吸出的液体中不含该粒级的颗粒为止。

设预定的分级粒度为 $d$，对于微细的颗粒，流体阻力服从斯托克斯阻力公式，在水中的自由沉降速度为 $V_0$[式(4-33)]，则沉降 $h$ 距离所需时间 $t$ 为

$$t=\frac{h}{V_0}=\frac{18h\mu}{d^2(\delta-\rho)g} \tag{3-65}$$

若要求进行几个粒级的分析时，则需按预定的几个级别粒度分别算出沉降 $h$

距离所需的时间 $t$ 值，由细到粗依次进行上述操作，将各个粒级全部淘析完为止，就可以获得该试样的粒度组成。

② 上升水流法。上升水流法是普遍采用的流体分级法，其优点是可以连续地分出各个粒级产物。根据粒子在水中的自由沉降规律，利用上升水量，在不同直径的分级管中，产生不同的上升水速，使粒度不同的颗粒按其不同的沉降速度，分成若干粒度级别。

连续水析器分级管直径取决于给水量及分级粒度。如给水量为 Q，则分级管的横断面积为

$$A = \frac{\pi D^2}{4} = \frac{Q}{V_0} \tag{3-66}$$

式中：$D$——分级管直径。

连续水析器一次可得多级产物，操作简便，分级速度快，结果也比较稳定。

(3) 显微分析。显微镜是唯一可以观察和测量单个颗粒的方法，因此它是测量粒度的最基本方法，而且经常用显微镜法来标定其他方法，或者帮助分析其他方法测量结果的差异。

根据光学仪器的分辨距离，光学显微镜测量粒度的范围大致以 0.3～200μm 为宜；透射电子显微镜测量范围为 1nm～5μm；扫描电子显微镜测量的最小粒度约为 10nm。

显微镜法是对单个粒子逐个进行测量的，故所需样品量极少，因此，要保证样品有充分的代表性和良好的分散性。测定的颗粒数一般需要数百个以上，并按前述统计方法计算其平均直径。现在利用投影原理在显微镜测量中已制成若干半自动和自动显微测粒装置。此外还有自动图像分析仪，它具有对图像或照片自动扫描、数据处理、储存和输出等功能，使显微镜检测更快、更方便、更准确。

(4) 比表面分析。参见 2.2.3 中 2 的内容。

(5) 颗粒形状的图像分析。20 世纪 70 年代以来，随着计算机技术的高速发展和广泛应用以及用 Fourier 级数法和分数谐函数表征颗粒形状研究的不断深入，使得颗粒的形状分析成为可能。

图像分析则是借助于图像分析仪定量测定颗粒形状的重要方法。常见的图像分析仪由光学显微镜、图像板、摄像机和微机组成，其测量的范围为 1～100μm；若采用体视显微镜，则可以对大颗粒进行测量。有的电子显微镜配有图像分析仪，其测量范围为 0.001～10μm。单独的图像分析仪可以对电镜照片进行图像分析。摄像机得到的图像是具有一定灰度值的图像，需按一定的阈值转变为二值图像。功能强的图像分析仪应具有自动判断阈值的功能。颗粒的二值图像经补洞运算、去噪声运算和自动分割等处理，将相互连接的颗粒分割为单颗粒。通过上述处理后，再将每个颗粒单独提取出来，逐个测量其面积、周长及各形状参数。由面积、周

长可得到相应的粒径，进而可得到粒度分布。图像分析法既是测量粒度的方法，也是测量形状的方法，具有可视性、可信度高的优点。

## 习 题

1. 粉碎在工业中的主要作用是什么？什么是粉碎比？部分粉碎比和总粉碎比的关系如何？
2. 粉碎为什么要分段进行？其各段的产品特性如何？
3. 什么是选择性粉碎？它与产品的粒度有何关系？它在矿物加工过程中有什么意义？
4. 什么是可碎系数？如何用可碎系数判断颗粒的可碎性？
5. 物料机械粉碎过程中粉碎机械对物料施力的方式有哪些？
6. 简述三种粉碎模型的特征。
7. 简述三个粉碎功能理论的基本内容。
8. 什么是功指数？
9. 什么是助磨剂？对助磨剂有什么要求？简述助磨剂的助磨机理。
10. 什么叫分级？分级的方式有哪些？
11. 筛分作业的形式或作用有哪些？
12. 什么是筛分分析、标准筛、基筛、筛比筛序？
13. 筛分分析时，标准筛为何必须按筛序排列？
14. 工业用筛的种类有哪些？各有何特点？
15. 何谓难筛粒、易筛粒？它们在筛分过程中的行为如何？
16. 什么是总筛分效率、部分筛分效率？如某一单层筛按原料计的生产能力为 8t/h，该原料的粒度－15～＋0mm，其中－6～＋0mm 粒级含量为 68％，－2～＋10mm 粒级含量为 38％，当用筛孔为 6mm 的筛网筛分后，筛上产品中－6mm 粒级含量为 4％，－2mm 粒级含量为 0.3％，求这两个粒级的筛分效率。
17. 什么是水力分级？它有哪几种形式？
18. 什么是粒度分布曲线？如何用粒度分布曲线确定分级粒度和评判分级效果？
19. 简述分级效率及其意义。
20. 粉碎产品粒度特性主要有哪些内容？
21. 描述产品粒度分布有哪些方式？
22. 在相同条件下用同一磨机分别磨细同样质量的标准矿石和待测矿物，已知待测矿石的 $F_1=1000\mu m$，$P_1=120\mu m$，标准矿石的 $F_2=1130\mu m$，$P_2=133\mu m$，$W_{i2}=19.5(kW\cdot h)/st$，试求待测矿石的功指数。
23. 试根据某矿石可碎矿产品的筛析结果（如下表），绘制正累积和负累积粒度曲线，并根据所绘曲线查出：－5mm 的质量分数，＋3mm 的质量分数，－7～＋5mm 粒级的质量分数，产品的最大粒度。

| 粒度/mm | 质量/g | 频率分布/％ | 累积分布 | |
|---|---|---|---|---|
| | | | 累积筛上百分数/％ | 累积筛下百分数/％ |
| －10＋8 | 30 | 15.0 | | |
| －8＋6 | 40 | 20.0 | | |
| －6＋4 | 60 | 30.0 | | |
| －4＋2 | 30 | 15.0 | | |
| －2＋0 | 40 | 20.0 | | |
| 合计 | 200 | 100 | — | — |

## 参考文献

段希祥. 1999. 球磨机介质工作理论与实践. 北京：冶金工业出版社
盖国胜. 2000. 超细粉碎分级技术. 北京：中国轻工业出版社
李启衡. 1980. 破碎与磨矿. 北京：冶金工业出版社
卢寿慈. 2000. 粉体加工技术. 北京：中国轻工业出版社
陆厚根. 1998. 粉体技术导论. 上海：同济大学出版社
郑水林. 1999. 超细粉碎. 北京：中国建材工业出版社

# 第 4 章　颗粒在流体中的运动

## 4.1　流体的基本性质

液态或气态的流体物质都是由大量不断运动的分子组成的。微观上看，流体的物理量在空间和时间分布上不是连续的；但是，当研究对象的特征尺度远远大于流体分子的平均自由程，且关心的是大量分子的统计平均特性——宏观特性（如流速、压力、密度等），就可以假定流体是连续介质。类似地，对于物料加工中常遇到的颗粒悬浮体，若研究对象的特征尺度远大于颗粒的尺寸，并且只关心悬浮体的平均性质时，也可以把它当作连续介质处理。

流体没有固定的形状，它的形状取决于容纳它的容器的形状。液体与气体的区别是气体能够充满整个容器，而液体往往在上部存在一个自由表面。流体的最大特点就是它的流动性，流动性差的流体黏性大，流动性好的流体黏性小，黏性的大小用黏度（即黏度系数）表示。理论流体力学把流体分为理想流体（无黏性流体）和黏性流体，实际流体都是黏性流体，真正的理想流体是不存在的；在某些流体力学问题中，黏性的影响很小，以至于可以忽略黏性的作用，当作理想流体来处理。

### 4.1.1　一般概念

颗粒、气泡或液滴分散在流体中形成的悬浮体是多相流体。矿物加工中涉及的往往是两相或三相流动，一些三相流动的问题经过简化，忽略次要因素后可以转变为两相流动问题。流体有很多物理性质，在矿物加工的流体力学问题中，黏度和密度是最重要的性质。

1. 流体的密度

流体的密度是指单位体积内流体的质量，用 $\rho$ 表示，单位为 $kg/m^3$，它是流体惯性的度量。

水的密度随温度和压力的变化很小，在常温常压下水的密度约为 $1000kg/m^3$。空气服从气体状态方程，其密度受温度和压力的影响较大，在标准状态[0℃，$10^5$ Pa（旧称 1atm）]下，空气的密度为 $1.29kg/m^3$；当温度上升到 20℃ 时（仍为 $10^5$Pa），空气的密度下降到 $1.18kg/m^3$。

矿物加工中常遇到的是悬浮体，悬浮体的体积分数 $\phi_B$（旧称容积浓度 $\lambda$）是指悬浮体中固体颗粒（或气泡、液滴）的体积占有率，它是无量纲数，数值上等于单位体积的悬浮体中固体颗粒(或气泡、液滴)占有的体积。矿物加工中常使用质量分数 $w_B$(旧称重量浓度 C),是指悬浮体中固体颗粒的质量占有率,它也是无量纲数。若颗粒的密度用 $\delta$ 表示,体积分数 $\phi_B$ 与质量分数 $w_B$ 有下面的关系

$$\phi_B = \frac{\rho w_B}{\delta(1 - w_B) + \rho w_B} \tag{4-1}$$

悬浮体的密度是指单位体积内悬浮颗粒与分散介质的质量之和,也称为物理密度,用 $\rho_s$ 表示。悬浮体的密度取决于分散介质的密度、颗粒的密度和颗粒的体积分数,可以表示如下

$$\rho_s = \phi_B \delta + (1 - \phi_B)\rho = \rho + \phi_B(\delta - \rho) \tag{4-2}$$

2. 阿基米德定律

流体力学分为流体静力学和流体动力学。流体静力学主要研究静止流体中的各种物理量的分布规律。流体静力学中的浮力定律是物料重选分离中很有用的定律,浮力定律也称为阿基米德定律。

阿基米德定律:浸没在液体中的物体所受的浮力等于物体排开的同体积液体的重量,方向向上。

颗粒在液体中运动要受到重力、浮力和流体阻力的作用,重力 G 与浮力 F 总是同时出现的,为了简化,把重力与浮力的合力称为有效重力,用 $G_0$ 表示,对于球形颗粒有

$$G_0 = G - F = \frac{\pi d^3(\delta - \rho)g}{6} \tag{4-3}$$

采用有效重力的概念,可以使颗粒的受力分析简化,浮力的影响已经在有效重力中得到考虑,不必单独计算浮力。

### 4.1.2　流体的黏度

1. 剪切流与牛顿内摩擦定律

上板的运动,必须对上板施加一个与内摩擦力大小相等、方向相反的力,才能维持在这两个平行平板之间充满流体,上板以等速 $u_0$ 运动,下板静止,两板间的流速分布为一直线(图 4-1),这种流动称为剪切流。由于流体的黏性引起内摩擦力阻滞运动。

试验发现,对于大多数均质流体,单位面积的内摩擦力 $\tau$(切应力)与流体的剪切速率成正比,即

$$\tau = \mu \frac{du}{dy} \tag{4-4}$$

式(4－4)称为牛顿内摩擦定律，系数 $\mu$ 称为动力黏度，单位为 Pa·s。对于两平板间的剪切流，剪切速率可以用两板相对运动速度 $v$ 与两板间距 $h$ 的比值来表示，式(4－4)可简化为 $\tau=\mu v/h$。

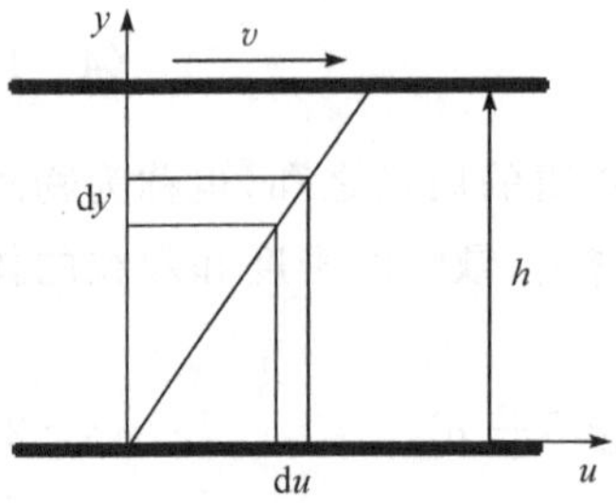


图 4－1　两平板间的剪切流

此外，还可用运动黏度 $\nu$ 来表示流体的黏度，它是动力黏度 $\mu$ 与流体密度 $\rho$ 之比，即

$$\nu=\frac{\mu}{\rho} \tag{4-5}$$

运动黏度的单位为 $m^2/s$。

流体黏度受温度影响较大。水的运动黏度与摄氏温度 $t$ 的关系可用经验公式(4－6)计算

$$\nu=\frac{1.78\times10^{-6}}{1+0.0337t+0.000221t^2} \tag{4-6}$$

当温度为 20℃时，水的运动黏度为 $1.007\times10^{-6}m^2/s$。

气体的动力黏度与热力学温度 $T$ 的关系可用式(4－7)表示

$$\mu=\mu_0\frac{1+\frac{C}{273}}{1+\frac{C}{T}}\sqrt{\frac{T}{273}} \tag{4-7}$$

对于空气，C＝122，在 0℃和 $1\times10^5$Pa 下，$\mu_0=1.7\times10^{-5}$Pa·s。

2. 固体悬浮液的黏度

固体球形颗粒分散在黏度为 $\mu$ 的介质中时，由于固体颗粒阻碍流体自由运动，形成的悬浮体的黏度将大于原分散介质的黏度。爱因斯坦(A.Einstain)于1908 年从流体力学理论上导出低浓度悬浮体的黏度 $\mu_s$ 与体积分数 $\phi_B$ 的关系，即

$$\mu_s=\mu(1+2.5\phi_B) \tag{4-8}$$

爱因斯坦公式是第一个从流体力学理论导出的悬浮体黏度的理论公式，在高浓度下给出的黏度值过小，故只适用于体积分数 $\phi_B<0.02$ 的低浓度悬浮体。

为了得出适用于较高浓度悬浮体的黏度公式，不少学者提出过若干黏度公式，影响较大的是范德(V. Vand)于 1948 年通过试验归纳的经验公式

$$\mu_s=\mu\exp\left(\frac{2.5\phi_B+2.7\phi_B^2}{1-0.609\phi_B}\right) \tag{4-9}$$

若展开成幂级数，略去四次以上的高次项，得

$$\mu_s=\mu(1+2.5\phi_B+7.35\phi_B^2+16.2\phi_B^3) \tag{4-10}$$

式(4－10)的适用范围为体积分数 $\phi_B<0.42$ 的悬浮液。

如果固体颗粒是多分散性的球体，由此种颗粒组成的悬浮液的黏度为

$$\mu_s = \mu(1-\phi_B)^{-2.5} \tag{4-11}$$

当体积分数 $\phi_B \to 0$ 时，式(4－11)转化为爱因斯坦公式。

众所周知，在同样的体积分数 $\phi_B$ 下，微细粒悬浮体的黏度比粗粒悬浮体黏度大得多，悬浮体的黏度与颗粒的粒度、形状、分散状态等有密切关系，上述公式只反映了固相体积分数 $\phi_B$ 的影响，是很不全面的。如何考虑粒度、形状、分散状态等因素的影响，是悬浮体黏度研究中的最大难题，对这一课题也有不少人进行过研究。

3. 流体悬浮体的黏度

当两种互不相溶的流体混合时，如液滴或气泡分散在流体中，构成液-气（如空气中的雨滴和水中的气泡）和液-液（水中的油滴和油中的水滴）等两相体系，若连续相的黏度仍用 $\mu$ 表示，非连续相的黏度用 $\mu_P$ 表示，非连续相的体积分数用 $\phi_B$ 表示，则混合物的黏度可以表示为

$$\mu_s = \mu\left(1+\frac{5}{2}\,\frac{\mu_P+\frac{2}{5}\mu}{\mu_P+\mu}\phi_B\right) \tag{4-12}$$

当非连续相为气泡时，通常气体的黏度远远小于液体的黏度，式(4－12)可以简化为

$$\mu_s = \mu(1+\phi_B) \tag{4-13}$$

如果液体已被污染（如液体中含有表面活性剂等），气泡界面表现出一定的刚性，$\phi_B$ 的影响就增强了，$\phi_B$ 前的系数介于 1～2.5 之间。式(4－13)与爱因斯坦公式分别是式(4－12)当 $\mu_P \to 0$ 与 $\mu_P \to \infty$ 的两个极限形式。式(4－12)和式(4－13)都是理论导出的公式，与爱因斯坦公式一样，只适用于低浓度悬浮体。

### 4.1.3　流体的分类

1. 流体的分类方法

服从牛顿内摩擦定律的流体称为牛顿流体，不服从牛顿内摩擦定律的流体都称为非牛顿流体。流体可按下面方法分类：

(1) 根据切应力 $\tau$ 对剪切速率 $du/dy$ 的关系曲线特征分类。图 4－2 给出了五种类型流体，即牛顿流体、宾汉(Bingham)流体、假塑性流体、胀塑性流体和屈服假塑性流体。

(2) 根据切应力 $\tau$ 对时间 $t$ 的关系曲线特征分类。把流体分为触凝性流体、触融性流体和非触动性流体（图 4－3）。在恒定的剪切速率下，随时间增加，触凝性流体的切应力增大，触融性流体的切应力减小，非触动性流体的切应力保持不变。

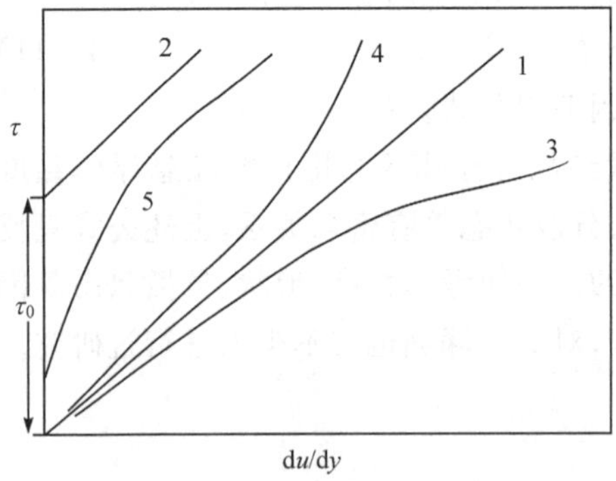


图 4-2 各种流体的流变曲线

1. 牛顿流体；2. 宾汉流体；3. 假塑性流体；4. 胀塑性流体；5. 屈服假塑性流体

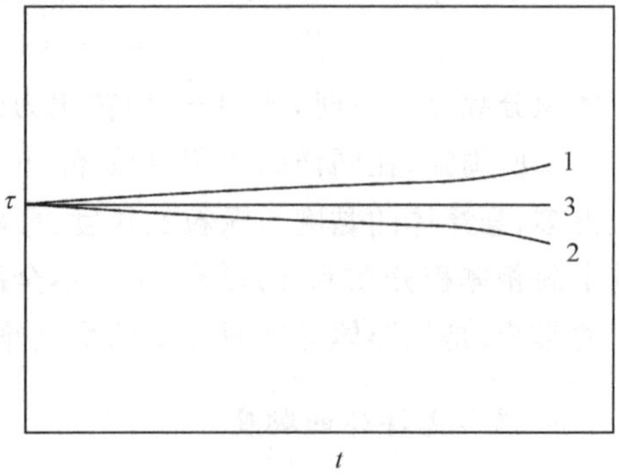


图 4-3 触变性流体的流变曲线

1. 触凝性流体；2. 触融性流体；3. 非触动性流体

(3) 根据流体的变形恢复特征分类。流体分为黏弹性流体和非黏弹性流体。如在牛顿流体中加入少量聚丙烯酰胺之类的高分子聚合物后，往往会使其转变为黏弹性流体。在这种流体中的高分子聚合物对紊流有抑制作用，紊流阻力将大幅度降低，具有明显的减阻效应，常被应用于管道输送的减阻上。

这三种分类方法是从不同的角度对流体进行分类的，也就是说，同一流体从不同的角度分类时，将有不同的名称。

2. 牛顿流体与非牛顿流体

悬浮体的黏度名称较多，如牛顿黏度、平均黏度、有效黏度、视在黏度、表观黏度、塑性黏度，并且在不同文献中的定义也有出入。本书只采用下面两种定义的黏度

$$\mu_s = \frac{\tau}{\dfrac{du}{dy}} \tag{4-14}$$

$$\mu_D = \frac{d\tau}{d\left(\dfrac{du}{dy}\right)} \tag{4-15}$$

式中：$\mu_s$——流变曲线上指定点到原点的直线斜率，称为有效黏度；

$\mu_D$——流变曲线上指定点的切线斜率，称为微分黏度。

牛顿流体的有效黏度等于微分黏度，并且都是常数；宾汉流体的微分黏度为常数，但有效黏度不是常数，并且有效黏度大于微分黏度，当剪切速率趋近于零时有效黏度变为无穷大；假塑性流体的有效黏度大于微分黏度；胀塑性流体的有效黏度

小于微分黏度；屈服假塑性流体与宾汉流体有些类似，只是微分黏度不是常数。

(1) 宾汉流体。宾汉流体又称宾汉塑性流体，其特点是切应力必须增大到一定数值后，它才开始流动，这个切应力称为屈服切应力；在开始流动之后 $\tau$ 与 $du/dy$ 有线性关系(图 4-2 中曲线 2)。对于固体颗粒悬浮体之类的非均质流体，流动时不仅要克服流体质点间的摩擦力，而且还要克服固体颗粒间的碰撞、摩擦、凝聚和絮凝等其他作用力。当固体浓度较高时，在凝聚或絮凝作用下颗粒之间可形成网架结构；网架结构在剪切力的作用下可以被破坏，撤去剪切力后又可重新形成。宾汉认为，当悬浮液的浓度大到其中的颗粒互相接触之后，就有塑性现象发生，欲使系统开始流动，施加的剪切力必须足以破坏使颗粒形成的网架结构，这个刚好能够破坏颗粒网架结构的切应力就是屈服切应力 $\tau_0$。宾汉流体的流变曲线可用式(4-16)表达

$$\tau = \tau_0 + \mu_D \frac{du}{dy} \tag{4-16}$$

(2) 假塑性流体。假塑性流体的流变特点是黏度随切应力的增大而减小(图 4-2中曲线 3)。煮熟的淀粉、多数高分子聚合物溶液均具有假塑性体的性质。对假塑性体的解释有数种，第一种适合于高分子聚合物溶液，这类物质都是亲液性的，能吸收溶剂而膨胀，最后以大分子状态溶解。如将切向力施加于此种溶液，则大分子发生定向排列，逐渐将长轴转成沿流动方向，如切向力越大，转向也越彻底，因此流动时黏滞阻力也变得越小了。第二种解释适用于加有适量凝聚剂的溶胶系统，可用图 4-4 的示意图来说明，原有的絮状胶粒因切向力而拆散，切向力越大，则拆散得越彻底，黏度也降低得越多，如被完全拆散则黏度应不再降低。

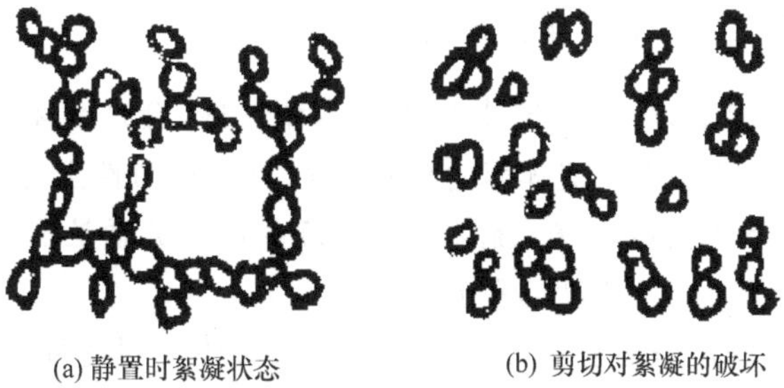

(a) 静置时絮凝状态　　(b) 剪切对絮凝的破坏

图 4-4　假塑性流体

假塑性流体(包括胀塑性流体)的流变特性可用如下幂律模型描述

$$\tau = K\left(\frac{du}{dy}\right)^n \tag{4-17}$$

系数 K 也是流体黏性的量度，它不同于黏度，流体越黏，K 值越大；指数 $n$ 是液体非牛顿性的量度，$n$ 值与 1 相差越大，则非牛顿性越显著；对于假塑性流体的 $n<1$

(对于胀塑性流体 $n>1$)。

(3) 胀塑性流体。与假塑性体的特点恰恰相反,其黏度随切应力增大而增大(图 4-2 中曲线 4)。胀塑性产生的原因如图 4-5 所示。颗粒在静止状态排列最紧密,流体充满颗粒间的空间,在较小的切应力作用下就能流动,流体起了润滑颗粒的作用,在切应力增大时,密集的颗粒变成了松散的排列,这时原来包覆在颗粒表面的液体被吸入颗粒间的空隙,有一部分颗粒表面"干"了,这种吸"干"效应导致位移阻力的增大。对于胀塑性流体,同样也可以用幂律模型式(4-17)描述,这时应取 $n>1$。

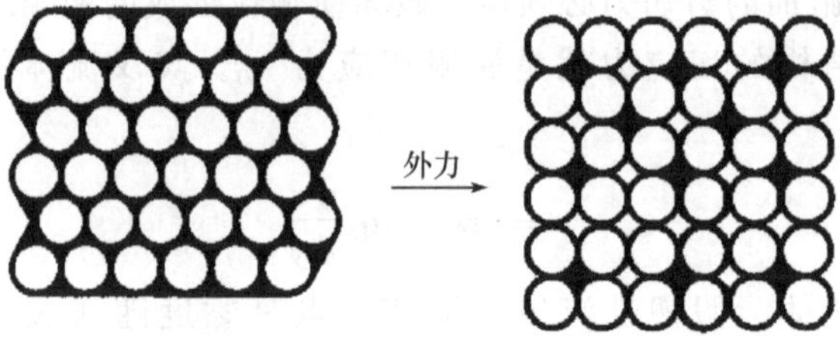


图 4-5　胀塑性体的流动模型

(4) 屈服假塑性体。它可以认为是介于宾汉体和假塑性体之间的一种过渡型,可用谢尔-布尔克利(Herschel-Bulkley)模型描述,即

$$\tau = \tau_0 + K\left(\frac{\mathrm{d}u}{\mathrm{d}y}\right)^n \qquad (n<1) \tag{4-18}$$

### 4.1.4　流体的流态、雷诺数与阻力系数

颗粒在流体中运动时,由于流体存在黏性和惯性,会产生阻碍颗粒运动的阻力,这个阻力称为流体阻力。流体阻力包括黏性阻力和惯性阻力(又称压差阻力、形状阻力)两个部分,它们对颗粒-流体相对速度的依赖关系是不同的,前者正比于速度的一次方,后者正比于速度的平方。

介质绕流球体的流态参看图 4-6。当颗粒-流体相对速度很小时,速度的平方与速度的一次方相比是二阶小量,此时控制流体的运动的力主要是黏性力,流体质点沿流线有条不紊地运动,这种流态称为层流流态;反之,若颗粒-流体相对速度很大,速度的一次方与速度的平方相比是小量,此时控制流体的运动的力主要是惯性力,这时流体质点做杂乱无章的运动,这种流态称为紊流流态。在层流流态和紊流流态之间存在过渡流态,在过渡流态中,黏性力和惯性力共同控制流体的运动。

为了定性反映惯性力与黏性力的相对大小,常用一个无量纲数来表示惯性力与黏性力的比值,这个无量纲数称为雷诺数,用 $Re$ 表示。对于球形颗粒在流体中

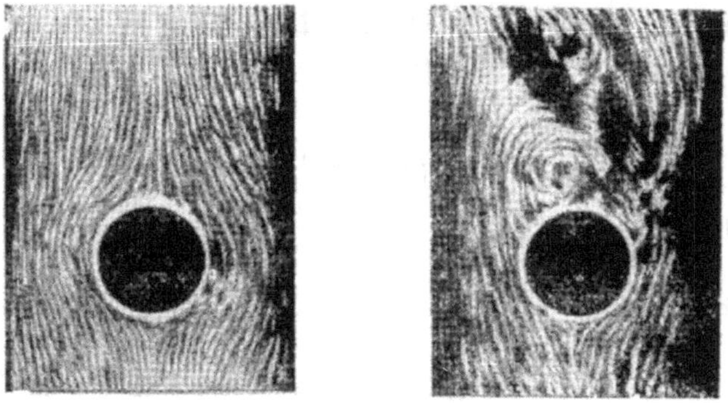

(a) 层流　　(b) 紊流

图 4－6　介质绕流球体的流态

的运动，雷诺数定义为

$$Re = \frac{\rho d V}{\mu} \tag{4-19}$$

式中：V——颗粒-流体相对速度；

$d$——颗粒直径；

$\rho$，$\mu$——流体的密度和黏度。

若颗粒受到的阻力为 $R$，阻力系数定义为阻力 R 与惯性力 $\rho d^2 V^2$ 之比

$$\psi = \frac{R}{\rho d^2 V^2} \tag{4-20}$$

阻力系数是无量纲数。流体阻力可以表示为

$$R = \psi \rho d^2 V^2 \tag{4-21}$$

单个颗粒在流体中沉降达到沉降末速时，作用在颗粒上的流体阻力与颗粒在流体中的有效重力大小相等、方向相反，即

$$R = G_0 \tag{4-22}$$

此时作用于颗粒的合力等于零，沉降速度不再变化，这个沉降速度称为颗粒的自由沉降末速，用 $V_0$ 表示，单位为 m/s。当颗粒达到自由沉降末速时，阻力 $R$ 可用有效重力 $G_0$ 替换。

在沉降计算中有两个很有用的无量纲数 $Re^2\psi$ 和 $\psi/Re$，当颗粒达到自由沉降末速时，利用式(4－19)、式(4－20)、式(4－22)和式(4－3)，可得出下列关系

$$Re^2 \psi = \frac{G_0 \rho}{\mu^2} = \frac{\pi(\delta - \rho) g}{6} \cdot \frac{\rho d^3}{\mu^2} \tag{4-23}$$

$$\frac{\psi}{Re} = \frac{G_0 \mu}{\rho^2 d^3 V_0^3} = \frac{\pi(\delta - \rho) g}{6} \cdot \frac{\mu}{\rho^2 V_0^3} \tag{4-24}$$

式(4－23)可应用于已知颗粒直径求颗粒的自由沉降速度，式(4－24)可应用于已知颗粒的自由沉降速度反求颗粒的直径。

## 4.2 颗粒在流体中的沉降

### 4.2.1 流体阻力

1. 斯托克斯阻力公式

在惯性坐标系中，颗粒在静止流体中的匀速沉降运动，可以转变为流体绕过静止颗粒的流动来处理，如图 4－6。球体绕流问题是研究颗粒在流体中运动的最基本问题。为了避免流体力学方程组的非线性问题，斯托克斯假定流体绕过球体的速度很缓慢，即呈层流态。由于流速小，与流速二次方有关的惯性项将更小，与黏性项相比可以忽略，由此得出球体阻力公式为

$$R = 3\pi \mu d V_0 \tag{4-25}$$

这就是有名的斯托克斯阻力公式。斯托克斯阻力公式适用于雷诺数小于 1 的范围，常把斯托克斯阻力公式适用的范围称为斯托克斯公式范围，阻力系数用 $\psi_S$ 表示，斯托克斯公式范围的阻力系数公式可以表示为

$$\psi_S = \frac{3\pi}{Re} \tag{4-26}$$

2. 牛顿-雷廷智阻力公式

牛顿(I. Newton)于 1687 年首先研究了平板在介质中运动的阻力，他假设：①介质为无黏性的理想流体；②将流体看成是连续的质点流，这些质点与平板碰撞时没有任何能量损失，是完全的弹性碰撞。

根据动量守恒定律，牛顿求出介质对于垂直于运动方向、面积为 A 的平板受到的流体阻力为

$$R = AV^2 \rho \tag{4-27}$$

雷廷智(P.R.Rittinger)于 1867 年根据牛顿的平板阻力公式，导出了球体阻力公式为

$$R = \frac{\pi}{8} d^2 V^2 \rho \tag{4-28}$$

式(4－28)表明，球体在介质中运动时所受到的阻力，是同直径圆板所受阻力的一半。

按照牛顿的阻力理论，球体后半部的流动对阻力没有贡献，平行于流动方向的极薄平板几乎不产生阻力，这些都与事实不符。试验证明，雷廷智公式的系数需要修正为 π/18 左右，并且在雷诺数 $Re$ 足够大($Re>1000$)时才适用，这个修正后的

公式称为牛顿-雷廷智阻力公式,即

$$R = \frac{\pi}{18} d^2 V^2 \rho \tag{4-29}$$

牛顿-雷廷智阻力公式的适用范围称为牛顿-雷廷智公式范围,该范围阻力系数近似为常数,用 $\psi_N$ 表示,即

$$\psi_N = \frac{\pi}{18} \tag{4-30}$$

3. 瑞利曲线

瑞利(L. Rayleigh)于 1893 年在大量试验数据基础上绘制了阻力系数 $\psi$ 对雷诺数 $Re$ 的关系曲线(图 4-7),该曲线称为瑞利曲线。

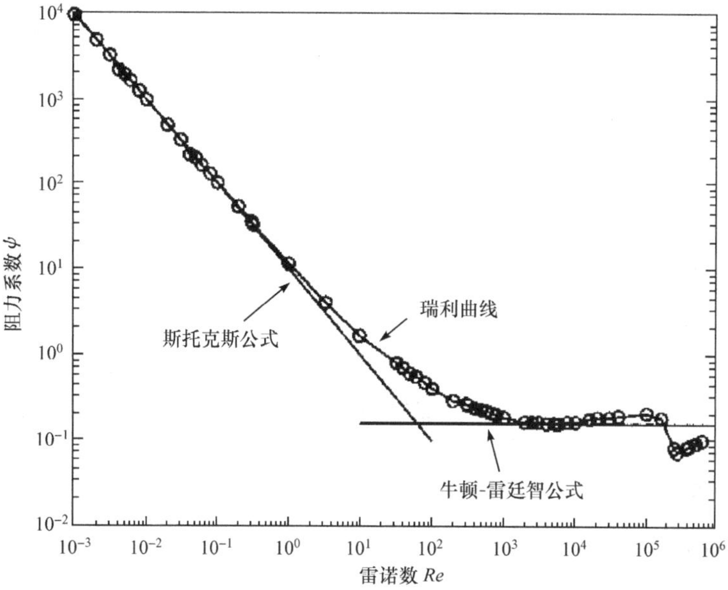


图 4-7　瑞利曲线

从图 4-7 可以看出,斯托克斯公式为一直线,直线的斜率等于−1,大致适用于 $Re<1$ 的区间,当 $Re<0.1$ 时是很准确的;牛顿-雷廷智公式大致适用于 $10^3<Re<10^5$ 的区间,曲线是近似水平的,其斜率近似为零,阻力系数并不是严格的常数,公式只是近似的。在 $1<Re<10^3$ 的区间,曲线是由层流流态向紊流流态转变的过渡区,曲线的斜率从−1 逐渐变到接近于零;阿连曾用直线近似表示该区间的曲线,得出的阻力公式称为阿连公式。这样,瑞利曲线就可用三段直线组成的折线来表示。这种表示在直线分段的交点附近误差很大,于是还有人提出五段折线的

表示。由于求解颗粒沉降速度时,无法事先知道雷诺数,需要反复尝试使用各个分段公式,不便使用。寻找一个适用于各个区间的通用阻力公式是非常必要的。

从瑞利曲线可以看到,在 $Re>100\ 000$ 的区间出现阻力系数迅速下降的情况,这是因为此时边界层由层流转变为紊流,分离点向后移,使尾流的旋涡区迅速减小,故阻力系数迅速降低,过了最低点后又转为上升,变化规律是很复杂的。应注意的是,阻力系数降低并不意味着阻力降低,事实上,随着流速增大,阻力总是增大的。矿物加工中的问题一般不涉及如此大的雷诺数区间,故不研究该区间的阻力规律。

4. 通用阻力系数公式

阿伯拉罕(F. F. Abraham)于 1970 年运用边界层的概念分析球体的阻力,得出非常简洁与适用的阻力系数公式

$$\psi = \psi_t\left(1 + \frac{2k}{\sqrt{Re}}\right)^2 \tag{4-31}$$

阿伯拉罕取 $\psi_t=0.115$, $k=4.52$。康查(F. Concha)和阿尔曼德拉(E. R. Almendra)于 1978 年取 $\psi_t=0.11$, $k=4.53$。式(4-31)可作为 $Re<5000$ 的通用公式,与瑞利曲线吻合相当好。

还有许多其他形式的阻力系数经验公式,最有代表性的是下面形式的公式

$$\psi = \frac{a}{Re} + \frac{b}{\sqrt{Re}} + c \tag{4-32}$$

式(4-31)只是式(4-32)的特例,通常取 $a=3\pi$,有的公式不含右边第二项,即 $b=0$(有兴趣者可参阅姚书典编写、冶金工业出版社于 1992 年出版的《重选原理》,书中介绍了许多阻力系数经验公式)。

### 4.2.2 自由沉降

1. 斯托克斯公式与牛顿-雷廷智公式

颗粒在流体中沉降时,若不受周围颗粒或容器壁干扰,称为自由沉降。颗粒从静止状态沉降,在重力加速度作用下速度增加,随之而来的反方向阻力也增加。但颗粒的有效重力是一定的,当阻力与有效重力相等时,颗粒运动趋于平衡。此时沉降速度称为自由沉降速度,常用 $V_0$ 表示。

对于微细的颗粒,流体阻力服从斯托克斯阻力公式,令式(4-25)等于式(4-3),即阻力与有效重力相等时,可求出自由沉降速度公式为

$$V_0 = \frac{(\delta - \rho)g}{18\mu}d^2 \tag{4-33}$$

这就是斯托克斯公式，适用于 $Re<1$ 的范围。该公式表明，微细粒物料的沉降速度正比于颗粒直径的平方。

对于较粗的颗粒，流体阻力服从牛顿-雷廷智阻力公式，令式(4-29)等于式(4-3)，可求出自由沉降速度为

$$V_0=\sqrt{\frac{3(\delta-\rho)g}{\rho}d} \tag{4-34}$$

这就是牛顿-雷廷智公式，适用范围为 $Re=10^3\sim10^5$。式(4-34)表明，粗粒物料的沉降速度正比于颗粒直径的平方根。

使用上述公式时必须确保雷诺数处于公式适用的范围。由于公式简单，可以先计算出自由沉降速度，再计算雷诺数，并检查雷诺数是否处于公式适用范围；若不处于公式适用范围，则计算失败，必须另选择其他公式计算。若雷诺数处于过渡区，上述两个公式都不适用。利用分段折线来表示瑞利曲线时，过渡区的阻力可用阿连公式近似表示，但是准确度低，最理想的是建立通用的沉降速度公式。

### 2. 自由沉降速度通用公式

在矿物加工涉及的雷诺数范围一般不会超过 5000，故可以把式(4-31)作为通用公式使用。利用式(4-19)和式(4-31)，可以得到雷诺数的解，即

$$Re=k^2\left(\sqrt{1+\frac{1}{k^2\sqrt{\psi_t}}\sqrt{\frac{G_0\rho}{\mu^2}}}-1\right)^2 \tag{4-35}$$

通用的自由沉降速度公式可以表示为

$$V_0=k^2\frac{\mu}{d\rho}\left(\sqrt{1+\frac{1}{k^2\sqrt{\psi_t}}\sqrt{\frac{G_0\rho}{\mu^2}}}-1\right)^2 \tag{4-36}$$

若按康查等的取值：$\psi_t=0.11$，$k=4.53$，式(4-36)变为

$$V_0=20.52\frac{\mu}{d\rho}\left(\sqrt{1+0.1469\sqrt{\frac{G_0\rho}{\mu^2}}}-1\right)^2 \tag{4-37}$$

当已知颗粒的直径和密度、流体的密度和黏度时，可用上面的通用公式计算球形颗粒的自由沉降速度，公式的适用范围为 $Re<5000$ 的场合。

### 3. 从自由沉降速度求颗粒直径

实践中常常遇到已知自由沉降速度求颗粒直径的反问题(如用沉降法测定颗粒的直径等)。若雷诺数处于斯托克斯公式范围($Re<1$)，可从式(4-33)解出

$$d=\sqrt{\frac{18\mu V_0}{(\delta-\rho)g}} \tag{4-38}$$

若雷诺数处于牛顿-雷廷智公式范围($10^3 < Re < 10^5$),从式(4-34)可得

$$d = \frac{V_0^2 \rho}{3(\delta - \rho) g} \tag{4-39}$$

若雷诺数属于过渡区,利用式(4-24)和式(4-31),可以写出

$$\frac{\psi}{Re} = \psi_t \left( \frac{1}{\sqrt{Re}} + \frac{2k}{Re} \right)^2 = \frac{\pi \mu (\delta - \rho) g}{6 V_0^3 \rho^2}$$

因 $V_0$ 已知,故阻力系数与雷诺数的比值 $\psi/Re$ 是已知项,应视为常数,可解出雷诺数为

$$Re = 16k^2 \left[ \sqrt{1 + \frac{8k}{\sqrt{\psi_t}} \sqrt{\frac{\psi}{Re}}} - 1 \right]^{-2} \tag{4-40}$$

由此可得出已知自由沉降速度求颗粒直径的通用公式如下

$$d = 16k^2 \frac{\mu}{V_0 \rho} \left[ \sqrt{1 + \frac{8k}{\sqrt{\psi_t}} \sqrt{\frac{\psi}{Re}}} - 1 \right]^{-2} \tag{4-41}$$

按康查等的取值:$\psi_t = 0.11$,$k = 4.53$,式(4-41)变为

$$d = 328.3 \frac{\mu}{V_0 \rho} \left[ \sqrt{1 + 109.3 \sqrt{\frac{\psi}{Re}}} - 1 \right]^{-2} \tag{4-42}$$

4. 颗粒形状的影响

前面介绍的颗粒自由沉降的公式都只适用于球形颗粒。实际上,矿物加工中遇到的绝大部分是不规则形状的颗粒,这些颗粒比同体积的球形颗粒有更大的表面积,受到的流体阻力更大,特别是一些扁平形或长条形的颗粒,不同方向上的流体阻力相差很远。

对于不规则形状的颗粒,可以用与该颗粒等体积的球体直径来表示它的直径,这个直径称为等体积直径(又称为等值直径、体积当量直径),用 $d_V$ 表示,即

$$d_V = \sqrt[3]{\frac{6V}{\pi}} = \sqrt[3]{\frac{6G}{\pi \delta g}} \tag{4-43}$$

式中:V,G——颗粒的体积和质量。

用等体积直径可以准确地应用于不规则形状颗粒的体积、质量以及重力等的计算上。

流体阻力是表面力,在分析流体对不规则形状颗粒的阻力时,表面积很重要,可定义一个与不规则形状颗粒等表面积的球体直径来表示它的直径,这个直径称为等面积直径(又称为面积当量直径),用 $d_A$ 表示,即

$$d_A = \sqrt{\frac{A}{\pi}} \tag{4-44}$$

由于面积的测定比较困难，即使在计算流体阻力时，习惯上仍是采用等体积直径而不用等面积直径，这种做法统一使用一种直径，使计算简化，同时也会带来误差。

常用同体积球体的表面积与不规则形状颗粒的表面积之比来表示颗粒的不规则程度，这个比值称为球形系数，用 $\chi$ 表示，即

$$\chi = \frac{\pi d_V^2}{\pi d_A^2} = \left(\frac{d_V}{d_A}\right)^2 \tag{4-45}$$

矿粒的形状与球形系数的关系见表 4-1。

**表 4-1　矿粒的形状与球形系数的关系**

| 矿粒形状 | 球形 | 类球形 | 多角形 | 长条形 | 扁平形 |
|---|---|---|---|---|---|
| 球形系数 | 1.0 | 1.0～0.8 | 0.8～0.65 | 0.65～0.5 | 0.5 |

不规则形状颗粒的自由沉降速度与同体积球体的自由沉降速度之比称为形状修正系数，用 $P$ 表示，即

$$P = V/V_0, \quad V = PV_0 \tag{4-46}$$

形状修正系数与球形系数有一定的相关性，形状修正系数与雷诺数也有关系，但很难从理论上研究，往往通过实验确定。在斯托克斯公式范围，有如下经验公式

$$P_S = 1 + 0.843\lg\chi \approx 1.03\sqrt{\chi} \tag{4-47}$$

在牛顿-雷廷智公式范围，也有如下的经验公式

$$P_N = \sqrt{\frac{1.5\chi}{8.95 - 7.39\sqrt{\chi}}} \tag{4-48}$$

在过渡区，可参考表 4-2 确定。

**表 4-2　过渡区的形状修正系数**

| $Re$ | $Re^2\psi$ | 形状修正系数 | | | | |
|---|---|---|---|---|---|---|
| | | 球形 | 类球形 | 多角形 | 长条形 | 扁平形 |
| 170 | 8000 | 1.000 | 0.805 | 0.680 | 0.610 | 0.450 |
| 190 | 10 000 | 1.000 | 0.800 | 0.678 | 0.595 | 0.441 |
| 330 | 20 000 | 1.000 | 0.790 | 0.672 | 0.590 | 0.433 |
| 530 | 50 000 | 1.000 | 0.755 | 0.650 | 0.564 | 0.420 |
| 750 | 100 000 | 1.000 | 0.753 | 0.647 | 0.562 | 0.408 |
| 1100 | 200 000 | 1.000 | 0.740 | 0.635 | 0.560 | 0.392 |

### 4.2.3　干涉沉降

颗粒在有限空间中的沉降，称为干涉沉降(图 4-8)。

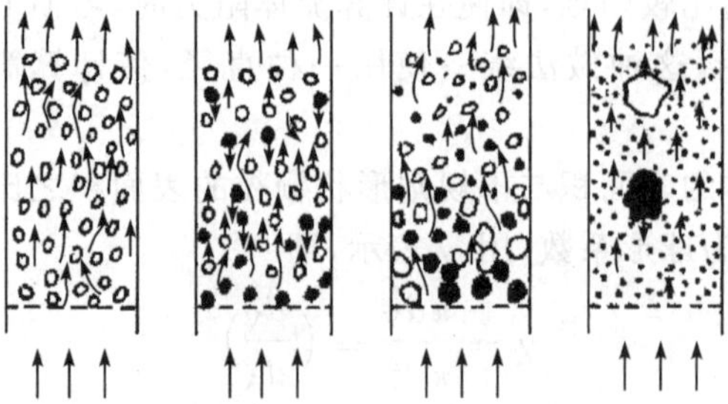


图 4-8　常见的几种干涉沉降形式

矿物加工中粒群在矿浆中的沉降就是典型的干涉沉降,球体在窄管中的沉降也是干涉沉降。伯纳(E.Bernea)于 1973 年归纳出干涉效应来自三个方面:由于沉降颗粒周围存在大量颗粒,而颗粒密度一般又大于介质密度,使得颗粒像是在密度增大了的介质中沉降一样,这个效应称为准静压效应;动量传递效应指的是颗粒在沉降过程中,受到周围颗粒的碰撞和摩擦,进行着动量交换,从外观表现上看,颗粒似乎是在黏度增大了的介质中沉降一样,这个效应称为动量传递效应;颗粒在沉降过程中,由于其附近有器壁(固定壁)或其他颗粒(活动壁)存在,必然引起周围介质的间隙流速增大,从而使介质的动力阻力增大,这个效应称为壁面干涉效应。在矿物加工中的干涉沉降问题主要是前两种效应。

均匀粒群则是指由相同性质(包括密度、粒度、形状等)颗粒组成的粒群。在矿物加工中,绝对均匀的粒群是不存在的,把同一种矿物破碎后,进行窄级别的筛分或分级得到的粒级,可以近似视为均匀粒群。

### 1. 利亚申科经验公式

利亚申科于 1940 年把均匀粒群干涉沉降时颗粒间的互相碰撞、摩擦,以及通过周围介质的互相影响等效地看作阻力系数增大。干涉沉降阻力系数 $\psi_h$ 与自由沉降阻力系数 $\psi$ 和体积分数 $\phi_B$(请注意以往参考书均称为容积浓度 $\lambda$)之间的关系可表示为

$$\psi_h = \psi(1-\phi_B)^{-n_S} \tag{4-49}$$

利亚申科得出均匀粒群干涉沉降速度经验公式的形式为

$$V_h = V_0(1-\phi_B)^n \tag{4-50}$$

利亚申科曾导出式(4-49)和式(4-50)中的指数关系 $n_S=2n$,但在推导时隐含了阻力系数与沉降速度(或者说与雷诺数)无关的假定,故只能适用于牛顿-雷廷智公式范围,若牛顿-雷廷智公式范围的 $n$ 值用 $n_N$ 表示,则有 $n_S=2n_N$。对斯托

克斯公式范围，可以导出 $n_S = n$，即 $n_S$ 就是斯托克斯公式范围的 $n$ 值。这个结果表明，无论是层流的斯托克斯公式范围还是紊流的牛顿-雷廷智公式范围，体积分数对阻力系数的影响都是一样的。

在利亚申科试验中，得出指数 $n=2.5\sim3.8$。其他许多研究者也得出了形式如式(4－50)的公式，只是各人所得到的 $n$ 值及适用的雷诺数范围不同。$n$ 值均在 2.33～8.33 之间变化，但多数介于 2.33～4.65 之间，即斯托克斯公式范围 $n_S \approx 4.65$，牛顿-雷廷智公式范围 $n_N \approx 2.33$，大致有 $n_S \approx 2n_N$，与上面的分析基本一致。

2. $n$ 值的影响因素

$n$ 值与粒群的粒度和形状有关，粒度减小和形状不规则将使悬浮体的有效黏度增大、沉降速度降低，这种影响在式(4－50)中即表现为 $n$ 值增大。事实上，粒度对 $n$ 值的影响是雷诺数对 $n$ 值影响的反映，大量的研究表明，$n$ 值是雷诺数的函数。对于非球形颗粒，$n$ 值还与形状有关。球体、石英和煤的 $n$ 值与自由沉降雷诺数的关系如图 4－9 所示。

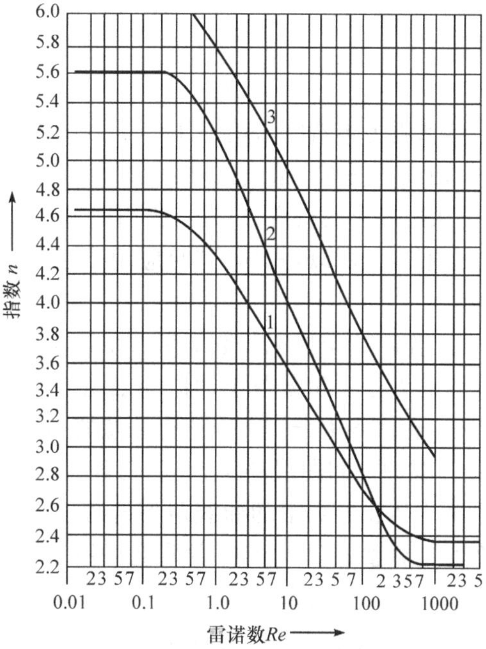


图 4－9　$n$ 值与自由沉降雷诺数的关系

1. 球体；2. 石英；3. 煤

由图 4－9 可以看到，$n$ 值与绕流流态有关，在层流流态和紊流流态下，$n$ 值趋近于一个常数。在过渡区，$n$ 值随雷诺数的增大而减小。

### 3. n 值与雷诺数关系

凯利(E. G. Kelly)和斯波蒂斯伍德(D. J. Spottiswood)于 1982 年提出式(4-49)中指数 $n$ 的变化规律为

$$n=\frac{4.8}{2+m} \tag{4-51}$$

式中：$m$——瑞利曲线的斜率(在斯托克斯公式范围内，$m=-1$；在牛顿-雷廷智公式范围内，$m=0$；在过渡区内，$m=-1\sim0$ 范围内变化)。

由于 $n$ 值还与形状有关，同样雷诺数下形状不同颗粒的 $n$ 值不同，还可以把式(4-50)表示为更一般的形式，即

$$n=\frac{a}{b+m} \tag{4-52}$$

式中：$a$，$b$——常数。

如果已知阻力系数与雷诺数的函数关系，就可以求出瑞利曲线的斜率。从阻力系数公式(4-31)可求出

$$m=-\frac{2k}{\sqrt{Re}+2k} \tag{4-53}$$

虽然用式(4-31)计算阻力系数时适用于 $Re<5000$，但是在雷诺数为 5000 附近，瑞利曲线是水平的，而式(4-31)给出的曲线仍是下降的，斜率仍有 $-0.1$ 左右。另外，式(4-31)是从边界层的概念导出的，当雷诺数很小时，不存在原来意义上的边界层，准确性将会下降。所以，式(4-53)应用于过渡区可能比应用于层流区和紊流区更准确一些。

可以在瑞利曲线图上作出给定体积分数下阻力系数与沉降的实际雷诺数的曲线，体积分数大的曲线总是处于体积分数小的曲线之上，形状与瑞利曲线类似；当体积分数趋近于零时与瑞利曲线重合。一个值得注意的问题是：对式(4-52)中的斜率 $m$，采用体积分数为零的瑞利曲线斜率合理(已经发现此做法给出的 $n$ 值仍不理想)？还是用某个平均体积分数下的曲线斜率合理？由于不同体积分数的阻力曲线形状类似，那么通过调整式(4-31)中的常数可用于描述一定体积分数对应的阻力曲线。如果把式(4-53)中的常数 $k$ 和式(4-52)中的常数 $a$ 和 $b$ 都作为待定常数处理，将式(4-52)用于拟合 $n$ 值，实验数据会更准确。

### 4. 干涉沉降速度的通用公式

把式(4-50)、式(4-52)和式(4-53)一起组成干涉沉降速度的通用公式，即

$$V_h=V_0(1-\phi_B)^{\frac{a}{b-\frac{2k}{\sqrt{Re}+2k}}} \tag{4-54}$$

姚书典于 1982 年曾提出了均匀球群干涉沉降速度的通用公式，即

$$V_h = V_0 \frac{\sqrt{1 + \dfrac{(1-\phi_B)^{4.65}}{146K}\dfrac{G_0\rho}{\mu^2}} - 1}{\sqrt{1 + \dfrac{1}{146K}\dfrac{G_0\rho}{\mu^2}} - 1} \tag{4-55}$$

式(4-55)中的 K 不是常数，可按式(4-56)计算

$$K = \frac{1 + \left(1000\dfrac{\mu^2}{G_0\rho}\right)^{0.37}}{\left(1 + 1000\dfrac{\mu^2}{G_0\rho}\right)^{0.37}} \tag{4-56}$$

戈罗什柯、罗津鲍姆和托杰斯于 1958 年提出均匀球群干涉沉降速度的通式为

$$V_h = V_0 \frac{(1 + 0.0339\sqrt{Ar})(1-\phi_B)^{4.75}}{1 + 0.0339\sqrt{Ar(1-\phi_B)^{4.75}}} \tag{4-57}$$

其中

$$Ar = \frac{6}{\pi}\frac{G_0\rho}{\mu^2} \tag{4-58}$$

由于干涉沉降的情况比较复杂，已经导出的各种干涉沉降速度的通用公式形式很多，差异很大，不同公式给出的计算值有时相差较大，特别是在过渡区中差异较大，只适于进行粗略估算。

## 4.3　流体中颗粒的相互作用

### 4.3.1　紊流中颗粒间传质机理

紊流流体中存在着大量的旋涡，如图 4-10 所示。

从悬浮固体到流体的传质机理有三种可能：强制对流、自然对流和径向扩散。在不同的两相流动条件下，第一、三种机理可能分别成为主要机理，但在这两种传质机理中也可能平行地存在着自然对流机理。至于两相之间的相对流动状态则主要取决于颗粒的尺寸。

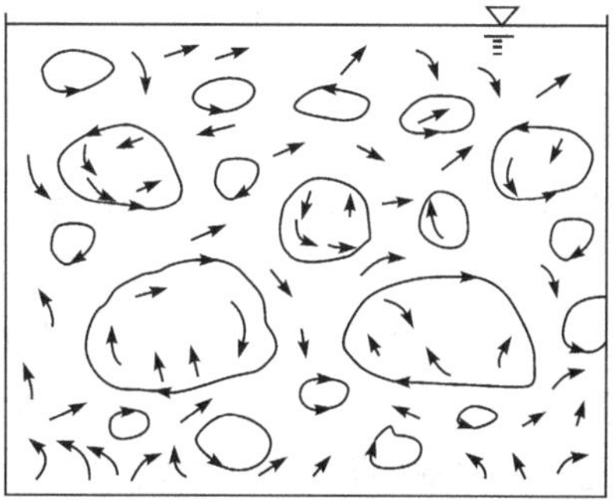

图 4-10　紊流旋涡示意图

在颗粒大而重的情况下，由于颗粒与流体的跟随性差，两相之间存在着一个滑动速度，在滑动相界面之间产生一个边界面，传

质主要阻力产生于通过这一层流膜的扩散,传质的速率取决于颗粒的扩散系数和流体的黏度,这就是大颗粒流型中占主要地位的强制对流机理。

当颗粒小而轻时,悬浮相趋向于随环流无滑动地运动,不会形成界面,只能靠径向扩散发生传质,只能用紊流扩散系数来描述传质特征,所以小颗粒流型中的传质机理是径向扩散。

当颗粒属于两种流型分界的临界尺寸,相当于给定条件下系统中的最小旋涡尺寸时,即与最小旋涡尺寸相当时,颗粒便随涡体一起运动,这时对微细粒的碰撞速率最大。

### 4.3.2 紊流中颗粒间相互作用

(1)旋涡雷诺数 $Re_\lambda$ 与紊流微尺度 λ。旋涡雷诺数定义为

$$Re_\lambda = \frac{\lambda U_\lambda}{\mu} \tag{4-59}$$

式中:λ——旋涡直径;

$U_\lambda$——旋涡运动速度;

$\mu$——流体的黏度。

当 $Re_\lambda=1$ 时,$\lambda=\lambda_0$($\lambda_0$ 为旋涡微尺度)。

根据旋涡微尺度的定义,$\lambda_0$ 将与跟随性最好的颗粒尺寸,也就是载体作用最好的颗粒尺寸相对应。可从理论上预测与细颗粒作用的粗粒的最佳粒度。

(2) 颗粒雷诺数。颗粒雷诺数 $Re_p$ 定义为

$$Re_p = \frac{d_p U_s}{\mu} \tag{4-60}$$

式中:$U_s$——颗粒滑动速度,可通过颗粒沉降速度来计算

$$U_s = 0.000\,644(n_a)^{1.239} U_t \tag{4-61}$$

$$U_t = \left[\frac{4 d_p g(\rho_p - \rho)}{3 \rho C_f}\right]^{\frac{1}{2}} \tag{4-62}$$

式中:$C_f$——颗粒运动的阻力系数;

$g$——重力加速度。

颗粒雷诺数描述了大颗粒与流体相对运动时边界层的情况。当 $Re_p<1$ 时为层流边界;当 $Re_p>1$ 时边界层向紊流过渡;当 $Re_p<10$ 时边界层发生分离,颗粒附近流线卷曲,直到形成固定的涡环。在这种情况下,颗粒运动的动能一部分因摩擦散失为热能释出,另一部分将转化为颗粒尾迹中不断产生旋涡的动量。也就是说,粗粒运动过程中,一方面消耗了部分紊动能;另一方面使大尺度旋涡部分能量

向小尺度旋涡转移,由粗粒运动形成的小尺度旋涡将大大地提高微细粒级的凝聚速率,理论上可用颗粒雷诺数作判据。

## 4.4　气泡在流体中的运动

分散的气泡悬浮在连续的液体中的流动,在两相流理论中称为泡状流动,气泡悬浮液涉及的体积分数 $\phi_B$ 范围很宽,上限可以达到 99% 以上。与固体颗粒悬浮体不同的是,气泡悬浮体还需要考虑表面张力、气体的可压缩性的影响,各种力的综合效应从气泡形状和轨迹反映出来。

浮选是在固-液-气三相流体中分离不同物料的过程,表面已疏水的矿粒黏附于气泡上呈矿化泡沫浮出。下面讨论与矿物加工密切相关的气泡的产生、尺寸、稳定性、剪切力的影响、上浮速度等。为了尽量与前面介绍有关固体颗粒内容的符号一致,对气泡仍采用固体颗粒常用的符号,分散介质的符号不变。

气泡只能在液体中形成悬浮体,而液滴除了可在气体中形成悬浮体外,还可以在不互溶的液体中形成悬浮体(如油滴分散在水中或水滴分散在油中),在许多方面都与气泡悬浮在液体中的状况类似,对气泡得出的有些公式可以直接应用于液滴。由于气泡的质量很小,作用在气泡上的阻力与气泡的动量相比是较大的,故气泡可以紧紧地跟随周围的液体运动。然而,由于液滴的质量较大,惯性较大,当周围流体有变速运动时,液滴要花较长时间才能跟随周围流体的运动。

### 4.4.1　流体中气泡的形成

1. 孔口产生气泡(液滴)

如图 4-11,在静止流体中,将直径为 $D$ 的圆形孔口朝上低速吹出气体,近似于球形的气泡附着在孔口上。设处于静平衡状态的气泡最大直径为 $d$,气泡的密度小于周围液体的密度,即 $\delta<\rho$,可列出气泡浮力与表面张力 $\sigma$ 的平衡关系

$$\frac{\pi}{6}d^3 g(\rho-\delta)=\pi D\sigma$$

故有

$$d=\left[\frac{6D\sigma}{g(\rho-\delta)}\right]^{\frac{1}{3}} \tag{4-63}$$

库塔特拉兹(Kutateladze)和斯蒂里柯维奇(Styrikovich)根据实验数据得出比式(4-63)更精确的形式为

$$d=2\left[\frac{D\sigma}{2g(\rho-\delta)}\right]^{\frac{1}{3}} \tag{4-64}$$

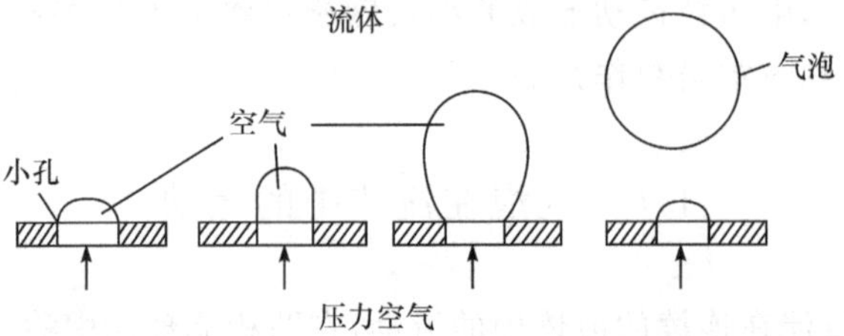


图 4-11 压力空气通过多孔介质形成气泡示意图

当孔口的直径与气泡的半径相差不大时，式(4-64)就应修正，即

$$d > \left[\frac{\sigma}{g(\rho - \delta)}\right]^{\frac{1}{2}} \tag{4-65}$$

如果通过孔口的气体速度相当高，那么气泡就不再是一个一个地单独形成，而是气体以射流的形式离开孔口，喷射的气体最后分裂成许多单独的气泡。库塔特拉兹和斯蒂里柯维奇认为气体射流形成的条件为

$$\frac{v\sqrt{\rho}}{[g(\rho - \delta)\sigma]^{\frac{1}{4}}} > 2.50\left[\frac{\sigma}{g(\rho - \delta)D^2}\right]^{\frac{1}{2}} \tag{4-66}$$

式中：$v$——通过孔口的气体速度。

用这种方式形成的气泡，其半径大约是孔口半径的 2 倍。

当气泡以一定的速度形成时，其他许多因素也很重要，其中包括液体和气体的所有参数、孔口设计的情况和气体的供给情况。杰克逊(Jackson)对于这些影响因素已作了评述。

气泡形成的现象的复杂程度是人们所意想不到的。工业中用的气泡，通常不是利用单个孔口生成的，而是利用一组孔口或多孔板生成的。在这种情况下，根据单个孔口理论计算出的气泡尺寸，通常只作为第一次近似值。

在一个孔口形成液滴与形成气泡是相反的问题，所以液滴的直径 $d$ 也可以用类似于式(4-64)的公式计算，只是此时液滴的密度大于周围气体的密度，即 $\delta > \rho$，故要把式(4-65)中的$(\rho - \delta)$改为$(\delta - \rho)$，液滴直径可以表示为

$$d = 2\left[\frac{D\sigma}{2g(\delta - \rho)}\right]^{\frac{1}{3}} \tag{4-67}$$

前面的其他有关气泡的公式用于液滴时，都需要模仿式(4-67)做类似的处理，这里不再详细列出。

当流经孔口的液体速度增加时，会很快超过由式(4-65)得出的临界速度。瑞利研究证明了这类射流总是不稳定的；如果液体射流周围的气体密度可以忽略，其不稳定的最大波长约为射流的 4.5 倍。当射流以这种方式破碎时，液滴直径与孔

口直径的近似关系为 $d\approx1.9D$。射流速度进一步增加，由于与周围气体的相对速度增大，接近孔口处的射流变得极不稳定，并破碎成有很多细小液滴的喷雾，产生雾化。

2. 从液体中析出气泡

气泡也能由围绕液体的蒸发或溶解在液体中的气体(如啤酒、汽水、香槟酒等)的释放而形成。这些气泡几乎总是在核心的周围形成，所谓核心或是悬浮在流体中的杂质，或是密闭容器壁面上的坑点、刮伤处及空腔。特别重要的是由弗里茨(Fritz)导出的计算气泡当量直径(具有相同总体积的球直径)的公式，该直径是气泡增大到恰好离开水平表面的直径。如果 $\beta$ 是接触角的度数，当量直径为

$$d = 0.0208\beta\left[\frac{\sigma}{g(\rho-\delta)}\right]^{\frac{1}{2}} \tag{4-68}$$

式(4-68)只在准静态情况下才是正确的。譬如，不能用它来描述在沸腾期间快速形成的气泡。

3. 剪切应力对气泡尺寸的影响

在强迫对流或机械搅拌系统中，气泡的尺寸由剪切应力确定，这些应力既影响气泡离开形成点的气泡尺寸，也影响在流场中静止的最大的气泡尺寸。我们可以根据流体应力与表面张力之间的平衡关系，预估上述两种情况下的临界气泡尺寸，也就是恰当地选择一个韦伯数来预估气泡尺寸。在这方面已经做了一些研究工作，可以用欣兹(Hinze)公式估算气泡的尺寸，即

$$d = 0.725\left(\frac{\sigma}{\rho}\right)^{\frac{3}{5}}\left(\frac{P}{M}\right)^{-\frac{2}{5}} \tag{4-69}$$

式中：$P/M$——每单位质量耗散的机械能。

### 4.4.2　流体中气泡的运动速度

1. 气泡在流体中运动的阻力

采用类似斯托克斯解决固体球绕流阻力问题的方法，利伯任斯基(Rybezynski)和汉达玛尔德(Hadamard)于 1911 年分别求出微细气泡或液滴在流体中运动的阻力公式如下

$$R = 3\pi\mu dV_0\left(\frac{2\mu+3\mu_p}{3\mu+3\mu_p}\right) \tag{4-70}$$

事实上，边界条件没有考虑球面径向的平衡，往往外流和内流在球面上的压力的合力不能与表面张力平衡，使气泡或液滴的形状偏离球形，从而降低式(4-70)

的准确度。

当 $\mu_P \to \infty$ 时，式(4-70)转变为斯托克斯阻力公式(4-25)。也就是说，当液滴的黏度比周围流体的黏度大得多时，就可以把液滴近似当作固体颗粒处理。当气泡在流体中运动时，若气泡的黏度远远小于周围流体的黏度，式(4-70)转变为

$$R = 2\pi \mu d V_0 \tag{4-71}$$

即阻力只有斯托克斯阻力公式计算值的2/3。

2. 微细气泡的运动速度

当气泡上浮达到末速时，利用流体阻力与气泡在流体中的有效重力相等，从式(4-70)可以求出气泡的上浮速度为

$$V_0 = \frac{d^2 g(\rho - \delta)}{18\mu}\left(\frac{3\mu + 3\mu_P}{2\mu + 3\mu_P}\right) \tag{4-72}$$

如果 $\mu_P \gg \mu$，式(4-72)简化为

$$V_0 = \frac{d^2 g(\rho - \delta)}{18\mu} \tag{4-73}$$

如果 $\mu_P \ll \mu$，则式(4-72)简化为

$$V_0 = \frac{d^2 g(\rho - \delta)}{12\mu} \tag{4-74}$$

在完全没有杂质的情况下(这些杂质会在气泡表面积聚和对剪切应力有一定的阻力)，可得出由式(4-74)表示的结果。然而，在大多数实际情况下是有杂质存在的，那么气泡上升速度的数值应在式(4-73)和式(4-74)得出的数值之间。

3. 单个气泡上升速度的经验公式

皮布莱斯(Peebles)和加伯(Garber)、哈伯曼(Haberman)和莫顿(Morton)及其他研究者，根据试验确定了单个气泡的极限上升速度 $v_\infty$ 对流体参数的依从关系。将在水中的空气气泡的上升速度对气泡容积的依从关系表示在图4-12中。

图4-12中曲线可划分为四个区间：Ⅰ区为 A-B 段，曲线为直线；Ⅱ区为 B-C 段，曲线偏离直线关系，C 点处有一极大值；Ⅲ区为过 C 点后的 C-D 段，随着气泡等价直径增大，极限速度减小，D 点处有一极小值，在 D 点附近较宽的区间里，曲线接近于水平线；Ⅳ区为过 D 点后的曲线段，在该区间中曲线又转变为上升。

当气泡非常大时，表面张力和黏性的影响可以忽略不计，气泡上升速度由戴维斯和泰勒公式得出

$$V_0 = \frac{2}{3}\sqrt{gR_c} \tag{4-75}$$

式中：$R_c$——气泡凸出区域的曲率半径。

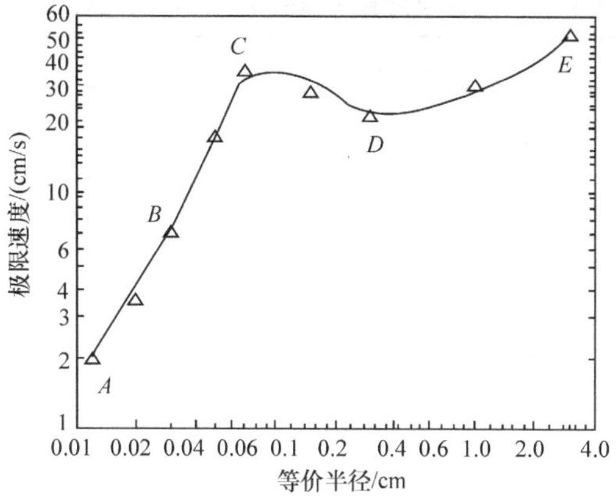


图 4-12　在过滤水或蒸馏水中空气气泡的极限速度与气泡尺寸的函数关系

气泡的形状几乎像夹角为 100°、有相当平直底部的半球形帽。

可以用气泡中气体的体积 $V_b$ 来表示式(4-74)，即

$$V_0 = 0.79\left(gV_b^{\frac{1}{3}}\right)^{\frac{1}{2}} \tag{4-76}$$

换句话说，我们可以定义一个当量直径 $d$，$d$ 是当气泡为球形时的直径。

$$V_b = \frac{\pi}{6}d^3 \tag{4-77}$$

则气泡上升速度为

$$V_0 = \sqrt{\frac{gd}{2}} \tag{4-78}$$

对于中间尺寸的气泡，无论它是直线上升、摇摆上升或螺旋式上升，液体的惯性、表面张力、黏性系数及洁净度等的影响都是重要的。文献中出现的许多关系式，最全面的是由皮布莱斯和加伯得出的公式。

适用于各种范围的这些公式已列于表 4-3 中(与液体的密度相比较，气体的密度可忽略)。每个公式的适用范围，要根据雷诺数和下列无量纲参数来决定

$$G_1 = \frac{g\mu^4}{\rho\sigma^3} \tag{4-79}$$

$$G_2 = \frac{gR_b^4 V_\infty^4 \rho^3}{\sigma^3} \tag{4-80}$$

值得注意的是，Ⅳ区的气泡上升速度与气泡尺寸无关。哈马赛(Harmathy)认为：在这个区域内，式中的常数 1.18 用 1.53 代替较好。当气泡上升的速度与式(4-78)给出的值接近时，Ⅳ区的上限值是可以达到的，即对于

**表 4-3 液体中只有一种气体时气泡的极限速度**

| 区域 | 极限速度 | 适用范围 |
| --- | --- | --- |
| Ⅰ区 | $V_\infty=\dfrac{2R_b^2(\rho-\rho_g)g}{9\mu}$ | $Re_b<2$ |
| Ⅱ区 | $V_\infty=0.33g^{0.76}\left(\dfrac{\rho}{\mu}\right)^{0.52}R_b^{1.23}$ | $2<Re_b<4.02G_1^{-2.214}$ |
| Ⅲ区 | $V_\infty=1.35\left(\dfrac{\sigma}{\rho R_b}\right)^{0.50}$ | $4.02G_1^{-0.214}<Re_b<3.10G_1^{-0.25}$<br>$16.32G_1^{0.144}<G_2<5.75$ |
| Ⅳ区 | $V_\infty=1.18\left(\dfrac{g\sigma}{\rho}\right)^{0.25}$ | $3.10G_1^{-0.25}<Re_b$<br>$5.75<G_2$ |

$$d\geqslant 4\left(\frac{\sigma}{g\rho}\right)^{\frac{1}{2}} \tag{4-81}$$

该值又定义了一个Ⅴ区，在该区域内式(4-78)仍然是正确的。

## 4.5 流体中气泡与颗粒的碰撞

### 4.5.1 黏附过程

浮选是表面已疏水的矿粒在流体中向气泡碰撞黏附并上浮的过程(图4-13)。

图 4-13 浮选矿浆中矿粒与气泡碰撞和黏附的基本形式

由于颗粒表面的不饱和键能对水偶极分子的吸引，在颗粒表面往往存在一层水化膜(图 6-6)。颗粒与气泡的碰撞与黏附示意图见图 4-14。

颗粒向气泡的碰撞与黏附过程，如图 4-14，可分为 a、b、c、d 四个阶段。a 为颗粒与气泡的互相接近；b 为颗粒与气泡的水化层的接触；c 为水化膜的变薄或破裂；d 为颗粒与气泡的接触。

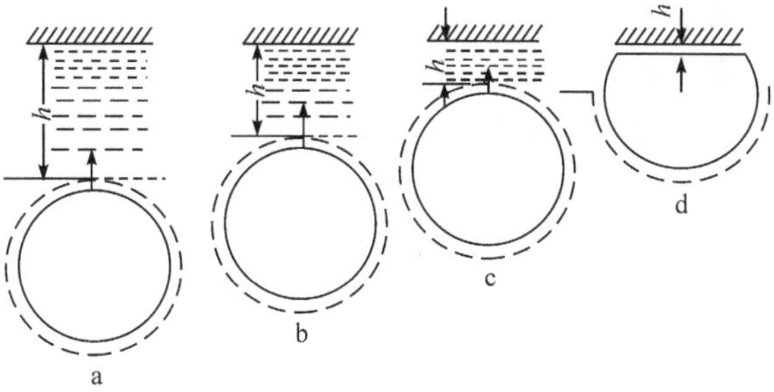


图 4-14　颗粒与气泡的碰撞与黏附示意图

在浮选过程中，矿粒与气泡互相接近，先排除隔于两者夹缝间的普通水。由于普通水的分子是无序而自由的，所以易被挤走。当矿粒与气泡进一步接近时，矿粒表面的水化膜受气泡的排挤而变薄。水化膜变薄过程的自由能变化，与矿物表面的水化性有关，见图 4-15。

(1) 矿物表面水化性强，即亲水性表面，则随着气泡向矿粒逼近，水化膜表面自由能增加，如图 4-15 曲线 1 所示。曲线 1 表明，当矿粒与气泡越来越接近时，其表面不断升高。所以，除非有外加的大能量，否则水化膜不会自发薄化。这表明表面亲水性的矿粒不易与气泡接触附着。

(2) 中等水化性表面，如曲线 2 所示，这是浮选中常遇到的情况。

(3) 弱水化性表面，就是疏水性表面，如曲线 3。疏水性表面的水化膜比较脆弱，有一部分自发破裂，此时自由能降低。但到很接近表面的一层水化层，仍很难排除，可由曲线 3 在左侧急剧上升表明。

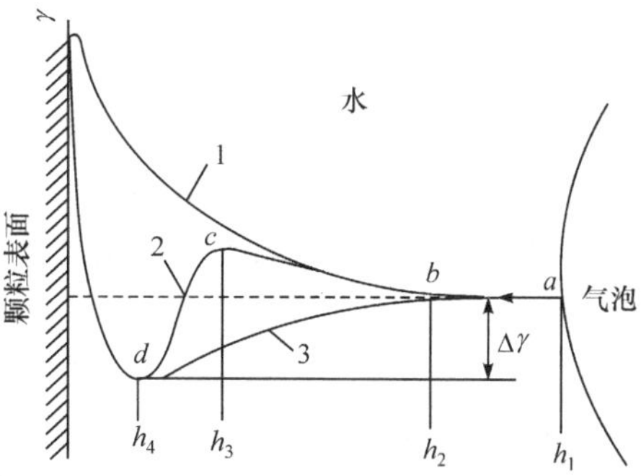


图 4-15　水化膜的厚度与自由能的变化
1. 强水化性表面；2. 中等水化性表面；
3. 弱水化性表面

### 4.5.2　碰撞速率

苏则尔兰德于 1948 年在忽略重力和惯性作用的黏滞流中，导出球形颗粒及气泡的碰撞速率 $\varphi_S$ 的计算公式

$$\varphi_S = 3\pi NrRU \tag{4-82}$$

式中：N——单位体积中的颗粒数；

$r$——颗粒半径；

$R$——气泡半径；

$U$——气泡对颗粒的相对速度。

弗林特等于 1971 年通过试验得出，小于 20μm 的颗粒，可以忽略惯性，不能忽略重力。假定流体属于斯托克斯流动，导出新的碰撞速率式为

$$\varphi_F = \frac{\pi N r^2 R^2 U}{K_1 U + r^2} \tag{4-83}$$

其中

$$K_1 = \frac{9\mu}{2g(\delta - \rho)} \tag{4-84}$$

式中：$\mu$——流体黏度；

$g$——重力加速度；

$\delta$——颗粒密度；

$\rho$——流体密度。

雷依于 1973 年进一步导出颗粒大小介于 3～20μm，气泡大小约为 0.1mm 条件下的碰撞速率

$$\varphi_R = \pi N r^2 U K_2 \tag{4-85}$$

$K_2$ 是与颗粒密度有关的系数，介于 1～4。雷依又认为，小于 0.2μm 的微粒，不应采用上述碰撞速率模型，而应采用扩散模型，并导出扩散碰撞速率公式

$$\varphi_{R扩} = \frac{\pi N U}{r^{2/3}} K_3 \tag{4-86}$$

其中，$K_3 = 1.17 \times 10^{-11}$（厘米·克·秒制）。

目前研究已初步阐明：随着被浮矿粒粒度的减小，碰撞速率也相应减慢。此规律可适用至 3μm。3μm 至 1μm，碰撞速率均保持最小值。小于 1μm 的颗粒，由于易于扩散，速率开始回升。

式(4-83)、式(4-85)、式(4-86)都是假定气泡在层流中相互碰撞结合。捷略金认为，大于 16μm 的有惯性冲击；小于 16μm 以至微细胶体颗粒，是靠“扩散泳动”而黏附。有人认为，浮选机中是紊流，要考虑角运动等。

### 4.5.3 黏附概率

颗粒与气泡的碰撞与黏附，可从物理和化学两个方面进行机理分析。

1. 物理机理

物理机理包括感应时间、动接触角、动量等因素。

(1) 感应时间是指矿粒突破气泡的水层而相互接触这段时间。克拉辛认为，颗粒越大，所需感应时间越长，感应时间过长则较难浮。爱格列斯曾以此评判药剂

作用及可浮性。

(2) 动接触角是指在惯性冲击作用下,气泡弹性变形,矿粒回跳并黏附所形成的角度。菲力波夫曾求出不同粒度矿粒所需的动接触角:200$\mu$m 的矿粒为 0.7°,而 1$\mu$m 的为 1.7°,并且推断细泥难浮的原因是由于所需动接触角较大。

(3) 动量机理是克拉辛首先提出的。他认为粗粒动量大,容易突破水化膜而黏附,细粒动量小不易突破水化膜,故黏附概率也小。

2. 化学机理

化学机理包括吸附速率、矿粒表面寿命、表面能、溶解度、吸附罩盖度等因素。

(1) 吸附速率。指药剂向矿粒吸附的速率,药剂从溶液中扩散到表面,并且和表面发生反应,如果表面反应是决定速率的过程,则粒度没有影响,由此推论,粗细粒一样易浮。如药剂扩散是决定速率的过程,则

$$\frac{Q}{S} = D(c - c')\left(\frac{1}{r}\right) \tag{4-87}$$

$$\frac{Q}{S} = D(c - c')\left(\frac{1}{T}\right) \tag{4-88}$$

式中:$Q/S$——单位面积的吸附速率;

$D$——扩散系数;

$c$——吸附剂在溶液中的浓度;

$c'$——吸附剂在矿粒表面的浓度;

$r$——矿粒半径;

$T$——边界层厚度。

在搅拌条件下,估计 $T$ 值介于 20～40$\mu$m。比此小的矿粒,则吸附速率 $Q/S$ 增快。

(2) 矿粒表面寿命。高登认为,粗粒在破碎磨细过程中有“自护作用”,暴露寿命较短;细粒表面暴露时间较长,因而细粒表面被污染、罩盖、氧化等的机会较多。但有人认为在磨矿分级循环中,粗细粒表面寿命不会有很大差别。

(3) 表面能。粗细粒总表面能大小不一样,细粒表面能大,水化度增加。对药剂失去选择吸附作用磨细过程中,应力集中,裂缝、位错、棱角等高能地区增多,对药剂的吸附量增加。

(4) 溶解度。粒度越小,溶解度越大,关系式为

$$RT\ln\left(\frac{S_r}{S_\infty}\right) = \frac{2\sigma_{SL}V}{r} \tag{4-89}$$

式中:$R$——摩尔气体常量;

$T$——热力学温度;

$r$——矿粒半径；

$S_r$——半径为 $r$ 的细粒溶解度；

$S_\infty$——无穷大颗粒(即体相)的溶解度；

$\sigma_{SL}$——单位面积中固-液界面自由能；

V——摩尔体积。

对式(4－89)的估算表明，只有 0.1$\mu$m 矿粒的溶解度才比较明显地增加，而 0.5～10$\mu$m 矿粒的溶解度基本相同。

(5) 吸附罩盖度。克来门曾试验测定各种粒度的赤铁矿被油酸罩盖度与浮选回收率关系。在同一表面罩盖度条件下，粗粒(60～40$\mu$m，40～20$\mu$m)比微粒(10～0$\mu$m)的回收率高得多。但安妥内于 1975 年试验铜离子对闪锌矿的活化时，认为同一表面罩盖度条件下，粒度对回收率影响不显著，这方面还需继续研究。

### 4.5.4 脱附概率

脱落概率是指碰撞黏附的矿粒又脱落的概率。迈克推导的式子，认为脱落速率与粒度的 7/3 次方成正比。后来伍德波恩提出脱落概率(1－$\theta$)与粒度 $d$ 的关系式

$$1-\theta=\left(\frac{d}{d_{\max}}\right)^{1.5} \qquad \text{当 } d\leqslant d_{\max} \tag{4-90}$$

式中：$d_{\max}$——在突然加速冲击下，仍能保持不脱落的最粗粒直径，估计约为 400$\mu$m。

可推算出 1$\mu$m 直径的矿粒脱落概率约等于 $10^{-4}$，可见 1$\mu$m 矿粒的脱落概率是极低的。

## 习　题

1. 什么是体积分数、质量分数？两者的关系如何？已知石英与水的密度分别为 2650kg/m$^3$ 和 1000kg/m$^3$，将相同质量的石英砂和水配置成悬浮液，求悬浮液的质量分数 $w_B$、体积分数 $\phi_B$、物理密度和黏度。
2. 牛顿流体和非牛顿流体的有效黏度和微分黏度有何特点？什么叫屈服切应力？哪些非牛顿流体的流变特性可用幂律模型描述？幂律模型中的参数 K 和 $n$ 有何物理意义？
3. 什么是自由沉降？什么是干涉沉降？
4. 已知石英与水的密度分别为 2650kg/m$^3$ 和 1000kg/m$^3$，水的运动黏度为 $1.007\times10^{-6}$m$^2$/s，求直径为 0.2mm 的球形石英颗粒在水中的自由沉降速度、雷诺数和阻力系数。
5. 已知煤与水的密度分别为 1350kg/m$^3$ 和 1000kg/m$^3$，水的运动黏度为 $1.007\times10^{-6}$m$^2$/s，测得某个球形煤粒在水中的自由沉降速度为 0.024 15m/s，求煤粒的直径。
6. 已知球形石英颗粒的直径为 0.2mm；密度为 2650kg/m$^3$，某液体的密度为 980kg/m$^3$，用落球法测量该液体的黏度时，测得球形石英颗粒的自由沉降速度为 0.01 m/s，请运用式(4－23)和式(4－31)推导出求黏度的计算公式，并计算该液体的动力黏度和运动黏度。

7. 干涉沉降实验测得悬浮体的容积浓度为 0.4 时，上升水流速度为 0.006 5 m/s，体积分数 $\phi_B$ 为 0.2 时，上升水流速度为 0.020 5 m/s，求干涉沉降速度公式中 $V_0$ 与 $n$ 的值。
8. 假定某种物料的 $n$ 值服从式(4-52)，当雷诺数为 10 时，干涉沉降的 $n$ 值为 3.46；当雷诺数为 100 时，干涉沉降的 $n$ 值为 2.89；当雷诺数为 50 时，干涉沉降的 $n$ 值为多少？（取 $k=4.53$）
9. 已知石英与水的密度分别为 2650kg/m$^3$ 和 1000kg/m$^3$，水的运动黏度为 $1.007\times10^{-6}$m$^2$/s，用直径为 0.000 5m 的球形石英粒群与水配制成体积分数 $\phi_B$ 为 0.4 的悬浮液，请估算球形石英粒群的干涉沉降速度(取 $k=4.53$，$\psi_t=0.11$，$n_S=4.65$)。
10. 在 20℃的水中，空气气泡非常慢地形成，试求在下列条件下，当形成的气泡分离出来时的直径：
    (1)气泡是在不润湿的孔口的上表面生成的，孔口半径分别为 0.1mm、0.5mm、1mm 和 2mm；
    (2)气泡在孔口润湿表面的孔中形成，接触角分别为 30°、60°、90°及 120°。
11. 一个盛有 0.01m$^3$ 水的搅拌桶，电机搅拌功率为 1kW，求水中平衡气泡的直径。
12. 已知水的表面张力为 0.07N/m，密度为 1000kg/m$^3$，动力黏度为 0.001 Pa·s，试估算等价半径为 2mm、5mm 和 20mm 空气气泡在水中的上升速度。
13. 简述流体中气泡的形成方式，以及颗粒与气泡碰撞与黏结机理。

## 参考文献

胡为柏. 1986. 浮选. 北京：冶金工业出版社
怀特. 1982. 黏性流体动力学. 魏中磊等译. 北京：机械工业出版社
孙玉波. 1982. 重力选矿. 北京：冶金工业出版社
文全. 1986. 流体力学基础. 第一册. 北京：机械工业出版社
姚书典. 1992. 重选原理. 北京：冶金工业出版社
张远君，王慧玉，张振鹏. 1987. 两相流体动力学. 北京：北京航空学院出版社

# 第5章 物理分选

## 5.1 重力分选

### 5.1.1 概述

1. 物理分选过程的基本概念与术语

物理分选是指主要采用物理方法对具有不同物理性质的固体物料进行分选的过程。它包括利用物料间密度、磁性、导电性、颜色形状及摩擦弹跳系数等差异进行的重选、磁选、电选、特殊分选;广义上也包括利用物料间表面物理化学性质差异进行的浮选。

物理分选过程包括选别前物料的准备、分选作业和产品处理。物理分选产物及过程效率常用以下术语表述:

(1) 给料。所处理的给入物料,矿物加工行业中也称给矿。

(2) 精料。经分选后富集了有价成分的最终分选产品,也称精矿。

(3) 中料。分选过程中产出的中间未完成产品,需要返回原分选中处理或单独处理。

(4) 尾料。经过分选后残余的可弃去的物料,也称尾矿。

(5) 品位。给料或产品中有价成分的质量分数。给料的品位常以 $\alpha$ 表示;精料品位以 $\beta$ 表示;尾料品位以 $\vartheta$ 表示。

(6) 产率。产品对给料计的质量分数,通常以 $\gamma$ 表示。对单一有用组分物料的精料产率,有

$$\gamma_{精} = \frac{\alpha - \vartheta}{\beta - \vartheta} \times 100\% \tag{5-1}$$

(7) 回收率。精料中有价成分质量含量与给料中有价成分质量含量之比,总的回收率通常以 $\varepsilon$ 表示。对单一有用组分物料,有

$$\varepsilon = \frac{\beta\gamma}{\alpha} = \frac{\beta(\alpha - \vartheta)}{\alpha(\beta - \vartheta)} \times 100\% \tag{5-2}$$

(8) 富集比。精料品位对给料品位的比值。

(9) 选别比。选得 1t 精料产品所需给料的吨数,以 K 表示。

(10) 料浆质量分数 $w_B$。[旧称重量浓度 C,$w_B$ 与体积分数 $\phi_B$ 的关系见式(4-1)]。物料与介质(通常为水)组成的料浆中,物料质量所占百分比,即

$$w_B = \frac{Q}{Q + (V - Q/\delta)\rho} \times 100\% \tag{5-3}$$

式中：Q——物料量，kg；

V——料浆体积，$m^3$；

$\delta$，$\rho$——物料、介质密度，$kg/m^3$。

2. 重力分选概述

重力分选是利用不同物料颗粒间的密度差异进行分离的过程。重力分选需要在介质中进行。所用的介质有水、重介质和空气，其中最常用的是水。在缺水干旱地区或处理特殊原料时可用空气，此时称为风力分选。在密度大于水或轻物料密度的重介质(重液、重介质悬浮液)中分选时，称为重介质分选。一些常见矿物的密度参看表2-1，常见二次资源的密度见表5-1。

**表5-1 常见二次资源的密度**

| 物料 | 密度/($kg/m^3$) | 物料 | 密度/($kg/m^3$) |
|---|---|---|---|
| 钢铁 | 7000～7900 | 废塑料 | 900～1500 |
| 铜 | 8400～8900 | 废橡胶 | 1100～1500 |
| 铝 | 2710～2960 | 废纸 | 900～1500 |
| 玻璃 | 2600～2900 | 粉煤灰 | 1900～2300 |

利用重选方法对物料进行分选的难易程度可简易地用待分离物料的密度差判定，即

$$E = \frac{\delta_2 - \rho}{\delta_1 - \rho} \tag{5-4}$$

式中：E——重选可选性判断准则；

$\delta_1$，$\delta_2$，$\rho$——轻物料、重物料和介质的密度。

通常按比值 E 可将物料重选的可选性划分为五个等级，如表5-2所示。

**表5-2 物料按密度分选的难易程度**

| E | >2.5 | 2.5～1.75 | 1.75～1.5 | 1.5～1.25 | <1.25 |
|---|---|---|---|---|---|
| 重选难易程度 | 极易选 | 易选 | 可选 | 难选 | 极难选 |

根据介质的运动形式和作业的目的不同，重选可分为以下几种工艺方法：分级、重介质分选、跳汰分选、摇床分选、溜槽分选、离心分选机分选和洗选。

远在古代人们就在河溪中重力淘洗自然金或其他金属矿物。唐代著名诗人刘禹锡所作诗中描写黄金砂矿重选的情景："日照澄洲江雾开，淘金女伴满江隈。美人首饰王侯印，尽是沙中浪底来"。明代宋应星著《天工开物》中也记载了广西南丹

锡矿的重选方法。

在20世纪初,重选工艺已基本成型。由于重选具有设备简单、处理物料粒级范围广、生产成本低和对环境污染少等明显优点,目前仍然是主要的分选方法之一。重选现主要用于钨、锡、铁、锰、铬、贵金属及稀有金属(钽、铌、钍、锆、钛)矿石的选别,也是选煤的主要方法。

重选方法在处理二次再生资源和环境保护等方面也发挥着重大作用,如废纸、废塑料和废金属的分选;烟气收尘;无机材料分级提纯等。随着人类对自然资源利用研究的深入,重选过程理论和重选技术也得到了很大的发展。今后其在处理低品位资源、二次资源和资源深加工等方面将发挥更大作用。

### 5.1.2 重选过程的物理基础

1. 分选过程与分选区

重选过程包括三个部分:选别前物料的准备,即将待选物料碎磨至基本单体解离;重选作业,即物料粒群的松散——沉降按密度分层或振动离析分层——搬运分离;产品处理,包括浓缩脱水、过滤烘干、进一步精选分离。

颗粒的分选要求提供一个足够大的空间作为分选区。只有如此,才能实现颗粒运动轨迹分离化的要求。在重力分选过程中,常见的分选区如下:

(1) 二维分选区。分选作用基本上是在平面上进行,颗粒在平面上做二维运动。只要分选平面的面积足够大,便可以保证不同颗粒运动路线足够清晰且有较大差异。二维分选区的主要代表是重力分选中的流膜分选法,如细泥摇床、细泥皮带溜槽等。

(2) 三维分选区。这是最常见的分选区几何模式,颗粒的分选过程在同颗粒粒度相比非常大的三维立体空间实现。三维分选区的几何尺寸可以设计得很大,大的分选区有利于提高处理量,也有利于设备结构的简化。典型的代表有跳汰分选等。

2. 分选介质

对于重选而言,介质的效用是很重要的。在介质内,颗粒借重力、浮力、惯性力和阻力的推动而运动,不同密度、粒度和形状的颗粒产生了不同的运动速度或轨迹,从而达到了分离的目的。在这里介质既是传递能量的媒介,同时还担负着松散粒群和搬运输送产物的作用。介质在选别过程中处于运动状态,主要的运动形式有:等速的上升流动、垂直的非稳定流动、沿斜面的流动、回转运动等。常用的介质有水、重介质和空气。

绝大多数的重选过程是在水介质中进行的,某些缺水的场合也采用空气介质进行风力重选。水和空气与分选过程有关的物理性质数据如表5-3。

表 5-3 水与空气的密度与黏度

| 介质 | 密度 $\rho$(20℃)/(kg/m³) | 黏度(20℃)/(Pa·s) |
|---|---|---|
| 水 | 998.23 | 0.001 |
| 空气 | 1.18 | 0.000 018 |

重液是一些密度高的有机液体或无机盐类的水溶液。它们可用有机溶剂或水调配成不同的密度。例如，三溴甲烷($CHBr_3$)密度为 2890 kg/m³、四溴乙烷($C_2H_2Br_4$)密度为 2960 kg/m³、二碘甲烷($CH_2I_2$)密度为 3350 kg/m³、碘化钾与碘化汞按 1∶1.24 比例配成的水溶液密度可达 3200kg/m³、$TlHgN_2O_6$ 水溶液密度可达 5300kg/m³。重液用于试验室评价某种物料的重介质分选可行性，或者用来评定现行重介质回路的效率。重液价格昂贵，多为剧毒，或者会释放出有毒烟雾，处置时应特别小心。因此，重液尚无在工业规模上的应用。

重悬浮液是由高密度固体微粒与水组成的两相悬浮液，如表 5-4 所示。

表 5-4 重悬浮液常用加重质的性质

| 种类 | 密度/(kg/m³) | 配成悬浮液的最大密度/(kg/m³) | 回收方法 |
|---|---|---|---|
| 雾化硅铁(15%Si) | 6900 | 3800 | 磁选 |
| 磁铁矿($Fe_3O_4$) | 5000 | 2500 | 磁选 |
| 黄铁矿($FeS_2$) | 4900～5100 | 2500 | 浮选 |
| 重晶石($BaSO_4$) | 4300～4700 | 2000 | 浮选 |

### 3. 重力分选过程的作用力

重选过程中作用于物料颗粒上的力主要有：重力、浮力、流体作用力、颗粒间的作用力，以及设备界面的作用力等。重选理论主要研究不同物理性质的颗粒(不同密度、粒度和形状)在以上这些力的作用下的运动特征和结果。

(1) 重力

$$F_g = mg = \delta V g$$

式中：$F_g$——颗粒所受重力，N；

$m$——颗粒质量，kg；

$\delta$——颗粒密度，kg/m³；

$V$——颗粒体积，m³；

$g$——重力加速度，$g = 9.80 m/s^2$。

(2) 浮力

$$F_f = \rho V g$$

式中：$F_f$——颗粒所受浮力，N；

$\rho$——介质密度，$kg/m^3$。

（3）惯性力

$$F_{in} = - ma^2$$

式中：$F_{in}$——颗粒所受惯性力，N；

$a$——颗粒与介质之间相对运动加速度，$m/s^2$；

"—"号——$F_{in}$方向与 $a$ 的方向相反。

（4）离心力

$$F_c = m\omega^2 r = mu_t^2/r$$

式中：$F_c$——颗粒所受离心力，N；

$\omega$——颗粒运动的角速度，rad/s；

$r$——颗粒运动的曲率半径，m；

$u_t$——回转半径上的线速度，m/s。

（5）介质阻力

$$F_R = \psi\rho v^2 d^2$$

式中：$F_R$——介质阻力，N；

$\psi$——与雷诺数有关的阻力系数；

$\rho$——介质密度，$kg/m^3$；

$v$——颗粒与介质的相对运动速度，m/s；

$d$——颗粒直径，m。

（6）粒间摩擦阻力 $F_m$。颗粒受周围颗粒群正面阻挡及侧面摩擦所产生的阻力。

（7）粒间剪切悬浮力 $p$。粒群中颗粒受周围颗粒连续剪切作用时，在垂直于剪切方向存在的斥力。

### 4. 分选基本条件

在特定的分选作用中特定的作用力是保证分选得以实现的必要条件。例如，重力分选中的重力，一些场合还包括离心力、惯性振动力，这些力可统称为分选力。有些作用力往往对分选不起作用，或者起破坏作用。这些起破坏分选或对分选无促进作用的力统称为耗散力。分选力与耗散力间的夹角 $\theta > 0$。

显然，实现颗粒分选的首要条件是分选力≫耗散力，即

$$F_s/F_d \gg 1$$

式中：$F_s$——分选力矢量和；

$F_d$——耗散力矢量和。

实现分选的第二个条件是在被分选物料的粒度范围（$d_{max}\sim d_{min}$）内，应保证最细的有用物料（粒度为 $d_{c,min}$）的分选速度应大于最粗的废弃尾料（粒度为 $d_{g,max}$）的分选速度。已知分选速度与 $F_s/F_d$ 有密切关系，对任何一种分选设备，均可列出不等式

$$(F_s/F_d)d_{c,min} > (F'_s/F'_d)d_{g,max}$$

式中：$F_s$，$F'_s$，$F_d$，$F'_d$——作用于目的物料及废弃物料的分选力及耗散力。

通过上式可求出分选颗粒的等分选粒度比 $d_{g,max}/d_{c,min}$。被分选物料的粒度范围应控制在 $d_{g,max}\sim d_{c,min}$之间，否则分选过程将受到不同程度的破坏。

分选的第三个条件是，应保证颗粒在分选区的停留时间 $t_2$ 大于颗粒与脉石的最小分离时间 $t_1$。在图 5-1 所示的分选区内，设 $v_t$ 为颗粒沿分选区长度方向的运送速度，$v_s$ 为目的颗粒受分选力的作用向上运动的速度，则

$$t_1 = h/v_s, \quad t_2 = l/v_t$$

根据 $t_1 \leqslant t_2$，有

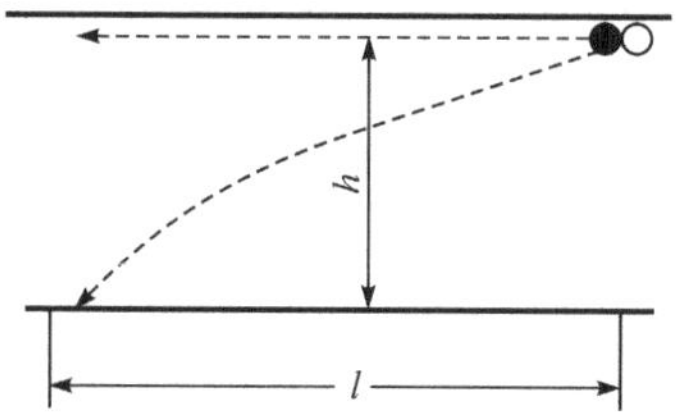


图 5-1　颗粒在分选区的运动

$$h/v_s \leqslant l/v_t \tag{5-5}$$

据此，如目的颗粒的 $v_s$ 为已知，可计算分选装置的处理量。

5．分选粒度范围

任何分选方法及设备均适用于一定的分选粒度范围。选择分选设备及工艺流程时，必须充分考虑设备的适应粒度范围，特别是分选粒度的上限及下限。因此，实践中常将物料按粒度分成数个粒级。例如，选矿工程中综合考虑选别工艺及设备的粒度适应范围，工艺粒度的 6 级分类如表 5-5 所示。

**表 5-5　选矿工艺粒度的 6 级分类**

| 粒级 | 极粗 | 粗 | 中 | 细 | 微 | 极微 |
|---|---|---|---|---|---|---|
| 粒限/mm | ＞20 | 20～2 | 2～0.2 | 0.2～－0.02 | 0.02～－0.002 | ＜0.002 |

对于以质量力（如重力）为主要分选力的分选方法，分选力 $F_s$ 与颗粒粒度 $d$ 的立方成正比，即 $F_s \propto d^3$。因此，随着粒度的减小，分选力的衰减极为剧烈。

但是，介质对颗粒的阻力（作用于微细粒级的黏滞阻力）与粒度 $d$ 的一次方成正比，即 $F_d \propto d$。随着粒度的减小，黏性阻力的衰减较缓慢。因此，小于某一确定粒度，黏滞阻力将超越分选力而占上风。理论上，当 $F_s = F_d$ 时，求出的粒度 $d$ 即为重力分选粒度下限。

### 5.1.3 重选基本原理概述

重选的实质概括起来就是松散-分层-分离过程。将待分选物料置于分选设备内形成散体物料床层，使其在重力、流体浮力、流体动力、惯性力或其他机械力的推动下松散，目的是使不同密度颗粒发生分层转移。分层后的物料层在机械作用下分别排出，即实现了分选。

重选理论所研究的问题，简单说来就是探讨松散与分层的关系。流体的松散方式不同，分层结果也受影响。各种重选工艺方法的工作受到以下重选基本原理的支配：①颗粒及颗粒群在介质中的沉降理论；②颗粒群在垂直流中按密度分层的理论；③颗粒群在斜面流中的分选理论；④颗粒群在回转流中的分选理论。

斯托克斯研究了球体颗粒在流体中运动时所受的阻力，奠定了重选的理论基础。

有关颗粒群在垂直流中按密度分层的理论，最早是从跳汰过程入手研究的。雷廷智(P. Rittinger)于 1867 年提出床层按自由沉降末速分层的假说。之后，门罗(H. S. Munroe)于 1888 年提出床层颗粒按干涉沉降分层的假说；里恰兹(R. H. Rchards)于 1909 年提出了吸啜作用分层假说。高登(A. M. Gaudin)于 1939 年又进一步提出了初加速度分层假说。倍尔得于 1947 年针对跳汰选煤给料粒度范围很宽的事实，提出了重介质作用假说。迈耶尔(F. Mayer)于 1947 年认为，床层适当松散时的物料按密度分层是一个位能降低的过程，应该是一种必然的趋势。

厚斜面流分选松散床层的基本作用力是斜面水流紊流脉动速度。斜面流薄流膜层流分选主要用来分选细粒和微细粒级物料，泥沙运动学者拜格诺(R. A. Bagnold)于 1954 年剪切分散理论的引入，为薄流膜层流中颗粒分散机理提供了依据。

颗粒群在回转流中的分选，尽管介质的运动方式与斜面流不同，但除了重力与离心力的差别外，基本的作用规律仍是相同的。

现在，重选理论的发展方向基本上有两个。定性颗粒运动理论是研究单个颗粒在介质中运动时的受力情况，列出并解出运动微分方程，得出运动规律，依此来判断不同性质颗粒被分选的可能性。由于实际遇到的问题大都涉及粒群，颗粒运动理论很难考虑颗粒碰撞和其他颗粒的存在的影响，往往只能得出定性的规律。统计模型理论则是把具有同一性质的颗粒视为一个整体，以实验为依据来建立描述粒群运动的数学模型，研究不同性质粒群所组成的悬浮体运动规律的差异，从而判断其被分选的可能性。它客观地反映了实验范围内粒群的统计运动规律，涉及的数学问题较简单，实用性强。

尽管重选理论到今天仍未达到完善地步，但和许多工程学科一样，它已可为生产提供基本的指导，并可作为数理统计和相似模拟研究的基础。

### 5.1.4　颗粒在介质中的沉降运动与等降比

1．颗粒在介质中的浮沉与沉降

如 5.1.2 节中 3 所述，颗粒所受重力为 $F_g = mg = \delta Vg$，所受浮力为 $F_f = \rho Vg$。

定义 $G_0$ 为颗粒在介质中的有效重力，$g_0$ 为颗粒在介质中的重力加速度。

$$g_0 = \frac{g(\delta - \rho)}{\delta} \tag{5-6}$$

$$G_0 = F_g - F_f = (\delta - \rho)Vg = mg_0 \tag{5-7}$$

显然，若颗粒密度 $\delta$ 大于介质密度 $\rho$，则 $G_0 > 0$，颗粒将下沉。若颗粒密度 $\delta$ 小于介质密度 $\rho$，则 $G_0 < 0$，颗粒将上浮。若有两种密度分别为 $\delta_1$ 和 $\delta_2$ 的颗粒混合物，则可选取适当的重介质，其密度为 $\rho$，使 $\delta_1 < \rho < \delta_2$。此时密度为 $\delta_1$ 的颗粒将上浮，密度为 $\delta_2$ 的颗粒将下沉。这就是重介质浮沉分选的基本原理。

有关颗粒在介质中的沉降运动理论参见本书第 4 章。

2．等降现象与等降比

颗粒的沉降速度与颗粒粒度、密度及形状等因素有关。如果密度、粒度和形状等不完全相同的颗粒以相同的沉降速度沉降，则称这种现象为等降现象。具有相同沉降速度的颗粒称为等降颗粒。密度小的颗粒粒度与密度大的颗粒粒度之比称为等降比，写成 $e_0$，即

$$e_0 = \frac{d_{v_1}}{d_{v_2}} \tag{5-8}$$

等降现象在重选实践中有重要意义。当对粒群进行水力分级时，每一粒级中的轻密度物料的粒度总要比重密度物料大，如能知道其中一种物料的粒度，则另一种物料粒度即可由等降比求得。另外，若一组粒群中最大颗粒与最小颗粒的粒度不超过等降比，则又可借沉降速度差将其中轻、重物料分离开来。

3．自由沉降等降比

应用斯托克斯公式(4－25)、阿连公式和牛顿-雷廷智公式(4－29)，可求出不同雷诺数 $Re$ 范围内的等降比。

设两个粒度分别为 $d_{v_1}$ 和 $d_{v_2}$($d_{v_1} > d_{v_2}$)的球形颗粒在相同介质中等速沉降，利用 $v_{01} = v_{02}$，得到在不同的雷诺数范围的等降比分别为

$$e_0 = \frac{d_{v_1}}{d_{v_2}} = \left(\frac{\delta_2 - \rho}{\delta_1 - \rho}\right)^{1/2} \qquad Re < 1 \tag{5-9}$$

$$e_0 = \frac{d_{v_1}}{d_{v_2}} = \left(\frac{\delta_2 - \rho}{\delta_1 - \rho}\right)^{\frac{2}{3}} \qquad Re = 25 \sim 250 \tag{5-10}$$

$$e_0 = \frac{d_{v_1}}{d_{v_2}} = \left(\frac{\delta_2 - \rho}{\delta_1 - \rho}\right) \qquad Re = 10^3 \sim 10^5 \tag{5-11}$$

已知 $\delta_2 > \delta_1$，故除非颗粒形状差别很大，否则 $e_0$ 总是大于 1。随着雷诺数的减小，等降比也减小，这是造成微细颗粒难以分选的主要原因之一。对于较粗颗粒，式(5-11)与重选判据式(5-4)具有同一形式，可用于判断两种物料分选的难易性。

设方铅矿(密度 7500 kg/m$^3$)和石英(密度 2650 kg/m$^3$)的混合颗粒在水中沉降，对于细颗粒符合斯托克斯沉降公式，所以两种矿物颗粒的等降比由式(5-9)得 $e_0=1.99$，即细颗粒方铅矿与其粒度 1.99 倍的石英颗粒一起沉降。对服从牛顿-雷廷智沉降公式的粗颗粒，则由式(5-11)得 $e_0=3.94$。这说明粗粒级颗粒沉降速度受密度的影响比细粒级大。

4. 干涉沉降等降比

干涉沉降现象参见图 4-8。干涉沉降等降比用 $e_h$ 表示，即

$$e_h = \frac{d_{v_1}}{d_{v_2}} \tag{5-12}$$

因是等降颗粒，故

$$v_{01}(1 - \phi_{B_1})^{n_1} = v_{02}(1 - \phi_{B_2})^{n_2}$$

设 $n_1 = n_2 = n$，则得

$$e_h = e_0\left(\frac{1 - \phi_{B_2}}{1 - \phi_{B_1}}\right)^n \tag{5-13}$$

或

$$e_h = e_0\left(\frac{\theta_2}{\theta_1}\right)^n \tag{5-14}$$

式中：$\phi_B$——固体体积分数，即单位体积悬浮液内固体颗粒占有体积，旧称容积浓度 $\lambda$；

$\theta$——松散度，即单位体积悬浮内液体所占有的体积，$\theta = 1 - \phi_B$；

$n$——与颗粒性质(粒度、形状等)有关的参数(在 2.5～3.8 之间)。

两种颗粒在同一层间混杂，具有同样的介质间隙。重物料颗粒度小，松散度相对较大；轻物料则相反，松散度相对较小，故总是 $\theta_2 > \theta_1$。因而

$$e_h > e_0 \tag{5-15}$$

即干涉沉降等降比始终大于自由沉降等降比。还可看出，干涉沉降等降比 $e_h$ 将随粒群固体体积分数 $\phi_B$ 的减小（或松散度 $\theta$ 的增大）而降低，且以自由沉降等降比 $e_0$ 为极限。固体体积分数 $\phi_B$ 大，则 $e_h$ 也大，这意味着按密度分层时，允许的粒级范围宽；若粒级范围不变，按密度分层效果更佳。

### 5.1.5　物料在垂直交变介质流中按密度分层

1. 分层过程

重选中的跳汰分选主要是指在垂直交变介质中物料按其密度差异进行的分选作业。分层过程大致描绘在图 5-2 中。

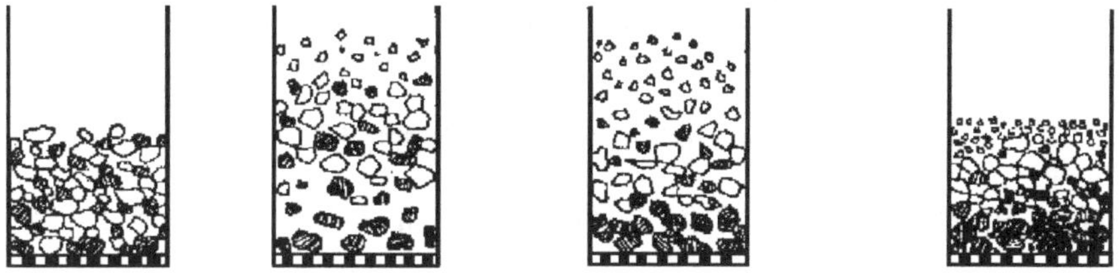

(a)分层前颗粒混杂堆积　(b)上升水流将床层松散　(c)颗粒沉降分层　(d)水流下降床层密集，重颗粒进入底层

图 5-2　物料在跳汰分选时的分层过程

分选过程是：将待分选的物料给入跳汰室筛板上，构成床层。水流上升时推动床层松散，密度大的颗粒滞后于密度小的颗粒，相对留在下面。接着水流下降，床层趋于紧密，重物料颗粒又首先进入底层。如此经过反复的松散-紧密，最后达到物料按密度分层。将分层后物料分别排出，即得到精料和尾料。关于物料在垂直交变介质流中按密度分层原理或跳汰分层原理，归纳起来有两种基本观点：一种是从个别颗粒的运动差异（速度、加速度）中探讨分层原因，称为动力学体系学说；另一种是从床层整体的内在不平衡因素（位能差、悬浮体密度差等）中寻找分层依据，可称为静力学体系学说。它们虽然对松散分层的机理认识各不相同，但各有合理的成分。

2. 静力学体系学说及按密度分层的位能学说

由热力学第二定律可知，任何封闭体系都趋向于自由能的降低，即一种过程如果变化前后伴随着能量的降低，则该过程将自动地进行。迈耶尔（F. Mayer）应用这一普遍原理分析了跳汰过程，认为床层的分层过程是一个位能降低的过程。因此当床层适当松散时，大密度颗粒下降，小密度颗粒上升，应该是一种必然的趋势。

图 5－3 中(a)、(b)表示床层在分层前后的理想变化情况。取床层底面(即筛面)为基准面。设床层面积为 A；$h_1$、$h_2$ 分别为轻、重物料所占床层高度；$\delta_1$、$\delta_2$ 分别为轻、重物料密度；$\phi_{B_1}$、$\phi_{B_2}$ 分别为轻、重物料的固体体积分数。两种密度不同的颗粒在自然堆积时固体体积分数是相近的，即 $\phi_{B_1} \approx \phi_{B_2}$。

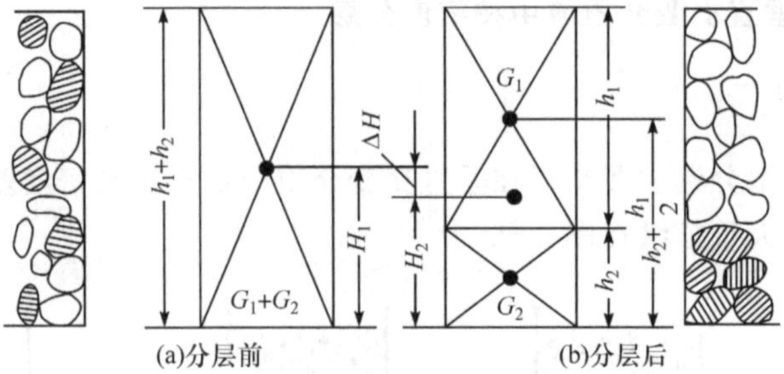


图 5－3　床层在分层前后的位能变化

分层前，轻、重物料混合体的重心位置在 $H_1=(h_1+h_2)/2$，则位能 $E_1$ 为

$$E_1 = \frac{1}{2}A(h_1+h_2)(h_1\phi_{B_1}\delta_1 + h_2\phi_{B_2}\delta_2)g$$

分层后，重物料在下层，轻物料在上层，体系的位能变为

$$E_2 = Ah_2\phi_{B_2}\delta_2\frac{h_2}{2}g + Ah_1\phi_{B_1}\delta_1\left(\frac{h_1}{2}+h_2\right)g$$

则分层前后的位能降(即分层中体系释放的能量)为

$$\Delta E = E_1 - E_2 = \frac{h_1h_2}{2}A(\phi_{B_2}\delta_2 - \phi_{B_1}\delta_1)g \approx \frac{h_1h_2}{2}A(\delta_2-\delta_1)g$$

经计算可得通过分层体系重心的降低高度 $\Delta H$ 为

$$\Delta H = \frac{h_1h_2(\phi_{B_2}\delta_2 - \phi_{B_1}\delta_1)}{2(h_2\phi_{B_2}\delta_2 + h_1\phi_{B_1}\delta_1)} \approx \frac{h_1h_2(\delta_2-\delta_1)}{2(h_2\delta_2+h_1\delta_1)} \qquad (5-16)$$

由以上分析，可得如下认识：

(1) 由 $\Delta E \propto (\delta_2-\delta_1)$ 可见，两种物料只要密度存在差别，即 $\delta_2 > \delta_1$，即有 $\Delta E > 0$，分层过程便能自动进行，而且两种物料密度差值越大，越易按密度得到分层。

(2) $\Delta E$ 及 $\Delta H$ 均与 $h_1$ 和 $h_2$ 的乘积成正比。从理论上来说，轻、重物料的体积各占 50%时，分层效果应是最好的。一般说来，给料中重物料体积远低于 50%，由此可以说明，重物料品位高的给料要比品位低的给料好选些。

分层的位能学说完全不涉及流体动力因素的影响，只就分层前后床层内部能量的变化说明分层的趋势，因而属于静力学体系学说。但重选过程离不开流体松散，流体动力学对颗粒运动的影响不可避免，故迈耶尔学说只是一种理想的情况。除了跳汰以外，所有其他重选分层过程，皆可用此学说予以解释，故现在经常将迈耶尔的位能学说视作重选分层的基本原理而备受尊崇。

3．动力学体系学说

1952年，维诺格拉道夫等通过颗粒在垂直交变流中的受力分析，建立了颗粒运动方程

$$\frac{\mathrm{d}v}{\mathrm{d}t}=-\frac{\delta-\rho}{\delta}g\pm\frac{6\psi(v-u)^2\rho}{\pi d\delta}+\frac{\rho\mathrm{d}u}{\delta\mathrm{d}t}-j\frac{\rho d}{\delta}\frac{\mathrm{d}(v-u)}{\mathrm{d}t}\pm\frac{6F_m}{\pi d^3\delta} \qquad (5-17)$$

式中：$v$——颗粒速度；

$u$——介质速度；

$j$——物质质量联合系数(表示与颗粒作同步加速度运动的介质当量体积占颗粒体积的分数，其值介于0～1之间，其大小与颗粒形状有关，对于球形颗粒，$j=0.5$)。

$F_m$——粒间摩擦机械阻力；

“－”号——方向向下；

“＋”号——方向向上。

式(5－17)考虑到了颗粒在介质中的重力、介质阻力、介质本身作加速度运动的附加推力、介质被带动做加速度运动的附加惯性阻力及床层中其他颗粒对运动颗粒的摩擦碰撞——机械阻力等。由于这些力的作用关系复杂，要想做出明确的数学解答是很难的，故只能就它们对分层的影响进行定性的分析。对式(5－17)可做以下简要分析：

第一项，是只与颗粒和介质密度有关的重力加速度项，即表明了颗粒的初加速度。在跳汰水流周期内，应设计使该项成为主导因素，使床层充分按密度分层。

第二项，颗粒与介质相对运动时阻力加速度项。不仅与颗粒的密度，而且还与颗粒的粒度和形状(反映在阻力系数 $\psi$ 中)有关。由于与相对速度 $v-u$ 的平方成正比，$v-u$ 越大，阻力加速度就越大，使颗粒粒度和形状的影响越突出，恶化分选效果。可见，应尽量减小颗粒与介质相对速度。在跳汰周期中，水流由上升转而下降阶段，颗粒与介质相对速度较小，是分层的有利时机，故应尽量延长这段时间。

第三项，反映了介质加速度对颗粒运动影响，可看出当介质密度一定时，该项仅与颗粒密度 $\delta$ 有关。水流在跳汰周期的上升初期，介质加速度方向向上，促使低密度颗粒比高密度颗粒更快上升，这时按密度分层有利，因此要求上升初期短而迅速。当水流上升后期，加速度方向向下，促使低密度颗粒比高密度颗粒的上升更快地减小，对按密度分层不利，故在跳汰周期中应尽量增大上升水流时间，减小负加速度。同理，当水流下降前期，加速度向下，促使密度低的颗粒比密度高的颗粒

下降更快，对分层不利；水流下降后期，水流的向上加速度又有利于分层。总之，$du/dt$ 为正（向上）时，对分选有利；为负（向下）时，对分选不利。

第四项，反映了附加质量惯性阻力对颗粒运动的影响。该项对低密度颗粒的影响大于高密度颗粒。在水流上升初期和水流下降末期，使低密度颗粒比高密度颗粒上升快，下降又比高密度颗粒慢，有利分层。但在水流上升末期和下降初期，附加惯性阻力所产生的加速度使低密度颗粒比高密度颗粒提前由上升转为下降，这对分层不利。

第五项，为机械阻力，它随床层松散度的变化极大，其对分层的作用主要表现在床层下降收缩期间。随着床层间隙的减小，首先失去活动性的是那些粗大的颗粒，而细小的颗粒则仍可穿过粗颗粒间隙向下运动。这种细小颗粒在水流带动下的钻隙运动称作吸入作用。适当地控制水流速度可以只将上层细粒高密度颗粒回收到底层，起到补充按密度分层的作用。这是交变水流特有的分选功能。

### 5.1.6 斜面流分选原理

借助沿斜面流动的水流进行重力分选的方法称作斜面流分选。早年，多以厚水层在长溜槽中处理粗粒物料。近年，发展了以薄层水流处理细粒物料的分选方法，称为流膜分选。

#### 1. 斜面水流运动特性

(1) 斜面水流的流态。水流沿斜面流动是在自身的重力沿斜面的分力作用下发生的，属于无压流动。如果斜槽的断面、坡度、槽底粗糙度在沿程保持一致，则在一定流量下，流速也维持不变，这种流动称作等速流；否则即是非等速流。这两种流动形式在斜面流分选中均有采用。如果斜槽是处于某种运动状态，槽内任一点的水流速度均随时间而变化，这种流动形式则称为非稳定流；若水流速度不随时间而变化，则属稳定流。

斜面流的流态同样有层流和紊流之分。层流中的流体质点作沿层运动，层间不发生交换，但质点本身仍可以旋转。紊流的特点是流体内存在大小无数的旋涡，层间质点不断地进行交换。流态的差异照例可用雷诺数 $Re$ 判断。

$$Re = \frac{R u_{mea} \rho}{\mu} \tag{5-18}$$

式中：$u_{mea}$——斜面水流的平均流速；

$\rho$——介质密度；

$\mu$——介质黏度；

$R$——水力半径，定义为过水断面积与湿周长之比，即

$$R = \frac{A}{L} = \frac{BH}{B + 2H} \tag{5-19}$$

式中：B——水流流动宽度；

H——水流厚度。

在流膜分选中，水层厚度远小于水流(槽)宽度，即 $B \gg 2H$，故可近似写成

$$R \approx H \tag{5-20}$$

表示层流和紊流的雷诺数并不是一个固定值，由紊流变为层流的雷诺数称为下限雷诺数，由厚水层明渠测定得知，下限雷诺数 $Re \approx 300$；由层流变化为紊流的雷诺数称为上限雷诺数，其临界值大约是1000，很不稳定；在上限和下限雷诺数之间的流态可以是层流也可以是紊流，与初始流态有关。

(2) 层流斜面流特性。如图5-4，层流斜面流水速 $u$ 沿水深 $h$ 的分布，可由层间内摩擦力与重力沿斜面分力的平衡关系导出。

$$u = \frac{\rho g \sin\alpha}{2\mu}(2H - h)h \tag{5-21}$$

式中：$\alpha$——斜槽倾角。

令 $h = H$，代入式(5-21)中得到表层的最大水速 $u_{max}$为

$$u_{max} = \frac{\rho \sin\alpha}{2\mu}H^2 \tag{5-22}$$

由此知水速的相对变化为

$$\frac{u}{u_{max}} = 2\frac{h}{H} - \left(\frac{h}{H}\right)^2 \tag{5-23}$$

式(5-23)表明，层流水速沿深度分布为一条二次抛物线。用积分求平均值法可求得高度 $h$ 以下水层及全流层 $H$ 的平均流速如下

$$u_{hmea} = \frac{\rho g \sin\alpha}{2\mu}\left(1 - \frac{h}{3H}\right)Hh \tag{5-24}$$

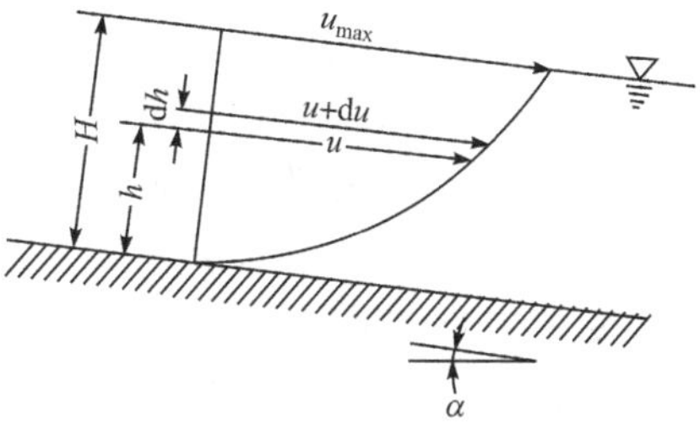

图5-4 层流水速沿深度分布计算图

求出 $h = H$ 时的 $u_{mea}$，再与 $u_{max}$比较，可得平均流速和最大流速的关系为

$$u_{mea} = \frac{2u_{max}}{3} \tag{5-25}$$

(3) 紊流斜面流特性。

① 紊流斜面流水速沿深度分布。紊流斜面流的水速度 $u$ 沿水深 $h$ 分布曲线可近似地用高次抛物线表示(图5-5)。

$$u = u_{max}\left(\frac{h}{H}\right)^{1/n} \tag{5-26}$$

式中：$n$——常数，随雷诺数的增大而增加，并与槽底粗糙度有关。

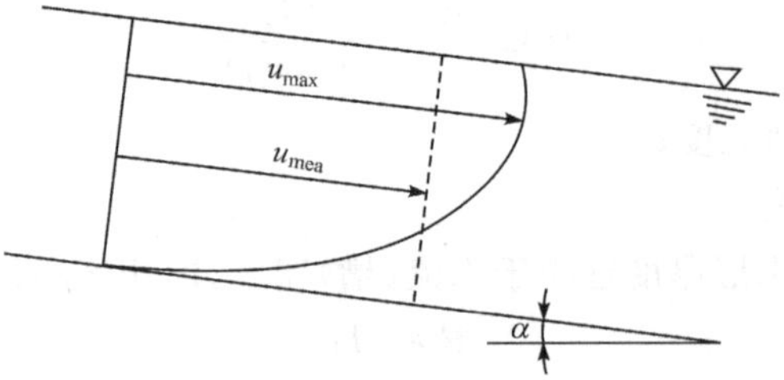


图 5-5 紊流斜面流水速沿深度分布

对于光滑槽底，紊动程度足够高时（$Re$ 约达 $5\times10^3$），$n=7$，水力学中称此为 1/7 方定律。$Re$ 继续增大，$n$ 值可达到 10。重选中粗粒溜槽水速可到 1～3m/s，紊动程度不算很高，$n$ 值可取 4～5。处理细粒级物料的弱紊流膜，$n$ 值取 2～4。处理微细粒级的流膜流速一般只有 0.15 m/s 左右，接近于层流流态，此时在 $h/H<0.2$ 高度内，$n$ 取 1.25；在 $h/H>0.2$ 高度内，$n$ 取 2.0。如果需要计算速度分布的绝对值，则必须先求出最大流速 $u_{max}$。根据式(5-26)可导出全流层 $H$ 的平均流速 $u_{mea}$。

$$u_{mea}=\frac{n}{n+1}u_{max} \tag{5-27}$$

② 紊流斜面流的脉动速度。紊流中由于流体质点不断地随漩涡交换位置，使其中某指定点的水速不仅大小发生变化，而且方向也不固定。对于某微层的流动速度，只能以规定时间段内的平均值——时均速度来表示。某点流体的瞬时速度与该点的时均速度之差称为瞬时脉动速度。脉动速度显然是水流紊动性的主要特性之一，虽然水流的脉动是沿纵向（流动方向）、法向（与水流垂直方向）和横向三个方向发生，但对于重力分选最有意义的则是法向脉动速度。它是紊流斜面流中松散颗粒层的主要作用因素。

瞬时脉动速度在上下波动中方向有正有负，其平均值应为零。故在衡量法向脉动速度 $u_{im}$ 的大小时，我们用时间段 $t_{1-2}$ 内法向瞬时脉动速度的时间均方根表示。

$$u_{im}=\sqrt{\frac{1}{t_{1-2}}\int u'^2_y\,\mathrm{d}t}=\sqrt{\overline{u'^2_y}} \tag{5-28}$$

式中：$u'_y$，$\overline{u'^2_y}$——法向瞬时脉动速度和法向瞬时脉动速度的时间均方值。

根据旋涡的形成过程可知，脉动速度除最底层外，应是下部较强，向上逐渐减弱。据在光滑底面的明槽中测定，在相对深度 $h/H=0.05$～$0.91$ 范围内，脉动速度的相对值 $u_{im}/u_{max}$（其中 $u_{max}$ 为水流最大流速）由下部的 0.046 降到上部的 0.038。如按水流的平均流速计，则脉动速度的大致范围是

$$u_{im}=\left(\frac{1}{21}\sim\frac{1}{17}\right)u_{mea} \tag{5-29}$$

脉动速度随水流平均速度的增大而增大，故一般可写成

$$u_{\mathrm{im}} = m u_{\mathrm{mea}} \tag{5-30}$$

式中：$m$——系数，随流速和槽底面粗糙度的增大而增加。

槽底面粗糙度增加也会使脉动速度加大。在槽底有粗颗粒沉积时，在同样流速下，其脉动速度将比光滑的槽底面高 0.5～1 倍。这是由于槽底粗糙时，升举的流体几乎是垂直地从粗糙峰之间的空隙内流出去。

(4) 水跃现象。水流沿斜槽流动的途中，若遇有挡板或槽沟等障碍，则在障碍物的上方水面突然升高，如图 5-6(a)所示，这便是水跃现象。水跃也可发生在底部有转折的斜槽中，如图 5-6(b)所示。在斜面流分选中，为使床层得到更好的松散，可以借水跃方法达到。为此可以在槽底连续设置挡板或改变槽底坡度。但挡板高度或面坡度必须适当，过强的水跃不利于稳定分层，且会造成细粒损失。

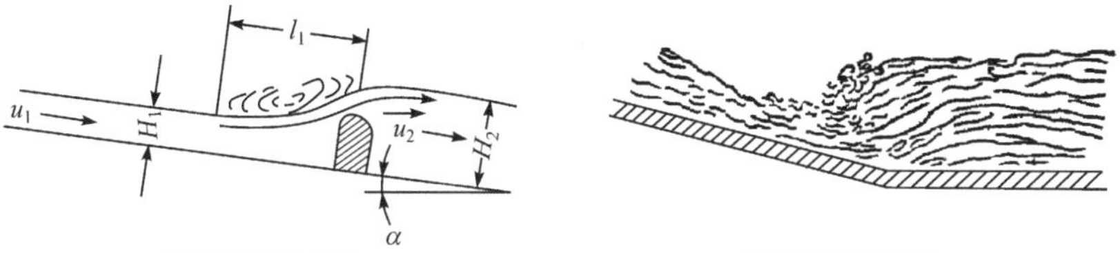


(a) 槽底障碍水跃　　(b) 槽底转折水跃

图 5-6 水跃现象

2. *粗粒群在厚层紊流斜面流中的松散分层*

粗粒溜槽中物料的选别，主要是依据密度不同的颗粒在斜面水流中的运动差异实现的。颗粒沿槽底的运动可根据颗粒受力分析得出，如图 5-7 所示。

(1) 颗粒在水中的有效重力

$$G_0 = \pi d^3(\delta - \rho)g/6$$

(2) 水流作用力

$$F_{\mathrm{R}} = \psi d^2(u_{\mathrm{pm}} - v)^2 \rho$$

(3)水流因脉动引起的上升推力

$$F_{\mathrm{im}} = \psi d^2 u_{\mathrm{im}}^2 \rho$$

(4) 颗粒与底面的摩擦力

$$F_{\mathrm{f}} = (G_0 \cos\alpha - \psi d_{\mathrm{im}}^2 \rho) f$$

式中：$u_{\mathrm{pm}}$——作用于颗粒上的水流平均速度；

$v$——颗粒运动速度；

$u_{\mathrm{im}}$——水流法向脉动速度；

$f$——颗粒与槽底的摩擦系数。

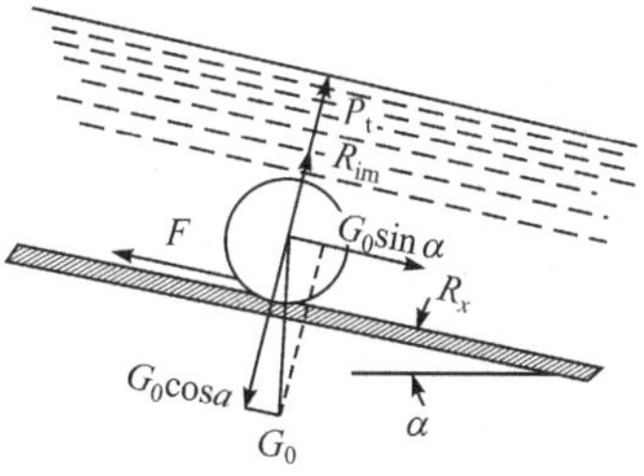


图 5-7 颗粒在紊流斜面槽底受力分析

此外，还有水流绕颗粒流动产生的法向举力以及流体黏性力等。当颗粒粒度较大时，这两种力可不予考虑。同时，颗粒较大时，$F_{im}$较小，也可略去不计。

当运动平衡时，有

$$G_0\sin\alpha+\psi d^2(u_{pm}-v)^2\rho=fG_0\cos\alpha \tag{5-31}$$

移项，以 $\psi d^2\rho$ 除以式(5-31)的两侧并开方，再将颗粒沉降末速平方 $v_0^2=\pi d(\delta-\rho)g/6\psi\rho$ 代入，则

$$v=u_{pm}-v_0\sqrt{f\cos\alpha-\sin\alpha} \tag{5-32}$$

颗粒刚能运动的水流速度称作冲走速度，写成 $u_0$。令 $v=0$，得

$$u_0=v_0\sqrt{f\cos\alpha-\sin\alpha} \tag{5-33}$$

当斜槽坡度较小时，$\cos\alpha\approx1$，$\sin\alpha\approx0$，可写成

$$u_0=v_0\sqrt{f}$$

由于

$$u_{pm}=u_{mea}\left(\frac{d}{H}\right)^{\frac{1}{n}}$$

故得

$$v=u_{mea}\left(\frac{d}{H}\right)^{\frac{1}{n}}-v_0\sqrt{f} \tag{5-34}$$

式(5-34)中，颗粒的运动速度与颗粒粒度及摩擦系数有关。当密度及 $f$ 为常数时，颗粒运动速度随粒度的增大而增大。对相同摩擦系数的等降粒，小密度粗粒的运动速度将大于大密度细颗粒的运动速度，因平均速度 $u_{pm}$随着底面距离的增加而加大。

对上述公式进行分析，可得到如下一些认识：

(1) 粒度相同的颗粒，密度越大，沿斜面的运动速度 $v$ 越小(而沉降时，密度越大的颗粒，沉降速度却越大)；密度大的颗粒与密度小的颗粒沿槽底的速度差是随两者粒度的增大而增大，说明粒度大的颗粒比粒度小的颗粒易于在斜槽中获得分选。

(2) 密度相同而粒度不同的颗粒，其移动速度的变化存在一极大值。密度不同的颗粒运动速度 $v$ 出现最大值的位置不同，密度大的颗粒出现在较小的 $d/H$ 值处；密度小的颗粒出现在较大的 $d/H$ 处。

(3) 在斜槽中，密度大的粗颗粒和密度小的细颗粒具有相等的沿槽移动速度而成为等速颗粒(与沉降时等降颗粒情况正好相反)，因此垂直流中呈等降的颗粒可在斜面流中得到分选。

3. 细粒群在薄层弱紊流斜面流中的松散分层

弱紊流斜面流膜被用于处理相对细粒级矿石(2～3mm 以下)，常在摇床、尖缩

溜槽、圆锥选矿机及螺旋分选机内见到。流膜厚度一般数毫米，在局部区域可达十几毫米。流速较大，上下层间的浓度差也较大。分层后的轻、重物料依运动速度不同，或依展开的轻重物料的不同分带区用切割法分离。回收粒度下限 30～40μm。

在紊流中由于存在着旋涡和水流的脉动，因而在水流作用下，颗粒可以产生向槽底沉降、沿槽底运动、悬浮或跳跃式的运动。当颗粒粒度较小时，水流对颗粒的升力大于颗粒的重力时，则颗粒悬浮；如升力与重力接近时，颗粒可能保持跳跃运动或者不连续的跳跃运动。依据流膜内的松散作用和浓度差异，可将弱紊流料浆流分作三层结构来分析，如图 5-8 所示。最上一层紊动度不高，固体浓度很低，称为表流层；中间较厚的层内，小尺度旋涡发达，在紊动扩散作用下，悬浮着大量轻物料向前流动，称为悬移层；最下部流态发生了变化，若在清水中就属层流边层，在这里颗粒大体表现为沿层运动，故可称为流变层。在重力场中弱紊流料浆流膜是很少有沉积层的。

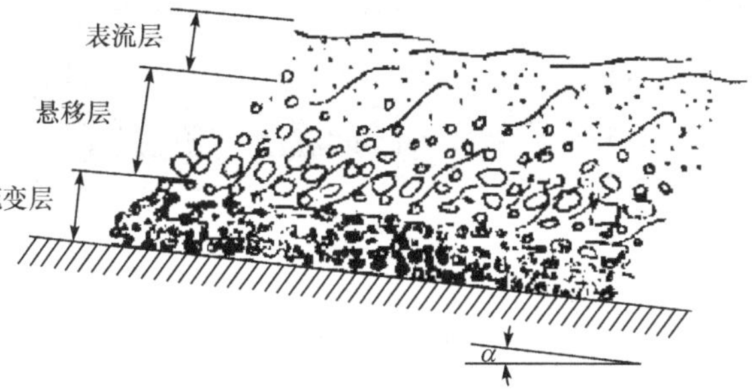


图 5-8 弱紊流料浆流膜的结构

弱紊流中的悬移层借紊动脉动速度维持粒群悬浮，结果如同上升水流中悬浮不均匀粒群那样，粗的和密度高的颗粒将较多地分布在下层。与此同时，大尺度的回转旋涡还不断地将大密度颗粒转移到底层，在该层底部聚集后，小密度颗粒又被排挤到上层，进行着初步地按密度分层。在料浆运行一段距离后，悬移层中主要剩下小密度颗粒，在快速流动中被排出槽外。

弱紊流中的流变层，粒群主要借层间斥力松散，接着发生分层转移。由于在这里粒群的密集程度较高，又没有大的垂直介质流速干扰，因此分层能够近似按静态条件进行。物料因密度不同各自在局部区域产生了静压强的不平衡。小密度颗粒被排挤向上层转移，而大密度颗粒则保留在本层中，当两种物料粒度差不很大时，分层将接近按悬浮体密度 $\rho_S$ 发生，由式(4-2)可知其条件是

$$\phi_{B_2}(\delta_2-\rho)+\rho>\phi_{B_2}(\delta_1-\rho)+\rho \qquad (5-35)$$

可见，流变层是按密度分层的最有效区域。这样的分层，原则上应与颗粒粒度无关。实际上，细小的小密度颗粒很容易夹杂在大密度颗粒的间隙中，而粗粒大密

度颗粒极易受料浆流推动，快速运动损失到轻产物中，因此流膜分选中适当地限制给料粒度范围是必要的。在分选过程中保持足够的流变层厚度和相当量的大密度物料聚集在其中也是重要的。

析离分层也是剪切作用下的一种静力分层形式，常发生在粒度范围较宽而最大粒度大于 2～3mm 情况下。此时如果颗粒群位于剪切运动的槽面上，那么颗粒将处于紧密挨近之中，颗粒自身的重力与床层的机械阻力成为该条件下分层的对立作用面。密度大的颗粒在最初床层处于混杂状态时，具有较大的局部压强，能较早地进入到小密度物料的下面。同时，密度大的细颗粒在向下运动中遇到的机械阻力较小，透过粗颗粒间隙分布到同一密度层的下面，这就形成了图 5-9 所示的分层结果。细粒重物料在最底层，其上是粗粒重物料和部分细粒轻物料，再上面的是细粒轻物料，最上层是粗粒轻物料。

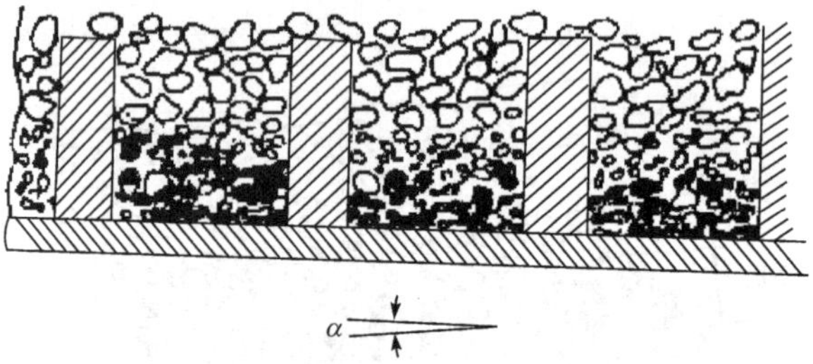


图 5-9　析离分层床层颗粒分布

4. 细颗粒在层流斜面流中的松散分层

颗粒在近似层流流动的流膜内，不能借助紊流扩散作用维持悬浮。拜格诺(Bagnold)于 1954 年的研究表明：当悬浮液中固体颗粒受到连续剪切作用时，垂直于剪切的方向存在分散压力(斥力)作用，使粒群具有向两侧膨胀的倾向。分散压力的大小随切向速度梯度的增大而增加，当剪切速度梯度足够大时，分散压力与颗粒在介质中的重力达到平衡，颗粒即呈悬浮状态，如图 5-10 所示。这一学说被称为层间斥力学说，或拜格诺学说。

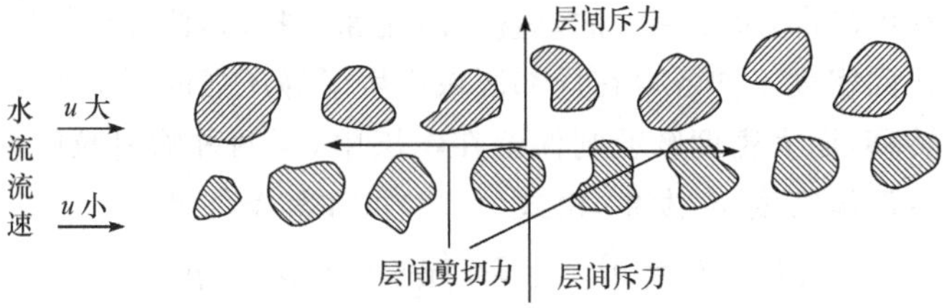


图 5-10　拜格诺学说层间剪切力和层间斥力示意图

在层流流动的料浆中，颗粒完全靠剪切所产生的分散压力松散悬浮，任一层面上的分散压 $p$ 必等于该层面上颗粒在介质中受到的重力在垂直方向上的分力，即

$$p = G_h = (\delta - \rho) g\cos\alpha\int_h^H \phi_B \mathrm{d}h \tag{5-36}$$

式中：$\alpha$——斜面倾角；

$\phi_B$——该层面上的颗粒体积分数；

$h$——被考查层面距槽底面的高度。

若设由层面 $h$ 至液面 $H$ 范围内的料浆平均体积分数为 $\phi_{B,mea}$，则 $p$ 或 $G_h$ 可按式(5-37)计算

$$G_h = (\delta - \rho) g\cos\alpha(H - h)\phi_{B,mea} \tag{5-37}$$

层流料浆流膜用于处理微细粒级物料(－0.075mm)。在固定的细泥溜槽、皮带溜槽、摇动翻床、横流皮带溜槽等设备上流动的料浆近似呈这种流态。料浆是高度分散的悬浮液，黏度比水大，在分选时表面流速较低，为0.1～0.2m/s。流膜的流动层厚度多数在1mm左右。回收粒度下限为10～20μm。分层后的大密度物料沉积在槽底，除槽底能够移动的带式溜槽外，几乎所有的矿泥溜槽都是间断地排出大密度物料。

实际的层流料浆流膜并不是一平如镜的，表面仍有鱼鳞波形式的扰动，但它的影响并不大。层流料浆流膜仍然可以分成三层结构来分析。表面是极薄的表流层。中间层浓度分布较均匀，厚度相对较大，近似地呈层流流态，但仍有微弱的大尺度旋涡扰动痕迹，属于流变层。最下层颗粒难以移动，形成了沉积层，见图5-11所示。

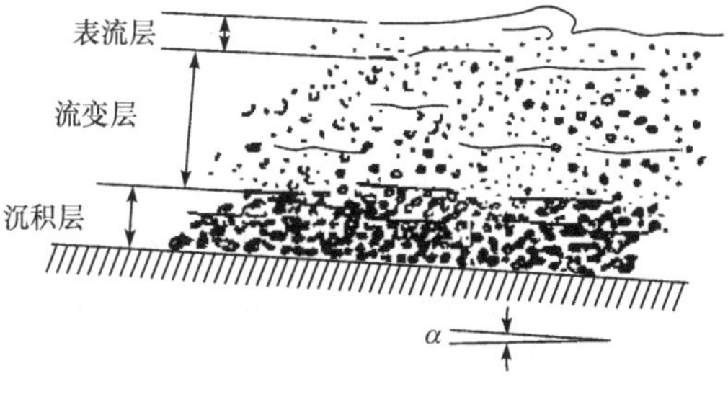


图5-11　层流料浆流膜的结构示意图

5. 摇床斜面流分选原理

摇床分选是在一个倾斜的床面上，借助床面的不对称往复运动和薄层斜面水流的综合作用，使细粒固体物料按密度差异在床面上形成扇形分布，然后进行分选的一种方法。

摇床属于流膜类分选设备，如图 5－12 所示。它是由早期的振动溜槽发展而来的。与细粒平面溜槽相比，摇床具有两个特征：一是沿床面的纵向设置了床条（或刻槽）；二是床面作往复不对称运动。床条的设置，一方面使床层呈更高的多层分布；另一方面，横向水流越过床条产生更强烈的旋涡。床面的往复不对称运动不仅使颗粒获得运动惯性力，同时也为床层的松散创造了有利条件。

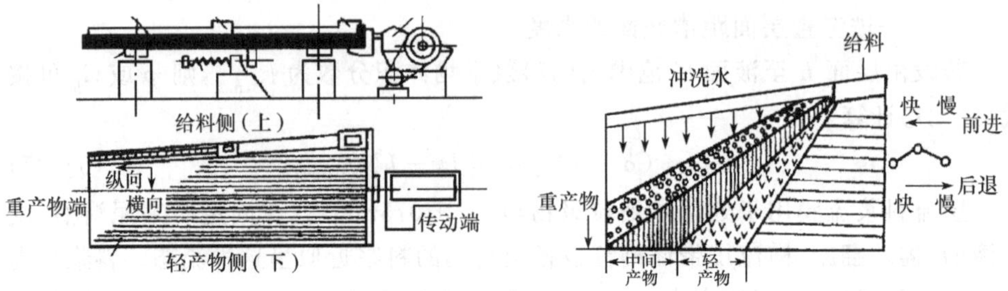


图 5－12　摇床分选及其床面上物料按密度呈扇形分带示意图

床面的摇动和横向水流的脉动，使物料松散并析离分层，如图 5－9 所示。床面上的扇形分带是不同性质颗粒横向运动和纵向运动的综合结果。大密度颗粒具有较大的纵向移动速度和较小的横向移动速度，其合速度方向偏离移动方向的倾角小，趋向于重产物端；小密度颗粒具有较小的纵向移动速度和较大的横向移动速度，其合速度方向偏离移动方向的倾角大，趋向于轻产物端。大密度粗粒和小密度细粒介于上述两者之间。

### 5.1.7　回转流分选原理

1．概述

在重力场中，重力加速度为定值，限制了颗粒的重力沉降速度，因此设备的处理能力和粒度下限也受到制约。为了强化重选过程，离心力分选获得了广泛应用。颗粒在回转流中产生的惯性离心加速度与同步运动流体的向心加速度数值相等、方向相反。离心加速度与重力加速度的比值称作离心力强度 $i$，即

$$i=\frac{\omega^2 r}{g} \tag{5-38}$$

在回转流分选设备中，离心力强度在重力数十倍至百余倍之间变化，重力的作用相对很小，常可忽略不计。实践中使料浆做回转运动的方法有三种：第一种是料浆在压力作用下沿切线方向给入圆形容器中，迫使其做回转运动，这样的回转流厚度通常较大，如水力旋流器；第二种是借转筒的回转带动料浆做回转运动，料浆呈流膜状，同时相对筒壁流动，如各种离心分选机；第三种是以中心搅拌叶轮带动介

质回转,这种方法常在风力分级设备中应用。此外,有的回转流是料浆沿螺旋槽运动产生的,如螺旋分选机,此时离心力和重力约在同一数量级内。

2. 颗粒在厚层回转流中的径向运动

如图 5-13 所示,固体颗粒与水流一起进入旋流器后,随水流做旋转运动,颗粒粒度越细,其密度与液体密度相差得越小,运动轨迹与液体的流线越接近,尤其是极细颗粒在旋流器内几乎与液流质点运动相同。

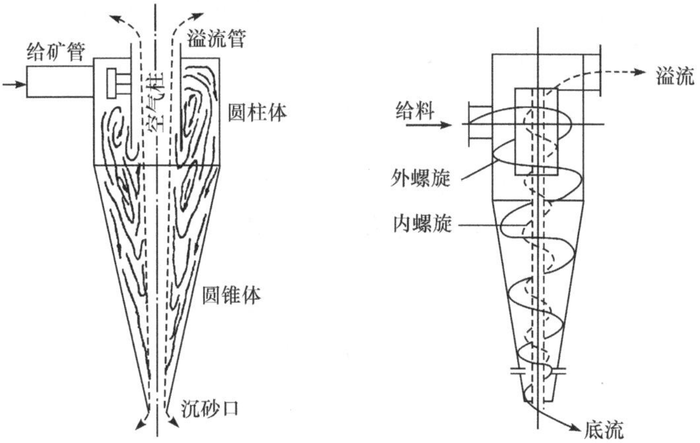


图 5-13 水力旋流器构造及矿浆颗粒在其中的运动

颗粒在水力旋流器内的受力很复杂,不仅有离心力、重力及液体与颗粒之间的作用力,还存在颗粒之间的相互作用力等。因而,在研究颗粒的运动时,将所有作用力均考虑在内是不可能的。为了使问题简化,只取介质中的一个颗粒来研究,主要研究颗粒在径向的离心沉降。作用在颗粒上的力只考虑颗粒的惯性离心力和径向液体阻力,由于液体径向运动方向是指向中心的,与离心力方向相反,因此,颗粒运动方向取决于颗粒的离心沉降速度和液体向心运动速度之差。类似于重力场中颗粒在上升水流中的沉降情况。当离心沉降速度与液体向心速度相等时,颗粒保持在某一固定半径处回转,这个回转半径即该颗粒的回转半径,以 $r_H$ 表示。粒度不同的颗粒,其回转半径不同。粒度越细,离心沉降速度越小,回转半径越小。

旋流器入料粒度一般很细,颗粒的离心沉降速度 $v_{or}$可用斯托克斯公式计算,即

$$v_{or} = \frac{d^2(\delta - \rho)\omega^2 r}{18\mu} \tag{5-39}$$

在 $r = r_H$ 处,$v_{or} = u_{rH}$($u_{rH}$为半径处的液体径向流速),而 $\omega^2 r_H = u_t^2 / r_H$,代入式(5-39),得

$$r_H = \frac{d^2(\delta - \rho) u_t^2}{18 \mu v_{or}} \tag{5-40}$$

或

$$r_H = \frac{d^2(\delta - \rho) u_t^2}{18 \mu u_{rH}} \tag{5-41}$$

颗粒向器壁沉降的结果使靠近器壁处的浓度增大，颗粒沉降速度降低。在水力旋流器等厚层回转流中，料浆的切向流速很大，粒群在紊动扩散作用下悬浮，大致按干涉沉降规律分层，故厚层回转流主要用于分级。在给入重悬浮液时，也可以通过增大向心浮力达到按密度分层。

3. 薄层回转流的流动特性及颗粒的分选

离心分选机是我国于 20 世纪 60 年代初期研制成功的离心溜槽设备。在旋转的截锥形转筒中，料浆由小直径端沿切线方向给到筒壁上，在离心力作用下随即附在筒壁上形成流膜，同时，沿着筒壁的轴向坡度向大直径端流动，如图 5-14 所示。当流动摩擦力与坡降损失达到平衡时，流速不再增加，成为等速流。生产中应用的转筒长度都不大，料浆还没有达到速度平衡就被排出筒外，实际属于非稳定的流动过程。

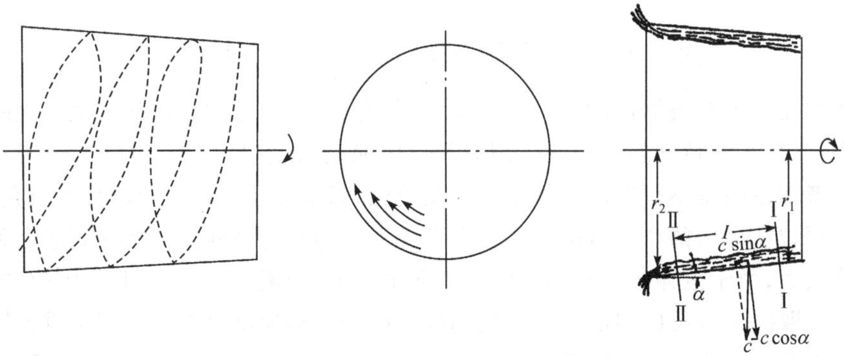


图 5-14 离心分选机原理及薄层回转流沿轴向的流动

流膜在离心机内既随鼓壁做旋转运动，又沿鼓壁倾斜作轴向运动。实验表明，料浆由给料嘴喷出给到转鼓，由于喷出速度（1～2m/s）大大低于转鼓线速度（14～15m/s，或更高），因而料浆因惯性力而滞后于鼓壁运动，出现切向滞后速度。随着流动时间的延长，黏滞力有力地克服了惯性力，使料浆与鼓壁间的速度差越来越小。

从给料端到排料端，料浆相对鼓壁的切向流速分布如图 5-15(a)所示。流膜沿厚度方向(径向)相对于鼓壁的流速分布,见图 5-15(b)。料浆沿轴向的运动主要在惯性离心力作用下发生。轴向流速沿厚度的分布与一般斜面流相同。

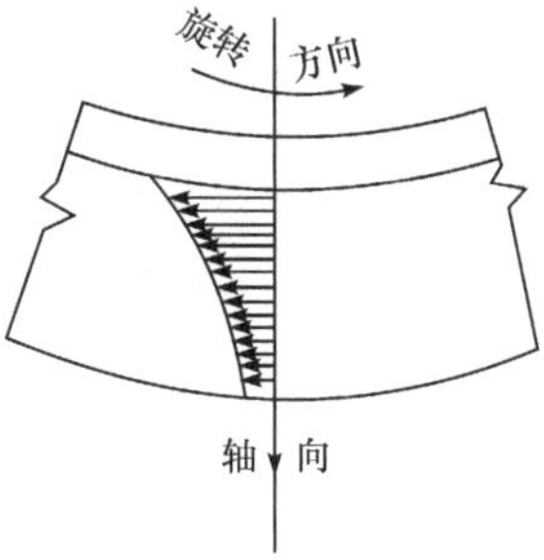


(a) 流膜切向流速沿轴向的变化规律

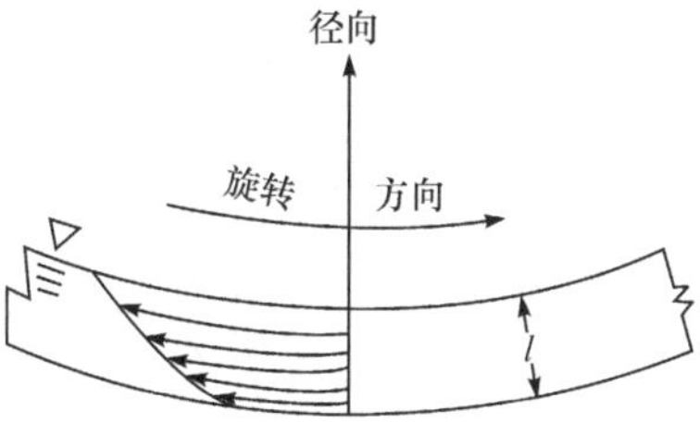


(b) 流膜切向流速沿径向的变化规律

图 5-15 离心分选机内流膜切向流速的变化

离心机内液流运动的合速度和方向即是上述切向速度与轴向速度的向量和,相对地面而言,料浆质点的运动迹线表现为一条空间螺旋线。由于流膜沿轴向上下层运动速度的不同,上层与下层螺旋运动的螺距也不相同,上层液流的螺距大于下层,因此分层后位于上层的轻物料可以很快被带到转鼓外,而位于底层的重物料则滞留在转鼓内。

离心分选机的分选机理与重力场中弱紊流流膜的分选机理大致相同,只是由于颗粒受到比重力大得多的离心力的作用,使大密度颗粒沉积在鼓壁上难以移动,因此比重力溜槽多了一个沉积层,需要间断排出。在离心力作用下,颗粒的沉降速度比料浆的轴向流速的增加幅度更大,所以大密度颗粒经过很短的距离就进入底层被回收。紊流脉动速度的增长比颗粒的离心沉降速度增长的幅度小,这就造成离心机可以有更低的回收粒度下限。

#### 4. 螺旋回转斜面流分选原理

由垂直轴线的螺旋形槽体构成的流膜重选设备称为螺旋分选机或螺旋溜槽。螺旋分选机的螺旋圈数一般为 3～6 圈。料浆自上端给入后,在沿槽流动的过程中发生分层。进入底层的大密度颗粒趋向于向槽内缘运动,小密度颗粒在回转运动中被甩向外缘。分带后沿内缘运动的重物料通过截取器排出。

(1) 液流在螺旋槽内的流动特性。液流在螺旋槽内存在两种流动:一种是沿螺旋槽纵向的回转运动;另一种是溜槽横断面上的循环运动,又称为二次环流,如图 5-16 所示。二次环流产生的原因是在离心力作用下,表面液流回转速度高,离心力作用较大,被甩向槽边缘,而底层液回转流速小,离心力作用小,受重力影响较大,倾向于向内缘运动。

在槽面的不同半径处,水层厚度和平均流速不同,越向外缘水层越厚,流动速度越快。给入水量增大,湿周会向外扩展。随着流速的变化,液流在螺旋槽内表现为两种流态,靠近内缘近于层流,外缘为紊流。

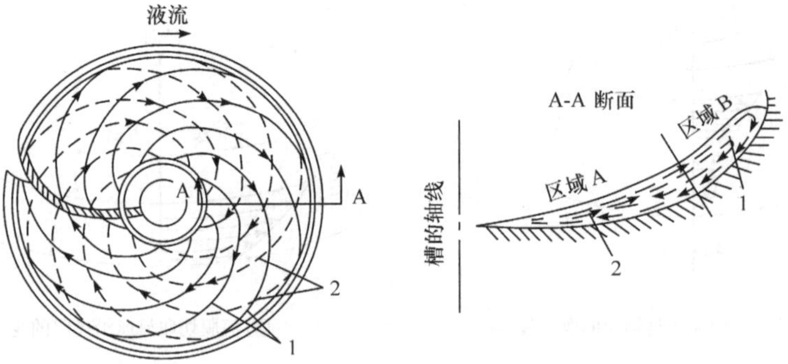


图 5-16 螺旋内的液流流动特性

1. 上层水流运动轨迹(实线);2. 下层水流运动轨迹(虚线)

(2) 不同密度颗粒在螺旋槽内分选。料浆中不同密度颗粒在螺旋槽的运动过程中,由于作用力的大小和方向不同,产生了纵向和横向的相对运动,从而实现分选。颗粒在螺旋槽内的松散分层过程与一般弱紊流斜面层中一样,粒群在沿槽底运动过程中,大密度颗粒逐渐进入底层,小密度颗粒进入上层,大约在第一圈之后就完成分层。

分层后,形成了以重物料为主的下部流动层,和以轻物料为主的上部流动层。在同一径向位置上,下层颗粒密集度大,又与槽表面接触,受上面的压力最大,因此运动阻力也大。处于上部流层的颗粒则相反,所受运动阻力较小。这样就增大了上下流层间的速度差,小密度颗粒位于纵向流速高的上层液流内,因而具有较大的惯性离心力,同时横向环流又给予它们方向向外的流体动力作用。这二者的合力超过颗粒的重力分力和摩擦力,这样小密度颗粒就向槽的外缘移动。大密度颗粒处于纵向流速较低的下层液流内,因此具有较小的惯性离心力,而颗粒的重力分力和横向环流则给予它们方向向内的流体动力作用。后两项力超过颗粒的惯性离心力和摩擦力,推动大密度颗粒向槽的内侧移动并富集于内缘区域。其他中间密度的连生体颗粒占据着槽的中间带。这种分带运动大约持续到第三四圈就基本完成。

## 5.2 磁场分选

### 5.2.1 磁选过程

磁场分选(简称磁选)是基于被分离物料中不同组分的磁性差异,采用不同类型磁选机将物料中不同磁性组分分离的技术。物料进入磁选机的非均匀磁场中,物料颗粒同时受到磁力和竞争力的作用。对磁性较强的颗粒，磁力超过竞争力，对磁性较弱的或非磁性颗粒，竞争力超过磁力，二者合力决定了颗粒的运动轨迹。磁力占优势的颗粒，成为磁性产品，竞争力占优势的颗粒成为非磁性产品，在某些情况下也可分出中矿，见图 5-17。由于颗粒间的相互作用力，有些非磁性颗粒混杂在磁性产品中，一些磁性颗粒混杂在非磁性产品中，而中矿中含有这两种颗粒和未单体解离的连生体。

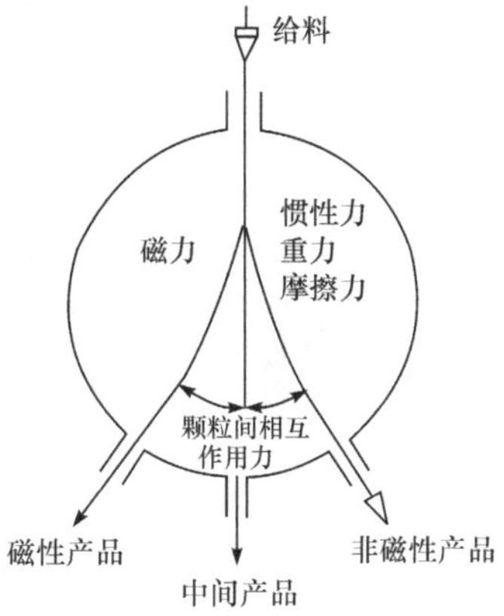

图 5-17　磁选过程模拟图

要在磁场中有效分选磁性不同的颗粒物料，必要的(但不是充分的)条件可用式(5-42)表示

$$F_m > F_c > F_m^* \quad (5-42)$$

式中：$F_m$——作用在磁性较强颗粒上的磁力；

$F_m^*$——作用在磁性较弱颗粒上的磁力；

$F_c$——作用在颗粒上的竞争力(包括重力、离心力、流体阻力、摩擦力等)。

式(5-42)的意思是，作用在磁性较强颗粒上的磁力大于竞争力，总的受力指向磁极；作用在磁性较弱颗粒上的磁力小于竞争力，总的受力背离磁极。

式(5-42)虽然简单，但表达了分选过程的本质。磁力和竞争力取决于磁选设备的分选性能和待分选物料的磁性质和颗粒大小等。物质的磁性已在前面章节中讨论过了，本章讨论改变物质磁性的方法、磁选机磁系和磁介质的磁场特性。

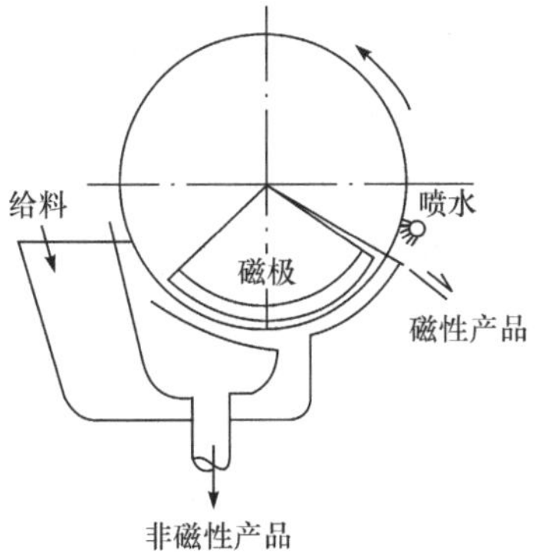

图 5-18　筒式湿式磁选机示意图

磁性较强的颗粒与磁性较弱的颗粒在磁选机中的分离主要有两种方式。一是吸住法，物料给入靠近磁极的区域，磁性较强颗粒受磁极的吸引被吸住在磁极上或紧靠磁极的圆筒上或聚磁介质上，进入磁性产品中，磁性较弱的颗粒在竞争力的作用下随料浆流或给料输送带进入非磁性产物中，如图 5-18 和图 5-19 所示。二是吸引法，物料进入磁选机磁场中，较强磁性颗粒受磁场吸引，但又有竞争力作用而不能沉积在磁极上，只是朝磁极运动；磁性较弱的颗粒受的竞争力大，背离磁极运动。两种不同磁性颗粒的运动方向相反而得到分选。这方面的例子有磁流体分选和磁力脱水槽，见图 5-20。矿浆由套筒给入槽体中间，靠近锥体底部装有一磁场不高的塔形磁系，强磁性的颗粒(如磁铁矿)在磁力和重力作用下，指向中心朝下运动成为磁性产品；

非磁性颗粒（如石英）因无磁力作用，在上升水流的作用下进入溢流，使强磁性矿物得到富集。

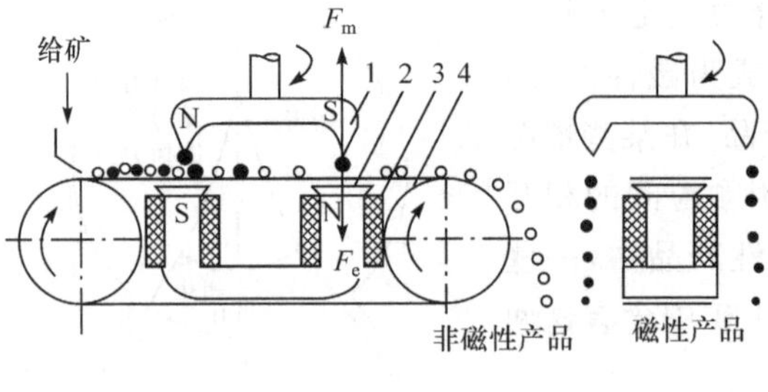


图 5-19　干式强磁选机示意图

1. 分选圆盘；2. 电磁铁；3. 激磁线圈；4. 给料皮带

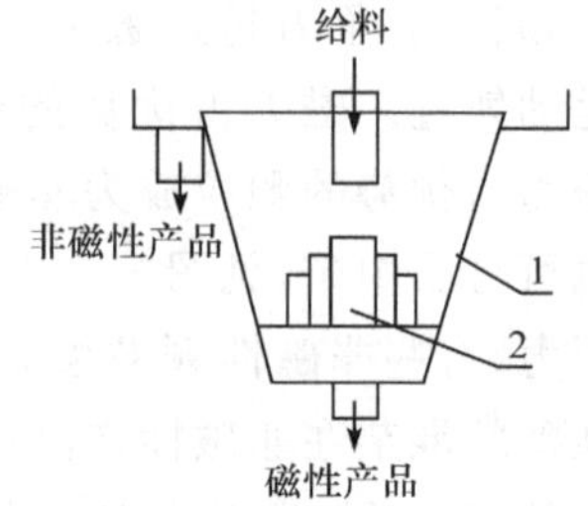


图 5-20　磁脱水槽示意图

1. 锥形槽；2. 塔形磁系

## 5.2.2　磁力

磁性颗粒进入磁场中就被磁化成为磁偶极子，磁偶极子在磁场中的受力行为与电偶极子在电场中的受力行为一样，磁偶极子只有在非均匀磁场中才会受到磁力作用，磁力的方向与磁场梯度一致，即指向磁场增高的方向。因此，磁选只能在非均匀磁场中实现。

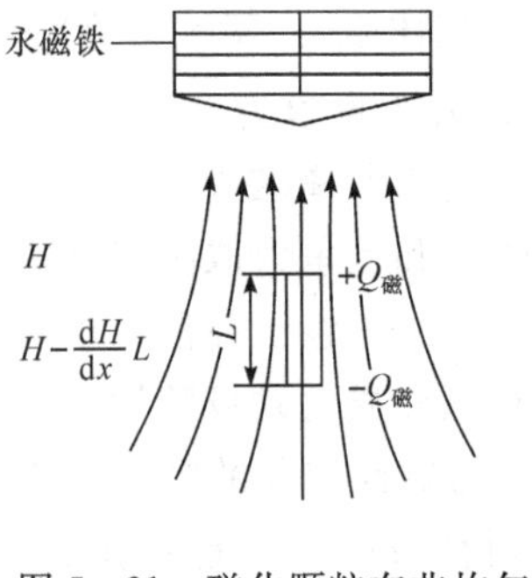


图 5-21　磁化颗粒在非均匀磁场中所受的磁力

现在来求磁性颗粒在非均匀磁场中所受的磁力大小。如图 5-21，将一长度为 $L$（相对磁场空间，颗粒尺寸很小）的磁性颗粒置于非均匀磁场中，并使其长轴与磁场方向一致。颗粒将被磁化，在其两端感应产生两个磁极，其磁荷量分别为 $+Q_m$ 和 $-Q_m$（当然，单独的正磁荷或负磁荷是不存在的，但这并不影响引入磁荷得到的相关结论）。由电磁学理论可知，某一磁极在磁场中某点所受的磁力大小为

$$F_m = Q_m H \tag{5-43}$$

式中：$F_m$——磁性颗粒（磁荷）在磁场中所受的磁力，N；

$Q_m$——磁荷，$Q_m$ 相当于电荷，(N·m)/A；

$H$——磁性颗粒所在处的磁场强度，$H$ 相当于电场，A/m。

据此，磁性颗粒在磁场中所受的磁力为

$$F_m = Q_m H - Q_m\left(H - \frac{dH}{dx}L\right) = Q_m L\frac{dH}{dx} = P_m\frac{dH}{dx}$$

$$= \mu_0 L_m \frac{dH}{dx} = \mu_0 MV\frac{dH}{dx} = \mu_0 KVH\mathrm{grad}H \tag{5-44}$$

式中：$\mu_0$——真空的磁导率，$N/A^2$ 或 H/m；

K——颗粒的物体磁化系数，无因次(对于强磁性颗粒，用 $K_P$ 代替 K)；

V——颗粒的体积，$m^3$；

grad $H$——磁场梯度，$\mathrm{grad}\ H=\dfrac{\mathrm{d}H}{\mathrm{d}x}$，$A/m^2$；

$P_m$——磁偶极矩，$P_m=Q_m L$；

$L_m$——磁矩，$P_m=\mu_0 L_m$；

M——磁化强度，A/m。

在实际磁选中，常用的是比磁力 $f_m$(N/kg)，是单位质量磁性颗粒所受的磁力，即

$$f_m=\frac{F_m}{m}=\frac{\mu_0 KVH(\mathrm{d}H/\mathrm{d}x)}{V\delta}=\mu_0\chi H\frac{\mathrm{d}H}{\mathrm{d}x}=\mu_0\chi H\mathrm{grad}\,H \quad (5-45)$$

式中：$m$——颗粒的质量，kg；

$\delta$——颗粒的密度，$kg/m^3$；

$\chi$——物质的比磁化率，对强磁性物质，用 $\chi_P$ 代替 $\chi$。

因为磁感应强度 $B=\mu_0 H$，式(5-45)也可以写成下述形式

$$f_m=\frac{1}{\mu_0}\chi B\mathrm{grad}\,B \quad (5-46)$$

式中：$B$——磁感应强度，T；

grad $B$——磁感应梯度，T/m。

$H$、$B$ 和 grad $H$、grad $B$ 均可用以表示磁场特性。矿粒在非均匀磁场中所受的比磁力大小取决于物料本身的磁性 $\chi$(内因)和磁场特性 $H$ 及 grad $H$(外因)。这两个方面的问题也是磁选要研究的主要问题。

由式(5-45)和式(5-46)可以看出，当磁场一定时，物体比磁化率 $\chi$ 越大，矿粒在磁场中所受的比磁力 $f_m$ 越大，因此强磁性物料比较容易分选。Hgrad $H$(或 Bgrad B)是反映磁选机磁场特性的主要指标，通常称之为磁场力。对于不均匀磁场，仅用磁场强度来表示其特性是不够的，还必须考虑磁场梯度。

待分选物料的磁性不同，粒度不同，所需要的磁力也不同。一般说来，强磁性物料如磁铁矿、磁黄铁矿等用弱磁场磁选机(0.1～0.3T)，弱磁性物料如赤铁矿、黑钨矿等用强磁场磁选机(1.2～1.8T)，物料粒度越细要求的磁场力越大。

### 5.2.3 改变物质磁性的方法

磁场分选大多利用的是物质天然磁性的差异，但由于这些天然磁性的差异往往不显著，使分选效果降低。若人为地进行某些调节，扩大被分离物料间的磁性差异，物料可选性便会增大。改变物质磁性的方法可以分为两类：容积磁性的改变和

表面磁性的改变。由于成本等方面的原因，各种改变物质磁性的方法在应用中受到一定条件的限制，只有还原焙烧在我国铁矿选矿中得到工业应用。

1. 改变物质容积磁性的方法

(1) 磁化焙烧原理和分类。磁化焙烧是改变弱磁性氧化铁锰矿物(赤铁矿、褐铁矿、菱铁矿、铁锰矿)容积磁性的有效方法。磁化焙烧是将矿石加热到一定温度后，在相应气氛中进行物理化学反应的过程。经磁化焙烧后，铁矿物的磁性显著增强，锰矿物的磁性变化不大，脉石矿物的磁性基本不变。因此，弱磁性铁矿石或铁锰矿石，经磁化焙烧后便可以进行有效的磁选分离。

常用的磁化焙烧法可分为：还原焙烧、中性焙烧、氧化焙烧、氧化还原焙烧和还原氧化焙烧五种。

① 还原焙烧。赤铁矿、褐铁矿和铁锰矿矿石加热到一定温度(570℃左右)后，与适量的还原剂作用，就可使弱磁性的赤铁矿 $Fe_2O_3$ 转变成强磁性的磁铁矿 $Fe_3O_4$。常用的还原剂有 CO、$H_2$、C 等，工业上常用的燃料和还原剂有煤气、天然气、重油和煤。焙烧反应如下

$$3Fe_2O_3+CO(\text{或 } H_2,C)=\!=\!=2Fe_3O_4+CO_2(\text{或 } H_2O,CO) \tag{5-47}$$

褐铁矿($Fe_2O_3\cdot 3H_2O$) 在 300～400℃开始脱水，脱水后变成赤铁矿，按反应式(5-47)还原成磁铁矿。磁铁矿在无氧气氛中迅速冷却时，组成不变，仍为磁铁矿。还原焙烧程度以还原度($R$)表示

$$R=\frac{w_{FeO}}{w_{Fe}}\times 100\% \tag{5-48}$$

式中：$w_{FeO}$——还原焙烧矿中 FeO 的含量；

$w_{Fe}$——还原焙烧矿中全铁的含量。

赤铁矿的理想还原度为 $R=42.8\%$，一般 $R=38\%\sim 52\%$被认为还原较好。

② 中性焙烧。菱铁矿($FeCO_3$)、菱镁铁矿、菱铁镁矿和镁菱铁矿等碳酸铁矿石在不通空气或通入少量空气的情况下加热到一定温度(300～400℃)后，进行分解，生成磁铁矿。其化学反应如下

$$3FeCO_3 \longrightarrow Fe_3O_4+2CO_2+CO \tag{5-49}$$

同时，由于碳酸铁矿物分解出 CO，也可将矿石中并存的赤铁矿或褐铁矿还原成磁铁矿。

③ 氧化焙烧。黄铁矿($FeS_2$)在氧化气氛中短时间焙烧时被氧化成磁黄铁矿，其化学反应如下

$$7FeS_2+6O_2 \longrightarrow Fe_7S_8+6SO_2 \tag{5-50}$$

焙烧时间长时，磁黄铁矿氧化成磁铁矿，即

$$3Fe_7S_8 + 38O_2 \longrightarrow 7Fe_3O_4 + 24SO_2 \quad (5-51)$$

生成磁黄铁矿的条件除与温度、气氛有关外，还与硫化铁的组成有很大关系。硫化铁($Fe_xS_{1+x}$)中，仅 $Fe_7S_8$($0.1 \leqslant x < 1/7$)是亚铁磁性的；其他的，$0 < x < 0.1$，为反磁铁性的；$0.1 \leqslant x < 1/7$，为亚铁磁性的。

④ 氧化还原焙烧。含有菱铁矿、赤铁矿或褐铁矿的铁矿石，在菱铁矿与赤铁矿的比值小于1时，在氧化气氛中加热到一定程度，菱铁矿可氧化成赤铁矿，然后在还原气氛中将其与矿石中原有的赤铁矿一并还原成磁铁矿。

⑤ 各种铁矿石经磁化焙烧生成的磁铁矿。在无氧气氛中冷却到400℃以下时，再与空气接触，可氧化成强磁性的磁赤铁矿($\gamma$-$Fe_2O_3$)。其化学反应如下

$$4Fe_3O_4 + O_2 \longrightarrow 6\,\gamma\text{-}Fe_2O_3 \quad (5-52)$$

(2) 热磁法。无论铁磁性物质还是反铁磁性物质，它们的磁性都和温度有极大关系。例如，金属 Ni 随着温度的升高，饱和磁化强度减小，当温度高于376.5℃时，其磁化曲线是一条直线，变成了顺磁性物质。铁磁性转变为顺磁性的温度称为居里温度。与此类似，反铁磁性转变为顺磁性的温度称奈耳温度。居里温度和奈耳温度的差异可用来作为特殊的磁选方法——热磁分选法的依据。两种具有相同磁化率，但居里点和奈耳点不同的矿物，可以在其中间温度进行分选，这时一种物质虽然磁性有所减弱，但仍为强磁性；另一种物质磁性急剧降低，变成顺磁性，达到有效分选的目的。

2. 改变颗粒表面磁性的方法

(1) 碱浸磁化。对一些矿物性质复杂的矿石，如含有大量泥质的菱铁矿石，可考虑碱浸磁化。碱浸磁化法的实质是破坏原矿物化学组成，使 $FeCO_3$ 分解形成 $Fe(OH)_2$，并进一步转化为强磁性的 $\gamma$-$Fe_2O_3$ 和 $Fe_3O_4$。该过程分为两个连续的阶段，即用 NaOH 水溶液将 $FeCO_3$ 浸出，在矿粒表面形成 $Fe(OH)_2$ 的阶段；浸出化合物 $Fe(OH)_2$ 氧化为 $\gamma$-$Fe_2O_3$ 和 $Fe_3O_4$ 的阶段。菱铁矿表面层因覆盖强磁性氧化铁成分，故磁化率增加。浸出和氧化过程的化学反应如下

$$FeCO_3 + 2NaOH = Fe(OH)_2 + Na_2CO_3 \quad (5-53)$$

$$3Fe(OH)_2 + 1/2O_2 = Fe_3O_4 + 3H_2O \quad (5-54)$$

$$2Fe(OH)_2 + 1/2O_2 = \gamma\text{-}Fe_2O_3 + 2H_2O \quad (5-55)$$

研究表明，在低氧化速度和适量氧化铁存在时可获得很高的比磁化率。氧化缓慢，主要生成强磁性的 $\gamma$-$Fe_2O_3$ 和 $Fe_3O_4$，否则，$\alpha$-$Fe_2O_3$ 会增多。

(2) 疏水磁化。很多逆磁性和顺磁性矿物，包括稀有金属、有色金属和非金属矿物(如绿柱石、锂辉石、白钨矿、方铅矿、闪锌矿等)，用表面活性物质处理后，矿物表面疏水化，再经过磁场作用，矿物比磁化率增加，该法称为疏水-磁化法。

疏水磁化法的实质是：碱浸使矿物表面局部溶解，脂肪酸皂（表面活性物质）与矿物表面残存的铁或矿浆中的含铁成分形成疏水性的脂肪酸铁表膜，覆盖在矿物表面上，该表膜在磁场作用下定向，故磁化率增高。

疏水磁化的主要过程是：原矿⟶碱浸（NaOH 2.5kg/t）⟶洗涤⟶碱浸（NaOH 1.0kg/t）⟶表面活性剂处理（中性油 0.4kg/t，$C_{17}H_{33}COONa$ 2.0kg/t）⟶磁选。磁性部分的比磁化率与未进行疏水磁化处理的原矿相比提高 3～6 倍，在 1.4～1.6T 场强下，磁性产品产率达 70%～80%。

采用疏水磁化法使很多非磁性和弱磁性矿物有可能用磁选法有效分选，为改变物料颗粒的表面磁性提供了一条新的途径。

(3) 磁种磁化。能选择性地吸附到某种目的矿物表面上，并能提高其磁性的细粒分散的强磁性物质，称为磁种。简言之，即在磁性上起种子作用的物质。

磁种磁化，就是在一定条件下调整料浆，在料浆中加入磁种，使其选择性地黏附于目的物料上，并提高目的物料磁性的过程。磁性增加后的目的物料，便于用高效的弱磁场磁选机分选，这就是磁种分选。

通常磁种可以是磨细的磁铁矿，粒度范围<5μm。调整料浆时，应加入电解质或表面活性剂（脂肪酸和煤油）或高分子絮凝剂，以增加磁种的选择性吸附作用。

脂肪酸在目的物料和磁种表面进行化学吸附，使表面疏水化。煤油则强化疏水作用，借助料浆流的剪切作用，使磁种与目的矿物团聚。

根据作用原理不同，磁化还可以区分为利用疏水团聚作用的磁种磁化、利用凝聚作用的磁种磁化和利用高分子絮凝剂作用的磁种磁化。

利用疏水团聚作用磁种磁化的原理如前所述。这时使用的主要是表面活性物质，如脂肪酸类捕收剂，在磁种和物料表面生成疏水表膜，并进一步形成团聚体，它的磁化率大大超过原来物料的磁化率。这种由于磁种黏附而提高目的物料磁性的方法，称团聚磁种磁化。帕桑纳奇（Parsonage）在第十五届国际选矿会议上介绍了这种方法，待分选矿物为 250μm±10μm 的磷酸盐、方解石，磁种为细磨磁铁矿，表面活性剂为油酸盐，它把磁种和方解石选择性团聚在一起，方解石磁性提高，磷酸盐仍为磁性很低的矿物。团聚磁种磁化还用于赤铁矿-石英、高岭土-含铁钛矿物、辉铜矿-煤等矿物的选择性磁化。

利用凝聚作用进行磁种磁化，其原理是：微细粒磁种和目的物料，在水中的凝聚和分散状态，可通过调节电解质的量和矿浆 pH 来控制。当料浆体系总能量最低即双电层受到最大压缩时，磁种便与目的物料发生凝聚，该过程称凝聚磁种磁化。例如，磁种、方解石和磷灰石，当 pH=11 时的动电位分别为－40～－50mV、0～－10mV和－20～－25mV，因此磁种将优先吸附在方解石上，即方解石被磁化。调节 pH 时需要加入电解质。

利用高分子絮凝剂进行磁种磁化，其作用原理是高分子物质的官能团通过“桥连"作用使磁种与目的物料絮凝,该过程称高分子絮凝磁种磁化。因为絮凝剂"桥连"作用的力程超过长程力的力程,所以絮凝体很容易形成。如三水铝石 $Al_2O_3 \cdot 3H_2O$ 和石英,在 pH 为 9.7 时,可用聚丙烯酰胺来絮凝磁种与三水铝石。由于石英的动电位负值太大,磁种选择性地与三水铝石絮凝而被磁化。

磁种磁化使目的物料的磁性增加较大,可用弱磁场磁选机分选。疏水磁化使目的物料增加的磁性较小,需用强磁场磁选机分选。

(4) 磁化剂磁化。磁化剂的一端能吸附强磁性的磁铁矿或含铁成分,另一端可以选择性地和目的物料吸附,这样就使目的物料的磁性增加,如图 5-22 所示。外加的磁性物质通过磁化剂分子选择性吸附在目的矿物上使其磁性提高的过程,称磁化剂磁化。磁化剂应当是具有表面活性的复极性分子,它的亲固基要有很好的选择性。对各种不同的目的物料,应有特有的亲固基,美国密执安(Michigan)工业大学华裔科学家王建阳博士在这方面的研究工作颇有成效。

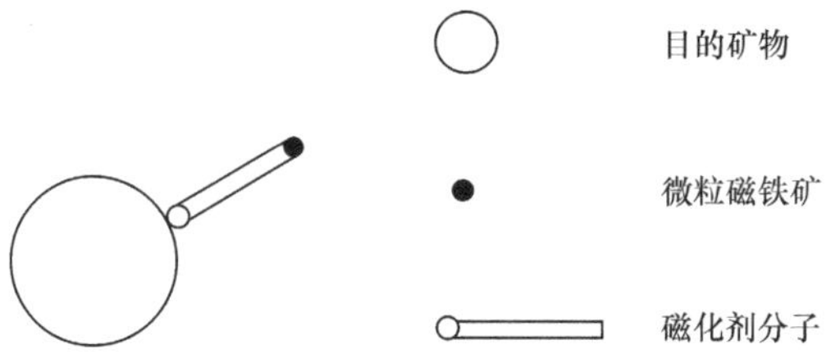


图 5-22 磁化剂磁化示意图

### 5.2.4 分选磁场的磁场特性

磁选机的类型繁多,其磁场类型大致可分为三种,即开放磁系磁场、闭合磁系磁场和磁(分选)介质磁场。这三种磁场的特性有较大的差别,分别适应不同磁性物料的分选。所谓磁场特性是指磁场的大小及在空间的分布规律。

1. *开放磁系磁场*

(1) 磁场特性。大多数弱磁场磁力设备采用开放磁系。开放磁系按磁极的组合形式主要分为平面排列型和圆柱面排列型两种,见图 5-23。前者多用于带式磁选机和试验设备;后者多用于弱磁圆筒磁选机。

此外,还有磁力脱水槽用的塔形磁系,见图 5-20。开放磁系的磁场可以由电磁铁或永磁块产生,不过弱磁选设备的磁系以永磁居多。开放磁系的共同特点是磁极极性交替同侧排列,磁系极距(两相邻磁极面中点之间的直线距离)较大,磁通经过的空气隙较大,因而磁场强度较低。显然,这类磁系只能用于回收强磁性成分。

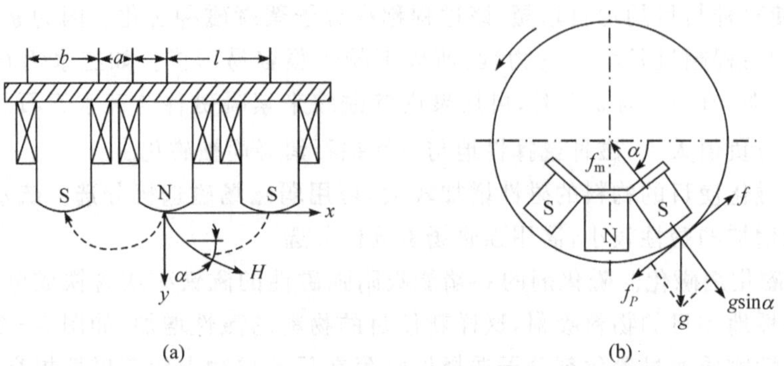


图 5-23　平面排列的开放磁系(a)和圆柱面排列的开放磁系(b)

图 5-23 所示的开放磁系，沿磁极对称面或极间隙对称面上，磁场强度的变化规律可用索契涅夫公式表示，即

$$H_y = H_0 e^{-Cy} \tag{5-56}$$

式中：$H_y$——离磁极面 $y$ 距离处的场强，A/m；

$H_0$——磁极表面的场强，A/m；

e——自然对数的底；

C——磁场非均匀性系数。

式(5-56)最初只是一个经验式，后来从理论上证明了它的正确性。应当指出，这一公式在磁极表面呈圆弧状，其圆弧半径为极距的 40%，极宽与极隙之比($b/a$)为 1～1.5 时与实际吻合得很好。

平面排列型和圆柱面排列型磁系的非均匀系数分别为

$$C = \frac{\pi}{l} \tag{5-57}$$

和

$$C = \frac{\pi}{l} + \frac{l}{R} \tag{5-58}$$

对式(5-56)作 $H_y$ 关于 $y$ 的微分，可确定磁场梯度，即

$$\frac{dH}{dy}\mathrm{grad}\,H = - CH_0 e^{-Cy} \tag{5-59}$$

式中，负号表示磁场梯度的方向与磁极面法线方向相反，可以略去。

磁场力为磁场强度与磁场梯度的乘积，即

$$H\mathrm{grad}\,H = CH_0^2 e^{-2Cy} \tag{5-60}$$

将式(5-57)和式(5-58)代入式(5-60)，可确定磁极在平面排列和柱面排列开放磁系中的磁场力，即

$$H\mathrm{grad}\,H = H_0^2 \frac{\pi}{l} e^{-2\frac{\pi}{l}y} \tag{5-61}$$

和

$$H\mathrm{grad}\,H = H_0^2 \left(\frac{\pi}{l} + \frac{l}{R}\right) e^{-2\left(\frac{\pi}{l}+\frac{l}{R}\right)y} \tag{5-62}$$

(2) 合适极距的确定。极距 $l$ 的大小影响磁系的磁场深度和磁场力深度。磁场深度和磁场力深度是指沿磁系半径线上，以极面为起点，磁场强度和磁场力能够达到的有效距离。式(5-61)和式(5-62)表明，当磁系半径 $R$ 一定时，无论磁场强度还是磁场梯度，都随 $y$ 值的增加成指数下降，但大极距磁系的磁场强度和磁场梯度下降的速率小些，小极距磁系的磁场强度和磁场梯度下降的速率大些。换言之，大极距磁系的磁场深度和磁场磁力深度大些，小极距磁系的磁场深度和磁场磁力深度小些，因为对于大极距磁系和小极距磁系磁场中的等磁场强度点或等磁场力点，前者比后者必有更大的 $y$ 值。

但大极距并不总是好的，一般说来，用圆筒磁选机分选大块磁铁矿石时，需要较大的磁场磁力深度，极距应大些；分选细粒磁铁矿石时，料层厚度不大，需要较小的磁场力深度，极距宜小些。合适的极距可用理论推导确定。

设颗粒的物体比磁化率为 $\chi_P$，则作用在磁性颗粒上的比磁力为

$$f_m = \mu_0 \chi_P C H_0^2 e^{-2Cy} \tag{5-63}$$

取比磁力关于非均匀系数 $C$ 的导数为零，可求出最大磁力时的 $C$ 值

$$\frac{df_m}{dC} = \mu_0 \chi_P H_0^2 e^{-2Cy}(1 - 2cy) = 0 \tag{5-64}$$

因为 $\chi_P$、$H_0$ 和 $e^{-2Cy}$都不为零，所以 $1-2cy=0$，即

$$C = \frac{1}{2y} = \frac{\pi}{l} + \frac{1}{R} \tag{5-65}$$

设圆筒磁选机的极面至筒面的距离为 $\Delta$，上面给料，分选最大粒度为 $d$ 的物料时，有效磁力作用点为物块的中心，则 $y=\Delta+0.5d$，代入式(5-65)得适宜的极距，即

$$l = \frac{\pi R(d + 2\Delta)}{R - (d + 2\Delta)} \tag{5-66}$$

下面给料，分选细粒物料时，取筒面至分选箱底部的料浆深度为 $h$，则 $y=\Delta+h$，代入式(5-65)得适宜的极距，即

$$l = \frac{2\pi R(h + 2\Delta)}{R - 2(h + 2\Delta)} \tag{5-67}$$

### 2. 闭合磁系磁场

大多数强磁场磁力设备采用闭合磁系。闭合磁系的特点是异性磁极面对面排

列，极距小，即空气隙小、磁阻小，因而极间磁场强度高。为了产生磁场梯度，常将闭合磁系的感应磁极做成不同形状的齿形极，与相对的平面磁极或凹槽磁极构成不同形式的磁极对，这些不同形式的磁极适用于不同类型的强磁选机。

目前，所有闭合磁系磁极对的磁场特性都是用一些相当复杂的经验公式来表示的。考虑到有些磁极对，如平齿-平面磁极对和平齿-凹弧磁极对已不再使用，而另一些磁极对往往有相似的特性，因此下面归类介绍四种磁极对的磁场特性。

(1) 单齿-平面磁极对的磁场特性。单齿-平面磁极对[图 5-24(a)]多用于干选盘式强磁选机，但也有些圆盘磁选机采用三齿-平面磁极对。其沿齿极法向 $y$ 的磁场强度变化可用下述经验公式表示

$$H_y = \frac{H_0 l \sin\frac{\beta}{2}}{\left[l^2 - (l-y)^2\cos^2\frac{\beta}{2}\right]^{0.5}} \tag{5-68}$$

式(5-68)取 $H_y$ 对 $y$ 的微分即得磁场梯度，磁场强度与磁场梯度的乘积为磁场磁力，即

$$(H\mathrm{grad}\,H)_y = \frac{(l-y)\,H_0^2 l^2 \sin^2\frac{\beta}{2}\cos^2\frac{\beta}{2}}{\left[l^2 - (l-y)^2\cos^2\frac{\beta}{2}\right]^2} \tag{5-69}$$

式中：$H_0$——双曲线形极齿端的磁场强度。

齿端圆弧半径与极距有关，常取 $r=0.5l$。齿角 $\beta=60°$时磁场力最大。这种磁极对的主要缺点是平面极附近的磁场比较均匀，磁场梯度接近于零。

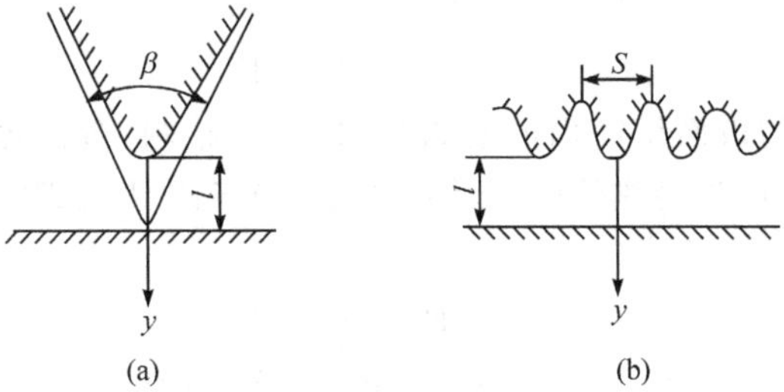


图 5-24　单齿-平面磁极对(a)和多齿-平面磁极对(b)示意图

(2) 多齿-平面磁极对的磁场特性。多齿-平面磁极对[图 5-24(b)]主要用于辊式强磁选机。试验研究表明，在多齿-平面磁极对沿齿极法向上，当离极面的距离超过齿距一半，即 $y>0.5s$ 时，磁场趋向均匀。换言之，多齿-平面磁极对的极距不宜大于 $0.5s$。当 $l=0.5s$ 时，其磁场和磁场力的变化可表示如下

$$H_y = \frac{H_0 s(1-k_1)^{0.5}}{[s^2 - k_1(s-y)^2]^{0.5}} \tag{5-70}$$

和

$$(H\mathrm{grad}H)_y = \frac{2k_1 s^2 H_0^2(s-2y)(1-k_1)}{[s^2-k_1(s-2y)^2]^2} \tag{5-71}$$

式中：$k_1$——与齿距 $s$ 有关的系数，当 $s$ 分别为 1cm、3cm、5cm 时，$k_1$ 分别为 0.15、0.2、0.3。

式(5-71)表明，当 $y=0.5s$ 时，磁场磁力为零。试验验证结果表明，齿角 $\beta=45°\sim50°$ 和齿极端面半径 $r=0.1s$ 时，计算的 $H_y$ 值与实测值较接近。通常取 $\beta=60°$ 和 $r=0.15s$。

(3) 双曲线共焦磁极对的磁场特性。双曲线共焦磁极对[图 5-25(a)]的特点是，齿形极的渐近线与凹弧极的渐近线聚焦于一点，即使在凹弧极面附近，磁场仍然是不均匀的，因而其磁场特性比尖齿-平面磁极对优越。这种磁极对广泛用于强磁场辊式磁选机。

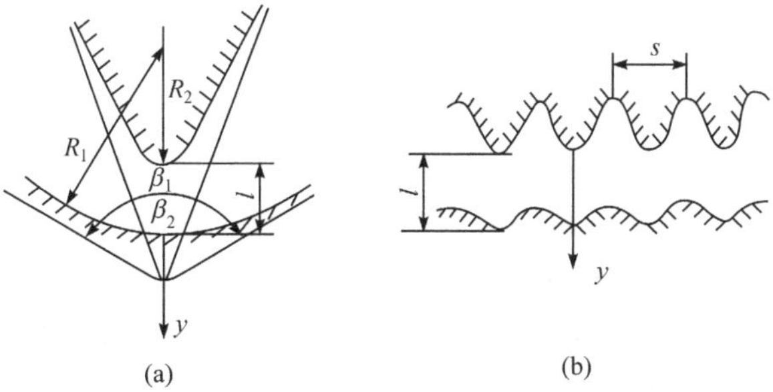


图 5-25 双曲线共焦磁极对(a)和多齿-凹弧磁极对(b)

双曲线共焦磁极对沿齿形极对称面磁场强度的分布可用下述经验公式表示

$$H_y = H_0 l \sin\frac{\beta_2}{2}\left[l^2 - \left(l\cos\frac{\beta_2}{2} - ky\right)^2\right]^{-0.5} \tag{5-72}$$

磁场力为

$$(H\mathrm{grad}H)_y = kH_0^2 l^2 \sin^2\frac{\beta_2}{2}\left(l\cos\frac{\beta_2}{2} - ky\right) \times \left[l^2 - \left(l\cos\frac{\beta_2}{2} - ky\right)^2\right]^{-2} \tag{5-73}$$

式中：$k$——系数，$k=\cos\frac{\beta_2}{2}-\cos\frac{\beta_1}{2}$；

$\beta_1$，$\beta_2$——凹弧极渐近线夹角和齿形极渐近线夹角。

式(5-73)表明，当 $y\to l$ 时，磁场力仍不为零。理论上，当 $\beta_1=42°$ 和 $\beta_2=20°$ 时，场磁力最大；在此条件下，通过计算可确定凹弧极弧形半径 $R_1=2.681$，齿形极

的端面半径 $R_2=0.61$，$R_1/R_2\approx4.5$。

(4) 多齿-凹弧磁极对的磁场特性。多齿-凹弧磁极对[图 5-25(b)]可以是共焦磁极对，也可以是非共焦磁极对。齿极对称面上的磁场强度分布近似双曲线共焦磁极对的磁场分布，但磁场强度要低些，可采用式(5-69)乘以修正系数 0.7～0.8 进行计算。

3. *磁介质磁场*

上述两种类型磁场的磁选机共同的缺点是选别空间小，捕获磁性颗粒的捕收点少，处理能力较低，而且一般只能分选粒度较粗的物料。细粒弱磁性物料的湿式强磁选机处理，在 20 世纪 60 年代后有了很大的发展，主要是在较大的磁场空间内充填一定形状的铁磁性磁介质，磁介质磁化后在其表面附近产生极不均匀的磁场，即产生很大的磁场梯度。磁介质的形状主要有齿板、钢珠、钢板网和钢毛。

(1) 齿板介质。利用齿板介质分选弱磁性矿物是琼斯在 1955 年发明的。经过多年努力，处理能力高达 120t/h 的大型齿板聚磁介质琼斯磁选机于 1968 年研制成功。目前，齿板介质强磁选机是国内外湿式磁选中等粒度弱磁性物料的主要强磁选设备。

齿板聚磁介质的形状和组装方式如图 5-26 所示，中间齿板为双面齿板，边缘齿板为单面齿板，齿尖对齿尖排列。标准型设备的间隙(最小极距)为入选物料最大粒度的 2～3 倍，通常为 3mm 左右，齿板高度为 190～220mm。琼斯初期介绍的齿板齿距为 3.2mm，齿端圆弧半径 $r=0.8$mm(图 5-26)，齿角约为 110°，最小极距为 1.2mm。琼斯初期的研究工作，为工业型连续式齿板介质强磁选机的研制奠定了技术基础和理论基础。

图 5-26 齿板介质在磁极间的安放图

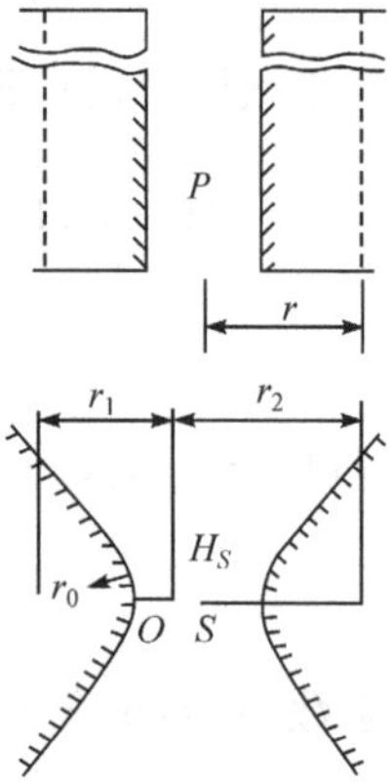


图 5-27 齿板介质磁力计算参数图

如图 5－27 所示，齿板任一齿极可视为一线磁极，并可认为磁极强度 $m$ 集中在齿端小圆弧半径 $r_0$ 的圆心线上。根据电磁学理论，齿板间隙中任一点 P，由于其离磁极的距离 $r$ 远小于磁极的长度，可以将该线磁极视为无限长磁极，P 点的磁场强度可用式(5－74)表示，即

$$H = \frac{\eta}{2\pi \mu_0 r} \tag{5-74}$$

梯度为

$$\frac{dH}{dr} = \frac{\eta}{2\pi \mu_0 r^2} \tag{5-75}$$

设 $H_S$ 为两相对齿极间隙中点（S 点）的磁场强度（测量值），$r_S$ 为 S 点到齿弧圆心的距离，考虑到 S 点的磁场强度受两边线磁极 $\eta$ 的影响，则 $H_S$ 与 $\eta$ 有下述关系

$$H_S = \frac{\eta}{\pi \mu_0 r_S} \tag{5-76}$$

所以

$$\eta = \pi \mu_0 r_S H_S \tag{5-77}$$

式中：$\eta$——磁荷线密度，N/A。

因此，磁性颗粒在 O 点所受的磁场力为

$$\sum H \mathrm{grad} H = \frac{{H_S}^2 {r_S}^2}{4}\left(\frac{1}{r_1^3} - \frac{1}{r_2^3}\right) \tag{5-78}$$

生产实践表明，磁场在 1.6T 齿板介质强磁选机分选褐铁矿时，回收的粒度下限为 30$\mu$m。齿板介质的主要缺点是，齿谷间隙中的磁场力很弱，料浆下降速度快，在一定程度上影响了磁性成分的回收率。

(2) 铁球介质。受琼斯型齿板聚磁介质磁选机的启发，国外于 20 世纪 60 年代末期研制出工业规模的球介质平环湿式强磁选机。这种磁选机很快在我国鞍钢齐大山铁矿推广应用，为改善粗颗粒或渣屑堵塞的问题，研制了电磁双立环磁选机和永磁笼形磁选机，均采用球介质。

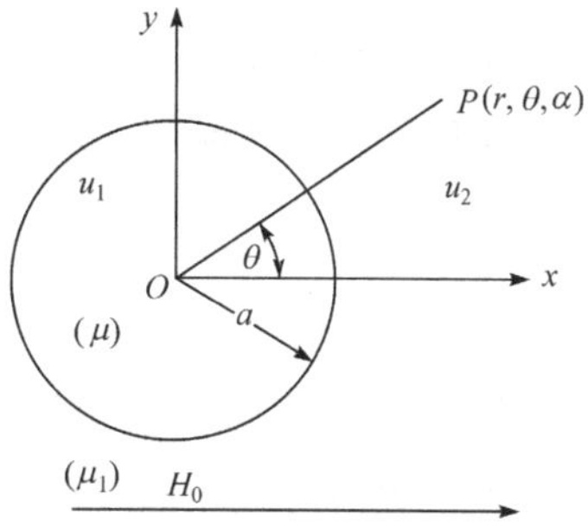

图 5－28 单球磁场特性求解图

关于球介质的磁场特性，可用电磁场理论来分析解释。如图 5－28 所示，假设均匀磁场 $H_0$ 与 $x$ 轴方向一致，将铁磁性球均匀磁化。磁化后，球内外的磁导率和磁位分别为 $\mu$、$\mu_f$（$\mu_f \approx \mu_0$）和 $u_1$、$u_2$。解磁位的拉普拉斯方程并代入假设的条件，可得球外任一点 $P(r, \theta)$ 的磁场

强度的两个分量

$$H_{2r} = \left(1 + 2\,\frac{\mu - \mu_0}{\mu + 2\mu_0}\,\frac{a^3}{r^3}\right) H_0 \cos\theta \tag{5-79a}$$

$$H_{2\theta} = -\left(1 - 2\,\frac{\mu - \mu_0}{\mu + 2\mu_0}\,\frac{a^3}{r^3}\right) H_0 \sin\theta \tag{5-79b}$$

当需要用铁磁性球介质的磁化强度 M 表示与磁场强度的关系时，可将 $\mu$ 和 $\mu_0$ 转换成 M，将式(2-27)、式(2-24)、式(2-39)、式(2-33)依次代入，得

$$\frac{\mu - \mu_0}{\mu + 2\mu_0} = \frac{\mu_r - 1}{\mu_r + 2} = \frac{k}{k+3} = \frac{M}{M + 3(H_0 - NM)} = \frac{M}{3H_0} \tag{5-80}$$

因此，式(5-79a)、式(5-79b)可变换为

$$H_{2r} = \left(H_0 + \frac{2M}{3}\,\frac{a^3}{r^3}\right)\cos\theta \tag{5-81a}$$

$$H_{2\theta} = \left(-H_0 + \frac{2M}{3}\,\frac{a^3}{r^3}\right)\sin\theta \tag{5-81b}$$

在 $x$ 轴上，$\theta=0$，则磁场强度只有一个分量，即

$$H = H_0 + \frac{2M}{3}\,\frac{a^3}{r^3} \tag{5-82}$$

$$\mathrm{grad}\,H = -2M\,\frac{a^3}{r^4} \tag{5-83}$$

贴近球面，$r \to a$，则磁场梯度可表示为

$$\mathrm{grad}\,H = -\frac{2M}{a} \tag{5-84}$$

式(5-84)表明，沿磁场方向靠近铁磁性球面端点的磁场梯度为其磁化强度与半径之比的2倍。对于一定球径的球介质，当磁化到饱和后，磁场梯度不再提高。6mm球介质的最高梯度约为 $1.22\times10^3$ T/m，有效力程约为1mm。

磁性颗粒在铁磁性球介质场中所受的磁力可用式(5-85)计算

$$F_m = \mu_0 KV\left(H_0 + \frac{2M}{3}\right)\frac{2M}{a} \tag{5-85}$$

(3) 丝介质。铁磁性丝介质磁场是高梯度磁场。采用铁磁性丝状或网状介质的磁选机称为高梯度磁选机。典型铁磁性不锈钢毛的规格为 $\phi40\sim50\mu$m，在极端条件下可小到 $\phi4\mu$m。半径 $a=4\mu$m 的钢毛磁化到饱和时可产生1.5T磁化强度，梯度可达 $3.75\times10^5$T/m。各种磁选机的磁场特性参数中，$10^5$T/m 数量级磁场梯度是磁选机中最高数量级的磁场梯度。但细丝介质的磁力范围小，约为0.1mm，因而适用于从微细物料中回收弱磁性成分。现在几乎所有的高岭土企业都采用高梯度磁选去除微米级铁钛染色杂质，全部或部分取代了用连二亚硫酸钠的浸出法。

转炉和高炉烟气洗涤水经高梯度磁滤可使水中固体浓度由 3 000～4 000μg/g 降至 5～15μg/g。通过在自然水系中加磁种和絮凝电解质，然后通过高梯度磁滤可使细菌（如大肠杆菌）、色度、浊度及溶解磷去除率达 90%～95%或更高。

利用磁分离从血液中分离红细胞，经过多年的努力，直到有了高梯度磁分离技术才获得成功。红细饱是分散双凹面薄圆形体，其直径为 8.5μm±0.4μm，厚度为 2.3μm±0.1μm。在适宜的环境下，以等渗的还原剂（如连二亚硫酸钠）来稀释新鲜的抗凝聚的血液，使血红蛋白中的 $Fe^{2+}$ 还原成 Fe。Fe 有足够的磁矩，因而能被具有强场的高梯度磁场的磁性丝介质捕捉。这样分离出来的红细胞没有损坏，可再注射到原被抽血的动物体内。红细胞的高梯度磁分离不仅是高梯度磁分离基础理论的一种验证，而且在医学方面有重大意义。

应用在高梯度磁选机的两类磁介质中，钢毛介质比钢板网介质细得多。介质的线径越小，磁化时产生的梯度越高。通常，钢毛作为周期式高梯度磁选机的分选介质，用于高岭土和废水的磁滤，除去微粒顺磁性固体颗粒；钢板网作为连续式高梯度磁选机的分选介质，用于细粒弱磁性矿石的磁选和煤脱硫及玻璃砂等非金属原料的除铁过程中。

① 单丝介质磁场特性。铁磁性介质丝的磁场特性可以用单丝条件下的磁场性加以研究。在单丝理论中（图 5－29）假设均匀磁场 $H_0$ 关于丝轴 $z$ 对称，将丝均匀磁化到具有磁化强度 M；铁磁性丝内外的磁导率和磁位分别为 $\mu$、$\mu_f$ 和 $u_1$、$u_2$。建立拉普拉斯方程并求解，得到 $P(r,\theta)$ 点磁场强度表达式如下

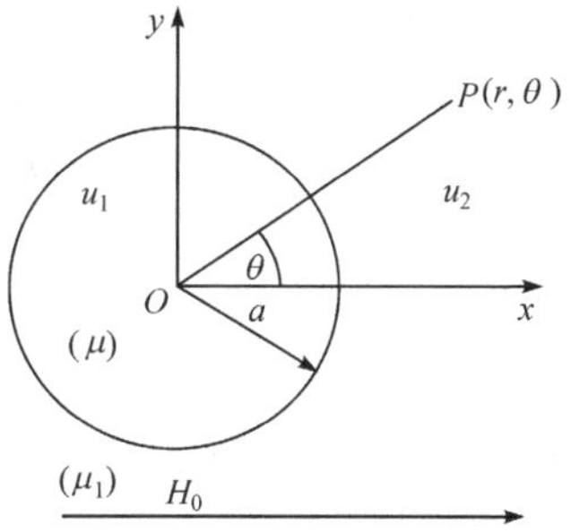


图 5－29 单丝磁场特性求解

$$H_{2r} = \left(H_0 + \frac{M}{2}\frac{a^2}{r^2}\right)\cos\theta \tag{5-86a}$$

$$H_{2\theta} = \left(-H_0 + \frac{M}{2}\frac{a^2}{r^2}\right)\sin\theta \tag{5-86b}$$

在 $x$ 轴上，磁场只有一个分量，其场强和梯度为

$$H = H_0 + \frac{M}{2}\frac{a^2}{r^2} \tag{5-87}$$

$$\mathrm{grad}\,H = -M\frac{a^2}{r^3} \tag{5-88}$$

在 $x$ 轴上贴近丝面时，$r \to a$，场强梯度为

$$\mathrm{grad}\,H = -\frac{M}{a} \tag{5-89}$$

式(5－89)表明,在高梯度磁场中,沿磁场方向在丝表面的磁场梯度随铁磁性丝磁化强度的增加和半径的减小而提高。当介质丝磁化到饱和时,磁场梯度达到最高值。

② 磁场梯度匹配。梯度匹配是指铁磁性钢毛半径 $a$ 与给料颗粒半径 $b$ 应有一个合适的比值,在此合适比值下,介质丝作用在邻近磁性颗粒上的磁力最大,这种合适的比例关系称为梯度匹配。合适的比值 $a/b$ 可由磁性颗粒在高梯度场中所受的磁力确定

$$\mathrm{F_m} = \frac{8\pi}{3}\mu_0 \mathrm{K} b^3 \mathrm{H}_0^2 \left(1 + \frac{a^2}{r^2}\right)\frac{a^2}{r^3} \qquad (5-90)$$

取 $r = a + b$,颗粒所受的磁力最大。用求极大值的方法可确定 $\mathrm{F_m}$ 最大时的 $a/b$ 值为 2.69。实践可取 $a/b=3$, $r=4b$,式(5－90)可简化为

$$\mathrm{F_m} = 1.84\mu_0 \mathrm{K} \mathrm{H}_0^2 b^2 \qquad (5-91)$$

梯度范围与颗粒粒度的匹配可用图 5－30 说明。介质丝半径(10μm)与颗粒半径(3.3μm)之比约为 3。相关磁场强度、磁场梯度和磁力随着离丝表面距离的增加而下降,但在颗粒直径范围内,磁场梯度变化不大。在这段距离内,磁场力的下降仅为钢毛表面的 10%。当超出颗粒范围时,$H$ 尤其 grad$H$,即磁场力急剧下降。由式(5－91)可知,在梯度匹配时,磁力与颗粒半径的二次方成正比。由于有效磁力限于颗粒直径范围内,所以钢毛的每个捕收点只能捕收一个匹配颗粒,因此钢毛捕获的磁性颗粒的体积大致与钢毛的体积相同。这可以用来估算钢毛的负荷比(单位钢毛质量捕获的磁性颗粒质量),以便控制合适的给料量。

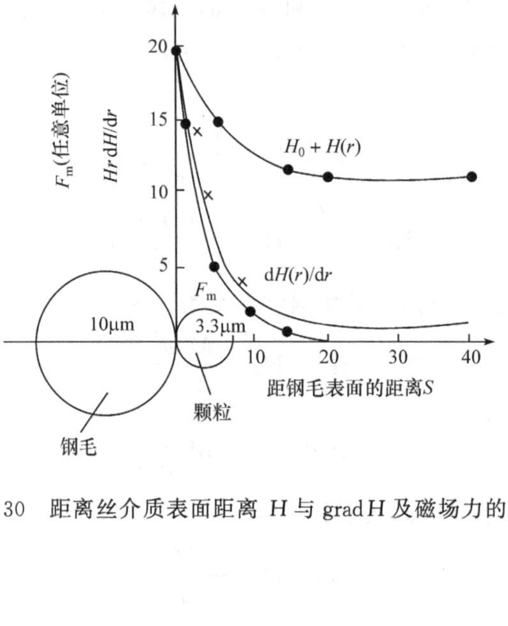


图 5－30 距离丝介质表面距离 $H$ 与 grad$H$ 及磁场力的关系

# 5.3 电场分选

## 5.3.1 电选过程

根据导电率可以把矿物物料分为导体、半导体和非导体；根据介电常数可分为高介电常数、低介电常数和中间介电常数物料；按整流性可分为正整流、负整流和全整流物料。电场分选(简称电选)就是基于被分离物料在电性质上的差别，利用电选机使物料颗粒带电，在电选机电场中颗粒受电场力和机械力(重力、离心力等)的作用，不同电性质的颗粒运动轨迹发生分离而使物料得到分选的一种物理分选方法。有时利用可浮性、密度、磁性难以分离的物料，可以利用电性将它们分离。金红石与锆英石，锡石与白钨矿的分离就是例证。由于它们的磁性和密度相近，无法用磁选和重选分离，虽然可以采用粒浮，但效率低，效果不理想。在上述矿物中金红石和锡石导电性好，而锆英石和白钨矿导电性差，实践表明电选是将它们分离的有效方法。电选还广泛用于工业烟气(如水泥、冶金、化工)的除尘过程中。

电选过程与电选机的类型有关，应用较多的是高压电晕鼓筒式电选机，其结构示意如图5-31所示。电极由接地圆筒和高压电晕极构成。电晕极为尖形极或细丝极，当电压提高到一定值后会产生电晕放电使颗粒带电。导体颗粒C与圆筒接触，迅速传走电荷，在滚筒离心力作用下，被抛落到导体产品接料斗中；非导体颗粒NC也接触滚筒，但只传走部分电荷，继续吸在筒面上，运转到后方被抛落或用毛刷刷入非导体产品接料斗中；中间导电性颗粒MC落入中间产品斗中。图5-32为静电电选机示意图。若将图5-31和图5-32综合，负极为尖形极(电晕极)加圆柱电极(静电极)，静电极可扩大导体颗粒的偏移轨迹，提高分选效果，这样的电选机称为复合电场电选机。

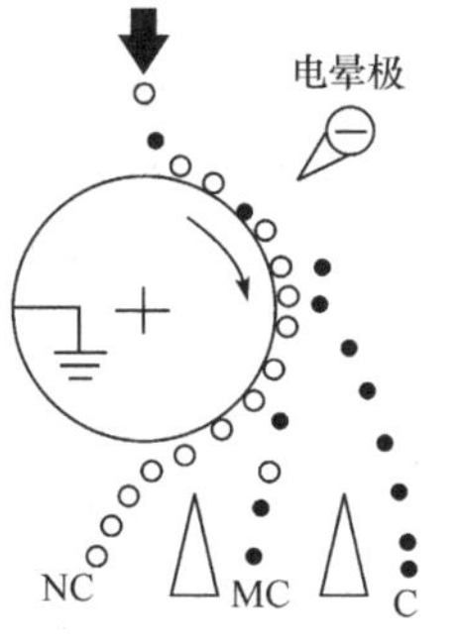


图5-31 高压电晕鼓筒式电选机分选示意图

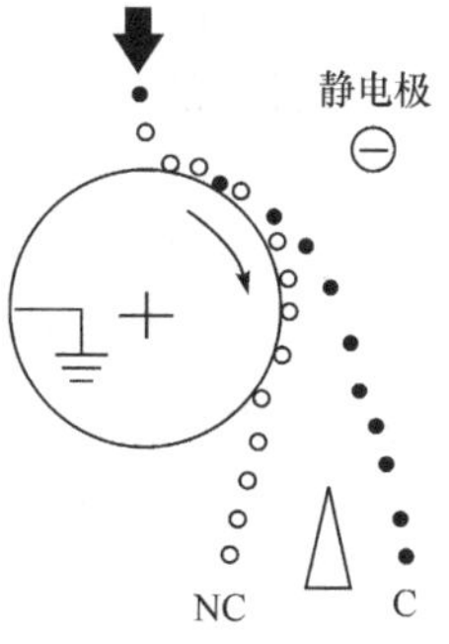


图5-32 静电电选机示意图

### 5.3.2 电选机电场

电选机使用的电场有静电场、电晕电场和复合电场。复合电场是前两种电场相结合的电场，是目前电场分选中应用最广泛的一种电场。电选机电场都是由直流电产生的电场。

1. 静电场

(1) 静电场。所谓静电场是指带电体相对于介质和观察者其电荷不动，电荷量不变化，也不随时间变化的电场。图 5-32 就是静电选矿机静电场的一种形式，将圆筒展开成平板极，圆柱电极(称高压静电极或静电极)置于平板极的上方，也是静电电选机静电场的一种形式。

(2) 临界电场强度、临界电压。在高压静电场中，存在着一个临界电场强度的问题。当电介质所处的电场强度超过一定值时，部分或全部电介质就会丧失绝缘性能，成为导体，使电介质改变电性的这一电场强度叫做临界电场强度。为了使静电场稳定和设备的安全运行，必须使绝缘体可能出现的电场强度小于临界电场强度。

绝缘体的临界电场强度 $E_{KP}$，不仅同绝缘体本身的分子结构有关，也和绝缘体的散热条件、电场的不均匀程度以及绝缘体的厚薄、形状等因素有关。但主要因素是绝缘体本身的分子结构，所以近似地认为 $E_{KP}$只与绝缘体分子结构有关。事实上，对一定的绝缘体，$E_{KP}$是一个常数，如空气为 30kV/cm，石蜡为 115kV/cm。

$U_{KP}=E_{KP}d$，其中 $d$ 为绝缘体厚度(cm)。当外加电压使厚度为 1cm 的绝缘体达到临界电场强度时的电压值 $U_{KP}$称为临界电压。应当指出，非均匀电场中临界电压低于均匀电场中临界电压。

(3) 比导电度。在电选中引入了比导电度的概念，所谓比导电度是指某种物料的临界电压与石墨的临界电压之比。石墨的导电性较好，性质稳定，它的临界电压只有 2800V，被作为标准临界电压。例如，磁铁矿成为导体的临界电压为 7800V，则其比导电度为 2.79，即是石墨临界电压的 2.79 倍。比导电度是衡量物料导电性的一个标志，比导电度越高，导电性越差。

(4) 均匀电场中球形颗粒周围的电场强度分布。如图 5-33 所示，根据电磁场理论，用求解磁场的方法可求出均匀电场 $E_0$ 中球形颗粒外任一点电场强度的两个分量，即

$$E_r=\left(1+2\,\frac{\varepsilon-\varepsilon_0}{\varepsilon+2\,\varepsilon_0}\,\frac{a^2}{r^2}\right)E_0\cos\theta \qquad (5-92)$$

$$E_\theta=-\left(1-2\,\frac{\varepsilon-\varepsilon_0}{\varepsilon+2\,\varepsilon_0}\,\frac{a^2}{r^2}\right)E_0\sin\theta \qquad (5-93)$$

式中：$\varepsilon$，$\varepsilon_0$——颗粒和真空的介电常数；

$a$——颗粒半径；

$\theta$，$r$——颗粒外 $P$ 点的极角和矢径。

显然，在电场强度方向的球面端点（$r=a$，$\theta=0$），电场强度最高，即

$$E=\left(1+2\frac{\varepsilon-\varepsilon_0}{\varepsilon+2\varepsilon_0}\right)E_0 \tag{5-94}$$

对于导体颗粒，由于其介电常数远远大于自由空间的介电常数，即 $\varepsilon \gg \varepsilon_0$，$\varepsilon_0$ 可以忽略，则式(5-94)可简化为

$$E=3E_0 \tag{5-95}$$

这表明，未带电球形导体颗粒表面的最高电场强度为背景电场强度的3倍，见图5-33(a)。若导体颗粒带电至饱和状态，其上均匀分布有电荷 $Q$，则表面的最高电场强度为背景电场强度的6倍，见图5-33(b)，即

$$E=6E_0 \tag{5-96}$$

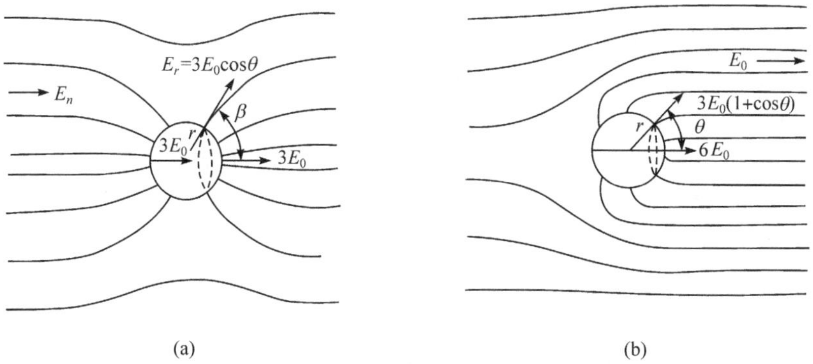


图5-33　均匀电场 $E_0$ 中未带电导体颗粒(a)和充分带电导体颗粒(b)周围的电场

2. 电晕电场

电晕电场是电选机广泛使用的一种不均匀电场。在电场中有两个电极，相隔一定的距离，其中之一采用直径很小的丝状电极（或称电晕电极），接高压直流电负极或正极；另一极为平面或较大直径的鼓筒（接地极）。在大气压下，当两电极间的电位差达到某一数值时，电极以自持局部的形式放电，即发生电晕放电。电晕放电时，在强电场作用下，从丝极上发出的电子在电场中运动的速度很高，它撞击空气又进一步使空气电离而产生正负电荷。原来空气中还存在少量负电荷，正电荷迅速飞向高压负电极，负电荷又迅速飞向接地正极，如此连续不断地进行，使整个分选空间都带有电荷，即形成体电荷，这种电场就是电选中所希望的电晕电场。

(1) 表面发射势垒。金属表面发射电子的现象,要用量子力学的理论来分析,同讨论原子结构的情形相似,可采用比较形象的方法来描述。在原子中,离原子核远的电子势能大,离原子核近的势能小。在金属的表面,一个自由电子受多个原子核的作用,它的势能如图 5-34 所示。

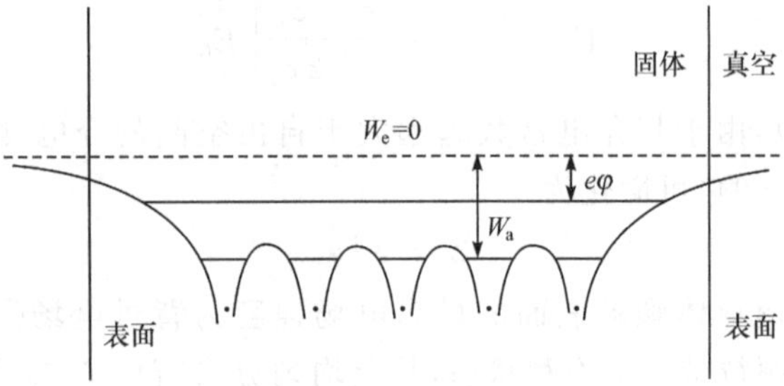


图 5-34 金属表面的电子势能

图 5-34 中,横轴垂直于金属表面,纵轴表示电子的势能。在无限远处,势能为零,即 $W_e=0$。自由电子的最低能级是 $-W_a$,在这以下电子束缚在原子内,不能越过电子之间的势垒自由运动。金属中自由电子的势能为 $-e\varphi$ 时,虽然可以在金属中自由运动,但是不能脱离金属,必须由外界补充足够的能量($>e\varphi$)才能使它们超过表面势垒而脱离表面。按照电子获得额外能量和克服阻碍它逸出力的方式进行分类,电子发射可分为热发射、光电发射、次电子发射和场致电子发射。高压电选机电晕极发射电子是场致电子发射产生的。

(2) 场致电子发射。场致电子发射并不需要供给固体内电子额外的能量,而是靠很强的外部电场来压抑物体表面的势垒,使势垒的高度降低,宽度变窄。这样,物体内的大量电子就能穿过表面势垒逸出。场致发射是电子发射的一种有效的方法。

在发射体表面产生强电场是场致发射的关键。常用提高电压的方法,同时把发射体做成曲率半径很小的尖端或细丝,在尖端或细丝的表面就会形成很强的电场。另一种方法是缩短两极间的距离。

根据量子理论的观点,电子不仅具有粒子性,同时又具有波动性。电子从金属内部向外逸出时,其波动性表现如下:①对于正向动能超过表面势垒高度的电子,并不是全部能逸出金属,有一部分将被表面势垒反射回金属内部。当然,电子被反射的概率与电子正向动能超过势垒高度的数值以及势垒的形状有关。从统计平均的角度,可采用一个平均反射系数$\overline{R}$或平均透射系数$\overline{D}$($\overline{D}=1-\overline{R}$)来表示。②对于具有一定宽度的表面势垒,金属中正向动能小于势垒高度的那些电子,也有“穿透势垒”逸出金属的概率。它与电子正向动能的大小以及对应的势垒宽度有关,这就是熟知的“隧道效应”。由量子力学分析可知,在这种情况下,电子波函数的振幅是随着穿入势垒的深度按指数规律下降的。这个下降率非常快，以至当距离超过几个电子波长后，波函数的振幅就变得极小。因此，只有当势垒宽度相当于电子波长的数量级时，方可观察到隧道效应。

通过上述分析就能较容易地解释场致发射，在强场的作用下，金属表面势垒不仅高度降低了，而且宽度也变窄了。当势垒宽度窄到与电子波长相当时，电子隧道效应就起到重要的作用。这种穿透势垒逸出金属表面的电子发射就是场致发射。

(3) 电晕放电。两个曲率半径相差很大的电极，两极的电压提高到一定值时，非自持放电便过渡到电晕放电。它可以在大气压下存在，也可以在低气压下存在。电晕放电的产生可以从具有大曲率的电极附近所出现的辉光看出，同时可听到丝丝的“漏气”声。如果进一步提高电压，放电电流迅速增加，同时发光区也在增大。在发光区内产生很强的气体分子的电离和激发。放电的这一部分区域称为电晕区，而紧靠它的电极称作电晕电极。在电晕层与非电晕电极之间的区域称作电晕外区。

在直流放电中，既可以是正极发生电晕，称正电晕放电；也可以是负电极发生电晕，称负电晕放电；如果两个电极的曲率很大，则两个电极都可以起晕，称双极电晕放电。在交变电场的情况下，在曲率大的电极附近交替地出现正电晕和负电晕。击穿电晕时的电极电压，称电晕起始电压。电晕起始电压取决于电极的形状、电极之间的距离和气体性质等因素。关于电晕放电的开始条件，彼克(Peek)在研究了大量实验材料后，得到空气中的同轴圆柱电极(图 5-35)的经验公式

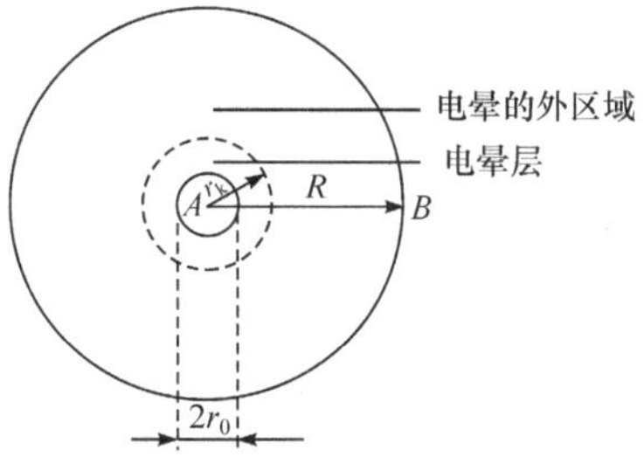


图 5-35 圆柱电板间的电晕放电

$$E_k = 31\delta\left(1+\frac{0.308}{\sqrt{\delta r_0}}\right) \tag{5-97}$$

式中：$r_0$——电晕圆柱的半径，cm；

$\delta$——温度为 $T$，压强为 $p$ 时，空气的相对密度

$$\delta = \frac{T_0}{T}\frac{p}{p_0} \quad (T_0 = 298\text{K},\ p_0 = 0.1\text{MPa})$$

$E_k$——起始场强，即在电晕柱表面上开始出现电晕时的场强。

彼克公式是从共轴圆柱之间电晕放电的许多实验里总结出来的，也可广泛应用于其他电极结构的情况。在已知 $E_k$ 的情况下，根据电学公式可得到电晕起始电压，即

$$U_k = E_k r_0 \ln\frac{R}{r_0} \tag{5-98}$$

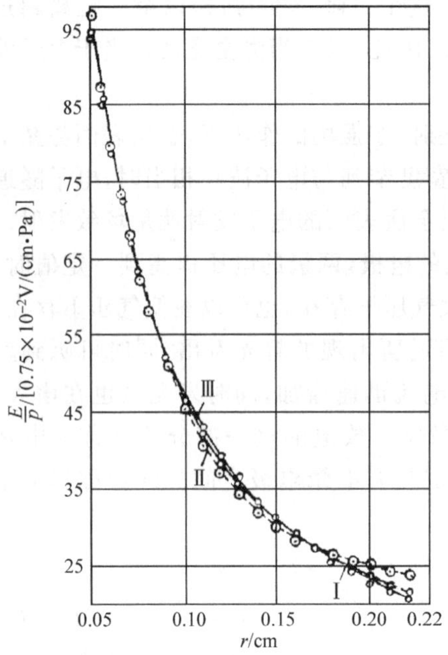


图 5-36　两共轴圆柱导体之间电晕放电时电晕内的电场强度分布

半径 $r_0=0.05$cm；$R=7.4$cm；空气压力 $p=0.98\times10^5$Pa；$r$ 为离开细丝极的距离(cm)

式(5-98)表明，电晕电极的半径 $r_0$ 增大，电晕起始电压 $U_k$ 也增大，所以在电选机中，电晕电极一般采用直径为0.2～0.4mm的细导线丝以降低电晕的起始电压。为了确定电晕层的厚度，必须弄清楚电场强度在电晕层内的分布，因此有必要研究一下电晕放电的电场分布和伏安特性曲线。繁流放电理论认为，在细圆柱形导线周围电晕层里的电场分布非常接近圆柱形电容器的电场分布。

$$E=\frac{E_0 r_0}{r} \tag{5-99}$$

式中：$r_0$——内圆柱的半径；

$E_0$——内圆柱表面的电场强度。

在这种情况下，电场强度 $E_0$ 接近于电极间的电位差等于电晕电压而空间电荷不存在时的电场强度。

电晕层里空间电荷的存在，使曲线 $E=f(r)$ 比式(5-99)有一些改变。为了表明这一点，在图 5-36 中引用了一个负电晕放电的特殊情况来计算场的分布。曲线Ⅰ表示在相应体积的圆柱形电容器里，当电流不存在而 $U_a=U_k$ 时的电场分布。曲线Ⅱ表示当电流等于 2.42mA/m 时的电场分布。从这些曲线可以看出：在实际电晕电流密度的情况下，电晕层内的电场与 $U_a=U_k$ 的圆柱形电容器内的电场差别非常小。图 5-36 中，曲线Ⅱ是根据曲线Ⅲ的 10 倍电流强度计算出来的，目的是为了得到更突出的结果。事实上，在低于这样大的电流强度所需要的电压时，就该发生火花击穿了。

在正电晕的情况下，电子繁流是从电晕层的外边界向电晕电极扩展的。在电晕层边界产生自由电子的本质是电晕层里面激发的光量子使气体电离。电晕层内电场强度的分布与负电晕的情形一样。但是，在靠近电晕层边界的地方，电场强度的分布曲线更为倾斜，因此在正电极附近电晕层的厚度总是比负电极附近要厚一些。

(4) 电选机的电晕电场。电晕电选机就是应用电晕放电形成的电晕电场来进行物料分选工作的。常用电晕电选机的电晕电极与接地电极的配合形式如图 5-37所示。图 5-37 中标出了电晕电极与接地电极的配合形式及电力线的分布状态。电晕电场与静电场的不同之处就是有电子流。如在电晕电极上加上负高压直流电，正离子将向电晕电极运动并给出电荷。电子和负离子向接地电极运动，充满了电晕外区，成为电选所需要的电晕电场。

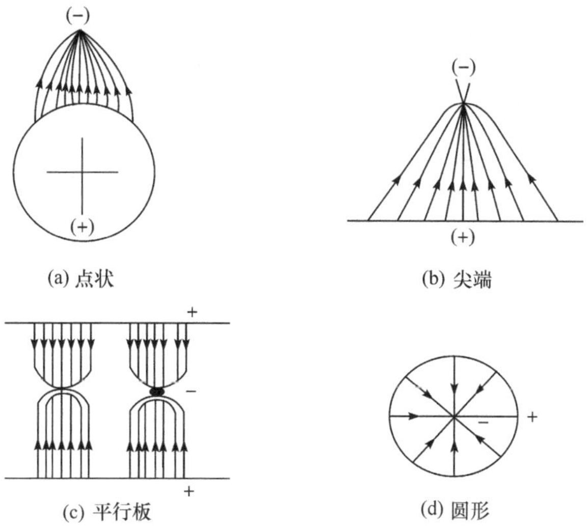


图 5 - 37　电晕电极与各种接地极配合的电力线分布图

根据实际测定，电晕电流在圆筒面上的分布属于正态分布，如图 5 - 38 和图 5 - 39所示。从图中可以看出，电晕极正对鼓面的电流最大，以此为对称点向两边减少。电压的大小是电选过程的重要操作参数。由场致发射一节中可知，电选机的电晕放电主要靠提高电场强度，即提高电压，其次是采用小的极距（电晕极与接地极表面间的距离）。在极距相同的条件下，电压越高电晕电流越大，电晕电流在鼓面上的分布范围也越大。

电晕极的安装角度（电晕极的中心与鼓筒中心的连线与 Y 轴的夹角）的变化，能改变电晕放电的范围和电晕电流的大小。从图 5 - 38 可以看出，电晕电极的角度变化，使最大电晕电流值的位置发生了变化。图 5 - 39 为极距相同，电压不同，一根电晕极放电时，电晕电流在筒面上的分布曲线。极距越小，电晕电流越大，即电晕电流随极距增大而减小。一般极距为 20～45cm。在实际操作中，由于电压容易控制，常通过控制电压来控制电晕电流。

实践证明，电晕电极的根数对电晕电流也有影响。图 5 - 40 是电压为 50kV，电晕丝直径 1.5mm，平板电极宽 1200mm 的条件下测得的电晕丝的根数与电晕电流的关系曲线。可以看出，对于一定直径的电晕丝，在一定的电压下有一最佳电晕丝数，这时单位电晕丝长度的电晕电流具有最大值。电晕丝数超过最佳数时，电晕丝之间的距离减小，由于电晕丝互相屏蔽使电晕电流减小。试验说明电晕电流随电晕丝直径的减小而增大，因此，在保证机械强度的前提下，电晕丝直径尽可能选得小一些。

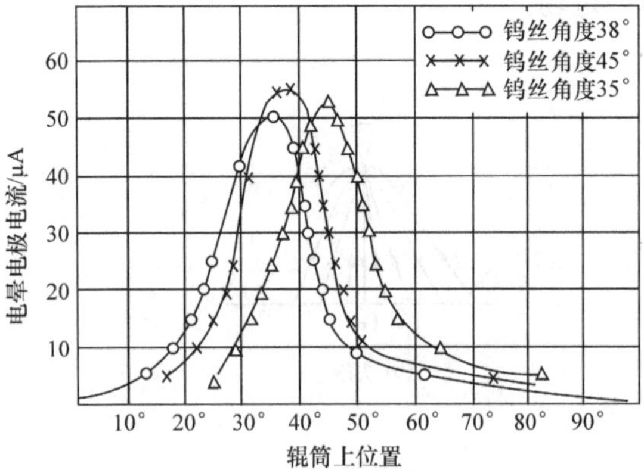


图 5-38　极距对电晕电流的影响

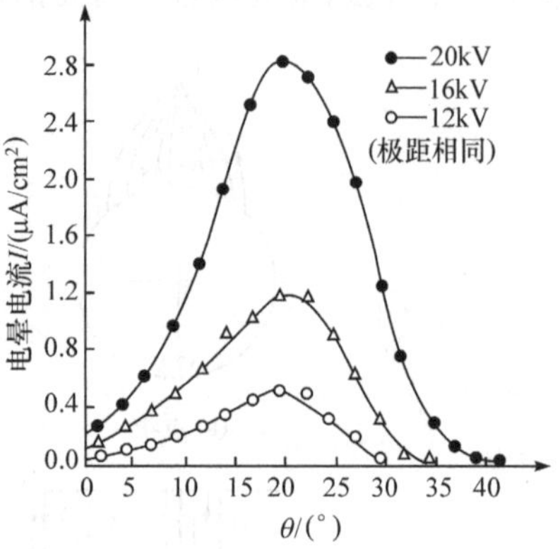


图 5-39　电压对电晕电流的影响

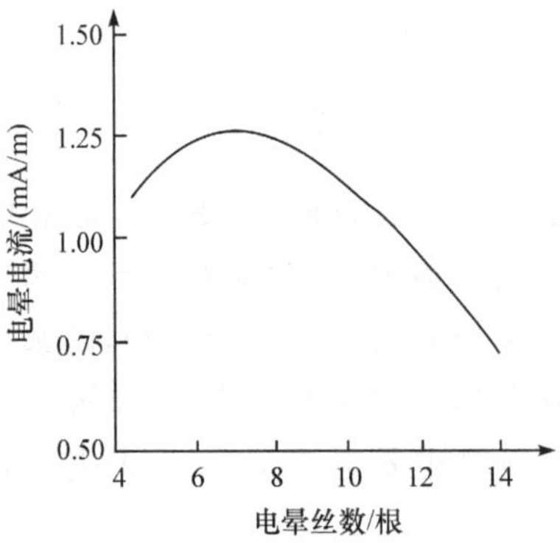


图 5-40　电晕极根数与电晕电流的关系

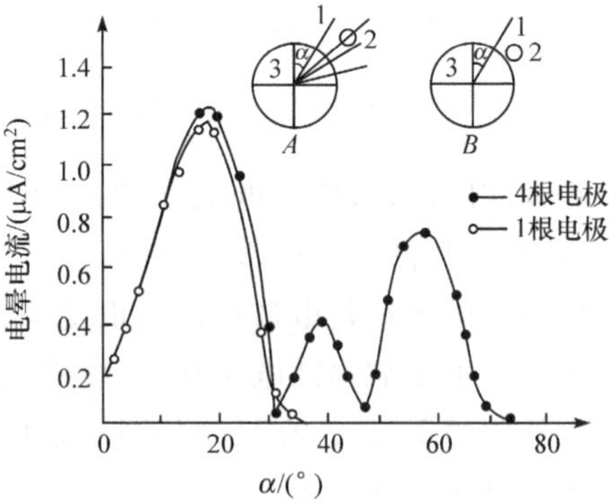


图 5-41　不同电极结构中电晕电流在鼓面上分布

1. 电晕电极；2. 静电极；3. 接地鼓筒

3. 复合电场

复合电场为静电场与电晕电场的叠加电场，结合了这两种电场的优点，既有电晕放电又有静电场，扩大了导体颗粒与非导体颗粒所受电场力的差别，即导体颗粒受到背离鼓筒的电场力和非导体颗粒吸向筒面的电场力都比前两种电场单独使用时大，因而提高了分选效果。图 5-41 为两种不同电极结构的复合电场中电晕电流在鼓面上的分布曲线。在 $\alpha=0°\sim30°$的范围内电流分布几乎一样，呈正态分布。多根电晕极的电晕电流分布的范围明显加宽，其值也呈正态分布。

### 5.3.3 带电方法和颗粒荷电量

1. 传导带电

传导带电是一种简便的带电方法，是电选过程中常见的带电方法。如图5-42所示，颗粒与电极接触后，由于导体颗粒C的电位低于带电电极的电位，因而能通过传导迅速获得与接触电极同号的电荷，而后受接触电极排斥和上方的异号电极吸引，脱离接触电极向上运动，这种运动称为电泳。这种向上方或偏向上方的运动又称为提升效应，提升效应可扩大导体颗粒和非导体颗粒之间的轨迹差，在圆筒型电选机中得到普遍应用。非导体颗粒N由于电阻很大，不能经由传导带电，但可受到一定程度的极化作用，或多或少受接触电极吸引，极化作用越强，吸附越紧，这种现象称为吸附效应。吸附效应有利于提高分选效果，但只靠极化作用产生的吸附效应较弱，这正是静电选矿机效率不高的原因。

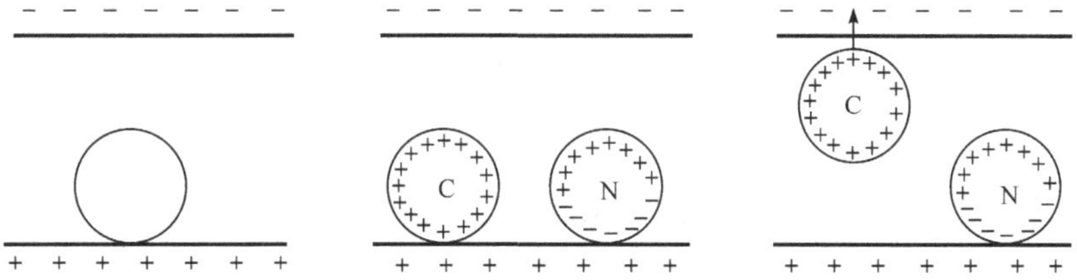


(a) 带电前　(b) 带电中　(c) 带电后

图5-42 传导带电

物料颗粒由传导所得电荷的符号与接触电极的符号相同。所得电荷的多少与颗粒的导电率、两极间的电位差和接触时间有关，可用式(5-100)表示

$$Q = Q_0\left(1 - e^{-\frac{t}{RC}}\right) = CV\left(1 - e^{-\frac{t}{RC}}\right) \tag{5-100}$$

式中：$Q$——物料颗粒在$t$时间内获得电量；

$Q_0$——物料颗粒的饱和传导电量；

$C$——颗粒的电容；

$V$——两极之间的电位差；

$R$——颗粒与带电电极的接触电阻；

$t$——颗粒与带电电极的接触时间；

e——自然对数的底。

由此可知，传导电量$Q$随颗粒导电率(体现在电阻$R$上)的增大而增加。对于导体颗粒，$Q = Q_0$；对于非导体颗粒，$Q = 0$；对于半导体，$0 < Q < Q_0$。传导电量$Q$随接触时间的延长而增加；对于同一颗粒来说，$t = 0$时，$Q = 0$，$t = \infty$时，$Q = Q_0$。传导电量$Q$随两极间电位差的加大而增加。

金刚石的导电率很低,它与带电电极接触时获得电荷的速度很慢,而与它共生的其他矿物颗粒获得电荷的速度都比它快,获得的电荷量也比它多,因此采用电选可以使金刚石与其他导电性高的矿粒分离。

2. 感应带电

感应带电和传导带电基于同一原理,都是导体中的自由电子向高电位方向移动。唯一区别是在传导带电中,导体颗粒与带电电极接触获得同号电荷,而在感应带电中,如图 5-43 所示,导体颗粒不与电极接触,是在静电场空间获得电荷。显然,导体颗粒面向带电负极的一面感生正电,面向正电极的一面感生负电,然后带电颗粒朝异性电极方向运动,感应带电可以传走。非导体颗粒中没有自由电子,既不能传导带电,也不能感应带电。

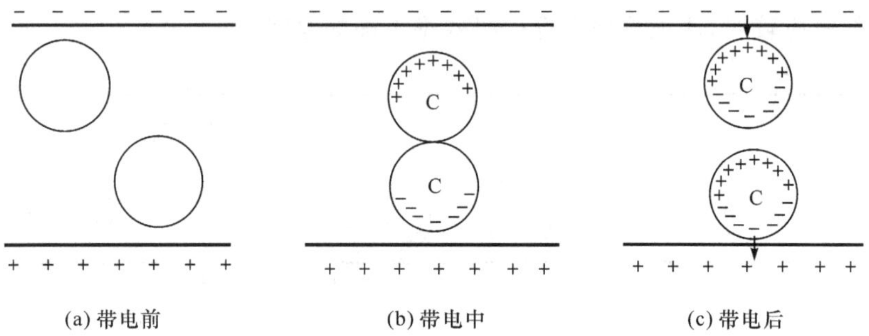


图 5-43 感应带电

3. 电晕带电

电晕带电是高压电选中最有效的带电方法,可使入选颗粒最大限度地带电,电晕带电又称离子碰撞带电。电晕放电的机理已在上一节叙述。

颗粒在电晕场中的带电过程如图5-44所示。颗粒进入电晕电场后,无论导体颗粒或非导体颗粒都能通过电晕放电获得电荷,但导体颗粒由于其介电常数比非导体颗粒大,因而能够获得比非导体颗粒更多的电荷。不过导体颗粒由于导电性好,能将获得的电荷在极短时间(1/1000～1/40s)内,经接地极传走。离开电晕电场后,甚至带上与接地极同符号的电荷,受接地极排斥。非导体颗粒由于导电性很差或不导电,因而只能传走一部分电荷或不传走电荷,离开电晕场后,保留大量剩余电荷。剩余电荷使非导体颗粒吸附于接触电极表面,这种吸附效应较强,有利于提高分选的效果。

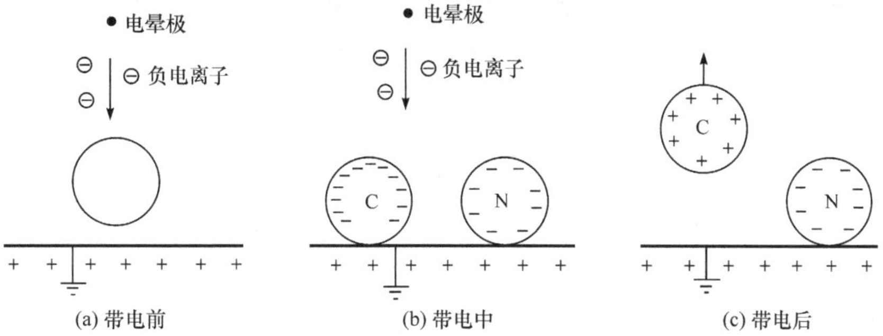


图 5-44 电晕带电

4. 复合电场中带电

复合电场中带电是指颗粒在由电晕场和静电场叠加的电场中带电，或是颗粒依次经过电晕场和静电场带电，如图 5-45 所示。在前期，颗粒进入以电晕场为主的复合电场中，这时导体颗粒和非导体颗粒都能通过电晕放电获得电荷。当进入静电场区域时，导体颗粒迅速将在电晕场中获得的电荷经接地极传走，并由传导感应带上与接触电极同符号的电荷，脱离接地极，飞向上方的静电极，产生较强的提升效应。非导体颗粒一般只传走少量电荷，保留大部分剩余电荷，受接地极吸引和静电负极排斥，比较牢固地吸于接地极表面。

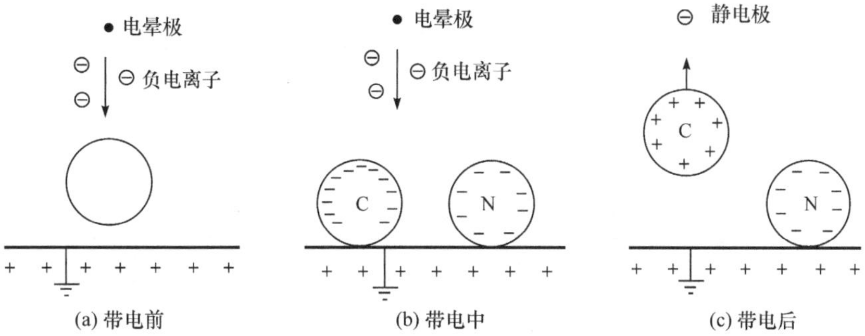


图 5-45 复合带电

上述分析表明，在复合电场中，导体颗粒可产生较强的提升效应，而非导体颗粒可产生较强的吸附效应，因而能获得最佳的分选效果。

5. 颗粒在电晕场中的荷电量

奥洛芬斯基(Олофинский) 对颗粒在电晕场中的荷电情况进行了深入研究，其要点如下[式(5-101)～式(5-111)均用高斯单位制，即 CGSE 制]。

(1) 瞬时 $t$ 内的荷电量。物料颗粒在时间 $t$ 内,在电晕电场中由于吸附离子和电子所得到的荷电量与电场强度、颗粒的表面积以及颗粒的介电常数等有关。由式(5-101)确定

$$Q_t = \left(1 + 2\frac{\varepsilon - 1}{\varepsilon + 2}\right) Er^2 \frac{\pi nekt}{1 + \pi nekt} \tag{5-101}$$

式中:$Q_t$——颗粒在瞬时 $t$ 内的荷电量;

$\varepsilon$——颗粒介电常数;

E——颗粒所在点的电场强度;

$r$——颗粒半径;

$k$——离子迁移率,为电场强度 4/cm(相当于 300CGSE 电位/cm)时的离子运动速度,等于 2.1cm/s;

$n$——离子浓度,为 $1cm^3$ 中含 $1.7\times10^8$ 个离子;

$e$——电子电量,为 $4.803\times10^{-10}$CGSE$=1.6021\times10^{-19}$C。

(2) 最大荷电量。显然式(5-101)中等式右边包含时间 $t$ 的分数项在 0~1 之间变化。颗粒进入电晕场前,$t=0$,颗粒未荷电;颗粒进入电晕场后,随着时间的延长,荷电量增多;当荷电时间足够长时,荷电量达到极限值,称为最大荷电量。颗粒荷电达到极限值后,得失电荷达到动态平衡状态,这时即使延长荷电时间,荷电量也不会增加。由式(5-101)时间系数项计算的结果(表 5-6)可知,颗粒进入电晕场 $t\geqslant0.1$s 时,获得的电量接近于最大荷电量。

$$Q_{max} = \left(1 + 2\frac{\varepsilon - 1}{\varepsilon + 2}\right) Er^2 \tag{5-102}$$

导体颗粒的介电常数 $\varepsilon>12$,式(5-102)可简化为

$$Q_{max} = 3Er^2 \tag{5-103}$$

**表 5-6 颗粒在电晕场中荷电量与时间的关系**

| 荷电时间 $t$/s | 荷电量($Q_t/Q_{max}$)/% | 荷电时间 $t$/s | 荷电量($Q_t/Q_{max}$)/% |
|---|---|---|---|
| 0 | 0 | 0.05 | 88.9 |
| 0.001 | 13.8 | 0.1 | 94.1 |
| 0.005 | 44.5 | 0.5 | 98.8 |
| 0.01 | 61.6 | 1 | 99.4 |

对于非导体颗粒,其介电常数为 4~8,则

$$Q_{max} = 2Er^2 \tag{5-104}$$

由式(5-103)和式(5-104)可知,颗粒的最大荷电量与电场强度和颗粒半径的平方(即表面积)成正比。此外,在电场强度和颗粒半径相同的条件下,导体颗粒比非导体颗粒的最大荷电量更多,但非导体颗粒的荷电量对提高分选效果起着重

要作用。介电常数相同，粒度大的颗粒荷电多，粒度小的荷电少，因此利用电晕电场可以分级。

(3) 剩余荷电量。在电晕场中充分荷电的颗粒一离开电晕电场，会与接地圆筒极接触，要不同程度地传走电荷。导体颗粒由于其导电率高，能在$\frac{1}{1000}\sim\frac{1}{40}$s内传走所获得的电荷；非导体颗粒经过过渡电阻只放电，过渡电阻为颗粒本身电阻与接触电阻之和。因此，经过若干时间后，颗粒的剩余电荷 $Q_R$ 为

$$Q_R = \left(1 + 2\frac{\varepsilon - 1}{\varepsilon + 2}\right) Er^2 \mu(R) \tag{5-105}$$

式中：$\mu(R)$——与颗粒电阻有关的系数[当电阻 $R$ 很小时，$\mu(R)$接近于零；$R$ 很大时，$\mu(R)$接近于1]。

式(5-105)表明，导体颗粒的剩余荷电量接近于零，非导体颗粒的剩余荷电量很大。导体与非导体颗粒剩余荷电量的悬殊差别，必然导致它们所受电力和运动轨迹的差别。

### 5.3.4 电选过程中颗粒的受力与分离

不同的电选过程，颗粒的受力与分离不尽相同。这里以干选(即在空气中)复合电场高压鼓筒式电选机为例进行分析。

1. 分选原理

如图5-46，电选机工作时，由于电晕电极与偏向电极通以高压负电，于是在电晕电极与辊筒之间形成电晕电场，在偏向电极与辊筒之间形成静电场。电晕电极附近的空气由于电离产生的负离子和电子，在电晕电场作用下飞向辊筒，形成电晕电流。

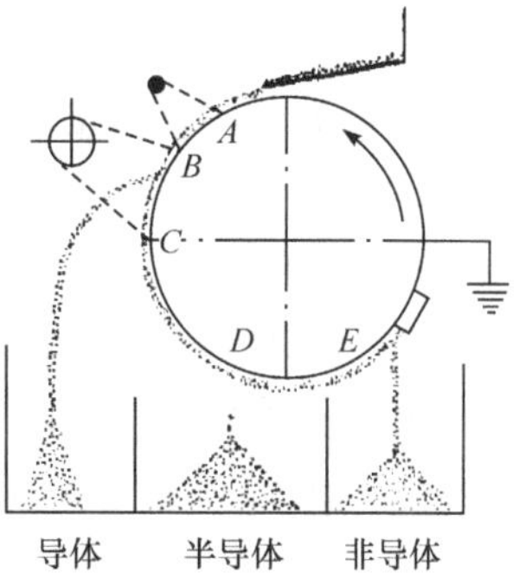


图5-46 单辊电选机分选示意图
AB. 电晕电场区；BC. 静电场区；CDE. 电场外区

入选物料经干燥后，随着辊筒首先进入电晕电场。来自电晕电极的空气负离子和电子使导体和非导体颗粒都吸附负电荷而带电，此为充电过程。但是导体颗粒得到的负电荷多，非导体颗粒得到得少。导体颗粒落到辊筒面后又把电荷传给辊筒。最后导体颗粒所得的负电荷全部放完，反而又得到正电荷，于是被辊筒排斥，在电力、离心力、重力综合作用下，其轨迹偏离辊筒进入导体产品区。同时由于偏向电极的作用，导体颗粒又受到一种偏向力，即提升效应，更增大了偏离辊筒的程度。

非导体颗粒进入静电场时，由于剩余电荷多，在静电场中产生的静电吸力大于

矿粒的重力和离心力，于是吸在辊筒上。当离开静电场时，由于界面吸力的作用，使它继续吸在鼓筒上，直至被辊筒后面的刷子刷下进入非导体产品区。

半导体颗粒的行为介于导体颗粒与非导体颗粒之间，它带有较少量的剩余电荷，在随辊筒表面的运动过程中掉落下来进入半导体产品区。

电晕电极的作用主要是使空气电离产生负离子，从而使导体与非导体颗粒都吸附离子而带上电荷。偏向电极的作用对于导体颗粒是使它加速放电，同时在它偏离辊筒的过程中把它吸引向自己一边，从而加大了它的偏离程度，有助于强化分选过程；对于非导体颗粒，是使它在静电吸力作用下，更紧地吸在辊筒上。

2. 颗粒受力

(1) 重力 $F_g$。重力 $F_g$ 在筒面上的分力，大小为 $F_g\cos\alpha$。

(2) 离心力 $F_L$。转动的离心力 $F_L = m\omega^2 R$。

(3) 库仑力 $F_K$。位于电场中某点的带电颗粒受到的库仑力为

$$F_K = qE \tag{5-106}$$

(4) 不均匀电场力 $F_N$。与磁性颗粒在不均匀磁场中受力作用类似，颗粒在电场中被极化(非导体颗粒)或感应(导体颗粒)成为一个电偶极子时，不均匀电场对它有一个作用力，这个作用力使它被吸向电场强度大的区域。此力称为不均匀电场力，其大小为

$$F_N = P\mathrm{grad}\,E \tag{5-107}$$

式中：$P$——电偶极子的电偶极矩，

$$P = \alpha VE$$

$\alpha$——颗粒的极化率；

V——颗粒的体积；

grad E——颗粒所在处的电场梯度。

若颗粒为球形，半径为 $r$，颗粒的介电常数为 $\varepsilon$，分选介质介电常数为 $\varepsilon'$，则

$$\alpha = \frac{3(\varepsilon - \varepsilon')}{4\pi(\varepsilon + 2\varepsilon')}\varepsilon' \tag{5-108}$$

$$V = \frac{4\pi}{3}r^3$$

将 $\alpha$、V 代入式(5-107)，得

$$F_N = \varepsilon' r^3\left(\frac{\varepsilon - \varepsilon'}{\varepsilon + 2\varepsilon'}\right)E\mathrm{grad}\,E \tag{5-109}$$

空气介质的 $\varepsilon'=1$，故得

$$F_N = r^3\left(\frac{\varepsilon - 1}{\varepsilon + 2}\right)E\mathrm{grad}\,E \tag{5-110}$$

由式(5－110)可知,不均匀电场力 $F_N$ 与电场梯度 grad$E$ 成正比。根据实际计算,不均匀电场力 $F_N$ 远小于库仑力 $F_K$,即使在极不均匀的电场中也是如此,并且随着粒度的减小而更加显著。例如,当颗粒粒度约为 1mm 时,不均匀电场力 $F_N$ 仅为库仑力 $F_K$ 的数百分之一。因此,在电选中不均匀电场力 $F_N$ 往往可以忽略不计。这一点与磁性颗粒只在不均匀磁场中受力是大不相同的。

(5) 镜像力 $F_l$。鼓筒式电选机分选物料时,非导体物料颗粒吸在筒面上不掉落下来,待离开电场区后用毛刷强制刷下,这是因为非导体颗粒有剩余电荷而受到镜像力作用的缘故。所谓镜像力是指荷电颗粒的剩余电荷与该电荷在接地电极表面处的镜像位置感应产生符号相反的电荷,此电荷称为镜像电荷,如图 5－47 所示。

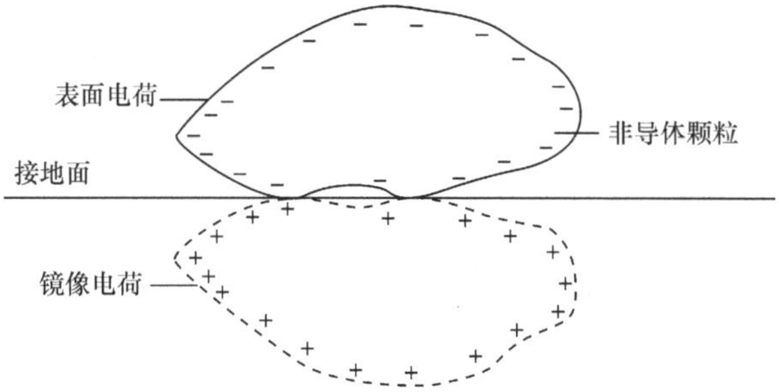


图 5－47　镜像力概念图

鼓筒剩余电荷与镜像电荷符号相反,因此相互吸引,此引力称镜像力。显然,镜像力是一种库仑力,其大小可用下式表示

$$F_l = \frac{Q_R^2}{r^2} = \left(1 + 2\,\frac{\varepsilon - 1}{\varepsilon + 2}\right)^2 E^2 r^2 \mu^2(R) \tag{5-111}$$

3. 选别过程的受力分析

颗粒在选别过程的受力情况如图 5－48 所示。导体、半导体和非导体颗粒的运动情况可用力学不等式表示如下。

① 导体颗粒在 AB 区。

$$F_K + F_l + F_g < F_L + F_N \quad \text{(落入导体产品斗中)} \tag{5-112}$$

② 中间产品半导体颗粒在 BC 区。

$$F_K + F_l < F_L + F_N + F_g\cos\alpha \quad \text{(落入中矿斗中)} \tag{5-113}$$

③ 非导体颗粒在 CD 区。

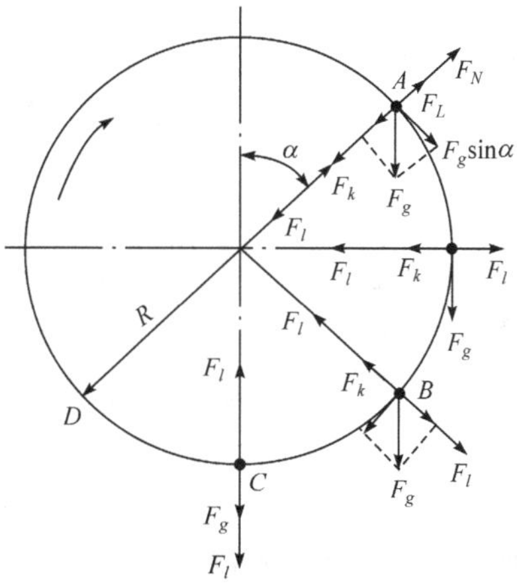


图 5－48　电选过程中颗粒的受力分析

$$F_l < F_L + F_g\cos\alpha \quad \text{（落入非导体产品斗中）} \tag{5-114}$$

或

$$F_l > F_L + F_g\cos\alpha \quad \text{（被刷下落入非导体产品斗中）} \tag{5-115}$$

## 5.4　复合物理场分选

### 5.4.1　复合物理场分选原理概述

分选过程是不同种类物料按种类分离的过程，而分级过程是不同粒度颗粒按粒度分离的过程。通过对颗粒自由沉降规律和颗粒等降现象的讨论，可以看出在重力场中，颗粒在介质中的沉降运动具有分选和分级双重效应。分级和分选过程的并存，使分选过程受到严重干扰，有时甚至被完全破坏。然而，任何分选过程都在重力场中进行，颗粒受重力作用沉降（自由沉降或干涉沉降）几乎不可避免。因此，如何克服分级的干扰是提高分选过程效率的关键之一。

颗粒自由沉降的运动方程可写为

$$\rho V\frac{\mathrm{d}v}{\mathrm{d}t} = (\rho - \rho_0)Vg - \psi\rho_0 d^2 v^2 \tag{5-116}$$

式中：$\rho$——颗粒密度；

$\rho_0$——介质密度；

$V$——颗粒体积；

$g$——重力加速度；

$v$——颗粒速度；

$d$——颗粒直径；

$\psi$——介质阻力系数。

当 $v \to 0$ 时，阻力项 $\psi\rho_0 d^2 v^2 \to 0$，颗粒加速度 $\mathrm{d}v/\mathrm{d}t = (1 - \rho_0/\rho)g$，仅与颗粒的密度 $\rho$ 有关，排除了粒度的影响。因此，创造初速度为零的条件，可以限制分级的干扰，跳汰过程利用一定频率的脉动水流就是反复利用此条件。

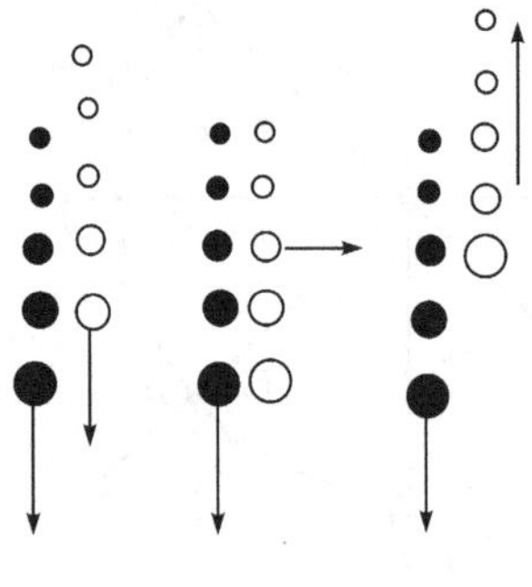

图 5-49　三种不同导向的分选作用力

但如果单纯应用重力分选力，由于作用同向，分级作用难以排除。如果使作用于颗粒 1、2 上的分选力方向偏转或反向（图 5-49），则可以降低甚至排除粒度对分选的影响。

实现作用力方向偏转或反向的途径有三种：①采用复合力场；②调节分选介质；③调节颗粒的表面性质（如润湿性）。

事实上，大多数分选方法均采用复合力场。磁选是磁场重力场，有时还加上离心力场进行复合分选，磁力方向与重力方向垂直或与重力方向相反。电选中主要分选电动力的方向多与重力方向垂直，即使是重力分选，情况也不例外。古老的摇床对颗粒的分选作用是在大约垂直于重力场的床面上实现的，它综合利用了重力、介质阻力、摩擦力及惯性力的作用，使颗粒在床面上的流膜层中按粒度及密度分带，从而进行分选。

近年来，应用复合力场实现物料分选引起了更广泛的重视，产生了一系列新的复合力场分选方法。例如，旋转螺旋溜槽利用了重力、介质阻力、离心力、惯性力在内的复合力场。再如磁流体分选法，它采用了磁场、电场及重力场的复合作用场。此外，重力浮选利用了疏水性物料的表面张力作用，并叠加了重力场和惯性振动力场，还有已有报道的电场浮选、磁场絮凝团聚分选、摩擦弹跳分选、涡流分选和气流分选等。

常见的复合力场是用离心力场强化重力场；用惯性振动力场叠加到重力场、磁场；用磁场和电场强化重力场等。有关复合力场的计算分析通常采用场强叠加的方法。

### 5.4.2 复合物理场颗粒运动理论分类

物料分离技术是借助各种物理或物理化学方法，使不同性质颗粒的运动轨迹产生差异，从而实现分离。常规物理分离过程直接利用颗粒的运动轨迹差异实现分离；在物理化学分离过程中，使不同性质颗粒分别进入不同相载体（如浮选中的泡沫相和矿浆相）中，再利用不同相载体的运动差异实现分离。

复合物理场中颗粒运动的理论大致分为三种类型：单颗粒的颗粒运动理论（定因法）；粒群（或泡沫）-流体的多相流动理论；利用实验、半理论分析、数理统计方法和数学模型归纳出的统计模型理论（模型法）。研究方法的框图见图 5－50。

颗粒运动理论用经典物理学方法建立描述单个颗粒的运动微分方程，再求解颗粒运动微分方程得出颗粒的运动规律。根据研究的深度可分为颗粒运动趋势研究和颗粒运动轨迹研究，由于它以经典物理为依据，在物理分离过程的研究中得到广泛应用。其中的最大困难是各种物理场及运动微分方程的求解，大部分问题需要用数值计算方法和计算机来求解。实际遇到的问题大都涉及粒群，颗粒运动理论很难考虑颗粒碰撞和其他颗粒存在造成的影响，往往只能得出定性的规律。

多相流动理论涉及复杂的数学问题，比较容易研究的是两相流动问题。在物料加工中，除重选、输送、浓缩和搅拌等可作为两相流动处理外，涉及分离的问题多需考虑三相流动。

统计模型理论以实验为依据来建立描述粒群运动的数学模型，它客观地反映了实验范围内粒群的统计运动规律，涉及的数学问题较为简单，实用性强，可以用于研究复合物理场中粒群的统计运动规律。

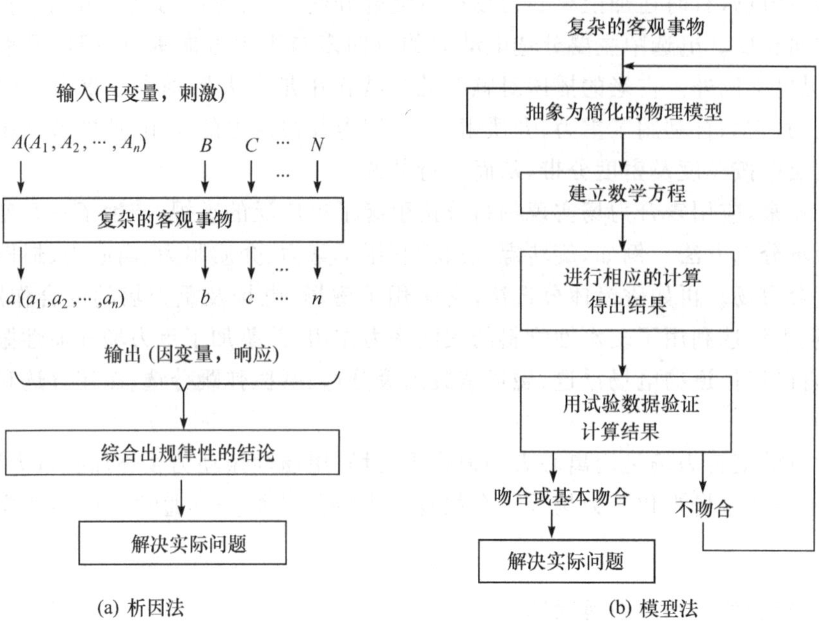


图 5-50 复合物理场理论研究方法的框图

### 5.4.3 物料加工中的复合物理场及求解方法

研究颗粒的运动首先需要计算出颗粒在物理场中的受力，计算公式已在本书有关章节中给出，关键问题是如何求出物理场的分布。物料加工中常遇的、能够直接对颗粒产生场力的物理场有重力场、压力场、流场、磁场和电场等。绝大部分物料的加工过程都涉及多种物理场。多种物理场共存时称为复合物理场，有时也称为综合力场。

各种物理场都可以用微分方程来描述，求解方法有解析解法和数值解法两大类。解析解法需要掌握有关领域的系统知识和较深的数学理论，比较简单的物理场可以用解析法求出精确解，复杂的问题只能用数值解法求解。数值解法不需要高深的数学理论，而且有的数值解法对不同领域是通用的，适用面广，容易掌握。

随着电子计算机的普及，用数值解法进行物料加工设备中的流场、磁场和电场的研究越来越多，对物料加工工程学的发展将有重大的推进作用。

### 5.4.4 颗粒运动理论简介

1. 颗粒运动微分方程

颗粒在流体中运动时，设除流体阻力 $R$ 外其余作用于颗粒上的力的合力为

$F$，合力 $F$ 是驱动颗粒在流体中运动的力，称为驱动力。当颗粒在流体中做加速度运动时，会带动周围的部分介质做加速度运动，表观上相当于颗粒的质量增加了，增加的质量称为联合质量。联合质量与颗粒排开的介质质量之比 $j$ 称为联合质量系数。对于球形颗粒，$j=0.5$。如果介质是空气，联合质量与颗粒质量相比很小，这时可以忽略联合质量的影响。

根据牛顿力学第二定律，在考虑联合质量后，颗粒运动的加速度与颗粒受力的关系可以表示为

$$m(1+j\rho/\delta)\mathrm{d}v/\mathrm{d}t = F + R \tag{5-117}$$

式中：$\rho$——流体密度；

$\delta$——颗粒密度；

$m$——颗粒质量；

$v$——颗粒运动的速度。

式(5-117)是一个矢量常微分方程，在直角坐标系中可以分解为三个分量的常微分方程组。一般情况下，驱动力和阻力是颗粒位置或速度的非线性函数，故颗粒运动问题最终归结为非线性常微分方程组的求解问题。

### 2. 颗粒运动趋势分析

在非脉动或振动的物料加工设备中，颗粒进入分离设备后，加速度运动过程时间非常短，很快就达到匀速运动，或者加速度很小，在较小的时间区间中可以近似作为匀速运动处理，那么就可以不考虑加速度项，颗粒运动微分方程可以简化为

$$F = -R \tag{5-118}$$

这时，颗粒运动方向就是驱动力的方向。

作颗粒运动趋势分析时，只关心颗粒向什么方向运动和运动速度的大小。由于驱动力的方向往往决定了颗粒的运动方向，只要计算出除流体阻力外作用于颗粒的各个分力，再确定出这些分力组成的合力(即驱动力)的方向，就知道颗粒可能会向什么方向运动。当待分离的不同颗粒受到的驱动力指向同一方向时，就必须了解不同颗粒运动速度的快慢，即不同颗粒向同一方向运动趋势的大小。如果颗粒处于给定位置时的驱动力已知，就可以利用流体阻力的公式求出颗粒相对于流体的运动速度。颗粒运动趋势分析虽然只是定性的，但是在阐明物料加工设备的分选原理时经常用到，很多物料加工设备都是基于颗粒运动趋势分析设计出来的，并未作过颗粒运动轨迹的定量计算，同样取得了较好的分离效果。所以，颗粒运动趋势分析仍然是今后探索物料加工新设备的重要手段之一。

### 3. 颗粒运动轨迹的求解方法

在给定颗粒的初始位置和初始速度后，通过求解颗粒运动微分方程可以得出

颗粒的运动轨迹。颗粒运动微分方程的求解可用解析解法和数值解法。实际问题中，涉及的物理场都比较复杂，颗粒在物理场中的受力与颗粒的位置或速度有关，运动微分方程往往是非线性的，很难求出解析解。

数值解法是把微分方程变为差分方程来求解，最常用的数值解法是四阶龙格-库塔法。计算精度与时间步长有关，步长越小，精度越高。这种数值解法的适用性很强，可以求解任何微分方程组的初值问题，还可用于求解给定单端点约束条件的常微分方程组的边值问题。对于双端点约束条件的常微分方程组的边值问题，则可用打靶法来求解。

运用上述数值解法在计算机上进行颗粒运动轨迹的仿真，可以研究不同颗粒的运动轨迹差异，改变某个操作条件时颗粒运动轨迹的变化，以及寻找获得最佳分离效果需要的操作条件。当颗粒运动轨迹在计算机上以图形的方式显示时，这种仿真实验具有很强的真实感。必须注意的是：建立运动微分方程的物理模型是以单颗粒为对象从实际问题抽象简化得出的，没有考虑颗粒之间的相互干扰以及其他颗粒存在时对物理场的影响，加上颗粒形状的不规则性，计算出的轨迹只具有统计意义，必须用实验加以检验。

### 5.4.5 粒群统计模型理论简介

对于尚无成熟科学理论，或者问题过于复杂无法从理论开展研究的工程研究领域，通过实验、半理论分析、数理统计方法和数学模型来研究对象的因果关系，是基本的科学研究手段。粒群运动统计规律的研究就是利用这种基本的研究手段进行的，这种研究归类于统计模型理论。

物料加工中一个简单的例子就是均匀粒群干涉沉降速度的研究。通过测定不同容积浓度下粒群的干涉沉降速度，找出描述粒群干涉沉降速度的数学模型为

$$v = v_0(1 - \phi_B)^n \tag{5-119}$$

式中：$v_0$——颗粒的自由沉降末速；

$v$——在固体体积分数为 $\phi_B$(旧称容积浓度 $\lambda$)时粒群的干涉沉降速度；

$n$——模型参数。

可以把物料加工的某个单元作业、某段流程组合、甚至整个物料加工工厂看作一个黑箱，黑箱的输入是物料性质及各种操作变量。在给定的输入下，经过黑箱内部的各种分离作用，不同性质粒群向不同的位置移动，有的向精料侧移动，有的向尾料侧移动。到达黑箱的出口时不同性质的粒群实现了重新分布，达到了一定程度的分离，把这个重新分布看作黑箱的输出。如果我们能够通过实验建立黑箱输入与输出的数学模型，就得到了描述不同性质粒群的统计运动规律。

## 习 题

1. 某铜矿，其原矿品位 $\alpha$、精矿品位 $\beta$ 和尾矿品位 $\theta$ 分别为 1.05 %、25.20 %和 0.13 %。分别计算求其精矿产率 $\gamma$、分选回收率 $\varepsilon$、富集比和选别比。
2. 在粉煤灰的分选试验中，分选试验槽容积为 1.5 L，单元试验样质量为 0.5 kg。若粉煤灰密度为 2300 $kg/m^3$，分选介质水的密度为 1000 $kg/m^3$，求料浆中固体物料质量分数 $w_B$ 与体积分数 $\phi_B$。
3. 黑钨矿及其伴生脉石矿物石英的密度分别为 7200 $kg/m^3$ 和 2650 $kg/m^3$；煤及其伴生脉石矿物煤矸石的密度分别为 1350 $kg/m^3$ 和 2000 $kg/m^3$。分别计算评估其重选分离的难易程度。
4. 欲采用雾化硅铁(密度为 6900 $kg/m^3$)和水，配制密度为 2850 $kg/m^3$ 的重悬浮液，求加入比例。
5. 简述重力分选的基本条件。
6. 选矿工艺粒度分几级？各级的粒度范围如何？
7. 等降比在重选中有何实践意义？
8. 重力分选中分选介质的主要运动形式有哪些？
9. 改变物质磁性的方法有哪些？
10. 什么是还原度？
11. 什么是磁场特性？开放磁系与闭合磁系的磁场特性有何区别？
12. 简述磁性颗粒在磁选机中分离的两种主要方式。
13. 简述电选分离的基本原理。
14. 为什么复合物理场能强化分选效果？
15. 有关复合力场的计算分析通常采用什么方法？

## 参考文献

蒋朝澜. 1994. 磁选理论及工艺. 北京:冶金工业出版社
刘树贻. 1994. 磁电选矿学. 长沙：中南工业大学出版社
卢寿慈. 1990. 矿物颗粒分选工程. 北京:冶金工业出版社
孙玉波. 1991. 重力选矿. 北京：冶金工业出版社
孙仲元. 1987. 磁选理论. 长沙：中南工业大学出版社
王常任. 1986. 磁电选矿. 北京:冶金工业出版社
王淀佐. 2003. 矿物加工学. 徐州:中国矿业大学出版社
《选矿手册》编委会. 1991. 选矿手册第三卷第三分册. 北京:冶金工业出版社
《选矿手册》编委会. 1993. 选矿手册第三卷第一分册. 北京:冶金工业出版社
姚书典. 1992. 重选原理. 北京:冶金工业出版社
袁楚雄等. 1982. 特殊选矿. 北京:中国建筑工业出版社
张宗华. 1993. 选矿电磁学. 北京:冶金工业出版社
R. 格柏，R. R. 柏斯. 1987. 高梯度磁分离. 刘永之译. 北京:中国建筑工业出版社
Roath S 等. 1983. 红细胞高梯度磁分离现状. 肖金华译. 国外金属矿选矿，1983(7):29～32

# 第6章　表面物理化学分选

## 6.1 概　述

固体颗粒间的分选与其表面化学性质有关。利用物料颗粒间的表面物理化学性质差异来进行分选，称为表面物理化学分选，也称界面分选。表面物理化学分选方法的分类见图6-1。

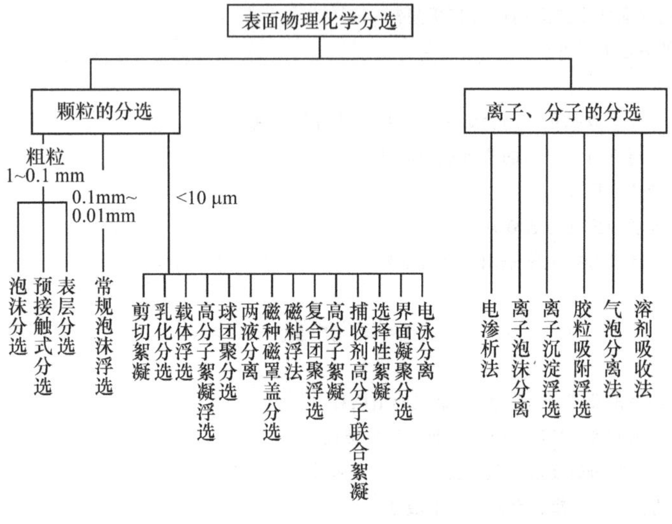


图6-1　表面物理化学分选方法的分类

目前，表面物理化学分选方法中应用最广泛，也是最重要的是浮选法。浮选是利用矿物表面物理化学性质的差异(特别是表面润湿性)，在固-液-气三相界面，有选择性地富集一种或几种目的物料，从而达到与废弃物料分离的一种选别技术。浮选同时也是废水处理、二次资源回收的重要方法。本章讲述与浮选有关的表面物理化学分选原理。

## 6.2 颗粒表面润湿性与浮选

### 6.2.1 润湿过程

润湿是在日常生活和生产实践中最常见的现象之一。在洗涤、浮选、印染、油漆、黏结、防水等应用领域中，液体对固体表面的润湿性能起着重要的作用。从宏观来说，润湿是一种流体从固体表面置换另一种流体的过程。从微观角度来看，润湿固体的流体，置换了原来在固体表面上的流体后，与固体表面是分子水平上的接触，它们之间没有被置换相的分子。最常见的润湿现象是一种液体从固体表面置换空气。可以把润湿现象分成沾湿(a)、铺展(b)和浸湿(c)三种类型，如图 6-2 所示。润湿方式或润湿过程不同，润湿的难易程度和润湿的条件也不同。

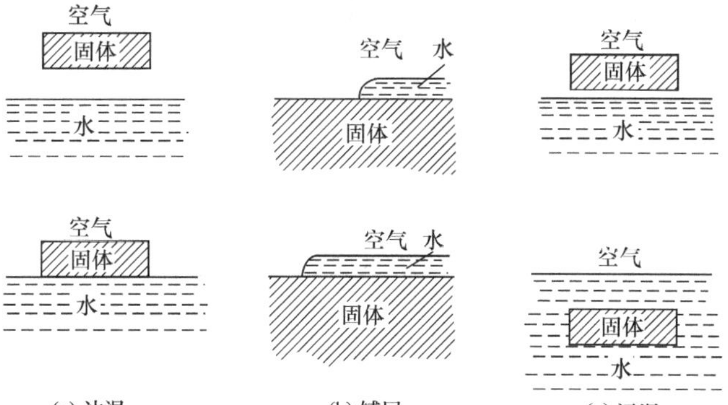


(a) 沾湿　(b) 铺展　(c) 浸湿

图 6-2　三种基本的润湿现象

以 W 代表该系统由原来状态转变为最终状态单位面积上所做的功，此功等于系统位能的损失，是系统变化推动力的判据。为简化起见，略去了重力和静电力。

(1) 沾湿。这种情况是系统固-气界面和水-气界面消失，生成了固-水界面，单位面积上降低的位能 $-\Delta G$ 为

$$W_{SL}=\gamma_{SG}+\gamma_{LG}-\gamma_{SL}=-\Delta G \tag{6-1}$$

式中：$\gamma_{SG}$——固体-空气界面自由能；

$\gamma_{LG}$——水-空气界面自由能；

$\gamma_{SL}$——固体-水界面自由能。

如果 $\gamma_{SG}+\gamma_{LG}>\gamma_{SL}$，则位能的降低是正值，沾湿将会发生。

(2) 铺展。这种情况下，系统固-气界面消失，生成了固-水界面和水-气界面，单位面积上位能降低为

$$W=\gamma_{SG}-\gamma_{SL}-\gamma_{LG}=-\Delta G \tag{6-2}$$

若 $\gamma_{SG}>\gamma_{SL}+\gamma_{LG}$，水将排开空气而铺展，为了达到很好的润湿，必须使 $\gamma_{LG}$和 $\gamma_{SL}$降低，而不降低 $\gamma_{SG}$。

(3) 浸没。系统固-气界面消失，生成了固-水界面，单位面积上位能降低为

$$W=\gamma_{SG}-\gamma_{SL} \tag{6-3}$$

因此，浸没自发进行的必要条件是 $\gamma_{SG}>\gamma_{SL}$，但这还不充分。因为固体进入水中必须通过气-水界面，这样就必须满足其他有关的条件。图 6－3 表示出浸没润湿的几个连续阶段。

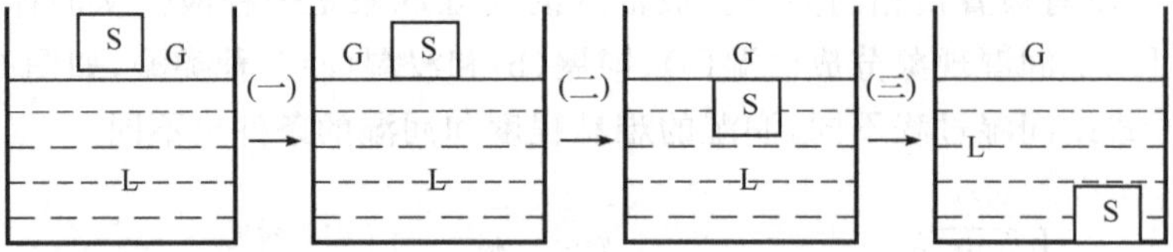


图 6－3 浸没润湿的几个连续阶段

S. 固体(solid)；L. 液体(liquid)，一般指水；G. 空气(gas)

使每个连续阶段成为可能的必要条件如下：

由阶段Ⅰ到阶段Ⅱ　$\gamma_{SG}+\gamma_{LG}>\gamma_{SL}$

由阶段Ⅱ到阶段Ⅲ　$\gamma_{SG}>\gamma_{SL}$

由阶段Ⅲ到阶段Ⅳ　$\gamma_{SG}>\gamma_{LG}+\gamma_{SL}$

如果第三阶段是可能的，则其他阶段也都可能，因此浸没润湿的主要条件是 $\gamma_{SG}-\gamma_{SL}>\gamma_{LG}$。浸没润湿与铺展润湿的条件相同。

根据三种润湿过程的热力学条件，可从理论上判断一个润湿过程是否能够自发进行。但实际上，固体表面自由能和固-液界面自由能目前还没有合适的测定方法，因而定量地运用上面的判断条件是有困难的。

### 6.2.2 固体颗粒表面润湿性的度量

1. 接触角

固体颗粒表面的润湿程度(即亲水或疏水程度)，通常可以用水滴滴于平整洁净的固体表面，当各界面张力相互作用达到平衡时，液-固之间形成的接触角(包含液相)的大小来表示，记作 $\theta$。同理，如果把固体表面放置于水面，使气泡由下面与之接触，同样也可以形成接触角。

接触角标志着固体表面的润湿性。如果固体表面形成的 $\theta$ 角很小，称其为亲水性表面；若 $\theta$ 角较大，则称其为疏水性表面。$\theta$ 角越大，说明固体表面疏水性越强；$\theta$ 角越小，固体表面亲水性越强。

图 6－4(a)表示可以被水完全润湿的固体，水滴可沿整个表面展开，$\theta$ 值近于零。当 $\theta<90°$时，如图 6－4(b)所示，也能被水润湿，属亲水性固体。如图 6－4(c)、(d)所示，当 $\theta\geqslant 90°$时，固体表面不易被水润湿，属于疏水性固体。$\theta=180°$，说明固体表面不被水润湿，是绝对疏水的固体，如图 6－4(e)所示。

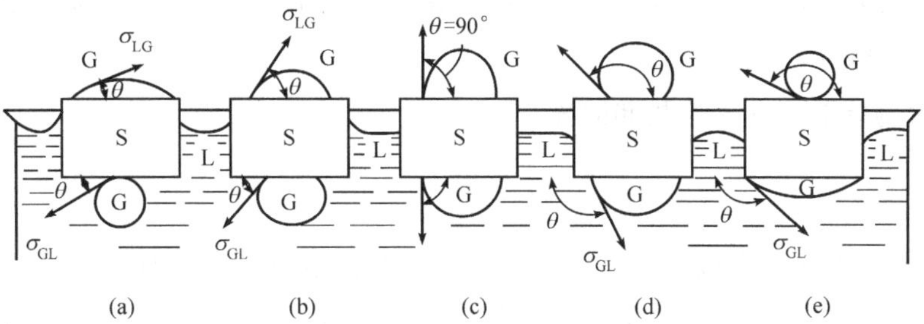


图 6-4　不同固体表面的润湿性

2. 润湿功与润湿性

水在固体表面黏附润湿过程中，体系对外做的最大功，称为润湿功 $W_{SL}$，也称为黏附功，如式(6-1)。将杨氏(Young)方程 $\gamma_{SG}=\gamma_{SL}+\gamma_{LG}\cos\theta$[式(2-61)]代入式(6-1)，得

$$W_{SL}=\gamma_{LG}(1+\cos\theta) \tag{6-4}$$

其中，$\gamma_{LG}$的数值与液体的表面张力相同(如水的表面张力为 0.072N/m)；$\theta$ 可由实验测定(参见 2.3.5 节)，于是可以算出 $W_{SL}$。

润湿功也可定义为：将固-液接触自交界处拉开所需的最小功。显然，$W_{SL}$越大，即 $\cos\theta$ 越大，固-液界面结合越牢，固体表面亲水性越强。因此，浮选中常将 $\cos\theta$ 称为“润湿性”。

3. 黏着功与可浮性

浮选涉及的基本现象是矿粒黏附在空气泡上被携带上浮。矿粒向气泡附着的过程是系统固-水界面和水-气界面消失，新生成固-气界面，即为铺展润湿的逆过程。对照式(6-2)，该过程体系对外所做的最大功定义为黏着功 $W_{SG}$，则

$$W_{SG}=\gamma_{LG}+\gamma_{SL}-\gamma_{SG}=-\Delta G \tag{6-5}$$

将杨氏方程代入式(6-5)，得

$$W_{SG}=\gamma_{LG}(1-\cos\theta) \tag{6-6}$$

$W_{SG}$代表了矿粒与气泡黏着的牢固程度。显然，$W_{SG}$越大，即$(1-\cos\theta)$越大，则固-气界面结合越牢，固体表面疏水性越强。因此，浮选中常将$(1-\cos\theta)$称为“可浮性”。

接触角 $\theta$、润湿性 $\cos\theta$、可浮性$(1-\cos\theta)$均可用于度量固体颗粒表面的润湿性，三者之间是互相关联的。

当矿物完全亲水时，$\theta=0°$，润湿性 $\cos\theta=1$，可浮性$(1-\cos\theta)=0$，此时矿粒

不会附着气泡上浮。当矿物疏水性增加时，接触角 $\theta$ 增大，润湿性 $\cos\theta$ 减小，可浮性 $(1-\cos\theta)$ 增大。

### 6.2.3 矿物表面水化作用与润湿性

1. 水化作用

浮选是在水介质中进行的。如图 6-5 所示，由水分子的几何构形可以看出，水分子具有电荷极性，且正负电荷中心相距较远，所以水分子具有较大的偶极矩，属强极性分子。

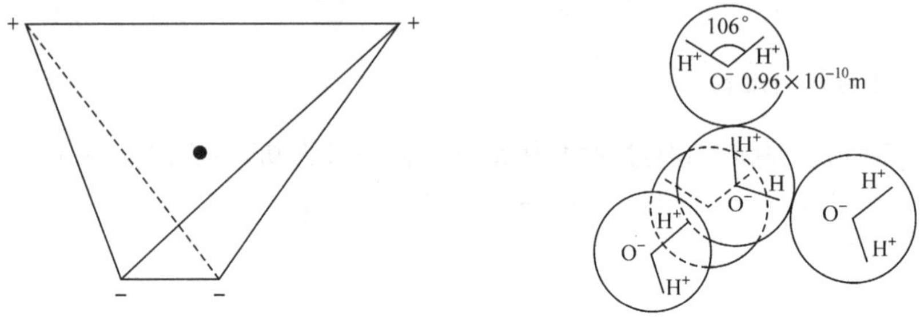


(a) 水偶极分子模型　　(b) 水的结构

图 6-5　水分子模型和水的结构

不论矿物晶体断裂面上不饱和键的性质及强弱如何，都有从周围介质中得到最大补偿的趋向。矿粒表面可能与水的偶极分子发生不同性质及强度的作用，使表面不饱和键得到程度不同的补偿。

设真空中矿粒的表面自由能为 $A_{SG}$，在水中经过水分子补偿作用（水合作用）后矿粒的表面自由能为 $A_{SL}$，水合作用前后表面自由能的变化 $A_{SL}-A_{SG}$ 可以近似看作矿粒表面的水合自由能 $\Delta G_h$，即

$$\Delta G_h = A_{SL} - A_{SG} \tag{6-7}$$

根据前面讨论的矿粒-水界面发生的一系列分过程，可以看出，$\Delta G_h$ 是由多种分过程的能量变化组合叠加而成。

(1) 矿粒排开周围水分子占据一定几何空间过程的实现，必须要：①断开周围水分子与水分子间的缔合；②将这些水分子推移一定距离。当矿粒粒度很小时，为了简化可忽略第二步引起的能量变化，近似地认为实现这一过程所需要做的功就是水分子间的缔合能 $E_w$。对于纯水，$E_w=146\times10^{-3}\mathrm{J/m^2}$。

(2) 矿粒表面与水分子作用获得的补偿能 $E$。矿粒表面的带电或不带电质点与水分子之间有四种作用方式。

① 矿粒表面的晶格阳离子与水分子通过配位键发生水合反应。如前所述，这是最强的水合作用，作用势能用 $E_{com}$ 表示。在矿粒表面有 $Co^{2+}$、$Fe^{3+}$、$Al^{3+}$、$Cr^{3+}$

等多价金属阳离子时，表面发生此种强水合作用。

② 矿粒表面的晶格离子与水分子通过静电作用发生水合，静电作用势能用 $E_a$ 表示。原则上，矿粒表面上所有的带电质点（阳离子、阴离子）均同水分子发生静电作用，其中 $Na^+$、$K^+$、$Br^-$、$I^-$ 等半径大、电荷小的离子与水分子主要发生静电作用。

③ 矿粒表面的带电或不带电晶格质点，如果包含有电负性较大的原子（如 F、O 等）或氢原子时，可与水分子发生氢键缔合作用，氢键缔合势能用 $E_{hy}$ 表示。从本质上看，阴离子与水分子的作用可以看作是一种强的氢键键合作用。

④ 矿粒表面各种分子键性质的不饱和键与水分子有分子吸引作用，这是一种弱的补偿作用，作用势能用 $E_m$ 表示。

以上四种作用中，以配位键合作用最强，静电作用及氢键作用次之，分子键合作用最弱。对于不同性质的矿粒表面，主导因素各不相同，补偿作用强弱各异。但因为都是补偿作用，所以均为释放能。

$$E = E_{com} + E_e + E_{hy} + E_m \tag{6-8}$$

对比 $E$ 及 $E_w$，基本上可以反映出矿粒表面与水作用的性质。对于极性表面 $|E|>|E_w|$，水分子与矿粒表面的作用强烈；对于非极性表面 $|E|<|E_w|$，水分子与矿粒表面的作用弱于水分子之间的作用。矿粒表面润湿性的分界线便在于此。

### 2. 水化膜

当水分子与矿物表面质点的水化作用能（$E$）大于水分子间的缔合能（$E_w$）时，水分子吸附在矿物表面，形成水化膜。

水化膜中的水分子是定向密集排列的，它们与普通水分子的随机稀疏排列不同。最靠近矿物表面的第一层水分子，受表面键能吸引最强，排列最为整齐严密。随着键能影响的减弱，离表面较远的各层水分子的排列秩序逐渐混乱。表面键能作用不能达到的距离处，水分子呈普通水样的无秩序状态。所以，水化膜实际是介于固体矿物表面与普通水之间的过渡间界，故又称为“界间层”。图 6-6 是水化膜的示意图。

通过表面化学的研究得知，水化膜的厚度与矿物的润湿性成正比。例如，亲水性矿物（如石英、云母）的表面水化膜可以厚达 10μm，疏水性矿物表面水化膜仅为 0.01～0.001μm。这层水化膜受矿物表面键能作用，它的黏度比普通水大，并且具有同固体相似的弹性，所以水化膜虽然外观是液相，但性质却近似固相。

### 3. 矿物价键特性与润湿性

矿物表面润湿性，实际上反映了水化作用的强弱，其中价键性质是水化作用能的主要影响因素，所以矿物价键与表面润湿性直接相关。依据价键特性，可以把矿

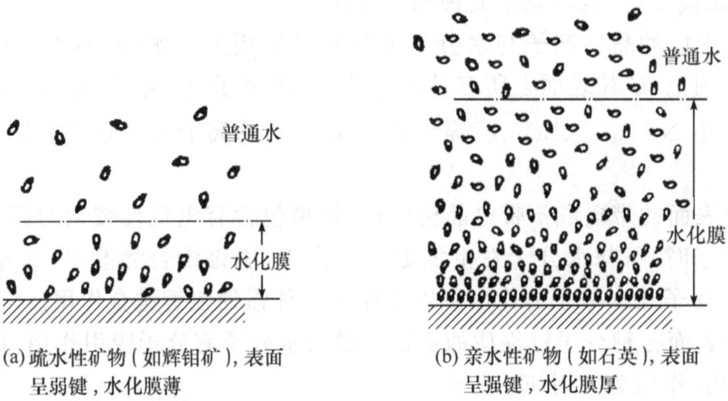


图 6-6　水化膜的示意图

物的自然润湿性分为四个类型,即强亲水性、弱亲水疏水性、疏水性、强疏水性。矿物表面润湿性的分类见表 6-1。

**表 6-1　矿物表面润湿性的分类**

| 类　型 | 表面不饱和键性质 | $E/E_w$ | 接触角 $\theta$ | 界面水结构类型 | 代表性矿物 |
|---|---|---|---|---|---|
| 强亲水 | 离子键<br>共价键<br>金属键 | ≫1 | 无 | A 型 | 石英、云母、锡石、刚玉、高岭石、方解石等 |
| 弱亲水<br>弱疏水 | 离子-共价键(部分自身闭合) | 1 左右 | 无或很小 | A 型为主 | 方铅矿、辉铜矿、闪锌矿等 |
| 疏水 | 分子键为主(层面间),离子,共价键为辅(层端断面) | <1 | 中等,40°~90° | B 型为主 | 滑石、石墨、辉钼矿、叶蜡石等 |
| 强疏水 | 色散作用为主的分子键 | ≪1 | 大,90°~110° | B 型 | 自然硫、石蜡 |

注:E 为表面同水的作用能;$E_w$ 为水分子间缔合能。

### 6.2.4　润湿与浮选

1. 改变固体间表面润湿性差异的方法

杨氏方程[式(2-61)]表明,固体表面的润湿性取决于固-液-气三相界面的自由能,并可用接触角 $\theta$ 来判断。改变三相界面自由能就可以改变固体表面润湿性,因此在工业中具有重要的实际意义。

矿物或某些物料的浮选分离就是利用矿物间或物料间润湿性的差别,并用调节自由能的方法扩大差别来实现分离。常用添加特定浮选药剂的方法来扩大物料间润湿性的差别。

如前所述,$(1-\cos\theta)$表示某物体可浮性的大小。根据杨氏方程,应设法增大$\gamma_{SL}$或$\gamma_{LG}$,并降低$\gamma_{SG}$,以增大$\theta$来提高可浮性。

浮选药剂(包括捕收剂、起泡剂及调整剂)会影响$\gamma_{SL}$、$\gamma_{LG}$或$\gamma_{SG}$,从而改变矿物的可浮性。如有些矿物的可浮性本来不大,可用捕收剂(或活化剂)来增大其可浮性;有些矿物本来可浮性较好,但为强化分离过程需要用抑制剂来减小其可浮性。各种药剂主要作用如下。

捕收剂:分子结构一端是亲矿基团,另一端是烃链疏水基团。主要作用是使目的矿物表面疏水,增加可浮性,使其易于向气泡附着。

起泡剂:主要作用是促使泡沫形成,增加分选界面,与捕收剂也有联合作用。

调整剂:主要用于调整捕收剂的作用及介质条件,其中,促进目的矿物与捕收剂作用的,为活化剂;抑制非目的矿物可浮性的,为抑制剂;调整介质 pH 的,为 pH 调整剂。

2. 泡沫浮选

泡沫浮选的主要过程是矿粒(或附有捕收剂的矿粒)附着气泡的过程,又叫气泡矿化过程。若将附有捕收剂的矿粒视作一般固体,则气泡矿化过程正是铺展润湿的逆过程(图 6-7)为固液界面及液气界面消失、固气界面生成的过程。若气泡矿化的条件为

$$\Delta\gamma_{矿化} = \gamma_{SG} - \gamma_{SL} - \gamma_{LG} \leqslant 0$$

将杨氏方程$\gamma_{SG}=\gamma_{SL}+\gamma_{LG}\cos\theta$[式(2-61)]代入,得

$$\Delta\gamma_{矿化} = -\gamma_{LG}(1-\cos\theta) \leqslant 0 \tag{6-9}$$

可见,只有$\theta>0$时,才有$(1-\cos\theta)>0$,才能发生气泡矿化作用使矿粒上浮。

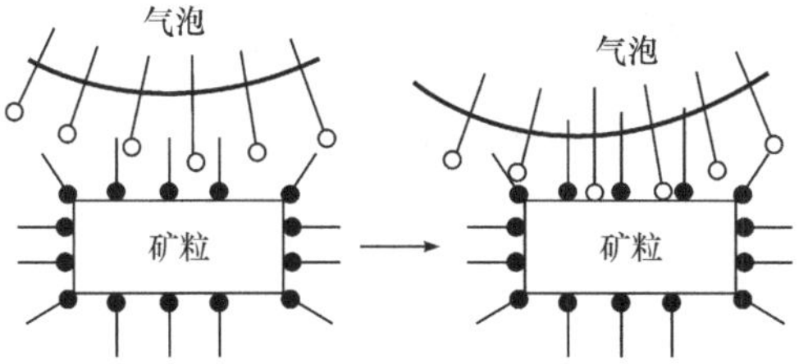


图 6-7 气泡矿化过程

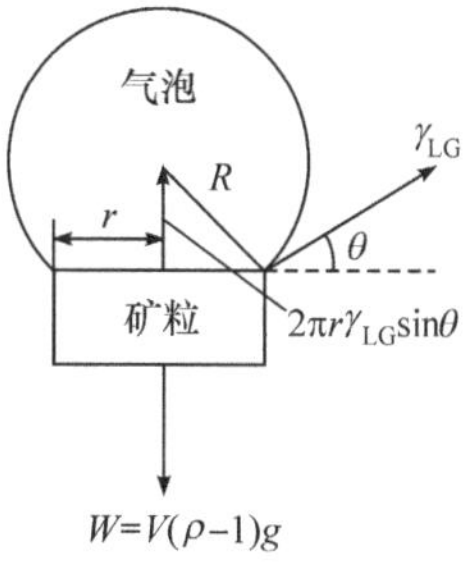


图 6-8 矿粒的浮沉

如果暂不考虑搅拌等外力以及深度所产生的水柱压力,矿化气泡的上浮只与矿粒质量、接触面的大小、气泡的半径等因素有关。设半径为$R$的气泡黏附矿粒

(图 6-8)浸在水中。受到的上浮力应是 $\gamma_{LV}$的垂直分力($2\pi r\gamma_{LG}\sin\theta$)。受到的下沉力是气泡内气体对矿粒的压力和矿粒在水中的有效重力($G_0$),前者等于气泡反抗曲面附加压力的内压力($2\gamma_{LG}/R$)与接触面积($\pi r^2$)的乘积。显然,黏附气泡的矿粒的上浮条件应是上浮力大于或等于下沉力,即

$$2\pi r\gamma_{LG}\sin\theta \geqslant \frac{G_0 + \pi r^2 2\gamma_{LG}}{R}$$

或

$$\sin\theta \geqslant \frac{G_0}{2\pi r\gamma_{LG}} + \frac{r}{R} \tag{6-10}$$

矿粒在水中的有效重力 $G_0$,可由矿粒的体积 V、密度 $\delta$、水的密度 $\rho$ 及重力加速度 g 算得

$$G_0 = V(\delta - \rho)g \tag{6-11}$$

代入式(6-10),得

$$\sin\theta \geqslant \frac{V(\delta-\rho)g}{2\pi r\gamma_{LG}} + \frac{r}{R} \tag{6-12}$$

从式(6-12)可知,$\theta$ 越大,$\gamma_{LG}$或 R 越大时,可浮的矿粒可以重些或粗些($G_0$ 或 V 大些);矿粒细(V 或 W 小)时,$\theta$、$\gamma_{LG}$和 R 可以小些。$\theta$ 及 $\gamma_{LG}$可用浮选药剂加以调整。应该指出,这里所说的 $\theta$、$\gamma_{LG}$及 R 是指矿粒浮出要求的最小值。图 6-9 为泡沫浮选过程的框图。

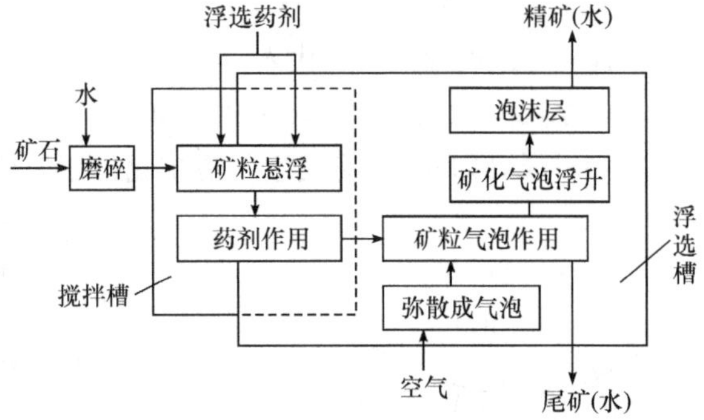


图 6-9　泡沫浮选过程的框图

### 3. 表层浮选或粒浮

表层浮选或粒浮是让矿物或其他固体物料浮在水面的过程,粒浮的条件是接触角保持在 $90° \leqslant \theta \leqslant 180°$的范围内,如图 6-10(a)所示。

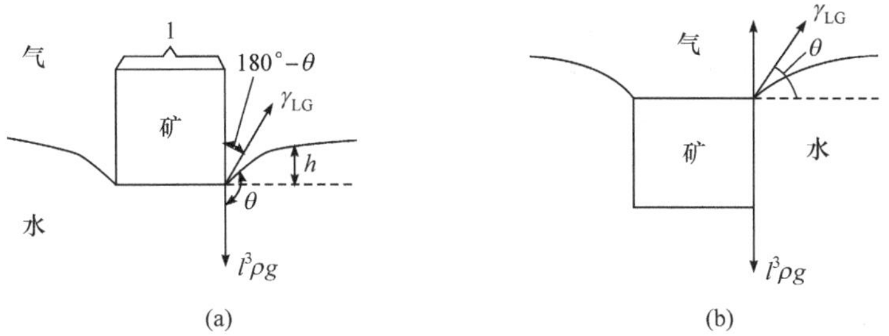


图 6-10　表层浮选

设立方体颗粒的边长为 $l$,密度为 $\delta$,水面差距为 $h$,重力加速度为 $g$,液气表面张力 $\gamma_{LG}$,接触角 $\theta$,水的密度 $\rho$,则下沉力为颗粒重力 $l^3\delta g$,上浮力为表面张力的垂直分力 $4l\gamma_{LG}\cos(180°-\theta)$与静水水压力 $l^2hg$ 之和,浮起条件为上浮力大于或等于下沉力,即

$$l^3\delta g \leqslant l^2hg + 4l\gamma_{LG}\cos(180°-\theta) = l^2hg - 4l\gamma_{LG}\cos\theta$$

或

$$\cos\theta \geqslant \frac{gl(h-\rho l)}{4\gamma_{LG}} \tag{6-13}$$

若 $0°<\theta\leqslant 90°$,如图 6-10(b)所示,颗粒只能浮在水面下,其上浮力为浮力 $l^3\rho g$ 与表面张力的垂直分力 $4l\gamma_{LG}\sin\theta$ 之和,下沉力为 $l^3\delta g$,浮起条件为

$$l^3\delta g \leqslant l^3\rho g + 4l\gamma_{LG}\sin\theta$$

$$\sin\theta \geqslant \frac{l^2 g(\delta-\rho)}{4\gamma_{LG}} \tag{6-14}$$

因为 $0<\sin\theta\leqslant 1$,只要有足够大的接触角及液气表面张力 $\gamma_{LG}$,就能使颗粒浮起。颗粒越粗($l$ 大)要求的 $\theta$ 及 $\gamma_{LG}$越大。

## 6.3　双　电　层

### 6.3.1　双电层结构及电位

1. 双电层结构

在浮选中,矿物-水溶液界面的双电层可用斯特恩(Stern)双电层模型表示。图 6-11 是其示意图。

在两相间可以自由转移,并决定矿物表面电荷(或电位)的离子称“定位离子”。定位离子所在的矿物表面荷电层称“定位离子层”或“双电层内层”,如图 6-11 中的 A 层。

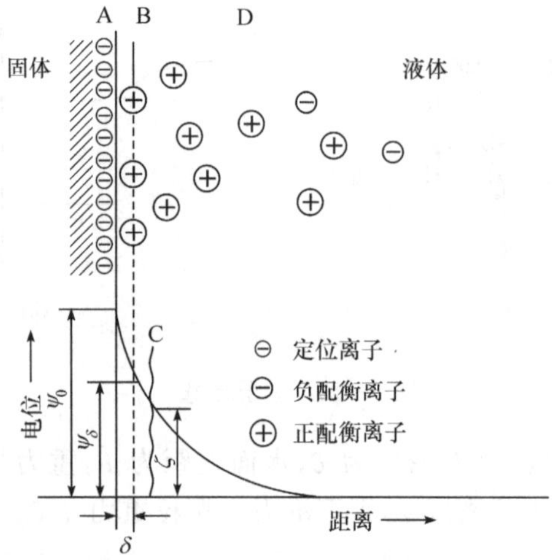


图 6-11 矿物表面双电层示意图

A. 内层(定位离子层);B. 紧密层(Stern 层);C. 滑移面;D. 扩散层(Guoy 层);$\psi_0$. 表面总电位;$\psi_\delta$. 斯特恩层的电位;$\zeta$. 动电位;$\delta$. 紧密层的厚度

根据双电层起源,一般认为,对于氧化物、硅酸盐矿物的定位离子是 $H^+$ 和 $OH^-$;对于离子型矿物、硫化物矿物,定位离子就是组成矿物晶格的同名离子。

溶液中起电平衡作用的反号离子称为"配衡离子"或"反离子"。配衡离子存在的液层称"配衡离子层"或"反离子层"、"双电层外层"。

在通常的电解质浓度下,配衡离子受定位离子的静电引力作用,在固-液界面上吸附较多而形成单层排列。随着离开表面距离的增加,配衡离子浓度将逐渐降低,直至为零。

因此,配衡离子层又可用一假设的分界面将其分成"紧密层"(或称斯特恩层),如图 6-11 中的 B 层;以及"扩散层"[或称"古依(Gouy)层"],如图 6-11 中的 D 层,该分界面称为"紧密面"。紧密面离矿物表面的距离等于配衡离子的有效半径($\delta$)。

2. 双电层电位

(1) 表面电位($\psi_0$)。表面电位是荷电的矿物表面与溶液之间的电位差。对于导体或半导体矿物(如金属硫化矿物),可将矿物制成电极侧 $\psi_0$,故又称"电极电位"。

非导体矿物的 $\psi_0$ 可以用能斯特(Nernst)公式算出,它取决于溶液中定位离子的活度。其关系式推导如下:

设 $M^+$ 或 $X^-$ 为 1—1 型矿物，如果其溶解度小，在水溶液中平衡时，$M^+$ 或 $X^-$（即定位离子）在溶液内的活度分别为 $a_{M^+}$、$a_{X^-}$，则吸附阳离子 $M^+$ 后，其自由能变化（$\Delta G$）为

$$\Delta G = \Delta G^{\ominus} + RT\ln\frac{a_{M^+}^{s}}{a_{M^+}} \tag{6-15}$$

式中：$\Delta G^{\ominus}$——标准状态时的自由能变化；

$a_{M^+}^{s}$，$a_{M^+}$——$M^+$ 在表面和溶液内的活度；

$R$——摩尔气体常量；

$T$——热力学温度。

平衡状态时，化学功等于电功，即

$$\Delta G = -F\psi_0$$

式中：$F$——法拉第常量。

于是式（6-15）可以写成

$$-F\psi_0 = \Delta G^{\ominus} + RT\ln\frac{a_{M^+}^{s}}{a_{M^+}} \tag{6-16}$$

当 $\psi_0 = 0$ 时，则

$$\Delta G^{\ominus} = -RT\ln\frac{a_{M^+}^{\overset{0}{s}}}{a_{M^+}^{0}} \tag{6-17}$$

式中，$a_{M^+}^{\overset{0}{s}}$，$a_{M^+}^{0}$——$\psi_0 = 0$ 时，$M^+$ 在矿物表面和溶液中的活度。

将式（6-17）代入式（6-16），得

$$\psi_0 = \frac{RT}{F}\ln\frac{a_{M^+}\,a_{M^+}^{\overset{0}{s}}}{a_{M^+}^{0}\,a_{M^+}^{s}} \tag{6-18}$$

因为 $M^+$ 是矿物的一个组分，它在表面的活度可以假定为常数，即 $a_{M^+}^{s} = a_{M^+}^{\overset{0}{s}}$，所以式（6-18）可简化为

$$\psi_0 = \frac{RT}{F}\ln\frac{a_{M^+}}{a_{M^+}^{0}} \tag{6-19}$$

同样，对于阴离子 $X^-$ 的吸附可得

$$\psi_0 = -\frac{RT}{F}\ln\frac{a_{X^-}}{a_{X^-}^{0}} \tag{6-20}$$

如果离子价数为 $n$，则式（6-19）和式（6-20）可写成

$$\psi_0 = \frac{RT}{nF}\ln\frac{a_{M^+}}{a_{M^+}^{0}} = -\frac{RF}{nF}\ln\frac{a_{X^-}}{a_{X^-}^{0}} \tag{6-21}$$

(2) 斯特恩电位($\psi_\delta$)。斯特恩电位($\psi_\delta$)是紧密面与溶液之间的电位差。

(3) 动电位($\zeta$)。当矿物-溶液两相在外力(电场、机械力或重力)作用下发生相对运动时,紧密层中的配衡离子因为吸附牢固会随矿物一起移动,而扩散层将沿位于紧密面稍外一点的"滑移面"(图 6-11)移动。此时,滑移面上的电位称为"动电位"或"电动电位"、"$\zeta$-电位"。

3. 零电点和等电点

(1) 零电点 PZC。式(6-21)表明,矿物的表面电位取决于溶液中定位离子的活度。当 $a_{M^+}=a^0_{M^+}$ 或 $a_{X^-}=a^0_{X^-}$ 时,$\psi_0=0$,反之亦然。因此,当 $\psi_0$ 为零(或表面净电荷为零)时,溶液中定位离子活度的负对数值被定义为"零电点",用符号 PZC (point of zero charge)表示。

如果已知矿物的零电点,则可根据式(6-21)求出在定位离子活度条件下的 $\psi_0$。

对于硅酸盐和氧化物矿物,如石英、刚玉、锡石、赤铁矿、软锰矿、金红石等,根据双电层的起源,一般认为 $H^+$ 和 $OH^-$ 是定位离子。根据式(6-21),在 25℃时,代入各常数数值,则

$$\psi_0 = 2.303 \times \frac{8.314 \times 298}{1 \times 96\,500} \lg\left[\frac{H^+}{H_o^+}\right] \tag{6-22}$$
$$= 0.059(pH_{PZC} - pH) \quad (V)$$

式中:$pH_{PZC}$——氧化物和硅酸盐矿物零电点的 pH。

**【例 6-1】** 已知石英的 $pH_{PZC}=1.8$,计算 pH=1.0 和 7.0 时,表面电位大小。

**解** 由式(6-22),当 pH=1.0 时,有

$$\psi_0 = 0.059(1.8 - 1.0)(V) = 0.047(V) = 47(mV)$$

当 pH=7.0 时,有

$$\psi_0 = 0.059(1.8 - 7.0)(V) = -0.305(V) = -305(mV)$$

计算结果表明,在定位离子是 $H^+$ 和 $OH^-$ 的情况下,当 pH>PZC,$\psi_0<0$ 时,矿物表面荷负电;当 pH<PZC,$\psi_0>0$ 时,矿物表面荷正电。

对于离子型矿物,如白钨矿、重晶石、萤石、碘银矿、辉银矿等,一般认为定位离子就是组成矿物晶格的同名离子,因此,计算 $\psi_0$ 的式(6-21)可写成

$$\psi_0 = \frac{0.059}{n}(pM_{PZC} - pM) \tag{6-23}$$

式中:$pM_{PZC}$——以定位离子活度的负对数值表示的零电点;

pM——定位离子活度的负对数值。

例如,有人测得重晶石的 $pBa_{PZC}=7.0$,即表示当 $a_{Ba^{2+}}=10^{-7}$ 时,$\psi_0=0$。

应该指出，离子型矿物在水溶液中，随 pH 的变化而影响矿物的解离，因此在一定的 pH 下，表面电位 $\psi_0$ 会出现为零的情况，称该 pH 为“零表面电位 pH”（或零电点 pH）以区别于该矿物的 PZC。

常见矿物表面的零电点及等电点 pH 列于表 6-2 中。

**表 6-2　常见矿物表面的零电点及等电点 pH**

| 矿物 | $pH_{PZC}$或 $pH_{IEP}$ | 矿物 | $pH_{PZC}$或 $pH_{IEP}$ |
|---|---|---|---|
| 赤铁矿 $Fe_2O_3$ | 8.0,6,7.8,4 | 孔雀石 $CuCO_3 \cdot Cu(OH)_2$ | 7.9 |
| 针铁矿 FeOOH | 7.4,6.7 | 菱锰矿 $MnCO_3$ | 10.5 |
| 刚玉 $Al_2O_3$ | 9.0,9.4 | 菱铁矿 $FeCO_3$ | 11.2 |
| 锡石 $SnO_2$ | 4.5,6.6 | 水磷铝石 $AlPO_4 \cdot 2H_2O$ | 4.0 |
| 金红石 $TiO_2$ | 6.2,6.0 | 红菱铁矿 $FePO_4 \cdot 2H_2O$ | 2.8 |
| 软锰矿 $MnO_2$ | 5.6,7.4 | 白钨矿 $CaWO_4$ | 1.8 |
| 墨铜矿 CuO | 9.5 | 黑钨矿 $(Mn \cdot Fe)WO_4$ | 2—2.8 |
| 赤铜矿 $Cu_2O$ | 9.5 | 高岭石 $Al_2O_3$ | 3.4 |
| 锆石 $ZnSiO_3$ | 5.8 | 蔷薇辉石 $MnSiO_3$ | 2.8 |
| 钛铁矿 $FeTiO_2$ | 8.5 | 镁橄榄石 $Mg_2SiO_4$ | 4.1 |
| 铬铁矿 $FeCr_2O_4$ | 5.6,7.2 | 铁橄榄石 $Fe_2SiO_4$ | 5.7 |
| 磁铁矿 $Fe_3O_4$ | 6.5 | 红柱石 $Al_2SiO_3$ | 7.5,5.2 |
| 方解石 $CaCO_3$ | 8.2,9.5,6.0 | 透辉石 $CaMg(SiO_3)_2$ | 2.8 |
| 菱镁石 $MgCO_3$ | 6—6.5 | 滑石 | 3.6 |
| 菱锌矿 $ZnCO_3$ | 7.4,7.8 | 石英 $SiO_2$ | 1.8,2.2 |

（2）等电点 IEP。双电层中的配衡离子对矿物表面只有静电力相互作用，但当溶液中某种离子（如表面活性剂离子）对矿物表面除有静电力外，尚有附加的其他作用力，如化学力、烃链缔合力等存在时，这种离子会更多地进入紧密层中，使配衡离子层的电位发生更复杂的变化。当这种离子与表面电荷符号相同时，它能克服静电斥力而进入紧密层，其电位变化如图 6-12(a)；当这种离子与表面电荷符号相反时，则可使 $\psi_\delta$ 和 $\zeta$ 电位符号与 $\psi_0$ 相反，如图 6-12(b)，我们称这种作用为特性吸附作用。

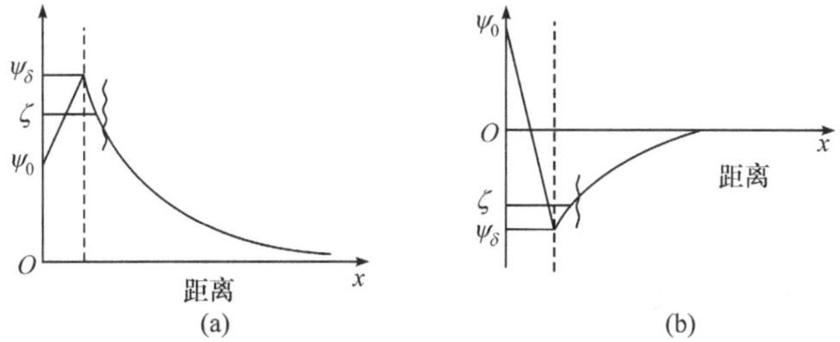


图 6-12　特性吸附离子对电位的影响

由于 $\zeta$ 电位容易测定，因此在浮选中有很重要的意义。与零电点对应，定义当没有特性吸附，$\zeta$ 电位等于零时，溶液中定位离子活度的负对数值为“等电点”，用符号 IEP(isoelectric point)表示。

在没有特性吸附的情况下，当 $\psi_0=0$ 时，$\zeta=0$，即 PZC=IEP。因此，可用测定动电位的方法来测定矿物的 PZC，即用测量 $\zeta$ 电位变号时的 IEP 值来表示 PZC 值。

### 6.3.2 动电现象

前节讨论的双电层都是指界面相对静止的情况，当一相相对于另一相运动时，会引起一些有趣的电现象，称为动电现象，包括电渗、电泳、流动电位和沉降电位。动电现象获得了广泛的应用，特别是电泳和电渗，应用在许多过程中，如脱水、浓缩、分离、水的净化、红细胞分离等。

1. 电渗

在外加电场作用下，液相沿着固相(毛细管、多孔隔膜、多孔塞、粉末等)移动，称为电渗。在电场作用下，溶液发生移动，说明液相中存在剩余电荷，即固体微粒周围应存在双电层或离子云，由此可以得出以下结论。

(1) 通过水或水溶液的流动方向，可以确定粒子带何种电荷。如闪锌矿、方铅矿在蒸馏水中试验时，水向阴极流动，说明这些矿粒在水中带负电荷；相反，萤石($CaF_2$)、方解石在蒸馏水中带正电，因此水向阳极移动。

(2) 根据玻璃管中溶液的移动速度可以确定电渗流出体积(V)：$V=\mu A$ ($cm^3/s$)，其中 $\mu$ 为液面移动速度，A 为玻璃管截面积。

(3) 电渗速度不仅同多孔物质的性质有关，而且还与溶液性质和电解质浓度有关。电渗速度对电解质浓度非常敏感，有时可以使电渗方向发生改变。

(4) 由电渗速度的测定可以求得 $\zeta$ 电位。由电渗法测定 $\zeta$ 电位，通常是测出电渗电流和液体的电渗流出体积 V($cm^3/s$)，再由式(6-24)求出 $\zeta$ 电位，即

$$\zeta=\frac{4\pi\eta\kappa^* V}{Di}\times 300^2(\mathrm{V}) \tag{6-24}$$

式中：$\kappa^*$——溶液电导率，$\Omega^{-1}\cdot cm^{-1}$；

$300^2$——换算因子；

$\eta$——黏度，g/(cm·s)；

D——液体的介电常数；

$i$——电流强度，A；

V——电渗时液体流过多孔性物质的体积，$cm^3/s$。

2. 电泳

在外电场作用下，分散在液相中的固体粒子向电极的移动称为电泳。通过粒子在电场中的移动方向，可以确定它们带何种电荷。如 $Fe(OH)_3$、$Al(OH)_3$ 等向阴极泳动，说明它们带正电荷；S、$As_2S_3$、淀粉、阿拉伯树胶带负电荷，移向阳极。

由施加的电场强度 $i$，测得界面移动速度 $u$，然后求得电泳迁移率 $u_0$，便可根据式(6-25)求得 $\zeta$ 电位，即

$$\zeta = \frac{\pi \eta u_0}{fD} \times 300^2 (\mathrm{V}) \tag{6-25}$$

式(6-25)中，$\eta$、$D$ 同式(6-24)；$f$ 为数值因子，取决于离子半径与扩散层有效厚度 $\kappa^{-1}$ 之比($a/\kappa^{-1}$)。当 $a/\kappa^{-1}$ 比较大(即与扩散电荷厚度比较，粒子大)，不论粒子形状如何，$f$ 取 1/4；当 $a/\kappa^{-1}$ 比较小，对平行电场的圆柱粒子 $f$ 取 1/4，对球形粒子 $f$ 取 1/6。

### 6.3.3　颗粒表面电性与浮选药剂吸附

PZC 和 IEP 是矿物表面电性质的重要特征参数，当用某些以静电力吸附作用为主的阴离子或阳离子捕收剂浮选矿物时，PZC 和 IEP 可作为能否进行吸附及浮选的判据。当 pH＞PZC 时，矿物表面带负电，阳离子捕收剂能吸附并进行浮选；pH＜PZC 时，矿物表面带正电，阴离子捕收剂可以靠静电力在双电层中吸附并进行浮选。

以浮选针铁矿为例，针铁矿的动电位与可浮性的关系如图 6-13 所示。针铁

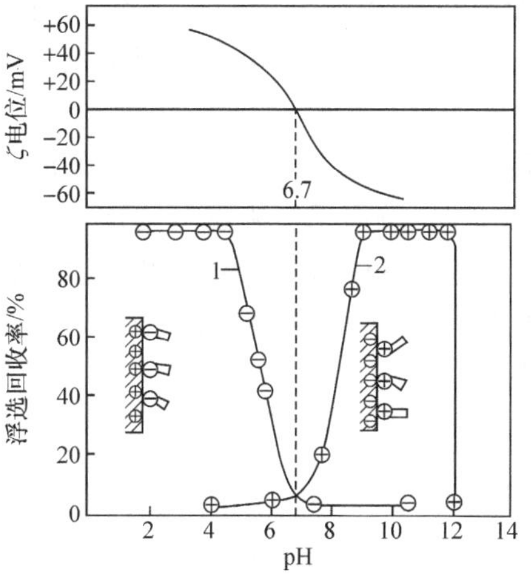


图 6-13　针铁矿的动电位与可浮性关系

1. 以阴离子型 $RSO_4$ 为捕收剂；

2. 以阳离子型 $RNH_3$ 为捕收剂

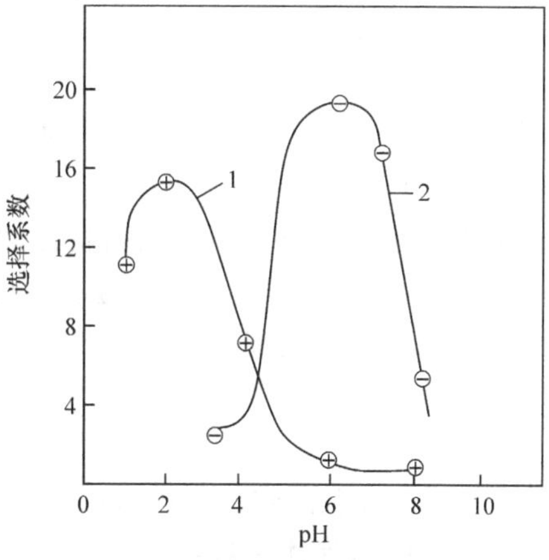


图 6-14　针铁矿与石英混合物的分选

1. 阴离子型捕收剂 $R_{12}OSO_3Na$；

2. 阳离子型捕收剂 $R_{12}NH_2Cl$

矿的零电点 PZC 为 pH=6.7。当 pH<6.7 时,其表面电位为正,此时用阴离子捕收剂,如烷基硫酸盐 $RSO_4^-$ 或烷基磺酸盐 $RSO_3^-$,以静电力吸附在矿物表面,使表面疏水良好上浮。当 pH>6.7 时,针铁矿的表面电位为负,此时用阳离子捕收剂如脂肪胺 $RNH_3$,以静电力吸附在矿物表面,使表面疏水良好上浮。

纯针铁矿与石英混合物分选试验的结果,如图 6-14 所示。pH=2 时,针铁矿的表面电位为正,石英的表面电位为负,用阴离子捕收剂浮选针铁矿分选性好。pH=6.7 时,针铁矿的表面电位为负,石英的表面电位为正,用阳离子捕收剂浮选石英分选性好。在浮选绿柱石、铬铁矿、石榴子石等矿物时,也常将表面电位调整到正值,再用阴离子捕收剂(如磺酸盐类)浮选。

由此可见,讨论矿物的表面电性质及其同浮选捕收剂的静电力作用时,矿物的 PZC(或 IEP)值是基本的理论依据。常见的矿物表面零电点及等电点 pH 列于表 6-2。

阴离子型捕收剂如磺酸盐、烷基硫酸盐和羧酸盐的短链同系物与氧化矿物表面是通过静电力吸附的。这种吸附的特点是只有在氧化矿物表面荷正电的条件下,吸附才能发生。阳离子型捕收剂如脂肪胺在氧化矿物表面荷负电的条件下,吸附才能发生。因此,在使用这些捕收剂时,必须知道有关氧化物的零电点。

对于以化学力吸附为主的长链羧酸盐氧化矿捕收剂和巯基硫化矿捕收剂,矿物的 PZC(或 IEP)值和表面荷电正负情况则影响不大。

### 6.3.4 半胶束吸附

当阴离子表面活性剂浓度较低时,离子完全靠静电力吸附在双电层外层,起配衡离子作用,因此又称为"配衡离子吸附"。在浓度较高时,表面活性剂离子的烃链相互作用,形成半胶束状态,产生半胶束吸附。这种吸附是在静电力吸附基础上,又加上分子烃链间的范德华力作用。

如图 6-15,以十二胺在石英表面上的吸附情况为例,当捕收剂浓度较低时,胺离子呈个别状态静电吸附于石英表面;浓度较高时,胺离子吸附密度增加,相互靠近,靠其非极性端分子引力互相联合,形成半胶束。图 6-15 区域(a)和(b)之间的变化在吸附密度相当于单分子层的 1/10 范围时出现。表面活性剂的吸附密度、吸附的状态,可用斯特恩-格雷姆方程式计算和描述。

$$\Gamma_\delta = 2\,rc_i\exp\left(\frac{-\Delta G_{ads}^0}{RT}\right) \tag{6-26}$$

式中:$c_i$——i 药剂在溶液中的浓度;

$R$——摩尔气体常量;

$T$——热力学温度;

$\Gamma_\delta$——在紧密层的吸附量;

$r$——i 药剂的离子半径。

$\Delta G^0_{ads}$又可分为

$$\Delta G^0_{ads} = \Delta G^0_{elec} + \Delta G^0_{chem} + \Delta G^0_{CH_2} + \cdots \tag{6-27}$$

式中：$\Delta G^0_{elec}$——静电力吸附自由能；

$\Delta G^0_{chem}$——化学吸附自由能；

$\Delta G^0_{CH_2}$——烃链间发生缔合作用的分子键合自由能。

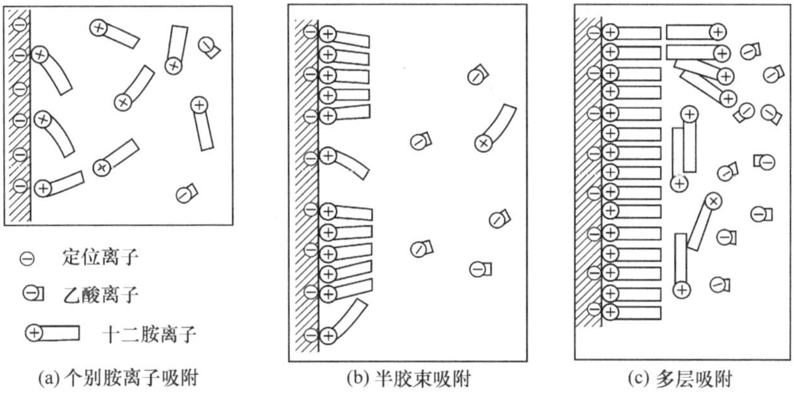


图 6-15　石英表面双电层结构与阳离子捕收剂吸附示意图

由式(6-27)可得出以下结论：

① 药剂浓度很低时，表面活性剂仅为配衡离子吸附，只有静电力吸附自由能 $\Delta G^0_{elec}$。

② 若浓度已达到半胶束浓度程度，还应包括烃链间的分子键合自由能 $\Delta G^0_{CH_2}$。

③ 若表面活性剂与氧化物间有化学活性，还应包括化学吸附自由能 $\Delta G^0_{chem}$。

## 6.4　矿物溶解对浮选过程的影响

### 6.4.1　矿浆 pH 及其缓冲性质

固体在水中会发生溶解，当溶解平衡后，溶解的成分全部以离子形式 $M^{n+}$ 和 $A^{m-}$ 存在。硫化物矿物溶解后，对溶液 pH 一般没有影响。氧化物矿物溶解后，对溶液 pH 的影响也不大。

大多数盐类矿物的溶解会使溶液 pH 上升或下降。由于矿物饱和溶液的 pH 具有一定大小，因此，盐类矿物矿浆的 pH 一般维持在某一狭小范围，这就是盐类矿物矿浆的缓冲性质。这意味着，无论矿浆的初始 pH 是多大，经过一定时间平衡后，盐类矿物矿浆的 pH 最终会趋于某一狭小范围。例如，高岭土的饱和溶液，初始 pH=7.0,经过约 1min 的时间,其 pH 降到 5.6 左右;又如方解石,用 NaOH 将初始 pH 调到 8.2、9.9 或 11.5,或用 $HNO_3$ 将初始 pH 调至 3.0 和 1.9,经过若干小时后,最终平衡 pH 均趋向于 8～9。这些结果显示,盐类矿物浮选时,难以调节到所期望的 pH。

### 6.4.2 矿物溶解度大小与可浮性

矿物溶解能力的大小,取决于晶格离子的水化和离子间的相互作用,分别以水化能和晶格能来量度。一般情况下,水化能大的,溶解度大,矿物亲水性大,可浮性差。因此,较难溶的纯净的硫化矿表现出一定的天然可浮性,而溶解度较大的氧化矿是亲水的,没有天然可浮性。

### 6.4.3 矿物溶解离子的活化作用

由于矿物的溶解,使矿浆中溶入了各种离子,这些离子会对矿物的浮选产生重要影响。例如,溶解的 $Cu^{2+}$ 会使闪锌矿、黄铁矿的浮选明显改善,称 $Cu^{2+}$ 起了活化作用。假定金属离子对闪锌矿的活化反应按式(6-28)进行

$$Me^{2+} + ZnS \rightleftharpoons MeS + Zn^{2+} \qquad K_1 = \frac{[Zn^{2+}]}{[Me^{2+}]} \tag{6-28}$$

该反应的标准自由能变化为

$$\Delta G^{\ominus\prime} = \Delta G^{\ominus}_{Zn^{2+}} + \Delta G^{\ominus}_{MeS} - \Delta G^{\ominus}_{Me^{2+}} - \Delta G^{\ominus}_{ZnS} \tag{6-29}$$

活化闪锌矿需要的金属离子浓度与 $Zn^{2+}$ 浓度之比为

$$\frac{[Me^{2+}]}{[Zn^{2+}]} = \exp\left(\frac{\Delta G^{\ominus\prime}}{RT}\right) \tag{6-30}$$

同理,黄铁矿被活化的反应为

$$Me^{2+} + FeS_2 \longrightarrow MeS + Fe^{2+} + S^0$$

$$\Delta G^{\ominus\prime\prime} = \Delta G^{\ominus}_{Fe^{2+}} + \Delta G^{\ominus}_{MeS} - \Delta G^{\ominus}_{Me^{2+}} - \Delta G^{\ominus}_{FeS_2} \tag{6-31}$$

活化黄铁矿所需的金属离子浓度与溶液中 $Fe^{2+}$ 离子浓度之比为

$$\frac{[Me^{2+}]}{[Fe^{2+}]} = \exp\left(\frac{\Delta G^{\ominus\prime\prime}}{RT}\right) \tag{6-32}$$

根据有关的热力学数据,由式(6-30)和式(6-32)计算出的 $Cu^{2+}$、$Pb^{2+}$、$Cd^{2+}$、$Ag^{+}$ 对闪锌矿及黄铁矿活化反应的 $\Delta G^{\ominus}$ 及所需的浓度列于表 6-3。

可见,Cu、Pb、Cd、Ag 等硫化物溶解产生的金属离子浓度远大于活化闪锌矿所需的浓度。对于黄铁矿,$Cu^{2+}$、$Ag^{+}$ 的活化作用强,$Pb^{2+}$、$Cd^{2+}$ 的活化作用弱。

表 6-3　金属离子活化闪锌矿、黄铁矿的条件

| 金属离子 | $-\Delta G^{\ominus}$/(J/mol) | | 计算所需 | | 两种硫化矿共存时 | |
|---|---|---|---|---|---|---|
| | $-\Delta G^{\ominus\prime}$ | $-\Delta G^{\ominus\prime\prime}$ | [Me]/[$Zn^{2+}$] | [Me]/[$Fe^{2+}$] | [Me]/[$Zn^{2+}$] | [Me]/[$Fe^{2+}$] |
| $Cu^{2+}$ | 62.93 | 48.24 | $9.3\times10^{-12}$ | $3.4\times10^{-9}$ | $10^{-5}$ | $10^{-8}$ |
| $Pb^{2+}$ | 17.24 | 2.68 | $9.5\times10^{-4}$ | 0.34 | $7.9\times10^{-2}$ | $1.4\times10^{-3}$ |
| $Cd^{2+}$ | 11.72 | −2.85 | $8.8\times10^{-3}$ | 3.15 | 0.12 | $2.12\times10^{-3}$ |
| $Ag^{+}$ | 143.34 | 121.59 | $7.4\times10^{-26}$ | $4.9\times10^{-22}$ | $10^{-8}$ | $2.4\times10^{-10}$ |

当硫化矿氧化后，矿浆离子浓度增大，相互之间的影响增强，因此复杂多金属矿的浮选分离具有相当的难度。例如，有氧存在下，在黄铜矿饱和溶液中，闪锌矿表面 Cu 的覆盖率可达 1.5 个单分子层，并形成铜蓝，此时闪锌矿的浮选性就与铜蓝一样了，故铜锌硫化矿属较难浮选分离的矿种。

### 6.4.4　矿物溶解离子对捕收剂作用的影响

1. 竞争吸附

矿物溶解离子与同电性捕收剂离子在矿物表面会发生竞争吸附。浮选时捕收剂离子吸附于矿物表面使疏水性增强，但同时同电性矿物溶解离子的竞争吸附又会对浮选起抑制作用。例如，用油酸钾 KOl 作捕收剂，在磷灰石及方解石饱和溶液中浮选磷灰石，回收率均比在纯水中低。有人认为，这是由于在这两种矿物的饱和溶液中含有 $PO_4^{3-}$、$CO_3^{2-}$ 等离子，与油酸根阴离子发生竞争吸附所致。在方解石、磷灰石饱和溶液中，$CO_3^{2-}$、$PO_4^{3-}$ 的离子浓度可达 $1\times10^{-6}\sim1\times10^{-4}$mol/L，大于或接近于油酸钾的浓度，足以产生竞争作用。

2. 沉淀捕收剂

溶解的矿物阳离子在溶液中可以同捕收剂阴离子形成盐沉淀，消耗捕收剂对浮选产生不利影响，增大了药剂用量。例如，用油酸钠 NaOl 浮选分离磷灰石和方解石，回收率低。有人认为是由于溶解的 $Ca^{2+}$ 与油酸根阴离子 $Ol^{-}$ 形成 $Ca(Ol)_2$ 沉淀所致。因此，加入一种阳离子交换剂沸石，使溶液中过多的 $Ca^{2+}$ 与沸石中的 $Na^{+}$ 发生交换，大大降低矿浆中 $Ca^{2+}$ 的浓度，可使磷灰石浮选回收率提高。

## 6.5　硫化物固体颗粒表面的氧化还原反应与浮选

### 6.5.1　硫化物固体颗粒表面的氧化

多数有色金属矿物以硫化物形态产出。硫化物容易氧化，氧化深度和氧化产物的种类显著地影响其表面性质，从而对浮选分离过程产生重要影响。电化学和表面分析（光电子能谱）的研究表明，硫化物的氧化产物受介质 pH 的控制，同时还

受到环境(氧化还原条件)和氧化深度的影响。

1. pH 的影响

用 M 表示金属离子,MS 表示硫化物,在酸性、中性或碱性水溶液中的氧化反应通式是:

在酸性水溶液中

$$MS = M^{n+} + S^0 + ne \tag{6-33}$$

在中性或碱性水溶液中

$$MS + nH_2O = M(OH)_2 + S^0 + nH^+ + ne \tag{6-34}$$

同时还发生如下的反应,生成 $SO_4^{2-}$、$S_2O_3^{2-}$,即

$$2MS + 7H_2O = 2M(OH)_2 + S_2O_3^{2-} + 10H^+ + 8e \tag{6-35}$$

$$MS + 6H_2O = M(OH)_2 + SO_4^{2-} + 10H^+ + 8e \tag{6-36}$$

可见,在酸性条件下,硫化物的氧化总是生成可溶的金属离子和疏水的元素硫 $S^0$;在中性和碱性条件下氧化,硫化物表面会生成亲水的金属氢氧化物以及元素硫或硫氧根离子。对于硫化物,氧化主要是硫从 −2 价的还原态转变为氧化态,硫的价态决定了硫化物表面的氧化产物。氧化后硫的价态受到环境、氧化深度和氧化动力学等因素的控制。

2. 反应动力学的影响

反应动力学的影响表现在两个方面:硫化物之间存在不同的氧化速度;在特定条件下,某一硫化物的氧化反应和氧化产物由反应动力学确定。

(1) 硫化物自然氧化速度。依据金属电化学腐蚀原理,采用腐蚀电流法定量测定了四种硫化物矿物(方铅矿、毒砂、黄铜矿、黄铁矿)在不同 pH 溶液及碳酸钠溶液中的自然氧化速度。以 $E_{corr}$ 表示自然氧化电位,以交换电流密度 $I_{corr}$ 表示硫化物矿物自然氧化速度,结果如表 6-4 所示。

**表 6-4 在不同 pH 缓冲溶液中,硫化矿物的静电位与自然氧化速率**(15℃)

| pH | 静电位和氧化速率 | 黄铜矿 | 方铅矿 | 黄铁矿 | 毒砂 |
|---|---|---|---|---|---|
| 4.0 | $E_{corr}$/mV | 59.01 | −162.64 | 218 | 176.0 |
| | $I_{corr}$/(μA/m²) | $7.7\times10^{-6}$ | $0.146\times10^{-4}$ | $0.25\times10^{-4}$ | $0.3333\times10^{-4}$ |
| 6.86 | $E_{corr}$/mV | −11 | −180 | 121 | 6.41 |
| | $I_{corr}$/(μA/m²) | $2.78\times10^{-6}$ | $3.16\times10^{-6}$ | $4.44\times10^{-6}$ | $3.78\times10^{-6}$ |
| 9.18 | $E_{corr}$/mV | −83 | −230 | 24 | −53 |
| | $I_{corr}$/(μA/m²) | $7.7\times10^{-6}$ | $0.146\times10^{-4}$ | $0.556\times10^{-4}$ | $0.416\times10^{-4}$ |
| 11.0 | $E_{corr}$/mV | −188 | −255 | −47 | −125 |
| | $I_{corr}$/(μA/m²) | $8.3\times10^{-6}$ | $0.2683\times10^{-4}$ | $1.13\times10^{-4}$ | $1.17\times10^{-4}$ |

从表 6 - 4 的数据可以看出：

① 中性 pH(pH=6.86)时，硫化矿物的氧化速度最小。

② 黄铜矿与其他三种硫化物矿物相比，有两个特点，一是氧化速度较小(在 $1\times10^{-6}\mu A/m^2$ 数量级内)；二是受 pH 的影响较小。

③ 在碱性(pH=9.18)和强碱性(pH=11)时，毒砂与黄铁矿的氧化速度明显增大，方铅矿与黄铜矿的氧化速度差也增大。

④ 按照 $I_{corr}$的数值，在不同的 pH 下，硫化矿物氧化速度的顺序是

pH=4、pH=11：　　$FeAsS>FeS_2>PbS>CuFeS_2$

pH=9.18、pH=6.86：$FeS_2>FeAsS>PbS>CuFeS_2$

在碱性条件下，黄铁矿、毒砂比黄铜矿、方铅矿氧化速度大，这表明黄铁矿与毒砂不仅在热力学上易发生氧化，在动力学上，它们的氧化反应也以较大的速度进行。

在 pH=9.18、pH=11 时，尽管黄铁矿、毒砂的氧化速度较大，但两者的差别不大。但是加入 $Na_2CO_3$ 后，如表 6 - 5 所示，黄铁矿和毒砂氧化速度[$I_{corr}(\mu A/m^2)$]的差别增大，并且随 $Na_2CO_3$ 浓度增大。$\Delta I_{corr}$增大，即在 $Na_2CO_3$ 介质中，毒砂以较大的速度氧化。因此，可以利用此特性在 $Na_2CO_3$ 介质中抑制毒砂，浮选分离出黄铁矿。

**表 6 - 5　在碳酸钠介质中，黄铁矿和毒砂的自然氧化速率**(15℃)

| $c_{Na_2CO_3}$/(mol/L) | pH | $FeS_2$ | | FeAsS | | $\Delta I_{corr}/(\mu A/m^2)$ |
|---|---|---|---|---|---|---|
| | | $E_{corr}$/mV | $I_{corr}/(\mu A/m^2)$ | $E_{corr}$/mV | $I_{corr}/(\mu A/m^2)$ | |
| $5.6\times10^{-2}$ | 9.5 | −51.52 | $1.39\times10^{-4}$ | −138 | $1.46\times10^{-4}$ | $0.07\times10^{-4}$ |
| $2.26\times10^{-2}$ | 10.6 | −72.79 | $1.41\times10^{-4}$ | −152.4 | $1.93\times10^{-4}$ | $0.52\times10^{-4}$ |
| 0.1 | 10.9 | −88.80 | $1.84\times10^{-4}$ | 173.3 | $2.79\times10^{-4}$ | $0.95\times10^{-4}$ |

注：$\Delta I_{corr}=I_{corr}(FeAsS)-I_{corr}(FeS_2)$。

(2) 氧化动力学因素决定硫化物的氧化反应和氧化产物。硫化物在中性或碱性溶液中可能发生的氧化反应有三种形式，即式(6 - 34)～式(6 - 36)。在特定条件下，哪一个反应优先发生，或者说哪一个反应是某一种硫化矿物的主要氧化反应，要从热力学和动力学这两个方面综合考虑。下面以方铅矿氧化为例，说明动力学因素的影响。

对方铅矿来说，在酸性介质中氧化生成可溶的铅离子和元素硫，即

$$PbS = Pb^{2+} + S^0 + 2e \tag{6-37}$$

在中性和碱性介质中，有生成元素硫的氧化反应，即

$$PbS + H_2O = PbO + S^0 + 2H^+ + 2e \tag{6-38}$$

$$E^0=0.750V$$

$$PbS+2H_2O=\!=\!=HPbO_2^-+S^0+3H^++2e \quad (6-39)$$

$$E^0=0.841V$$

如果假定[$HPbO_2^-$]=$10^{-6}$mol/L,在 pH=9 时,式(6-38)和式(6-39)的可逆电位分别是 0.133V 和−0.133V。

同时还有下面两个反应可能发生

$$PbS+5H_2O=\!=\!=PbO+SO_4^{2-}+10H^++8e \quad (6-40)$$

$$E^0=0.45V$$

$$PbS+5H_2O=\!=\!=PbO+S_2O_3^{2-}+10H^++8e \quad (6-41)$$

$$E^0=0.614V$$

假定 $SO_4^{2-}$ 和 $S_2O_3^{2-}$ 的浓度为 $10^{-6}$mol/L,在 pH=9 时,反应式(6-40)和式(6-41)的可逆电位分别为−0.258V 和−0.088V。

比较反应式(6-38)~式(6-41)四个反应在 pH=9 的可逆电位就可以发现,从热力学来说,反应式(6-40)最易发生,即式(6-40)将是方铅矿在中性或碱性溶液中的主要氧化反应。电化学研究表明,反应式(6-40)在热力学可逆电位时(−0.258V),反应速度极小,实际上不发生,只有当电位超过平衡电位 0.75V 时,这一反应才发生。从动力学来说,反应式(6-40),即氧化为 $SO_4^{2-}$ 的氧化反应实际上是不可能出现的。因而,对于方铅矿来说,可能发生的氧化反应是反应式(6-38)、式(6-39)、式(6-41),氧化产物是 $S^0$ 和 $S_2O_3^{2-}$。

在 pH=9.2 时,用电化学方法测定方铅矿在不同电位下发生氧化反应时,生成的元素硫($S^0$)和硫代硫酸根($S_2O_3^{2-}$)的量之比见表 6-6,没有发现生成 $SO_4^{2-}$ 的阳极氧化反应。

**表 6-6 粉状方铅矿在阳极氧化的氧化产物分析**

| 极化电位/V | 0.30 | 0.30 | 0.70 |
|---|---|---|---|
| ($n_{S_2O_3^{2-}}/n_{S^0}$)/% | 0.55 | 0.51 | 1.50 |

注:$NH_4OH$-$NH_4Cl$ 缓冲溶液,0.1mol/L,pH=9.2。

### 3. 表面氧化程度的影响

从反应式(6-37)~式(6-41)可以看出,氧化产物中有些是稳定的($SO_4^{2-}$)和比较稳定的($S_2O_3^{2-}$),而有些是不稳定的,如元素硫。元素硫在氧化时间延长和较强的氧化环境中,还可以进一步氧化为 $S_2O_3^{2-}$ 或 $SO_4^{2-}$。因此,硫化物矿物表面氧化的程度对其最终氧化产物有着重要影响。

硫化物矿物氧化深度对硫化矿物氧化行为的影响,实际上是由硫化矿物的氧化产物之一元素硫的热力学不稳定性引起的。元素硫在氧化条件下可被氧化为 $S_2O_3^{2-}$ 或 $SO_4^{2-}$，或者被还原为 $HS^-$、$H_2S$。元素硫具有疏水性，如果表面上存在元素硫，则有助于增强硫化矿物表面的疏水性。如元素硫被进一步氧化为 $SO_3^{2-}$、$SO_4^{2-}$，将使硫化矿物表面形成更多的亲水物质，就会恶化其浮选行为。

对于元素硫来说，它是否能够稳定存在，受到两个方面的控制：一是环境，如果元素硫所处环境的氧化或还原性较强，则在较短时间内，元素硫就会被氧化或还原；二是时间，在较弱的氧化还原条件下，元素硫就会被氧化，还原速度较小，但是时间延长，元素硫同样可以被氧化或还原。

### 6.5.2 巯基浮选捕收剂在硫化物上的电化学反应

1. 巯基浮选捕收剂与硫化物表面的疏水现象

多数有色金属矿物以硫化物形态产出，而与其共生的脉石多为氧化矿物，如硅酸盐类或碳酸盐类。为使之浮选分离，需加大这些矿物颗粒间的表面性质差异，通常是人为地使硫化物表面疏水，而让氧化脉石矿物表面保持亲水。使硫化物表面疏水最常用的方法是添加具有异极性结构的巯基浮选捕收剂。这些巯基浮选捕收剂的分子结构，均由非极性的疏水基团和极性的特定亲固（硫）基团构成，形成既有亲固性又有亲油（疏水）性的所谓“双亲结构”分子，见图 6-16。

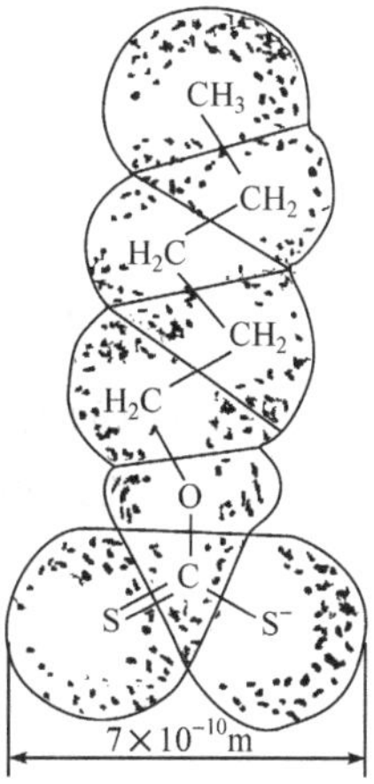

图 6-16 戊基黄药的结构

异极性巯基浮选捕收剂的疏水基通常是 2～6 个碳原子的脂肪族烃基、脂环族烃基和芳香族烃基，常写成 R—。

亲固（硫）基一般为巯基，如黄原酸基—C(S)SH、二硫代磷酸基 $>O_2P(S)SH$，和二硫代氨基甲酸基 $>NC(S)SH$。异极性浮选捕收剂的极性亲固基团能比较牢固地吸附在硫化矿物表面，而非极性的疏水基团则在矿物表面定向地向外排列，造成硫化矿物表面的疏水化，并使其易于向气泡黏附。目前，人们常用的巯基浮选捕收剂有：乙黄药[$C_2H_5C(S)SNa$]、丁铵黑药[$(C_4H_9)_2O_2P(S)S(NH_4)$]、乙硫氮[$(C_2H_5)_2NC(S)SNa$]等。

巯基浮选捕收剂在硫化物表面的吸附过程，通常为电化学反应过程，它显著影响着浮选分离现象。

造成硫化物表面疏水的另一因素，是在特定的矿浆氧化还原电位条件下，硫化物表面通过电化学反应生成疏水的元素硫 $S^0$。

2. 巯基浮选捕收剂与矿物作用的“化学反应假说”以及氧的作用

表面活性剂与矿物表面的化学反应决定粒子的浮选行为，药剂与矿物金属离子化学反应产物的溶度积越小，作用能力越强。正因为如此，可以应用溶液化学平衡来讨论浮选体系的各种行为。

在硫化矿浮选悬浮液中，形成捕收剂-金属盐的反应为

$$M^{2+} + 2X^- \longrightarrow MX_2 \qquad K_{sp,WX_2} = [M^{2+}][X^-]^2 \tag{6-42}$$

形成氢氧化物的反应为

$$M^{2+} + 2OH^- \longrightarrow M(OH)_2 \qquad K_{sp,M(OH)_2} = [M^{2+}][OH^-]^2 \tag{6-43}$$

总反应为

$$MX_2 + 2OH^- \longrightarrow M(OH)_2 + 2X^- \tag{6-44}$$

平衡常数为

$$K' = \frac{[X^-]^2}{[OH^-]^2} = \frac{K_{sp,MX_2}}{K_{sp,M(OH)_2}} \tag{6-45a}$$

或

$$K = \sqrt{K'} = \frac{[X^-]}{[OH^-]} = \sqrt{K_{sp,MX_2}/K_{sp,M(OH)_2}} \tag{6-45b}$$

这就是所谓的 Barsky 常数，反映了药剂离子与羟基的竞争作用，$OH^-$浓度大时，pH 大，所需捕收剂浓度也要大。这个关系最初是从硫化矿浮选的临界曲线得到的。

如图 6－17 所示，乙基钠黑药浮选黄铁矿、方铅矿、黄铜矿所需浓度与 pH 的

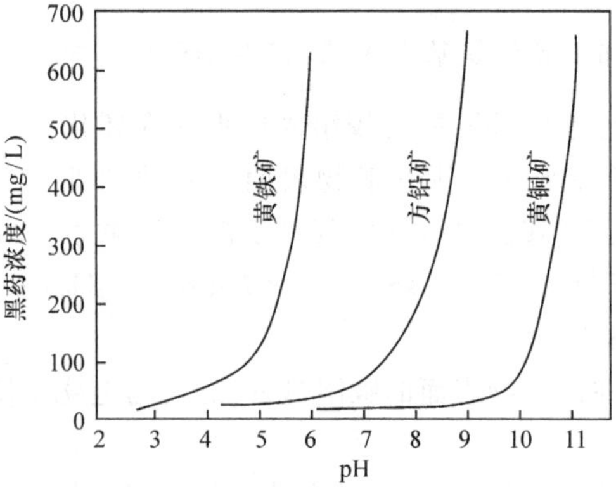


图 6－17　黄铁矿、方铅矿和黄铜矿浮选时药剂浓度与 pH 的关系

关系满足式(6 - 45)。若将式(6 - 45b)写成对$[H^+]$的关系式,则有

$$[X^-][H^+] = \sqrt{K'} \times 10^{-14} = \sqrt{K_{sp,MX_2}/K_{sp,M(OH)_2}} \times 10^{-14} \qquad (6-46)$$

早期的研究者发现,用巯基捕收剂浮选硫化矿时,微量氧的存在非常重要。如图6 - 18(a),方铅矿在纯水中与黄药的作用不强,故其可浮性不好。微量氧的作用加强了黄药的吸附,提高了可浮性,可能的解释见图 6 - 18(b)、(c)。水中溶解的微量氧与矿物表面的硫离子作用,形成轻微氧化状态,生成易于解离的 $S_2O_3^{2-}$ 进入溶液。表面附近的 $Pb^{2+}$有未满的键能,与溶液中的黄原酸离子($X^-$)起作用,从而表面变成疏水,上浮。

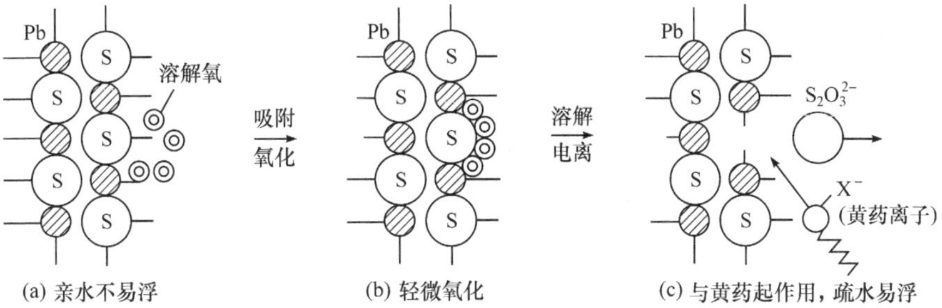


图 6 - 18　方铅矿的轻微氧化状态与可浮性

### 3. 硫化矿可浮性大小的溶度积判据

药剂对硫化矿的作用能力,用药剂与硫化矿金属离子反应产物的溶度积大小衡量。例如,比较乙基黄原酸锌、乙基黄原酸铅的溶度积如下

$$K_{sp,ZnEX_2} = [Zn^{2+}][EX^-]^2 = 10^{-8.2} \qquad (6-47)$$

$$K_{sp,PbEX_2} = [Pb^{2+}][EX^-]^2 = 10^{-16.7} \qquad (6-48)$$

两者之比为

$$\frac{K_{sp,ZnEX_2}}{K_{sp,PbEX_2}} = \frac{10^{-8.2}}{10^{-16.7}} = 10^{8.5} \qquad (6-49)$$

这就是说用乙黄药作捕收剂时,方铅矿的可浮性比未经活化的闪锌矿要大得多。实际浮选行为正如人们所熟知的,方铅矿用乙黄药浮选效果很好,而不经活化的闪锌矿用乙黄药浮选效果很差。若要浮选闪锌矿,黄药的链长需 8 个碳以上,因为只有辛基黄原酸锌的浓度积才接近于乙基黄原酸铅。

按照乙基黄原酸盐溶度积依次增大的顺序排列,常见硫化矿相应金属离子排列如下(用当量溶度积 $K_{sp}^{1/m}$比较)

$$Au^+, Cu^+, Hg^{2+}, Ag^+, Bi^{3+}, Pb^{2+}, Ni^{2+}, Zn^{2+}, Fe^{2+}$$

这大体上也是这些金属硫化矿用乙黄药浮选时可浮性依次降低的顺序。

4. 硫化矿浮选的电化学

浮选电化学主要是研究矿物(电极)-电解质溶液界面电化学反应的一般规律。具体内容主要是电解质(药剂)在矿物表面的氧化还原反应,矿物表面静电位对药剂电化学反应的影响,以及悬浮液电位对硫化物矿物浮选的影响。

(1) 巯基捕收剂——硫化物矿物体系的氧化还原反应。由于硫化物矿物具有导体或半导体性质,有一定的传导电子能力,因此在浮选中,当巯基捕收剂与硫化物矿物表面接触时,捕收剂在矿物表面的阳极区被氧化。同时,氧化剂在阴极区被还原,构成共轭的氧化还原反应,硫化物矿物充当反应的电极。

如前所述,黄药在黄铁矿表面被氧化成双黄药是一个典型的例子。其反应如下

$$2X^- + \frac{1}{2}O_2 + 2H^+ \longrightarrow X_2 + H_2O \qquad (6-50)$$

该反应是由发生在界面上不同区域的两个独立的共轭电极反应所组成,即

阳极氧化 $$2X^- \longrightarrow X_2 + 2e \qquad (6-51)$$

阴极还原 $$\frac{1}{2}O_2 + 2H^+ + 2e \longrightarrow H_2O \qquad (6-52)$$

这两个反应通过硫化铁矿传递电子而联系起来,可示意如下

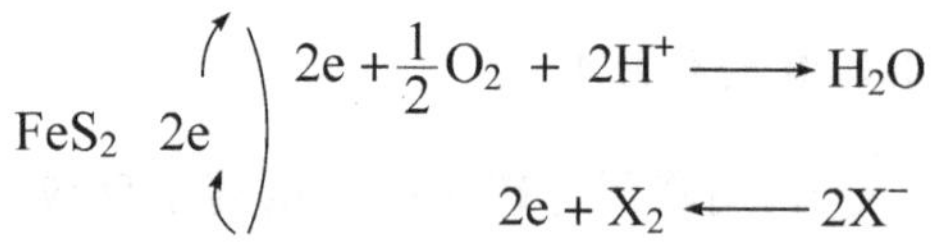


在巯基捕收剂-硫化物矿物的反应中,矿物(电极)本身也可参加反应。例如,黄药在方铅矿表面发生氧化时,反应式如下

$$PbS + 2X^- + \frac{1}{2}O_2 + 2H^+ \longrightarrow PbX_2 + S^0 + H_2O \qquad (6-53)$$

该反应也是由两个独立的共轭电极反应组成,并通过方铅矿传递电子联系起来,即

阳极氧化 $$PbS + 2X^- \longrightarrow PbX_2 + S^0 + 2e \qquad (6-54)$$

阴极还原 $$\frac{1}{2}O_2 + 2H^+ + 2e \longrightarrow H_2O$$

表面产物除黄原酸铅之外,还有元素 $S^0$ 生成。

矿物表面的硫组分还可以进一步氧化成硫-氧阴离子,例如硫代硫酸盐和硫酸盐的生成。

$$2MS + 4X^- + 3H_2O \longrightarrow 2MX_2 + S_2O_3^{2-} + 6H^+ + 8e \qquad (6-55)$$

$$MS + 2X^- + 4H_2O \longrightarrow MX_2 + SO_4^{2-} + 8H^+ + 8e \qquad (6-56)$$

(2) 静电位对巯基捕收剂电化学反应的影响。上述氧化还原反应的方向及相

对速率是由矿物表面和溶液之间的电位差(即表面电位)决定的。硫化物矿物在水溶液中的表面电位，可利用半导性直接测量。如果将标准氢电极作参比电极，则测得的任何电极的电位称为电极电位。当电极上没有净电流通过(即开路条件)时，测得的电极电位又称为静电位。

同样，对于每个氧化还原反应，它们相对于标准氢电极也有一个电极电位，每个氧化还原反应都是氧化和还原两个半反应之和，所以氧化还原反应的电极电位可由还原反应的电位与氧化反应的电位加和求出。假定标准氢电极的氧化电位($H_2 \longrightarrow 2H^+ + 2e$)为零，那么氧化还原反应的电极电位就可以用还原电位表示。巯基捕收剂在溶液中的氧化还原反应也不例外。

例如，在黄药溶液中，双黄药($X_2$)的还原反应是

$$X_2 + 2e \longrightarrow 2X^- \tag{6-57}$$

双黄药的还原电位(E)可由能斯特公式计算。

$$E = E^{\ominus} - \frac{RT}{nF}\ln\frac{[X^-]^2}{[X_2]} \tag{6-58}$$

式中：$E^{\ominus}$——反应的标准电位，即氧化态物质和还原态物质活度相等时的电位。

**【例 6-2】** 计算乙双黄药在浓度为 $6.25\times10^{-4}$mol/L(25℃，pH=7)的还原电位。

**解**　乙黄药取平衡数据 $E^{\ominus} = -0.06$V，代入式(6-58)，得

$$E = -0.06 - \frac{1.98\times298}{2\times23060}\ln\frac{[6.25\times10^{-4}]^2}{1} = 0.13(\text{V})$$

各种硫化矿的静电位和表面产物列于表 6-7。可以看出，捕收剂只在那些矿物的静电位大于相应的二硫化物生成的可逆电位时，才氧化成二硫化物(如黄铁矿、毒砂与黄药溶液)。对于那些静电位低于可逆电位的硫化物，会生成金属捕收

**表 6-7　巯基类捕收剂与硫化物矿物作用时的表面静电位和反应产物**

| 矿　物 | 乙基黄原酸钾($6.25\times10^{-4}$mol/L，pH为 7)氧化成双黄药可逆电位为 0.13V | | 二乙基二硫代氨基甲酸钠氧化成二硫化物可逆电位为 0.176V | |
|---|---|---|---|---|
| | 静电位/V | 反应产物 | 静电位/V | 反应产物 |
| 黄铁矿 | 0.22 | 双黄药 | 0.475 | 二硫化物 |
| 砷黄铁矿 | 0.22 | 双黄药 | | |
| 磁黄铁矿 | 0.21 | 双黄药 | | |
| 黄铜矿 | 0.14 | 双黄药 | 0.095 | 金属二硫代氨基甲酸盐 |
| 铜蓝 | 0.05 | 双黄药 | 0.115 | 金属二硫代氨基甲酸盐 |
| 斑铜矿 | 0.06 | 黄原酸盐 | −0.045 | 金属二硫代氨基甲酸盐 |
| 辉铜矿 | 0.06 | 黄原酸盐 | −0.155 | 金属二硫代氨基甲酸盐 |
| 方铅矿 | 0.06 | 黄原酸盐 | −0.035 | 金属二硫代氨基甲酸盐 |

剂盐(如方铅矿、辉铜矿等,铜蓝是一个例外,可能是由于铜蓝所释放出来的 $Cu^{2+}$ 将黄原酸盐离子氧化成双黄药所致)。至于是生成疏水的二硫化物,还是生成同样是疏水的金属捕收剂盐,不仅与矿物种类有关,还与所用的捕收剂种类有关。

(3) 悬浮液电位与硫化物矿物浮选。硫化物矿物在浮选悬浮液的水溶液中,表面可以发生一系列氧化还原反应。例如,以 Me 代表金属原子,则可写出

$$MeS+\frac{1}{2}O_2+2H^+\longrightarrow Me^{2+}S^0+H_2O \quad (6-59)$$

$$2MeS+3O_2+4H_2O\longrightarrow 2Me(OH)_2+2H_2SO_3 \quad (6-60)$$

$$MeS+2O_2+2H_2O\longrightarrow Me(OH)_2+H_2SO_4 \quad (6-61)$$

$$2MeS+2O_2+2H^+\longrightarrow 2Me^{2+}+S_2O_3^{2-}+H_2O \quad (6-62)$$

上述每一个氧化还原反应都是由各自的阳极氧化反应和阴极还原反应组成,每一个反应都有各自的电极电位。当这些电位达到平衡时,溶液便表现出一个“平衡电位”(或称“混合电位”)。在一定的平衡电位下,各氧化还原反应都将以有限的速度进行。

在浮选悬浮液中,一般把用铂电极作指示电极测得的“平衡电位”,即相对于标准氢电极的铂电极电位称作“悬浮液电位”,用 $E_h$ 表示。如果悬浮液中的电位改变,可使矿物表面和溶液中氧化还原反应速度发生变化,某些反应甚至停止。因此,式(6-59)至式(6-62)的反应产物也将发生变化。在一定条件下,表面可形成具有天然可浮性的元素硫($S^0$)。因此,悬浮液电位对浮选会产生显著的,甚至是决定性的影响。

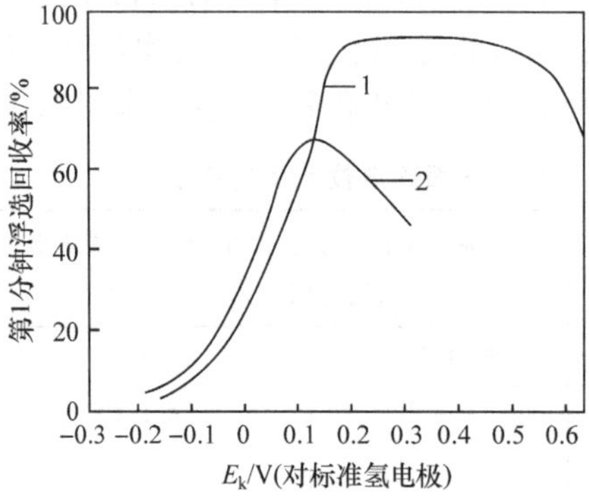


图 6-19 硫化物矿物无捕收剂浮选与矿浆电位的关系

1. 黄铜矿;2. 方铅矿

近年来,许多人利用调节悬浮液电位的方法来控制硫化物矿物表面的氧化还原性质,使矿物表面形成疏水物质,改变矿物可浮性,实现所谓的无捕收剂浮选。无捕收剂浮选就是当表面纯净的硫化物矿物浮选时,在适当的悬浮液电位下,不需添加任何捕收剂,硫化物矿物就能被很好的浮选。图 6-19 是黄铜矿和方铅矿无捕收剂浮选与悬浮液电位关系的一个典型示例。在一定的氧化电位下,黄铜矿和方铅矿均可实现无捕收剂浮选,而在还原电位或过高的氧化电位下两种矿物均被抑制。

在有黄药的悬浮液系统中,悬浮液电位同样对硫化物浮选产生显著影响。图 6-20 是几种硫化铜矿物和黄铁矿可浮性与悬浮液电位关系。图 6-21 是方铅矿

可浮性与悬浮液电位的关系，从图 6 - 21 中可以看出，在适当的悬浮液电位条件下，硫化矿物比较容易浮选。

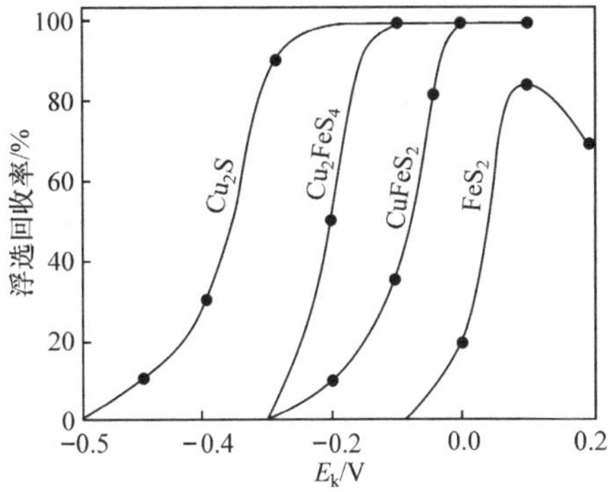


图 6 - 20　乙黄药浮选硫化物矿物与矿浆电位的关系

乙黄药浓度为 $2\times10^{-5}$mol/L

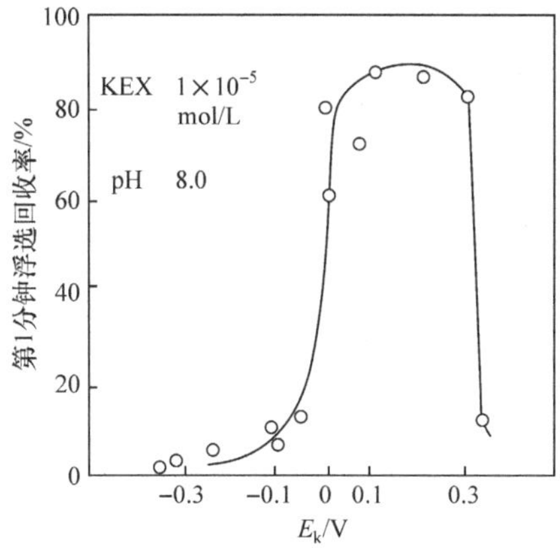


图 6 - 21　方铅矿浮选与矿浆电位的关系

5. 硫化矿浮选抑制的电化学

根据硫化物矿物与巯基类捕收剂相互作用的电化学机理和混合电位模型，硫化物矿物、捕收剂、氧气三者的相互作用如图 6 - 22 所示。

曲线 $O$ 代表阳极过程：捕收剂离子 $X^-$ 与矿物作用或捕收剂离子 $X^-$ 的自身氧化。

$$MS+2X^- \longrightarrow MX_2+S^0+2e \tag{6-63}$$

$$2X^- \longrightarrow X_2+2e \tag{6-64}$$

曲线 $R$ 表示阴极过程：氧的还原。

$$O_2+2H_2O+4e \longrightarrow 4OH^- \tag{6-65}$$

图 6 - 22 中 A 处表示实际的混合电位，此时阳极电流和阴极电流大小相等，方向相反。根据硫化矿浮选电位学理论，可以从以下五个方面强化或抑制浮选。

(1) 当加入还原剂，如亚硫酸盐、$SO_2$ 气体等，或减少悬浮液中的氧含量时，氧的还原电流降低，$R$ 曲线变为 $R'$，混合电位由 A 处移至 B 处。表明氧化反应（$O$ 线表示）难以进行，捕收剂不能在矿物表面形成疏水产物，浮选受到抑制。

(2) 若增大捕收剂浓度，或者加入长烃链的同系列捕收剂（较短链同系捕收剂易氧化），氧化电流（$O$ 线）增大至 $O'$线，从图 6 - 22 可知在 B 处仍有捕收剂与硫化物矿物的作用，表明浮选加强。

(3) 提高捕收剂与矿物作用的氧化电位（如降低捕收剂浓度），使捕收剂的氧化需要更高的电位，即将 $O$ 线移至 $O''$ 线，则浮选难以进行，矿物受到了抑制。

(4) 浮选过程中加入比捕收剂更易氧化的药剂，与 $O_2$ 形成共轭反应，消耗氧，也可以实现浮选的抑制。

(5) 硫化矿表面预先氧化形成亲水物质，捕收剂难以吸附，浮选受到抑制。

石灰、氰化物、$HS^-$ 等均可以作为硫化矿浮选的抑制剂。pH 的升高，可以加速黄铁矿、磁黄铁矿等矿物的表面氧化，使浮选受到抑制。

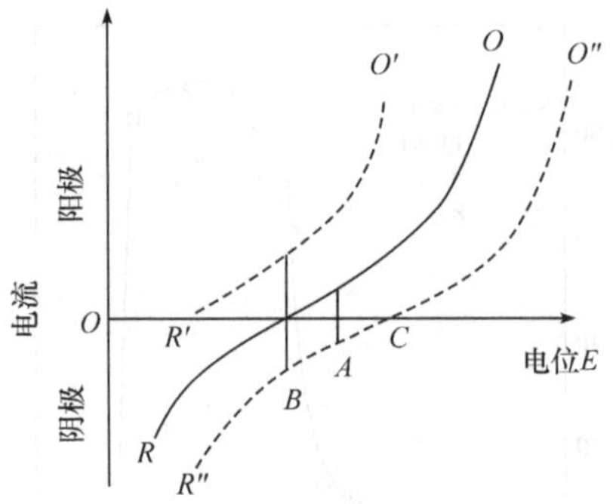

图 6-22　硫化物浮选和抑制的电化学相互作用示意图

对混合浮选精矿的分离，浮选抑制也涉及了电化学过程。凡是能去除预先吸附在硫化矿表面的疏水性捕收剂产物的药剂，都可作为抑制剂使用。从电化学理论出发，可以分为两类。第一类是还原剂，在还原条件下，使硫化矿表面疏水性产物还原脱附解吸，抑制矿物浮选。反应如下

$$X_2 \longrightarrow 2X^- + 2e \tag{6-66}$$

或

$$MX_2 + S^0 \longrightarrow MS + 2X^- + 2e \tag{6-67}$$

第二类是氧化剂，使预先吸附在硫化矿表面的捕收剂金属盐在氧化条件下解吸，反应机理如式(6-68)。

$$MeX_2 + 2H_2O \longrightarrow M(OH)_2 + X_2 + 2H^+ + 2e \tag{6-68}$$

## 6.6　聚集与分散

### 6.6.1　基本行为

在固体悬浮体系中，微米级的粒子虽然并不完全是胶体粒度，但由于质量小，表面能高，表面电荷和比表面积大等原因，在悬浮液中表现出的性质及目前处理它们的方法如分散脱泥、选择性絮凝等的主要机理仍属于胶体化学原理的范畴。

1. 微细粒子的分散和聚集状态

悬浮液中微细粒子呈悬浮状态，且各个颗粒可自由运动时，称为“分散状态”；如果相互黏附团聚，因团粒尺寸变大，则称为“聚集状态”。

根据聚集状态作用机理的不同，可以分为三种，如图 6-23 所示。

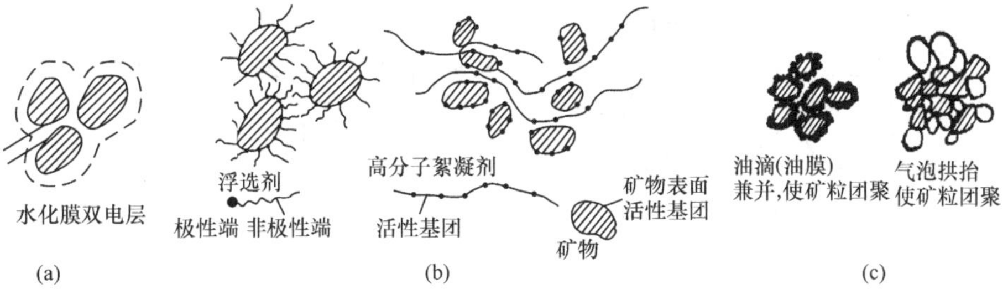


图 6-23　微细粒的聚集状态

(1) 凝结(或称凝聚)。在某些无机盐(如酸、石灰、明矾等)的作用下,悬浮液中的微细粒子形成凝块的现象称为凝结。主要机理是外加电解质消除了表面电荷、压缩双电层的结果。

(2) 絮凝。主要是用高分子絮凝剂(如淀粉和聚电解质)通过桥联作用,把微粒联结成一种松散的、网络状的聚集状态,有时也称为高分子絮凝。

如果主要由外加表面活性物(如捕收剂)在粒子表面形成疏水膜,则各粒子表面间疏水膜中的非极性基互相吸引、缔合而产生的絮凝称为疏水性絮凝。

(3) 团聚。这是指悬浮液中加入非极性油后,促使粒子聚集于油相中形成团,或者由于大小气泡拱抬,使粒子聚集成团的现象。

悬浮液的分散和聚集状态,对细粒矿物的处理过程和产品质量有显著影响。要使矿物混合物达到有效的选择性分离,首先必须使悬浮液处于最佳分散状态,避免各种矿物细粒间相互混杂和矿泥覆盖。例如,“控制分散浮选法”就是在浮选前添加分散剂,使悬浮液达到所要求的分散度,然后进行浮选。载体浮选(carrier flotation)又称背负浮选,就是利用可浮性好的粗粒矿物作载体,背负细粒矿物,用常规浮选法回收“载体-细粒”聚集体。

使悬浮液中形成的絮团解散并恢复分散状态,称为解絮凝作用。

### 2. 絮凝与桥联作用

高分子絮凝与凝聚的原理不同。絮凝剂的分子相当长,如常用的聚丙烯酰胺,每个结构单元长度为 $2.5\times10^{-10}$m。如果聚合度为 14 000,则每个分子长度可达 3.5μm,超过粒子间范德华力和双电层力的作用距离。这样,高分子絮凝剂就会像架桥一样,搭在两个或多个粒子上,并以自己的活性基团与粒子起作用,从而将粒子联结形成絮凝团。这种作用称为桥联作用。因此,不论悬浮液中粒子表面荷电状况如何、势垒多大,只要添加的絮凝剂分子具有在粒子表面吸附的官能团,或具有吸附活性,便可实现絮凝。絮凝剂桥联作用如图 6-24 所示。

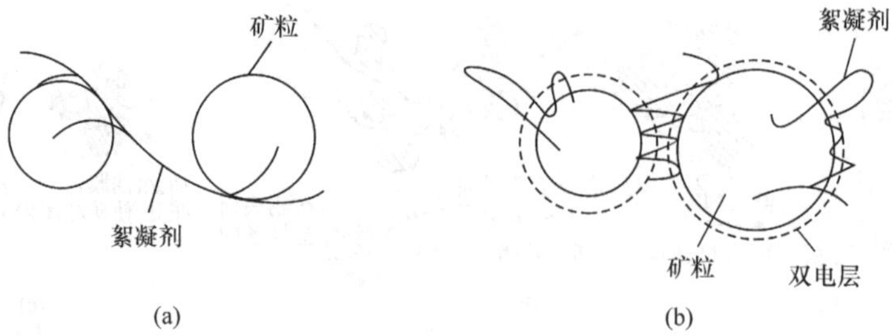


图 6-24 絮凝剂桥联作用示意图

絮凝剂在粒子表面上的吸附，主要是由三种类型的键合作用引起的。

(1) 静电键合。静电键合主要是双电层内的静电相互作用。例如，粒子表面荷正电，则阴离子型高分子絮凝剂可进入双电层取代原有的配衡离子。由于离子型絮凝剂一般电荷密度高，带有大量荷电基团，所以这种聚合物即使剂量很低，也能中和表面电荷，降低粒子的动电位，甚至使表面电荷变号。例如，在荷正电的赤铁矿吸附聚苯乙烯黄酸盐(pH=3.7)时，可使其电荷降到零，当添加量较大时还可使粒子带负电。

(2) 氢键键合。聚合物分子中有—$NH_2$ 基团和—OH 基团时，它们与粒子表面电负性较强的氧原子作用，会失去大部分电子云而形成氢键。氢键虽然较弱，但由于絮凝剂聚合度很大，氢键的键合总数很大，所以能量不能忽视。例如，上例中当赤铁矿荷负电时(pH=7.8)，阴离子型聚苯乙烯酸盐也能吸附。又如，非离子型聚合物也能在粒子表面吸附等，这些都是由于氢键的作用。但是，单纯氢键的键合作用，相对来说是没有选择性的，因此靠氢键吸附的聚合物，对于全絮凝是理想的，但不适用于选择性絮凝。

(3) 共价键合。高分子絮凝剂的活性基团在粒子表面的活性区吸附，并与表面的离子产生共价键合作用。这种作用可生成某种难溶的表面化合物或稳定的络合物、螯合物，并能导致聚合物的选择性吸附。例如，聚丙烯酰胺絮凝高岭土时，与高岭土表面的 $Ca^{2+}$ 生成盐类化合物。共价键合有可能使絮凝剂絮凝与它具有同种电荷的粒子。

在上述三种键合作用中，哪一种起主要作用，取决于粒子-聚合物体系的特性和水溶液介质的性质。在优化条件下，可有两种以上机理起作用。

3. 选择性絮凝

选择性絮凝是在含有两种或多种矿物组分的悬浮液中加入絮凝剂，由于各种矿物对絮凝剂的作用不同，絮凝剂将选择性地吸附于某种矿物组分的粒子表面，促使其絮凝沉降，其余矿物仍保持稳定的分散状态，从而达到分离的目的。

如图 6－25,矿物的选择性絮凝可分为五个阶段。

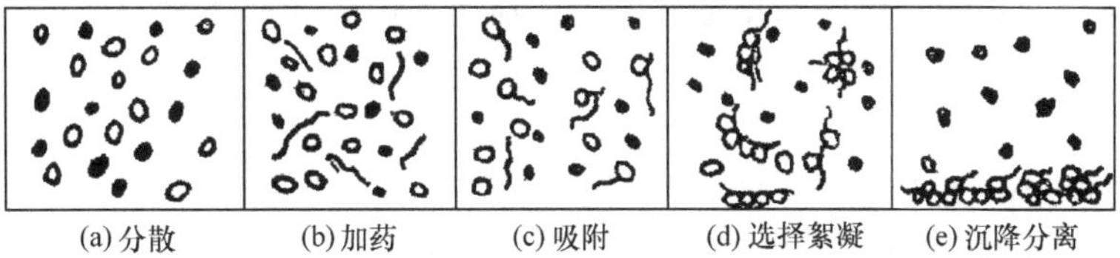


图 6－25　选择性絮凝过程示意图

(1) 分散。加絮凝剂之前悬浮液中各矿物组分必须充分分散。电荷相反的异种矿物互相吸引凝聚、细泥罩盖现象、超细粒与粗粒互相背负等现象,都会造成夹杂和分选产物不纯。为了使悬浮液中各矿物组分充分分散,往往要加入分散剂(如水玻璃等),使之形成稳定的分散悬浮液。

(2) 加药。加入絮凝剂并使其充分混匀弥散。为了“活化”或“抑制”絮凝作用,要附加其他调整剂,其作用大致为:

① 改变矿物的表面电性,降低静电斥力。例如,加入 $Ca^{2+}$,可削弱石英表面的电负性,有利于阴离子絮凝剂的吸附。

② 改变高聚物絮凝剂的吸附机理。例如,加多价阳离子可活化阴离子的吸附。选择絮凝高岭土时,加入铅离子起活化作用就属于此类。另外,调整 pH 或加入调整剂,会影响高聚物的聚合度、电离度及水解度等。

③ 调整剂与絮凝剂竞争并占据表面,防止絮凝剂吸附。例如,加入六偏磷酸钠能防止絮凝剂在方解石表面的吸附。

(3) 吸附。絮凝剂吸附既与矿物表面性质及药剂性质有关,又与加药方式、搅拌强度及悬浮液浓度等有关。高速搅拌稀释的絮凝剂溶液,有利于药剂的分散及混匀。有时搅拌要分阶段,例如,先快搅来扩散药剂,然后慢搅以利吸附及絮凝。

(4) 选择絮凝。此阶段要求避免夹杂,一般在浓度较稀、絮凝团不过大、沉降慢等条件下得出的絮团,夹杂较少。有时,为了“释放”夹杂物,可利用微弱的上升水流来冲洗絮团,甚至将第一次分离所得的絮团进行再分散和再絮凝,以求除去夹杂,提高絮团质量。

(5) 沉降分离。沉降时间短,则下沉的絮团较纯;沉降时间久,杂质也会沉降,质量就受影响。但沉降时间短,会使回收率降低。

### 6.6.2　微粒间相互作用的 DLVO 理论

1. 静电力

从热力学观点看,粒子相互接近时,静电相互作用能($V_{ER}$)随间距的变化就是带电颗粒由无限远处接近到间距 $H$ 处时体系自由能的变化。考虑到实际浮选体系中，粒子间静电相互作用能计算的复杂性，在计算粒子间静电相互作用能时，将根据相互作用的粒子形状及作用形式的不同而用不同的计算公式。

2. 范德华相互作用

(1) 宏观物体的范德华相互作用。极性分子的范德华相互作用由三个部分组成：诱导作用(induction)、定向作用(orientation)及色散作用(dispersion)。除了尺寸很小的强极性分子如水分子等，大多数分子之间均以色散作用为主。当两个分子中的一个为极性分子，另一个为非极性分子时，分子间的作用也主要表现为色散作用。

对于非极性分子，范德华作用的来源是瞬时偶极矩，它是原子中的电子相对于原子核的瞬时位置偏折产生的。瞬时偶极矩产生电场，引起周围中性原子极化产生偶极矩，导致二者相吸，此时范德华作用只有色散作用一项。

单个原子间的范德华作用能与原子间距离的六次方成反比，随着原子间距离的增大，衰减很快，是短程力作用。

由于颗粒的范德华作用是多个原子(分子)之间的集合作用，因而其表现形式与单个原子相比有很大不同。假定颗粒中所有原子间的作用具有加和性，便可求出不同几何形状颗粒间的范德华作用能。

(2) 颗粒-颗粒间范德华相互作用。两个吸附有表面活性剂的平板形颗粒间相互作用的范德华力 $V_{WA}$可以表示为

$$V_{WA}=-\frac{1}{12\pi}\left[\frac{A_{232}}{H^2}-\frac{2A_{123}}{(H+\delta)^2}+\frac{A_{121}}{(H+2\delta)^2}\right] \tag{6-69}$$

式中：$\delta$——吸附层厚度；

$A_{232}$，$A_{123}$，$A_{121}$——有效 Hamaker 常量

$$A_{232}=(\sqrt{A_{22}}-\sqrt{A_{33}})^2 \tag{6-70}$$

$$A_{121}=(\sqrt{A_{11}}-\sqrt{A_{22}})^2 \tag{6-71}$$

$$A_{123}=(\sqrt{A_{11}}-\sqrt{A_{22}})(\sqrt{A_{33}}-\sqrt{A_{22}}) \tag{6-72}$$

对于半径分别为 $R_1$ 和 $R_2$ 的两球形颗粒，范德华相互作用力为

$$V_{WA}=-\frac{1}{6}\frac{R_1R_2}{R_1+R_2}\left[\frac{A_{232}}{H}-\frac{2A_{123}}{(H+\delta)}+\frac{A_{121}}{(H+2\delta)}\right] \tag{6-73}$$

(3) 粒子-气泡间范德华相互作用。粒子-气泡间范德华相互作用力可表述为

$$V_{WA}=-\frac{1}{6}\frac{R_1R_2}{R_1+R_2}\left(\frac{A_1}{H_1}+\frac{A_2}{H_2}+\frac{A_3}{H_3}+\frac{A_4}{H_4}\right) \tag{6-74}$$

其中

$$A_1=(\sqrt{A_C}-\sqrt{A_W})(\sqrt{A_F}-\sqrt{A_W}) \tag{6-75}$$

$$A_2 = (\sqrt{A_P} - \sqrt{A_C})(\sqrt{A_F} - \sqrt{A_W}) \tag{6-76}$$

$$A_3 = (\sqrt{A_C} - \sqrt{A_W})(\sqrt{A_B} - \sqrt{A_F}) \tag{6-77}$$

$$A_4 = (\sqrt{A_P} - \sqrt{A_C})(\sqrt{A_B} - \sqrt{A_F}) \tag{6-78}$$

$$H_1 = H,\quad H_2 = H + \delta_1,\quad H_3 = H + \delta_2,\quad H_4 = H + \delta_1 + \delta_2 \tag{6-79}$$

式中：$A_P$，$A_W$，$A_C$，$A_F$，$A_B$——粒子、水、捕收剂吸附层、起泡剂吸附层及气泡在真空中的 Hamaker 常量。

3．DLVO 力

DLVO 理论作为经典的胶体化学理论之一，一直以来用来解释胶体的凝聚与分散现象，后被用来解释颗粒之间的相互作用。它是基于胶体或颗粒间的静电力（$V_{ER}$）和范德华力（$V_{WA}$）的加和，在此基础上来预测胶体或颗粒之间的存在状态的，即

$$V_T = V_{ER} + V_{WA} \tag{6-80}$$

当 $V_T>0$ 时，胶体或颗粒以分散（稳定）状态存在；当 $V_T<0$ 时，胶体或颗粒相互凝聚。

根据粒子表面荷电情况，凝聚可分为同相凝聚和异相凝聚。

（1）同相凝聚。当粒子的表面电位符号和大小都相同，即 $\psi_1=\psi_2=\psi$ 时所产生的凝聚现象称同相凝聚。在同相凝聚时，粒子间相互作用的能量与粒子间距离的关系即位能曲线如图 6－26 所示。

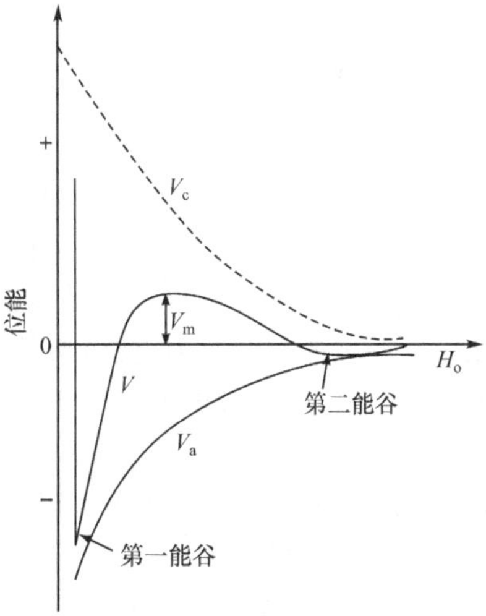


图 6－26　粒子间相互作用的总位能（V）、双电层相互作用能（$V_e$）和伦敦-范德华力作用能（$V_a$）与粒子间距的关系

由 $V_a$ 和 $V_c$ 加和得到的总位能（V）曲线，在粒子间距离较大时，有一较缓的极小值，称为“第二能谷”。此时粒子可能形成“准稳态凝聚”，即形成的聚集体系存在可逆性倾向，一经搅动，体系容易再分散。当粒子间距离逐渐减小时，总势能逐渐增大，直至达到极大值 $V_m$，称为“势垒”。当粒子间距离继续减小时，又出现极小值，称“第一能谷”，此时粒子获得稳定的凝聚状态，要分散它们需要相当大的能量，随后总势能骤然上升。显然，为了形成稳定的凝聚状态，必须克服势垒，所以势垒的高低往往标志稳定性的大小。如果势垒消失，则在任何情况下，

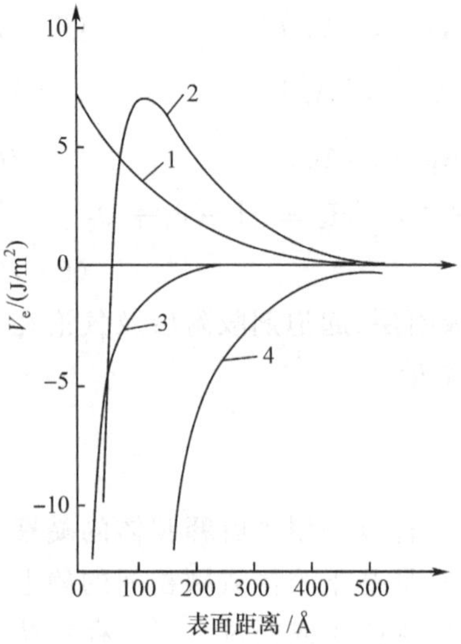


图 6－27 异类粒子双电层相互作用电位能($V_e$)与粒子间距离的关系

$K=1\times10^6$(1-1 型电解质,1mmol/L)

1. $\psi_1=\psi_2=10mV$;2. $\psi_1=10mV$, $\psi_2=30mV$; 3. $\psi_1=0mV$, $\psi_2=10mV$;4. $\psi_1=-10mV$, $\psi_2=30mV$

粒子都将产生凝聚。

位能曲线的形状受粒子的性质、表面电位、双电层配衡离子浓度及电价等因素影响。因此,这些因素的变化将使粒子分散状态的稳定性发生变化,直至发生凝聚。

(2) 异相凝聚。表面电位不同(符号或数值不同)的异类粒子的凝聚称为互凝或异相凝聚。异类粒子的分散和凝聚比同类粒子的情况要复杂。图 6－27 表示异性粒子双电层相互作用的电位能($V_g$)与粒子间距离的关系。若 $\psi_1$ 和 $\psi_2$ 符号相反(曲线 4)或某电位值为 0(曲线 3),则相互作用始终表现为引力。若 $\psi_1$ 和 $\psi_2$ 符号相同,但数值不同时,则相互作用在距离较大时表现为斥力,粒子接近到一定距离之内则表现为引力。

另外,在异相凝聚的情况下,伦敦-范德华力也比较复杂。在特定情况下,粒子间伦敦-范德华力将为斥力。因此,就异相凝聚而言,粒子是否凝聚要由 $V_a$ 和 $V_c$ 的关系决定。

### 6.6.3 扩展的 DLVO 理论

经典的 DLVO 理论可以解释一些矿物粒子在水中的凝聚行为,但由于浮选体系中各种浮选剂的存在,经典的 DLVO 理论不能圆满解释浮选剂存在下,矿物粒子的凝聚行为,甚至常常得出完全相反的结果。近 20 年来,在胶体分散体系与稳定性的研究中发现,由于亲水胶体之间的水化斥力,疏水胶体之间的疏水力及大分子化合物产生的空间斥力,使经典的 DLVO 理论不能圆满解释胶体粒子间的凝聚行为,从而提出了扩展的 DLVO 理论。

扩展的 DLVO 理论就是在胶体分散体系中,考虑各种可能存在的相互作用力,在粒子间相互作用的 DLVO 理论的势能曲线上,加上其他相互作用项,即粒子间相互作用总能量由式(6－81)给出

$$V_T^{ET}=V_E+V_W+V_{HR}+V_{HA}+V_{SR}+V_{MA} \qquad (6-81)$$

式中:$V_{HR}$——水化相互作用排斥能;

$V_{HA}$——疏水相互作用吸引能;

$V_{SR}$——空间稳定化作用能;

$V_{MA}$——磁吸引势能。

对于亲水体系

$$V_T^{ED} = V_E + V_W + V_{HR} \tag{6-82}$$

对于疏水体系

$$V_T^{ED} = V_E + V_W + V_{HA} \tag{6-83}$$

$V_{SR}$与$V_{MA}$取决于体系性质，若有这两项作用时，则分别加到式(6－82)或式(6－83)中去。

为了用扩展的 DLVO 理论讨论浮选体系中粒子的凝聚行为，需要求出体系中可能存在的各种相互作用力，主要是水化力和疏水力。

## 6.7 泡　沫

泡沫是指气体分散在液体中的体系，气体是分散相，液体是分散介质。泡沫有两种，一种是气体以微小的球形均匀分散在较黏稠的液体中，气泡表面有较厚的膜，这种泡沫叫稀泡沫；另一种泡沫是由于气体与液体的密度相差很大，液体的黏度又较低，气泡能很快升到液面，形成气泡聚集物，是由少量液体的液膜隔开的多面体气泡单位组成，这种泡沫叫浓泡沫。

### 6.7.1 泡沫的形成与稳定

纯液体是很难形成稳定泡沫的，因为泡沫中作为分散相的气体所占的体积分数一般都超过了 90%，占极少量的液体作为外相被气泡压缩成薄膜，是很不稳定的一层液膜，极易破灭。要使液膜稳定，必须加入起泡剂。

最常用的起泡剂是表面活性剂类，如十二烷基苯磺酸钠、十二醇硫酸钠以及普通的肥皂等都有良好的起泡性能。这类物质的溶液，表面张力很容易达到 25 mN/m左右，同时这类分子在液膜上下两侧的气-液界面作定向排列，伸向气相的碳氢链段之间的相互吸引，使表面活性剂分子形成相当坚固的膜。这些性质对泡沫稳定性起着重要作用，见图 6－28。

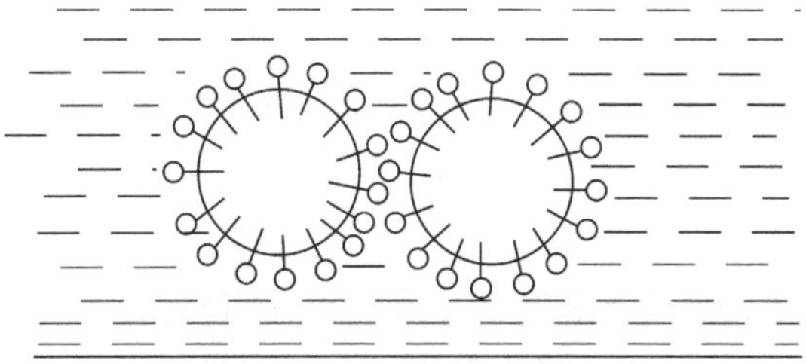

图 6－28　起泡剂分子在气泡表面吸附示意图

为了使生成的泡沫能够比较稳定，往往在表面活性剂的配方中加入一些辅助表面活性剂，称之为稳泡剂。常用的稳泡剂如月桂酰二乙醇胺，在十二烷基苯磺酸钠中加入少量的月桂酰二乙醇胺，可以得到相当稳定的泡沫。

泡沫的稳定性是指泡沫生成后的持久性，受到影响而保持不变。影响液膜强度的因素有以下几种。

(1) 表面黏度。表面黏度是指液体表面上单分子层内的黏度，通常由表面活性剂分子在表面上构成的单分子层产生的。有些泡沫的表面膜具有半固体或固体性质，这种泡沫是极不容易破灭的。

在作为起泡剂的表面活性剂中加入稳泡剂后，泡沫寿命急剧增加，与此同时表面黏度也会相应增加，但在较高浓度时，表面黏度近于不变。此时表面黏度并不是泡沫稳定性增加的主要因素，高的表面屈服值以及表面膜的其他流变性能可能是主要因素。

表面黏度无疑是生成稳定泡沫的重要条件，但也不是唯一的，而且常常有例外。例如，十二酸钠溶液的表面黏度并不高，但是生成的泡沫却很稳定。有时有些能生成泡沫的溶液，如果增加其表面黏度，反而会降低泡沫的寿命，这是由于表面黏度太大，表面膜变脆，泡沫容易破裂的缘故。

(2) 泡沫表面的"修复"作用——Marangoni 效应。Marangoni 认为：当泡沫的液膜受外力冲击时，局部会变薄，变薄处的表面积增大，吸附的表面活性剂分子密度减少，表面张力升高。因此，表面活性剂分子向变薄部分迁移，使表面上吸附的分子又恢复到原来的密度，表面张力降低到原有水平。在迁移过程中活性分子还会携带邻近溶液一起移动，结果使变薄的液膜又增加到原来厚度，如图 6-29 所示。

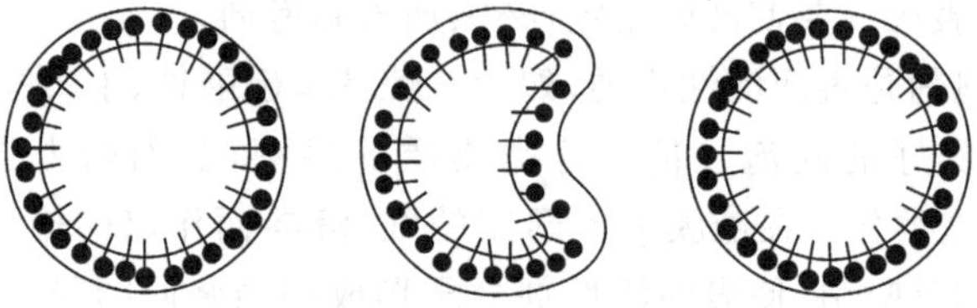

(a) (b) (c)

图 6-29 受外力作用时起泡剂增大气泡机械强度示意图

另外，表面上的活性剂浓度降低，增大了表面张力，这是一个需要做功的过程。液膜收缩时，虽然减少了表面能，但要增加表面吸附分子浓度，这也不利于自动收缩。液膜的这种抗表面扩张和抗收缩的能力，只有在表面活性剂的分子吸附于液膜时才会发生，纯液体是不具备这种修复性能的，所以不会形成稳定泡沫。

实验证明，表面活性剂的饱和溶液形成的泡沫，稳定性反而较差，这是因为在修复过程中表面活性剂分子的迁移来自表面膜。如果浓度差别很大，溶质分子扩散得很快，液膜扩张部分减少的活性剂分子可以很快得到补充，由于没有溶剂在表面上迁移,液膜变薄部分并未恢复到原有厚度,这样的液膜,机械强度很差。

泡沫的最稳定点是在$\frac{d\sigma}{dc}$为最大值的浓度处,这可以用吉布斯(Gibbs)吸附来说明。若用 $c$ 对 $c\frac{d\sigma}{dc}$作图,可以发现,在某一浓度 $c$ 时,$c\frac{d\sigma}{dc}$值最大。实验结果表明,在这一活性剂浓度下,得到的泡沫是最稳定的。

(3) 液膜表面电荷影响。如果液膜的上下表面带有相同电荷,液膜受到外力挤压时,表面上有相同电荷的排斥作用,可以防止液膜排液变薄,用离子型表面活性剂作起泡剂就有此特点。当液膜变薄时,两边表面的静电排斥起着重要作用。当然这种作用也仅在液膜较薄时才有,在液膜较厚时是觉察不到的。液膜中的电荷排斥力应当受到溶液电解质浓度的影响,因为电解质浓度能影响表面电位的分布,直接影响到液膜斥力。

(4) 液膜透气性。新制备的泡沫,气泡大小是不均匀的。由于曲面压力的结果,小泡中的气压比大泡中的大,所以小泡中的气体会扩散到大泡中去。结果是小泡逐渐变小以至消失,大泡逐渐变大。由于存在曲面压力,最终所有气泡将全部消失。这整个过程中液膜是依赖于气体穿过液膜的能力存在的,这叫液膜的透气性。透气性与表面上吸附分子排列的紧密程度有关。排列得越紧,气体越不易透过,这种膜就越稳定。

综上所述,要使泡沫稳定必须具有较高的表面黏度、很强的“修复”能力及表面膜上的电荷排斥力。因此,一种有良好的起泡稳泡作用的表面活性剂分子在吸附层内必须有比较强的相互吸引力,同时亲水基团有较强的水化性能。前者使液膜产生较强机械强度;后者可以提高液膜表面黏度。

### 6.7.2　泡沫的应用

(1) 泡沫浮选。泡沫浮选是利用泡沫把矿石中需要的有用矿物与脉石矿物分离,使有用矿物富集的过程。在此过程中,矿石中的某种组分(有用矿物或无用的脉石矿物)附着在气泡上上浮。大多数天然矿物的表面是亲水的,易被水润湿,因而必须加入捕收剂使其表面疏水,否则,矿物不能附着于气泡上浮。此外,还有起泡剂,它有利于悬浮液形成泡沫。有时还加入调节剂,可以对捕收剂起促进或抑制作用,达到对混合矿物作选择性浮选的目的。经常使用的起泡剂有松油、甲酚类、醇类(中等相对分子质量,一般是碳五至碳八链)等。

(2) 离子浮选。离子浮选和泡沫浮选两种方法都是利用泡沫分离混合物。其不同之处在于,前者没有固体表面润湿的问题。在离子浮选中,起泡剂是离子型表面活性剂。表面活性离子在气-液界面上吸附,形成定向离子层。利用这种性质,可以使溶液中的某些物质(离子性的)随形成的泡沫分离出来。特别是对于浓度很稀、含量很少的物质，其他方法往往不易分离，此法可以获得较好的效果。例如，对于含有少量金、银化合物($KAuCl_4$ 及 $AgNO_3$)的溶液，加入少量正离子表面活性剂 $C_{16}H_{33}N(C_2H_5)_2\cdot HCl$，使之形成泡沫，经分离后发现泡沫中金与银的比例较溶液中大得多。经过泡沫浮选后，取出泡沫的$[AuCl_4^-]/[Ag^+]$值可以达到 80.1。

离子浮选用于提取海水中的重要元素，可能会是很有前途的。海水中含有许多重要元素如 Cu、Au、Zn、U 等，虽然浓度很低，但是从大量海水中提取这些元素，质量是相当可观的。因而，对于提取海水中的微量元素，离子浮选法很可能是行之有效的。据报道，海水中仅含有一亿分之一的 Cu 或 Zn 时，利用改进的离子浮选方法，提取率可达 90%以上。

(3) 泡沫分离法。实际上，泡沫浮选和离子浮选均属于泡沫分离法。此处介绍的泡沫分离法，是指体系(溶液)本身为表面活性物质的提纯与分离。不同物质有不同的表面吸附能力，这是泡沫分离法的根据。应用此法可以分离不同碳氢链长的表面活性剂混合物。链较长的表面吸附能力强，首先出现于泡沫中；以后，随链长减少而依次出现。这与固体的分级结晶及液体的分馏很相似，称之为泡沫分级分离。

(4) 其他。除上述应用外，有关泡沫的问题还很多。常见的问题，如泡沫灭火，这时形成泡沫的量和坚实性决定灭火的效率。除操作工艺外，起泡剂及稳泡剂也是关键因素。

### 6.7.3 消泡

有些泡沫的产生是不利的，如化工生产过程中的蒸馏操作，若有机液体中产生泡沫，液体就会很容易溢出而引起火灾。消泡的方法通常有两大类：物理消泡法和化学消泡法。物理消泡法就是改变产生泡沫的条件，而泡沫的化学成分仍然保持不变的消泡方法，如可以通过搅拌、改变温度、改变压力等方法。

化学消泡的基本原则就是采用化学方法消除泡沫。这就是在泡沫中加入化学药品，使之与起泡剂发生化学变化，达到消泡的目的。从消泡机理看，作为消泡剂的表面活性剂，在液面上应能取代(即挤走)起泡剂分子，形成的液膜强度很差，不能维持液膜恒定，以降低泡沫的稳定性。作为消泡剂的表面活性剂必须具有以下特点：很强的降低表面张力的能力，极易吸附在表面上，分子间相互作用不强，在表面排列疏松。有效的消泡剂还应当在相当长的时间内起作用，具有防止起泡剂复原的能力。根据消泡作用的原理，消泡剂大致可以分成以下几类。

(1) 醇类。具有分枝结构的醇，如异辛醇、异戊醇等。

(2) 脂肪酸及脂肪酯类。如豆油、蓖麻油等天然油脂是良好的消泡剂。

(3) 酰胺类。如二硬脂酸酰乙二胺等多酰胺可用于蒸汽锅炉内作为防泡剂。

(4) 磷酸酯类。磷酸三丁酯是最常用的消泡剂，通常溶于有机溶剂中，应用时把它加到水中使之混溶。

(5) 有机硅化合物。主要指烷基硅油，是高效消泡剂，小用量就能达到显著的消泡效果，也能用于非水溶液的消泡。

(6) 其他类。各种卤素化合物，如氯化烃、氟化烃等都可以用作消泡剂，其中用得最多的是含氟有机物。

## 习　题

1. 什么是表面物理化学分选？它有哪些主要方法？
2. 润湿现象中的沾湿、铺展和浸湿三种类型有何区别和联系？
3. 固体颗粒表面润湿性的度量有哪些参数？与浮选过程有何联系？
4. 矿物的表面润湿性是如何分类的？
5. 如何改变固体间表面的天然润湿性差异，创造出较大的人工润湿性差异，从而有利于实现浮选？
6. 矿物在水介质中的表面电现象是如何起源的？简述矿物表面的双电层结构。
7. 什么是零电点 PZC？什么是等电点 IEP？
8. 什么是动电现象？有何应用？如何通过动电现象来测定 ζ 电位？
9. 举例说明颗粒表面电性与浮选药剂的吸附、颗粒可浮性的关系？
10. 锡石的 $pH_{PZC}=6.6$，计算 $pH=4$ 和 $pH=8$ 时锡石表面电位的大小，并说明其表面电性质。分别在这两种不同条件下浮选锡石时，如何选择捕收剂？
11. 简述半胶束吸附现象及其在浮选中的应用。
12. 矿物溶解对浮选过程有何影响？
13. 简述硫化矿物表面静电位与硫基捕收剂在矿物表面吸附的关系。
14. 简述硫化矿可浮性大小与溶度积判据意义。
15. 根据硫化矿浮选电化学原理，如何强化浮选过程中硫化矿的浮选和抑制行为？
16. 晶体的分类、结构和性质以及矿物的晶格结构与极性对矿物可浮性的影响？
17. 空气的组成，特别是氧对矿物浮选的影响如何？
18. 矿物表面的双电层结构以及双电层对浮选的影响如何？
19. 矿浆的氧化还原环境对硫化矿表面性质的影响？
20. 分散和聚集在分选中有何应用？

## 参 考 文 献

冯其明，陈荩. 1992. 硫化矿物浮选电化学. 长沙：中南工业大学出版社

龚竹青. 1988. 理论电化学导论. 长沙：中南工业大学出版社

顾惕人等. 2001. 表面化学. 北京：科学出版社

郭鹤桐，刘淑兰. 1984. 理论电化学. 北京：宇航出版社

胡为柏. 1986. 浮选. 北京：冶金工业出版社

李世丰，张永光. 1991. 表面化学. 长沙：中南工业大学出版社

王淀佐，胡岳华. 1988. 浮选溶液化学. 长沙：湖南科学技术出版社

王淀佐等. 2003. 矿物加工学. 徐州：中国矿业大学出版社

《选矿手册》编委会. 1993. 选矿手册第三卷第二分册. 北京：冶金工业出版社

# 第 7 章　矿物加工药剂

## 7.1　低相对分子质量有机药剂

### 7.1.1　表面活性剂、异极性有机药剂和非极性捕收剂

1. 表面活性剂

(1) 表面活性剂分子的结构特征。溶质加入到溶剂中会使溶剂表面张力发生变化，有三种情形：有的物质如强电解质等使溶剂表面张力升高；有的物质如低碳醇等有机化合物使溶剂表面张力逐渐降低；有的物质如油酸钠在加入少量时会使溶剂表面张力急剧下降，但到一定程度后便下降得很慢或不再发生变化，并可能出现表面张力的最低值。这三种情况分别用图 7-1 中曲线 1、2、3 表示。通常，把能使溶剂表面张力降低的性质称为表面活性（对此溶剂而言），具有表面活性的物质称为表面活性物质，如图 7-1 中第 2、3 类物质。不具有表面活性的物质称为非表面活性物质，如图 7-1 中第 1 类物质。加入少量即能明显降低溶剂的表面张力，而且在某一浓度下表面张力曲线出现水平线，这类物质称为表面活性剂，如图 7-1 中第 3 类物质。

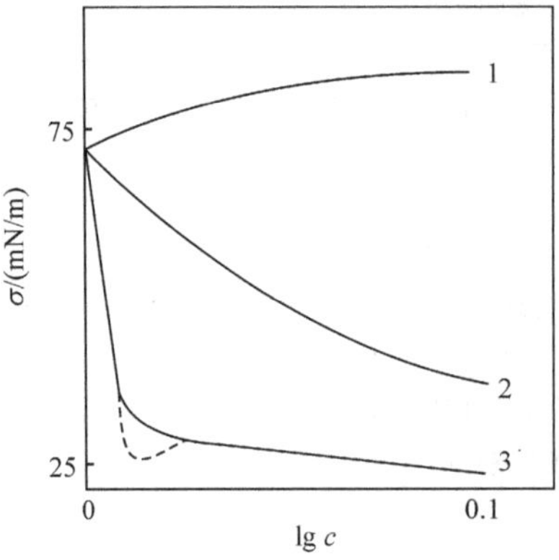


图 7-1　各类物质水溶液的浓度 $c$ 与表面张力 $\sigma$ 的关系

表面活性剂的分子结构具有两个共同特征。第一个特征是均由非极性的亲油（疏水）基团和极性的亲水（疏油）基团构成，形成既有亲水性又有亲油性的所谓“双亲结构”分子。亲油基可以是脂肪族烃基、脂环族烃基和芳香族烃基或带 O、N 等原子的脂肪族烃基、脂环族烃基和芳香族烃基；亲水基一般为羧酸基（—COONa）、羟基（—OH）、磺酸基（$—SO_3Na$）、硫酸基（$—OSO_3Na$）、膦酸基[$—PO(ONa)_2$]、氨基（—N≡）、腈基（—CN）、硫醇基（—SH）、卤基（—X）、醚基（—O—）等。第二个特征是结构中亲油基团与亲水基团的强度必须匹配，即达到所谓的“相互平衡”。

(2) 表面活性剂与表面（界面）张力。表面活性剂加到水中，亲水基插入水相而亲油基插入油相或竖在空气中，形成在界面层或表面上的定向排列，使界面张力或表面张力降低。这与表面活性剂的种类和浓度有关，图 7-2 是各种脂肪酸皂水

溶液表面张力随浓度变化的情况。可见，从月桂酸钠皂到硬脂酸钠皂，降低水表面张力的能力和效率（表面张力达到最低时所需表面活性剂的浓度）均依次提高，符合特劳贝定律。

温度、无机盐、极性有机物等会对表面活性剂降低表面张力的能力产生影响。

温度升高，分子间吸引力减弱，表面张力下降。当温度达到临界温度时，气-液界面消失，表面张力不再存在。

无机盐对离子型表面活性剂影响较大。通常，无机盐的反离子浓度越高，反离子价数越高，反离子水化能力越小，极化性越强，降低表面张力的能力和效率也越大。无机盐对非离子表面活性剂表面张力的影响不大，尤其是当浓度小于 0.1mol/L 时，对表面活性几乎没有影响。

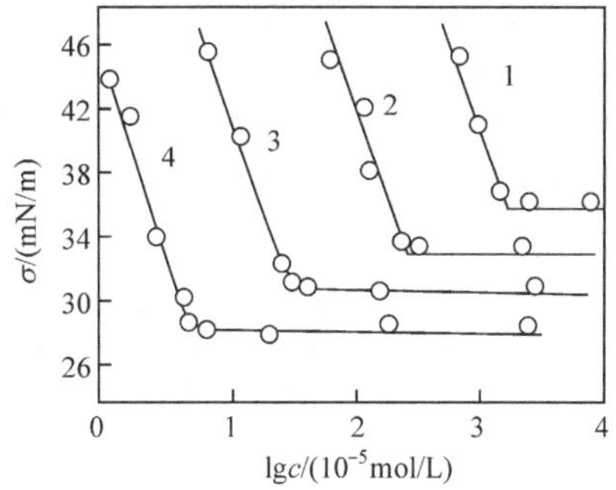


图 7-2 各种脂脂酸皂水溶液与表面张力的关系

1. 月桂酸(十二酸)钠；2. 豆蔻酸(十四酸)钠；3. 棕榈酸(十六酸)钠；4. 硬脂酸(十八酸)钠

少量极性有机物可使表面活性剂水溶液的表面（界面）张力发生很大变化，甚至在一些油水体系中达到 $1\times10^{-3}\sim1\times10^{-6}$mN/m 的超低界面张力。如 $C_2\sim C_8$ 脂肪醇加入到硬脂酸钠水溶液中时，乙醇和丙醇对表面张力影响不大，而从丁醇到辛醇使最低表面张力明显下降，并且醇的碳链越长，最低表面张力的下降程度越大。

(3) 表面活性剂的分类。表面活性剂按亲水基解离属性分类。表面活性剂的分类方法有许多，如根据相对分子质量 $M_r$（旧称分子量 $M$）的大小分为低相对分子质量表面活性剂（相对分子质量从 200～1000，一般表面活性剂都属此类）、中等相对分子质量表面活性剂（相对分子质量从 1000～10 000）和高分子表面活性剂（相对分子质量在 10 000 以上）。

常用的分类方法是根据表面活性剂分子中亲水基的解离属性，分为阴离子型、阳离子型、两性型及非离子型四类，如表 7-1 所示。阴离子表面活性剂或阳离子表面活性剂是指在水溶液中亲水基分别为阴离子或阳离子的表面活性剂；两性表面活性剂是指同时具有阳离子和阴离子两种性质的表面活性剂；非离子表面活性剂是指在水溶液中不发生电离的表面活性剂。

(4) 浮选表面活性剂。浮选表面活性剂，根据其用途并结合药剂的属性以及解离性质等，分为捕收剂、起泡剂两大类，详见表 7-2。

**表 7-1　表面活性剂按亲水基解离属性分类**

| 种　类 | 实　例 |
|---|---|
| 阴离子表面活性剂 | $RCOONa$，$ROSO_3Na$，$RSO_3Na$，$ROPO_3Na_2$ |
| 阳离子表面活性剂 | $RNH_2 \cdot HCl$，$R(CH_3)NH \cdot HCl$，$R(CH_3)_2N \cdot HCl$，$R(CH_3)_3N^+Cl^-$ |
| 两性表面活性剂 | $RNHCH_2COOH$，$R(CH_3)_2N^+CH_2COO^-$ |
| 非离子表面活性剂 | $RO(CH_2CH_2O)_nH$，$RCOOCH_2C(CH_2OH)_3$ |

**表 7-2　浮选表面活性剂的分类及典型实例简表**

| 浮选药剂类别 | | | | 典型实例 |
|---|---|---|---|---|
| 捕收剂 | 阴离子型 | 烃基含氧酸及其皂类 | 羧酸及羧酸皂 | 油酸、氧化石蜡皂、妥尔油 |
| | | | 烃基硫酸酯 | 十六烷基硫酸钠 |
| | | | 烃基磺酸及其盐 | 石油磺酸钠 |
| | | | 烃基膦酸 | 苯乙烯膦酸、浮锡灵 |
| | | | 烃基胂酸 | 混合甲苯胂酸、苄基胂酸 |
| | | | 羟肟酸 | 异羟肟酸 |
| | 阳离子型 | 胺　类 | 脂肪胺 | 月桂胺、混合脂肪胺 |
| | | | 醚胺 | 烷氧基正丙基醚胺 |
| | | | 吡啶盐 | 烷基吡啶盐酸盐 |
| | 两性型 | 胺基酸类 | | 十二胺基乙酸 |
| 起泡剂 | 羟基化合物 | 脂环醇、萜烯醇 | | 松醇油 |
| | | 脂肪醇 | | 甲基异丁基甲醇、$C_6 \sim C_8$ 混合醇 |
| | | 酚 | | 甲酚、木馏油 |
| | 醚及醚醇 | 脂肪醚 | | 三乙氧基丁烷 |
| | | 醚醇 | | 乙基聚丙醚醇 |
| | 吡啶类 | | | 重吡啶 |
| | 酮 | | | 樟脑油 |

作为捕收剂的这类浮选表面活性剂，极性基（亲固基）以羧酸基及胺基为主，如—COOH（羧酸）、$—SO_3H$（磺酸）、$—AsO_3H_2$（胂酸）、$—NH_2$（胺）、—C(OH)NOH（羟肟酸）、$—PO_3H_2$（膦酸）等；非极性基一般为 7～20 个碳原子的烷基或烯烃基。亲固基团中的亲固原子一般为 O 和 N，根据化学和物理吸附中“相似者相吸”的原则，这类药剂对矿物晶格表面有 O 原子的氧化物矿物有选择性捕收作用，同时也有较强的起泡性。图 7-3 为油酸（$C_{17}H_{33}COOH$）分子结构示意图。

作为起泡剂的浮选表面活性剂，极性基通常是羟基—OH、醚氧基—O—等，一般用异构烷基、萜烯基、苯基和烷氧基作烃基，碳原子数多在 6～9 个。捕收剂与起泡剂的作用示意见图 7-5。

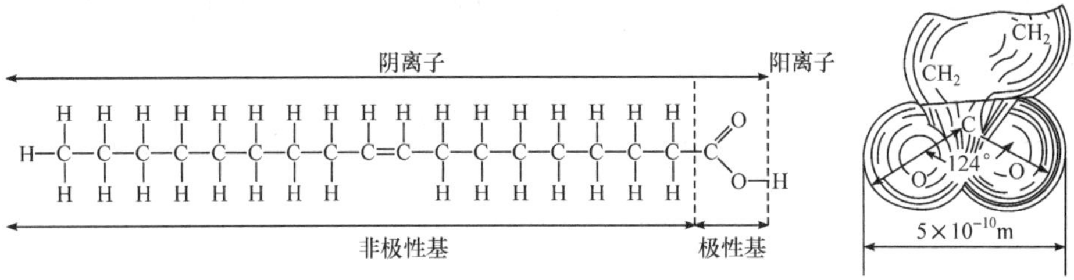


图 7－3　常用的氧化矿浮选捕收剂油酸分子结构示意图

### 2. 异极性有机浮选药剂

矿物加工过程中，常使用一些具有异极性分子结构的有机药剂作为浮选捕收剂。这些异极性有机药剂往往不能归入液气界面表面活性剂，一般而言，含异极性有机药剂的水溶液也不具有起泡性。但是，它们的分子结构类似于表面活性剂，均由非极性的亲油（疏水）基团和极性的特定亲固基团构成，形成既有亲固性又有亲油（疏水）性的所谓“双亲结构”分子，因此，有时也将它们作为固气界面表面活性剂来讨论。

(1) 异极性浮选捕收剂。异极性浮选捕收剂的疏水基通常是 2～6 个碳原子的脂肪族烃基、脂环族烃基和芳香族烃基，常写成 R—；亲固（硫化矿）基一般为黄原酸基—C(S)SH、二硫代磷酸基 $>O_2P(S)SH$ 和二硫代氨基甲酸基 $>NC(S)SH$，见图 7－4。

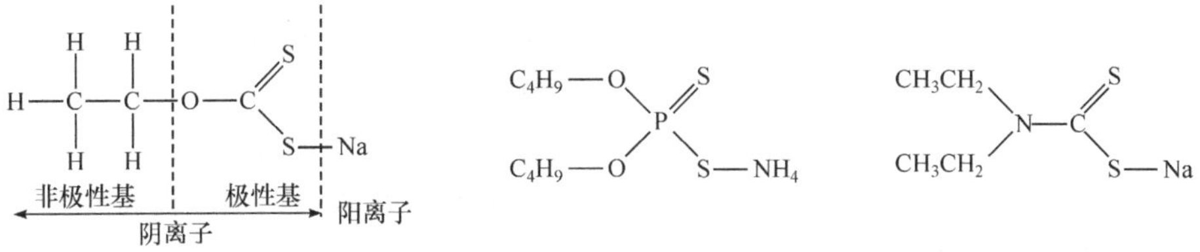


(a) 黄药（乙黄原酸钠）　(b)丁铵黑药（二丁基二硫代磷酸铵）　(c) 乙硫氮（二乙基二硫代氨基甲酸钠）

图 7－4　常用的硫化矿浮选捕收剂

异极性浮选捕收剂亲固基团中的亲固原子一般为 S，根据“相似者相吸”的原则，这类药剂对矿物晶格表面有 S 原子的硫化矿物有选择性吸附捕收作用。异极性浮选捕收剂的极性亲固基团能比较牢固地吸附在硫化矿物表面，而非极性的疏水基团则在矿物表面定向地向外排列，造成硫化矿物表面的疏水化，并使其易于向气泡黏附。这样，就可实现硫化矿物表面的人为疏水化，从而实现与表面仍保持亲水的脉石矿物的浮选分离。表 7－3 列出了异极性浮选捕收剂的分类及典型的实例。

**表 7－3 异极性浮选捕收剂和有机抑制剂的分类及典型实例简表**

<table>
<tr><th colspan="5">浮选药剂类别</th><th>典型实例</th></tr>
<tr><td rowspan="3">捕收剂</td><td rowspan="2">极性型</td><td>阴离子型</td><td>硫代化合物类</td><td>黄药类<br>黑药类<br>硫氮类<br>硫醇及其衍生物<br>硫脲及其衍生物</td><td>乙基黄药、丁基黄药<br>25 号黑药、丁基铵黑药<br>乙硫氮、丁硫氮<br>苯骈噻唑硫醇<br>二苯硫脲</td></tr>
<tr><td>非离子型</td><td colspan="2">硫代化合物的酯<br>多硫代化合物</td><td>硫氨酯(Z-200)<br>双黄药</td></tr>
<tr><td colspan="2">非极性型</td><td colspan="2">烃油</td><td>煤油、柴油</td></tr>
<tr><td rowspan="4">抑制剂</td><td colspan="3" rowspan="3">有机酸类</td><td>一元有机酸</td><td>巯基乙酸、羟基乙酸、氨基乙酸</td></tr>
<tr><td>二元有机酸</td><td>草酸</td></tr>
<tr><td>多元有机酸</td><td>柠檬酸</td></tr>
<tr><td colspan="4">其他类</td><td>氨基乙醇 、巯基乙醇</td></tr>
</table>

(2) 异极性浮选有机抑制剂。抑制剂可以提高特定矿物表面的亲水性，加大与上浮目的矿物的表面性质差异，强化浮选过程。

有机抑制剂也是异极性有机物，一般是一个或多个—COOH、—OH、—$SO_3H$、—$PO(OH)_3$、—SH 等强极性基通过 1～3 个碳原子的烃基连接起来的水溶性有机物，如巯基乙酸、羟基乙酸、氨基乙酸、柠檬酸、氨基乙醇等，见表 7－3。

低相对分子质量有机抑制剂的结构特点可归纳为：药剂分子在尽可能小比例的碳氢骨架上带有数量较多(至少两个)的极性基，并且极性基位于分子的两端或遍布于整个分子中，一部分极性基(称为亲固基或键合基)与固体表面发生作用后，其余极性基(称为亲水基)朝外，形成亲水性吸附层，使矿物表面亲水性提高或阻止捕收剂吸附，达到抑制作用。

在抑制剂的极性基中，亲固基应为对矿物键合能力强，并且有高度选择性的基团，亲水基则应为水化能较大的基团。

与矿物表面作用活性高的极性基，包括捕收剂中见到的极性基在内，可列出下面各种：

黄原酸基及其衍生基团 —OCSSH，—SCSSH

黑药的极性基及其衍生物

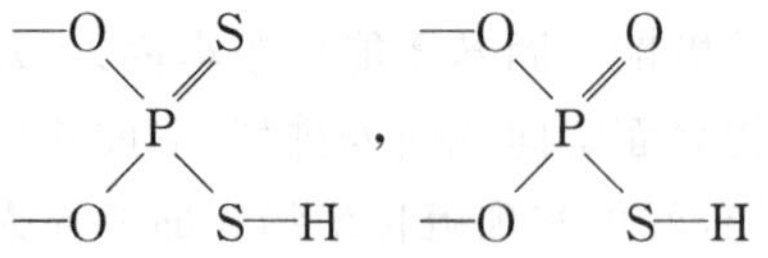

氨基二硫代甲酸及磷酸类　═NCSSH，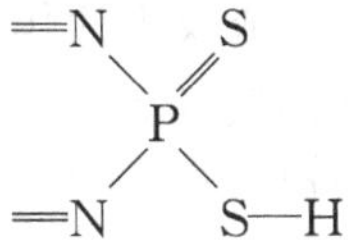

硫醇及其他硫氮类基团　—SH，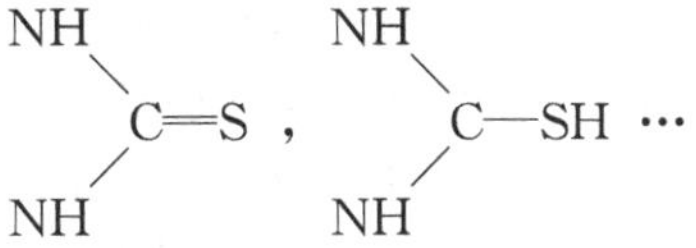

羧酸及其衍生物基团　—COOH ···

磺酸、硫酸、膦酸、胂酸等基团　$—SO_3H$，$—SO_4H$，$—PO_3H$，$—AsO_3H$ ···

各种有机胺类　$—NH_2$···

各种捕收剂的螯合基团，也都可以用作抑制剂的键合基。有机抑制剂的结构及其对特定矿物的浮选抑制作用原理示意图见图 7-5。

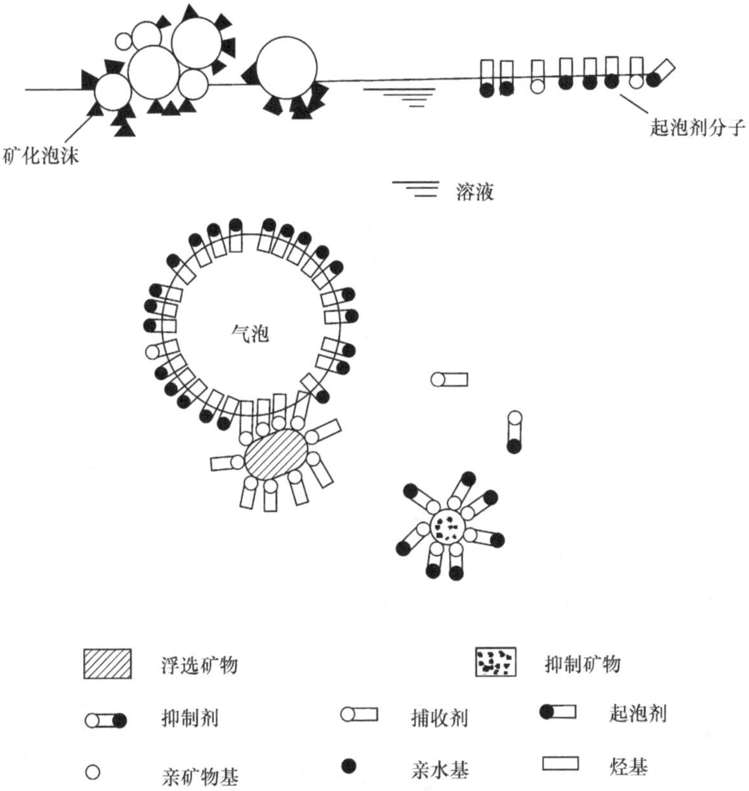


图 7-5　浮选剂作用原理示意图

亲水性强的基团，除了—COOH、$—SO_3H$ 等基团外，还常见到醚基—O—等。

有机抑制剂对矿物发生抑制作用的原因大致如下：

① 改变矿浆离子组成及去活作用。在浮选矿浆中难免存在各种离子，有一些将会使矿物受到活化，从而破坏矿物浮选的选择性。如含有次生铜矿物或氧化蚀变的铜-锌矿石浮选时，溶解的铜离子将对闪锌矿产生活化作用而使抑锌浮铜难于实现。含有多羧基、多羟基、胺基、巯基等高化学活性基团的有机抑制剂，许多都能沉淀或络合金属离子，从而减少矿浆中这些难免离子的浓度，起到防止活化的作用。

② 使矿物表面亲水性增大。有机抑制剂分子中都带有多个极性基，其中包括对矿物的亲固基和其他亲水基，当极性基与矿物表面作用后，亲水基趋向水呈较强的亲水性，降低了可浮性。例如，羟基白药对方铅矿的抑制作用，当羟基白药吸附后，两个亲水性的羟基向外，使矿物表面亲水性提高。

③ 使吸附于矿物表面的捕收剂解吸或防止捕收剂吸附。如水杨酸钠对长石的抑制作用就是阻止油酸捕收剂在矿物上吸附。

各种浮选药剂组装结构模型图见图 7－6 所示。

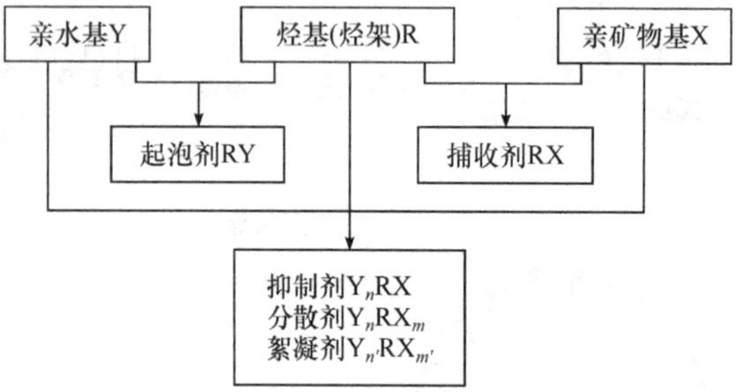


图 7－6　浮选药剂组装结构模型图

3. 非极性烃油类浮选捕收剂

除了异极性浮选捕收剂主要用于硫化矿的浮选外，还有一类非极性化合物浮选捕收剂也被使用，主要是烃油类，如煤油、柴油等，其分子结构中没有极性基或非极性基，表现为惰性。一般用于天然可浮性较好的矿物如石墨的浮选，或者与油酸等混用作辅助捕收剂，见图 7－7 和表 7－3。

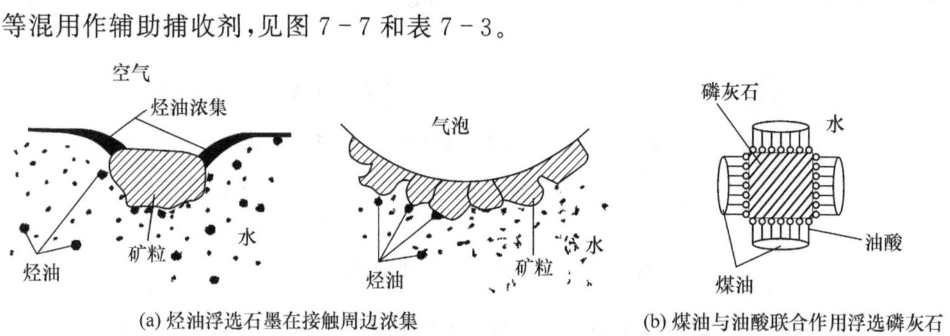


(a) 烃油浮选石墨在接触周边浓集　(b) 煤油与油酸联合作用浮选磷灰石

图 7－7　烃油捕收剂作用示意图

4. 萃取剂

萃取剂也是一种异极性有机药剂。冶金工业中的萃取剂是一种能通过络合化学反应将金属离子从水相选择性地萃取入有机相，又能通过某种化学反应使金属离子从有机相反萃取到水相，达到金属纯化与富集的有机化合物。

常用的萃取剂有：脂肪族 α-羟肟酸(LIX)、磷酸三丁酯(TBP)、噻吩甲酰三氟丙酮(HTTA)、三辛胺(TOA)等。如 LIX63 的结构式如下

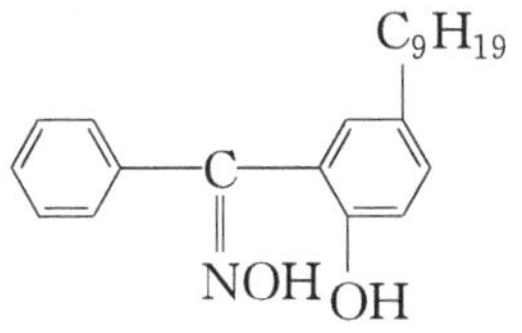


萃取剂均由非极性的亲油(疏水)基团和极性的特定亲金属离子基团构成，形成既有亲金属离子性又有亲油(疏水)性的所谓"双亲结构"分子。显然，萃取剂与浮选捕收剂的结构是极相似的，有些萃取剂就可作为浮选捕收剂使用。

萃取机理可表述为：萃取剂极少量地溶解于水中，并与水中的金属离子生成难溶于水的沉淀。这种具有疏水基团的难溶于水的有机沉淀，根据"相似者相溶"的物理溶解原则，易溶于全为疏水基的非极性油(如煤油)有机相，从而将金属离子从水相选择性地萃入有机相中。

萃取剂的分类方法很多。本书根据酸碱质子理论，将萃取剂分为中性、酸性和碱性萃取剂。另一类萃取剂多数为质子酸，表现出螯合剂性质，将其归于螯合萃取剂。

(1) 中性萃取剂。一类中性有机化合物，如醇、醚、酮、酯、硫醚、亚砜和冠醚等，其中的酯包括羧酸酯和磷(膦)酸酯。它们在水中一般是中性的。

(2) 酸性萃取剂。一类有机酸，如羧酸、磺酸和有机磷(膦)酸等。它们在水中一般显酸性，可电离出氢离子。

(3) 碱性萃取剂。一类有机碱，通常包括伯胺、仲胺、叔胺和季铵等。有机胺在水中能加合氢离子，碱性一般强于无机铵，而季铵碱则是强碱。

(4) 螯合萃取剂。一类在萃取分子中同时含有两个或两个以上配位原子(或官能团)可与中央金属离子形成螯环的有机化合物。如羟肟酸类化合物(如 Lix64 等)的分子中同时含有羟基(—OH)和肟基(═NOH)；再如 8-羟基喹啉及其衍生物(如 Kelex100 等)的分子中，同时含有酸性的酚羟基和碱性的氮原子。

从分子结构考虑，萃取剂必须具备以下两点要求：①萃取剂分子中至少有一个反应活性基团，通过它与金属离子生成萃合物。在反应活性基团中常见的配位原子有氧、氮和硫原子，其中以氧原子居多。组成的活性基团有—OH、—O—、═C═O、—$NH_2$、═NH、═N—、—S—、—SH、—COOH、—$SO_3H$、═N—OH、

═PO(OH)等。②为了使萃取剂本身或萃合物难溶于水而易溶于有机溶剂中,萃取剂分子中疏水的烃基(碳氢链)必须具有合适的碳原子数。碳原子数太少(碳链短)往往水溶性很大而不适宜作萃取剂;碳原子数过多(相对分子质量很大),在水中分散性不好,同时,萃取容量也会相对减小。

从实际应用考虑,萃取剂还应满足:①有较大的萃取容量,即单位浓度的萃取剂对被萃取物有较大的萃取能力。②选择性好,即对欲分离的物质有较大的分离因数。③易于反萃,不易发生乳化,不生成第三相。④密度小、黏度低、表面张力较大(分相迅速);沸点高、挥发性小、闪点高(使用安全);在水中溶解度小(减少溶剂损失和环境保护的要求)。⑤化学稳定性好、毒性小。耐各种酸、碱及氧化剂和还原剂的作用。对于设备的腐蚀性小,具有一定的热稳定性。在原子能工业中还要求萃取剂有较高的抗辐射稳定性。⑥容易制备,原料来源丰富、价格便宜。

### 7.1.2 表面活性剂的物理化学性能

表面活性剂的表面活性由亲水基的亲水性和亲油基的亲油性强弱来决定,其相对强弱可用亲水-疏水平衡(HLB 值)、临界胶团浓度(CMC 值)等参数定量表征。另外,表面张力的变化及溶解度的大小在一定程度上也反映了表面活性剂的性能。

1. HLB 值

HLB 值(hydrophile-lipophile balance number)称亲水-疏水平衡值,也称水油度。它既与表面活性剂的亲水亲油性有关,又与表面活性剂的表面(界面)张力、界面上的吸附性、乳化性及乳状液稳定性、分散性、溶解性、去污性等基本性能有关,还与表面活性剂的应用性能有关。从一个表面活性剂的 HLB 值可以大概了解它的基本性质和可能用途,见图 7-8。

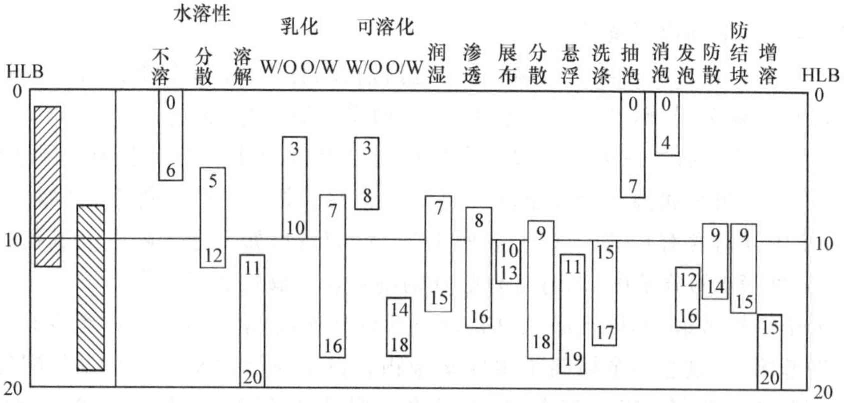


图 7-8 表面活性剂的 HLB 值与其应用性能关系

不同类型表面活性剂 HLB 值的计算有不同的公式。

(1) 分子型表面活性剂。对聚乙二醇等分子型表面活性剂的 HLB 值可用式(7－1)计算

$$\mathrm{HLB} = 20\left(\frac{H}{H+L}\right) \tag{7-1}$$

式中：$H$——亲水基量，为亲水基中所有相对原子质量的总和；

$L$——疏水基量，为疏水基中所有相对原子质量的总和。

一般分子型表面活性剂的 HLB 值在 0～20 之间，20 是它的极限值。

**【例 7－1】** 求聚乙二醇 $HOCH_2(C_2H_4)_nCH_2OH$ 的 HLB 值。

**解** 聚乙二醇全是亲水基，$L=0$，由式(7－1)得

$$\mathrm{HLB} = 20(H/H) = 20$$

(2) 多元醇脂肪酸脂型表面活性剂。多元醇脂肪酸脂型表面活性剂的 HLB 值可用式(7－2)计算，即

$$\mathrm{HLB} = 20\left(\frac{\mathrm{A}-\mathrm{S}}{\mathrm{A}}\right) \tag{7-2}$$

式中：S——皂化数，为 1g 油脂完全皂化所需 KOH 的量；

A——酸值，为 1g 所含酸性成分所需用 KOH 中和的量。

**【例 7－2】** 聚氧乙烯山梨醇酐单月桂酸酯的皂化数值为 45.5，分解脂肪酸的酸值为 278。求其 HLB 值。

**解** $\mathrm{HLB}=20(1-\mathrm{S}/\mathrm{A})=20\times(1-45.5/278)=16.7$

(3) 离子型表面活性剂。离子型表面活性剂的 HLB 值具有加和性，可用 Davies 公式计算

$$\mathrm{HLB} = \sum(\text{亲水基值}) + \sum(\text{疏水基值}) + 7 \tag{7-3}$$

表 7－4 是 HLB 基数。对于混合表面活性剂的 HLB，可取单个表面活性剂在混合物中质量分数的算术平均值。

**表 7－4　HLB 基数**

| 亲水基团 | HLB | 亲油基团 | HLB |
|---|---|---|---|
| $—SO_4Na$ | 38.4 | $—CH_2—CH_2O—$ | −0.33 |
| —COOK | 22.1 | $—CH_2—$ | −0.475 |
| —COONa | 19.1 | $=CH_2$ | −0.475 |
| —N(叔胺) | 9.4 | $—CH_3$ | −0.475 |
| 酯(失水山梨醇环) | 6.8 | =CH— | −0.475 |
| 酯(自由) | 2.4 | $—CF_2—$ | −0.870 |
| —COOH | 2.1 | $—CF_3$ | −0.870 |
| —OH(自由) | 1.9 | 苯环 | −1.662 |
| —O— | 1.3 | $—CH_2—CH_2—CH_2—O—$ | −0.5 |

【例 7-3】 求 $C_{16}H_{33}OH$ 的 HLB 值。

**解** $C_{16}H_{33}OH$ 有 1 个 OH 和 16 个 $CH_2$(或 $CH_3$)，查表 7-4，得

$$HLB=1.9+16\times(-0.475)+7=1.3$$

(4) 用 HLB 值评价各类浮选药剂的用途(表 7-5)。

**表 7-5 各类浮选药剂的用途与 HLB 值的关系**

| 药剂种类 | 非硫化矿捕收剂 | 硫化矿捕收剂 | 起泡剂 | 抑制剂 |
|---|---|---|---|---|
| HLB 值(Davies) | 1～4 | 4～7 | 5～7 | >10 |

2. CMC 值

(1) 胶团的形成及临界胶团浓度。表面活性剂溶液的某些性质在某一浓度范围内会发生突变，如图 7-9 所示。这一浓度范围称为表面活性剂的临界胶团区域。在这一范围内，通常选取一个浓度，称为临界胶团浓度，以 CMC 值表示。选取的方法是将表面活性剂溶液的某一物理性质(如表面张力)对浓度作图，以突变范围两侧的直线外推得到一个交点，相应的浓度即为 CMC 值。不同的物理性质，其交点的位置略有不同，但这并不影响 CMC 值在胶团溶液中的重要性。通常离子型表面活性剂的 CMC 值在 $1\times10^{-4}$～$1\times10^{-3}$mol/L 范围，而非离子型表面活性剂则在 $1\times10^{-4}$mol/L 以下。

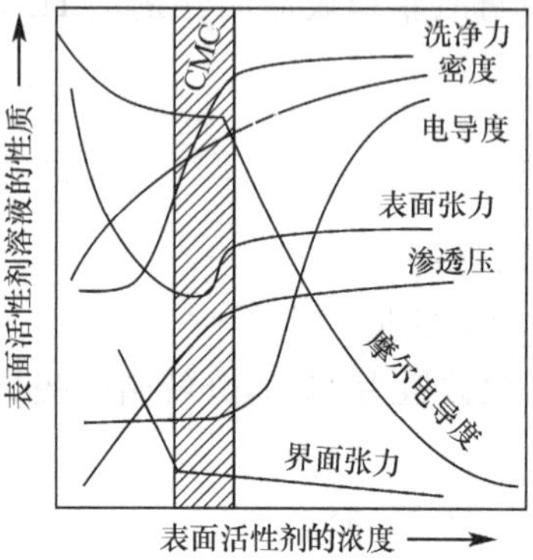


图 7-9 表面活性剂物理性质随浓度变化图

表面活性剂溶液的性质会在一定浓度下发生突变的根本原因是在一定浓度下，形成了胶团。图 7-10 表示了这一结构变化过程：当少量表面活性剂溶于水中时，表面活性剂以单个分子形式溶于水中或躺在表面上，如图 7-10(a)；随着溶液中表面活性剂浓度增大，溶液内及表面上的分子数增多，出现 2～3 个表面活性剂分子以非极性烃链缔合的现象，如图 7-10(b)；浓度进一步增大，表面活性剂在表面上已形成单分子层定向排列，此时溶液内一定数量的表面活性剂分子以烃链或极性基缔合而形成一个集合体，即胶团，如图 7-10(c)所示。在稀溶液中，溶液浓度进一步增加会使胶团的数量增加，但不改变每个胶团的大小，即不改变胶团中的分子数，如图 7-10(d)。可见，形成胶团需要一定浓度，所需要的最低浓度就是临界胶团浓度。

临界胶团浓度是表面活性剂的一个重要性质，它可以作为表面活性剂表面活性的量度。因为 CMC 值越小，形成胶团所需要的浓度越低，表面(界面)达到单分子层饱和吸附所需浓度也越低，即表面活性剂能在更低浓度下发挥更大效能。

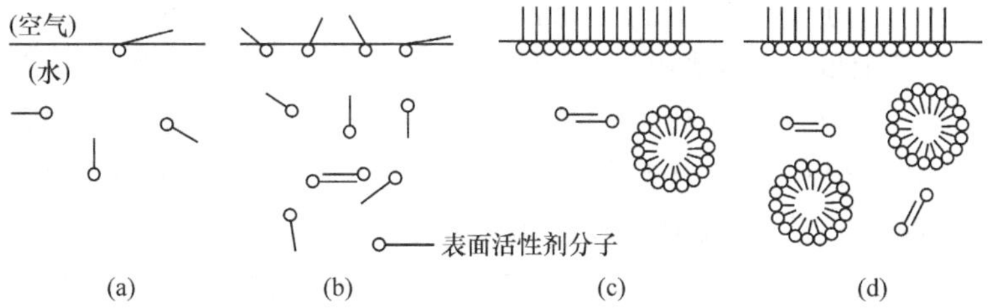


图 7-10　胶团形成过程的模型

(2) 表面活性剂的结构与临界胶团浓度的关系。

① 表面活性剂烃链长度的影响。在水溶液中，表面活性剂烃链的碳原子数(在 $C_8 \sim C_{16}$范围内)的增加通常会导致 CMC 值下降。

烃链的碳原子数 $n$ 与 CMC 值关系如经验式(7-4)，即

$$\lg CMC = A - Bn \tag{7-4}$$

式中：$A$，$B$——在一定温度下对一定表面活性剂来说为一常数。

可以通过实验测定同系物的 $n$ 与相应的 CMC 值，并以 lgCMC 对 $n$ 作图得直线，从直线斜率求得 B 值，从截距求得 A 值。表 7-6 列出一些表面活性剂的 A、B 值。

**表 7-6　一些表面活性剂的 A、B 值**

| 表面活性剂 | 温度/℃ | A | B |
|---|---|---|---|
| $C_nH_{2n+1}COO^-Na^+$ | 20 | 1.85 | 0.30 |
| $C_nH_{2n+1}COO^-K^+$ | 25 | 1.92 | 0.29 |
| $C_nH_{2n+1}SO_3Na$ | 40 | 1.59 | 0.29 |
| $C_nH_{2n+1}SO_3Na$ | 55 | 1.15 | 0.26 |
| $C_nH_{2n+1}SO_3Na$ | 60 | 1.42 | 0.28 |
| $C_nH_{2n+1}SO_4Na$ | 45 | 1.42 | 0.30 |
| $C_nH_{2n+1}SO_4Na$ | 60 | 1.35 | 0.28 |
| $C_nH_{2n+1}N(CH_3)_3Br$ | 25 | 1.72 | 0.30 |
| $C_nH_{2n+1}N(CH_3)_3Br$ | 60 | 1.77 | 0.29 |
| $C_nH_{2n+1}(C_2H_4O)_6OH$ | 25 | 1.82 | 0.49 |
| $C_nH_{2n+1}N(CH_3)_2O$ | 27 | 3.3 | 0.50 |
| $C_nH_{2n+1}N(C_2H_4O)_3OH$ | 25 | 2.32 | 0.55 |

② 烃链分支的影响。当表面活性剂的烃链有分支时，直链上碳原子的影响只有支链上碳原子的一半。因此，具有相同碳原子数的支链表面活性剂的 CMC 值比直链的大得多，例如，具有支链结构的$(C_8H_{17})_2N(CH_3)_2Cl$ 的 CMC 值为 0.026 6 mol/L，而直链同碳原子数的 $C_{16}H_{33}N(CH_3)_2Cl$ 的 CMC 值只有 0.001 4mol/L。烃

链中存在 C ═C 时的 CMC 值比同样条件下存在 C—C 时的 CMC 值大 3～4 倍。

③ 烃链中其他取代基的影响。烃链中引入—O—、—OH 等极性基团，会导致 CMC 值明显增大。在氧乙烯与氧丙烯共聚的高分子表面活性剂中，聚氧丙烯基使 CMC 值减低，其减少程度相当于增加 0.4 个（$—CH_2—$）使 CMC 值减少的程度。在同样碳原子数情况下，以氟取代氢形成碳氟系表面活性剂会导致 CMC 值下降很大。但是烃链末端碳原子上的氢被氟取代后，其 CMC 值反而升高，碳氟链长与 CMC 值的关系也符合式(7－1)。

④ 亲水基团的影响。在水溶液中，离子型表面活性剂比同烃链的非离子型表面活性剂的 CMC 值高。如十二碳直链离子型表面活性剂的 CMC 值约为 $1\times10^{-2}$ mol/L，而同样烃链长非离子型表面活性剂的 CMC 值约为 $1\times10^{-4}$ mol/L。两性表面活性剂与同烃链长的离子型表面活性剂的 CMC 值相近。极性基从末端位置移到越靠中间位置，CMC 值越大。含多个亲水基团的表面活性剂比同样烃链长度下含单个亲水基团的表面活性剂的 CMC 值更大。亲水基的种类对 CMC 值影响不大。

在聚氧乙烯非离子型表面活性剂水溶液中，随着氧乙烯基数目 $n$ 增多，CMC 值增大。因为氧乙烯基数目增多，表面活性剂更加亲水。$n$ 与 CMC 值的定量关系可用式(7－5)表示

$$\lg \mathrm{CMC} = A' + B'n \qquad (7-5)$$

式中：$A'$，$B'$——与疏水基种类及温度有关的常数。

⑤ 离子型表面活性剂分子中反离子的作用。离子型表面活性剂在水溶液中形成胶团时，非极性烃链向内相互聚集，带电离子基团向外，反离子则将其包围，因此反离子起了束缚胶团作用。其束缚能力越强，越易形成胶团，CMC 值越低。反离子的束缚能力随其极化能力及价数增加而增大，随其水化半径的增加而减少，因此，在十二烷基硫酸盐阴离子表面活性剂水溶液中，反离子（正离子）使 CMC 值减少的顺序如下

$$Li^+ > Na^+ > K^+ > Cs^+ > N(CH_3)_4^+ > N(C_2H_5)_4^+ > Ca^{2+}、Mg^{2+}$$

对十二烷基三甲基卤化铵及十二烷基卤化吡啶阳离子表面活性剂的水溶液，反离子（负离子）使 CMC 值减少的顺序如下

$$F^- > Cl^- > Br^- > I^-$$

### 3．K. P. 值和 C. P. 值

表面活性剂的溶解度与温度的关系与一般常见化合物的情形有所不同，离子型表面活性剂与非离子型表面活性剂又有很大差别。通常用 K. P. 值和 C. P. 值来分别表示离子型与非离子型表面活性剂的溶解度。

(1) Krafft 点。离子型表面活性剂溶解度随温度变化的一个共同点是：在温

度足够低时，溶解度慢慢随温度升高而增大，当温度达到某一定值后，溶解度会突然增大。图 7 - 11 是癸基磺酸钠在水中的溶解度与温度的关系，也是表面活性剂典型的溶解度曲线。

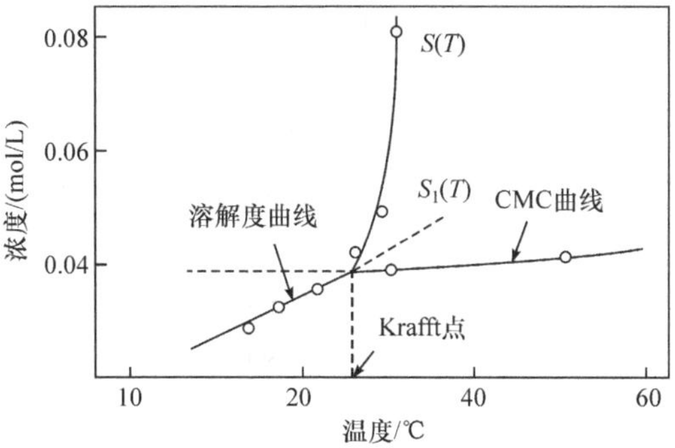


图 7 - 11　癸基磺酸钠在水中的溶解度曲线及 Krafft 点

$S_1(T)$为单分子表面活性剂溶解度曲线；CMC 曲线为胶团溶解度曲线；S(T)为总溶解度曲线

图 7 - 11 中，低温时，癸基磺酸钠随着温度升高，在水中溶解度慢慢增大，到达约 22℃时溶解度急剧上升，这种现象称为 Krafft 现象。此时相应的温度称为 Krafft 温度或 Krafft 点即 K. P. 值。温度超过 Krafft 点，溶解度急剧增加是由于胶团形成后表面活性剂以胶团形式，而不是以单个分子形式溶解。Krafft 点实际上是分子溶解和胶团溶解的分水岭。温度低于 Krafft 点不形成胶团，只有高于 Krafft 点胶团才开始形成。因此，Krafft 点相应的溶液浓度即为 CMC 值，所以 Krafft 点也可以认为是表面活性剂在溶液中的溶解度等于 CMC 值时的温度。

Krafft 点与离子型表面活性剂的烃链长度密切相关。在同系物中，烃链越长，Krafft 温度越高，CMC 值越小，在同一温度下的溶解度越低。

无机盐对 Krafft 温度有明显的影响。加入与表面活性剂具有共同离子的电解质，溶解度将减少。但是，对 Krafft 温度的影响则没有简单的规律。

若加入与表面活性剂无共同离子的电解质，会改变溶液的离子强度，改变表面活性剂离子的活度，并会压缩双电层。电解质的浓度越大，对 Krafft 点的影响也越大。在相同浓度下，溶剂化作用较弱、可极化性较强的反离子，对 Krafft 点的影响较大。如 $C_{16}H_{33}C_5H_5M^+X^-$ 的 Krafft 温度随 $Cl^-$、$Br^-$、$I^-$ 反离子水合作用的减弱而上升。

由于 Krafft 点是指形成胶团所需要的最低温度，而表面活性剂的许多重要作用都是通过胶团的形成实现的。所以，只有温度在 Krafft 点以上才有可能使离子型表面活性剂形成胶团，发挥其最佳效能，表面活性剂的 Krafft 点越低，越有利于实现这一目的。表 7-7 列出了一些离子型表面活性剂的 Krafft 点。

**表 7-7 一些离子型表面活性剂的 Krafft 点**

| 表面活性剂 | Krafft 点/℃ | 表面活性剂 | Krafft 点/℃ |
|---|---|---|---|
| $C_{12}H_{25}SO_4Na$ | 9 | $(C_{12}H_{25}SO_4)_2Pb$ | 52 |
| $C_{12}H_{25}SO_4K$ | 34 | $(C_{12}H_{25}SO_4)_2Ba$ | 105 |
| $(C_{12}H_{25}SO_4)_2Zn$ | 11 | $C_{14}H_{29}SO_4Na$ | 26 |
| $(C_{12}H_{25}SO_4)_2Mn$ | 16 | $(C_{14}H_{29}SO_4)_2Mn$ | 29 |
| $(C_{12}H_{25}SO_4)_2Cu$ | 19 | $(C_{14}H_{29}SO_4)_2Co$ | 29 |
| $(C_{12}H_{25}SO_4)_2Co$ | 23 | $(C_{14}H_{29}SO_4)_2Zn$ | 32 |
| $(C_{12}H_{25}SO_4)_2Mg$ | 25 | $(C_{14}H_{29}SO_4)_2Mg$ | 38.5 |
| $(C_{12}H_{25}SO_4)_2Ca$ | 50 | $(C_{14}H_{29}SO_4)_2Cu$ | 40 |
| $(C_{14}H_{29}SO_4)_2Ca$ | 71 | $[C_{12}H_{25}(OCH_2CH_2)_2SO_4]_2Ca$ | 0 |
| $C_{12}H_{25}OCH_2CH_2SO_4Na$ | 5 | $C_{16}H_{33}N(CH_3)_3Br$ | 25 |
| $C_{12}H_{25}(OCH_2CH_2)_2SO_4Na$ | -1 | $C_{16}H_{33}N(CH_3)_3I$ | 41 |

(2) 浊点。对于非离子型表面活性剂，温度升高，溶解度下降。当温度升到某一定值时（实际上是一个很窄的温度范围），溶液突然变浊，此时的温度称为浊点，即 C. P. 值。聚氧乙烯类非离子型表面活性剂溶于水是靠聚氧乙烯链中的氧与水分子的氢形成氢键。随着温度升高，氢链被削弱，升到一定温度，氢键断裂，表面活性剂从溶液中析出，使溶液突然变浊。表面活性剂的结构决定其浊点大小。随着非离子型表面活性剂极性增加，即 HLB 值增大，浊点升高；对于具有相同极性基的同系物，烃链较短的具有较高的浊点；如果烃链长度相同，则浊点随着氧乙烯基团数 $n$ 增加而升高。

电解质对浊点的影响是明显的。不同种类和不同浓度的电解质对浊点的影响是不相同的，有的使浊点升高，有的使浊点下降。通常多价正离子及 $H^+$、$Ag^+$、$Li^+$可使浊点升高，而 $Na^+$、$K^+$、$NH_4^+$则使浊点降低。在负离子中，$OH^-$、$F^-$、$Cl^-$、$SO_4^{2-}$、$PO_4^{3-}$ 降低浊点，而 $I^-$、$SCN^-$升高浊点。

极性有机物对非离子型表面活性剂的浊点有明显影响。脂肪醇可使聚氧乙烯型表面活性剂水溶液的浊点显著降低。例如，加入 $C_{10}H_{21}OH$ 或 $C_{12}H_{25}OH$ 可使 TritonX-100 的浊点下降 30℃之多。脂肪醇降低浊点的作用随其碳氢链增长而加大。这种浊点降低作用是由于醇类溶于非离子表面活性剂胶团中，使胶团变大，而大胶团更易于发生相分离。与脂肪醇的作用相反，尿素之类是极易溶于水的极性有机物，由于改变了溶剂水的性质，削弱了疏水作用，反而使浊点上升。

### 7.1.3　溶液中的酸碱平衡

药剂在溶剂中的溶解、水解或解离，一方面使介质 pH 发生变化；另一方面影响药剂的活性。

1. 解离平衡与溶液 pH

(1) 一元弱酸或弱碱型药剂。设一元弱酸为 HA，在溶液中存在如下解离平衡

$$HA \rightleftharpoons H^+ + A^- \qquad K_a = \frac{[H^+][A^-]}{[HA]} \tag{7-6}$$

式中：$K_a$——酸解离常数。

对于一元弱碱 B，其解离平衡为

$$BH^+ \rightleftharpoons B + H^+ \tag{7-7}$$

$$B + H_2O \rightleftharpoons BH^+ + OH^- \tag{7-8a}$$

$$K_a = \frac{[H^+][B]}{[BH^+]} = \frac{[H^+][OH^-][B]}{[BH^+][OH^-]} = \frac{K_w}{K_b} \tag{7-8b}$$

式中：$K_b\left(=\dfrac{[BH^+][OH^-]}{[B]}\right)$——反应(7-8a)的平衡常数，也称为碱解离常数。

根据式(7-6)和式(7-8)，可以方便地计算出一元弱酸或弱碱型药剂在溶液中的 pH。

(2) 多元弱酸型药剂。对多元弱酸型药剂 $H_nA$，它在溶液中的平衡如下

$$A + H^+ \rightleftharpoons HA \qquad K_1^H = \frac{[HA]}{[A][H^+]} = \beta_1^H$$

$$HA + H^+ \rightleftharpoons H_2A \qquad K_2^H = \frac{[H_2A]}{[H^+][HA]}$$

$$\beta_2^H = \frac{[H_2A]}{[H^+]^2[A]} = K_1^H \cdot K_2^H$$

$$\vdots$$

$$H_{n-1}A + H^+ \rightleftharpoons H_nA \qquad K_n^H = \frac{[H_nA]}{[H_{n-1}A][H^+]}$$

$$\beta_n^H = \frac{[H_nA]}{[H^+]^n[A]} = \prod_{i=1}^{n} K_i^H \tag{7-9}$$

式中：$K_1^H, K_2^H, \cdots, K_n^H$——逐级加质子常数，它们与解离常数的关系为

$$K_n^H = \frac{1}{K_{a_1}}, \quad \cdots, \quad K_2^H = K_{a,n-1}^{-1}, \quad K_1^H = K_{a,n}^{-1}$$

$\beta_1^H, \beta_2^H, \cdots, \beta_n^H$——积累加质子常数。

设[A]，[A]′分别为游离 A 和 A′的总浓度，则

$$c_{H_nA} = [A]' = [A] + [HA] + \cdots + [H_nA]$$
$$= [A] + \beta_1^H[A][H^+] + \cdots + \beta_n^H[A][H]^n \qquad (7-10)$$

若溶液中仅含一种多元弱酸，则其质子等衡式 PBE 是

$$[H^+] = [H_{n-1}A] + 2[H_{n-2}A] + \cdots + (n-1)[HA] + n[A] + [OH^-] \qquad (7-11a)$$

由于主要组分是 $H_nA$ 和 $H_{n-1}A$，对于多元弱酸溶液，若忽略$[OH^-]$，则简化的 PBE 为

$$[H^+] \approx [H_{n-1}A] = \beta_{n-1}^H[A][H]^{n-1} \qquad (7-11b)$$

那么

$$C_{H_nA} \approx [H_{n-1}A] + [H_nA] = \beta_{n-1}^H[A][H^+]^{n-1} + \beta_n^H[A][H^+]^n$$

$$\frac{C_{H_nA}}{[H^+]} = \frac{\beta_{n-1}^H[A][H]^{n-1} + \beta_n^H[A][H^+]^n}{\beta_{n-1}^H[A][H]^{n-1}} = 1 + K_n^H[K^+]$$

$$K_n^H[H^+]^2 + [H^+] - C_{H_nA} = 0 \qquad (7-12)$$

按式(7-12)可计算出一些多元酸药剂溶液的 pH。

2. 解离平衡与浮选活性

捕收剂的活性与溶液的酸碱性关系十分密切，其型体随溶液 pH 而异。如甲苯胂酸是二元酸捕收剂，在溶液中解离如下

$$CH_3C_6H_4AsO(OH)_2 \rightleftharpoons CH_3C_6H_4AsO(OH)O^- + H^+$$
$$K_{a_1} = 2.0 \times 10^{-4} \qquad (7-13a)$$

$$CH_3C_6H_4AsO(OH)O^- \rightleftharpoons CH_3C_6H_4AsO_3^{2-} + H^+$$
$$K_{a_2} = 2.1 \times 10^{-8} \qquad (7-13b)$$

溶液中有 $CH_3C_6H_4AsO(OH)_2$、$CH_3C_6H_4AsO(OH)O^-$、$CH_3C_6H_4AsO_3^{2-}$ 三种型体，其组分分布如图 7-12(a)所示。与图 7-12(b)比较可见，$Pb^{2+}$活化的黑钨矿，用甲苯胂酸浮选的最佳 pH 范围与 $CH_3C_6H_4AsO(OH)O^-$ 的分布曲线一致，推测甲苯胂酸的活性组分是 $CH_3C_6H_4AsO(OH)O^-$，它与金属离子形成如下络合物

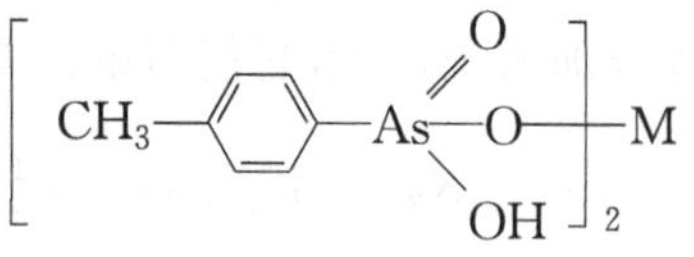

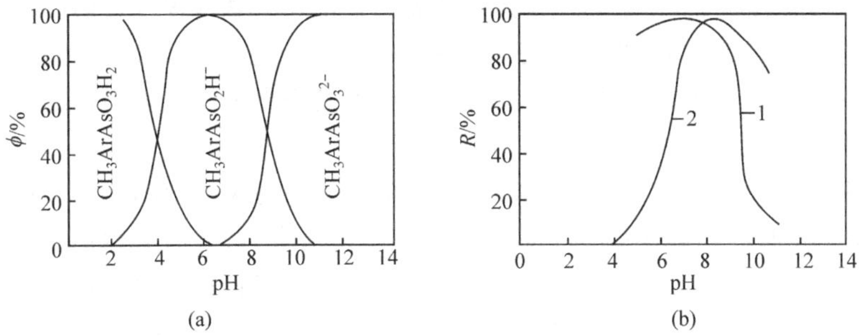


图 7-12 甲苯胂酸各组分的分布系数及其浮选效果与 pH 的关系

甲苯胂酸 50mg/L; $Pb(NO_3)_2$ $10^{-4}$mol/L

1. 黑钨矿；2. 石英

3. 解离平衡与抑制活性

低相对分子质量的有机抑制剂，如巯基乙酸、巯基乙醇等，在溶液中发生解离后，和矿物表面发生作用，会抑制矿物的浮游活性。

巯基乙酸抑制硫化铜矿及黄铁矿，是由于它的分子结构中存在两个极性基团，即—SH 和—COOH，在溶液中呈酸式电离，其 $pK_{a_1}$ 和 $pK_{a_2}$ 分别是 3.55～3.92 和 9.20～10.56。—SH 能与这两个矿物发生化学反应而吸附在矿物表面，而—COOH亲水。使矿物表面形成亲水膜而受抑制。

$$(SCH_2COOH)_2 \rightleftharpoons H^+ + HOOCCH_2S—SCH_2COO^-, \quad pK_{a_1} = 3.55 \sim 3.92$$

### 7.1.4 表面活性剂的表面物理化学性质

表面活性剂在农药、化妆品、食品、医药、造纸、纺织、涂料、金属加工、石油开采、矿产、城建以及环保等各个领域中得到广泛应用。这些应用与表面活性剂的润湿、增溶、起泡性、乳化性、分散性和去污性等性质密切相关。

1. 润湿作用

通常，润湿是指用水或水溶液将液体或固体表面上的空气取代，能增强这一取代能力的物质称为“润湿剂”。润湿作用是一种表面或界面过程，因而与表面活性剂密切相关。

在固-液体系中加入表面活性剂，它会在低能表面上形成吸附层，分子的非极性基朝向低能表面，极性基朝外，从而使低能表面转变成高能表面，水原来不能铺展变成可以铺展。另一个原因是表面活性剂加入水中会明显降低水的表面张力，从而使表面活性剂水溶液在固体表面上铺展。不同表面活性剂的水溶液在润湿性能上的差别取决于它们在表面吸附层的烃链部分排列的紧密程度，排列越紧密，水溶液的表面张力越低，润湿性能越好。另外，在表面活性剂水溶液中加入“水结构促进剂”（如果糖和木糖），使表面活性剂水溶液表面张力进一步下降，接触角减少，润湿性增大。

具有很大表面积的物质，如纺织物，实际润湿过程很难达到平衡。因此，考虑润湿性能时，表面的润湿速率也是重要因素之一。通常，对表面活性剂作为润湿剂的评价特征有三：①润湿效率，是指在一定温度、一定时间内，润湿一定表面积所需表面活性剂的最低浓度；②润湿能力，是指表面活性剂不管使用的浓度如何，能使一指定体系润湿所需要的最少时间；③润湿时间，是指一定温度下固定表面活性剂浓度，对指定体系润湿所需要的时间。通常用第三个评价特征作为评估特征，温度为 25℃，表面活性剂溶液浓度为 0.1%时，润湿时间越短，表示它的润湿性能越好。润湿时间 $t$ 与表面活性剂在溶液中的浓度 $c_2$ 有如下关系：

$$\lg t = A - B\lg c_2 \tag{7-14}$$

式中：A，B——经验常数。

润湿速率是润湿面表面张力的函数，而润湿能力是润湿面上表面活性剂分子浓度的函数。因此，难以形成胶团并且扩散速率较大的表面活性剂具有良好的润湿性能。

2．增溶作用

增溶作用是指在溶剂中完全不溶或者微溶的物质（可以是固体、液体或者是气体），借助添加表面活性剂而得到溶解，并成为热力学上稳定的、各向同性的均一溶液。起增溶作用的表面活性剂称为增溶剂（solubilizer），被增溶的物质称为增溶质（solubilizate），也称增溶物（solubilized material）。在一定增溶剂中，溶解增溶物的饱和浓度称为增溶量，单位增溶剂浓度所具有的增溶量称为该表面活性剂胶团的增溶能力。

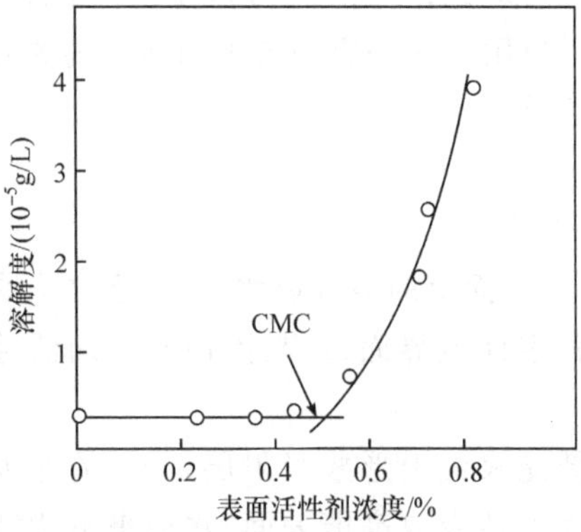


图 7－13　α-硝基二苯胺在 $C_{11}H_{23}COOK$ 水溶液中的溶解度与表面活性剂浓度的关系

增溶作用与表面活性剂胶团的形成密切相关。α-硝基二苯胺在不同浓度阴离子表面活性剂（$C_{11}H_{23}COOK$）的水溶液中的溶解度曲线见图 7－13。在表面活性剂浓度低于 CMC 值时，溶解度很小且几乎不变，当浓度一旦超过 CMC 值，溶解度急剧增加。

增溶与一般溶解的相同处是：它们都是热力学上稳定的透明溶液，都是各向同性的。其区别在于：前者是由于胶团内部有着与液烃相同的状态，难溶于水的有机物进入与它本身性质相同的胶团核中，成为热力学稳定体系；后者是以单分子分散于溶剂中，成为热力学稳定体系。此外，还要把增溶现象与水溶助长现象区别开。有些物质，如 Orange OT 染料在水中几乎不溶，但是，当加入丙酮浓度达到 75% 时，染料的溶解度增加到 0.6g/L，这种由于某些物质大量加到水溶液中而使非水溶性物质溶解度增加的现象称为水溶助长现象。另外，还要将增溶作用与乳化作用区分开来，后者是不溶的液体分散于介质中，是一个多相的热力学不稳定体系，而且乳液的液滴比胶团大得多，有明显的相界面。在水溶液中，表面活性剂浓度高于 CMC 值不太多时所形成的胶团被认为是球状的，烃链向内相互聚结形成液烃环境，而亲水基朝外与水相接触。

增溶作用是增溶物进入胶团，通常有下列四种模式，如图 7-14 所示。①夹心型。增溶物进入胶团的内核。②栏栅型。增溶物的亲水基在胶团表面，疏水基伸入胶团中心。在表面活性剂分子之间呈栏栅状，根据增溶物疏水性和亲水性的强弱，还可以分成两种不同形式：一种是增溶物只在栏栅的表层（浅伸入）；另一种是增溶物伸入到栏栅中（深伸入）。③吸附型。增溶物吸附于胶团的表面。④增溶物在亲水基团之间增溶。如聚氧乙烯型非离子表面活性剂，其亲水的氧乙烯链有一定长度，伸入水中，而增溶物则处于其中。

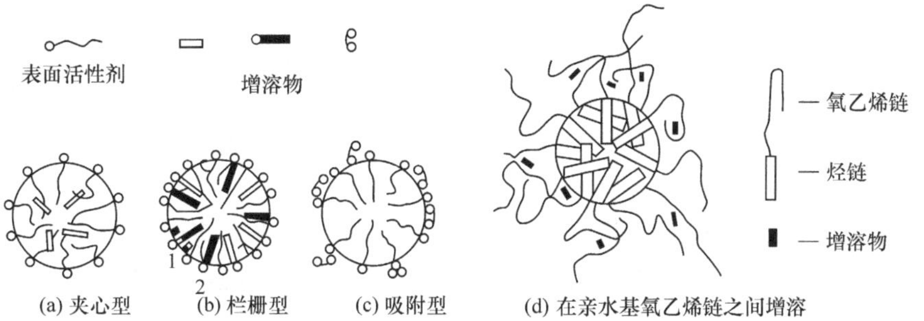


图 7-14 胶团增溶的几种模型

1. 浅伸入；2. 深伸入

3. 乳化与破乳作用

(1) 乳化现象。乳化是指将一种液体以一定大小分散于另一种与它不相溶、不起化学反应的液体中，形成相对稳定的分散体系。前者称为分散相；后者称为分散介质或连续相。乳状液分散相液滴的大小通常在 0.2～50μm 范围内。乳状液可按不同的方法来分类。

① 按分散相与分散介质的性质可把乳状液不互溶两液相中的一相称为水

相——极性物质相，另一相称为油相——不溶于水的非极性物质相。前者以 W 表示；后者以 O 表示。若分散相为油，分散介质为水，即油分散于水中，形成 O/W 型乳状液（水包油型）；反之，水分散于油中形成 W/O 型乳状液（油包水型）。表面活性剂吸附在油-水的界面上，定向排列形成保护层以提高其稳定性。

② 按照分散相的结构分类，有简单型乳状液和复合型乳状乳。简单型乳状液只有两种不互溶液体及一层表面活性剂分隔膜，而复合型乳状液具有两种以上不互溶液体和两层以上分隔膜。前者为 O/W 型或 W/O 型；后者为 O/W/O 型（即以油相分散于水相所组成液滴，再分散于油连续相中）或者 W/O/W 型（即以水相分散于油相所组成的液滴，再分散于水连续相中）。

③ 按分散相的大小分类，可分为宏乳状液和微乳状液。前者液滴较大；后者液滴较小，小液滴直径在 10～200$\mu$m 范围内。它们之间一个重要的区别是：宏乳状液不能自发形成，是热力学不稳定体系；微乳状液可自发形成，是热力学稳定体系。它们也可以根据乳状液的颜色及透明度加以区分：当液滴直径为 1$\mu$m 左右时，乳状液呈奶白色；直径在 0.1～1$\mu$m 时，呈蓝白色；在 0.05～0.1$\mu$m 时，呈灰色半透明状；当直径＜0.05$\mu$m 时，呈透明状。所以，微乳状液呈透明或半透明状。

与乳化过程相反的是乳液的破坏，分散相变成连续相，造成两相分离，这就是破乳。乳状液的破坏有三种不同的形式。

① 乳析（creaming），是由于油相与水相密度不相同，在重力作用下油滴上浮而水滴下沉。结果乳状液分成两层，在一层中分散相比原来多，另一层中分散介质多。例如，牛奶分层，小油滴浮在上层形成更浓的乳状液，称为奶油。乳析虽然使乳状液的均匀性遭到破坏，但乳状液并未真正破坏，而是分成两个乳状液：一个是高浓乳状液；另一个是低浓乳状液。

② 絮凝（flocculation），是指小液滴聚集成絮团，但各小液滴依然存在，液滴数目并不减少。絮凝过程往往是可逆的，搅动可使絮团重新分散。发生絮凝是由于液滴之间的范德华吸引力超过液滴之间的静电斥力所致。

③ 聚结（coalescence），是指絮团中的液滴相互合并成大液滴。这是个不可逆过程，导致液滴数目的减少及两相完全分离。破乳往往是先絮凝后聚结。在乳状液分散相浓度较低时，絮凝起主要作用；在浓度较高时，聚结起主要作用。

(2)乳状液的形成及表面活性剂对其稳定性的影响。

① 乳状液的形成。乳状液的形成是将其中的一种液相分散成小液滴，随之而来的两个变化是，表面积迅速增大以及两液相接触界面从平面变成曲面，分散相变成半径为 $\gamma$ 的小液滴。伴随这两个变化产生两种作用——能量作用和机械作用。

设两液相界面张力为 $\sigma$，乳状液形成导致的界面积增加为 $\Delta A$，则在恒温恒压下，相应体系增加的表面自由能 $\Delta G=\sigma\Delta A$。如果各为 1mL 的两液体，其界面张力 $\sigma=10$mN/m，若把它分割成直径为 2$\mu$m 的小液滴，表面自由能增到 3kJ/m$^2$，这就是形成乳状液所需的最小能量。实际所需的能量比它大 300 倍，因为在形成乳状液时还需克服压力梯度为 $2\times10^{10}\,Pa/m$ 和速度梯度为 $2\times10^{7}s^{-1}$（设 $\eta=1.0mPa\cdot s$）所耗费的能量。压力梯度的产生是由于形成半径 $\gamma$ 的小液滴时，在曲面两侧产生压力差 $\Delta p=2\sigma/\gamma$，因而产生的压力梯度为 $2\sigma/\gamma^2$；黏滞应力 $g\eta$ 的产生是由于液体的黏度 $\eta$ 以及存在着速度梯度 $g$ 的缘故。当然，在形成乳状液过程中耗费的能量部分以热的形式消耗掉。所需要的能量通常以强烈搅拌供给。随着乳状液的形成，体系增加的表面积为 $\Delta A$，增加的表面自由能为 $\Delta G$。从热力学的角度来说，$\Delta G>0$，故乳状液形成过程是不自发的过程，形成的乳状液是热力学不稳定体系，其逆过程——破乳过程必然为自发过程。

② 表面活性剂的作用。作为乳化剂的表面活性剂起到促进乳状液形成和延缓它破坏，提高稳定性的作用。

a. 降低界面张力。加入的表面活性剂吸附在油-水界面上，以极性基插入水相中，非极性基插入油相中形成定向排列。因而，降低油-水界面张力，减少形成乳状液时所需的能量，使乳化易于进行。另外，由于整个乳状液的总能量降低，使体系处于较稳定状态。

降低界面张力虽然可以使乳化更容易进行，但对于稳定乳状液，这并非是唯一的因素。事实上，一些能降低界面张力的添加剂并不能形成稳定乳状液，而有些表面活性不高的添加剂却能形成稳定乳状液，这是由于后者能形成稳定的界面膜。

b. 界面膜的物理性质。在热运动下，小液滴频频相互碰撞，造成界面膜破裂。表面活性剂膜的存在起了保护作用，它的机械强度及致密性就成为决定乳状液稳定性的重要因素。要形成机械强度大的膜，就要求构成膜的吸附分子横向间有较大的吸引力。要有较高的致密性，则要求吸附膜分子之间的空间阻碍最小，以及膜分子排列最整齐。当表面活性剂形成凝聚膜时，具有较大的膜弹性，保护小液膜受冲击时不会破裂。

采用混合乳化剂或在表面活性剂中加入少量其他添加剂会大大提高乳化效率并增加乳状液的稳定性。例如，在表面活性剂中加入少量脂肪醇、脂肪酸或脂肪胺等极性有机物，可大大提高乳状液的稳定性。

c. 产生静电斥力位垒和空间阻碍位垒。当离子型表面活性剂在 O/W 型乳状液中，非极性烃链伸入油相，亲水的离子基伸入水相，使小液滴表面带上电荷，形成双电层结构。当两小液滴靠近到双电层发生重叠时，产生斥力位能，阻碍液滴黏结，从而提高乳状液的稳定性。但是，在 W/O 型乳状液中，表面活性剂离子的带电端伸入内层水相，而不带电的烃链伸入外层油相中，所以相应界面层不带电或带很少电荷，稳定作用主要由膜致密性及强度提供。

小液滴吸附不带电的表面活性剂会形成具有空间基团结构的界面膜，产生空间位垒，阻碍小液滴相互靠拢。被吸附在界面上的表面活性剂分子链伸入外相（连续相)中,当小液滴靠近到一定程度,被吸附分子无法自由伸展,吸附层被压缩而产生空间斥力位能,这种空间斥力位能在O/W型和W/O型乳状液中都会出现。此外,在O/W型乳状液中,由于亲水极性基在外相,往往发生水化,以致在界面膜外形成一层水化层。当两液滴靠拢到一定程度,会压迫水化层使其脱水,水化层重叠,重叠区内水化分子数减少,这样也会形成空间位垒,提高乳状液的稳定性。

③ 分散介质的黏度。黏度对乳状液稳定性的影响主要表现在两个方面:一是黏度影响小液滴的沉降速度,即相分离速度,增加分散介质的黏度可减慢液滴沉降速度;另一方面是黏度影响液滴扩散速度。黏度增大,扩散系数减少,导致小液滴的碰撞频率减少,即降低其黏结速度。随着乳状液浓度提高,分散介质的黏度也增大,因此,高浓度的乳状液往往比低浓度的具有更高的稳定性。此外,当表面活性剂加入油-水体系中,其浓度达到一定值时会出现液晶相,黏度突然增加2～3个数量级。液晶会吸附在油-水界面上,既减少了液滴之间的吸引力,也形成一层稳定的保护层,阻碍液滴因碰撞而黏结,从而提高乳状液的稳定性。

加入表面活性剂也可以达到破乳的目的。选用何种表面活性剂及采用何种方法要根据乳状液的稳定原因决定,目的是要破坏其稳定因素。作为破乳剂的表面活性剂,要求它能强烈地吸附于油-水界面,将原来牢固的界面膜表面活性剂顶替或部分顶替下来,而新界面膜的强度和致密性都很差,从而达到破乳的目的。

### 4. 分散与聚沉作用

不溶于液体(水或油)的固体微细粒子,以一定分散度分散于液体中就形成溶胶或悬浮液。要它们稳定存在就必须加入稳定剂,而要破坏一个稳定的分散体系则必须加入絮凝剂。表面活性剂在稳定与絮凝中都起到重要作用。

(1) 表面活性剂在分散过程中的作用。表面活性剂在固体颗粒分散在液体的过程中起到如下作用。

① 润湿固体颗粒。加入润湿剂润湿固体表面,使固体表面接触角降低直至为零,增加固体颗粒在分散介质中的分散性。

② 阻止已分散的固体颗粒重新聚结。由于分散体系具有巨大的表面积,表面能很大,因此是热力学不稳定体系。表面活性剂吸附在固-液界面上,大大降低了表面自由能,减少了它们相互聚结的趋势。另外,由于表面活性剂吸附,使固体表面吸附层增厚,形成空间位垒,阻碍颗粒相互靠拢。如果表面活性剂是离子型,它的吸附还会使颗粒表面带电,产生静电斥力位垒,这也会阻碍颗粒的相互靠拢,从而起到阻止聚结的作用。

(2) 表面活性剂的稳定作用。作为分散体系的稳定剂,只要加入少量就可以使分散体系在很长一段时间内不发生聚沉,其原因可由DLVO理论解释(详见6.6.2节和6.6.3节)。

① 表面活性剂对 $V_R$ 值(静电力)的影响。表面活性剂对 $V_R$ 值的影响主要有三个方面。第一,改变分散颗粒的表面电位,若加入与颗粒表面电荷相同的离子表面活性剂,则它的吸附会导致表面电位增大,稳定性提高;若加入与颗粒表面电荷相反的离子表面活性剂,则其吸附会导致表面电位下降,稳定性减少。第二,增加颗粒的有效半径,因为当吸附表面活性剂形成厚度为 $\delta$ 的吸附层时,颗粒的有效半径从 $a$ 增加到$(a+\delta)$,使斥力位能增大。第三,改变分散介质的离子强度及介电常数,因而导致 $V_R$ 改变。

② 表面活性剂对 $V_A$ 值(引力)的影响。如果考虑到表面活性剂吸附在颗粒表面上形成 $\delta$ 厚度的吸附层,则随着 $\delta$ 增加,$V_A$ 绝对值越来越小,吸力位能减少,稳定性增加。

③ 表面活性剂产生的空间斥力位能 $V_R^S$。表面活性剂除了影响 $V_R$ 及 $V_A$ 值以外,还由于吸附层形成及溶剂化效应,产生了一个抵抗聚沉的位垒——空间斥力位能 $V_R^S$。根据吸附层性质,$V_R^S$ 通常包含有三个部分:一是熵斥力位能 $V_R^\theta$,若把吸附在固体表面上活性剂分子看作刚棒,则当两表面靠拢时势必使刚棒表面活性剂分子活动自由度减少,因而产生熵斥力位能。二是弹性斥力位能 $V_R^E$,它是基于吸附表面活性剂分子不是刚体,而是弹性体,当吸附层受到压缩时产生弹性斥力位能。三是渗透斥力位能 $V_R^0$,这种斥力位能是基于吸附层发生重叠时,重叠区的表面活性剂浓度增大,由于重叠区与吸附层浓度差导致化学位差异而产生。

空间斥力位能可写作为

$$V_R^S = V_R^\theta + V_R^E + V_R^0 \tag{7-15}$$

(3) 表面活性剂的聚沉作用。表面活性剂能够使固体颗粒分散在液体中形成稳定分散体系,也能够使稳定分散体系发生聚沉。不同情况有不同的聚沉机理。

① 电聚沉机理。根据 DLVO 理论,憎液胶体稳定主要是电稳定,即带相同电荷的颗粒靠拢时产生电斥力位能。如果加入的表面活性剂为离子型,且其所带电荷与颗粒表面电荷相反,则因其吸附可以部分或全部中和颗粒表面电荷,使斥力位能下降甚至为零,因而发生聚沉。但是,如果表面活性剂离子加入过量,将使颗粒重新带电,已聚沉的体系会重新分散,这就是胶溶作用。

② 表面改性机理。在以水为分散介质的体系中,如果固体表面是亲水性的,加入表面活性剂后亲水基会吸附在固体表面上,憎水烃链伸入水溶液中成定向排列。这样使原来亲水性固体表面变成憎水性表面,固-液界面张力增加,水与固体表面接触角增大,结果会导致固体颗粒从水中聚沉或被排挤到气-液界面处。长链的表面活性剂比短链的起到更大的聚沉作用。这种表面改性后变成亲油性的固体颗粒虽然在水中聚沉,却能在油中分散。同理,如果在油分散介质中固体表面是亲油性的,加入表面活性剂后其亲油烃链吸附在固体表面上,亲水基伸入油中成定向排列,使固体表面变为亲水性,从油相中析出,或聚沉,或被排挤到气-液界面处。

③ 搭桥机理。搭桥机理使分散体系聚沉通常有两种形式。一种是具有多个官能团的长链表面活性剂(通常是高分子表面活性剂)吸附在多个固体颗粒表面上,将它们联结在一起。此时,表面活性剂起了桥梁作用,要形成这种搭桥作用必须要求表面活性剂分子有多个官能团能吸附在固体表面上,链要足够长,可以吸附在两个或多个颗粒表面上。颗粒表面的覆盖率较低,这样才有可能留出空位让已吸附在其他颗粒表面上的表面活性剂分子的另一些官能团吸附在其上面,所以这种情况是在低表面活性剂浓度下发生。另一种搭桥形式是吸附在颗粒表面上的表面活性剂间相互作用成桥。它们之间的相互作用包括相互吸引以及机械作用。这种成桥形式要求表面活性剂有较长的链,而且固体颗粒表面覆盖率较高。

④ 吸附层机理。在研究一系列烷基($C_8 \sim C_{16}$)聚氧乙烯型非离子表面活性剂对 AgI 颗粒迁移率(比例于 $\zeta$-电位)的影响时已证实了这一作用,发现在烷基聚氧乙烯型非离子表面活性剂的 CMC 区,吸附量迅速增大,迁移率迅速下降。这是由于在 CMC 区形成胶团,形成的胶团吸附在 AgI 表面上,使吸附层迅速增厚所致。

5. 洗涤作用

洗涤作用是将固体(通常称作基体)表面上的污垢(包括固体微粒及液体的油污)清除掉的过程,包括机械作用及表面物理化学作用。在此过程中,先是借助洗涤剂的表面物理化学作用减弱污垢与固体表面之间黏附作用,并通过机械力将它们分离。分离后的污垢不会重新沉积在固体表面上,得到清洁的表面。这一过程可以用下面简单式子表示

$$基体\text{-}污垢 + 洗涤剂 = 基体\text{-}洗涤剂 + 污垢\text{-}洗涤剂$$

洗涤过程是相当复杂的,因为它包括了三种物质——基体、污垢和洗涤剂(含表面活性剂及多种助洗剂),以及它们之间的相互作用——基体与污垢、基体与洗涤剂、污垢与洗涤剂的作用。基体可以是硬的(如玻璃),也可以是软的(如纤维织物),其表面可以是极性的或非极性的,污垢也包含液体污垢和固体污垢两类。前者包括皮脂(主要成分是脂肪酸甘油酯、游离脂肪酸和脂肪醇)、动物油、植物油和矿物油;后者包括尘土、泥沙、铁锈和炭黑等。因此,很难以单一洗涤机理来解释。对于不同的洗涤过程,有不同的洗涤机理。

洗涤通常包含两个过程:①将污垢从基体上除去;②使污垢在洗涤液(一般是水)中形成悬浮状态,从而阻止它再次在基体上沉积。第二个过程的重要性不亚于第一个。

### 7.1.5 表面活性剂的吸附

表面活性剂的吸附作用分为两类:一类是在液体界面上的吸附,包括气-液和液-液界面上的吸附作用;另一类是在固-液界面上的吸附作用。前者与起泡-消

泡、乳化-去乳化、润湿、铺展、表面膜等许多重要界面现象相关；后者则是表面活性剂的润湿作用、分散作用和表面增溶作用的基础。

1. 在溶液表面的吸附

(1) 表面活性剂在溶液表面上的吸附等温式。描述溶液表面上的吸附等温式，最常用的是吉布斯吸附方程，其一般式为

$$-\mathrm{d}\sigma = RT\sum_i \Gamma_i^{(1)}\mathrm{d}\ln a_i \tag{7-16}$$

式中：$\sigma$——表面张力；

$\Gamma_i^{(1)}$——$i$ 溶质的表面吸附量，即表面过剩；

$a_i$——$i$ 溶质在溶液中活度；

$T$——热力学温度；

$R$——摩尔气体常量。

式(7-16)应用于表面活性剂的溶液吸附，有下面几种情况。

① 单一表面活性剂吸附。对于非离子型表面活性剂或者有过量无机盐存在时，不水解的 1-1 型离子表面活性剂的吉布斯吸附式可写作为

$$-\mathrm{d}\sigma = RT\Gamma_2^{(1)}\mathrm{d}\ln a_2 \tag{7-17}$$

式中：$\Gamma_2^{(1)}$，$a_2$——非离子表面活性剂或者表面活性离子的吸附量和活度。

若溶液中没有无机盐存在，不水解的 1-1 型离子表面活性剂的吉布斯吸附式写作

$$-\mathrm{d}\sigma = 2RT\Gamma_2^{(1)}\mathrm{d}\ln a_2 \tag{7-18}$$

比较式(7-17)和式(7-18)可见，对非离子型表面活性剂来说，不论有无无机盐存在，$RT$ 前的系数都为 1。对于不水解的 1-1 型离子型表面活性剂则不同，有过量无机盐或离子强度恒定时，采用 $RT$ 形式；没有无机盐时，采用 $2RT$ 的吉布斯式。显然，如果无机盐存在但又非过量，$RT$ 前的系数应在 1～2 之间。

② 同类型的表面活性剂混合物溶液的吸附。由于类型相同，表面活性剂组分带有同种电荷的离子或者同种非离子。对 $i$ 种非离子表面活性剂混合溶液，吉布斯式仍为式(7-16)形式。

若要求单一表面活性剂的表面吸附量，可采用下式

$$-\left(\frac{\mathrm{d}\sigma}{\mathrm{d}\ln a_i}\right)_{T,p,a_j} = RT\Gamma_i^{(1)} \tag{7-19}$$

实验中除 $i$ 溶质浓度可变外，其他浓度及条件不变，测定溶液表面张力随 $i$ 表面活性剂活度的变化，即可用式(7-19)求得 $i$ 表面活性剂的表面吸附量。

对于不水解的 1-1 型离子表面活性剂，若溶液中有大量无机盐存在，则仍可

用式(7-19)求其吸附量。若溶液中没有无机盐,可采用式(7-20)求吸附量

$$-\left(\frac{d\sigma}{d\ln a_i}\right)_{T,p,a_j} = 2RT\Gamma_i^{(1)} \tag{7-20}$$

③ 不同类型表面活性剂混合物溶液的吸附。对非离子型和离子型表面活性剂混合物溶液,且有过量无机盐存在时,吉布斯吸附式采用式(7-19)形式;若没有无机盐,吸附式可近似写作

$$-d\sigma = 2RT\sum_{i_m}\Gamma_{i_m}^{(1)}d\ln a_{i_m} + RT\sum_{i_n}\Gamma_{i_n}^{(1)}d\ln a_{i_n} \tag{7-21}$$

式中:$i_m$——离子型表面活性剂数目;

$i_n$——非离子型表面活性剂数目。

分别计算单个表面活性剂的表面吸附量时,对非离子型可采用式(7-19),对离子型可采用式(7-20)。

对于阳离子表面活性剂和阴离子表面活性剂的混合溶液,在无机盐过量存在下,可用

$$-d\sigma = RT\Gamma_{R^+}^{(1)}d\ln a_{R^+} + \Gamma_{R^-}^{(1)}d\ln a_{R^-} \tag{7-22}$$

式中:下标 $R^+$,$R^-$——表面活性剂正、负离子,若它们是等物质的量混合,则有

$$-d\sigma = RT(\Gamma_{R^+}{}^{(1)} + \Gamma_{R^-}{}^{(1)})d\ln a_{R^+(R^-)} \tag{7-23}$$

从而可以求出总吸附量 $\Gamma_{R^+}{}^{(1)} + \Gamma_{R^-}{}^{(1)}$,至于单个表面活性剂的表面吸附量仍可用式(7-19)求得。

除了吉布斯吸附等温方程外,描述表面活性剂表面吸附量与溶液浓度及表面张力之间的关系式还有 Langmuir 式

$$c_2^s = \frac{c_m^s c_2}{c_2 + a} \tag{7-24}$$

式中:$c_2^s$——表面活性剂的表面浓度;

$c_m^s$——单分子层饱和吸附时的表面浓度;

$c_2$——吸附平衡时液相浓度;

$a$——常数。

(2) 表面活性剂的吸附能力。实验测定不同表面活性剂浓度 $c$ 下的表面张力 $\sigma$,并以 $\sigma$ 对 $c$ 作图,如图 7-15。图线的斜率 $d\sigma/dc$ 表示表面活度,它随 $c$ 的增大而减小。将各 $c_i$ 的 $d\sigma_i/dc_i$ 代入吉布斯吸附方程式(7-16),可求得各 $c_i$ 的表面吸附量 $\Gamma_i$,再绘出 $\Gamma$-$c$ 图线如图 7-16。图 7-16 中的最高点相当于饱和吸附量 $\Gamma_m$,相应的状态是表面活性剂分子在溶液表面上定向紧密地单分子层排列,参看图 7-10(c)。

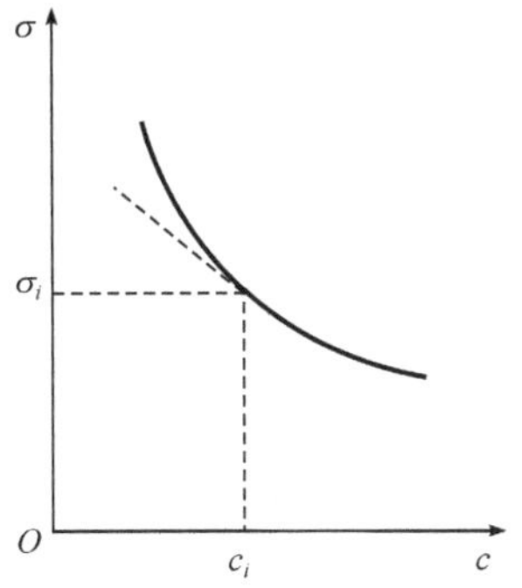


图 7-15 表面张力 σ 与表面活性剂浓度 c 的关系

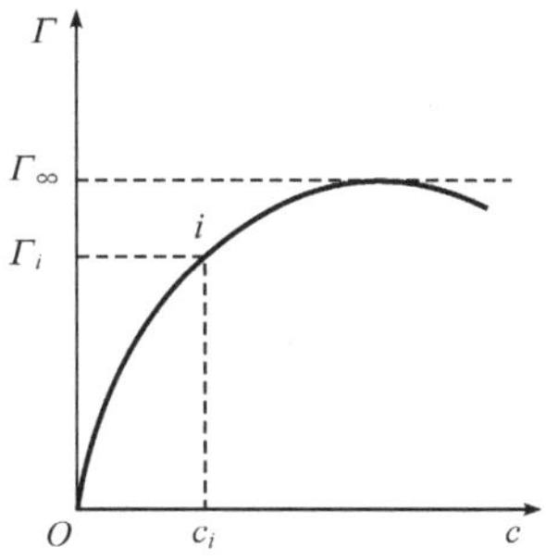


图 7-16 吸附量 Γ 与浓度 c 的关系

由于 $\Gamma_m$ 相当于单位表面积所具有的表面活性剂的物质的量，所以可按式(7-25)计算出每个分子的横截面积 $A_m$，即

$$A_m = \frac{1}{\Gamma_m N_0} \tag{7-25}$$

式中：$N_0$——阿伏伽德罗常量。

显然，$\Gamma_m$ 值越大，$A_m$ 值越小，吸附层越紧密，即表面活性剂的吸附能力越强。

2. 在固体表面的吸附

表面活性剂在固-液界面上的吸附强度受下面三个因素影响：①固体表面结构基团的性质，这些性质包括固体表面的带电性、极性或非极性；②作为吸附质的表面活性剂分子的结构，包括表面活性剂所属类型、亲油基烃链的长短、直链还是支链、脂肪族还是芳香族；③水相的外界环境，包括溶液的 pH、电解质含量、有机添加物(如短链的醇、尿素等)的含量以及温度等。由于这类吸附涉及作为吸附剂的固体、表面活性剂及溶液，所以，由它们共同决定吸附机理及吸附能力。

(1) 吸附类型。当表面活性剂浓度不太大时，在固-液界面上单个表面活性剂离子或分子可能以下面的方式进行吸附。

① 离子交换吸附。吸附在固体表面上的反离子被同样电性的表面活性剂离子取代(图 7-17)。

② 离子对吸附。溶液中的表面活性剂离子吸附于具有相反电荷的但未被反离子占据的固体表面位置上(图 7-18)。

③ 氢键吸附。表面活性剂离子与固体表面极性基团形成氢键而吸附(图 7-19)。

④ π 电子极化吸附。含富电子芳香核的吸附质分子与固体吸附剂的强正电

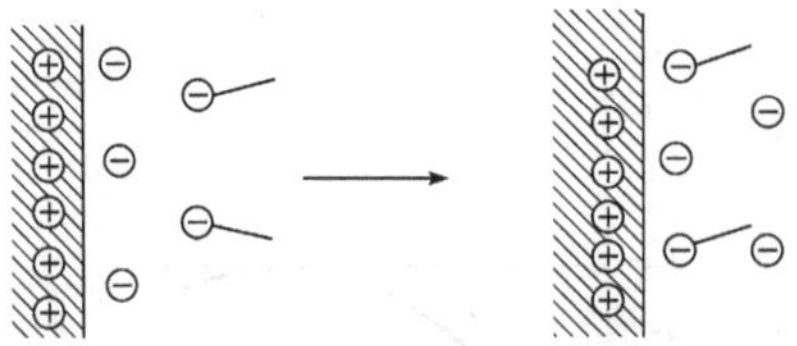

图 7-17　离子交换吸附

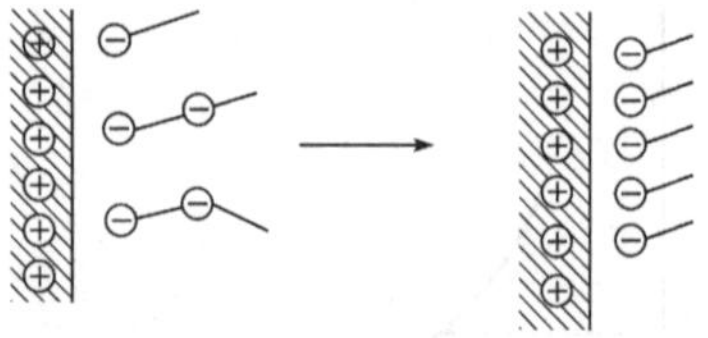

图 7-18　离子对吸附

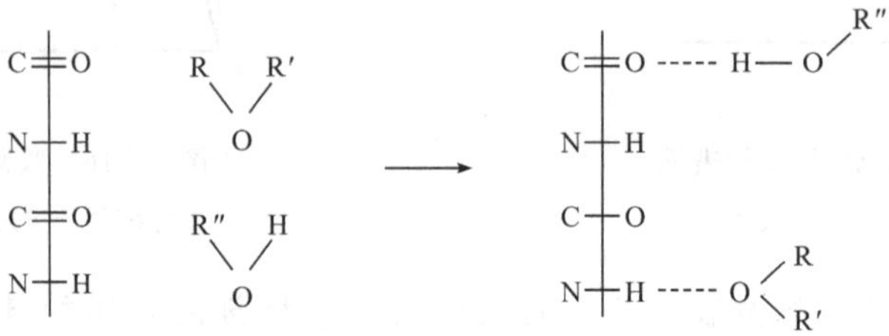


图 7-19　氢键形成吸附

性位置发生强烈的吸引而导致吸附。

⑤ 色散力吸附。在表面活性剂和固体表面总存在着色散吸引力，它随着表面活性剂相对分子质量的增加而增大。它的重要性不仅在于能单独成为一种吸附机理，而且也是其他吸附类型的补充机理。例如，它能说明离子交换吸附机理中表面活性剂离子代替无机离子产生的显著吸附能力。

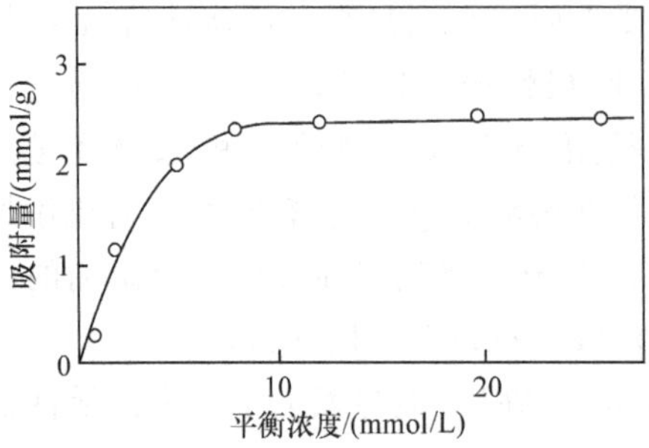


图 7-20　十二烷基羧酸钠在 $BaSO_4$ 上吸附时吸附量与平衡浓度的关系

⑥ 憎水键吸附。表面活性剂的亲油基团相互吸引并有从水溶液逃逸的倾向，当这种倾向增大到一定程度就可以以聚集态吸附或与已吸附在固体表面上的其他表面活性剂分子联结而产生吸附。

(2) 吸附等温方程。表面活性剂在固-液界面上的吸附是非常复杂的，其吸附等温线也有各种形状，较普遍的形式如图 7-20 所示。

当溶液较稀时，吸附量增大得很快，到一定浓度后吸附量达到平衡，吸附等温线上出现水平线。这种类型的吸附等温线称为 Langmuir 型等温线，方程式为 Langmuir 吸附等温方程，如式(7-24)所示。它可以转变成下列形式

$$\frac{c_2}{c_2^s} = \frac{c_2}{c_m^s} + \frac{a}{c_m^s} \tag{7-26}$$

以 $c_2/c_2^s$ 对 $c_2$ 作图，可以获得直线。直线的斜率为 $1/c_m^s$，截距为 $a/c_m^s$。由此可以求得 $a$ 及 $c_m^s$。Langmuir 吸附等温方程式的使用条件是：①吸附剂的表面是均匀的；②溶质与溶剂具有相同的分子表面积；③溶液的体相和表面都具有理想行为——既无溶质与溶质、也无溶质与溶剂分子之间的相互作用；④吸附是单分子层吸附。实际表面活性剂在固-液界面吸附中，这些条件都无法实现，表面活性剂分子之间以及水分子之间肯定有相互作用。尽管如此，许多表面活性剂在固-液界面上的吸附等温线仍显示出 Langmuir 吸附形式，这可能是由于这些因素相互抵消之故。

除 Langmuir 型等温线外，还有 S 形或台阶形，这可能是由于分子间侧向相互吸引作用所致。也有些出现最大值，这可能是多分子层吸附所致。

## 7.2　大分子药剂

### 7.2.1　概述

一般有机化合物的相对分子质量 $M_r$ 约在 500 以下，而某些有机化合物如纤维素的相对分子质量很大，由许多结构单元联结而成，这就是大分子化合物。一般把相对分子质量大于 10 000 的物质称为大分子。

浮选中，大分子化合物主要用作絮凝剂、分散剂及抑制剂，如淀粉、聚丙烯酰胺等。由于大分子化合物的相对分子质量很大，分子链较长，具有多个重复结构单元，单个分子大小一般在 1nm～1μm 之间，与胶体粒子大小相近，表现出胶体的一些性质，但又不完全等同于胶体，因此，大分子浮选剂的特性与低相对分子质量浮选剂的性质有显著不同。在浮选领域中，浮选剂可按药剂的分子结构与用途及离子类型分类。

### 7.2.2　大分子药剂的物理化学性质

1. 相对分子质量 $M_r$ 的表示

大分子化合物由许多结构单元联结而成的，这种结构单元单独存在时往往是小分子的形式，又称为单体或链节。若单体的相对分子质量是 $M_0$，则大分子的相对分子质量为

$$M_r = nM_0 \tag{7-27}$$

式中：$n$——聚合度。

2. 大分子溶液的黏度

大分子化合物在纯溶剂中形成稀溶液后，溶液的黏度 $\eta$ 总是比纯溶剂的黏度

$\eta_0$ 大,溶液黏度的表示有以下几种:

① 相对黏度

$$\eta_r = \frac{\eta}{\eta_0} \tag{7-28}$$

② 增比黏度 $\eta_{sp}$

$$\eta_{sp} = \eta_r - 1 = \frac{\eta}{\eta_0 - 1} \tag{7-29}$$

③ 比浓黏度 $\eta_{red}$

$$\eta_{red} = \frac{\eta_{sp}}{c} \tag{7-30}$$

④ 特性黏度$[\eta]$

$$[\eta] = \lim_{c \to 0}\left(\frac{\eta_{sp}}{c}\right) = \lim_{c \to 0}\left(\frac{1}{c}\ \frac{\eta - \eta_0}{\eta_0}\right) \tag{7-31}$$

式中:$c$——溶液的浓度。

特性黏度是外推至无限稀释时溶液的性质,忽略了大分子之间相互作用及体积的影响,所以是几种黏度中最能反映溶质分子本性的一种物理量。特性黏度和大分子化合物相对分子质量间有如下经验关系

$$[\eta] = KM^{\alpha} \tag{7-32}$$

式中:$K,\alpha$——与溶剂、大分子化合物和温度有关的经验常数。

式(7-32)表明,随相对分子质量和溶液浓度的增加,黏度增大,对于相对分子质量很大的聚丙烯酰胺,即使在低浓度下也有较高的黏度。因此实际使用时,大分子絮凝剂的浓度一般配制在0.05%~0.2%之间。

相对分子质量过大的大分子絮凝剂不仅有溶解度低的缺点,而且黏度较大,在溶液中的运动迟缓,影响絮凝效果。但另一方面,它的相对分子质量大,分子链长,桥联作用大。为了改善絮凝剂的性能,需要研制相对分子质量大,而溶液黏度又较低的大分子絮凝剂。据报道,用一种丙烯酰胺单体和 HLB 值较小的表面活性剂,经油包水型聚合,使用时转变为水包油型,可制得一种相对分子质量大,黏度较低,溶解性能好的大分子絮凝剂。

3. 大分子药剂溶解的特点

(1) 高聚物的溶解过程比小分子物质的溶解过程要缓慢得多。由于高分子与溶剂分子的尺寸相差悬殊,两者的分子运动速度存在着数量级的差别,因此溶剂分子能很快渗入高聚物,而高分子向溶剂的扩散却非常缓慢。高聚物的溶解过程一般经历两个阶段,首先是溶剂分子渗入高聚物内部,使高聚物体积膨胀,称为溶胀,

然后才是高分子均匀分散在溶剂中，达到完全溶解。

(2) 柔性链高分子溶液的黏度，比小分子纯溶剂的黏度要大得多。浓度为1%～2%的高分子溶液的黏度就与一般纯溶剂的黏度有数量级的差别。

(3) 高分子溶液是处于热力学平衡状态的真溶液，是能用热力学函数描述的稳定体系，而不是胶体溶液——多相非平衡体系。

(4) 高分子溶液的行为与理想溶液的行为相比有很大偏离，偏离的原因是高分子溶液的混合熵比小分子理想溶液的混合熵大很多。

(5) 高分子溶液的性质存在着相对分子质量依赖性，而高聚物又具有相对分子质量多分散性的特点，增加了高分子溶液性质研究的复杂性。

### 7.2.3　大分子药剂在固体表面的吸附

(1) 吸附力。大分子药剂分子中常含有—O—、—COOH、—$CONH_2$ 等官能团，在固体表面的吸附同小分子一样，可以通过氢键、静电力、化学键合等发生吸附，从而对絮凝、分散或抑制性能产生影响。

① 氢键力吸附。聚丙烯酰胺、淀粉、糊精等非离子型大分子药剂分子中含有—OH、—$CONH_2$ 等官能团，可与固体表面的氧或吸附的氢形成氢键。如聚丙烯酰胺在磷灰石上的吸附，吸附自由能约为－24.04kJ/mol，与氢键能大小相近，表明是靠氢键在固体表面吸附。氢键形成是一些非离子型絮凝剂的主要作用方式。

② 静电力吸附。静电力是一些离子型大分子药剂作用的主要形式。当离子型絮凝剂离子符号与固体表面相反时，易发生吸附。例如，阴离子淀粉易吸附在带正电的赤铁矿表面，阳离子淀粉易吸附在带负电的石英表面，阴离子淀粉在赤铁矿上比在石英表面的吸附量大，阳离子淀粉在石英表面比在赤铁矿表面的吸附量要大。

离子型大分子药剂在固体表面双电层吸附后，常引起固体表面 $\zeta$ 电位变号，阳离子聚合物使带负电的乳胶粒子的 $\zeta$ 电位从负变到正，并随相对分子质量的增大，所需用量减少。又如，阳离子聚合物 PAMA 在一定 pH 条件下使石英表面 $\zeta$ 电位从负变为正，并且当 PAMA 用量较大时，石英表面只出现正电位。

③ 化学吸附。一些大分子药剂含有化学活性较高的官能团，如水解聚丙烯酰胺含—COOH、带羟肟基—C═NOH 的聚丙烯酰胺、带—$CSSH^-$ 的纤维素黄原酸盐等。这些大分子药剂通过这些高化学活性基团与固体表面的化学键合，发生吸附。由于化学键力作用强，选择性好，在大分子药剂中引入化学活性官能团是提高其作用选择性的重要途径。

例如，用带羟肟基的 PAM 进行锡石-石英分离试验，与阴离子 PAM 相比，沉降物中 $SnO_2$ 的回收率提高 20%。这是由于—CONHOH 与 $Sn^{4+}$ 阳离子发生化学键合的缘故。

磺化聚丙烯酰胺 PAMS 含—$SO_3H$ 基，基团中的键合原子氧的 $\delta$ 轨道在钛铁矿-长石絮凝体系中，与钛铁矿表面的过渡金属离子 $Ti^{4+}$ 和 $Fe^{2+}$ 的价电子 d 轨道组成分子轨道，形成了稳定的表面络合物，对钛铁矿发生选择性絮凝作用。

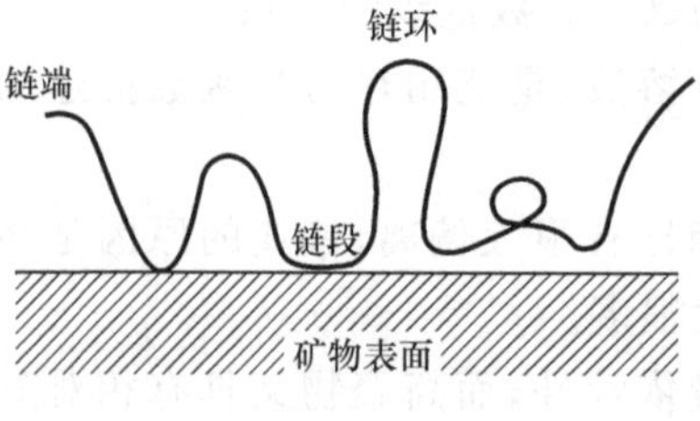


图 7-21　大分子药剂在矿物表面吸附示意

(2) 吸附状态。大分子药剂不同于低分子，它有多个活性官能团，分子链中有多处可以吸附在固体或溶液表面，由于分子链较长，未吸附的部分卷曲或成环状伸入溶液中，如图 7-21 所示，不能形成紧密定向排列的吸附层。表 7-8 的数据表明，十六烷基聚氧乙烯在溶液表面吸附时，每个分子占的面积都大于烷基链的断面积(0.22nm$^2$)。也就是说，它在溶液表面不是紧密定向排列的。像聚丙烯酰胺这样的大分子在固体表面的吸附分数往往只有 1%。

**表 7-8　十六烷基聚氧乙烯 $C_{16}OE_n$ 吸附分子面积**

| $C_{16}OE_n$ | $C_{16}OE_{17}$ | $C_{16}OE_{32}$ | $C_{16}OE_{44}$ | $C_{16}OE_{63}$ |
|---|---|---|---|---|
| 面积/nm$^2$ | 0.6 | 0.8 | 1.07 | 1.37 |

### 7.2.4　大分子药剂的应用

1. 抑制

大相对分子质量有机抑制剂与低相对分子质量有机抑制剂相比，相对分子质量大，分子较长或较粗，有的分枝较多，大多是天然产物及其加工产品。常见的大相对分子质量有机抑制剂列于表 7-9 中。

**表 7-9　常见的大相对分子质量有机抑制剂**

| 类　型 | 品　种 | 结构特点 | | 应用实例 |
|---|---|---|---|---|
| | | 极　性　基 | 烃架(非极性部分) | |
| 淀粉类 | 天然淀粉 | —O—、—OH | α-苷环单元 | 玉米、木薯淀粉等，抑制赤铁矿、辉钼矿及脉石矿物等 |
| | 阳离子淀粉 | —$N^+(CH_3)_2$、—O— | α-苷环单元 | 抑制硅酸盐脉石矿物等 |
| | 阴离子淀粉 | —COOH、—O— | α-苷环单元 | 抑制赤铁矿及脉石矿物等 |
| | 糊精(水解淀粉) | —O—、—OH | α-苷环单元(相对分子质量较小) | 与天然淀粉大致相同 |
| 纤维素类 | 羧甲基纤维素 | —COOH(Na)、—O— | β-苷环单元 | 抑制含 Ca、Mg 矿物及矿泥 |
| | 羟乙基纤维素 | —OH、—O— | β-苷环单元 | 抑制含 Ca、Mg 矿物及矿泥 |
| | 磺酸基纤维素 | —$SO_3H$(Na)、—O— | β-苷环单元 | 抑制含 Ca、Mg 矿物及矿泥 |
| | 黄原酸基纤维素 | —OCSSH(Na)、—O— | β-苷环单元 | 抑制硫化矿 |
| 聚糖类 | 天然植物胶 | —O—、—OH | 各种苷环(多为甘露半乳聚糖) | 抑制含 Ca、Mg 矿物及矿泥 |
| | 各种改性植物胶 | —O—及其他基团 | | 抑制含 Ca、Mg 矿物及矿泥 |

续表

| 类　型 | 品　种 | 结构特点 | | 应用实例 |
|---|---|---|---|---|
| | | 极　性　基 | 烃架(非极性部分) | |
| 木质素类 | 天然木质素 | —OH | —$C_6H_4$—$C_3H_6$— | 抑制脉石矿物、稀有金属矿分离等 |
| | 磺化木质素 | —$SO_3H$(Na,Ca)、—OH | —$C_6H_4$—$C_3H_6$— | 抑制脉石矿物、稀有金属矿分离等 |
| | 氯化木质素 | —Cl、—OH | —$C_6H_4$—$C_3H_6$— | 抑制脉石矿物、稀有金属矿分离等 |
| 单宁类 | 天然烤胶 | —COOH、—OH | —$C_6H_4$—等 | 抑制脉石矿物、稀有金属矿分离等 |
| | 氧化烤胶 | —COOH、—OH 及其他基团 | —$C_6H_4$—等 | 抑制脉石矿物、稀有金属矿分离等 |
| | 硫化烤胶 | —COOH、—OH | —$C_6H_4$—等 | 抑制脉石矿物、稀有金属矿分离等 |
| | 合成单宁 | —$SO_3H_2$、—Cl 等 | —$C_6H_4$—等 | 抑制脉石矿物、稀有金属矿分离等 |
| 人工合成聚合物类 | 聚丙烯酸<br>聚丙烯酰胺 | —COOH<br>—$CONH_2$、—COOH | —$CH_2$—链<br>—$CH_2$—链 | 主要作絮凝剂使用，也用作脉石抑制剂 |

大相对分子质量有机抑制剂与小分子抑制剂相比，其中两种作用有特殊意义：

(1) 大相对分子质量有机抑制剂因分子较大，枝叉和弯曲程度较高，不但本身在物料表面形成亲水层，而且能对已经吸附于物料表面的捕收剂疏水膜发生掩盖作用，不必使吸附的捕收剂解吸就能使矿物受到抑制。

(2) 大相对分子质量有机抑制剂大多兼具絮凝作用，使矿粒发生絮凝而改变浮选性质，机理主要为桥联作用。

大相对分子质量有机抑制剂在矿物表面吸附亲固的主要方式有：在矿物表面双电层中靠静电力吸附、氢键及范德华力吸附、化学吸附和表面化学反应。

2. 絮凝

(1) 絮凝剂活性基团结构与性能。絮凝剂根据所带极性基的性质分为阳离子型、阴离子型及非离子型。离子型的絮凝剂与固体表面作用是靠静电力在双电层中吸附，这时固体表面及药剂离子的电性决定作用行为。药剂极性基的化学活性决定对物料作用的选择性和牢固程度。此外，在许多情况下絮凝剂的吸附是靠氢键力，这时有关氢键形成的条件也影响到作用的强弱。

有人对方铅矿 PbS、闪锌矿 ZnS、黄铁矿 $FeS_2$、菱锌矿 $ZnCO_3$、石英 $SiO_2$、方解石 $CaCO_3$ 等几种矿物细颗粒，使用絮凝剂进行絮凝沉降试验。

① 水解聚丙烯腈(Aerofloc R550)，阴离子型，结构如下

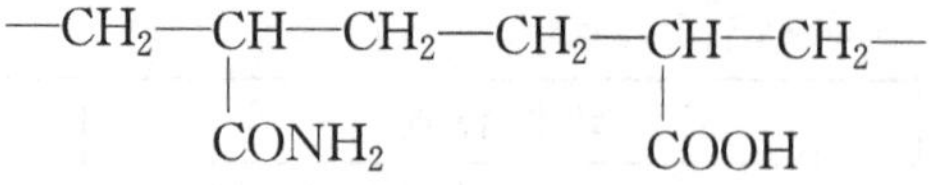

$—CONH_2$与$—COOH$的比例取决于水解程度，对 Aerofloc R550 而言，起作用的主要是$—COOH$。

② 聚丙烯酰胺（Separan NP10），带有$—CONH_2$，难解离成阳离子，为非离子型。

③ 羧甲基纤维素（Hercules CMC），结构为在多糖链上带有$—CH_2COOH$，阴离子型。

④ 聚乙二胺（Nalco 600），带$—NH_2$，是阳离子型的。

结果显示，按照极性基结构和作用的不同，可分为三种情况。

① 靠静电力在双电层中吸附桥联。离子型絮凝剂的离子符号与矿物表面电荷符号相反时，易于吸附发生桥联作用，同时改变了矿物表面电荷的大小，发生絮凝作用。例如聚乙二胺阳离子絮凝剂对带负电石英的作用，相对而言，阴离子絮凝剂羧甲基纤维素及水解聚丙烯腈与石英不发生作用。

② 靠氢键力吸附桥联。当絮凝剂在矿物表面是通过氢键力吸附时，与药剂离子及矿物表面的电性质关系不明显，氢键力对非离子型絮凝剂（无化学活性基时）常为主要作用方式。如非离子型的聚丙烯酰胺对石英、方解石、黄铁矿、方铅矿等都能有效作用，这里并无明显的化学吸附，主要是靠氢键力和范德华力吸附。

由氢键力作用而吸附时，絮凝剂与矿物表面形成氢键的能力影响很大。例如，当石英表面为刚刚劈裂开的新鲜面时，因未受到其他污染，表面生成氢键的能力强，而破裂已久的陈旧表面，由于完全水化及其他变化，统称为“老化”，影响生成氢键的能力。

絮凝剂分子中形成氢键基团的能力，不但影响与矿物表面的作用，而且分子内基团间氢键的作用也对其产生影响。例如，阴离子型絮凝剂——水解聚丙烯腈分子中含有较多的$—COOH$，在酸性介质中未解离的$—COOH$中的 H 可与其他$—COOH$中的氧形成氢键。当这种分子内及分子间的氢键能力大于与矿物表面余键形成的氢键时，分子内及分子间羧基彼此作用，使长链形分子卷曲成团，或者几个分子联结缔合成团，从而降低絮凝作用。

③ 靠化学吸附桥联。絮凝剂中带有化学活性高的基团时，可以在矿物表面发生化学吸附，此时的作用也不太受矿物表面电性质的影响，因为化学吸附力比静电吸附力更强。阴离子絮凝剂带$—COOH$的 Aerofloc R550 及 Hercules CMC 与$CaCO_3$、$ZnCO_3$、ZnS 的作用就是由于$—COOH$与矿物金属离子有较大的化学活性；阳离子絮凝剂聚乙二胺 Nalco 600 与 ZnS 的作用，也可以认为是$—NH_2$与$Zn^{2+}$之间形成配价键的络合物化学吸附。

利用化学力达到絮凝剂吸附桥联的另一有趣发现就是金属阳离子对絮凝剂作用的“活化”现象。一些对絮凝剂极性基化学活性不高的矿物，经过活化作用可以改善药剂的作用，这与捕收剂作用的活化现象是一样的。例如，用铜离子活化石英后，再与带—COOH 的絮凝剂作用，反应可写成

$$—SiOH + —COOH + Cu^{2+} = —SiO^{-}·Cu^{2+}·COO^{-} + 2H^{+}$$

与捕收剂的作用相类似的絮凝剂作用中的被活化现象，除了金属阳离子作活化剂之外，还可以通过有机抑制剂及捕收剂预先改变矿物表面电性及化学性来活化絮凝剂，或反过来用絮凝剂活化捕收剂。

(2) 絮凝剂相对分子质量大小及长链结构与性能。

① 相对分子质量大小的影响。大相对分子质量的有机絮凝剂，在相对分子质量为 $10^5$～$10^7$ 范围内，通常相对分子质量越大，分子链越长，范德华力增大，同时所带极性基总数目增多，在粒子表面的吸附能力越强，絮凝效果也越好。图 7 - 22 表示的就是这种影响的一般趋势。

与此相反，相对分子质量较小的有机聚合物(如 $1×10^4$ 或 $1×10^3$ 以下时)，在矿粒表面吸附后，因链不太长，不但不足以发生桥联作用，而且亲水的或多个带相同符号电荷的极性基团朝向矿粒之外，使矿粒间产生斥力不能兼并，发生分散作用。这种情况下，在一定范围内，聚合物的相对分子质量越小，分散作用越好。例如，用聚丙烯酸作为铜、铅、锌氧化矿浮选时，石灰石、白云石矿泥的抑制-分散剂，就呈现这种规律。根据分散试验，低相对分子质量的聚丙烯酸对白云石矿泥的分散效果比聚磷酸盐及水玻璃更为强大，如图 7 - 23 所示。

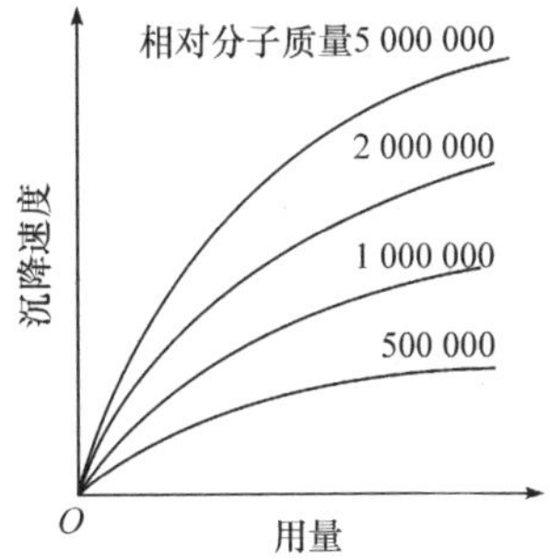


图 7 - 22　絮凝剂相对分子质量与矿粒沉降速度

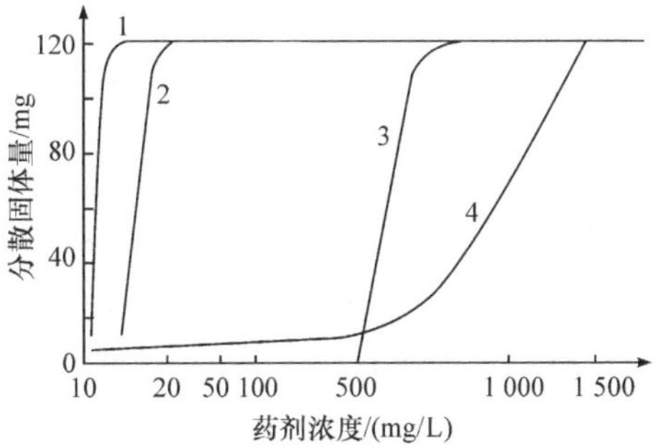


图 7 - 23　低相对分子质量聚合物 A 对白云石的分散抑制作用(pH=10)

1. 聚合物；2. 聚磷酸盐；3. 水玻璃；4. 多糖

② 聚合物链弯曲性的影响。对于脂肪烃基长链，即所谓“柔性”长链，在链上的各极性基彼此间由于氢键的作用互相联合而使分子卷曲成团状，降低药剂的作用；对于“刚性”的长链，如纤维素、淀粉等长链，很少发生这种情况。例如，对方解

石的作用，在酸性条件中直链的R550不如CMC，就可能是由于R550的—COOH在酸性条件中不解离，氢链较强，发生卷曲之故。

3. 分散

一般来说，能够分散微粒悬浮体的药剂都是分散剂。大量的试验结果证明，恰当地使用化学分散剂能使矿粒悬浮体达到很好的分散状态，可以完全避免互凝和矿泥罩盖现象。分散剂的种类很多，这里仅介绍有机大分子分散剂。

(1) 单宁。一种有机高分子聚合物，是多酚化合物与糖类结合的产物。活性基主要是酚上的羟基，此外也有羧酸基及磺酸基。单宁是以它的吸附层产生的空间效应而起分散作用的。单宁的用量小，分散能力很强，能分散许多矿物的微粒悬浮体。

(2) 木质素类。它是存在于木材、芦苇等天然植物中的高聚物，经过处理后可得磺化木质素、氯化木素等，主要用于硅酸盐矿物、稀土矿物等的分散。

分散剂的作用是极大地增强颗粒间的排斥作用能。增强排斥作用的方式如下。

① 增大颗粒表面电位的绝对值以提高颗粒间静电排斥作用。静电排斥势能$U_{el}$项增大。

② 通过高分子分散剂在颗粒表面形成的吸附层，产生并强化空间位阻效应，使颗粒间产生强位阻排斥力。空间排斥势能$U_{st}$项增大。

③ 增强颗粒表面的亲水性，以提高界面水的结构化，加大水化膜的强度及厚度，使颗粒间的溶剂(水)化排斥作用显著提高。水化排斥势能$U_{sol}$项增大。

可见，该分散作用的总排斥作用势能$U_T$可以用式(7-33)给出

$$U_T = U_{el} + U_{st} + U_{sol} \tag{7-33}$$

碳酸钠及NaOH等碱性调整剂通过调节介质的pH使多数矿粒的表面电位向负值增大，可以看作是以调节$U_{el}$为主的分散剂。

单宁的作用明显不同。根据实验测定，单宁并不影响氧化物矿粒(如$Fe_2O_3$、$SiO_2$等)的动电位。单宁通过一部分羟基与矿粒结合，另一部分极性基伸向介质与水分子缔合，从而增强了矿粒的亲水性。单宁的分散作用主要是通过它的吸附层增大颗粒表面水化膜的强度，以及产生明显的位阻排斥作用而实现。可见，单宁是以调节$U_{st}$及$U_{sol}$为主的分散剂。

## 7.3 无机盐类药剂

### 7.3.1 分类

(1) 活化剂。一些无机盐类化合物，如$CuSO_4$、$Pb(NO_3)_2$、$FeCl_3$等，本身不具有捕收活性，但能改善捕收剂的性能增加其对矿物的捕收活性，在矿物加工中将这样一类药剂称作活化剂。

(2) 抑制剂。无机盐类抑制剂种类较多，作用形式也多种多样。例如，有效成分为阴离子的有氟化物、氰化物、铁氰化物、硫化物、铬酸盐、硅酸盐、磷酸盐等；有效成分为阳离子的有锌盐、铁盐、铝盐及钙盐。通常两种或数种共用组成各种配方，以适应不同的用途。

(3) 分散剂。常用的无机盐分散剂包括主要起调节 pH 作用的碱及水玻璃、六偏磷酸钠。

pH 调整剂，主要是一些无机酸如 $H_2SO_4$ 和无机碱如 $Ca(OH)_2$ 或 $Na_2CO_3$，可以调节矿浆的 pH，改变矿物的表面电性。

水玻璃，一种应用最广泛的分散剂，是硅酸盐类矿物的良好分散剂和抑制剂。水玻璃的分子式是 $Na_2O \cdot RSiO_2$，其中 $R$ 代表水玻璃的模数。水玻璃作分散剂时，用量稍大，是以水中存在的 $HSiO_3^-$、$H_2SiO_3$ 等亲水离子(分子)及胶粒吸附在矿粒表面，使矿粒表面电位和水化膜显著增大而起分散作用的。当水玻璃与酸(或碱)配制成酸化(或碱化)水玻璃时，分散效果会显著增大。

六偏磷酸钠，一种离子型长链高分子分散剂，有很强的吸附活性，可吸附在多种矿粒表面，分散能力较强。

水玻璃和六偏磷酸钠等常用的典型分散剂在矿粒表面的吸附，既可增加表面电位的绝对值，又使颗粒间出现强烈的位阻效应，同时还因增强矿粒的亲水性而提高粒间水化作用能。

碳酸钠及 NaOH 等碱性调整剂通过调节介质的 pH 使多数矿粒的表面电位向负值增大，可以看作是以调节 $U_{el}$ 为主的分散剂。

(4) 氧化还原剂。凡具有获得电子能力的化合物均可用作氧化剂，而具有失去电子能力的化合物均可用作还原剂。氧化剂通常是一些高价态的化合物，如 $KMnO_4$、$K_2Cr_2O_7$ 等。还原剂通常是一些低价态的化合物，如 $Na_2S$、$Na_2SO_3$ 等。氧化还原剂在矿物分选中用于调整矿浆的电位，其中氧化剂用于提高矿浆电位，还原剂用于降低矿浆电位。

(5) 凝聚剂。无机电解质的凝聚作用是在粒子表面双电层中吸附，将表面 $\zeta$ 电位降至不稳电位，使粒子彼此聚凝。组成电解质的离子种类及与粒子表面组成之间的关系，决定聚凝能力的大小，据此可以分为三种情况。

① 当电解质离子是粒子表面的定位离子时，电解质离子可吸附于表面双电层内层，对粒子表面 $\zeta$ 电位的影响显著。对于离子型矿物，定位离子就是组成矿物的离子，用与矿物组成有相同离子的电解质，可望有效地发生聚凝作用。

② 无机酸碱的作用。氢离子和氢氧根离子是氧化物矿物和硅酸盐矿物的定位离子，这时矿物表面电荷对矿浆 pH 影响很敏感，通过加入酸、碱调节 pH 可以升高或降低矿粒表面电位或使其变号，从而使矿浆分散或聚凝。

③ 一般电解质，指与矿物表面没有化学活性的离子。当离子电荷符号与矿物

表面电荷符号相反时,可作为相反电荷离子在双电层外层的扩散层中吸附,中和表面的电荷。当溶液中电解质浓度提高时,使扩散层厚度变小,从而降低表面电动电位,促使矿粒发生聚凝,加速沉降。

一般电解质对矿粒表面 $\zeta$ 电位的影响能力不仅与浓度有关,而且与电解质的离子价数有关。离子价数与聚凝作用能力的关系,有哈地-舒茨(Hardy-Schulz)法则,它表示电解质聚凝能力的聚凝价(或称聚凝值,是使悬浮液开始发生聚凝时的电解质浓度,单位为 mg/L)大小与离子价的某次方成反比

$$C = \frac{1}{z^n} \tag{7-34}$$

式中:C——聚凝价;

$z$——离子价数。

有人提出对1、2、3价离子,聚凝价的比值是500∶10∶1,又有人提出为100∶20∶1。

(6) 沉淀剂。凡能与被分离对象发生化学反应,生成难溶物的化合物通称为沉淀剂。如用 $Na_2S$ 沉淀 $Cu^{2+}$,用 $Na_2CO_3$ 沉淀 $Ca^{2+}$。

### 7.3.2 溶液化学行为

多元弱酸强碱盐溶液的平衡 pH,可参照 7.1.3 的方法计算,一些结果见表 7-10。这些药剂在浮选中常用作抑制剂、分散剂或活化剂。

**表 7-10 常见多元弱酸强碱盐浮选剂溶液的 pH**

| 浮选剂分子式 | 相应酸的 $K_1^H$ | pH | | | | | |
|---|---|---|---|---|---|---|---|
| | | 浓度/(mol/L) | | | | | |
| | | $10^{-1}$ | $10^{-2}$ | $10^{-3}$ | $10^{-4}$ | $10^{-5}$ | $10^{-6}$ |
| $Na_3PO_4$ | $10^{12.35}$ | 12.6 | 11.9 | 11.0 | 10.0 | 9.0 | 8.0 |
| $Na_2CO_3$ | $10^{9.57}$ | 11.3 | 10.8 | 10.2 | 9.7 | 8.9 | |
| $Na_2S$ | $10^{13.8}$ | 12.9 | 12.0 | 11.0 | 10.0 | 9.0 | 8.0 |
| $Na_2SiO_3$ | $10^{12.0}$ | 12.4 | 11.8 | 11.0 | 10.0 | 9.0 | 8.0 |

如果浮选是在碱性条件下进行,这些药剂既可用作调整剂,又能控制 pH。例如,氧化铜、铅矿硫化浮选要求的 pH 一般在 8～10,用 $Na_2S$ 作硫化剂,既可以起到活化作用,又不需要另加 pH 调整剂;又如碳酸钠,常用作 pH 调整剂、分散剂。

### 7.3.3 无机盐在固体表面的作用

1. 离子吸附

(1) 金属离子在氧化物/水界面的吸附。图 7-24 和图 7-25 是金属离子在 $SiO_2$ 表面的吸附结果,吸附百分数显著上升时的 pH,一般早于金属离子形成一羟

基络合物和氢氧化物沉淀的 pH。由图 7－24 中对应的 Co(Ⅱ)各水解组分的分布曲线可知，$CoOH^+$ 占总浓度的最大百分数小于 10%，而吸附百分数接近 100%。Co(Ⅱ)的吸附不能完全归因于 $CoOH^+$ 的吸附。

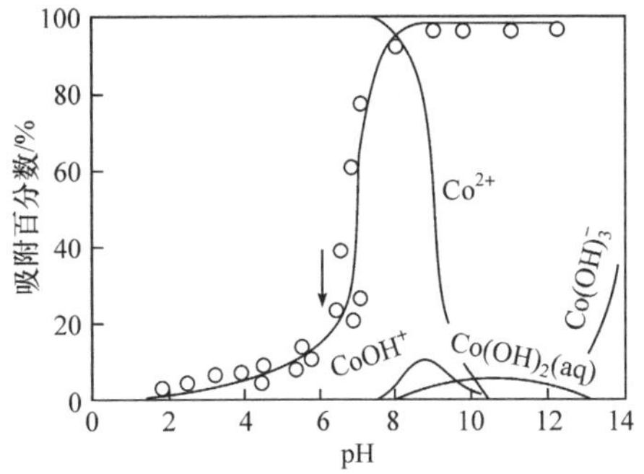


图 7－24　Co(Ⅱ)($1.2\times10^{-4}$mol/L)在 $SiO_2$ 上的吸附百分数及各组分浓度百分数的计算值与 pH 的关系

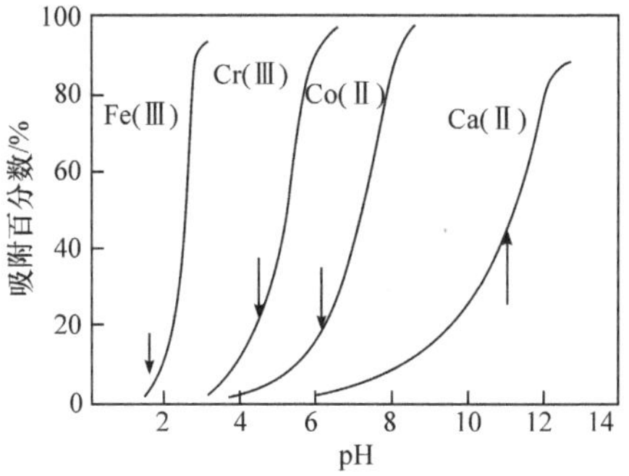


图 7－25　金属离子在 $SiO_2$ 上吸附的等温线

[Fe(Ⅲ)]＝$1.2\times10^{-4}$mol/L；
[Cr(Ⅲ)]＝$2.0\times10^{-4}$mol/L；
[Co(Ⅱ)]＝$1.2\times10^{-4}$mol/L；
[Ca(Ⅱ)]＝$1.4\times10^{-4}$mol/L

值得注意的是，金属离子在氧化矿表面的吸附并不能简单地归因于一羟基络合物组分的吸附。

(2) 无机阴离子与固体表面的静电作用。强酸根阴离子在固体表面吸附时，吸附量随 pH 的增加而降低，可以认为是由于 pH 增加，固体表面负电位增加，静电斥力增加造成的。

弱酸根阴离子在固体表面的吸附与其解离常数有关，在吸附量与 pH 关系的等温曲线上出现极大点或拐点的地方，对应于阴离子的酸解离常数。当 $pH<pK_a$ 时，阴离子的吸附量随 pH 增大，可认为是适合于吸附的阴离子的浓度增大的缘故；$pH=pK_a$ 时，弱酸已有 50% 解离成阴离子，吸附量出现最大；$pH>pK_a$ 后，弱酸几乎全部解离成阴离子，与固体表面静电斥力增加，吸附量降低。

对于多元弱酸根阴离子，在吸附等温线与 pH 的关系曲线上，一般在对应于各级解离常数的 pH 上出现极大点或拐点，其原因可依照一元弱酸讨论，如图 7－26 所示，$PO_4^{3-}$ 在针铁矿上的吸附量虽然随 pH 的增加而降低，但在 $pK_{a_1}$、$pK_{a_2}$ 及 $pK_{a_3}$ 处均有拐点。对照磷酸盐的组分浓度对数图可知，当 $H_3PO_4$ 解离成 $PO_4^{3-}$ 的反应占优势后，吸附量急剧下降，可认为此时静电斥力大大增加。

一价的无机阴离子在固体表面的吸附，一般对表面性质影响不大，如 $Cl^-$、$F^-$ 的吸附对方解石的电泳率及可浮性没有多大影响。$Cl^-$ 在刚玉表面的吸附，虽然使表面 $+\zeta$ 电位降低，但即使在很高浓度下，也不改变其符号。

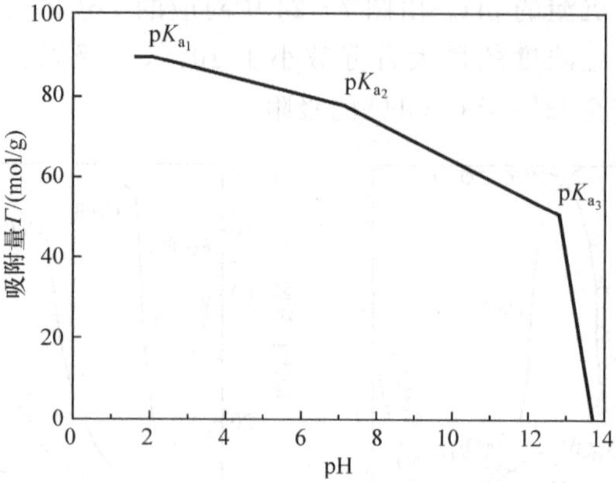


图 7-26 磷酸盐在针铁矿上吸附量与 pH 的关系

(3) 特性吸附。无机阴离子与无机阳离子相比，难以发生水化，因而较易吸附在双电层的内赫姆荷兹面，发生特性吸附，特别是多价阴离子更易发生。

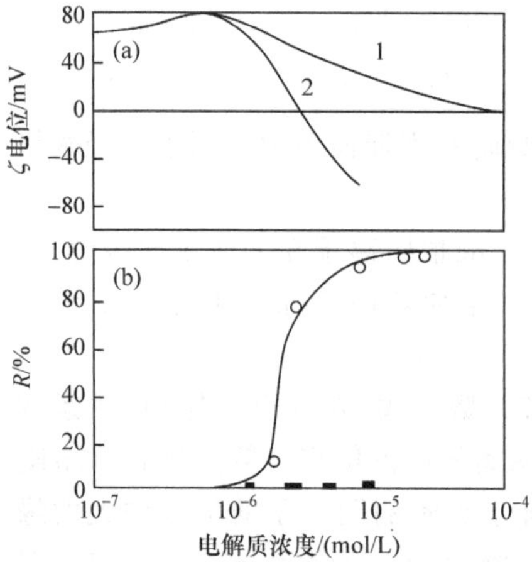


图 7-27 pH=6，电解质对刚玉ζ电位的影响

(a) 1. NaCl；2. $Na_2SO_4$；

(b) pH=6，十二烷基氯化铵浮选刚玉，硫酸钠的活化作用，纯水中；○ $10^{-2}$mol/L $Na_2SO_4$

例如，$SO_4^{2-}$ 在低于刚玉的零电点，发生特性吸附，使其 ζ 电位变号，并对十二胺的浮选起活化作用(图 7-27)。

(4) 氢键作用。由于无机酸根大多含有 O、N、F、Cl 等电负性较大的原子，而氧化矿表面又存在 M—OH，所以，在表面羟基与这些原子间形成氢键是有可能的。

2. 化学反应

一些无机阴离子，如硅酸根、磷酸根等，除了与固体表面发生静电力作用外，更主要的是可通过化学键力与固体表面金属离子发生键合，导致化学吸附或表面反应。图 7-28表明，在 pH>10 后，萤石表面具有很高的负电位，硅酸也大部分解离成 $[SiO(OH)_3]^-$ 和 $SiO_2(OH)_2^{2-}$，但硅酸的吸附量却显著增大，可归因于萤石表面 $Ca^{2+}$ 与 $[SiO(OH)_3]^-$ 或 $SiO_2(OH)_2^{2-}$ 的反应。

$$Ca^{2+}(surf) + [SiO(OH)_3]^- \rightleftharpoons Ca^{2+}—[SiO(OH)_3]^-(surf) \quad (7-35)$$

$$Ca^{2+}(surf) + [SiO_2(OH)_2]^{2-} \rightleftharpoons CaSiO_2(OH)_2(s)(surf) \quad (7-36)$$

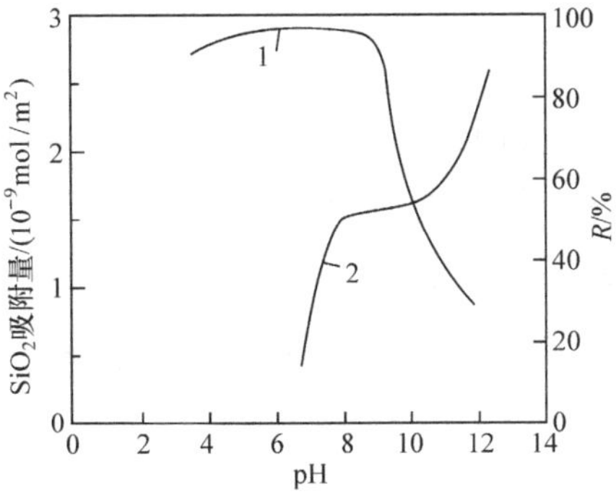


图 7-28　硅酸钠在萤石上的吸附量及对浮选回收率的影响与 pH 的关系

$SiO_2$∶$Na_2O$=1.0∶1.0；油酸钠 $1.0\times10^{-5}$mol/L；

1. 回收率；2. 吸附量

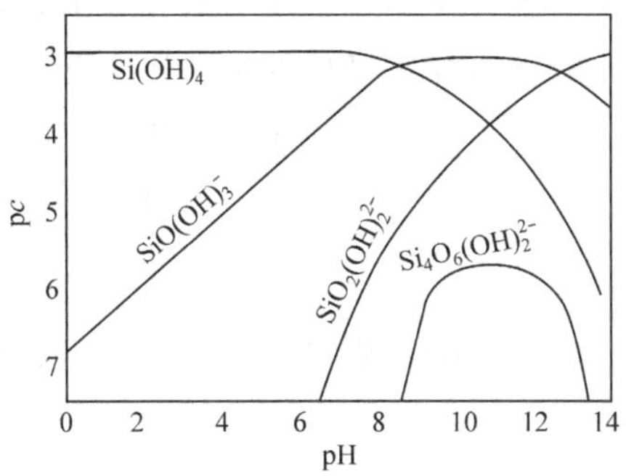


图 7-29　$1.0\times10^{-3}$mol/L 硅酸溶液的浓度对数图

硅酸的浓度对数图见图 7-29。可见，当硅酸总浓度为 $1.0\times10^{-3}$mol/L 时，在 pH>10.5，$[SiO_2(OH)_2^{2-}]$ 可达到 $4\times10^{-4}$ mol/L，而萤石溶解产生的 $[Ca^{2+}]$ 为 $2.1\times10^{-4}$mol/L，则

$$[Ca^{2+}][SiO_2(OH)_2^{2-}]=8.4\times10^{-8}>K_{sp,CaSiO_2(OH)_2}=2.5\times10^{-8}$$

表明 pH>10.5 后，硅酸在萤石表面上吸附量的增加及对浮选的抑制作用，可归于形成了表面硅酸钙沉淀。

石灰是黄铁矿浮选的有效抑制剂，一般认为石灰抑制黄铁矿浮选的原因是在矿物表面生成 $Fe(OH)_2$ 和 $Fe(OH)_3$ 亲水薄膜。黄铁矿表面被氧化，可以用“固体内部分子]固体表面分子”的表面化学反应式表示为

$$FeS_2]FeS_2+3\frac{1}{2}O_2+H_2O=\!=\!=FeS_2]FeSO_4+H_2SO_4$$

黄铁矿表面受氧化后与碱作用

$$FeS_2]FeSO_4+2OH^-=\!=\!=FeS_2]Fe(OH)_2+SO_4^{2-}$$

矿物表面上的 $Fe(OH)_2$ 薄膜可以再被空气氧化，成为 $Fe(OH)_3$

$$2FeS_2]Fe(OH)_2+\frac{1}{2}O_2+H_2O=\!=\!=2FeS_2]Fe(OH)_3$$

由于 $Fe(OH)_2$ 的溶度积常数为 $4.8\times10^{-16}$，$Fe(OH)_3$ 的溶度积常数为 $3.8\times10^{-33}$，两者都很小，所以容易在黄铁矿表面形成 $Fe(OH)_2$ 和 $Fe(OH)_3$ 沉淀。

3. 电化学反应

无机盐在固体表面的作用，不仅有离子吸附、化学反应，还有电化学反应，如

$Na_2S$在黄铜矿表面的作用就与电化学反应有关。

$Na_2S$在水溶液中发生下列反应

$$Na_2S + 2H_2O = H_2S + 2NaOH \tag{7-37}$$

$$H_2S \rightleftharpoons HS^- + H^+ \qquad K_{a_1} = 10^{-7.02} \tag{7-38a}$$

$$HS^- \rightleftharpoons H^+ + S^{2-} \qquad K_{a_2} = 10^{-13.9} \tag{7-38b}$$

$H_2S$与$HS^-$及$HS^-$与$S^{2-}$的分界线，分别为$[H_2S]=[HS^-]$及$[HS^-]=[S^{2-}]$时的pH。

$$\frac{[HS^-][H^+]}{[H_2S]} = 10^{-7.02} \qquad pH = 7.02 \tag{7-39a}$$

$$\frac{[H^+][S^{2-}]}{[HS^-]} = 10^{-13.9} \qquad pH = 13.9 \tag{7-39b}$$

组分$S^{2-}$、$HS^-$、$H_2S$在溶液中的氧化还原反应及$Eh$-pH关系为(假定总硫组分的浓度为$[S]_T=10^{-3}$mol/L)

$$S^{2-} + 4H_2O = SO_4^{2-} + 8H^+ + 8e \qquad E^\ominus = 0.157V \tag{7-40a}$$

$$Eh = 0.157 - 0.059pH \tag{7-40b}$$

$$HS^- + 4H_2O \rightleftharpoons SO_4^{2-} + 9H^+ + 8e \qquad E^\ominus = 0.252V \tag{7-41a}$$

$$Eh = 0.252 - 0.066pH \tag{7-41b}$$

$$H_2S + 4H_2O \rightleftharpoons SO_4^{2-} + 10H^+ + 8e \qquad E^\ominus = 0.303V \tag{7-42a}$$

$$Eh = 0.303 - 0.074pH \tag{7-42b}$$

$$H_2S + 4H_2O \rightleftharpoons HSO_4^- + 9H^+ + 8e \qquad E^\ominus = 0.289V \tag{7-43a}$$

$$Eh = 0.289 - 0.066pH \tag{7-43b}$$

$$H_2S = S + 2H^+ + 2e \qquad E^\ominus = 0.1418V \tag{7-44a}$$

$$Eh = 0.2303 - 0.059pH \tag{7-44b}$$

$$HS^- = S + H^+ + 2e \qquad E^\ominus = -0.065V \tag{7-45a}$$

$$Eh = 0.0232 - 0.0295pH \tag{7-45b}$$

$$S^2 = S + 2e \qquad E^\ominus = -0.4761V \tag{7-46a}$$

$$Eh = -0.3876 - 0.059pH \tag{7-46b}$$

$$S + 4H_2O = HSO_4^- + 7H^+ + 6e \qquad E^\ominus = 0.3384V \tag{7-47a}$$

$$Eh = 0.3088 - 0.0688pH \tag{7-47b}$$

$$S + 4H_2O = SO_4^{2-} + 8H^+ + 6e \qquad E^\ominus = 0.3572V \tag{7-48a}$$

$$Eh = 0.3276 - 0.078\,67pH \tag{7-48b}$$

$SO_4^{2-}$与$HSO_4^-$的分界线由式(7-49)确定

$$SO_4^{2-} + H^+ = HSO_4^- \qquad K = 10^{1.91} \tag{7-49a}$$

当　$[SO_4^{2-}]=[HSO_4^-]$　pH＝1.9　(7－49b)

由式(7－39)至式(7－49)绘出图 7－30。已知，$Na_2S$ 起浮选作用的组分是 $HS^-$，从图 7－30 可看出，要保证 $HS^-$ 形成，不仅要使 pH＞7.0，而且还必须使矿浆电位小于－0.252～－0.66V。图7－30还表明，元素硫 $S^0$ 形成的区域很窄。

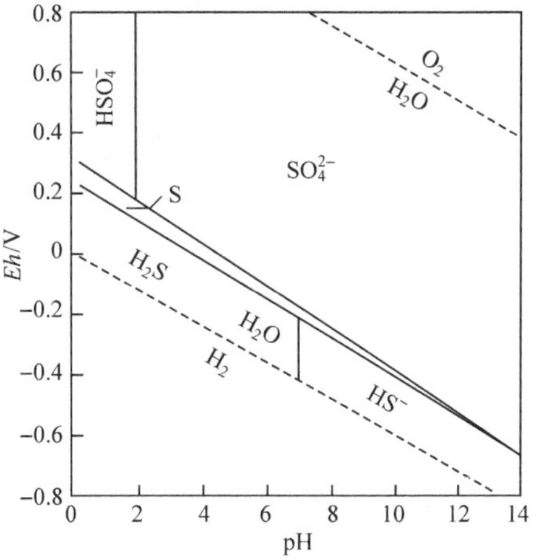


图 7－30　$Na_2S$ 水溶液的 $Eh$-pH 图

$[S]_T=10^{-3}$mol/L

研究发现，黄铜矿的浮选与矿浆电位有很大关系，一些结果如图 7－31 所示。硫化铜矿一般在氧化气氛中浮选，即在 $Eh$＝0.1～0.6V 之间浮选，若从图 7－30 来看，此时组分是氧化铜矿，应该没有天然疏水性和可浮性。

由于形成 $SO_4^{2-}$ 时存在 300kJ/mol 的势垒，重新计算会发现，元素 $S^0$ 及 CuS、$Cu_2S$ 稳定的区域都会增大，见图 7－32。在氧化气氛中，不加药剂浮选硫化铜，疏水实体或者是元素硫 $S^0$，或者是由于 CuS 或 $Cu_2S$ 本身是天然可浮的。

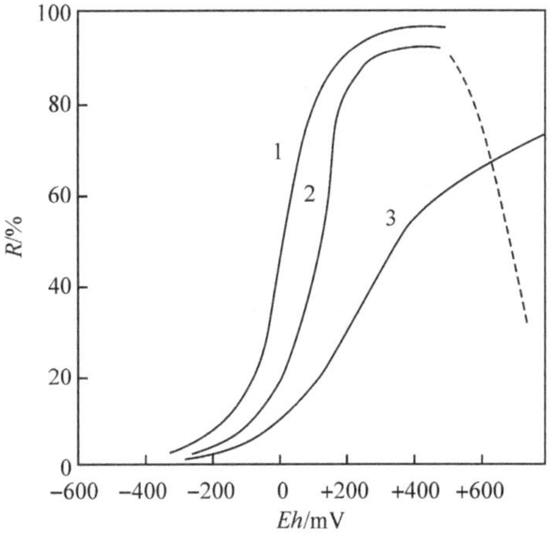


图 7－31　黄铜矿的天然可浮性与矿浆电位的关系

1. 预先在还原气氛中；2. pH＝8；3. pH＝11.0

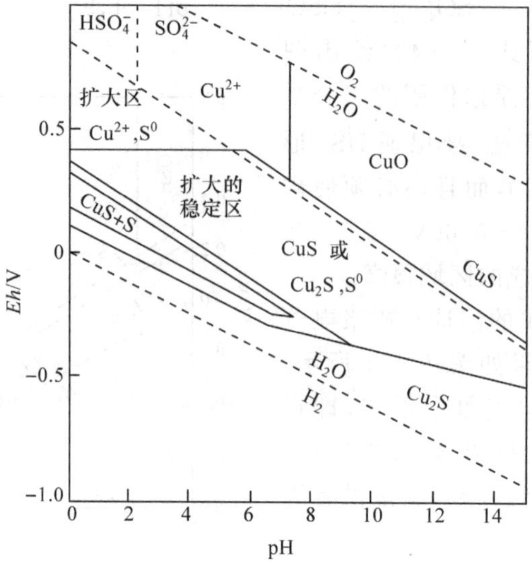


图 7-32　Cu-S-H$_2$O-O$_2$ 开放体系中的 Eh-pH 图

考虑 $SO_4^{2-}$ 形成时存在 300kJ/mol 势垒

$[Cu]_T=10^{-6}$mol/L；$[S]_T=0.1$mol/L

图 7-31 中，黄铜矿在碱性介质中反应为

$$CuFeS_2 + 3H_2O \longrightarrow CuS + Fe(OH)_3 + S^0 + 3H^+ + 3e$$

$$Eh^0 = 0.547V \qquad (7-50)$$

在酸性介质中的反应为

$$CuFeS_2 \longrightarrow CuS + Fe^{2+} + S^0 + 2e$$

$$Eh^0 = 0.293V \qquad (7-51)$$

即黄铜矿的氧化反应产生元素硫 $S^0$ 和铜蓝，因而可用图 7-31 及图 7-32 讨论其天然可浮性。

## 习　　题

1. 什么是表面活性剂？
2. 表面活性剂有何主要用途？浮选表面活性剂主要有哪些？
3. 异极性浮选捕收剂的结构有何特点？主要有哪些类型？
4. 浮选捕收剂的亲固基团的键合原子有哪些？与矿物表面的吸附遵循什么原则？
5. 有机抑制剂的抑制机理是什么？
6. 萃取机理如何表述？试比较萃取剂与浮选捕收剂的结构。
7. 什么是 HLB 值？它主要有何应用？
8. 查表 7-4 计算十二烷基硫酸钠 $C_{12}H_{25}SO_4Na$ 的 HLB 值，并估计其用途。
9. 什么是临界胶团浓度 CMC ？它与第 6 章中的半胶束吸附有何区别与联系？

10．简述表面活性剂的润湿、增溶、起泡性、乳化性、分散性和去污性等表面物理化学性质及应用。
11．简述 Langmuir 型吸附等温线及其应用。
12．什么是大分子药剂？浮选中主要应用的有哪些？
13．大分子药剂的抑制、絮凝和分散作用的机理分别是什么？
14．应用于浮选中的无机盐类药剂有哪些类型？
15．如何应用浮选溶液化学中的浓度对数图来解释浮选作用机理？
16．如何应用浮选电化学中的 *Eh*-pH 图来解释浮选作用机理？
17．硫化矿在矿浆电化学体系中，表面轻微氧化生成的元素硫 $S^0$ 与其天然可浮性有何关系？

## 参考文献

胡熙庚等．1991．浮选理论与工艺．长沙：中南工业大学出版社
李世丰，张永光．1991．表面化学．长沙：中南工业大学出版社
王淀佐．1982．浮选剂作用原理及应用．北京：冶金工业出版社
王淀佐，胡岳华．1988．浮选溶液化学．长沙：湖南科学技术出版社
王淀佐，林强，蒋玉仁．1992．选矿冶金药剂分子设计．长沙：中南工业大学出版社
郑忠，胡纪华．1995．表面活性剂的物理化学原理．广州：华南理工大学出版社
朱玉霜，朱建光．1991．浮选药剂的化学原理．长沙：中南工业大学出版社
Rosen M J. 1989. Surfactants and Interfacial Phenomena. New York: John Wiley and Sons
Sresty G C et al. 1980. Int. J. Miner. Process, 6:303～320

# 第8章 化学分选

## 8.1 化学分选概述

对于品位低、嵌布粒度细、组成复杂的物料，单纯依靠常规分选方法（如物理分选和表面物理化学分选）往往得不到满意的结果。用化学分选方法或物理分选与化学分选联合来处理某些“难选”物料，是可行的，但成本往往比物理分选方法高。化学分选也是环境保护和“三废”（废水、废渣和废气）处理的重要方法之一。

所谓化学分选是基于物料组分的化学性质的差异，利用化学方法改变物料性质组成，然后用其他的方法使目的组分富集的资源加工工艺，它包括化学浸出与化学分离两个主要过程。化学浸出主要是依据物料在化学性质上的差异，利用酸、碱、盐等浸出剂选择性地溶解分离有用组分与废弃组分。化学分离则主要是依据化学浸出液中的物料在化学性质上的差异，利用物质在两相之间的转移来实现物料分离的方法，如沉淀和共沉淀、溶剂萃取、离子交换、色谱法、电泳、膜分离、电化学分离、泡沫浮选、选择性溶解等。

比较典型的化学分选过程一般包括了准备作业等六个主要作业，见图8-1。

(1) 准备作业。包括对物料的破碎与筛分、磨矿与分级及配料混匀等机械加

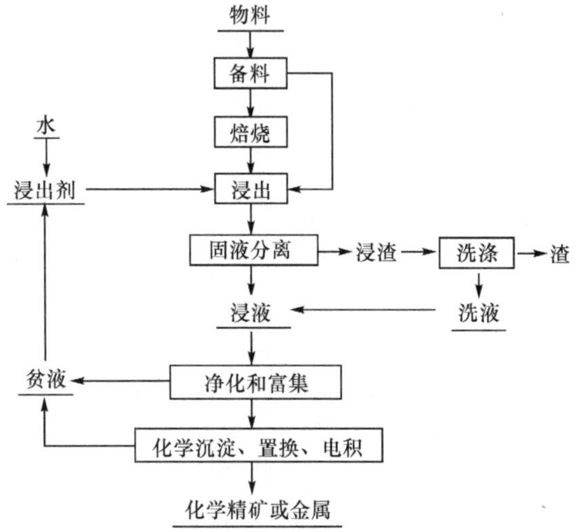


图8-1 化学分选过程框图

工过程。目的是使物料破磨到一定的粒度，为下一作业准备适宜的细度、浓度，有时还用物理选矿方法除去某些有害杂质或使目的矿物预先富集，使矿物原料与化学试剂配料混匀。

(2) 焙烧作业。焙烧的目的是为了改变矿石的化学组成或除去有害杂质，使目的组分转变为容易浸出或有利于物理分选的形态，为下一作业准备条件。

(3) 浸出作业。这一作业是根据原料性质和工艺要求，使有组分或杂质组分选择性溶于浸出溶剂中，从而使有用组分与杂质相分离，或者使不同有用组分之间相分离。

(4) 固-液分离作业。一般采用沉降、过滤和分级等方法处理浸出料浆，以得到下一作业处理的澄清溶液和浸渣。

(5) 净化与富集作业。为了得到高品位的化学精矿，浸出液常用化学沉淀法、离子交换法或溶剂萃取法等进行净化分离，以除去杂质，同时得到有用组分含量较高的净化溶液。

(6) 制取化合物或金属作业。一般可采用离子沉淀法、金属置换法、电积法、炭吸附法、离子交换或溶剂萃取法。

## 8.2 化学浸出

### 8.2.1 焙烧过程

焙烧过程的一般原理是在适宜的气氛和低于原料熔点的温度条件下，使原料目的组分矿物发生物理和化学变化，转变为易浸或易于物理分选的形态。

#### 1. 氧化焙烧与硫酸化焙烧

在氧化气氛中加热硫化矿，将矿石中的全部(或部分)硫化物转变为相应的金属氧化物(或硫酸盐)的过程，称为氧化焙烧(或硫酸化焙烧)的过程。在焙烧条件下，硫化矿物转变为金属氧化物和金属硫酸盐的反应式可表示为

$$2MS + 3O_2 = 2MO + 2SO_2 \tag{8-1}$$

$$2SO_2 + O_2 = 2SO_3 \tag{8-2}$$

$$MO + SO_3 = MSO_4 \tag{8-3}$$

氧化焙烧时，金属硫化物和氧气的反应式(8-1)是不可逆的，而式(8-2)、式(8-3)是可逆的。

在焙烧过程中当炉气中 $SO_3$ 分压大于金属硫酸盐的分解压时，焙烧产物为金属硫酸盐，过程属硫酸化焙烧；反之，炉气中的 $SO_3$ 分压小于金属硫酸盐的分解压时，焙烧产物为金属氧化物(全脱硫焙烧)。因此，在一定的温度下硫化矿物氧化焙烧产物取决于气相组成和金属硫化物、氧化物及硫酸盐的分解压。各种金属硫酸

盐的分解温度和分解自由能不同，控制焙烧温度和炉气成分，即可控制焙烧产物组成，以达到选择性硫酸化焙烧的目的。

2．还原焙烧

还原焙烧是在低于炉料熔点和还原气氛条件下，使矿石中的金属氧化物转变为相应低价金属氧化物或金属的过程。金属氧化物的还原可用式(8-4)表示

$$MO+R \xlongequal{} M+RO \tag{8-4}$$

式中：M，MO——金属和金属氧化物；

R，RO——还原剂和还原剂氧化物。

凡是对氧的化学亲和力比被还原的金属对氧的亲和力大的物质，均可作为该金属氧化物的还原剂。生产中常用的还原剂为固体炭、一氧化碳和氢气。

还原焙烧目前主要用于处理难选的铁、锰、镍、铜、锡、锑等矿物原料。此外还用于精矿除杂质，粗精矿精选。例如，含镍红土矿是世界上最大的氧化镍矿资源，因其品位低，镍呈化学浸染状存在，目前无法用物理分选富集。用焙烧-低压氨浸的方法回收其中的镍已得到工业应用，过程为预先将氧化镍还原焙烧为活性金属镍、钴镍合金，然后氨浸回收镍。

3．氯化焙烧

氯化焙烧是一定的温度气氛条件下，用氯化剂使矿物原料中的目的组分转变为气相或凝聚相的氯化物，以使目的组分分离富集的工艺过程。根据产品形态可将其分为高温氯化焙烧等三种类型。

(1) 高温氯化焙烧。其生成的氯化物呈气体挥发，又称高温氯化挥发法。

(2) 中温氯化焙烧。该法生成的氯化物基本上呈固态存在于焙砂中，然后用浸出法使其转入溶液中，又称氯化焙烧-浸出法。

(3) 离析法。此法是使目的组分呈氯化物挥发的同时，又使金属氧化物被还原而呈金属态析出，然后物理分选法回收。

此外，根据气相中含氧量又可分为氧化氯化焙烧(直接氯化)和还原氯化焙烧(还原氯化)。还原氯化主要用于处理较难氯化的物料。氯化焙烧可用气体氯化剂($Cl_2$、HCl)或固体氯化剂(NaCl、$CaCl_2$、$FeCl_3$)，气相氯化剂的氯化反应为

$$MO + Cl_2 \xlongequal{} MCl_2 + 1/2O_2 \tag{8-5}$$

$$MS + Cl_2 \xlongequal{} MCl_2 + 1/2S_2 \tag{8-6}$$

$$MO + 2HCl \xlongequal{} MCl_2 + H_2O \tag{8-7}$$

$$MS + 2HCl \xlongequal{} MCl_2 + H_2S \tag{8-8}$$

许多金属硫化物较易被氯气所氯化，因此对多数金属硫化物可用氯气作氯化剂。

高温时，硫化物用氯化氢氯化是无效的。除气态氯化剂外，工业上常用价格低廉的氯化钠和氯化钙作固体氯化剂，氯化剂的氯化作用主要是通过其他组分使其分解而得到氯气和氯化氢来实现的。

4．钠盐烧结焙烧

钠盐烧结焙烧是在矿物原料焙烧中加入钠盐，如碳酸钠、食盐、硫酸钠等，在一定的温度和气氛条件下，使矿物原料中难溶的目的组分转变为可溶性的相应钠盐。所得焙砂（烧结块）可用水、稀酸或稀碱进行浸出，目的组分转变为溶液，从而使目的组分达到分离富集的目的。

钠盐烧结焙烧可用于提取有用组分，也可用于除去难选粗精矿中的某些杂质。工业上常用钠盐焙烧提取钨、钒等有用组分。难处理的低度钨矿物原料、钾钒铀矿等难选矿物原料的钠化焙烧过程的主要反应为

钨铁矿　$2FeWO_4+2Na_2CO_3+1/2O_2 \xrightarrow{700\sim800℃} 2Na_2WO_4+Fe_2O_3+2CO_2\uparrow$

钨锰矿　$3MnWO_4+3Na_2CO_3+1/2O_2 \xrightarrow{700\sim800℃} 3Na_2WO_4+3Mn_3O_4+3CO_2\uparrow$

白钨矿　$CaWO_4+Na_2CO_3+SiO_2 \xrightarrow{860℃} CaSiO_3+Na_2WO_4+CO_2\uparrow$

钾钒铀矿　$K_2O\cdot 2UO_3\cdot V_2O_5+6Na_2CO_3+2H_2O \xrightarrow{100\sim180℃}$

$$2Na_4[UO_2(CO_3)_3]+2KVO_3+4NaOH$$

$$V_2O_5+Na_2CO_3 \longrightarrow 2NaVO_3+CO_2\uparrow$$

$$SiO_2+Na_2CO_3 \longrightarrow Na_2SiO_3+CO_2\uparrow$$

钠化焙烧比一般焙烧温度高，它接近于物料的软化点，但仍低于物料的熔点。此时熔剂熔融形成部分液相，使反应试剂较好地与炉料接触，可增加反应速度。因此，此作业的目的不是烧结，而是使难溶的目的组分矿物转变为相应的可溶性钠盐，烧结块可以直接送去水淬浸出或冷却磨细后去浸出。

5．煅烧

煅烧是天然化合物或人造化合物的热离解或晶形转变过程，此时化合物受热离解为一种组分更简单的化合物或发生晶形转变。碳酸盐的热离解称为焙解。煅烧作业可用于直接处理矿物原料以适于后续工艺要求，也可再用化学分选处理而制取化学精矿。煅烧过程的化学反应可表示为

$$MCO_3 = MO+CO_2 \tag{8-9}$$

$$MSO_4 = MO+SO_2+1/2O_2 \tag{8-10}$$

$$MS_2 = MS+1/2S_2 \tag{8-11}$$

$$(NH_4)_2WO_4 = WO_3+NH_3+H_2O \tag{8-12}$$

影响煅烧过程的主要因素为：煅烧温度、气相成分、化合物的热稳定性等。如图8-2中，1、2、3 三条曲线分别表示菱铁矿（$FeCO_3$）、菱镁矿（$MgCO_3$）、方解石（$CaCO_3$）的分解压 $p_{CO_2}$ 与温度的关系。水平虚线表示气相中 $CO_2$ 实际分压（$p'_{CO_2}$）。由图8-2可见，当温度控制在 $T_1$ 时，这三种碳酸盐的分解压大小为：$p^1_{CO_2} > p^2_{CO_2} > p^3_{CO_2}$，此时 $FeCO_3$ 分解，而 $MgCO_3$、$CaCO_3$ 不分解。当 $p'_{CO_2}$ 为定值时（图 8-2 中水平虚线），分解压小的碳酸盐需要更高的煅烧温度才能分解，对于 $FeCO_3$、$MgCO_3$ 和 $CaCO_3$ 其煅烧温度应分别大于 $T_1$、$T_2$ 和 $T_3$。

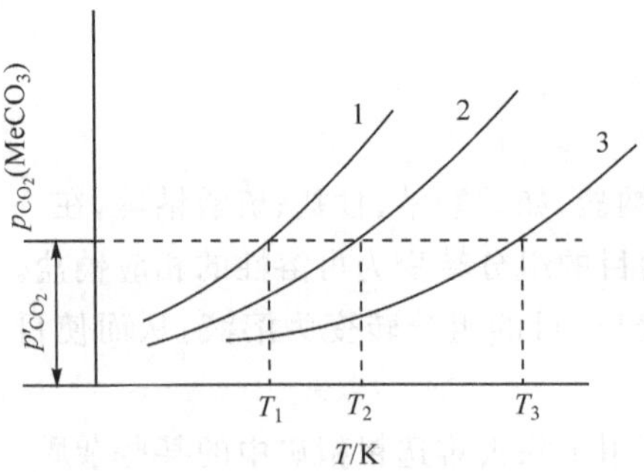

图 8-2　$FeCO_3$(1)、$MgCO_3$(2)和 $CaCO_3$(3)的分解压曲线

根据各种化合物（如碳酸盐、氧化物、氢氧化物、硫化物、含氧酸盐等）的热稳定性不相同，采用控制煅烧温度和气相组成，可以选择性改变某些化合物的组成或发生晶形的转变，再用相应方法处理，可以达到除去杂质和使有用组分离富集的目的。例如，磷矿资源中含磷品位不高的矿石，特别是脉石矿物以碳酸盐矿物如白云石、石灰石为主的磷矿石，不宜直接用于生产磷肥，因为生产磷肥的过程中要消耗大量的硫酸。一般的物理分选方法难于分离这些脉石。采用煅烧-消化工艺，可以通过煅烧过程使石灰石分解成石灰，再洒入少量水使石灰消化膨胀成为粉状消石灰，然后通过筛分即可有效地除去碳酸盐杂质，提高磷矿品位。

### 8.2.2　浸出

1. *浸出剂与浸出方法*

(1) 浸出方法。浸出就是将固体物料加入液体溶剂，使溶剂选择性地溶解物料中某些组分的工艺过程。用于浸出的试剂称为浸出剂，浸出所得的溶液称为浸出液，浸出后的残渣称为浸出渣。常用的浸出方法、浸出剂及其应用见表 8-1 和表 8-2。

**表 8-1　浸出方法按浸出剂特点分类**

| 浸出方法 | 常用浸出剂 |
|---|---|
| 酸浸出 | 硫酸、盐酸、硝酸、亚硫酸 |
| 碱浸出 | 氢氧化钠、碳酸钠、硫化钠、氨水 |
| 盐浸出 | 硫酸铁、氰化钠、氯化钠、硫酸铵 |
| 细菌浸出 | 菌种＋硫酸＋硫酸铁 |
| 水浸出 | 水 |

表8-2 常用浸出剂及其应用

| 浸出剂 | 浸出矿石类型 | 适用范围 |
|---|---|---|
| $H_2SO_4$ | 铜、镍、钴、锌、磷的氧化物 | 酸性脉石 |
| HCl | 磷、铋氧化矿、钨精矿脱铜、磷等 | 酸性脉石 |
| $NH_3$ | 铜、镍、钴的硫化矿 | 碱性脉石 |
| $Na_2CO_3$ | 白钨矿、铀矿 | |
| NaCN | 金、银等贵金属矿 | |
| $Fe_2(SO_4)_3$ | 铜、铅、铋等硫化矿 | |
| NaCl | 离子型稀土矿 | |
| 细菌浸出 | 铜、镍、钴、铀、砷等矿 | |
| $H_2O$ | 岩盐、焙砂 | 水溶性矿物 |

(2) 酸类浸出剂。包括硫酸、盐酸、硝酸等。

① 硫酸。稀 $H_2SO_4$ 属弱氧化酸。由于它沸点高(330℃),故在常压下可以采用较高的浸出温度强化浸出过程。同时,设备防腐蚀问题比较易解决。硫酸是处理氧化矿的主要溶剂,也能溶解碳酸盐、磷酸盐等,其主要反应为

$$MeO+H_2SO_4 = MeSO_4+H_2O \tag{8-13}$$

例如,对氧化铜矿物孔雀石的溶解反应为

$$CuCO_3\cdot Cu(OH)_2+2H_2SO_4 = 2CuSO_4+CO_2\uparrow+3H_2O \tag{8-14}$$

② 盐酸。HCl 能与多种金属和金属化合物起作用生成可溶性的金属氯化物,其反应能力比稀硫酸强,可浸出某些硫酸无法浸出的含氧酸盐类矿物。但价格比硫酸高,易挥发,劳动条件较差,设备防腐蚀要求较高。例如,常采用稀盐酸浸出钨粗精矿的方法从中脱除有害杂质磷(磷酸钙)

$$Ca_3(PO_4)_2+6HCl = 3CaCl_2+3H_3PO_4 \tag{8-15}$$

③ 硝酸。$HNO_3$ 本身是强氧化剂,反应能力强。但易挥发,价格贵,一般不单独用它作浸出剂,通常作为氧化剂使用。

④ 亚硫酸。中等强度的亚硫酸(或将 $SO_2$ 鼓入矿浆中)可用于浸出二氧化锰、锰结核等矿物原料

$$MnO_2+SO_2 = MnSO_4 \tag{8-16}$$

$$MnO_2+2SO_2 = MnS_2O_4 \tag{8-17}$$

(3) 碱类浸出剂。碱性浸出主要指用 NaOH、$Na_2CO_3$ 或 $Na_2S$ 作浸出剂的浸出过程,在某些情况下氨浸过程也属于碱性浸出。

① 氢氧化钠。NaOH 属强碱,可用以从弱碱盐及单体酸性氧化矿中浸出各种酸性氧化物,如从白钨矿($CaWO_4$)中浸出 $WO_3$ 等。采用 NaOH 浸出时,若浸出在

较高浓度下进行，即使在常压下也可能采用较高的温度，同时可大幅度提高反应物的活度，因此在动力学和热力学上都可得到有利条件。

② 碳酸钠。$Na_2CO_3$ 碱性较弱，可用于浸出酸性较强的氧化物，如 $WO_3$ 等，也用以浸出某些钙盐形态的矿物，如白钨矿等，此时利用其中的 $CO_3^{2-}$ 与 $Ca^{2+}$ 形成难溶的 $CaCO_3$，有利于浸出反应的进行。

(4) 盐类浸出剂。

① 氯化钠和硫酸铵。吸附型稀土矿床是稀土离子吸附于高岭土等矿物表面形成的风化残积矿床，其中所含的稀土组分易被质量分数为 6%～7% 的 NaCl 溶液或 2% 的 $(NH_4)_2SO_4$ 溶液浸出。

②高价铁盐。$Fe_2(SO_4)_3$、$FeCl_3$ 是一系列硫化物的理想氧化剂。在用细菌浸出贫铜矿、表外矿或剥离废石时，矿石中的黄铁矿($FeS_2$)首先在潮湿的环境中被氧化成 $FeSO_4$，然后 $FeSO_4$ 又在氧化硫铁杆菌的催化作用下进一步氧化成 $Fe_2(SO_4)_3$。$Fe_2(SO_4)_3$ 对于黄铜矿($CuFeS_2$)的浸出反应为

$$2Fe_2(SO_4)_3 + CuFeS_2 \xlongequal{} CuSO_4 + 5FeSO_4 + 2S \tag{8-18}$$

③ 氰化钠。NaCN 能与金、银等贵金属形成稳定的可溶性络阴离子。氰化浸出法是金矿分选的常规方法，其主要化学反应为

$$4Au + 8NaCN + O_2 + 2H_2O \xlongequal{} 4NaAu(CN)_2 + 4NaOH \tag{8-19}$$

为避免 NaCN 水解，需要添加石灰作为保护碱，调节 pH 在 8～10。同时，提金后的浸出液应循环回用，或加漂白粉处理后再排放。

### 2. 浸出原理

(1) 浸出过程热力学。设有浸出反应

$$aA + bB \xlongequal{} cC + dD \tag{8-20}$$

反应进行的方向和限度，可用给定温度 $T$(K)条件下，反应的吉布斯自由能变量 $\Delta G_T$ 来判断。如果 $\Delta G_T$ 为负值，则反应式(8-20)由左向右自动进行。该反应的吉布斯自由能变量 $\Delta G_T$ 可表示为

$$\Delta G_T = \Delta G_T^{\ominus} + RT\ln\frac{a_C^c a_D^d}{a_A^a a_B^b} \tag{8-21}$$

式中：$a_i$——在给定温度 $T$(K)下，反应中各物质的活度；

$T$——热力学温度，K；

$R$——摩尔气体常量，$R=8.3143$(J·K)/mol；

$\Delta G_T^{\ominus}$——在给定温度 $T$(K)下，化学反应的标准摩尔吉布斯自由能变量，可用式(8-22)计算

$$\Delta G_T^{\ominus} = \sum \Delta G_{m(生成物),T}^{\ominus} - \sum \Delta G_{m(反应物),T}^{\ominus} \tag{8-22}$$

式中：$\Delta G^{\ominus}_{m(生成物),T}$，$\Delta G^{\ominus}_{m(反应物),T}$——反应生成物 C、D 和反应物 A、B 在 T(K)时的标准摩尔生成吉布斯自由能(可从有关手册中查出)，kJ/mol。

对于可逆电池反应，有

$$-\Delta G^{\ominus}_{T} = nFE^{\ominus} \tag{8-23}$$

式中：$n$——电池反应中的电子迁移数；

$F$——法拉第常量，$F=96\ 500$ C/mol；

$E^{\ominus}$——标准状态下的电极电位，V。

化学反应的标准摩尔吉布斯自由能变量 $\Delta G^{\ominus}_{T}$ 与反应平衡常数 K 的关系为

$$\Delta G^{\ominus}_{T} = -RT\ln K \tag{8-24}$$

(2) 浸出化学反应机理。主要有活化络合物机理、电化腐蚀机理等。

浸出化学反应的电化腐蚀机理解释类似于金属的电化腐蚀。以金的氰化浸出为例，如图 8-3 所示，金溶解的电极反应为

阴极反应

$$O_2+2H_2O+2e = H_2O_2+2OH^-$$

$$H_2O_2+2e = 2OH^-$$

阳极反应

$$Au = Au^+ + e$$

$$Au^+ + 2CN^- = Au(CN)_2^-$$

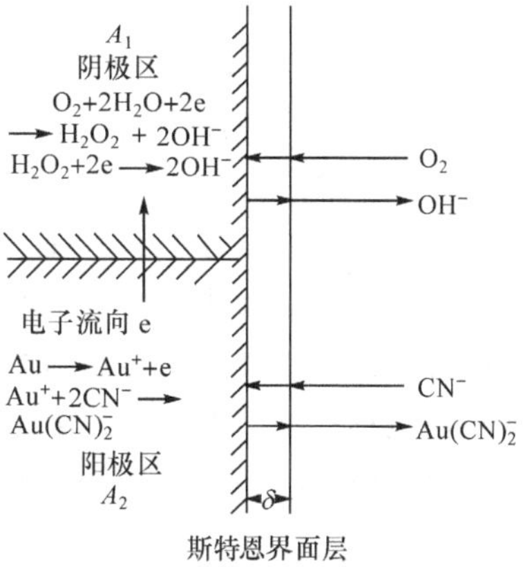


图 8-3　金溶解的电化过程

由金溶解的电极反应式可以看出，金的氰化溶解必须有氧或氧化剂存在，并且随着溶液中氧浓度的提高，金溶解速度显著提高。

3. 渗滤浸出和搅拌浸出

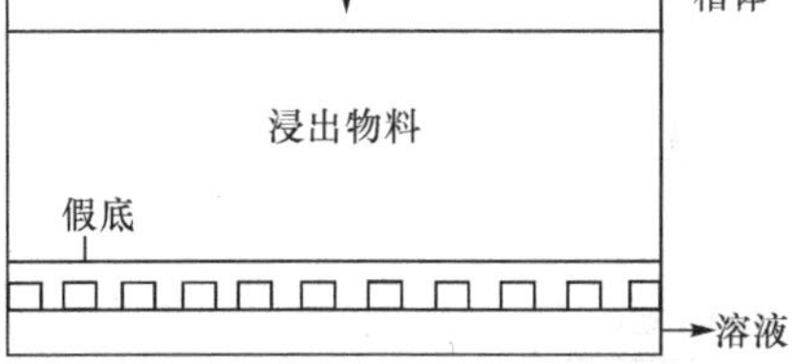


图 8-4　槽浸过程示意图

物料在浸出过程中，根据浸出剂的运动方式，将浸出分为渗滤浸出和搅拌浸出两种。渗滤浸出又分为三种：槽浸、堆浸和就地浸出。

槽浸就是把物料碎磨至一定的粒度后装入铺有假底的浸池、渗浸槽中，使浸出剂通过固定的物料层而完成浸出过程，见图 8-4。

堆浸是处理贫矿、表外矿或矿山产出含金属品位很低的废石的有效方法，对上述矿的浸出而言，它具有工艺简单、投资省、成本较低的特点。堆浸浸出的过程是将待浸出的矿石露天堆放在经涂沥青防渗处理的水泥地面堆场上，地面设有沟槽或水管，以便收集溶液。利用泵将浸出剂喷洒在矿堆上，浸出剂在流过矿堆时与矿石进行反应，将其中有价元素浸出，再由底部沟槽管道收集。为使浸出液中有价金属富集到一定浓度，溶液往往循环，直至达到要求为止。矿堆经过一定时期的浸出，将有价金属大部分回收后，再废弃。其浸出周期，对大型堆(矿石量超过100 000t)而言，长达1～3年，对小型矿堆(矿石量数千吨)而言，5～6星期。堆浸法处理的原料有两种类型，即采出的原矿块直接堆浸和矿块经破碎至10～50mm后再堆浸。目前，国内外用堆浸法处理低品位金矿、铜矿和铀矿时都得到较好指标。在处理品位2g/t左右的石英脉金矿时，一般以质量分数为0.05%～0.15%的NaCN溶液为浸出剂，金回收率达70%～90%。

就地浸出是渗滤浸出地下矿体内的目的组分的浸出方法，适用于阶段崩落法开采的地下矿体或井下采空区的矿柱和残留矿。

上述三种渗滤出方法的原理都是相同的，只适用于某些特定的矿物原料，浸出时一般均采用间断操作的作业制度。

搅拌浸出是指浸出剂与磨细的矿物原料在浸出搅拌槽中剧烈搅拌的条件下，完成浸出过程的浸出方法。此法适用于各种原料，可以在常温常压下完成浸出过程，也可以高温高压下进行浸出，可间断操作，也可连续操作。

#### 4. 浸出流程

在物料的浸出工艺中，根据被浸出物料和浸出剂运动方向的差别可分为三种浸出流程。

(1) 顺流浸出。被浸物料和浸出剂的流动方向相同，见图8-5。顺流浸出可以得到目的组分含量较高的浸出液，浸出剂耗量较低，但其浸出速度较慢，浸出时间较长才能得到较高的浸出率。

(2) 错流浸出。被浸物料分别被几份新浸出剂浸出，而每次浸出所得的浸出

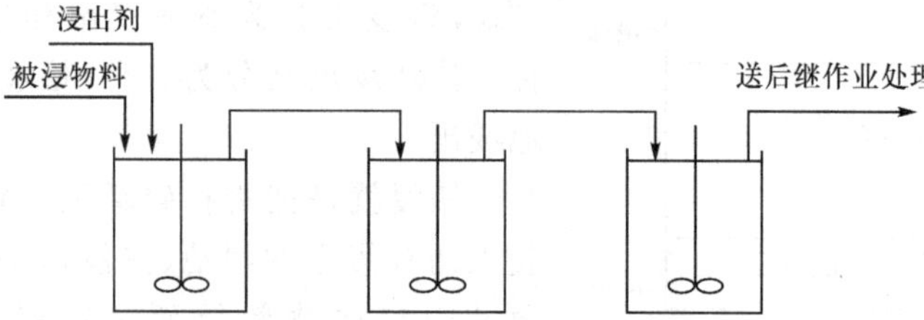


图8-5　顺流浸出

液均匀送到后续作业处理,见图 8-6。错流浸出的浸出速度较快。浸出时间较短,浸出率较高。但浸出液的体积大,浸出液中剩余浸出剂浓度较高,因而浸出剂耗量大,浸出液中目的组分含量较低。

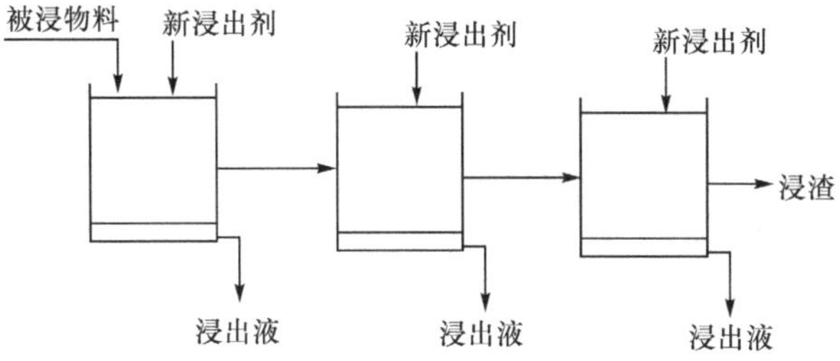


图 8-6 错流浸出

(3) 逆流浸出。被浸物料和浸出剂的运动方向相反,即经几次浸出贫化后的物料与新浸出液接触,而原始被浸物则与浸出液接触,见图 8-7。逆流浸出可以得到目的组分含量较高的浸出液,可以充分利用浸出液中的剩余浸出剂。因而浸出剂耗量较低,但其浸出速度比错流速度低,需要较多的浸出级数才能获得较高的浸出率。

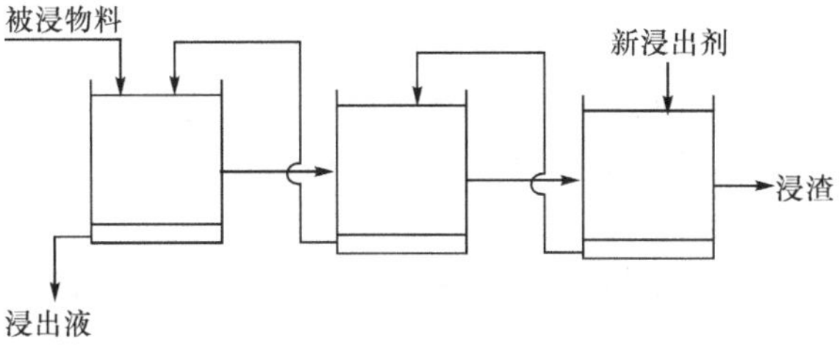


图 8-7 逆流浸出

渗滤槽浸可采用顺流、错流或逆流浸出流程,堆浸和就地浸出一般都采用顺流循环浸出流程,连续搅拌浸出一般采用顺流浸出流程。如是采用错流或逆流浸出,则各级之间应增加固-液分离作业。间断作业的搅拌浸出一般为顺流浸出,但也可以采用错流或逆流浸出流程,只是每次浸出后都需要进行固-液分离,操作复杂,生产上应用较少。渗滤浸出可以直接得到澄清浸出液,而搅拌浸出的料浆必须经固-液分离后才能得到供后续作业处理的澄清浸出液或含少量矿粒的稀矿浆。

5. 浸出过程的衡量

实践中常用有用组分或杂质组分的浸出率、浸出过程的选择性、浸出剂耗量等指标来衡量浸出过程。某组分的浸出率是指在浸出条件下该组分转入溶液中的量与其在原料中的总量之百分比,即

$$\varepsilon_{浸} = \frac{Vc}{Q\alpha} \times 100\% = \frac{Q\alpha - m\vartheta}{Q\alpha} \times 100\% \tag{8-25}$$

式中：$\varepsilon_{浸}$——目的组分的浸出率，%；

$Q$——物料的干重，t；

$\alpha$——目的组分的品位，%；

$V$——浸出液体积，$m^3$；

$c$——目的组分在浸出液中的质量体积浓度，$t/m^3$；

$m$——浸渣干重，t；

$\vartheta$——渣品位，%。

### 8.2.3 固液分离

在浸出过程中，实现了目的组分由固相到液相的转移，然后经固液两相的分离操作，才能丢弃尾矿，得到下一步处理的浸出液。但在有些情况下也可以不经固液分离，浸出矿浆直接送下一步作业处理，如碳浆吸附、沉淀-浮选、置换-浮选，但最后要得到含水分少的合格精矿时仍需经固液分离。

化学分选的固液分离常用如下方法：

(1) 重力沉降法。借重力作用使固体颗粒沉降以获得上清液和底流浓缩的过程。常用设备有沉淀池、各种浓缩机、流态化塔和分级机等。

(2) 过滤法。它是化学分选的固液分离应用最广的方法，是获得清液的常用方法。常用设备为各种类型的过滤机。

(3) 离心分离法。它是利用离心力使固体颗粒沉降和过滤的方法，常用设备为水力旋流器、离心沉降机和离心过滤机等。

## 8.3 化学沉淀

### 8.3.1 离子沉淀

1. 金属氢氧化物沉淀

除碱金属外，许多金属氢氧化物都是难溶的，它们在水中的溶解规律符合溶度积规则，金属离子含量与 pH 密切相关。

$$M(OH)_n = M^{n+} + nOH^-$$

$$K_s = [M^{n+}][OH^-]^n \tag{8-26}$$

$$\lg[M^{n+}] = \lg K_s + np K_w - n pH \tag{8-27}$$

式中：$K_s$——金属氢氧化物的溶度积；

$K_w$——水的离子积；

$n$——金属离子的价数。

由式(8-27)可以看出,$\lg[M^{n+}]$与 pH 呈直线关系。各种金属氢氧化物的溶度积示于表 8-3 中,按式(8-27)计算结果示于图 8-8 中。

**表 8-3 金属氢氧化物的溶度积**(18~25℃)

| 氢氧化物 | $K_s$ | 氢氧化物 | $K_s$ |
|---|---|---|---|
| $Al(OH)_3$ | $1.1\times10^{-33}$ | $Fe(OH)_3$ | $7.1\times10^{-40}$ |
| $Ca(OH)_2$ | $5.5\times10^{-6}$ | $Mg(OH)_2$ | $1.8\times10^{-11}$ |
| $Cd(OH)_2$ | $3.9\times10^{-14}$ | $Mn(OH)_2$ | $1.9\times10^{-13}$ |
| $Co(OH)_2$ | $2.0\times10^{-16}$ | $Ni(OH)_2$ | $6.5\times10^{-18}$ |
| $Cr(OH)_2$ | $6.0\times10^{-31}$ | $Pb(OH)_2$ | $1.6\times10^{-7}$ |
| $Cu(OH)_2$ | $6.0\times10^{-20}$ | $Sn(OH)_2$ | $8.0\times10^{-29}$ |
| $Fe(OH)_2$ | $8.0\times10^{-16}$ | $Zn(OH)_2$ | $1.2\times10^{-17}$ |

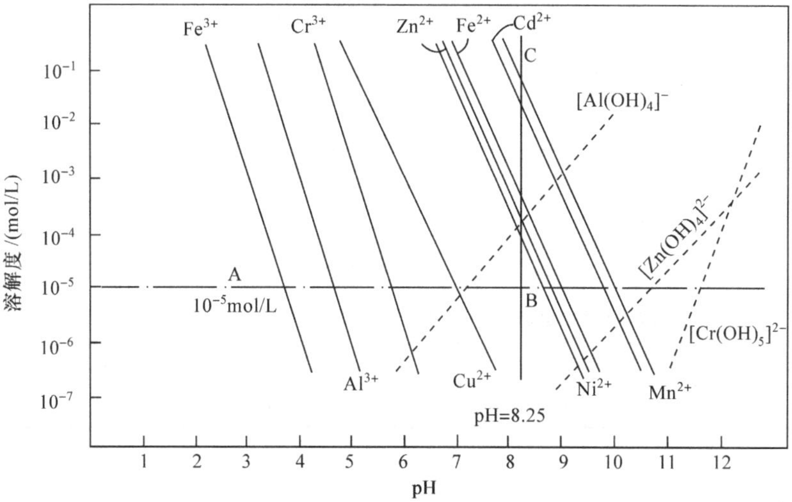


图 8-8 金属离子的溶解度与 pH 关系

Al、Pb、Zn、Cr、Ni、Cu、Mn、Sn、Co 等金属的氢氧化物,在高 pH 条件下会与过剩的 $OH^-$ 结合形成羟基络合物再溶解,因而上述金属离子都有各自最佳 pH 沉淀范围。以氢氧化锌为例,$Zn(OH)_2$ 的固相与各络离子之间存在下列溶解平衡

$$Zn(OH)_2(s) \longrightarrow Zn^{2+} + 2OH^- \qquad K_{s_0} = [Zn^{2+}][OH^-]^2 = 10^{-17.15}$$

$$Zn(OH)_2(s) \longrightarrow Zn(OH)^+ + OH^- \qquad K_{s_1} = [Zn(OH)^+][OH^-] = 10^{-13.0}$$

$$Zn(OH)_2(s) \rightleftharpoons Zn(OH)_2(l) \qquad K_{s_2}=[Zn(OH)_2](l)=10^{-7.0}$$

$$Zn(OH)_2(s)+OH^- \rightleftharpoons Zn(OH)_3^- \qquad K_{s_3}=[Zn(OH)_3^-]/[OH^-]=10^{-2.92}$$

$$Zn(OH)_2(s)+2OH^- \rightleftharpoons Zn(OH)_4^{2-} \qquad K_{s_4}=[Zn(OH)_4^{2-}]/[OH^-]^2=10^{-1.66}$$

将各级平衡常数代入式(8－27)并作图 8－9。由图 8－9 可知，氢氧化锌沉淀的最佳 pH 的范围是 8～11。

金属氢氧化物沉淀析出由易到难顺序为：$Fe^{3+}$、$Al^{3+}$、$Cu^{2+}$、$Zn^{2+}$、$Fe^{2+}$、$Pb^{2+}$、$Cd^{2+}$、$Mn^{2+}$、$Mg^{2+}$。沉淀析出的最佳 pH 范围示于表 8－4 中。

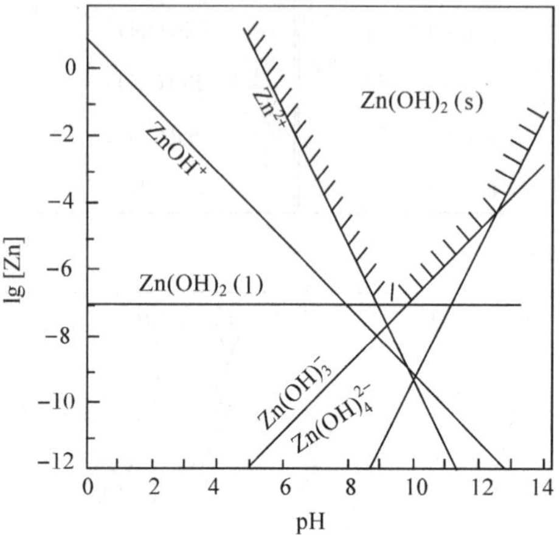


图 8－9 lg[Zn]-pH 图

**表 8－4 金属氢氧化物沉淀析出的最佳 pH 范围**

| 金属离子 | $Fe^{3+}$ | $Al^{3+}$ | $Cr^{3+}$ | $Cu^{2+}$ | $Zn^{2+}$ | $Ni^{2+}$ | $Pb^{2+}$ | $Cd^{2+}$ | $Fe^{2+}$ |
|---|---|---|---|---|---|---|---|---|---|
| pH 范围 | 4～12 | 6～7 | 8～9 | 8～12 | 8～11 | >9.5 | 9～9.5 | 10.5 | 9～12 |

2. 硫化物沉淀

金属硫化物是比氢氧化物溶度积更小的一类难溶化合物。一些金属离子，当用氢氧化物沉淀法不能将它们降到要求的浓度时，常采用硫化沉淀法。

硫化物沉淀法是基于许多元素的硫化物难溶于水(某些硫化物的溶度积如表 8－5 所示)，因此，当溶液中有 $M^{n+}$ 存在，加入 $S^{2-}$，则将发生以下沉淀反应：

$$2M^{n+}+nS^{2-} \rightleftharpoons M_2S_n \downarrow$$

**表 8-5　某些硫化物的溶度积 $K_{sp}$**

| 硫化物 | 温度/℃ | $K_{sp}$ | $\lg K_{sp}$ | 硫化物 | 温度/℃ | $K_{sp}$ | $\lg K_{sp}$ |
|---|---|---|---|---|---|---|---|
| $Ag_2S$ | 25 | $1.6\times10^{-49}$ | −48.8 | HgS | 18 | $1\times10^{-47}$ | −47 |
| $Ag_2S_3$ | 18 | $4\times10^{-29}$ | −28.4 | MnS | 25 | $2.8\times10^{-13}$ | −12.55 |
| $Bi_2S_3$ | 18 | $1.6\times10^{-72}$ | −71.8 | NiS(α) | 25 | $2.8\times10^{-21}$ | −20.55 |
| CdS | 25 | $7.1\times10^{-27}$ | −26.15 | PbS | 25 | $9.3\times10^{-28}$ | −27.03 |
| CoS(α) | 25 | $1.8\times10^{-22}$ | −21.74 | $Sb_2S_3$ | 18 | $1\times10^{-30}$ | −30 |
| CuS | 25 | $8.9\times10^{-36}$ | −35.05 | SnS | 25 | $1\times10^{-28}$ | −28 |
| $Cu_2S$ | 18 | $2\times10^{-47}$ | −46.7 | $Tl_2S$ | 18 | $4.5\times10^{-23}$ | −22.35 |
| FeS | 25 | $4.9\times10^{-18}$ | −17.31 | ZnS(β) | 25 | $8.9\times10^{-25}$ | −24.05 |
| | | | | $In_2S_3$ | | $5.7\times10^{-74}$ | −73.24 |

对于二价金属离子的沉淀反应，平衡时

$$[M^{2+}][S^{2-}]=K_{sp,MS}$$

或

$$[M^{2+}]=K_{sp,MS}/[S^{2-}] \tag{8-28}$$

而溶液中$[S^{2-}]$取决于下列电离反应

$$H_2S\,(aq)=\!=\!=H^+ + HS^- \qquad K_1=[HS^-][H^+]/[H_2S\,(aq)]$$

$$HS^-=\!=\!=H^+ + S^{2-} \qquad K_2=[S^{2-}][H^+]/[HS^-]$$

$$[H_2S\,(aq)]=\!=\!=2H^+ + S^{2-} \qquad K_{H_2S}=K_1K_2=[S^{2-}][H^+]^2/[H_2S\,(aq)]$$

故

$$[S^{2-}]=K_{H_2S}[H_2S\,(aq)]/[H^+]^2$$

代入式(8-28)，得

$$[M^{2+}]=K_{sp,MS}/(K_{H_2S}[H_2S\,(aq)]\cdot[H^+]^{-2})$$

$$\lg[M^{2+}]=\lg K_{sp,MS}-\lg K_{H_2S}-\lg[H_2S\,(aq)]-2pH \tag{8-29}$$

溶液中硫的总浓度$[S]_T$为：$[H_2S\,(aq)]$、$[HS^-]$、$[S^{2-}]$之和，但根据 $K_1$、$K_2$ 值计算，在常温下，当 pH<6 左右时，$[HS^-]$、$[S^{2-}]$已很小，故可近似认为

$$[S]_T\approx[H_2S\,(aq)]$$

代入上式，得

$$\lg[M^{2+}]=\lg K_{sp,MS}-\lg K_{H_2S}-\lg[S]_T-2pH \tag{8-30}$$

已知 25℃时，$K_1=1.32\times10^{-7}$，$K_2=7.08\times10^{-15}$，$K_{H_2S}=9.35\times10^{-22}$，故 25℃时，有

$$\lg[M^{2+}]=\lg K_{sp,MS}+21.03-\lg[S]_T-2pH \tag{8-31}$$

按类似推导，对 $M_2S$ 型硫化物而言

$$\lg[M^{2+}]=1/2(\lg K_{sp,M_2S}-\lg K_{H_2S}-\lg[S]_T-2pH) \tag{8-32}$$

同理，对 $M_2S_3$ 型硫化物而言

$$\lg[M^{2+}]=1/2(\lg K_{sp,M_2S_3}-3\lg K_{H_2S}-3\lg[S]_T-6pH) \quad (8-33)$$

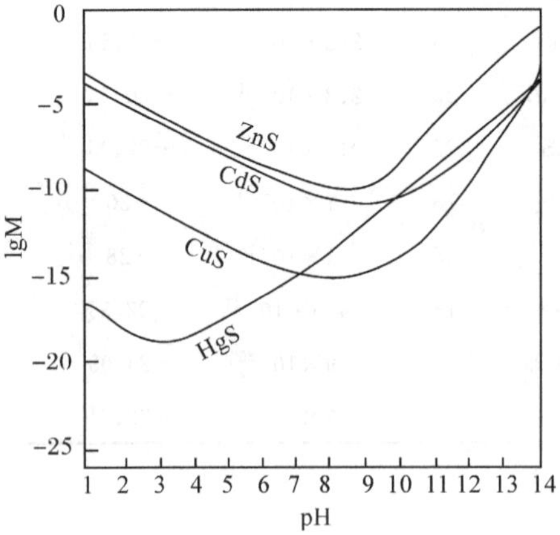


图 8-10　在硫化物饱和溶液中金属离子浓度与溶液 pH 的关系

分析式(8-29)～式(8-33)，硫化沉淀后影响残留金属离子浓度的因素，主要有三个：溶液的 pH、溶液中硫的浓度$[S]_T$及气相 $H_2S$ 的分压 $p_{H_2S}$、温度。

金属硫化物沉淀由易到难的顺序是 $Hg^{2+}$、$Fe^{3+}$、$Cu^{2+}$、$Hg^{+}$、$Ag^{+}$、$Pb^{2+}$、$Cd^{2+}$、$Ni^{2+}$、$Co^{2+}$、$Zn^{2+}$、$Mn^{2+}$。其中锌、铜、镉、汞的硫化物饱和溶液中金属离子浓度与 pH 的关系示于图 8-10 中。尽管这些金属硫化物溶解度随着酸性增加而相对增大，但与其氢氧化物溶解度相比则小得多。因而在酸性介质中也能用生成硫化物的方法有效地去除汞、铜等金属离子。

3. 碳酸盐沉淀

盐湖卤水中往往含有 LiCl。卤水经暴晒浓缩加石灰沉淀 $Mg^{2+}$，结晶析出 KCl、NaCl 晶体后，溶液中 LiCl 质量分数可富集到 6%，再加 $Na_2CO_3$ 沉出 $Li_2CO_3$，反应为

$$2LiCl+Na_2CO_3 = Li_2CO_3\downarrow+2NaCl \quad (8-34)$$

4. 草酸盐沉淀

采用质量分数为 6%～7%的 NaCl 溶液或 2%的$(NH_4)_2SO_4$ 溶液，浸出吸附型稀土矿床，浸出液可加入草酸钠进行沉淀分离

$$2TR^{3+}+3C_2O_4^{2-}+nH_2O = TR_2(C_2O_4)_3\cdot nH_2O\downarrow \quad (8-35)$$

式中：TR——稀土元素总和；

$n$——常数，一般为 10。

### 8.3.2 置换沉淀

1. 置换沉淀原理

从热力学来说，任何金属离子均可能按其在电位序(表 8-6)中的位置，被另一更负电性的金属从溶液中置换还原成为金属，从而沉淀出来。其反应通式为

$$n_2Me_1^{n_1+}+n_1Me_2 = n_2Me_1+n_1Me_2^{n_2+} \quad (8-36)$$

**表 8-6 某些金属的电位序**(标准电极电位)

| 电极 | 电极反应 | $\varepsilon^{\ominus}$/V |
|---|---|---|
| $Li^+$,Li | $Li^+ + e \longrightarrow Li$ | −3.01 |
| $Rb^+$,Rb | $Rb^+ + e \longrightarrow Rb$ | −2.98 |
| $K^+$,K | $K^+ + e \longrightarrow K$ | −2.92 |
| $Ca^{2+}$,Ca | $Ca^{2+} + 2e \longrightarrow Ca$ | −2.84 |
| $Na^+$,Na | $Na^+ + e \longrightarrow Na$ | −2.713 |
| $Mg^{2+}$,Mg | $Mg^{2+} + 2e \longrightarrow Mg$ | −2.38 |
| $Al^{3+}$,Al | $Al^{3+} + 3e \longrightarrow Al$ | −1.66 |
| $Zn^{2+}$,Zn | $Zn^{2+} + 2e \longrightarrow Zn$ | −0.763 |
| $Fe^{2+}$,Fe | $Fe^{2+} + 2e \longrightarrow Fe$ | −0.44 |
| $Cd^{2+}$,Cd | $Cd^{2+} + 2e \longrightarrow Cd$ | −0.402 |
| $Co^{2+}$,Co | $Co^{2+} + 2e \longrightarrow Co$ | −0.267 |
| $Ni^{2+}$,Ni | $Ni^{2+} + 2e \longrightarrow Ni$ | −0.241 |
| $Sn^{2+}$,Sn | $Sn^{2+} + 2e \longrightarrow Sn$ | −0.14 |
| $Pb^{2+}$,Pb | $Pb^{2+} + 2e \longrightarrow Pb$ | −0.126 |
| $H^+$,H | $H^+ + e \longrightarrow 1/2H_2$ | 0.000 |
| $Cu^{2+}$,Cu | $Cu^{2+} + 2e \longrightarrow Cu$ | +0.337 |
| $Cu^+$,Cu | $Cu^+ + e \longrightarrow Cu$ | +0.520 |
| $Hg^{2+}$,Hg | $Hg^{2+} + 2e \longrightarrow CHg$ | +0.798 |
| $Ag^+$,Ag | $Ag^+ + e \longrightarrow Ag$ | +0.799 |
| $Au^+$,Au | $Au^+ + e \longrightarrow Au$ | +1.500 |

2. 常用的置换沉淀反应

(1) 铁屑置换铜。低品位铜矿的酸法浸出液以及矿山含铜离子废水可用金属铁来置换铜离子,生成金属铜。反应为

$$Cu^{2+} + Fe = Fe^{2+} + Cu\downarrow \tag{8-37}$$

此电化反应在标准状态下的电极电位 $E^{\ominus}$ 为

$$E^{\ominus} = \varepsilon^{\ominus}(Cu^{2+},Cu) - \varepsilon^{\ominus}(Fe^{2+},Fe) = 0.337-(-0.44) = 0.777(V)$$

目前,铁屑置换铜的方法有被萃取-电积方法取代的趋势。

(2) 锌粉置换金、银。氰化物浸出法是从金、银矿石中提取金、银的重要方法,所得浸出贵金属溶液常以锌粉进行置换,其反应为

$$Zn + 2[Au(CN)_2]^- = [Zn(CN)_4]^{2-} + 2Au\downarrow \tag{8-38}$$

在锌的溶解过程中,还伴有氢气释出,即

$$Zn + 4CN^- + 2H_2O \xlongequal{} [Zn(CN)_4]^{2-} + 2OH^- + H_2\uparrow$$

$$Zn + 2OH^- \xlongequal{} [ZnO_2]^{2-} + H_2\uparrow$$

若溶液中的氰化物和碱度不够，溶液中的溶解氧会使锌氧化成 $Zn(OH)_2$ 沉淀，即

$$Zn + 1/2O_2 + H_2O \xlongequal{} Zn(OH)_2\downarrow \tag{8-39}$$

同时还有

$$[Zn(CN)_4]^{2-} + Zn(OH)_2 \xlongequal{} 2Zn(CN)_2\downarrow + 2OH^-$$

这些氢氧化锌和氰化锌为白色沉淀物，会罩盖在金属锌表面形成一层薄膜，妨碍锌从贵金属溶液中对金的置换作用，故锌粉常预先用少量乙酸铅溶液处理表面，这样有助于锌的溶解而更好地置换金。

锌粉置换还可用于锌湿法冶金浸出液的净化，除去杂质铜和镉。

### 8.3.3 电积沉淀

若在金属浸出液中插入电极并通入直流电，当外电动势大于某金属电极反应的标准电极电位(表 8-6)时，外电源通过电极和溶液构成电流回路，同时该金属离子在阴极上获得电子而还原成金属沉淀下来，这就是电积沉淀。

在氧化铜矿化学分选的酸浸-萃取-电积工艺中，铜浸出液经萃取剂富集净化，再经反萃洗涤得到铜离子浓度较高的反萃液，然后放入电积槽中，采用合金材质的不溶解阳极，在电极之间通电流时，电极上发生的反应为

水电离 $2H_2O \rightleftharpoons 2H^+ + 2OH^-$

硫酸铜电离 $CuSO_4 \rightleftharpoons Cu^{2+} + SO_4^{2-}$

阳极 $2OH^- - 2e \xlongequal{} H_2O + 1/2O_2\uparrow$

阴极 $Cu^{2+} + 2e \xlongequal{} Cu\downarrow$

总反应式为 $CuSO_4 + H_2O \xlongequal{} Cu\downarrow + H_2SO_4 + 1/2O_2\uparrow$ (8-40)

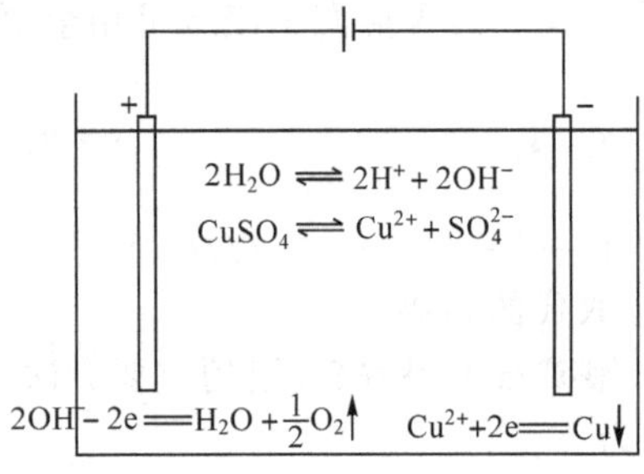


图 8-11 硫酸铜溶液的电积沉淀

硫酸铜溶液的电积沉淀见图 8-11。电积完毕后的贫电积液，其中的铜离子含量很低而硫酸浓度较高，一般作为反萃洗涤液或浸出液循环使用。

电积过程与电解的不同之处在于所用的阳极不同。电解为可溶性阳极，如粗铜电解精炼过程中，用粗铜铸成阳极板，通电电解时，阳极板逐渐溶解进入电解液成为铜离子，铜离子再在阴极生成高纯度的电解铜，杂质则沉于阳极区形成阳极泥，阳极泥中常富集贵金属如金。

## 8.4 溶剂萃取

溶剂萃取分离法是通过物质由一个液相(通常为水相)转移到另一个基本不相混溶的液相(有机相)的传质过程来实现物质提取、分离的。它是利用物质在两个互不相溶的液相中(料液和萃取剂)分配特性不同进行分离的过程。被提取、分离的物质若是有机化合物,称为有机萃取;若是无机化合物,称为无机萃取。

在物料加工领域,溶剂萃取主要用于以下几个方面。

(1) 从矿石的浸出液中提取、富集有价金属。例如,从铀矿石、铜矿石等的浸出液中提取、富集铀和铜等金属。

(2) 分离化学性质相近的金属离子。例如,分离铌钽、分离锆铪、分离钴镍以及分离稀土金属等。

(3) 净化工业溶液和处理工业废水。例如,从镍电解液中净化除去铜、铁,处理含重金属离子或有机物的废水等。

生物产品溶液萃取的典型应用如以下两个方面。

(1) 从发酵培养液中萃取化合物(产物)。例如,萃取微生物细胞发酵期间或微生物细胞生长时产生的化合物。

(2) 从生物反应液或生物转化液中萃取产物。例如,利用不同纯化度的细胞或酶进行生化反应,从未反应的底物中分离反应得到的产物。

### 8.4.1 溶剂萃取的基本原理

#### 1. 溶剂萃取的基本概念

(1) 萃取体系。一个萃取体系由有机相和水相组成,在同一个体系中两相互不相溶或基本不互溶。有机相通常由萃取剂和稀释剂组成。萃取剂就是能够与被萃金属相结合,并以萃合物形式转入有机相的活性有机反应剂。能溶解萃取剂和改质剂的低密度的有机相溶剂被称作稀释剂,它是一种不与金属发生作用的惰性溶剂,用来调节萃取剂的浓度,降低有机相的黏度与密度,增加萃合物的溶解度。稀释剂通常是各种低芳烃的烷烃混合物,如煤油。有时为了避免萃取或反萃时产生稳定的乳化或生成第三相,还要往有机相中加入一些高碳醇或其他有机化合物,增加萃取剂、萃取剂的盐类或金属萃合物的溶解度。这些有机化合物统称为改质剂。

络合剂是指溶于水相并与金属离子生成各种络合物的配位体,络合剂可分为抑萃络合剂和助萃络合剂两类。加入抑萃络合剂能降低萃取率,因而有时也称它为掩蔽剂。如用 TBP 萃取稀土硝酸盐时,可在水相中加入乙二胺四乙酸(EDTA),它与金属离子生成有亲水基团的络合物,使这些金属离子不能转入有机相,降低了萃取率。加入助萃络合剂能提高萃取率。如用 P350 萃取稀土离子,硝

酸根 $NO_3^-$ 可与稀土形成中性络合物 $RE(NO_3)_3$，该络合物可被萃入有机相，从而增加了萃取率。

有时使用两种或两种以上的萃取剂，其萃取性能超过各个萃取剂单独使用时的效果，这种作用称为协萃。如 Lix65N 萃取铜的速度较慢，加入一定数量的 Lix63 萃取剂，可以大大增加萃取速率，减少平衡时间，所以 Lix63 也称为动力协萃剂。

盐析剂是指能溶于水相但不被萃取又不与金属离子络合的无机盐。由于盐析剂的水合作用，吸引了一部分自由水分子，使被萃金属在水相中浓度相对增加，因而有利于萃取。盐析效应一般随离子强度的增加而增大，通常高价离子的盐析效应较大。

(2) 萃取与反萃取。当两相接触时，水相料液中被分离的物质部分或几乎全部转移到有机相。由于这种分离过程是在两个液相之间进行的，因此称为液-液萃取，简称为萃取。又由于其中一个液相由有机溶剂构成，故也称为溶剂萃取。

溶剂萃取通常由下述步骤组成：①萃取剂和含有待萃组分(或多组分)的料液混合接触，进行萃取，待萃组分从料液转移到萃取剂相中；②分离互不相溶的两相并回收溶剂；③萃余液(残液)脱溶剂。其中，离开液-液萃取器的萃取剂相称为萃取液(负载有机相)，经萃取剂相接触后离开的料液相称为萃取余液(残液)。

有机相的最大负荷能力(即饱和浓度)，是指单位浓度萃取剂能够含有金属的极限浓度。被萃取物萃入有机相后，一般需要使其重新返回水相，此时可把负载有机相与反萃剂(一般为无机酸或碱的水溶液，也可以是纯水)接触，使被萃取物转入水相，这一过程相当于萃取的逆过程，故称为反萃取。反萃取后，再经分相，分出的水相称为反萃液。分出的有机相(肟类和胺类等)经反萃脱除绝大部分金属离子后，可看作是再生有机相，重新返回萃取相。

有些萃取剂在反萃以后还要进行所谓的预先平衡处理，使萃取剂恢复其成分和性质，才能循环使用。如用二乙基已基磷酸($D_2EHPA$)钠盐萃取钴的过程，见图8-12。

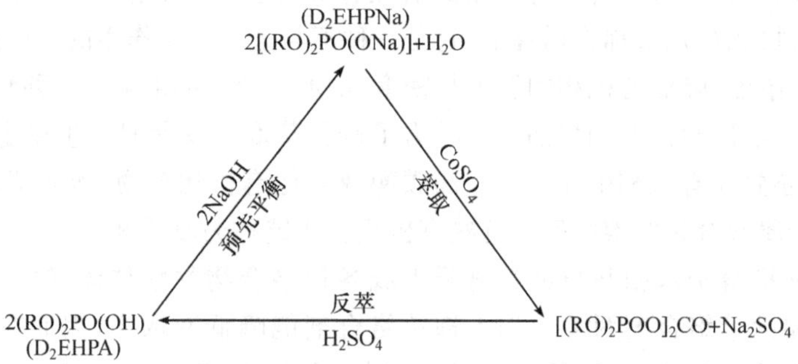


图 8-12 $D_2EHPA$ 钠盐萃取钴的过程示意图

(3) 溶剂萃取的相比。溶剂萃取的两相,通常是指含有萃取剂(有时还有改质剂)和稀释剂的有机相和含金属离子(或无机酸、碱)的水相。相比就是在萃取过程中有机相体积与水相体积的比例,通常用 O/A 表示,其中,O 代表有机相体积,A 代表水相体积。在连续萃取过程中,有机相和水相是连续供入的,此时相比就用连续供入的有机相流量与水相流量的比例表示,又称流比。流比不一定完全等于萃取容器内的相比。

(4) 分配系数和分配比。萃取过程中被萃取物在水相与有机相之间的转移是一种可逆过程,进行到一定程度便达到平衡状态。在萃取或反萃取的过程中,"平衡"都是暂时的、有条件的。条件变了,原来的平衡就会被打破并建立起新的平衡。比如,某一溶质(金属)A 存在于某一溶液中,在一定条件下将该水溶液与一种与之不相溶的有机溶剂以一定的相比接触,平衡后,A 被萃入有机相中,并且在水相和有机相的分配达到平衡,此时 A 在水相和有机相的平衡浓度分别为$[A]$和$[\overline{A}]$。当温度、相比或水溶液中 A 浓度等任何一个条件发生变化时,$[A]$和$[\overline{A}]$都会发生变化,并在新的条件下达到新的平衡。

能斯特(Nernst)分配定律认为:当某一溶质在互不相溶的两相分配时,在给定温度下两相达到平衡后,且该溶质在两相中相对分子质量相等(分子形式相同),则该溶质在两相中的浓度比例为常数,即

$$K_D=\frac{[\overline{A}]}{[A]} \tag{8-41}$$

式中:$K_D$——分配系数。

严格地说,$[A]$ 和$[\overline{A}]$应是活度而不是浓度。

分配定律只有在低浓度时才是正确的,即适用于接近理想溶液的萃取体系。在这样的体系中溶质和溶剂不发生离解、缔合和溶剂化等化学作用。也就是说,溶质在两相中的分子形式必须是相同的,满足这样的条件时,分配系数为一常数,它与溶质的总浓度和相比都没有关系。简而言之,分配定律只适用于稀溶液的简单物理分配体系。例如,用四氯化碳萃取砷(Ⅲ)、锑(Ⅲ)、锗(Ⅲ)和汞(Ⅱ)的卤化物稀溶液时,就可以应用分配定律,这时分配系数与萃取因数是同义词。

但是在大多数的金属萃取体系中,情况往往比较复杂。首先,溶质(金属)在溶液中的浓度比较大,此时分配在两相的溶质只能用活度来表示;其次,在萃取过程中常常伴随离解、缔合、络合等化学变化,而且溶质是以与萃取剂形成萃合物的形式进入有机相的,溶质在两相的分子形式并不相同。因此,这些体系并不完全服从分配定律,这些萃取过程的分配属于化学分配。虽然如此,在实际溶剂萃取的研究中仍然可以采用类似分配定律的公式作为基本公式,这时溶质 A 在水相和有机相中的浓度实际上是以各种化学形式进行分配的溶质总浓度。它们的比值用分配比表示。

$$D=\frac{[\overline{A}]}{[A]}=\frac{[\overline{A_1}]+[\overline{A_2}]+\cdots+[\overline{A_n}]}{[A_1]+[A_2]+\cdots+[A_n]} \tag{8-42}$$

式中：$D$——分配比，表示萃取体系达到平衡时，被萃溶质在有机相中的总浓度与水相中总浓度之比。

分配比不是常数，它随被萃溶质的浓度、水相的酸度、萃取剂的浓度、稀释剂的性质、温度以及其他物质的存在等因素的变化而变化。总之，分配比表示一个实际萃取体系达到平衡后，被萃取溶质在两相的实际分配情况，在萃取研究和生产中有较大的实际意义。

(5) 萃取因数(萃取比)。萃取因数定义为溶质进入有机相的总量与该溶质在萃余液中的总量之比，通常用 $E$ 表示。这个物理量在用计算法确定流比和理论级数时有用。

若以 $\overline{V}$ 和 $V$ 分别表示有机相和水相的体积，$[\overline{M}]$ 和 $[M]$ 分别表示溶质在有机相和水相中的平衡浓度。根据定义，萃取因数为

$$E=\frac{\text{有机相中总溶质浓度}}{\text{水相中总溶质浓度}}=\frac{[\overline{M}]\ \overline{V}}{[M]\ V} \tag{8-43}$$

又因为 $D=\dfrac{[\overline{M}]}{[M]}$，相比 $R=\dfrac{\overline{V}}{V}$，所以

$$E=DR \tag{8-44}$$

即萃取因数等于分配比与相比的乘积。由式(8-44)可知，萃取因数实际上就是在相比等于1时的分配比。萃取因数不是常数，其数值与相比(A/O)、萃取剂浓度、温度、pH、溶质在水相和有机相中的络合作用、水相中的溶质浓度等因素有关。

(6) 萃取率。在溶剂萃取中，除用分配比表示物质被萃取的难易程度外，还常用萃取率 $\eta$ 表示萃取过程中溶质被萃取到有机相中的份数，即

$$\begin{aligned}\eta&=\frac{\text{被萃到有机相中的溶质总量}}{\text{原始料液中的溶质总量}}\times 100\%\\&=\frac{[\overline{M}]\ \overline{V}}{[\overline{M}]\ \overline{V}+[M]\ V}\times 100\%\\&=\frac{E}{E+1}\times 100\%=\frac{D}{D+1/R}\times 100\%\end{aligned} \tag{8-45}$$

显然，萃取率越高，表明该物质越易被萃取，或者说萃取越完全。由式(8-45)可以看出，萃取率与萃取因数或分配比和相比有关。分配比越高，相比越大，萃取率越高，萃取越完全。当相比等于1时，萃取率的大小完全取决于分配比 $D$。

实际上，萃取率($\eta$)比萃取因数($E$)或分配比($D$)更有用，就像pH比氢离子浓度更直观一样。例如，$\eta$ 为99%～100%，就可以看出萃取的完全程度，但相应的 $E$(若两种体积相等，也就是 $D$)却从99到无限大，要想在这样的范围估计误差

大小是很困难的。不过,分配比用来研究热力学分配平衡特性还是很有用的。

(7) 分离系数。在溶剂萃取中,分离系数或叫分离因素是表示两种物质萃取分离的难易程度,用 $\beta$ 表示。分离系数等于同一萃取体系内两种物质在同样萃取条件下分配比的比值,即

$$\beta=\frac{D_A}{D_B} \tag{8-46}$$

根据分配比的定义,式(8-46)可以写成

$$\beta=\frac{[\overline{A}]/[A]}{[\overline{B}]/[B]}=\frac{[\overline{A}][B]}{[\overline{B}][A]} \tag{8-47}$$

式中:$[\overline{A}]$,$[\overline{B}]$——物质A和物质B在有机相的平衡浓度;

$[A]$,$[B]$——物质A和物质B在水相的平衡浓度。

$\beta$ 值越大(或越小),说明两种物质越容易分离。显然,当 $D_A=D_B$、$\beta=1$ 时,这两种物质就不能采用萃取分离。

值得注意的是,当萃取剂浓度、组成、水相成分、相比及温度等改变时,$\beta$ 值就要发生变化。

(8) 饱和容量与操作容量。在一定萃取体系中,单位浓度的萃取剂对某种溶质的最大萃取能力,称为这种萃取剂的饱和容量(也称极限浓度),以单位体积浓度萃取剂的有机相含被萃溶质的浓度(g/L)表示。饱和容量不受料液溶质和酸度以及相比的影响,但同一种萃取剂若水相介质改变,其饱和容量也随之改变。在实际生产中,萃取剂的负荷能力往往低于其饱和容量,萃取剂的实际萃取溶质容量称为操作容量。

在选择萃取剂浓度的设计中,还要引入一个重要参数,即萃取剂的净交换容量($N_{ex}$)。它表示某种萃取剂在萃取-反萃过程中传递溶质的能力,即萃取剂的利用率。其表达式为

$$N_{ex}=\frac{\text{有机相操作容量}-\text{再生有机相残留溶质含量}}{\text{有机相的饱和容量}}\times 100\% \tag{8-48}$$

萃取剂的净交换容量越大,说明这种萃取剂的利用率越高,反之,利用率低。

(9) 萃取的协同效应——协萃。两种或两种以上萃取剂同时萃取某一溶质或其他化合物时,萃取性能优于它们各自萃取的性能之和的效应称为协同效应,也称为协萃。例如,用P204从硫酸体系中萃取铀时,添加一定比例的TBP后发现,铀的分配比有明显的增加,而在硫酸体系中TBP对铀几乎是不萃取的,这说明TBP的加入对P204萃取铀起了协萃作用。这时,$D_{P204/TBP}\gg D_{P204}+D_{TBP}$;相反,若一个萃取体系中,出现 $D_{混}\ll D_1+D_2$ 时,称这种效应为反协萃。

(10) 萃取平衡等温线。等温下萃取达到平衡时,以水相中金属离子浓度对有

机相中金属离子浓度作图，所得的曲线称为萃取平衡等温线。线上每一点都直接表示金属离子在两相中相对应的平衡浓度，由此可求算分配比。图 8－13 所示为经常遇到的几种萃取等温线的形状。大多数的萃取等温线都呈曲线Ⅱ的形状。只有当萃取因数很高的情况下才呈曲线Ⅰ的形状。曲线Ⅲ称作 S 形等温线，如在用胺类萃取剂萃取钒和钼时遇到。出现这种形状的等温线有几个原因，比如有大量不可萃取的金属络合物存在或当水相金属浓度很低时，有机相发生聚合作用。无论是哪一种原因，结果都是这种体系不可能获得金属浓度低的萃余液，最后反映出这是个低效率的体系。所以，一定要绘制完整的萃取等温线，用以判断体系的效率及溶剂的最大负荷能力。

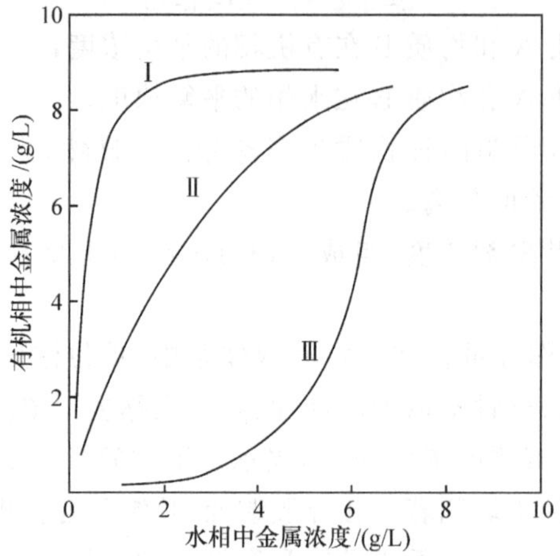


图 8－13　萃取等温线形状

2. 影响萃取平衡的因素

(1) 温度的影响。萃取平衡是指在恒温、恒压下，金属 M 在两相中的分配达到平衡，即 M 在两相的化学势相等

$$\overline{\mu_M} = \mu_M \tag{8-49}$$

金属 M 在每一相中的化学势与活度 $a_M$ 间有如下关系

$$\mu_M = \mu_M^0 + RT\ln a_M \tag{8-50}$$

$$\overline{\mu_M} = \overline{\mu_M^0} + RT\ln \overline{a_M} \tag{8-51}$$

式中：$\mu_M^0$，$\overline{\mu_M^0}$——金属 M 在水相和有机相中的标准化学势，也就是活度等于 1 时的化学势。

当萃取达到平衡时，有

$$\mu_M^0 + RT\ln a_M = \overline{\mu_M^0} + RT\ln \overline{a_M} \tag{8-52}$$

$$-(\overline{\mu_M^0}-\mu_M^0)=RT\ln\frac{\overline{a_M}}{a_M}$$

即

$$\frac{\overline{a_M}}{a_M}=e^{-(\overline{\mu_M^0}-\mu_M^0)/RT} \tag{8-53}$$

根据分配系数定义

$$K_D=\frac{\overline{a_M}}{a_M}=e^{-(\overline{\mu_M^0}-\mu_M^0)/RT} \tag{8-54}$$

式(8－54)为分配系数与温度的函数关系式。温度不同,萃取的平衡状态也不一样。

(2) 萃取剂浓度的影响。料液中金属离子浓度一定,其他条件保持不变,则萃取因数 E 随萃取剂浓度的增加而提高,如图 8－14 所示。

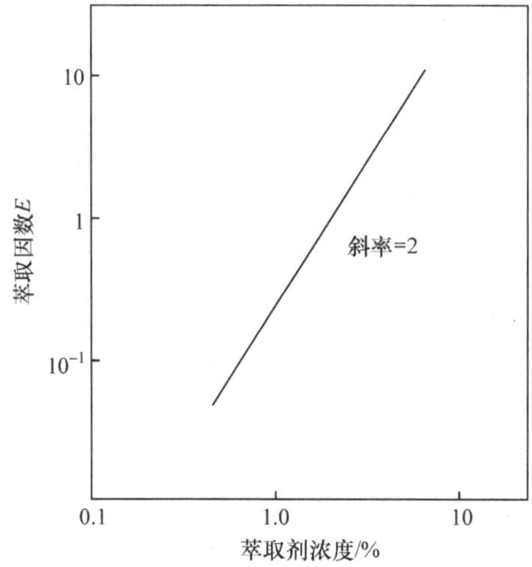


图 8－14　萃取剂浓度对萃取因数的影响

图 8－14 中萃取剂浓度与萃取因数的直线方程斜率可由式(8－55)求出

$$M^{n+}+n\,\overline{HR}\rightleftharpoons\overline{MR}_n+nH^+ \tag{8-55}$$

$$K_E=\frac{[\overline{MR}_n][H^+]^n}{[M^{n+}][\overline{HR}]^n} \tag{8-56}$$

当 pH 恒定时,则

$$K_E=\frac{E}{[\overline{HR}]^n} \tag{8-57}$$

或

$$E=K_E[\overline{HR}]^n \tag{8-58}$$

式中：$K_E$——平衡常数。

式(8－58)取对数，得

$$\lg E = n\lg[\overline{HR}] + C \quad (8-59)$$

式(8－59)是以 $n$ 为斜率的直线方程。常数 C 可由图 8－14 的截距求出。实际上，斜率 $n$ 是与被萃取金属形成萃合物需要的萃取剂分子个数。

萃取剂浓度对萃取平衡的影响，是通过降低平衡 pH 实现的。由式(8－56)可导出

$$-\lg[H^+] = pH = \frac{1}{n}\lg E - \frac{1}{n}\lg K_E - \lg[\overline{HR}] \quad (8-60)$$

如果金属离子浓度、pH 和相比都固定，萃取剂浓度增加，被萃取的金属也将增加，必然会影响分配曲线的位移，如图 8－15 所示。

假定原来体系的 $pH_{1/2}$ 为 3.5，如图 8－15 中实线所示，其相应的萃取因数 $E$ 为 1。由于萃取剂浓度增加，就会萃取更多的金属，然而体系的金属量是固定的，因此在这种 pH 的 $E$ 必然增加。比如增加到 5，恰好落在高萃取浓度的曲线上，如图 8－15 中虚线所示。所以说，萃取剂浓度的增加可以降低平衡 pH；反之则会使平衡 pH 升高。上述影响只适用在萃取剂浓度范围不太大的情况。

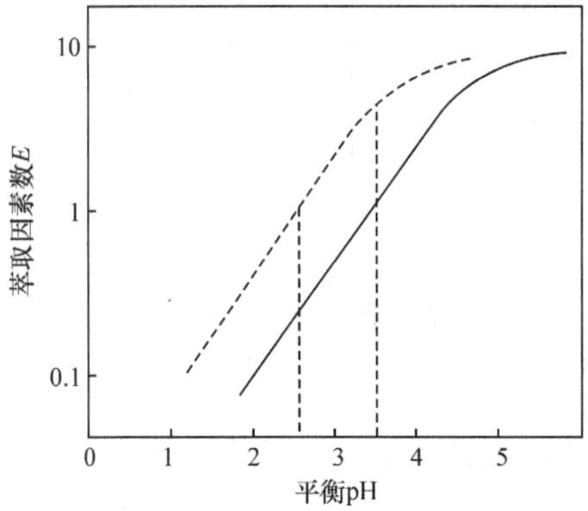


图 8－15　萃取剂浓度对萃取的影响

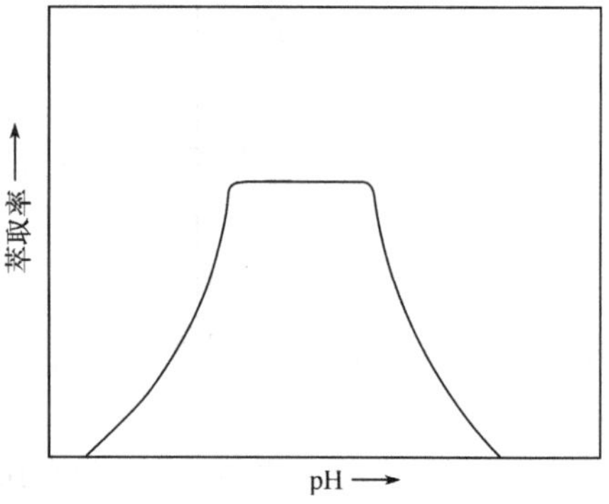


图 8－16　pH 对萃取金属率的影响

(3) pH 的影响。螯合萃取剂或酸性萃取剂在萃取金属的过程中都放出氢离子，即

$$M^{n+} + n\,\overline{HR} \rightleftharpoons \overline{MR}_n + nH^+ \quad (8-61)$$

萃取的金属越多，产生的氢离子越多。结果使体系的 pH 降低，降低了金属的萃取效率。由式(8－60)看出，当萃取剂浓度一定时，要想增加金属的萃取率只有提高 pH。一般来说，pH 对于萃取率都有一个最佳值。

图 8－16 表示出 pH 对萃取率的一般影响趋势。可以看出，pH 低，金属萃取

率下降，这是由萃取剂的质子化作用造成的(即萃取剂不能离解)；pH 过高，金属萃取率同样下降，这是由于金属离子已发生水解，而这种水解产物是不能被萃取的。酸性和螯合萃取剂的萃取效率受 pH 的影响最大，总的来说，当被萃金属在接近其水解 pH 时萃取率最大，羧酸萃取剂更是如此。

(4) 水相组分的影响。水相的组分通常是指水相中存在的阴离子，它的类型和浓度往往会影响金属的萃取效率。一般说来，水相中金属离子通过络合物作用生成的中性络合物是不能被阴离子或阳离子萃取剂萃取的，那些不可萃取的金属阴离子络合物或离子缔合物在水相中生成的条件与水相的阴离子类型和浓度有关。水相中金属络合物是电中性的，很可能被中性萃取剂或溶剂化萃取剂所萃取。

(5) 金属离子浓度的影响。当萃取剂浓度一定时，水相金属离子浓度对萃取平衡的分配比产生影响。萃取平衡时，游离萃取剂的浓度为

$$[\overline{HR}]_F = [\overline{HR}]_T - [\overline{MR}_n] \tag{8-62}$$

式中：$[\overline{HR}]_T$——萃取剂的总浓度；

$[\overline{MR}_n]$——与金属形成萃合物的萃取剂浓度。

如果体系中金属离子浓度增高，在其他条件不变的情况下，就意味$[\overline{MR}_n]$增多，结果为$[\overline{HR}]_F$减少，分配比 $D$ 也就会相应下降。直到萃取剂完全饱和或几乎饱和，这时如果体系和条件不变，继续增加金属离子浓度，这种影响也就越加明显。在实际操作时，就要考虑变更操作条件，来消除或减弱这些影响。

### 8.4.2 萃取剂、稀释剂、改质剂

#### 1. 萃取剂的分类

萃取剂的分类方法有很多，至今没有完全统一。由于萃取剂是一类有机化合物，因此按有机化合物本身的性质或结构特点进行分类可能比较合理。常用工业金属萃取剂可分为中性萃取剂、碱性萃取剂、酸性萃取剂和螯合萃取剂四大类(参见 7.1.1 节)。

#### 2. 稀释剂的作用与一般要求

在萃取过程中很少使用 100%的纯萃取剂，而是按照需要通过添加某种惰性溶剂配成一定浓度的有机溶液使用。能溶解萃取剂，并且与被萃物没有化学结合的惰性溶剂称为稀释剂。在实际生产中，应选择一些来源充足、价廉的溶剂作为稀释剂。常用的稀释剂有煤油、200# 溶剂油、辛烷、庚烷、苯、甲苯、二乙苯、氯仿和四氯化碳等。

在萃取过程中，稀释剂的作用主要如下。

(1) 改变萃取剂的浓度，以便调整与控制萃取剂的萃取和分离能力。

(2) 溶剂化作用。溶质和溶剂的相互作用叫做溶剂化。同一萃取剂在不同稀释剂中的萃取能力往往不同，本质上是由稀释剂对萃取剂的溶剂化作用造成的。

(3) 增大萃合物在有机相中的溶解度。某些萃合物分子中若含有水分子，则极性大的稀释剂通过与水分子的作用，可使萃合物在有机相中的溶解度增大。

(4) 改善有机相的物理性能，如降低萃取剂的黏度增加其流动性；改变有机相的密度，扩大它与水相的密度差，有利于两相的分离澄清。

在溶剂萃取中稀释剂是溶解萃取剂和改质剂的有机溶剂，它在有机相的组成中占很大比例(除极少数不需要稀释的萃取剂外)，因此它必须满足以下要求：①能与萃取剂或改质剂很好地互溶，对金属萃合物有高的溶解度；②在操作条件下化学稳定性好；③较高的闪点和较低的挥发性；④在水相中的溶解度小；⑤表面张力低，密度和黏度小；⑥价格便宜，来源广泛，毒性小。

### 3. 稀释剂对萃取剂萃取性能的影响

一般认为，稀释剂是惰性溶剂，只起溶解萃取剂、降低萃取剂的黏度(通常萃取剂的黏度都比较大)、按照需要的浓度配制有机相、减少萃取过程形成乳化的趋势并改善溶剂的分散与聚结等作用，对萃取剂的萃取性能无实质性的影响。事实上并非如此，稀释剂的组成、介电常数等对萃取剂的最大负荷能力、操作容量、动力速度、金属离子的选择性以及相分离都有影响。

(1) 稀释剂的极性。稀释剂的极性往往会影响到金属的萃取率，特别是对中性和碱性萃取剂的影响更大。这种影响主要是在有机相中生成萃取剂-稀释剂络合物，从而降低"游离"萃取剂的浓度。

(2) 稀释剂介电常数。一般说来，介电常数高的稀释剂常会使金属的分配比降低。对于大多数酸性萃取剂来说，介电常数在 2～4 之间的稀释剂对所有金属可萃性的影响不显著，如对铁、铅、钙、锶、钡、镁和钯的萃取没太大影响，只是在介电常数最高的丁醇为稀释剂时才会降低锌和汞的可萃取性；介电常数增大到 16.1 时才会降低铁、钴、锰的可萃取性，在最高的介电常数下才会影响铜的可萃取性。

(3) 稀释剂的组分。稀释剂中芳烃或烷烃的含量，对不同的金属萃取体系的影响十分惊人。如用 $D_2EHPA$ 从硫酸介质中萃取稀土时，稀释剂中烷烃的含量对萃取因数的影响非常大。铜的螯合萃取剂也具有相似的影响。

(4) 溶解度参数。溶解度用来表征稀释剂与溶剂混合物的其他组分分离(萃取剂和金属萃合物)形成稳定的均相混合物的程度，其量度由溶解度参数 $\delta$ 表示。

### 4. 改质剂的影响

在用酸性或碱性萃取剂如胺类和磷类的萃取过程中，通常会出现两层有机相，介于水相和上层有机相之间的相称为第三相，主要含有萃取剂与金属形成的络合物，密度介于上层有机相和水相之间。形成第三相的原因很多，但归根到底是萃合物在有机相的溶解度问题。凡是加入到有机相中能消除第三相的试剂就称作改质剂。

经常用的改质剂是醇类（异癸醇、二乙基己醇、*p*-壬基酚）或 TBP。改质剂的用量一般在 2%～5%（体积分数），但也可能会用到 20%左右。在萃取剂浓度高的情况下，用量会更多。有些萃取体系如羧酸-煤油、螯合萃取剂-稀释剂的混合物一般不用加改质剂。

目前，商业应用的铜萃取剂大多是螯合萃取剂，它们的活性基与金属离子络合反应速率比阴离子和中性萃取剂慢，所以一般都要加入一种能提高萃取速率的试剂，这就是动力协萃剂，如 Lix63、琥珀璜酸钠、壬基酚、高碳醇、异癸醇等（后三种也是第三相抑制剂）。在 Lix65N 中加入 Lix63 即组成 Lix64N，其萃取平衡时间就可以从 10min 缩短到 2min。琥珀璜酸钠是羟肟萃取剂的另一种动力协萃剂，只要加入 0.05%～1.3%，就能提高萃取速率和提高铜铁的分离系数，但添加量超过 0.5%，就会影响澄清速率，超过 1.3%时还会产生稳定乳化物。因此，水相 pH 在 1～2.5 范围内时，琥珀璜酸钠的添加量以 0.1%～0.5%为宜。

### 8.4.3　萃取方式和过程计算

工业生产中萃取操作一般应包括下面三个过程：①混合，料液和萃取密切接触；②分离，萃取相与萃余相分离；③溶媒回收，萃取剂从萃取相（有时也需要从萃余相）中除去，并加以回收，因此在萃取流程中必须包括混合器、分离器与回收器。

萃取操作流程可分为批操作和连续操作，单级和多级萃取流程，后者又可分为多级错流萃取流程和多级逆流萃取流程，以及两者结合进行操作的流程。

1. 单级萃取

(1) 单级萃取一般流程。单级萃取是液-液萃取中最简单的操作形式，其流程见图 8-17。

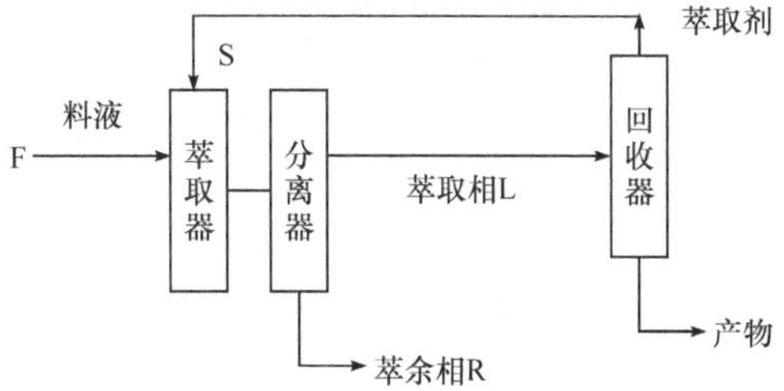


图 8-17　单级萃取流程示意图

单级萃取一般用于间歇操作,也可以进行连续操作。它是只用一个混合器和一个分离器的萃取操作,将料液 F 与萃取剂 S 一起加入萃取器内,并用搅拌器加以搅拌,使两种液体均匀混合,在萃取器(即混合器)内产物由一相转入另一相。经过萃取以后的溶液流入分离器,分离得到萃取相 L 和萃余相 H。最后将萃取相送入回收器,在回收器中将溶剂与产物进一步分离,经回收后溶剂仍可作为萃取剂循环使用,留下的溶液即为萃取产品(产物)。

(2) 单级萃取过程计算。在进行单级萃取过程的计算时,首先要建立两个关系式,即平衡关系式和溶质质量衡算关系式。

对于稀溶液,平衡关系式可以表示为

$$X = K_D Y \tag{8-63}$$

式中:$K_D$——分配系数;

$X$——溶质在萃取溶剂中的浓度;

$Y$——溶质在进料溶剂中的浓度。

溶质的质量平衡公式可以写成

$$HY_F + LX_F = HY + LX \tag{8-64}$$

式中:$Y_F$——料液(重相)中溶质的浓度;

$X_F$——萃取溶剂(轻相)中溶质的浓度,一般新鲜萃取剂溶剂中不含溶质,即 $X_F=0$;

$H, L$——重相(水相)和轻相(有机相)的体积(可认为是常数)。

从式(8-63)及式(8-64)可以解出萃取操作达到平衡时,溶质在两相中的浓度,即

$$X = K_D Y_F / (1 + E) \tag{8-65}$$

$$Y = Y_F / (1 + E) \tag{8-66}$$

式中:$E$——萃取因子。

显然,当 $K_D$ 值很大时,大部分溶质会转移到萃取溶剂中去。

单级萃取过程的收率或称萃取率由式(8-67)定义得到

$$\eta = \frac{LX}{HY_F} = \frac{E}{1 + E} \tag{8-67}$$

未被萃取分率为

$$\varphi = \frac{1}{1 + E} \tag{8-68}$$

2. 多级错流萃取

(1) 多级错流萃取流程。多级错流萃取由几个萃取器串联组成,料液经第一

级萃取(每级萃取由萃取器与分离器所组成)后分离成两个相;萃余相流入下一个萃取器,再加入新鲜萃取剂继续萃取;萃取相分别由各级排出,混合在一起,再进入回收器回收溶剂,回收得到的溶剂仍作萃取剂循环使用(图 8-18)。

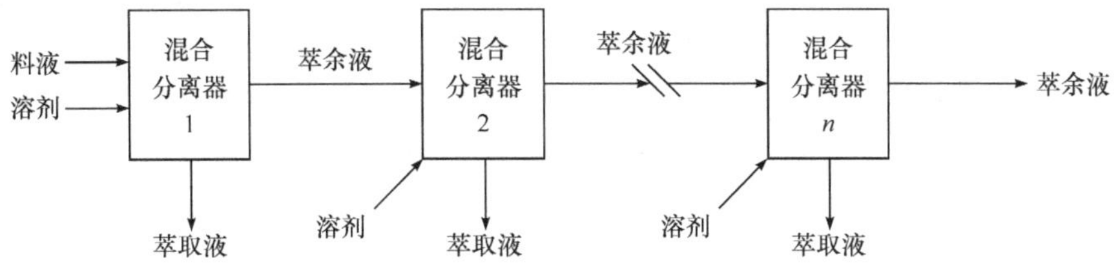


图 8-18 多级错流萃取系统

(2) 多级错流萃取过程计算。首先,溶质在两相中的分配服从分配定律。设各级萃取中溶剂的用量相等,则第一级的物料衡算式为

$$HY_F + L(0) = HY_1 + LX_1 \tag{8-69}$$

因为 $X_1 = K_0 Y_1$,所以

$$HY_F = HY_1 + LK_D Y_1$$

则

$$Y_1 = \frac{Y_F}{1+E} \tag{8-70}$$

依此计算第二级,得

$$Y_2 = \frac{Y_F}{(1+E)(1+E)} \tag{8-71}$$

同理,对第 $n$ 级,得

$$Y_n = \frac{Y_F}{(1+E)\times(1+E)\times\cdots\times(1+E)} = \frac{Y_F}{(1+E)^n} \tag{8-72}$$

解方程式可求出理论级数 $n$,为

$$n = \frac{\lg\dfrac{Y_F}{Y_n}}{\lg(1+E)} \tag{8-73}$$

过程的萃取分率或收率为

$$\eta = \frac{(1+E)^n - 1}{(1+E)^n} \tag{8-74}$$

而未被萃取分率为

$$\varphi = \frac{HY_n}{HY_F} = \frac{1}{(1+E)^n} \tag{8-75}$$

3. 多级逆流萃取

(1) 多级逆流萃取流程。在多级逆流操作中,包括若干萃取级,料液与溶剂分别从两端加入,萃取相与萃余相逆流流动,操作连续进行,其流程如图 8-19 所示。

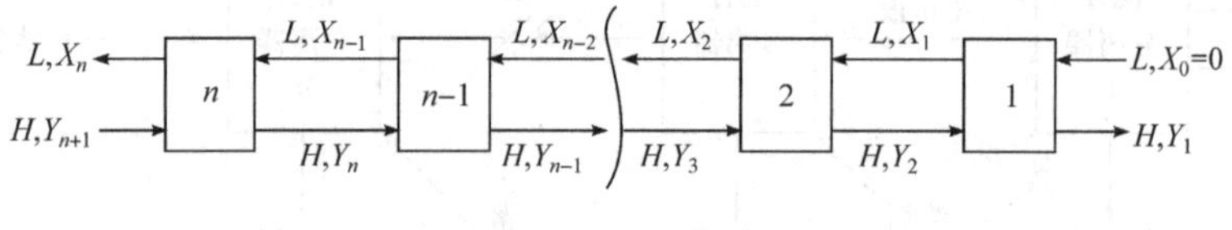


图 8-19 理想化的多级逆流萃取过程

(2) 多级逆流萃取过程的计算。多级逆流萃取操作的每一级也需要用一个平衡线方程和一个线方程来描述。对于第 $i$ 级,平衡线及操作方程分别为

$$X_i = K_0 Y_i \tag{8-76}$$

$$HY_{i+1} + LX_{i-1} = HY_i + LX_i \tag{8-77}$$

对于第 1 级,由于 $X_0=0$,可以解得

$$Y_2 = (1 + E) Y_1 \tag{8-78}$$

对于第 2 级 ,有

$$Y_3 = (1 + E) Y_2 - EY_1 = (1 + E + E^2) Y_1 \tag{8-79}$$

依此类推,对于第 $n$ 级

$$Y_{n+1} = (1 + E + E^2 + \cdots + E^n) Y_1 \tag{8-80}$$

或

$$Y_{n+1} = \left(\frac{E^{n+1} - 1}{E - 1}\right) Y_1 \tag{8-81}$$

式(8-82)表示了加料浓度 $Y_{n+1}$与最终离开系统的废液中溶质浓度 $Y_1$ 之间的关系。只要知道萃取因子 $E$ 和级数 $n$ 就可以进料浓度 $Y_{n+1}$计算出废液中溶质的浓度 $Y_1$。同样,多级逆流萃取过程的萃取分率 $\eta$ 为

$$\eta = \frac{LX_n}{HY_{n+1}} = E\left(\frac{Y_n}{Y_{n+1}}\right) = \frac{E^{n+1} - E}{E^{n+1} - 1} \tag{8-82}$$

未被萃取分率为

$$\varphi = \frac{E - 1}{E^{n+1} - 1} \tag{8-83}$$

## 8.5 离子交换法

离子交换剂是一类能与其他物质发生离子交换的物质,分为无机离子交换剂

(如沸石)和有机离子交换剂。有机离子交换剂是一种合成材料,又称离子交换树脂。离子交换剂根据物质的酸碱度、极性和分子大小的差异,用于分离吸附有价值的离子。离子交换技术长期以来用于水的处理,食品、生物制品的提取精制及金属的回收。在生物工业中,离子交换剂广泛用于抗生素、氨基酸、有机酸等工业。用离子交换法分离提纯各种生物活性代谢物质具有成本低、工艺操作方便、提炼效率较高、设备结构简单以及节约大量的有机溶剂等优点。离子交换法也有缺点:首先,不一定能找到合适的树脂;其次,生产周期长,生产过程中 pH 变化较大。本节主要介绍离子交换的基本理论和应用。

### 8.5.1 离子交换原理及分类

1. 离子交换原理

离子交换树脂是一种不溶于酸、碱和有机溶剂的固态高分子材料。它的化学稳定性良好,且有一定的孔隙度。其巨大的分子可以分成两个部分:一部分是不能移动的、多价的高分子基团,构成树脂的骨架,使树脂具有上述的溶解度和化学稳定的性质;另一部分是可移动的离子,称为活性离子,它在树脂的骨架中进进出出发生离子交换现象。或者说,离子交换树脂是一类带有官能团的网状结构的高分子化合物,其结构由三个部分组成:不溶性的三维空间网状骨架、连接在骨架上的官能团和官能团所带的相反电荷的可交换离子(图 8-20)。

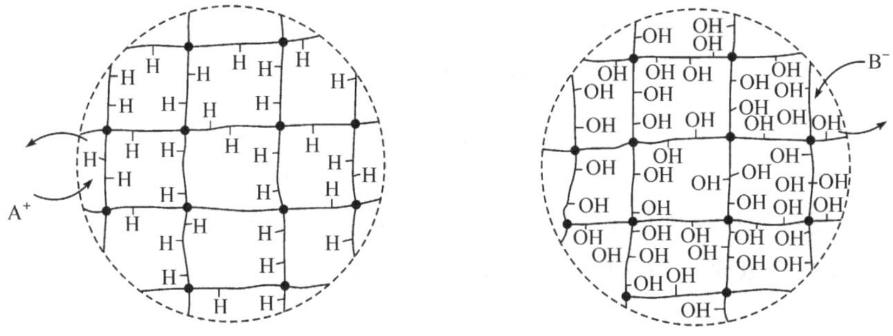


(a) 阳离子交换树脂　　(b) 阴离子交换树脂

图 8-20 离子交换树脂的网状结构

$A^+$. 溶液中被交换的阳离子; $B^-$. 溶液中被交换的阴离子

根据树脂所带的可交换离子的性质,离子交换树脂大体上可分为阳离子交换树脂和阴离子交换树脂。当树脂浸在水溶液中时,活性离子因热运动可在树脂周围的一定距离内运动。树脂内部有许多空隙,由于内部和外部溶液的浓度不相等(通常是内部浓度较高)而存在渗透压,外部水分可渗入内部,促使树脂体积膨胀。把树脂骨架看作是一个有弹性的物质,当树脂体积增大时,内架的弹力也随着增加，当弹力大到和渗透压达到平衡时，树脂体积就不再增大。内架上的活性离子在水溶液中发生离解，可在较大的范围内自由移动，扩散到溶液中。同时，溶液中的同类型离子也能从溶液中扩散到骨架的网格或孔内。当这两种离子浓度差较大时，就产生一种交换的推动力，使它们之间产生交换作用，浓度差越大，交换速度越快。利用这种浓度差的推动力使树脂上的可交换离子发生可逆交换反应。离子树脂的交换反应与溶液中的置换反应相似。

离子交换树脂的可交换官能团中的活性离子决定此树脂的主要性能。因此，树脂可以按照活性离子分类。如果活性离子是阳离子，即这种树脂能和阳离子发生交换，就称为阳离子交换树脂；如果是阴离子，则称为阴离子交换树脂。通常以 R 表示树脂的骨架部分。

阳离子交换树脂是一类骨架上结合磺酸（$—SO_3H$）或羧酸（—COOH）等酸性官能团的聚合物。将此树脂浸于水中，交换基部分如同普通酸那样发生电离，电离程度决定了树脂的酸碱性强弱，所以分为强酸性和弱酸性阳离子交换树脂。

阴离子交换树脂是一类骨架上结合有季铵基、伯胺基、仲胺基、叔胺基的聚合物。将此类树脂浸于水中时，交换基部分也可以发生电离，依电离不同分为强碱性和弱碱性阴离子交换树脂。

2．离子交换树脂分类

（1）强酸性阳离子树脂。这类树脂含有强酸性基团，如磺酸基$—SO_3H$，能在溶液中离解 $H^+$而呈强酸性，反应简式为

$$R—SO_3H \rightleftharpoons R—SO_3^- + H^+ \tag{8-84}$$

树脂中的 $SO_3^-$ 基团能吸附溶液中的其他阳离子，如

$$R—SO_3^- + Na^+ \rightleftharpoons R—SO_3Na \tag{8-85}$$

这两个反应使树脂中的 $H^+$与溶液中的阳离子互相交换。强酸性树脂的离解能力很强，在酸性或碱性溶液中都能离解并产生离子交换作用，因此使用时的 pH 没有限制。

以磷酸基$—PO(OH)_2$和次磷酸基—PHO(OH)作为活性基团的树脂具有中等强度的酸性。

树脂在使用一段时间后要进行再生处理，即用化学药品使离子交换树脂的官能团回复原来状态再次使用。强酸性阳离子树脂是用强酸进行再生处理，此时树脂放出被吸附的阳离子，再与 $H^+$结合复原。

（2）弱酸性阳离子树脂。这类树脂含有弱酸性基团，如羧基—COOH、酚羟基—OH，能在水中离解出 $H^+$而呈弱酸性，反应简式为

$$R—COOH \rightleftharpoons R—COO^- + H^+ \tag{8-86}$$

$R—COO^-$能与溶液中的其他阳离子吸附结合而产生阳离子交换作用。这类树脂由于离解性较弱，在低 pH 下难以离解和进行离子交换，只能在碱性、中性或微酸性溶液中发挥作用（R—COOH 应在 pH>6 的溶液中操作，R—OH 应在 pH>9 的溶液中操作）。这类树脂也是用酸进行再生。

(3) 强碱性阴离子树脂。这类树脂含有强碱性基团，如季铵基$—NR_3OH$，能在水中离解出 $OH^-$ 而呈碱性，反应简式为

$$R—NR_3OH \rightleftharpoons R—NR_3^+ + OH^- \tag{8-87}$$

树脂中的离解基团能与溶液中其他阴离子吸附结合，产生阴离子交换作用，这类树脂的离解性很强，使用的 pH 范围没有限制，一般用强碱（如 NaOH）进行再生。

(4) 弱碱性阴离子树脂。这类树脂含有弱碱性基团，如伯胺基$—NH_2$、仲胺基—NHR或叔胺基$—NR_2$，它们在水中能离解出 $OH^-$ 而呈弱碱性，反应简式为

$$R—NH_2 + H_2O \rightleftharpoons R—NH_3^+ + OH^- \tag{8-88}$$

树脂中的离解基团能与溶液中其他阴离子吸附结合，产生阴离子交换作用。和弱酸性阳离子树脂一样，这类树脂的离解能力较弱，只能在低 pH（如 pH=1～9）下工作，可以用 $Na_2CO_3$、$NH_4OH$ 等进行再生。

(5) 两性离子交换树脂。将两种性质相反的阴、阳离子交换官能团连接在同一树脂骨架上，就构成两性离子交换树脂。这种树脂骨架上的两种类型官能团彼此接近，在与溶液里的阴、阳离子交换以后，只要稍稍改变体系的酸碱条件，即可发生相反的水解反应，恢复树脂原来的形式。还有一种蛇笼树脂，与两性树脂相似，它适宜于从有机物质（如甘油）的水溶液中吸附盐类，再生时用大量水洗就可将吸附的离子洗下来。

(6) 选择性离子交换树脂。这类树脂又叫螯合性离子交换树脂，它与金属离子形成螯合物基团，是一种对某些离子有特殊选择性的树脂，其选择性高于一般的强酸性和弱酸性树脂。树脂内若含有可与其中某一离子生成螯合物的有机分子基团，则在交换中优先与这种离子结合。利用这种选择性反应可制备含有某一金属离子的树脂来分离含有某些官能团的化合物。

### 8.5.2 离子交换过程的理论基础

#### 1. 离子交换平衡

离子交换反应是可逆反应，但这种可逆反应并非在均相溶液中进行，而是在固态的树脂和水溶液接触的界面间发生的（图 8-21）。

在水溶液中，离子交换是由于树脂上的官能团 $B^+$ 与溶液中的同类型离子 $A^+$ 之间的浓度差推动着它们之间的交换，当这种交换反应进行到一定程度时，就建立了离子交换平衡状态，使树脂上和溶液中都同时含有 $A^+$ 和 $B^+$ 两种离子。

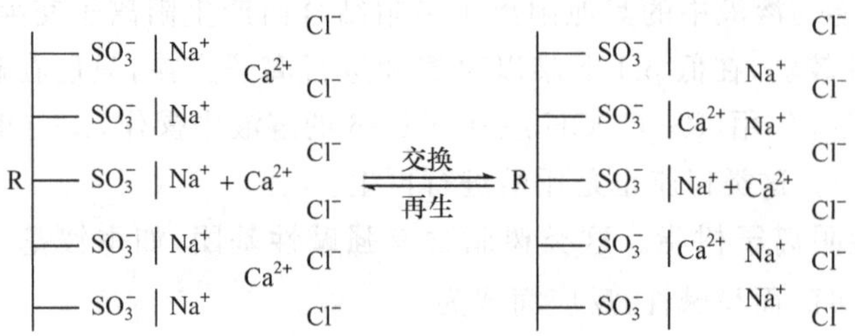


图 8-21 离子交换反应的界面过程

一般认为，离子交换过程是按化学物质的量关系进行的。例如，阳离子交换反应可表示为

$$A^{n+} + n(R—SO_3^-)B^+ \rightleftharpoons nB^+ + (R—SO_3^-)_nA^{n+}$$

如果把离子交换看作是简单的化学反应，则可以按照质量作用定律用反应平衡关系式来描述上式的反应

$$K_B^A = \frac{(a_B)^n a_{R_nA}}{a_A(a_{RB})^n} \quad (8-89)$$

式中：$a_A$，$a_B$——溶液中离子 A 和 B 的活度；

$a_{R_nA}$，$a_{RB}$——离子 A 和 B 在树脂内的相应活度；

$K_B^A$——选择系数，大小取决于实验条件。

$K_B^A$ 不是一个常数，但在实际应用中，为了计算方便，通常将其看作平衡常数。

对于稀溶液，离子的活度系数可以看作 1，因此，式(8-89)中的 $a_A$ 的 $a_B$ 可用相应的物质的量浓度$[A^{n+}]$和$[B^+]$来表示。树脂内的离子浓度较高，活度可用相应的离子摩尔分数 $X_i$ 与活度系数 $f_i$ 的乘积来代替，所以

$$K_B^A = \frac{[B^+]^n X_{R_nA} f_{R_nA}}{[A^{n+}](X_{RB})^n (f_{RB})^n} \quad (8-90)$$

令$\frac{[B^+]^n X_{R_nA}}{[A^{n+}](X_{RB})^n} = K^0$，则

$$K^0 = K_B^A \frac{(f_{RB})^n}{f_{R_nA}} \quad (8-91)$$

式中：$K^0$——表观平衡常数(可由实验确定)。

$K^0$ 也不是一个严格的常数，但它可用于确定各个离子可以交换到何种程度，估计从溶液中除去某一数量的离子所需要的树脂量。

离子交换树脂对有机大分子吸附时会存在假平衡。这主要是由于：①树脂的

活性中心的排列会影响对有机大分子的吸附，即树脂上的活性中心排列过密时，其中一部分活性中心被有机大分子遮住，影响了树脂的吸附量。②树脂颗粒度影响对大分子的交换。当树脂的颗粒较大时，有机大分子在树脂内部的扩散速率很慢，达到平衡需要的时间较长；当树脂的颗粒减小时，交换速度和交换量都会有所增加。

2. 离子交换选择性

在实际应用中，溶液中常常同时存在着多种离子，离子交换树脂能否将所需离子从溶液中吸附或将杂质离子全部（或大部分）吸附，具有更重要的实际意义。这就要研究离子交换树脂的选择吸附性，即选择性。

离子交换树脂的选择性集中反应在交换常数 K 的数值上。$K_B^A$ 越大，离子交换树脂对 B 离子选择性越大（相对于 A 离子而言）；反之，$K_B^A<1$，树脂对 A 离子的选择性比对 B 大。这样，$K_B^A$ 定性地表示离子交换剂的选择性，可称为离子选择系数，又称为分配系数或交换势。树脂对不同离子亲和能力的差别，表现在其选择性系数的大小上。

影响离子交换树脂选择性的因素很多。

(1) 离子价数。离子交换树脂总是优先选择高价离子，而低价离子被吸附时较弱。如常见阳离子的被吸附顺序为：$Fe^{3+}>Al^{3+}>Ca^{2+}>Mg^{2+}>Na^+$。阴离子被吸附顺序为：柠檬酸根>硫酸根>硝酸根。

(2) 溶液浓度影响。树脂对离子交换吸附的选择性在稀溶液中比较大，而在浓溶液中较小。

(3) 离子的水化半径。树脂在水溶液中要发生水化，所以相对原子质量的大小并不能反映离子在水溶液中的体积。离子在水溶液中的大小应以水化半径来表示。水化半径较小的离子优先吸附。依水化半径的次序，可将各种离子对树脂的亲和力大小排成下列顺序：

一价阳离子　$Li^+<Na^+\approx NH_4{}^+<Rb^+<Cs^+<Ag^+<Ti^+$

二价阳离子　$Mg^{2+}\approx Zn^{2+}<Cu^{2+}\approx Ni^{2+}<Ca^{2+}<Sr^{2+}<Pb^{2+}<Ba^{2+}$

一价阴离子　$F^-<HCO_3{}^-<Cl^-<HSO_3{}^-<Br^-<NO_3{}^-<I^-<ClO_4{}^-$

$H^+$ 和 $OH^-$ 对树脂的亲和力与树脂的性质有关。对强酸性树脂，$H^+$ 和树脂的结合力很弱，其地位相当于 $Li^+$。对弱酸性树脂，$H^+$ 具有很强的置换能力。同样，$OH^-$ 的位置取决于树脂碱性的强弱。对于强碱性树脂，其位置落在 $F^-$ 前面，而对于弱碱性树脂，其位置在 $ClO_4^-$ 后面。

(4) 树脂物理结构的影响。树脂本身的物理结构对选择性也有影响。通常，交联度高的树脂对离子的选择性较强，大孔型树脂的选择性低于凝胶型树脂。但对于大分子的吸附，情况稍复杂些。首先，树脂应具有一定的膨胀度，允许大分子进入树脂内部,否则树脂就不能吸附大分子。膨胀度增大可促使树脂吸附量增加。当膨胀系数增大到一定值,空间大小对大分子的影响不大时,选择性的影响就较明显。膨胀度增大,K 值减小,促使吸附量降低。

无机小离子不受空间因素的影响,因此可以利用这一原理,控制树脂的交联度,将大分子和无机离子分开,这种方法称为分子筛方法。

(5) 有机溶剂的影响。当有机溶剂存在时,树脂对有机离子的选择性降低,而更容易吸附无机离子,这是由于:①有机溶剂可使离子溶剂化程度降低,无机离子的降低程度比有机离子大;②有机溶剂使离子的电离度减少,尤其是有机离子,影响更显著。基于这个性质,可利用有机溶剂从树脂上洗脱难洗脱的有机物质。

(6) 树脂与交换离子间的辅助力。凡能在树脂间形成辅助力,如氢键、范德华力等的离子,树脂对其吸附力就大;反之,能破坏这些辅助力的溶液就能容易地将离子从树脂上洗脱下来,如尿素能用来破坏蛋白质中的氢键,所以用尿素溶液就能很容易地把青霉素从磺酸基树脂上洗脱下来。

3. 离子交换过程和速度

离子交换反应是在动态下进行的,不论溶液的运动情况怎样,在树脂表面上始终存在着一层薄膜,供交换的离子只能借分子扩散通过这层薄膜,如图 8-22 所示。

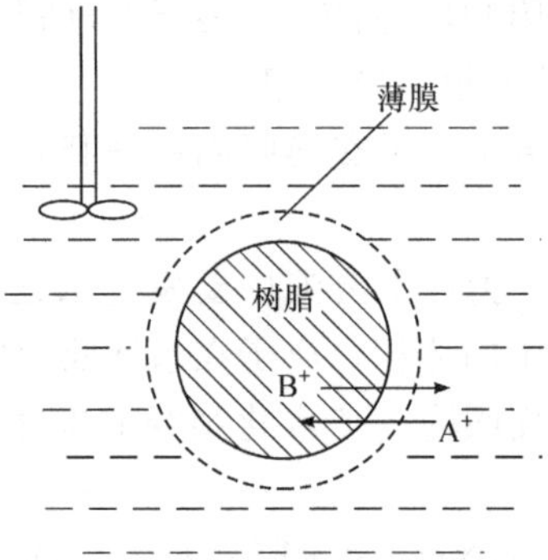


图 8-22　离子交换过程的机理

离子交换速度是表示在单位时间内溶液中 $A^+$ 浓度减少或 $B^+$ 浓度增加的量。以 732 树脂上的 $H^+$ 交换谷氨酸离子为例,实际离子交换过程由如下五个部分组成:①溶液中的谷氨酸离子从溶液通过液膜扩散到树脂表面;②穿过树脂表面向树脂孔内部扩散,到达有效交换位置;③谷氨酸离子与树脂中的 $H^+$ 进行离子交换;④$H^+$ 从树脂内部向树脂表面扩散;⑤$H^+$ 穿过树脂表面的液膜进入水溶液。其中步骤①、⑤称为扩散或膜扩散;步骤②、④称为内扩散或粒扩散;步骤③称为交换反应。一般反应速率很快,而扩散速率很慢。因此,离子交换反应的速率主要取决于扩散速率。影响交换速度的因素如下。

①树脂颗粒。离子交换的外扩散速率与树脂颗粒大小成反比，而粒子的内部扩散速率与粒径倒数的高次方成正比。因此，粒度减少，交换速度都是加快。

②树脂的交联度。交联度低，树脂易膨胀，树脂内扩散较容易。所以，当扩散控制时，降低交联度能提高交换速度。

③溶液流速。外扩散随溶液过柱流速（或静态搅拌速度）的增加而增加，内扩散基本不受流速或搅拌的影响。

④溶液浓度。当溶液中的离子浓度较低时，对外扩散速率影响较大，而对内扩散影响较小；当溶液中的离子浓度较高时，对内扩散影响较大，而对外扩散影响较小。

⑤温度。溶液的温度提高，扩散速率加快，因而交换速度也增加。

⑥离子的大小。小离子的交换速度比较快。大分子由于在扩散过程中受到空间的阻碍，在树脂内的扩散速率较慢。

⑦离子的化合价。离子在树脂内扩散时，与树脂骨架间存在库仑引力。离子的化合价越高，这种引力越大，扩散速率越小。

## 8.6　膜分离过程

近年来，膜分离过程已逐渐成为化学工业、食品加工、废水处理、医药技术等方面的重要分离过程。构成生命活动的许多基本问题，如能量转换和细胞识别等都与生物膜的功能有关。在工业应用中的膜分离过程用的是“死”膜——人工合成的无生命的膜。膜是所有分离过程的核心，可定义为两相之间的不连续区间，因此膜可为气相、液相和固相。

定义中，“区间”用以区别通常的相界面，一种气体和一种流体之间的相界面不属于这里所指的“膜”。因此，广义指的“膜”是指分隔两相界面，并以特定的形式限制和传递各种化学物质。它可以是均相的或非均相的、对称型的或非对称型的、中性的或荷电性的、固体的或液体的，其厚度可以从几微米到几毫米。虽然膜过滤的机理、操作方式各异，但它们具有相同的优点：过程一般较简单，费用较低，效率较高，通常没有相变，可在常温下操作，即节省能耗，又适用于热敏物质的处理，在食品加工、医药和生化技术领域有其独特的适用性。

### 8.6.1　膜和膜分离过程的分类与特性

1. 膜的分类

膜分离过程的实质是物质通过膜的传递速度不同而得到分离。膜的种类和功能繁多，分类方法有多种。根据各种物理结构和化学性质，可将膜分为下列几种。

(1) 对称膜。对称膜是结构与方向无关的膜。根据制造方法不同,这些膜或者具有规则的孔结构,或者所有的孔具有确定的直径,如图 8-23(a)所示。

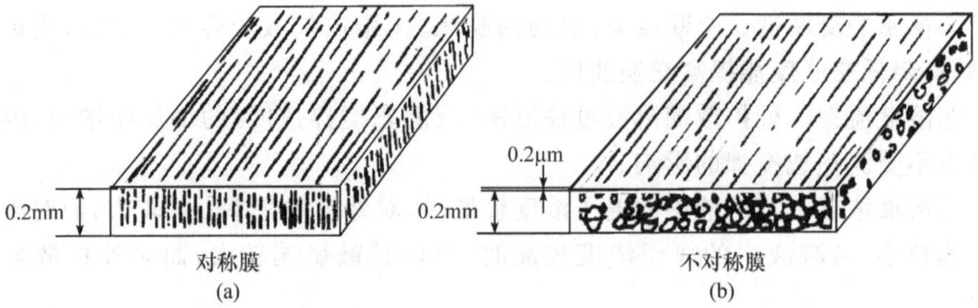


图 8-23 对称膜和非对称膜示意图

(2) 非对称膜。非对称膜有一个薄且致密的分离层和多孔支撑层,如图 8-22(b)所示。分离层为活性膜,孔径的大小和表皮的性质决定了分离特性,厚度主要决定传递速度,该层具有较高的机械强度,常常通过附加纤维网使强度得到进一步改善。因此,这种膜具有物质分离最基本的两种性质,即高传质速率和良好的机械强度。另外还有一个优点:被脱除的物质大都在其表面,易于清除。

(3) 复合膜。这种膜的选择性膜层(活性膜层)沉积于具有微孔的底膜(支撑层)表面上,就像非对称性膜的连续性表皮,只是复合膜的表层与底层是不同的材料,而非对称膜是一种材料。复合膜的性能不仅取决于有选择性的表面薄层,还受微孔支撑结构、孔径、孔分布和多孔率的影响。

(4) 荷电膜。即离子交换膜,是一种对称膜,带有正电荷或负电荷。带正电荷的膜称为阴离子交换膜,从周围流体中吸引阴离子。带有负电荷的膜称为阳离子交换膜。由于碱性基的稳定性一般不如酸性基,因此阳离子交换膜常比阴离子交换膜稳定。

(5) 液膜。

(6) 微孔膜。孔径为 0.05～20μm 的膜。

(7) 动态膜。在多孔介质(如陶瓷管)上沉积一层颗粒物(如氧化锆)作为有选择作用的膜,此沉积层与溶液处于动态平衡。这种膜的优点为:可以在高温下应用,膜的更新无需拆装膜组件。缺点为:膜很不稳定。

### 2. 重要的膜分离过程

(1) 渗透和透析。渗透是一个扩散过程,膜两侧的溶剂在渗透压差的作用下产生流动。透析是利用膜两侧的浓度差从溶液中分离小分子物质的过程,使原溶液浓度不断降低,过程的推动力也因此不断减小。医疗上用于治疗肾功能衰弱患者，工业上用于从人造毛或合成丝厂的纤维废液中回收 NaOH。

(2) 反渗透和超滤、微过滤。如果在渗透实际装置的膜两侧造成一个压力差并使其大于渗透压，就会发生溶剂倒流，使浓度较高的溶液进一步浓缩，这一现象就叫反渗透。如果膜只阻挡大分子，而大分子的渗透压是不明显的，这种情况叫做超滤。以多孔细小薄膜为过滤介质，使不溶物浓缩过滤的操作为微过滤；按粒径选择分离溶液中所含的微粒和大分子的膜分离操作为超滤；从溶液中分离溶剂的膜分离操作为反渗透，如图 8－24 所示。超滤和反渗透及微过滤都是以压力差为推动力的。

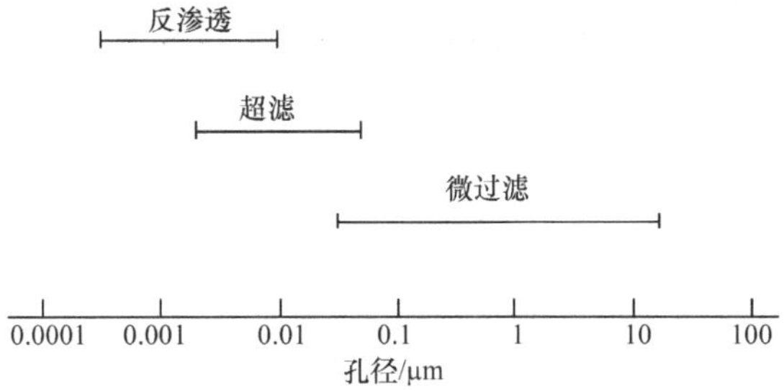


图 8－24　反渗透、超滤和微过滤膜的孔径范围

(3) 电渗析。电场中交替装配阴离子和阳离子交换膜，在电场中形成一个个隔室，使溶液中的离子有选择地分离或富集，这就是电渗析。

(4) 气体分离。气体分离是利用微孔或无孔膜进行气体分离。膜的材料可以是高分子聚合物膜，也可以是金属膜或玻璃膜，主要用于合成氨工业中氢的回收。

3. 膜的材料

膜应具有较大的透过速度和较高的选择性，此外还应具备下列条件：机械强度好，耐热，耐化学和细菌侵蚀，耐净化和杀菌处理，成本低。这些要求有些是相互对立的，对于具体的场合不需要同时满足这些要求。正因如此，才有许多不同种类的膜。制造膜的材料很多，可以分为以下三种。

(1) 改性天然物。醋酸纤维素(2-醋酸纤维素、2，5-醋酸纤维素、3-醋酸纤维素)、丙酮-丁酸纤维素、再生纤维素、硝酸纤维素。

(2) 合成产物。聚胺(聚芳香胺、共聚胺、聚胺肼)、聚苯并咪唑、聚砜、乙烯基聚合物、聚脲、聚呋喃、聚碳酸酯、聚乙烯、聚丙烯。

(3) 特殊材料。聚电解络合物、多孔玻璃、氧化石墨、$ZrO_2$-聚丙烯酸、$ZrO_2$-碳、油类。

在这些材料中，以纤维素和聚砜应用最广。

纤维素不溶于水和大多数有机溶剂，膜制品要求能在溶剂中溶解，将糖中的自由基取代后，纤维素便能在溶剂中溶解。

醋酸纤维素是将纤维素与乙酸酐(或乙酸)和硫酸相作用进行乙酰化而制得，通常不能将葡萄糖分子中的三个羟基全部乙酰化，即取代程度不能达到 3.0，工业上一般的取代程度为 2.4～2.5。

醋酸纤维膜的优点有：①水渗透流率高，截留率高，适宜于制备反渗透膜；②原料来源丰富，价格便宜；③无毒，制备工艺简单，便于工业化生产。缺点是：①热稳定性较差，使用温度不能过高，在低温下容易引起细菌生长。②抗氧化性能力差，膜的使用寿命较短。③易水解，易压密。水解是通过醋酸纤维素的酯基进行的，是酯化的逆反应，在碱性溶液中反应是不可逆的。因此，一般操作范围 pH 介于 3～6 之间，不宜超出 2～8。由于大多数清洗剂是酸性，这就造成清洗困难。④抗微生物侵蚀性能较弱，难以储存。

### 8.6.2 膜的基本理论

1. 膜分离过程的机理

(1) 膜分离过程的基本传质形式。在膜分离过程中，通过膜相际传质有三种基本形式，如图 8-25 所示。

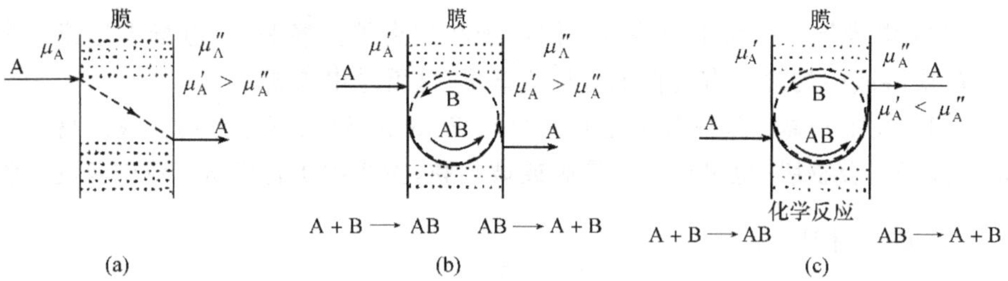


图 8-25 通过膜的相际传质过程基本形式示意图

$\mu'_A$、$\mu''_A$ 分别表示 A 物质在膜两侧的化学势

图 8-25(a)是最简单的形式，称为被动传递，为热力学“下坡”过程，其中膜的作用就像一物理的平板屏障。所有通过膜的组分均以化学势梯度为推动力，组分在膜中的化学势梯度可以是膜两侧的压力差、浓度差或电势差。现已工业化的主要膜分离过程均为被动传递过程。

图 8-25(b)为促进传递过程，各组分通过膜的推动力仍是膜两侧的化学势梯度。组分由特定的载体带入膜中，是一种具有高选择性的被动传递。

图 8-25(c)为主动传递，其推动力由膜内某化学反应提供，主要存在于生命膜。

2. 膜分离过程的机理

物质通过膜的分离过程较复杂。不同物理、化学性质(如粒度大小、相对分子质量、溶解情况等)和传递属性(如扩散系数)的被分离物质,对于不同的膜(如多孔型、非多孔型)其渗透情况不同,机理各异。因此,建立在不同传质机理基础上的传递模型也有多种,在应用上各有其局限性,不论哪类模型都涉及物质在膜中的传递性质。

以典型的非对称膜为例,分几个区间来描绘膜过程中的物质传递,如图8-26所示。图8-26中所指溶质i是被膜脱除的或非优先选择的,如反渗透过程。

① 主流体系区(Ⅰ)。在此区间内,在稳定情况下,溶质的浓度($c'_{ib}$)是均匀的,在垂直于膜表面的方向无浓度梯度。

② 边界层区(Ⅰ)。此区间具有浓度极化(或称浓差极化)现象的边界层,溶质浓度由$c'_{ib}$上升为$c'_i$,这是造成膜或膜体系效率下降的一个主要因素。浓度极化是指当溶剂透过膜时,溶质留在膜上,因而使膜面浓度增大,并高于主体中浓度。这种浓度差导致溶质自膜面反扩散至主体中,需用搅拌等方式促进其反扩散和提高脱除率。

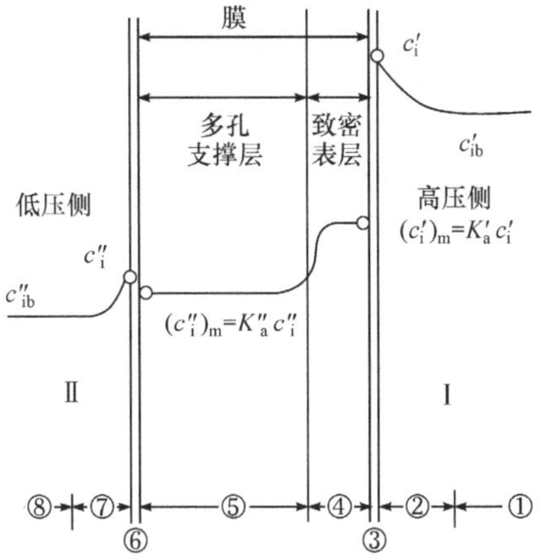

图8-26 物质经过非对称膜的传递示意图

③ 表面区间(Ⅰ)。在此区间发生两种过程:一是由于膜的不完整性和表面的小孔缺陷,溶质沿表面扩散的同时有对流现象;二是溶质吸附表面而溶入膜中。后者在反渗透过程中非常重要,是影响分离的主要因素。因此,在膜边界层料液的溶质没有全部进入膜的表层,在膜的致密表层靠近边界的溶质浓度$(c'_i)_m$比在溶液中边界层的溶质浓度($c'_i$)低得多,通常此两浓度之比定义为分配系数($K_s$)或溶解度常数($S_m$)。

④ 表皮层区间。此区间是高度致密的表皮,是理想无孔型的。非对称膜此层的特征是对溶质的脱除性,要求这层越薄越好,有利于降低流动阻力和增加膜的渗透率。溶质和渗透物质在表皮层中的传递是以分子扩散为主,也有小孔缺陷中的少量对流。

⑤ 多孔支撑区间。这部分高度多孔的区间,对表皮起支撑作用,对渗透物质的流动有一定的阻力。

⑥ 表面区间(Ⅱ)。此区间与③中所描述的区间相似,其中溶质从膜中解吸。由于多孔层基本上无选择性,所以非对称膜下游的分配系数接近于1,即溶质在产品边膜内的浓度$(c''_i)_m$与离开膜流入低压边流体中的浓度$c''_i$几乎相等。

⑦ 边界层区间(Ⅱ)。此区间与②中区间相似,物质扩散方向与膜垂直。但这里不存在浓差极化现象,其间浓度随流动方向降低。

⑧ 主流体区间(Ⅱ)。此区间与①相似,在稳定状态下,其中产品的主流体浓

度为 $c''_{ib}$。

综上所述，溶质或溶剂在膜中的渗透率取决于膜两边溶液的条件和膜本身的物理化学性质。传质总阻力为边界和膜层阻力之和。

## 习　　题

1. 什么是化学分选？它与物理分选和表面物理化学分选相比有什么特点？
2. 简述焙烧过程的分类及其在化学分选中的作用。
3. 常用的化学浸出剂有哪些？各自的适应面如何？
4. 试利用表 8-6 的数据，计算用铁屑从硫酸铜溶液中置换金属铜的反应平衡常数 K。
5. 简述溶剂萃取的基本原理及影响萃取平衡的主要因素。
6. 试推导多级错流萃取和逆流萃取的过程计算式。
7. 在实际应用中对离子交换树脂有什么要求？
8. 影响离子交换反应速率有哪些？
9. 举例说明重要膜分离过程的应用。

## 参 考 文 献

黄尔君. 1990. 化学选矿. 北京：冶金工业出版社
李洪桂等. 2002. 湿法冶金学. 长沙：中南大学出版社
刘茉娥. 2000. 膜分离技术. 北京：化学工业出版社
刘如林. 1995. 微生物工程概论. 天津：南开大学出版社
马荣骏. 1988. 离子交换在湿法冶金中的应用. 北京：冶金工业出版社
毛忠贵. 2002. 生物工业下游技术. 北京：中国轻工业出版社
王开毅，成本诚，舒万银. 1991. 溶剂萃取化学. 长沙：中南工业大学出版社
薛玉兰. 郭昌槐. 1991. 矿冶环境保护与资源综合回收. 长沙：中南工业大学出版社
严希康，俞俊棠. 2001. 生化分离工程. 北京：化学工业出版社
杨佼庸，刘大星. 1988. 萃取. 北京：冶金工业出版社
Marcel Mulder. 1999. 膜技术基本原理. 李琳译. 北京：清华大学出版社

# 第 9 章　粉体制备

## 9.1　超细颗粒与纳米颗粒

### 9.1.1　超细颗粒与纳米颗粒的基本概念

通常人们把眼睛可以看到的物质体系叫做宏观体系；把原子、分子级别的体系叫做微观体系。有学者把在宏观与微观之间的物质颗粒，定义为介观体系。该体系具有全新的特性，人们将它们称为超细颗粒。

对于超细颗粒的粒径界限，目前尚无完全一致的说法。各国、各行业由于超细颗粒的用途、制备方法和技术水平的差别，所以对超细粉体的尺度有不同的划分。如日本将 100nm 以下的颗粒定义为超细颗粒，而我国学者通常把 10μm 以下的颗粒称为广义的超细颗粒，狭义的超细颗粒是指 1～100nm 的颗粒，又被称为纳米颗粒（图 9－1）。

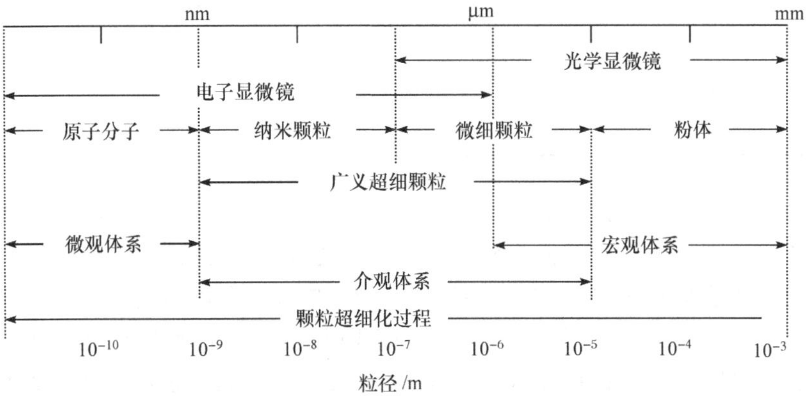


图 9－1　各种颗粒的粒径范围

纳米颗粒是肉眼和光学显微镜看不见的微小粒子，其尺寸是红细胞的几百分之一，只能用电子显微镜观察。由于纳米颗粒比表面积很大，这就导致纳米颗粒电子状态发生突变，并由此派生出传统固体所不具备的许多特殊的物理化学性质，从而在磁介质、催化、滤光、光吸收、医药、化学及新材料等方面有广阔的应用前景。从这个意义上说，可以给纳米颗粒下一个相对准确的定义：物质颗粒表面效应和体积效应两者或其中之一显著出现的颗粒称为纳米颗粒。

### 9.1.2 纳米颗粒的纳米效应

1. 表面效应

在物质内部，原子周围有其他原子包围，而在表面，存在单侧原子，另一侧为真空或其他物质的原子。因此，表面原子所显示的性质与内部原子完全不同。对半径为 $r$ 的球状纳米颗粒而言，设原子直径为 $a$，则表面原子所占的比例大体上为

$$\frac{4\pi r^2 a}{\frac{4}{3}\pi r^3} = \frac{3a}{r} \tag{9-1}$$

对于普通物质，$a \ll r$，表面原子所占比例非常小，其呈现的性质对整个物质的性质没有太大影响。对纳米颗粒，其尺寸小，表面大，位于表面的原子占相当大的比例，则不能忽略表面性质。表 9-1 给出纳米颗粒尺寸与表面原子数关系。在一般的情况下，纳米颗粒不可能是理想球形，表面原子的影响会更大，这种现象称为表面效应。

**表 9-1 纳米颗粒尺寸与表面原子数关系**

| 纳米颗粒尺寸/nm | 包含总原子数 | 表面原子所占比例/% |
|---|---|---|
| 10 | $3\times10^4$ | 20 |
| 4 | $4\times10^3$ | 40 |
| 2 | $2.5\times10^2$ | 80 |
| 1 | 30 | 99 |

物质内部的原子因为有周围原子的吸引或排斥，总是保持在平衡状态。表面原子却只有由内部原子向内吸引的状态。这意味着表面原子与内部原子相比处于较高的能量状态，这一多余的能量分配给单位面积的量称为比表面能。颗粒尺寸越小，比表面能就越大。同时，比表面积（单位体积的表面积）也显著增大。表 9-2 表明，Cu 纳米颗粒粒径从 100nm→10nm→1nm，其比表面积和比表面能增加了 2 个数量级。

**表 9-2 纳米 Cu 颗粒的粒径与比表面、表面原子数比例、比表面能和一个粒子中的原子数的关系**

| 粒径/nm | Cu 的比表面积/($m^2$/g) | 表面原子∶全部原子 | 一个粒子中的原子数 | 比表面能/(J/mol) |
|---|---|---|---|---|
| 100 | 6.6 | | $8.46\times10^7$ | $5.9\times10^2$ |
| 20 | | 10 | | |
| 10 | 66 | 20 | $8.46\times10^4$ | $5.9\times10^3$ |
| 5 | | 40 | $1.06\times10^4$ | |
| 2 | | 80 | | |
| 1 | 660 | 99 | | $5.9\times10^4$ |

如此高的比表面积和比表面能，会使纳米颗粒表面成为极活泼的表面，大大增强了纳米颗粒的活性和化学反应性。因此，通常纳米颗粒将呈现出不稳定状态。这种表面原子的活性不但引起纳米颗粒表面原子团输运和结构的变化，同时也引起表面电子自旋构象和电子能谱的变化。图 9-2 给出了一个单一立方结构晶粒的二维平面示意图，可以说明纳米颗粒表面活性高的原因。假定颗粒为圆形，实心圆代表位于表面的原子，空心圆代表内部原子，颗粒尺寸为 3nm，原子间距约为 0.3nm。很明显，实心圆的原子近邻配位不完全，缺少一个近邻配位的“E”原子、两个近邻配位的“D”原子和三个近邻配位的“A”原子。像“A”这样的表面原子极不稳定，很快跑到“B”位置上。这些表面原子一遇见其他原子，很快与其结合，使其稳定化，这就是其活性高的原因。

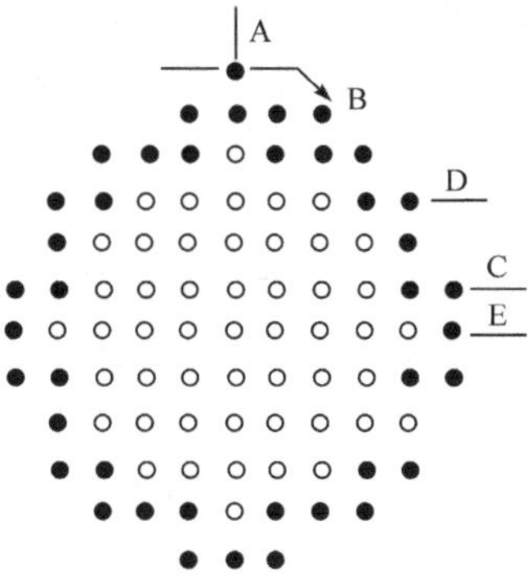


图 9-2　单一立方晶格结构的原子尽量以接近圆(或球)形进行配置的纳米颗粒模式图

• 位于表面的原子　○ 内部原子

2．体积效应

纳米颗粒体积极小，所包含的原子数很少，相应的质量极小。因此，许多现象就不能用通常有无限个原子的块状物质的性质加以说明，这种特殊的现象通常称为体积效应。久保效应是纳米颗粒体积效应的典型例子。由于金属微粒中电子能级不连续，在低温下，当费米能级附近的平均能级间隔 $\delta > kT$ 时，金属微粒显示出与块状物质明显不同的热性质。此现象是 1962 年日本科学家久保教授在金属纳米颗粒的理论研究中发现的，所以被称为久保效应。

3．小尺寸效应

当纳米颗粒的尺寸与光波波长、德布罗意波长以及超导态的相干长度或透射深度等物理特征尺寸相当或比其更小时，晶体周期性的边界条件将被破坏，非晶态纳米颗粒表面层附近原子密度减小，这将导致声、光、电磁、热力学等特性出现新的小尺寸效应。例如，光吸收显著增加并产生吸收峰的等离子共振频移，磁有序态向磁无序态、超导相向正常相的转变，声子谱发生改变。纳米颗粒的这些小尺寸效应为实用技术开拓了新领域。例如，纳米尺度的强磁性颗粒(Fe-Co 合金、氧化铁等)，当颗粒尺寸为单磁畴临界尺寸时具有高的矫顽力，可制成磁性信用卡、磁性钥匙、磁性车票等。超顺磁性的纳米颗粒还可以制成磁性液体，广泛地用于电声器件、阻尼器件、旋转密封、润滑、选矿等领域。纳米颗粒的熔点可以远低于块状金属，此特性为粉末冶金工业提供了新工艺。利用等离子共振频率随颗粒尺寸变化的性质,可以通过改变颗粒尺寸来控制吸收边的位移,制造具有一定频宽的微波吸收纳米材料,用于电磁波屏蔽、隐型飞机等。

4. 量子尺寸效应

当粒子尺寸下降到某一值时,金属费米能级附近的电子能级由准连续变为离散能级的现象,纳米半导体微粒存在不连续的最高被占据分子轨道能级和最低未被占据的分子轨道能级,以及能隙加宽而发生发光带或吸收带由长波长移向短波长的"蓝移"现象均称为量子尺寸效应。量子尺寸效应在微电子学和光电子学中一直占有重要的地位,根据这一效应已经设计出许多优越特性的器件。

久保早在1963年就从理论上对纳米颗粒的量子尺寸效应进行了研究,提出能级间距和金属颗粒直径的关系,并给出了著名公式(9-2)

$$\delta = \frac{1}{3} \cdot \frac{E_F}{N} \tag{9-2}$$

式中:$\delta$——能级间距;

$E_F$——费米能级;

N——总电子数。

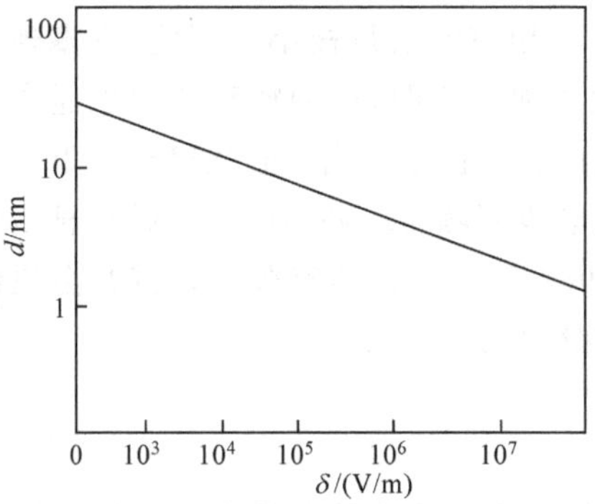


图 9-3 粒径与能级间隔的关系

图9-3给出了金属粒子能级间隔随粒径减小而增大的关系。宏观物体包含无限个原子(即所含电子数 $N \to \infty$),于是 $\delta \to 0$,即大粒子或宏观物体的能级间距几乎为零;纳米颗粒包含的原子数有限,N值很小,导致有一定的值,即能级间距发生分裂。块状金属的电子能谱为准连续能带,而当能级间距大于热能、磁能、静磁能、静电能、光子能量或超导的凝聚态能时,必须考虑量子尺寸效应,这就导致纳米颗粒磁、光、声、热、电以及超导电性与宏观特性的显著不同。例如,颗粒的磁化率、比热容与所含电子的奇偶性有关,会产生光谱线的频移、介电常数的变化等,随着颗粒尺寸的减小,价带和导带之间的能隙增大,这使得即便是同一种材料,其光吸收或发光带的特征波长也不同。近年来,人们还发现纳米颗粒在含有奇数偶数电子时,显示出不同的催化性质。

5. 宏观量子隧道效应

微观粒子具有贯穿势垒的能力称为隧道效应。近年来,人们发现一些宏观量,如微颗粒的磁化强度、量子相干器件中的磁通量等也具有隧道效应,称为宏观量子隧道效应。宏观量子隧道效应的研究对基础研究及实用都有重要意义。它限定了磁带、磁盘进行信息储存的时间极限。量子尺寸效应、宏观量子隧道效应将会是未来微电子器件的基础，它确立了现存微电子器件进一步微型化的极限。当微电子器件进一步细微化时，必须要考虑上述的量子效应。

上述表面效应、体积效应、小尺寸效应、量子尺寸效应及量子隧道效应五个效应是纳米颗粒的基本特性，它使纳米颗粒呈现出许多奇异的物理化学性质，出现一些“反常现象”。

### 9.1.3 超细颗粒与纳米颗粒的物理特性

1. 结构与形貌

在通常的电子显微镜下观察，超细颗粒一般呈球形。然而，随着制备条件的不同，特别是当粒子的尺寸在1～100nm之间变化时，粒子的形貌并非都呈球形或类球形。有人曾用高倍超高真空的电子显微镜观察纳米球形粒子，结果在粒子的表面上观察到原子台阶。采用气相蒸发法合成的Cr微粒，当尺寸小于20nm时，Cr粒子的二维形态呈正方形或矩形。K.Kimoto和I.Nishida观察了Ag的纳米颗粒形貌，发现其具有五边形十面体形状。

超细颗粒的结构与大颗粒的结构存在很大差别，这是由于粒子的表面能和表面张力随粒径的减小而增加，比表面积也增大。对于纳米颗粒，其表面原子的最近邻近配位数低于体内而导致非键电子对的排斥力降低，这必然引起颗粒内部特别是表面层晶格的畸变甚至结构发生改变。Apai等用EXAFS技术研究Cu、Ni原子团时发现，随粒径减小，原子间距减小。Standuik等用X射线分析表明，5nm的Ni微粒点阵收缩约为2.4%。在用气相蒸发法制备Cr的纳米颗粒时，占主要部分的α-Cr微粒与普通bcc结构的Cr是一致的，晶格参数 $a_0 = 0.288$nm。同时还存在δ-Cr，它的结构是一种完全不同于α-Cr的新结构，晶体结构为A-15型，空间群Pm3n。

2. 热学性质

超细颗粒的熔点、开始烧结温度和晶化温度均随粒径的减少有较大幅度的降低。物质熔点下降的程度可用式(9-3)来表示

$$\Delta T = \frac{2\gamma_{SL} T_0}{\rho \Delta H r} \qquad (9-3)$$

式中：$\Delta T$——块状物质熔点($T_0$)与超细颗粒熔点($T$)之差；

$\gamma_{SL}$——固-液界面张力；

$\rho$——密度；

$\Delta H$——熔化热；

$r$——颗粒粒径。

由式(9－3)可以看出，物质熔点下降的程度与粒径成反比。由于纳米颗粒的表面能高、表面原子数多、表面原子邻近配位不全、活性大以及体积远小于大块材料，纳米颗粒熔化时所需增加的内能小得多，这使纳米颗粒熔点急剧下降。例如，普通Au的熔点为1336K，而粒径为14nm、5nm、2nm的Au颗粒的熔点降至1229K、1103K、306K；大块Pb的熔点为600K，而20nm球形Pb微粒熔点降低到288K。Wronski计算出Au微粒的粒径与熔点的关系，如图9－4所示，当粒径小于10nm时，熔点急剧下降。熔点下降也伴随着蒸气压的上升。如Ag的熔点为1234K，沸点为2436K，而粒径为8nm的Ag粉在1030K加热10min后即消失。

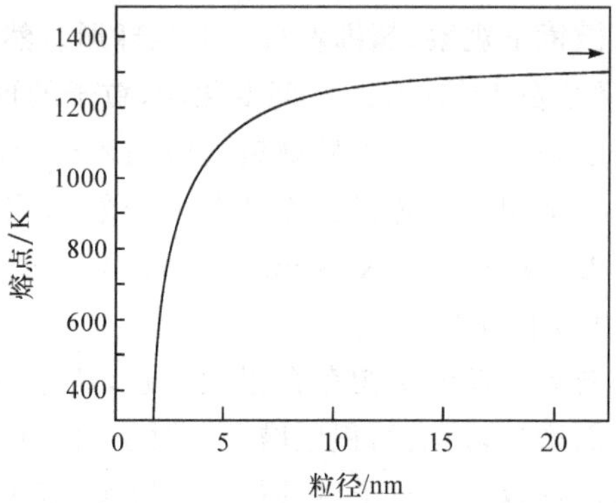


图9－4 Au纳米颗粒的粒径与熔点的关系

蒸气压随粒径减少而上升的程度可用式(9－4)来表示

$$\ln \frac{p}{p_0} = \frac{2M\gamma}{RTr} \tag{9-4}$$

式中：$p$，$p_0$——超细颗粒和块状物质的蒸气压；

$M$——摩尔质量；

$R$——摩尔气体常量；

$T$——热力学温度。

所谓烧结是指把粉末先用高压压制成形，然后在低于熔点的温度下使这些粉末互相结合成块。纳米颗粒尺寸小，比表面能高，压制成块材后的界面具有高能量，在烧结中高的界面能成为原子运动的驱动力，有利于界面中的孔洞收缩、空位团的湮没。因此，在较低的温度下烧结就能达到致密化的目的，即烧结温度降低。例如，常规的$Al_2O_3$烧结温度为2073～2173K，而纳米$Al_2O_3$可在1423～1773K烧结，致密度可达99.7％。常规$Si_3N_4$烧结温度高于2273K，纳米$Si_3N_4$烧结温度降低 400～500K。纳米 $TiO_2$ 在 773K 加热呈现出明显的致密化，而晶粒仅有微小的增加，致使纳米 $TiO_2$ 在比大晶粒样品低 873K 的温度下烧结就能达到类似的硬度（图 9-5）。

非晶纳米颗粒的晶化温度低于常规粉体。传统非晶 $Si_3N_4$ 在 1793K 晶化成 $\alpha$ 相，纳米非晶 $Si_3N_4$ 颗粒在 1673K 加热 4h 全部转变成 $\alpha$ 相。纳米颗粒开始长大的温度随粒径的减小而降低。图 9-6 表明，8nm、15nm 和 35nm 粒径的 $Al_2O_3$ 粒子快速长大的开始温度分别约为 1073K、1273K 和 1423K。

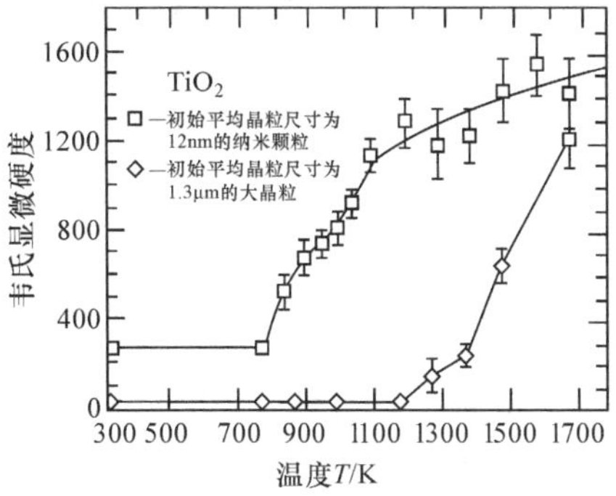


图 9-5　$TiO_2$ 的韦氏硬度随烧结温度的变化

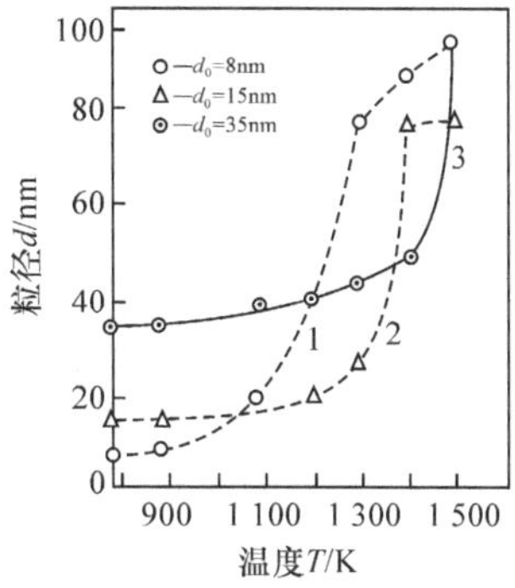


图 9-6　不同原始粒径（$d_0$）的纳米 $Al_2O_3$ 微粒的粒径随退火温度的变化

3. 磁学性质

纳米颗粒的小尺寸效应、量子尺寸效应、表面效应使它具有常规粗晶材料不具备的磁特性。

(1) 超顺磁性。纳米颗粒尺寸小到一定临界值时进入超顺磁状态，这时比磁化率 $\chi$ 不再服从居里-外斯定律

$$\chi = \frac{C}{T - T_C} \tag{9-5}$$

式中：C——常数；

$T_C$——居里温度。

$\chi$ 在居里点附近没有明显的 $\chi$ 值突变。

如图 9-7 所示，粒径为 85nm 的 Ni 微粒，矫顽力很高，$\chi$ 服从居里-外斯定律；粒径小于 15nm 的 Ni 微粒，矫顽力 $H_C \to 0$，从而进入超顺磁状态。图 9-8 给出粒径为 85nm、13nm 和 9nm 的纳米 Ni 微粒的 $V(\chi)$-$T$ 升温曲线。$V(\chi)$ 是与交流磁化率有关的原检测电信号。由图 9-8 可以看出，85nm 的 Ni 微粒在居里点附近 $V(\chi)$ 发生突变，这意味着 $\chi$ 的突变，而在 9nm 和 13nm 粒径的情况下，$V(\chi)$ 随温度呈

缓慢的变化，未见 V(χ)，即 χ 的突变现象。

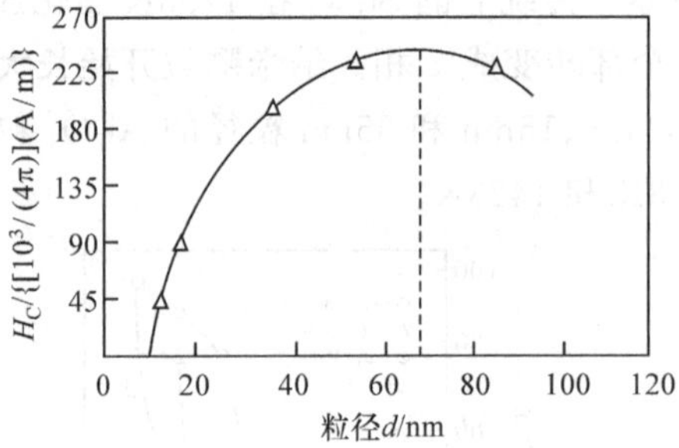


图 9-7　Ni 微颗粒的矫顽力 $H_C$ 与颗粒直径 $d$ 的关系曲线

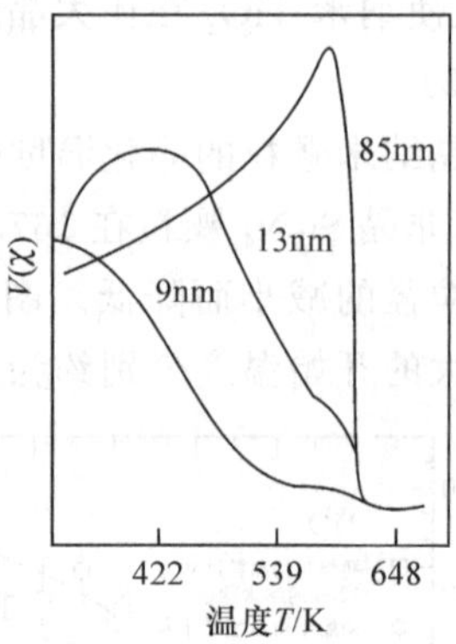


图 9-8　纳米 Ni 微粒升温过程 V(χ)随温度变化的曲线

出现超顺磁状态是在小尺寸下，当各向异性能减小到与热运动能可相比拟时，磁化方向就不再固定在一个易磁化方向，而做无规律的变化，结果导致超顺磁性的出现。不同种类的纳米磁性颗粒显现超顺磁的临界尺寸不同，如 α-Fe、$Fe_3O_4$ 和 α-$Fe_2O_3$ 的粒径分别在 5nm、16nm 和 20nm 时变成超顺磁体。

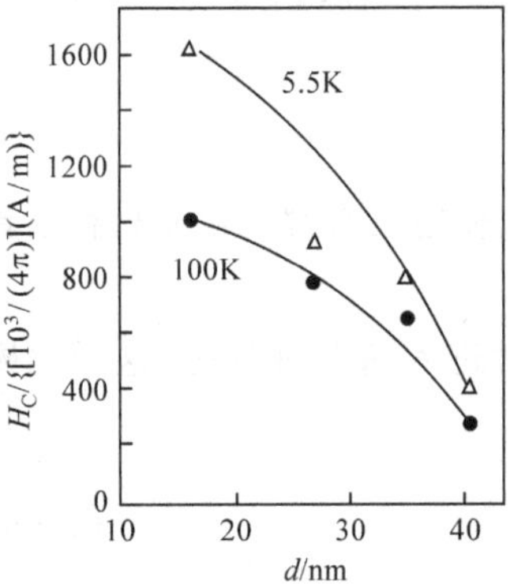


图 9-9　Fe 纳米颗粒矫顽力与颗粒粒径和温度的关系

(2) 矫顽力。纳米颗粒尺寸高于超顺磁临界尺寸时通常呈现高的矫顽力 $H_C$。例如，用惰性气体蒸发冷凝制备的纳米 Fe 微粒，随着颗粒变小，饱和磁化强度 $M_S$ 有所下降，但矫顽力却显著增加。如图 9-9 所示，粒径为 16nm 的 Fe 微粒，矫顽力在 5.5K 时达 [$1.6\times10^6/(4\pi)$]A/m。室温下 Fe 微粒矫顽力仍保持[$1\times10^6/(4\pi)$]A/m，而常规的 Fe 块体矫顽力通常低于[$1\times10^4/(4\pi)$]A/m。纳米 Fe-Co 合金的矫顽力高达[$2.06\times10^6/(4\pi)$]A/m。

对于纳米颗粒高矫顽力的起源有两种解释：一致转动模式和球链反转磁化模式。一致转动磁化模式的基本内容是：当粒子尺寸小到某一尺寸时，每个粒子就是一个单磁畴，如 Fe 和 $Fe_3O_4$ 单磁畴的临界尺寸分别为 12nm 和 40nm。每个单磁畴纳米颗粒实际上成为一个永久磁铁，要使这个磁铁去掉磁性，必须使每个粒子整体的磁矩反转，这需要很大的反向磁场，即纳米颗粒具有较高的矫顽力。

许多实验表明，纳米颗粒的 $H_C$ 测量值与一致转动的理论值不相符。例如，粒径为 65nm 的 Ni 微粒具有大于其他粒径微粒的矫顽力，$H_{C,max} \approx [25\times10^4/(4\pi)]$ A/m。这远低于一致转动的理论值：$H_C = 4K_1/3M_S \approx [16\times10^5/(4\pi)]$A/m。有人认为，对纳米颗粒 Fe、$Fe_3O_4$ 和 Ni 等的高矫顽力的来源应当用球链模型来解释。他们采用球链反转磁化模式来计算纳米 Ni 微粒的矫顽力。由于静磁作用，球形纳米 Ni 微粒形成链状，对于由 $n$ 个球形粒子构成的链的情况，矫顽力为

$$H_{C_n} = \frac{\mu(6K_n - 4L_n)}{d^3} \tag{9-6}$$

其中

$$K_n = \sum_{j=1}^{n} \frac{(n-j)}{nj^3} \tag{9-7}$$

$$L_n = \sum_{j=1}^{n-1<j\leqslant\frac{1}{2}(n+1)} \frac{[n-(2j-1)]}{[n(2j-1)^3]} \tag{9-8}$$

式中：$n$——球链中的颗粒数；

$\mu$——颗粒磁矩；

$d$——颗粒间距。

设 $n=5$，则 $H_{C_n} \approx [55\times10^4/(4\pi)]$A/m，大于实验值。Ohshiner 引入缺陷对球链模型进行修正后，矫顽力比上述理论计算结果低。他认为，颗粒表面氧化层可能起着类似缺陷的作用，从而定性地解释了上述实验事实。

(3) 居里温度。居里温度 $T_C$ 为物质磁性的重要参数，通常与交换积分 $J_e$ 成正比，并与原子构型和间距有关。对于薄膜，理论与实验研究表明，随着铁磁薄膜的减小，居里温度下降。对于纳米颗粒，由于小尺寸效应和表面效应而导致纳米颗粒本征的磁性变化，因此具有较低的居里温度。例如，85nm 粒径的 Ni 微粒由于磁化率在居里温度呈现明显的峰值，因此通过测量低磁场下磁化率与温度关系可得到居里温度约 623K（图 9-10），略低于常规块体 Ni 的居里温度(631K)。具有超顺磁性的 9nm Ni 微粒，在高磁场下($9.5\times10^5$A/m)使部分超顺磁性颗粒脱离超顺磁性状态，按照公式 $V=(K_1+M_SH)=25k_BT$[其中 $V$ 为粒子体积，$K_1$ 为室温有效磁各向异性常数($\approx5.8\times10^{-2}$J/cm³)]估算，超顺磁性临界尺寸下降为 6.7nm，因此对平均粒径为 9nm 样品，仍可根据比饱和磁化强度

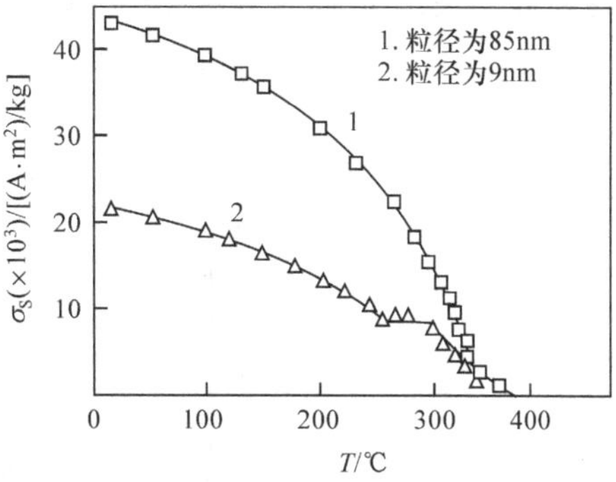


图 9-10　高磁场 $9.5\times10^5$A/m 下的 Ni 的比饱和磁化强度 $\sigma_S$ 与温度 $T$ 的关系

$\sigma_S$与温度 $T$ 的关系曲线确定居里温度。如图 9 - 10 所示，9nm 样品在 533K 温度附近 $\sigma_S$-$T$ 存在一突变，这是由于晶粒长大所致。根据突变前 $\sigma_S$-$T$ 曲线外插可求得 9nm 样品的 $T_C$ 值近似为 573K，低于 85nm 的 $T_C$ 值 623K，因此可以定性地证明，随粒径的下降，纳米 Ni 颗粒的居里温度有所下降。

如前所述，许多实验证明，Ni 纳米颗粒内原子间距随粒径下降而减小。根据铁磁性理论，对于 Ni，原子间距的减小将会导致 $J_e$ 的减小，$T_C$ 随粒径的减小而下降。

(4) 比磁化率。纳米颗粒的磁性与它所含的总电子数的奇偶性密切相关。每个微粒的电子可以看成一个体系，电子数的宇称可为奇或偶。一价金属的微粉，一半粒子的宇称为奇，另一半为偶；两价金属粒子的宇称为偶。电子数为奇或偶数的粒子磁性有不同温度特点。电子数为奇数的粒子集合体的比磁化率 $\chi$ 服从居里-外斯定律[式(9 - 5)]，量子尺寸效应使比磁化率 $\chi$ 遵从 $d^{-3}$规律。电子数为偶数的系统，$\chi \propto k_B T$ 并遵从 $d^2$ 规律。它们在高场下为泡利顺磁性。纳米磁性金属 $\chi$ 值是常规金属的 20 倍。

此外，纳米磁性微粒还具备许多其他的磁特性。纳米金属 Fe(5nm)饱和磁化强度比常规 $\alpha$-Fe 低 40%，其比饱和磁化强度随粒径的减小而下降(图 9 - 11)。纳米 $FeF_2$( 10nm)在 78～88K 由顺磁转变为反铁磁，即有一个宽达 10K 的奈耳温度范围；单晶 $FeF_2$ 由顺磁转变为反铁磁的奈耳温度范围很窄，只有 2K。1988 年，日本发现纳米合金 Fe-Si-Bi-Cu(20～50nm)具有好的软磁性能，可用作高频转换器，其芯耗低至 200mW/cm$^3$，有效磁导率高于 $10^8$。当晶粒度大于 100nm 时，上述软磁性能消失。Sb 通常为抗磁性，其 $\chi<0$，但纳米微晶的 $\chi>0$，表现出顺磁性。

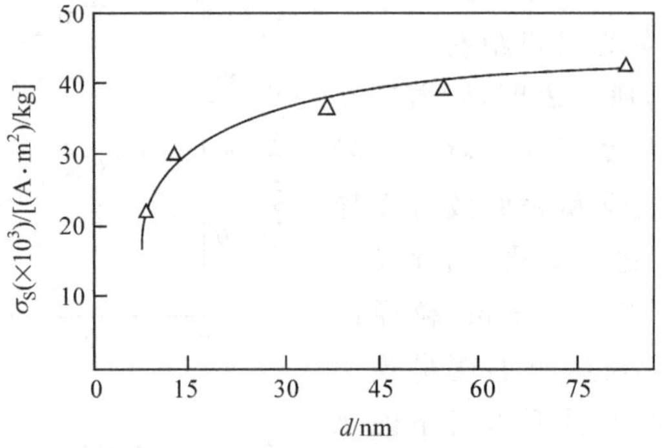


图 9 - 11　室温下 Fe 的比饱和磁化强度 $\sigma_S$ 与平均颗粒直径 $d$ 的关系曲线

4. 光学性质

当纳米颗粒的粒径与超导相干波长、玻尔半径以及电子的德布罗意波长相当时，颗粒的量子尺寸效应十分显著。与此同时，大的比表面使处于表面的原子、电子与处于颗粒内部的原子、电子的行为有很大的差别，这种表面效应和量子尺寸效应对纳米颗粒的光学特性有很大影响，使纳米颗粒具有同样材质的宏观大块物体不具备的光学特性。

(1) 宽频带强吸收。大块金属具有不同颜色的光泽，这表明它们对可见光范围各种颜色(波长)的反射和吸收能力不同。当尺寸减小到纳米级时各种金属纳米颗粒几乎都呈黑色，它们对可见光的反射率极低。例如，Pt 纳米颗粒的反射率为 1%；Au 纳米颗粒的反射率小于 10%。

纳米 $Si_3N_4$、SiC 及 $Al_2O_3$ 粉对红外有一个宽带吸收谱。这是因为纳米颗粒大的比表面导致了平均配位数下降，不饱和键和悬键增多，与常规大块材料不同，没有一个单一的、择优的键振动模，而是存在一个较宽的键振动模的分布，在红外光场作用下它们对红外吸收的频率也就存在一个较宽的分布，这就导致了纳米颗粒红外吸收带的宽化。

(2) 蓝移和红移现象。与大块材料相比，纳米颗粒的吸收带普遍存在“蓝移”现象，即吸收带移向短波方向。例如，纳米 SiC 颗粒和大块 SiC 固体的峰值红外吸收频率分别是 814cm$^{-1}$ 和 794cm$^{-1}$，蓝移 20cm$^{-1}$。纳米 $Si_3N_4$ 颗粒和大块 $Si_3N_4$ 固体的峰值红外吸收频率分别是 949cm$^{-1}$ 和 935cm$^{-1}$，即蓝移 14cm$^{-1}$。由不同粒径的 CdS 纳米颗粒的吸收光谱(图 9-12)可以看出，随着微粒尺寸的变小吸收带有明显的蓝移。纳米颗粒吸收带“蓝移”的原因，一是量子尺寸效应，由于颗粒尺寸下降能隙变宽，这就导致光吸收带移向短波方向；二是表面效应，由于纳米颗粒小，大的表面张力使晶格畸变，晶格常数变小，如对纳米氧化物和氮化物小粒子研究表明，第一近邻和第二近邻的距离变短，键长的缩短导致纳米颗粒的键本征振动频率增大，使光吸收带移向短波方向。

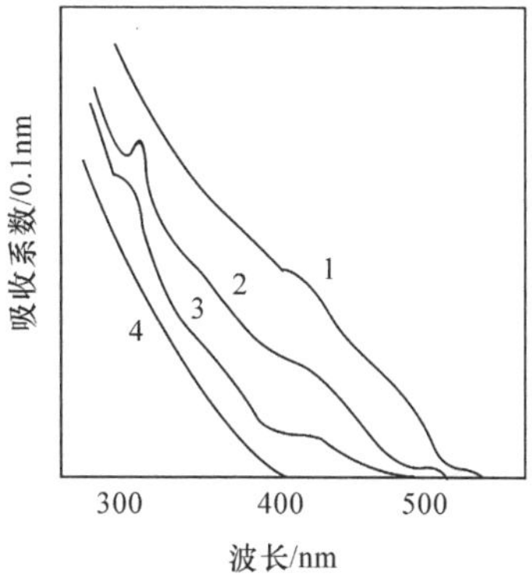

图 9-12　CdS 溶胶微粒的不同尺寸下的吸收谱
1. 6nm;2. 4nm;3. 2.5nm;4. 1nm

在一些情况下，粒径减小至纳米级时，可以观察到光吸收带相对粗晶材料呈现“红移”现象，即吸收带移向长波方向。例如，在 200～1400nm 波长范围，单晶 NiO 呈现八个光吸收带，它们的峰位(eV)分别为 3.52、3.25、2.95、2.75、2.15、1.95、1.78 和 1.13；纳米 NiO(54～84nm)不呈现 3.52eV 的吸收带，其他 7 个带的峰位(eV)分别为 3.30、2.93、2.78、2.25、1.92、1.72 和 1.07。很明显，前 4 个光吸收带相对单晶的吸收带发生蓝移，后 3 个光吸收带发生红移。这是因为光吸收带的位置是由影响峰位的蓝移因素和红移因素共同作用的结果。如果前者的影响大于后者，吸收带蓝移；反之，红移。随着粒径的减小，量子尺寸效应会导致吸收带的蓝移。但是粒径减小的同时，颗粒内部的内应力（内应力 $p=2\gamma/r$，其中 $r$ 为粒子半径，$\gamma$ 为表面张力）会增加，这种压应力的增加会导致能带结构的变化，电子波函数重叠加大，结果带隙、能级间距变窄，这就导致电子由低能级向高能级及半导体电子由价带到导带跃迁引起的光吸收带和吸收边发生红移。纳米 NiO 中出现的光吸收带的红移即是由于粒径减小时红移因素大于蓝移因素所致。

（3）量子限域效应。半导体纳米颗粒的半径 $r<\alpha_B$（其中 $\alpha_B$ 为激子玻尔半径）时，电子的平均自由程受小粒径的限制，仅局限在很小的范围，空穴很容易与它形成激子，引起电子和空穴波函数的重叠，这就很容易产生激子吸收带。随着粒径的减小，重叠因子（在某处同时发现电子和空穴的概率 $|U(0)|^2$）增加，对半径为 $r$ 的球形微晶，忽略表面效应，则激子的振子强度

$$f=\frac{2m}{h^2}\Delta E|\mu|^2|U(0)|^2 \tag{9-9}$$

式中：$m$——电子质量；

$\Delta E$——跃迁能量；

$\mu$——跃迁偶极矩。

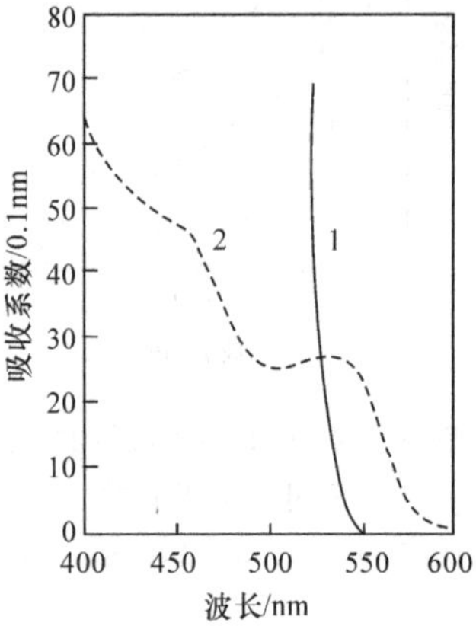


图 9-13　$CdSe_xS_{1-x}$玻璃的吸收光谱

1. 粒径大于 10nm；2. 粒径为 5nm

当 $r<\alpha_B$ 时，电子和空穴波函数的重叠 $|U(0)|^2$将随粒减小而增加，近似于$(\alpha_B/r)^3$。因为单位体积微晶的振子强度 $f_{微晶}/V$（其中 $V$ 为微晶体积）决定了材料的吸收系数，粒径越小，$|U(0)|^2$ 越大，$f_{微晶}/V$ 也越大，则激子带的吸收系数随粒径下降而增加，即出现激子增强吸收并蓝移，这就称为量子限域效应。纳米半导体微粒增强的量子限域效应使它的光学性能不同于常规半导体。图 9-13 为分别掺了粒径大于 10nm 和 5nm 的 $CdSe_xS_{1-x}$玻璃的光吸收谱。由图 9-13 可以看出，当微粒尺寸变小后出现明显的激子峰。

（4）发光。当颗粒尺寸小到一定值时可在一定波长的光激发下发光。1990 年，日本佳能研究中心的 H. Tabagi 发现，粒径小于 6nm 的 Si 在室温下可以发射可见光，随粒径减小，发射带强度增强并移向短波方向，当粒径大于 6nm 时，这种光发射现象消失（图 9-14）。H. Tabagi 认为，Si 纳米颗粒的发光是载流子的量子限域效应引起的。掺 $CdSe_xS_{1-x}$纳米颗粒的玻璃在 530nm 波长光的激发下会发射荧光（图 9-15）。这是因为半导体具有窄的直接跃迁的带隙，在光激发下电子容易跃迁引起发光。当颗粒尺寸较小时（5nm）出现

了激子发射峰(图 9－15 曲线 2)。

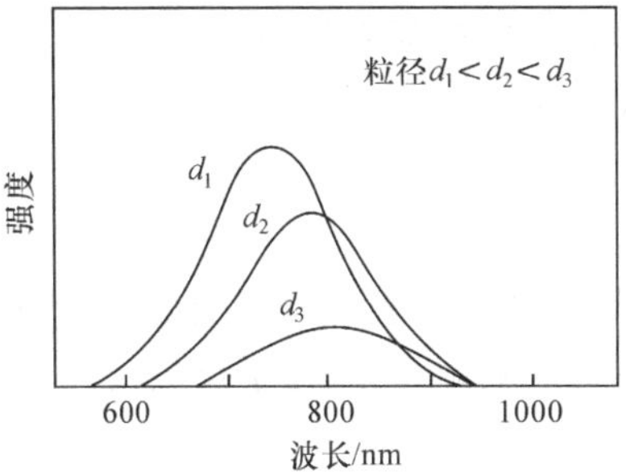


图 9－14　不同粒度纳米 Si 在室温下的发光

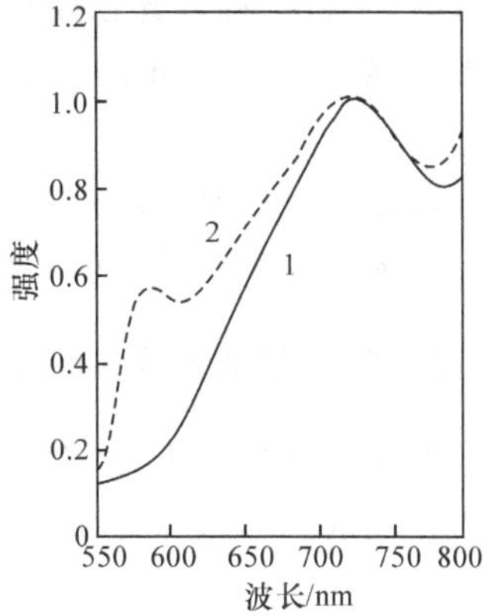


图 9－15　$CdSe_xS_{1-x}$玻璃的荧光光谱

激发波长 530nm；1. 粒径大于 10nm；2. 粒径为 5nm

(5) 超细颗粒与纳米颗粒分散物系的光学性质。超细颗粒分散于分散介质中形成分散物系(溶胶)，超细颗粒在这里又称为胶体粒子或分散相。在溶胶中，胶体的高分散性和不均匀性使分散物系具有特殊的光学特征。例如，让一束聚集的光线通过这种分散物系，在入射的垂直方向可以看到一个发光的圆锥体，如图 9－16 所示。该现象称丁铎尔效应，该圆锥为丁铎尔圆锥。丁铎尔效应与分散粒子的大小及投射光线波长有关。当分散粒子的直径大于投射光波波长时，光投射到粒子上就被反射。如果粒子直径小于入射光波的波长，光波可以绕过粒子而向各方向传播，发生散射，散射出来的光，即为所谓的乳光。纳米颗粒直径比可见光的波长要小得多，所以纳米颗粒分散系以散射为主。

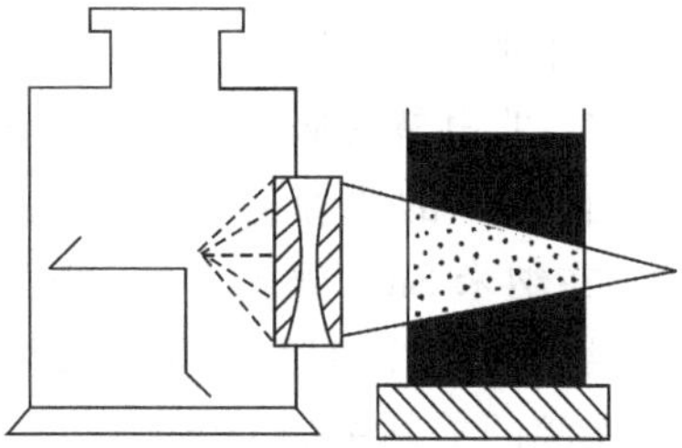

图 9－16　丁铎尔效应图

根据瑞利公式，散射光强度为

$$I = \frac{24\pi^3 NV^2}{\lambda^4}\left(\frac{n_1^2 - n_2^2}{n_1^2 + n_2^2}\right) I_0 \qquad (9-10)$$

式中：$\lambda$——波长；

$N$——单位体积中的粒子数；

$V$——单个粒子的体积；

$n_1$，$n_2$——分散相和分散介质的折射率；

$I_0$——入射光的强度。

由式(9－10)可得出如下的讨论：

①散射光强度(即乳光强度)与粒子的体积平方成正比。

②乳光强度与入射光的波长的四次方成反比，故入射光的波长越短，散射越强。

③分散相与分散介质的折射率相差越大，粒子的散射光越强。

④乳光强度与单位体积内的粒子数 N 成正比。

### 9.1.4　超细颗粒与纳米颗粒的化学特性

纳米颗粒因其粒径小、比表面积大、表面原子数多及表面原子配位不饱和性导致大量的悬空键和不饱和键存在，所以具有特殊的吸附行为、化学反应活性和催化性质。

1. 吸附

与相同材质的大块材料相比较，纳米颗粒具有极强的吸附能力，其吸附性与被吸附物质的性质、溶剂的性质以及溶液的性质有关。电解质和非电解质溶液以及溶液的 pH 都对纳米颗粒的吸附产生强烈影响。不同种类纳米颗粒的吸附性质也有很大差别。

(1) 非电解质吸附。非电解质是指电中性的分子，它们可以通过氢键、范德华力、偶极子的弱静电引力被吸附在颗粒表面，其中主要以形成氢键而被吸附。例如，在纳米 $SiO_2$ 颗粒对醇、酰胺、醚的吸附过程中，$SiO_2$ 颗粒与有机试剂的中间接触层为硅烷醇层，该层在吸附中起着重要作用。上述有机试剂中的 O 或 N 与硅烷醇的羟基中的 H 形成 O—H 或 N—H 氢键，从而完成 $SiO_2$ 颗粒对有机试剂的吸附，如图 9－17 所示。

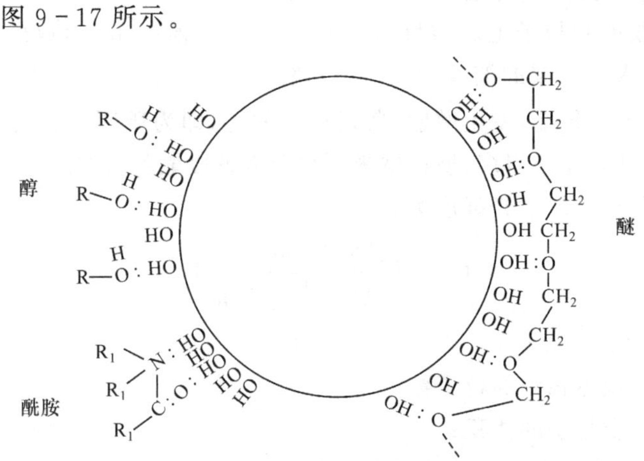


图 9－17　在低 pH 下吸附于氧化硅表面的醇、酰胺、醚分子

一个醇分子与 $SiO_2$ 颗粒表面的硅烷醇羟基之间只能形成一个氢键，所以结合力很弱，属于物理吸附。高分子氧化物，如聚乙烯氧化物在 $SiO_2$ 颗粒上的吸附也同样通过氢键来实现。由于大量的 O—H 氢键的形成，使吸附力变得很强，属于化学吸附。

吸附不仅受颗粒表面性质的影响，还受吸附质性质影响，即使吸附质是相同的，但由于溶剂种类不同其吸附量也不一样。例如，以直链脂肪酸为吸附质，以苯及正己烷溶液为溶剂，则正己烷为溶剂时直链脂肪酸在 $SiO_2$ 颗粒表面上的吸附量比以苯为溶剂时多，这是因为在苯的情况下形成的氢键很少。从水溶液中吸附非电解质时，pH 影响很大。pH 高时，$SiO_2$ 表面带负电，水的存在使氢键难以形成，吸附能力下降。

(2) 电解质吸附。电解质在溶液中以离子形式存在，其吸附能力大小由库仑力来决定。

纳米颗粒在电解质溶液中的吸附现象大多数属于物理吸附。由于纳米颗粒的大比表面常常产生键的不饱和性，致使纳米颗粒表面失去电中性而带电（参见 2.3.4 节），于是把电解质溶液中带有相反电荷的离子吸引到表面上以平衡其表面上的电荷，这种吸附主要是通过库仑交互作用实现的。例如，纳米尺寸的黏土小颗粒在碱或碱土类金属的电解液中，带负电的黏土纳米颗粒很容易把带正电的 $Ca^{2+}$ 吸附到表面。

对纳米氧化物的颗粒，如 $SiO_2$、$Al_2O_3$ 和 $TiO_2$ 等，根据它们在水溶液中的 pH 不同可带正电、负电或呈电中性。如图 9-18 所示，当 pH 比较小时，颗粒表面形成 M—$OH_2$（M 代表金属离子，如 $Si^{4+}$、$Al^{3+}$、$Ti^{4+}$ 等），导致颗粒表面带正电；当 pH 高时，颗粒表面形成 M—O 键，使颗粒表面带负电；如果 pH 处于中间值，则纳米氧化物表面形成 M—OH 键，这时颗粒呈电中性。在表面电荷为正时，平衡颗粒表面电荷的有效配衡离子为 $Cl^-$、$NO_3^-$ 等阴离子；若表面电荷为负电时，$Na^+$、$NH_4^+$ 是很有效的平衡颗粒表面电荷的配衡离子。

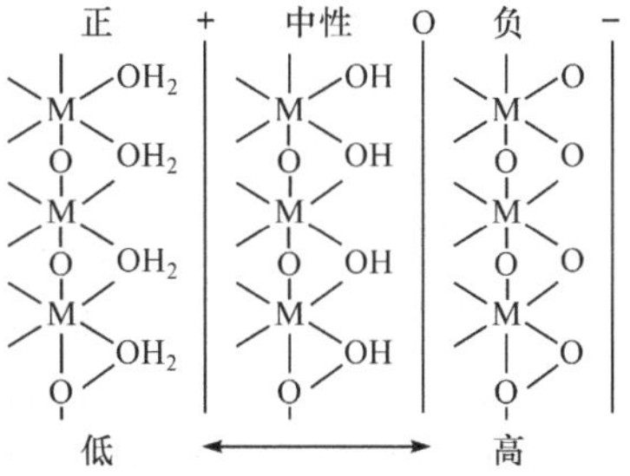


图 9-18 pH 对氧化物表面带电状况的影响

2. *表面活性及敏感性*

纳米颗粒具有高的表面活性和强的化学反应性，如金属纳米颗粒很容易被氧化，新制备的金属纳米颗粒接触空气时能进行剧烈氧化反应或发生燃烧。因此，金属纳米颗粒在接触空气之前，需预先对纳米颗粒表面进行处理。无机材料的纳米颗粒暴露在大气中会吸附气体，并与气体进行反应，甚至连氮化物这种耐热、耐蚀材料颗粒微细化后，也极不稳定。

用金属纳米颗粒作催化剂时要求它们具有高的表面活性，同时还要求提高反应的选择性。金属纳米颗粒粒径小于5nm时，催化性和反应的选择性呈现特异行为。例如，用Si作载体的Ni纳米颗粒作催化剂时，当粒径小于5nm时，不仅表面活性好，催化效应明显，而且对丙醛的氢化反应中反应选择性急剧上升，使丙醛到正丙醇氢化反应优先进行，而使脱羰引起的副反应受到抑制。

由于纳米颗粒具有高表面活性，与气氛性气体相互作用强，使得纳米颗粒对周围环境十分敏感，如光、温度、气氛、湿度等，因此可用于各种传感器，如温度、气体、光、湿度等传感器。

3. 光催化性

光催化是纳米半导体的独特性能之一。纳米材料在光的照射下，通过把光能转变成化学能，促进有机物的合成或使有机物降解的过程称为光催化。近年来，人们在实验室里利用纳米半导体微粒的光催化性能进行海水分解提取$H_2$，对$TiO_2$纳米粒子表面进行$N_2$和$CO_2$的固化都获得成功。人们把上述化学反应过程也归结为光催化过程。

光催化的基本原理是：当半导体氧化物（如$TiO_2$）纳米粒子受到大于禁带宽度能量的光子照射后，电子从价带跃迁到导带，产生电子-空穴对，电子具有还原性，空穴具有氧化性，空穴与氧化物半导体纳米粒子表面的$OH^-$反应生成氧化性很高的OH自由基，活泼的OH自由基可以把许多难降解的有机物氧化为$CO_2$和水等无机物。例如，可以将酯类氧化变成醇，醇再氧化变成醛，醛再氧化变成酸，酸进一步氧化变成$CO_2$和水。半导体的光催化活性主要取决于导带与价带的氧化-还原电位，价带的氧化-还原电位越正，导带的氧化-还原电位越负，则光生电子和空穴的氧化及还原能力就越强，从而使光催化降解有机物的效率大大提高。

目前，广泛研究的半导体光催化剂大多属于宽禁带的n型半导体氧化物，已研究的光催化剂有$TiO_2$、ZnO、CdS、$WO_3$、$Fe_2O_3$、PbS、$SnO_2$、$In_2O_3$、ZnS、$SrTiO_3$和$SiO_2$等十几种，这些半导体氧化物都有一定的光催化降解有机物的活性，但因其中大多数易发生化学或光化学腐蚀，不适合作为净水用的光催化剂，而$TiO_2$纳米粒子不仅具有很高的光催化活性，而且具有耐酸碱和光化学腐蚀，成本低，无毒，这使得它成为当前最有应用潜力的一种光催化剂。减小半导体催化剂的颗粒尺寸可以显著提高其光催化效率。近年来，通过对$TiO_2$、ZnO、CdS、PbS等半导体纳米粒子的光催化性质的研究表明，纳米粒子的光催化活性均优于相应的体相材料。

半导体光催化技术在环境治理领域有着巨大的经济、环境和社会效益，预计它可在以下几个领域得到广泛应用：①污水处理。可用于工业废水、农业废水和生活废水中的有机物及部分无机物的脱毒降解。②空气净化。可用于油烟气、工业废气、汽车尾气、氟利昂及氟利昂替代物的光催化降解。③保洁除菌。如含有 $TiO_2$ 膜层的自净化玻璃用于分解空气中的污染物。④含半导体光催化剂的墙壁和地板砖可用于医院等公共场所的自动灭菌。

### 9.1.5　超细颗粒与纳米颗粒的应用

超细颗粒作为一种近代开发的新材料，被广泛应用于工业生产中。一般可以利用其熔点降低、烧结温度降低、溶解度增大、反应能力提高及催化活性增大等特性，强化和加速生产过程的进行，并改善产品性能。此外，还可以应用纳米颗粒来提高功能材料的性能。表 9－3 是应用纳米颗粒增进功能材料性能的例子。

**表 9－3　纳米功能材料**

| 功能＼材料 | 无机 | 金属 | 有机 |
|---|---|---|---|
| 光学 | 选择吸收膜、玻璃珠、太阳电池 | 反射吸收材料、集光材料、感光材料、滤光器 | 偏光膜、液晶、滤光器、光致抗蚀膜 |
| 电磁 | 透明电极、磁粉、传感器、压电元件、磁泡、磁致伸缩元件 | 非晶质、光电管、磁传感器、磁记录材料、超导材料、磁性流体 | 传感器类半导体、绝缘材料（电子器件用）、触点保护材料 |
| 音响 | 超声元件 | 防振材料、吸音材料 | 振荡器、吸音材料 |
| 热学 | 隔热材料、发热材料、导体、发热体、蓄热体 | 双金属电子冷却材料、测温材料 | 传感器、隔热材料 |
| 分离吸收 | 过滤材料 | 催化剂、氢储存合金、过滤材料 | 过滤器类离子交换膜 |
| 力学 | 表面硬化材料、高强材料、润滑材料 | 应变仪 | 填充材料 |
| 输送载体 | 微胶囊 | | PFE、微胶囊 |
| 化学 | 催化剂 | 氢储存、一次电池材料、分离材料、金属催化剂 | 离子交换树脂、光致抗蚀膜、酵素、光合成、光分解、炸药、光储存器 |
| 生物 | 酵素鉴定、人工骨、人工齿 | 高能磁石（手术用、镶牙用） | 生物化学电池（微生物电池、酵素电池） |

（1）在复合材料中使用纳米颗粒，组成微复合材料或纳米级复合材料，使复合材料的性能显著加强。例如，纤维强化高级复合材料便是微复合材料中的一类。其代表为：用高强度、高弹性、耐热的 SiC 纤维（具有纳米级以下的纤维结构）强化的铝复合材料。

（2）将刚生成的纳米颗粒与气体混合，从运送管末端的喷嘴喷出到基板上，即可形成致密的薄膜。由 Ag、Cu 等纳米颗粒形成的薄膜可作导电膜使用。用氢作载体喷成的Ag膜,其比电阻比一般的Ag浆膜低一个数量级,具有良好的导电性。

(3) 近年来,纳米颗粒已应用到医疗中。将铁纳米颗粒和药物混在一起,用对身体适应性良好的高分子包裹形成微胶囊,经过血管向体内投放这种药物,然后从体外对微胶囊进行磁控制,将药物引到选择性疾病的部位。

(4) 用纳米颗粒检测细胞活性。通常用光学显微镜可以观察到细胞的运动,但不能对运动量的大小进行定量。将磁性金属纳米颗粒投放于动物细胞中,使其在磁场中定向后,取去磁场,由于细胞运动,引起纳米颗粒的回转,用高灵敏磁测定仪检测磁性的缓和,以此定出细胞的活性。

总之,超细颗粒与纳米颗粒的应用和发展前景良好,并推动人们对其进一步研究。

## 9.2 粉体的物理制备方法

### 9.2.1 概述

粉体工业是一个重要的基础原料工业,也是现代高新技术赖以发展的基础,它广泛应用于宇航、电子、冶金、机械、陶瓷、化学、生物和医学等领域。事实上,人类对粉体的认识和应用在很久以前就已经开始。粉体技术从古代由陶瓷制备逐渐发展起来,并刺激了工业革命和化学工业的产生。1943年,美国J.M.Dallavalle出版的《粉体学,微粒子技术》,首次把粉体制备和应用归纳在一起。随后德国的Hans Rumpf等对粉体制备进行了分类,并将物理化学和化学热力学引入粉体制备过程,奠定了粉体技术发展的基础。

20世纪80年代,粉体成为各国研究的重点,它包含了金属、非金属,有机、无机和生物等多种粉体材料。同时新兴的产业大多与粉体工业密切相关,在精细化工和新材料领域中,以粉体为原料的产品约占50%,粉体原料成本占产品总成本的30%~60%。据统计,2000年美国DuPont公司3000多种产品中62%是粉体或以其为基础的产品,其化学工业40%的增值来源于超细粉体技术的进步。粉体制备技术已成为改造油漆、涂料、洗涤剂、化妆品等传统化工产业,促使信息记录介质、精细陶瓷、电子技术等高新产业发展的基础。与此同时,粉体技术与化学、物理、机械、生物、信息、电子等学科的交叉融合形成了新的学科生长点,促进了相关学科的迅速发展。

物理法是粉体制备的重要方法。物理方法制备粉体主要涉及蒸发、熔融、凝固、形变、粒径变化等物理变化过程。其中最先被考虑颗粒细化技术方案而加以实施的是机械粉碎法。通过改进传统的机械粉碎技术,使各类无机非金属矿物颗粒不断细化,并在此基础上形成大规模的工业化生产。近年来,为了制备接近理想的超微颗粒材料,人们采用各种高技术开发制备粉体的新方法,如利用激光技术、等离子体技术、电子束技术和离子束技术制备了一系列高质量的粉体颗粒。采用高科技手段制备超微颗粒具有很大的优越性，可以制备出粒度均匀、高纯、超细、球状、分散性好、粒径分布窄、比表面积大的优良粉体。然而，高技术制粉也面临着一个重要的问题，就是如何提高产品产率，实现工业化。

### 9.2.2　机械粉碎法

1. 机械粉碎法的特点

最早的机械粉碎技术尚不能使物质颗粒足够细，其粉碎极限一般是数微米。直到近几十年来，采用高能球磨、振动与搅拌磨及高速气流磨，使机械粉碎造粒极限值有所下降。

超微机械粉碎是在传统的机械粉碎技术基础上发展起来的，是指固体物料在粉碎力的作用下料块或颗粒发生变形而破裂，粒度由大变小直至 1μm 或更细的过程。理论上，固体粉碎的最小粒径可达 0.01～0.05μm。然而，目前机械粉碎设备与工艺很难达到这一理想值。Huiting 认为，固体物料的粉碎极限为 1μm。神保二元在研究球磨机粉碎时认为，若减小粉磨介质球径，如采用 1mm 直径的介质球可产生 1～2μm 之间的超微颗粒。奥田的实验研究结果表明，采用表面粉碎方式，通过往复摩擦粉碎石灰石，可制得最大粒径小于 0.6μm 的超微颗粒；采用回转摩擦粉碎，可制备粒度为 0.2～1μm 的 $Al_2O_3$ 超微颗粒。

对矿物进行超微细化处理，不仅可达到深加工的目的，还是制备功能矿物材料的重要途径，其价格比传统矿物提高 3～10 倍。实际应用表明，云母、硅灰石、滑石、蒙脱石等非金属矿经超微细加工后可用于汽车材料、纤维、纳米塑料等领域。美国的矿物工业公司在北美建立了 30 余家超微细 $CaCO_3$ 生产厂，生产不同牌号的$CaCO_3$；日本为适应电子零部件、合成树脂和绝缘体应用，投资 5 亿日元建立了世界第一个合成云母厂。日本电子公司开发的纳米级压电陶瓷材料的强度是传统压电陶瓷材料的 3 倍。表 9-4 是矿物颗粒加工深度及应用范围。

**表 9-4　矿物颗粒加工深度及应用范围**

| 产物粒级 | 超细粉碎(－10μm) | 胶体材料(－1μm) | 超微颗粒(－0.1μm) |
|---|---|---|---|
| 应用范围 | 优质填料、涂料，矿物颜料、填充料，化工、陶瓷材料，悬浮体材料 | 催化剂、高性能涂料及颜料、矿物胶黏材料，精细陶瓷、活性材料 | 精细陶瓷，磁性、电子、光学材料，催化剂、生物材料、传感器材料 |

2. 机械粉碎法制备超细粉体

随着超微粉碎技术和设备的发展，物料的粉碎极限将逐渐得到改善。常规的粉碎设备在前面粉碎内容中已有涉及，下面给出的是几种典型的超微粉碎方法。

(1) 球磨。球磨机是目前广泛采用的超微粉碎设备。利用介质和物料之间的相互研磨和冲击使物料颗粒粉碎，经长时间的粉磨，可使小于 1μm 的颗粒达 20%。采用涡轮式粉碎的高速旋转磨机，也可以方便地进行连续生产，其临界粒径为 3μm。

(2) 振动球磨。以球或棒为介质，介质在粉碎室内振动，冲击物料使其粉碎，可使小于 2μm 的颗粒达 90%，甚至可获得 0.5μm 的超微颗粒。行星磨是 20 世纪 70 年代兴起和应用的超微粉碎方法，物料和介质在公转和自转两种方式中相互摩擦冲击，使物料被粉碎，粒径可达几微米。

(3) 振动磨。利用研磨介质可以在一定振幅振动的筒体内对物料进行冲击、摩擦、剪切等作用而使物料粉碎。与球磨机不同，振动磨是通过介质与物料一起振动将物料进行粉碎的。选择适当的研磨介质，振动磨可用于各种硬度物料的超微粉碎，相应产品的平均粒径可达 1μm 以下。

(4) 搅拌磨。由一个静止的研磨筒和一个旋转搅拌器构成。根据其结构和研磨方式可分为间歇式、循环式和连续式三种类型。在搅拌磨中，一般使用球形研磨介质，其平均粒径小于 6mm。用于超微粉碎时，一般小于 3mm。

(5) 胶体磨。胶体磨是利用一对固体磨子和高速旋转磨体的相对运动所产生强大的剪切、摩擦、冲击等作用力来粉碎或分散物料颗粒的。被处理的浆料通过两磨体之间的微小间隙，被有效地粉碎、分散、乳化、微粒化。在短时间内，经处理的产品粒径可达 1μm。

(6) 超微气流粉碎。气流磨是一种较成熟的超微粉碎技术。它利用高速气流(300～500m/s)或热蒸气(300～450℃)的能量使颗粒相互产生冲击、碰撞、摩擦而被较快粉碎。在粉碎室中，颗粒之间的碰撞频率远高于颗粒与器壁之间的碰撞。气流磨技术发展较快，20 世纪 80 年代德国 Alpine 公司开发的流化床逆向气流磨可粉碎较高硬度的物料颗粒，产品粒度达到了 1～5μm。降低入磨物料粒度后，可得到平均粒度 1μm 的产品，也就是说，产品的粒径下限可达到 0.1μm。除了产品粒度微细以外，气流粉碎的产品还具有粒度分布窄、颗粒表面光滑、形状规则、纯度高、活性大、分散性好等优点。

### 3. 机械粉碎过程的机械化学

物料颗粒受机械力作用而被粉碎时，还会发生物质结构及表面物理化学性质的变化，这种因机械载荷作用导致颗粒晶体结构和物理化学性质的变化称为机械化学。机械化学(mechanochemistry)，也称机械力化学或力化学，专门研究物料在机械力诱发和作用下发生的物理化学性质和结构变化，它涉及固体化学、材料学、机械工程、表面化学等多门学科。机械力既可以是粉磨过程中施加的作用力，也可以是一般的压力或摩擦力。20 世纪初，德国学者 W. Ostwald 首次提出了由机械力诱发化学反应的机械化学分支，当时只是从化学分类角度提出了这一新概念，而对机械化学的基本原理尚不十分清楚。

自 1951 年起，奥地利学者 Peters 与其助手 Pajoff 做了大量关于机械力诱发化学反应的研究工作，并于 1962 年在第一届欧洲粉体会议上发表了题为《机械力化学反应》的论文，详细阐述了粉碎工程与机械化学的关系，介绍了当时机械化学的研究成果，明确指出机械化学反应是由机械力诱发的化学反应，强调了机械力的作用。以后的研究表明，各种凝聚状态下的物质，受到机械力的影响而发生化学变化或物理化学变化的现象都可称为机械化学现象。

粉体的机械化学特征主要表现在：①颗粒结构变化，如表面结构自发的重组，形成非晶态结构或重结晶；②颗粒表面物理化学性质变化，如表面电性、物理与化学吸附、溶解性、分散与团聚性质；③在局部受反复应力作用区域产生化学反应，如由一种物质转变为另一种物质，释放出气体、外来离子进入晶体结构中引起原物料中化学组成变化。

机械化学与粉体制备密切相关，并出现一系列的技术变革，为材料复合，尤其是金属-非金属的多相组分复合提供有效的手段。通过对机械化学反应的深入研究，设计表面反应的类型、革新粉体改性技术，可使有机物、无机物及金属微粒等在高能机械外力的作用下，自组合(self-organization)成新颖的纳米相结构层，为粉体材料的改性和设计以及开发先进的无机-有机复合功能材料提供新的途径。

### 9.2.3　蒸发凝聚法

蒸发凝聚法是早期制备粉体的一种物理方法，蒸发法是将超微颗粒的原料加热、蒸发，所得产品颗粒一般在 5～100nm 之间。蒸发，使之成为原子或分子；再使许多原子或分子凝聚，生成极微细的超微颗粒。由于制备过程一般不伴有燃烧之类的化学反应，全过程都是物理变化过程，蒸发法制备超微颗粒属于纯粹的物理制备方法。

最早研究蒸发法制备金属超微颗粒的是东京大学名誉教授上田良二先生。大约在 20 世纪 40 年代初，上田良二先生采用真空蒸发法制备了 Zn 粉。随后，许多研究者开始对气体蒸发法超微颗粒技术进行研究，并在此基础上改进制备方法，开辟了多种技术手段制备各类超微颗粒。蒸发法制备超微颗粒大致上可分为：金属烟粒子结晶法、真空蒸发法、气体蒸发法几类。

#### 1. 金属烟粒子结晶法

金属烟粒子结晶法制备超微颗粒是早期研究的一种实验方法。将金属原料置于真空室电极处，真空室抽空(真空度 0.001Pa)，然后导入 100～1000Pa 压力的氩气或不活泼性气体,然后像通常的真空蒸发那样,用钨丝篮蒸发金属。在气体中,通过蒸发、凝聚产生的金属蒸气形成金属烟粒子,像煤烟粒子一样沉积于真空室的内壁上。在钨丝篮的上方或下方位置可以预先放置格网收集金属烟粒子样品,以备各类测试所用。金属烟粒子结晶法原理如图 9-19 所示。利用这种方法,早期制备的金属超微颗粒有 Mg、Al、Cr、Mn、Fe 等 15 种。随后许多学者采用金属烟粒子结晶法制备出各类合金、氧化物、碳化物的超微颗粒。

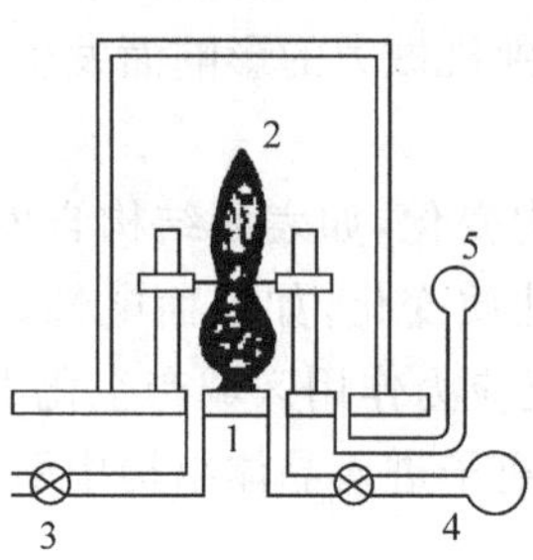


图 9-19　金属烟粒子结晶法原理图

1. 加热电极;2. 金属烟柱;3. 排气口;4. 惰性气体;5. 真空表

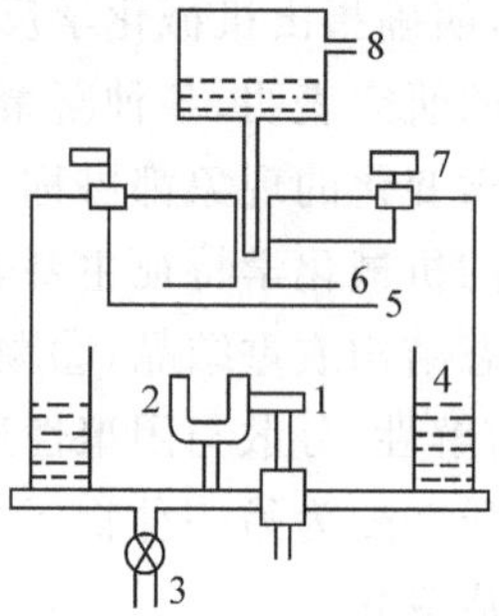


图 9-20　VEROS 法原理图

1. 电子枪;2. 水冷坩埚;3. 排气口;4. 载粒油;5. 挡板;6. 转盘;7. 电机;8. 储油器

2. 真空沉积法

真空沉积(VEROS)法是将物质在真空中连续地蒸发到流动的油面上,然后把含有超微颗粒的油回收到储存器内,再经过真空蒸馏、浓缩,从而实现在短时间制备大量超微颗粒,其原理如图 9-20 所示。

在高真空下的蒸发使用电子束加热,将原料加热、蒸发,然后将上部的挡板打开,让蒸发物沉积在旋转圆盘的下表面,由该盘中心向下表面供给的油,在圆盘旋转的离心力的作用下,沿下表面形成一层很薄的流动油膜,然后被甩在容器侧壁上。

在高真空下的蒸发沉积中,首先在基板上形成一种粒度与超微颗粒差不多的均匀附着物。随着沉积继续,这些附着物将连成一片,形成薄膜,最后生长成厚膜。这是高真空下蒸发物质的普遍现象。VEROS 法正是抓住了真空蒸发形成薄膜初期的关键,在成膜前利用流动油面在非常短的时间内将极细微粒加以收集,解决了极细超微颗粒的制备问题。这是普通气体蒸发法制备超微颗粒所实现不了的,因为普通的气体蒸发要长期蒸发物质方能生成大量的超微颗粒,因而颗粒粒径分布范围较宽。

VEROS 法的特点是可以得到平均粒径小于 10nm 的各类粉体,颗粒分布窄,而且彼此相互独立地分散于油介质中,为大量制备超微颗粒创造了条件。但是,

VEROS 法制备的超微颗粒太细，所以从油中分离出这些颗粒比较困难。

3. 气体蒸发法

蒸发法制备超微颗粒通常需要将原料加热到相当高的温度，使物质蒸发，并在低温下凝结。为了保证物质加热所需要的足够能量，又要使原料蒸发后快速凝结，就要求热源温度场分布空间范围尽量小、热源附近的温度梯度大。这样才能制得粒径小、粒度分布窄的超微颗粒。从这一前提出发，人们改进了电阻蒸发技术，研究了多种新技术手段来实现原料蒸发。其方法主要有：等离子体加热法、激光束加热蒸发法、电子束加热蒸发法、电弧放电加热蒸发法、高频感应电流加热蒸发法。

(1) 等离子体加热法。利用等离子体的高温实现对原料加热蒸发然后冷却成粉体。一般离子体焰流温度高达 2000K 以上，存在着大量的高活性原子、离子。当它们以 100～500m/s 的高速到达原料表面时，可使其熔融并大量迅速地溶解于熔体中，形成溶解的超饱和区、过饱和区和饱和区。这些原子、离子或分子与熔体对流与扩散使颗粒蒸发，同时原子或离子又重新结合成分子从熔体表面溢出，蒸发出的颗粒原子经急速冷却后收集，即得到各类粉体。等离子体加热蒸发法可以制备金属、合金或氧化物、碳化物、氮化物粉体。

(2) 激光束加热蒸发法。激光法是采用大功率激光束直接照射于各种靶材，通过原料对激光能量的有效吸收使物料蒸发，从而制备各类粉体。一般 $CO_2$ 和 YAG 大功率激光器均为能量密度很高的平行光束，经过透镜聚焦后，功率密度通常提高到 $10^4W/cm^2$ 以上，激光光斑作用在物料表面区域温度可达几千摄氏度。对于各类高熔点物质，可以使其熔化蒸发，制得相应的超微粉体。激光加热蒸发法制备超微颗粒具有很多优点，如激光光源可以独立地设置在蒸发系统外部，以致激光器不受蒸发室的影响；物料通过对入射激光能量的吸收，可以迅速被加热；激光束能量高度集中，周围环境温度梯度大，有利于超微颗粒的快速凝聚，从而制得粒径小、粒径分布窄的高品质超微颗粒。

(3) 电子束加热蒸发法。利用电子束加热各类物质，使其蒸发、凝聚，同样可以制备出各类粉体。电子束加热蒸发法的主要原理是：在加有高速电压的电子枪与蒸发室之间产生差压，使用电子透射聚焦电子束于待蒸发的物质表面，从而使物质被加热、蒸发、凝聚为细小的超微粉体。用电子束作为加热源可以获得很高的投入能量密度，特别适合用来蒸发 W、Ta、Pt 等高熔点金属，制备出相应的氧化物、碳化物、氮化物等超微粉体。

(4) 电弧放电加热蒸发法。电弧放电加热蒸发法是蒸发法制备超微颗粒的一种新尝试。以两块块状金属作为电极，使之产生电弧，从而使两块金属的表面熔融、蒸发，产生相应的粉体。这种方法特别适合于制备 $Al_2O_3$ 一类的金属氧化物超微粉体。

(5) 高频感应电流加热蒸发法。高频感应加热蒸发法制备超微颗粒是20世纪70年代初开发的一种新方法。这种方法的原理是:利用高频感应的强电流产生的热量使金属物料被加热、熔融,再蒸发而得到相应的超微粉体。采用高频感应加热蒸发法制得的粉体颗粒比较均匀,产量大,便于工业化生产。

### 9.2.4 离子溅射法

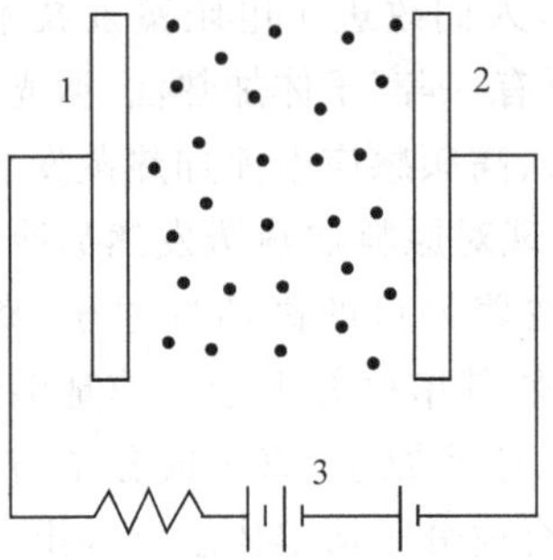


图9-21 溅射法原理图

1. Al阳极;2. 靶阴极(物料);3. 直流电源

离子溅射法一般用于物理制膜。近年来,有人将这种方法用来尝试制备超微颗粒膜。溅射法制备粉体的原理如图9-21所示。将两块金属板平行放置在Ar气中(低压环境,压强40～250Pa),一块为阳极,另一块为靶阴极材料。在两极之间加上数百伏的直流电压,使其产生辉光放电,两极板间辉光放电中的离子撞击在阴极上,靶材中的原子就会由其表面蒸发出来。调节放电电流、电压以及气体的压力,都可以实现对超微颗粒生成各因素的控制。

大矢弘男等在此基础上,在更高的压强下研究溅射法制备粉体的技术。在他们的研究中,靶的温度很高,其表面出现了熔融现象。在氢与氦的混合气体和13kPa下,加上直流产生放电,熔化了的靶材表面开始蒸发,形成超微颗粒。

溅射法制备粉体的蒸发面积大、颗粒收率高,制备的颗粒粒径均匀、粒度分布窄,利用反应性气体的反应性溅射,还可以制备各类复合材料和化合物的超细粉体。

### 9.2.5 冷冻干燥法

冷冻干燥法是由Landsberg和Schnettler等开发出来的,它是近几年发展起来用于制备各类新型粉体材料的一种方法。冷冻干燥法的基本原理是:先使溶液喷雾在冷冻剂中冷冻,然后在低温低压下真空干燥,将溶剂升华除去得到相应物质的超微颗粒。如果从水溶液出发制备超微颗粒,冻结后将冰升华除去,直接可获得超微颗粒。如果从熔融盐出发,冻结后需要进行热分解,最后得到相应的超微粉体。

冷冻干燥法首先要制备含有金属离子的溶液,再在制备好的溶液雾化成为微小液滴的同时迅速将其冻结固化。这样得到的冻结液滴经升华后,冰水全部汽化,制成无水盐,在较低的温度下煅烧后,就可以合成相应的各种超微粉体。

通过控制可溶性盐的均匀性、冻结速率以及金属离子在溶液中的均匀性都可以明显地改善超微颗粒的组分、均匀性及纯度。此外,经冻结干燥可生成多孔的透气性良好的干燥体，在煅烧时生成的气体易于排放，因此颗粒粉碎性好。

### 9.2.6　其他物理制备方法

(1) 火花放电法。从电晕放电到电弧放电的中间过渡放电称为电火花放电。火花放电持续时间很短，一般只有 $1\times10^{-7}\sim1\times10^{-5}$s，而这期间电压梯度则很高，通常为 $1\times10^{5}\sim1\times10^{6}$V/cm，相应的电流密度可达 $1\times10^{6}\sim1\times10^{9}$A/cm$^2$。因此，在极短的时间内火花放电所释放的能量极高，在放电瞬间可以产生高温。基于这一原理，利用在电极与被加工物之间的火花放电来进行放电加工已经被广泛应用。在放电加工中，被加工物会产生加工屑。20 世纪 70 年代，有人通过控制加工屑的生成过程，提出了电火花放电法制备微粉。其主要思想是：将电极插入金属颗粒的堆积层，利用电极放电在金属颗粒之间发生电火花，从而制备出相应的微粉。合成过程中，反复进行稳定的火花放电，就可以连续不断地产生火花及金属粉体。

(2) 活化氢-熔融反应法。这一方法的主要特征是将氢气混入等离子体中。这种混合等离子体再加热，待加热物料蒸发，制得相应的超微粉体，氢气的浓度增加会使超微颗粒的生成量增多。例如，在制备纯铁的超微颗粒中，在 50% $H_2$ 制成的 Ar 等离子体混合气体中，电弧电压为 30～40V，电弧电流为 15～170A 时，可获得 20mg/s 的产率。

### 9.2.7　物理法制备粉体技术的发展

粉体制备技术涉及多种学科和领域，是一门由化学、化工、物理、冶金、材料、资源等学科相互交叉而又有机联系起来的新学科，其中着重于规律性的、带有普遍意义的学科问题主要有：粉体物质结构与理化性质的深入研究、粉体实用化技术的基础研究和粉体制备技术的理论研究。采用新的方法、手段揭示粉体颗粒性能随粒径变化的规律，开发粉体特性的稳定化技术，解决粉体的团聚、分散难题。通过粉体材料的高纯化、复合化、功能化和精细化加工，实现粉体的本身特性，实现不同领域对粉体颗粒度、粒度分布、颗粒形状、比表面、孔容、孔径、晶相、导电、磁性、光吸收、光导等一系列性能的不同要求。主要内容涉及：①获得均一粒径或窄粒级粉体的物理加工技术和设备；②保持层状、多孔等特殊矿物结构形状的物理加工技术；③粉体的复合和功能化技术，无机粉体与聚合物、纳米材料的复合；④粉体复合技术的界面问题；⑤粉体特性的高效表征及其应用性能。

## 9.3　粉体的化学合成

目前，人们已经发展了多种化学方法合成各类粉体。粉体的化学合成是从物质的原子、离子或分子入手，经过化学反应形成晶核以产生晶粒，并使晶粒在控制之下长大到其尺寸达到要求的大小。化学合成粉体的优点是能得到极微细的颗粒，即纳米颗粒，且颗粒尺寸比较均匀，颗粒的纯度高；其不足之处是制备过程比较复杂、产量较低、成本较高。

按照物质的原始状态分类，可将粉体化学合成方法分为气相法、液相法和固相法。

### 9.3.1 气相法

1. 气相化学反应法

气相化学反应法制备纳米颗粒是利用挥发性的金属化合物的蒸气，通过化学反应生成所需要的化合物，在保护气体环境下快速冷凝，从而制备各类物质的纳米颗粒。按体系反应类型可将气相化学反应法分为气相分解和气相合成两类方法；按反应前原料物态划分，又可分为气-气反应法、气-固反应法和气-液反应法。要使化学反应发生，还必须活化反应物系分子，一般利用加热和射线辐照方式来活化反应物系的分子。通常气相化学反应物系活化方式有电阻炉加热、化学火焰加热、等离子体加热、激光诱导、$\gamma$ 射线辐射等多种方式。

(1) 气相分解法。气相分解法又称单一化合物热分解法。一般是对待分解的化合物或经预处理的中间化合物进行加热、蒸发、分解，得到目标物质的纳米颗粒。热分解一般具有下列反应形式

$$A(g) \longrightarrow B(s) + C(g)\uparrow$$

气相热分解的原料通常是容易挥发、蒸气压高、反应性高的有机硅、金属氮化物或其他化合物，如 $Fe(CO)_5$、$SiH_4$、$Si(NH)_2$、$Si(OH)_4$ 等，其相应的化学反应式如下

$$Fe(CO)_5(g) \xrightarrow{\triangle} Fe(s) + 5CO(g)\uparrow$$

$$SiH_4(g) \xrightarrow{\triangle} Si(s) + 2H_2(g)\uparrow$$

$$3[Si(NH)_2] \xrightarrow{\triangle} Si_3N_4(s) + 2NH_3(g)\uparrow$$

$$2Si(OH)_4 \xrightarrow{\triangle} 2SiO_2(s) + 4H_2O(g)\uparrow$$

如果采用激光热解法制备纳米颗粒，需要考虑原料应对相应的激光束具有较强的吸收，如 $SiH_4$ 对 $CO_2$ 的 10.6$\mu$m 波段具有很强的吸收能力，而 $CH_3SiCl_3$ 类有机硅化合物不能直接吸收激光光子。当选择这类物质作为激光热解原料时，要在体系中加入光敏剂 $SF_6$，才有可能得到分解产物 SiC 纳米颗粒。对某些氧化物纳米颗粒，如 $Al_2O_3$、$ZrO_2$ 等，可通过相应溶液喷入等离子体中，经高温等离子体使溶液干燥，并使盐类分解挥发而制得这些物质的纳米颗粒。

当采用金属卤化物气相热解制备相应金属纳米颗粒时，通常还需要在反应体系中加入 $H_2$ 与 $NH_3$ 一类的还原性气体。这类反应已不再是单元的气相分解反应，而是多元反应。

(2) 气相合成法。气相合成法通常是利用两种以上物质之间的气相化学反应，在高温下合成出相应的化合物，再经过快速冷凝，从而制备各类物质的纳米颗粒。利用气相合成法可以进行多种纳米颗粒的合成，具有灵活性和互换性，其反应形式可以表示为

$$A(g)+B(g)\longrightarrow C(s)+D(g)\uparrow$$

依靠气相化学反应合成纳米颗粒，是由于气相下均匀核生成及核生长而产生的，反应气需要形成较高的过饱和度，反应体系要有较大的平衡常数。表 9-5 中列出了几类典型反应体系及相应的平衡常数。此外，还要考虑反应体系在高温条件下各种副反应发生的可能性，并在制备过程中尽可能加以抑制。气相反应法制备纳米颗粒具有多方面优点，如产物纯度高、颗粒分散性好、颗粒均匀、粒径小、粒径分布窄、粒子比表面积大、化学反应性与活性高等。气相化学反应法适合制备各类金属、氯化物、氮化物、碳化物、硼化物等纳米颗粒。特别是通过控制气体介质和相应的合成工艺参数，可以合成高质量的各类物质的纳米颗粒。

**表 9-5　几类典型反应体系及其相应的平衡常数**

| 化学反应方程 | 平衡常数 $\lg K_p$ | | 产物粒径/nm |
|---|---|---|---|
| | 1273K | 1773K | |
| $SiCl_4(g)+4/3NH_3(g)\longrightarrow 1/3Si_3N_4(s)+4HCl(g)\uparrow$ | 6.3 | 7.5 | 10～100 |
| $SiH_4(g)+4/3NH_3(g)\longrightarrow 1/3Si_3N_4(s)+4H_2(g)\uparrow$ | 15.7 | 13.5 | <200 |
| $SiCl_4(g)+CH_4(g)\longrightarrow SiC(s)+4HCl(g)\uparrow$ | 1.3 | 4.7 | 5～50 |
| $CH_3SiCl_3(g)\longrightarrow SiC(s)+3HCl(g)\uparrow$ | 4.5 | 6.3 | <30 |
| $SiH_4(g)+CH_4(g)\longrightarrow SiC(s)+4H_2(g)\uparrow$ | 10.7 | 10.7 | 10～100 |
| $(CH_3)_4Si(g)\longrightarrow SiC(s)+3CH_4(g)\uparrow$ | 11.1 | 10.8 | 10～200 |
| $TiCl_4(g)+NH_3(g)+1/2H_2(g)\longrightarrow TiN(s)+4HCl(g)\uparrow$ | 4.5 | 5.8 | 10～400 |
| $TiCl_4(g)+CH_4(g)\longrightarrow TiC(s)+4HCl(g)\uparrow$ | 0.7 | 4.1 | 10～200 |
| $TiI_4(g)+CH_4(g)\longrightarrow TiC(s)+4HI(g)\uparrow$ | 0.8 | 4.2 | 10～150 |
| $TiI_4(g)+1/2C_2H_4(g)+H_2(g)\longrightarrow TiC(s)+4HI(g)\uparrow$ | 1.6 | 3.8 | 10～200 |
| $ZrCl_4(g)+NH_3(g)+1/2H_2(g)\longrightarrow ZrN(s)+4HCl(g)\uparrow$ | 1.2 | 3.3 | <100 |
| $MoCl_3(g)+1/2CH_4(g)+3/2H_2(g)\longrightarrow 1/2MoC(s)+5HCl(g)\uparrow$ | 19.7 | 18.1 | 200～400 |
| $MoO_2(g)+1/2CH_4(g)+2H_2(g)\longrightarrow 1/2Mo_2C(s)+3H_2O(g)\uparrow$ | 11.0 | 8.0 | 10～30 |
| $WCl_6(g)+CH_4(g)+H_2(g)\longrightarrow WC(s)+6HCl(g)\uparrow$ | 22.5 | 22.0 | 20～300 |

### 2. 激光诱导气相化学反应法

自20世纪60年代初激光问世以来，激光技术迅速发展并被广泛地应用于各个领域，其中的一个重要领域是新材料合成。20世纪70年代以后，人们开始研究依靠激光激发引起气体、液体、固体表面的化学反应以合成纳米颗粒为目的的化学反应机制。利用激光来引发、活化反应物系，合成高品位的纳米颗粒的工作最初源于美国。1978年，美国MT材料与能源研究所的W.R.Cannon和J.S.Haggerty等提出了激光诱导气相化学反应合成硅系纳米颗粒的实验方法：利用150W $CO_2$激光束直接照射$SiH_4$和$NH_3$混合反应气体，引起反应火焰，从而在瞬间诱发原子、分子级的化学反应，制得Si、$Si_3N_4$和SiC等纳米颗粒。目前，采用激光法已经制备出各种金属氧化物、碳化物、氮化物等纳米颗粒，其中有相当一部分研究成果已经开始走向工业化。

激光诱导气相化学反应法是利用激光光子能量加热反应体系，从而制备纳米颗粒的一种方法，其基本原理是：利用大功率激光器的激光束照射于反应气体，反应气体通过对入射激光光子的强吸收，气体分子或原子在瞬间得到加热、活化，在极短的时间内完成反应、成核、凝聚、生长等过程，从而制得相应物质的纳米颗粒。根据J.S.Haggerty的估算，激光加热速率为$1\times10^6\sim1\times10^8$℃/s，加热到反应最高温度的时间小于$1\times10^{-4}$s。被加热的反应气流将在反应区域内形成稳定分布的火焰，火焰中心处的温度一般远高于相应化学反应所需要的温度。因此，反应在$1\times10^{-3}$s内即可完成。生成的核粒子在载气流的吹送下迅速脱离反应区，经短暂的生长过程到达收集室，如图9－22所示。

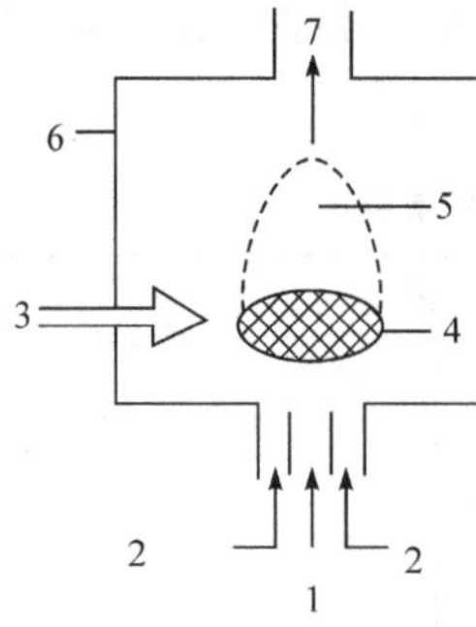


图9－22　激光法合成纳米颗粒原理
1. 反应气；2. 保护气；3. 激光束；4. 反应区；5. 反应焰；6. 冷壁；7. 收集室入口

事实上，纳米颗粒的生成机理比较复杂，反应-成核-凝并-生长过程本身也不一定存在明确的过程界限。采用激光法可以制备均匀、高纯、超细、粒度窄分布的各类纳米颗粒，是制备纳米颗粒的一种较好的方法。

### 3. 等离子体加强气相化学反应法

等离子体是物质存在的第四种状态。它由电离的导电气体组成，其中包括六种典型的粒子，即电子、正离子、负离子、激发态的原子或分子、基态的原子或分子以及光子。事实上，等离子体就是由上述大量正、负带电粒子和中性粒子组成的，并表现出集体行为的一种准中性气体。目前，产生等离子体的技术很多，如直流电弧等离子体、射频等离子体、混合等离子体、微波等离子体等。按等离子体火焰温度分类，可将等离子体分为热等离子体和冷等离子体。这里的区分标准一般是按照电场强度与气体压强之比（$E/p$），即将该比值较低的等离子体称为热等离子体，该比值高的称为冷等离子体。无论是热等离子体，还是冷等离子体，相应火焰温度都可以达到 3000K 以上，这样高的温度可以应用于材料切割、焊接、表面改性，甚至材料合成。

等离子体是一种高温、高活性、离子化的导电气体。处于等离子体状态下的物质微粒通过相互作用可以很快地获得高温、高焰、高活性，这些微粒将具有很高的化学活性和反应性，在一定的条件下获得比较完全的反应产物。因此，利用等离子体空间作为加热、蒸发和反应空间，可以制备出各类物质的纳米颗粒。

等离子体法制备纳米颗粒的基本原理是：在等离子体发生装置中引入干燥气体，使干燥气体电离，并在反应室中形成稳定的高温等离子体焰流。等离子体高温焰流中的活性原子、分子、离子或电子以高速射到各种金属或化合物原料表面，使原料瞬间加热、熔融并蒸发，蒸发的气相原料与等离子体或反应性气体发生气相化学反应、成核、凝并、生长，并迅速脱离反应区域，经过短暂的快速冷凝过程后，得到相应物质的纳米颗粒。纳米颗粒经载气携带进入收集装置中，尾气经处理后排出或经分离纯化后循环使用，如图 9－23 所示。采用直流与射频混合式的等离子体技术，或采用微波等离子体技术，可以实现无极放电。这样可以在一定程度上避免因电极材料污染而造成的杂质引入，制备出高纯度的纳米颗粒。

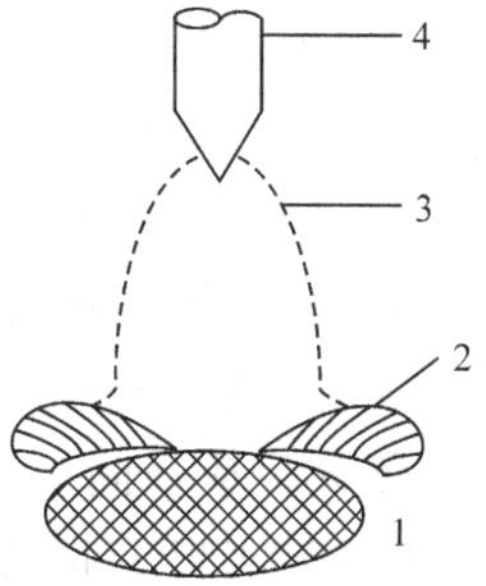


图 9－23　等离子体法制备纳米颗粒的原理

1. 熔融原料；2. 原料蒸气；3. 等离子体或反应气体；4. 电极

用等离子体气相化学反应法可以制备各种金属、金属氧化物、氮化物、碳化合物的纳米颗粒。如采用等离子体火焰直接蒸发各种金属，在惰性气体保护下可以获得相应的金属纳米颗粒。也可利用等离子体直接蒸发金属化合物，在很高的温度下使金属化合物热分解，得到相应的金属纳米颗粒。采用反应性等离子体蒸发法，在输入金属和保护性气体的同时，再输入相应的各种反应性气体，可以合成出各种化合物的纳米颗粒。同样道理，采用等离子体化学气相沉积法，输入各种化合物气体和保护性的惰性气体，并输入相应的反应性气体，可以合成出各类化合物的纳米颗粒。等离子体法制备纳米颗粒的实验装置主要包括等离子体发生装置、反应装置、冷却装置、收集装置和尾气处理装置等几个部分。相应的制备过程主要有：等离子体产生、原料蒸发、化学反应、冷却凝聚、颗粒捕集和尾气处理等过程，如图 9－24 所示。

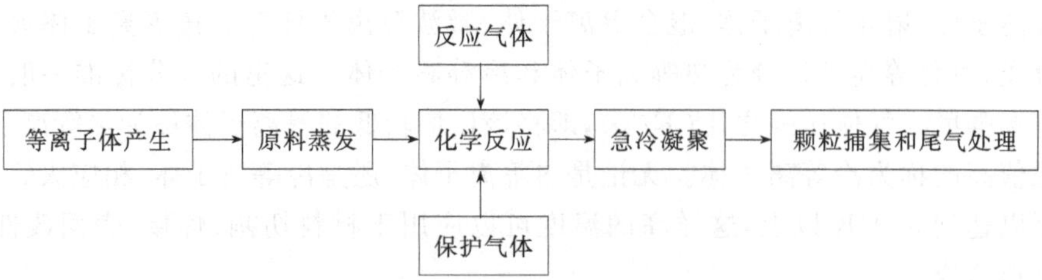


图 9-24 等离子体法制备纳米粒子实验流程图

制备过程中,反应室的温度场分布、反应物浓度、压力以及产物的凝聚温度与速率对生成纳米颗粒的物理化学性质都有重要影响。

事实上,当等离子体高温焰流中心的高活性原子、离子或分子达到原料表面时,就会使原料熔融,并迅速溶解于原料熔体中,使原料体内形成溶解的超饱和区、过饱和区和饱和区,引起原料的蒸发和相应的化学反应发生。等离子体尾焰区的温度也较高,离开尾焰区的反应物迅速离解并成核结晶。脱离尾焰区后,温度骤然下降而使反应产物微粒处于过饱和态核结晶同时猝灭而形成纳米颗粒。

采用等离子体气相化学反应法制备物质的纳米颗粒具有很多优点:等离子体中具有较高的电密度和离解度,可以得到多种活性组分,有利于各类化学反应进行;等离子体反应空间大,可以使相应的物质化学反应完全;与激光法比较,等离子体技术更容易实现工业化生产,这是等离子体法制备纳米颗粒的一个明显优势。

### 9.3.2 液相法

#### 1. 沉淀法

沉淀法通常是指含一种或多种离子的可溶性盐溶液,加入沉淀剂(如 $OH^-$、$C_2O_4^-$ 等),或于一定温度下使溶液发生水解,形成不溶性的氢氧化物、水合氧化物或盐类的前驱体沉淀物从溶液中析出,经固-液分离,并将沉淀物洗涤以洗去其中的阴离子,经热分解或脱水即得到所需的氧化物粉料。例如,利用金属盐或氢氧化物的溶解度,调节溶液酸度、温度、溶剂,使其沉淀并通过过滤使沉淀物与溶液分离,然后对沉淀物进行洗涤、干燥、加热处理制成纳米颗粒。其粒径通常取决于沉淀物的溶解度。沉淀物的溶解度越小,相应颗粒径也越小。颗粒的粒径随溶液的过饱和度减小呈增大趋势。沉淀法制备纳米颗粒主要分为共沉淀法、均匀沉淀法、化合物沉淀法、水解沉淀法等多种。

(1) 共沉淀法。含多种阳离子的溶液中加入沉淀剂后,所有离子完全沉淀的方法称为共沉淀法。它又可分成单相化合物共沉淀和混合物的共沉淀。

沉淀物为单一化合物或单相固溶体时,称为单相共沉淀。这是使溶液中金属离子按化学计量比来配制溶液,得到化学计量化合物形式的单相沉淀物。这样,当沉淀颗粒的金属元素之比等于产物化合物金属元素之比时,沉淀物可以达到在原子尺度上的组成均匀性。对于二元以上金属元素组成的化合物,当金属元素之比呈现简单的整数化时,可以保证生成化合物的均匀性组合。例如,在 Ba、Ti 的硝酸盐溶液中加入草酸沉淀剂后,形成了单相化合物 $BaTiO(C_2O_4)_2 \cdot 4H_2O$ 沉淀;在 $BaCl_2$ 和 $TiCl_4$ 的混合水溶液中加入草酸后也可得到单一化合物 $BaTiO(C_2O_4)_2 \cdot 4H_2O$ 沉淀。经高温(450～750℃)加热分解,经过一系列反应可制得 $BaTiO_3$ 粉料。这种方法的缺点是适用范围很窄,仅对有限的草酸盐沉淀适用,如二价金属的草酸盐间产生固溶体沉淀。

采用单相共沉淀法可对多种草酸盐化合物进行操作,如 $BaSn(C_2O_4)_2 \cdot 12H_2O$、$CaZrO(C_2O_4)_2 \cdot 2H_2O$ 等,从而制得 $BaSnO_3$ 和 $CaZrO_3$ 等纳米颗粒。

如果沉淀产物为混合物时,称为混合物共沉淀。这种方法能将各种阴离子在溶液中实现原子级的混合。从化学平衡理论来看,主要的操作参数是溶液的 pH。通常使用氢氧化物、碳酸盐、硫酸盐、草酸盐等,这些物质配成共沉淀溶液时,其 pH 具有很灵活的调解范围。

一个很普通的例子是四方氧化锆或全稳定立方氧化锆的共沉淀制备。用 $ZrOCl_2 \cdot 5H_5O$ 和 $Y_2O_3$ 为原料来制备 $ZrO_2$-$Y_2O_3$ 的纳米颗粒的过程如下:$Y_2O_3$ 用盐酸溶解得到 $YCl_3$,然后将 $ZrOCl_2 \cdot 5H_5O$ 和 $YCl_3$ 配制成一定浓度的混合溶液,在其中加 $NH_4OH$ 后便有 $Zr(OH)_4$ 和 $Y(OH)_3$ 的沉淀粒子缓慢形成,反应式如下

$$ZrOCl_2 + 2\ NH_4OH + H_2O \longrightarrow Zr(OH)_4 \downarrow + 2NH_4Cl$$

$$YCl_3 + 3NH_4OH \longrightarrow Y(OH)_3 \downarrow + 3NH_4Cl$$

得到的氢氧化物共沉淀物经洗涤、脱水、煅烧可得到具有很好烧结活性的 $ZrO_2$-$Y_2O_3$ 微粒。

混合物共沉淀过程是非常复杂的。溶液中不同种类的阳离子不能同时沉淀,各种离子沉淀的先后与溶液的 pH 密切相关。例如,Zr、Y、Mg、Ca 的氯化物溶入水形成溶液,随 pH 的逐渐增大,各种金属离子发生沉淀的 pH 范围不同,如图 9-25所示。上述各种离子分别进行沉淀,形成了水、氢氧化锆和其他氢氧化物微粒的混合沉淀物。为了获得沉淀的均匀性,通常是将含多种阳离子的盐溶液慢慢加到过量的沉淀剂中并进行激烈搅拌,使所有沉淀离子的浓度远远超过沉淀的平衡浓度,尽量使各组分按比例同时沉淀出来,从而得到较均匀的沉淀物,但由于组分之间沉淀产生的浓度及沉淀速度存在差异,故溶液的原始原子水平的均匀性可能部分地失去。在使沉淀物向产物化合物转变而进行加热反应时,也很难控制其组成的均匀性。

共沉淀法在本质上还是分别沉淀,其沉淀物是一种混合物。如何弥补共沉淀法的缺点并在原子尺寸上实现成分的均匀混合,还需进行深入探索。

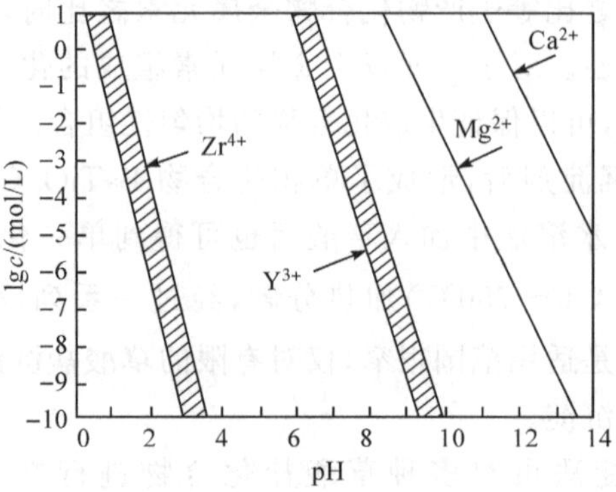


图 9-25　水溶液中锆离子和稳定剂离子的浓度与 pH 的关系

(2) 均匀沉淀法。一般的沉淀过程是不平衡的，但如果控制溶液中的沉淀剂浓度，使之缓慢地增加，溶液中的沉淀将处于平衡状态，沉淀能在整个溶液中均匀地出现，这种方法称为均相沉淀。通常是通过溶液中的化学反应使沉淀剂慢慢地生成，从而避免由外部向溶液中加沉淀剂造成沉淀剂的局部不均匀性，而使沉淀不能在整个溶液中均匀出现的缺点。例如，随着尿素水溶液的温度逐渐升高至 70℃ 附近，尿素会发生分解，即

$$(NH_2)_2CO + 3H_2O \longrightarrow 2NH_4OH + CO_2\uparrow$$

由此生成的沉淀剂 $NH_4OH$ 在金属盐的溶液中分布均匀，浓度低，使沉淀物均匀地生成。由于尿素的分解速度受加热温度和尿素浓度的控制，因此可以使尿素分解速度降得很低。有人采用低的尿素分解速度来制得单晶微粒，用此种方法可制备多种盐的均匀沉淀，如铝盐颗粒以及球形 $Al(OH)_3$ 粒子。

(3) 水解沉淀法。许多化合物可采用水解法生成相应的沉淀物，用来制备纳米颗粒。一般是利用氢氧化物、水合物，原料的水解反应对象是金属盐和水。配制水溶液的原料是各类无机盐，如氯化物、硫酸盐、硝酸盐、铵盐等。此外，还经常采用金属醇盐。

无机盐水解沉淀的原理是：通过配制无机盐的水合物，控制其水解条件，合成单分散性的球、立方体等形状的纳米颗粒。这种方法目前正广泛地应用于各类新材料的合成，具有广泛应用前景。例如，通过对钛盐溶液的水解可使其沉淀，合成球状的单分散形态的 $TiO_2$ 纳米颗粒；通过水解三价铁盐溶液，可以得 $\alpha$-$Fe_2O_3$ 纳米颗粒。

金属醇盐是有机金属化合物的一种，可用通式 $M(OR)_x$ 表示。金属醇盐是由醇 ROH 中羟基的 H 被金属 M 置换而形成的一种诱导体，所以它通常表现出与羟基化合物相同的化学性质，如强碱性、酸性等。金属有机醇盐溶于有机溶剂可能发生水解，生成氧化物、氢氧化物、水合物的沉淀。利用这一原理，可以由多种醇盐出

发，通过水解、沉淀、干燥等操作制得各类氧化物陶瓷纳米颗粒。

当醇盐水解沉淀物是氧化物时，可对其直接干燥制得相应的陶瓷纳米颗粒；当沉淀物为氢氧化物或水合物时，需要经过煅烧处理，得到各类陶瓷氧化物纳米颗粒。迄今为止，人们采用醇盐水解沉淀法制备了许多氧化物陶瓷纳米颗粒。此种制备方法有以下特点：①采用有机试剂作金属醇盐的溶剂，由于有机试剂纯度高，因此氧化物粉体纯度高；②可制备化学计量的复合金属氧化物粉末。

2. 水热合成法

水热合成法是液相中制备纳米颗粒的一种新方法。一般是在 100～350℃温度下和高气压环境下使无机或有机化合物与水化合，通过对加速渗析反应和物理过程的控制，得到改进的无机物，再经过滤、洗涤、干燥，从而得到高纯、超细的各类微颗粒。

水热合成法可以在两种不同的实验环境下进行：其一为密闭静态，即将金属盐溶液或其沉淀物置入高压反应釜内，密闭后加以恒温，在静止状态下长时间保温；其二为密闭动态，即在高压釜内加磁性转子，将高压釜置于电磁搅拌器上，在动态的环境下保温。一般动态反应条件下可以大大加快合成速率。

目前，水热合成法作为一种新技术已经引起人们的重视。其中日本开发的水热合成法独具特色，它是将金属盐溶解于高温高压的水中，得到粒径、形状和成分均匀的高质量氧化锆、氧化铝和磁性氧化铁纳米颗粒。

3. 喷雾热解法

喷雾热解法的原理是将含所需正离子的某种金属盐的溶液喷成雾状，送入加热设定的反应室内，通过化学反应生成微细的粉末颗粒。一般情况下，金属盐的溶剂中需要加入可燃性溶剂，利用其燃烧热分解金属盐。喷雾热解法制备纳米颗粒的主要过程有溶液配制、喷雾、反应、收集四个基本环节。从这个意义讲，也有人将喷雾热解法归为物理方法。根据对喷雾液滴热处理的方式不同，可以把喷雾热解法分为喷雾干燥、喷雾水解、喷雾焙烧和喷雾燃烧四类。

(1) 喷雾干燥法。将制成的金属盐水溶液或微乳液靠喷嘴高速喷成雾状物来实现微粒化的一种方法，将液滴喷入干燥室干燥并随即捕集，捕集后直接或经过热处理得到各种化合物的纳米颗粒。利用这种方法可以制得 Ni、Zn、Fe 的铁氧体及 $CeO_2$ 纳米颗粒。具体程序是：将镍、锌、铁的硫酸盐的混合水溶液喷雾，获得 10～20$\mu$m 混合硫酸盐的球状粒子，经 800～1000℃焙烧，即可获得镍锌铁氧体软磁超微粒子，该粒子由 200nm 的颗粒组成。

(2) 喷雾水解法。将一种盐的超微粒子，由惰性气体载入含有金属醇盐的蒸气室，金属醇盐蒸气附着在超微粒的表面，与水蒸气反应进行水解，形成单分散性的氢氧化物微粒，经焙烧后获得氧化物的超微颗粒。这种方法获得的微粒纯度高、分布窄、尺寸可控，具体尺寸大小主要取决于盐的微粒大小。高纯 $Al_2O_3$ 超微颗粒可采用此法制备。具体过程是：将载有氯化银超微粒的氦气(868～923K)通过铝丁醇盐的蒸气室，氦气流速为 500～2000cm/min，铝丁醇盐蒸气室的温度为 395～428K，醇盐蒸气压<1133Pa，在蒸气室形成以铝丁醇盐、氯化银和氦气组成的饱和混合气体。经冷凝器冷却后获得了气态溶胶，在水分解器中与水反应分解成勃母石(boehmite)或水铝石(diaspore)亚微米级的微粒，经热处理可获得的 $Al_2O_3$ 的超细微粒。

(3) 喷雾焙烧法。将金属盐溶液经压缩空气由窄小的喷嘴喷出而雾化成小液滴，雾化室温度较高，金属盐小液滴热解生成了超微粒子。例如，硝酸镁和硝酸铝的混合溶液经此法可合成镁铝尖晶石，溶剂是水与甲醇的混合溶液，粒径大小取决于盐的浓度和溶剂浓度，粒径为亚微米级，由几十纳米的一次颗粒构成。

(4) 喷雾燃烧法。将金属盐溶液用氧气雾化后，在高温下燃烧分解而制得相应的纳米颗粒。喷雾热解法属于气-液反应一类的方法，因为其原料制备过程是液相法，而其部分化学反应又是气相法。该方法集中了气、液法两者的优点，这些优点表现为：可以方便地制备多种组分的复合物质粉末颗粒，颗粒分布均匀、颗粒形状好，一般呈理想的球状；制备过程简单，从配制溶液到颗粒形成，几乎是一步到位。

#### 4. 溶胶-凝胶法

溶胶-凝胶法制备纳米颗粒的基本原理是：以液态的化学试剂配制金属无机盐或金属醇盐前驱物，前驱物溶于溶剂中形成均匀的溶液，溶质与溶剂产生水解或醇解反应，反应生成物经聚集后一般生成 1nm 左右的粒子并形成溶胶。通常要求反应物在液相下均匀混合、均匀反应，反应生成物是稳定的溶胶体系，在反应过程中不应该有沉淀发生，经过长时间放置或干燥处理溶胶会转化为凝胶。

在凝胶中通常还含有大量的液相，需要借助萃取或蒸发除去液体介质，并在远低于传统的烧结温度下热处理，形成相应物质的微粒。用溶胶-凝胶法制备纳米颗粒的过程中，最重要的就是溶胶和凝胶的生成。过程中依次要发生水解反应和缩聚反应，其典型的反应式为

$$M(OR)_n + xH_2O \longrightarrow M(OH)_x(OR)_{n-x} + xROH$$

$$—M—OH + HO—M \longrightarrow —M—O—M + H_2O$$

(失水缩聚)

$$—M—OR + HO—M \longrightarrow —M—O—M + ROH$$

(失醇缩聚)

控制溶胶-凝胶化的参数很多，也比较复杂。目前多数人认为有四个主要参数

对溶胶-凝胶化过程有重要影响,即溶液的 pH、溶液的浓度、反应温度和反应时间。溶胶-凝胶过程中的前驱体既有无机化合物,又有有机化合物,它们的水解反应有所不同。对于金属无机盐在水溶液中的水解,相应的水解行为常受到金属离子半径大小、电负性、配值数等因素的影响。对于金属醇盐类的水解反应,影响因素较多,有无催化剂和催化剂的种类、水与醇盐的物质的量比、醇盐的种类、溶剂的种类及用量、水解温度等。此外,金属醇盐的水解反应还与溶剂的极性、偶极矩有关。缩聚反应通常与水解反应相伴随发生,一般也要受到溶液中 pH 的影响,还要受到盐类性质的影响。

5.γ 射线辐照法

γ 射线辐照制备各类金属纳米颗粒是近年来发展起来的一种新方法,其基本原理是:金属盐溶液在 γ 射线辐照下逐级还原成金属纳米粒子,因而是一种物理手段与化学反应相结合的方法,工艺简单易行,可以在常温常压下操作,易于扩大生产规模,特别是颗粒的生成和颗粒粒径保护可以同步进行,从而有效地防止了颗粒的团聚。采用该方法还可以制备载有金属微粒的金属氧化物纳米颗粒。然而,γ 射线辐射法的产物处于离散胶体状态,因此颗粒的收集相当困难。为此,人们又将 γ 射线辐照与水热结晶技术结合起来制备各类纳米颗粒。

γ 射线-水热结晶联合法制备纳米颗粒的基本过程是:首先配制金属盐溶液,然后采用 γ 射线辐照金属盐溶液,使水溶液产生辐照化学反应,在水溶液中形成水合粒子,从而导致一系列的后续还原反应成核,最后将成核聚集的金属纳米颗粒溶液置于高压容器内进行水热结晶,即得到各种粉状的金属纳米颗粒。其反应主要包括以下过程:

$$H_2O \xrightarrow{\gamma\text{射线}} u, H_3O^+, H^+, H_2, OH^-, H_2O$$

$$e + M^{m+} \xrightarrow{\gamma\text{射线}} M^{(m-1)+}$$

$$e + M^{(m-1)+} \xrightarrow{\gamma\text{射线}} M^{(m-2)+}$$

$$e + M^+ \xrightarrow{\gamma\text{射线}} M^0$$

$$nM^0 \longrightarrow M_1, M_2, M_3, \cdots, M_{a99}$$

（金属纳米颗粒聚集体）

$$M_1, M_2, M_3, \cdots, M_{a99} \xrightarrow{\text{高压水热结晶}} M_1, M_2, M_3, \cdots, M_{a99}$$

（液相）　　　　（结晶粉状）

6. 电子辐照法

同 γ 射线辐照法相似，电子辐照也是一种在射线辐照下进行化学反应的方法。采用电子束辐照于各类反应体系，可以加速相应体系的正向化学反应进行。其反应机理就在于，反应体系分子或原子对入射电子束能量具有吸收性，从而提高了反应物系分子或原子的活性和化学反应性。针对各类非晶纳米颗粒，采用电子辐照，同样可以加速非晶颗粒的结晶速率。因此，电子辐照法也可以看作是非晶体颗粒结晶化处理的一种方法。已经发现，$TiO_2$ 非晶纳米颗粒在电子束辐照下会导致粒子迅速结晶，使相应晶粒的稳定性大大增加。

7. 相转移法

相转移法制备纳米颗粒的基本原理是：将原料预先制备成胶体，然后加入适当的表面活性剂和有机溶剂，从而制得含有合成目标物质组分的混合沉淀物。再经过适当的物理操作，如搅拌、层析等，除去水相，再除去有机相，最后制得相应物质的纳米颗粒。由于在制备过程中涉及多次相转变，因此这种方法被命名为相转移法。相转移法制备纳米颗粒过程的流程如图 9-26 所示。

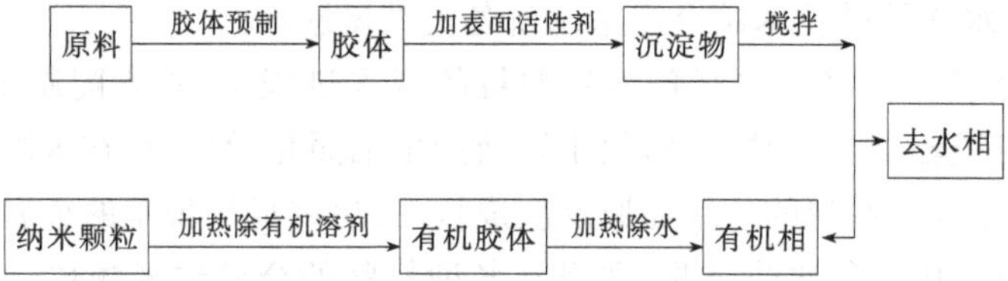


图 9-26　相转移法制备纳米颗粒过程的流程图

### 9.3.3 固相法

1. 化合或还原-化合法

直接化合的反应通式可写为

$$Me + X = MeX$$

式中：Me，X——金属和非金属元素。

为了叙述方便，采用气体反应剂 $N_2$ 合成氮化物的方法也归并在固相法中叙述。目前，用碳直接碳化仍然是制取碳化物粉体最主要的工业方法。在许多情况下，常常用金属氧化物代替金属，那么，这时的反应通式变为

$$MeO + 2X \longrightarrow MeX + XO\uparrow$$

在温度较低时

$$MeO + 2X = MeX + XO\uparrow$$

用此法生产氮化物时，有时用 $NH_3$ 作氮化气氛代替 $N_2$，反应式变为

$$2Me + 2NH_3 \longrightarrow 2MeN + 3H_2\uparrow$$

在许多情况下，以上反应式常有碳参加

$$2MeO + N_2(或\ NH_3) + 2C \longrightarrow 2MeN + 2CO + (H_2O + H_2)$$

两种固态化合物粉直接反应可以生成复杂化合物粉，例如

$$BaCO_3 + TiO_2 \xrightarrow{1100 \sim 1150℃} BaO \cdot TiO_2 + CO_2$$

$$Al_2O_3 + MgO \longrightarrow MgAl_2O_4(尖晶石)$$

$$3Al_2O_3 + 2SiO_2 \longrightarrow 3Al_2O_3 \cdot 2SiO_2(莫来石)$$

用这一方法还可以生产多种碳化物、硅化物、氮化物粉体，其反应和基本工艺条件归纳如表 9-6、表 9-7 和表 9-8。

**表 9-6　化合或还原-化合法制取碳化物粉体**

| 碳化物 | 组分 | 炉内气氛 | 温度范围/℃ |
|---|---|---|---|
| TiC | Ti($TiH_2$)+炭黑，$TiO_2$+炭黑 | $H_2$、CO、$C_nH_m$ | 2200～2300 |
| | $TiO_2$+炭黑 | 真空 | 1600～1800 |
| ZrC | Zr($ZrH_2$)+炭黑，$ZrO_2$+炭黑 | $H_2$、CO、$C_nH_m$ | 1800～2300 |
| | $ZrO_2$+炭黑 | 真空 | 1700～1900 |
| HfC | Hf+炭黑，$HfO_2$+炭黑 | $H_2$、CO、$C_nH_m$ | 1900～2300 |
| VC | V+炭黑，$V_2O_5$+炭黑 | $H_2$、CO、$C_nH_m$ | 1100～1200 |
| NbC | Nb+炭黑 | $H_2$、CO、$C_nH_m$ | 1400～1500 |
| | | 真空 | 1200～1300 |
| | $Nb_2O_5$+炭黑 | $H_2$、CO、$C_nH_m$ | 1900～2000 |
| | | 真空 | 1600～1700 |
| TaC | Ta+炭黑 | $H_2$、CO、$C_nH_m$ | 1400～1600 |
| | | 真空 | 1200～1300 |
| | $Ta_2O_5$+炭黑 | $H_2$、CO、$C_nH_m$ | 2000～2100 |
| | | 真空 | 1600～1700 |
| $Cr_2O_3$ | Cr+炭黑，$Cr_2O_3$+炭黑 | $H_2$、CO、$C_nH_m$ | 1400～1600 |
| $Mo_2C$ | Mo+炭黑，$MoO_3$+炭黑 | | 1200～1400 |
| | Mo+炭黑 | $H_2$、CO、$C_nH_m$ | 1100～1300 |
| WC | W+炭黑，$WO_2$+炭黑 | | 1400～1600 |
| | W+炭黑 | $H_2$、CO、$C_nH_m$ | 1200～1400 |
| SiC | Si+C | | |
| | $SiO_2$+C | | 1500～1700 |

表 9-7 化合或还原-化合法制取硅化物粉体

| 硅化物 | 组分 | 炉内气氛 | 温度/℃ |
|---|---|---|---|
| $TiSi_2$ | Ti+Si | 惰性气体(如氩) | 1000 |
| $ZrSi_2$ | Zr+Si | 惰性气体(如氩) | 1100 |
| $VSi_2$ | V+Si | 惰性气体(如氩) | 1200 |
| $NbSi_2$ | Nb+Si | 惰性气体(如氩) | 1000 |
| $TaSi_2$ | Ta+Si | 惰性气体(如氩) | 1100 |
| $MoSi_2$ | Mo+Si | 惰性气体(或氢) | 1000 |
| $WSi_2$ | W+Si | 惰性气体(或氢) | 1000 |
| $TiSi_2$ | $TiO_2$+Si | 真空 | 1350 |
| $VSi_2$ | $V_2O_5$+Si | 真空 | 1550 |
| $NbSi_2$ | $Nb_2O_5$+Si | 真空 | 1400 |

注:真空硅还原法不适于制取硅化钼和硅化钨,因为钼和钨的氧化物具有挥发性。

表 9-8 化合或还原-化合法制取氮化物粉体

| 氮化物 | 基本反应 | 温度/℃ |
|---|---|---|
| TiN | $2Ti+N_2 \longrightarrow 2TiN$ | 1200 |
| | $2TiH_2+N_2 \longrightarrow 2TiN+2H_2$ | 1200 |
| | $2TiO_2+N_2+4C \longrightarrow 2TiN+4CO$ | 1250~1400 |
| ZrN | $2Zr+N_2 \longrightarrow ZrN$ | 1200 |
| | $2ZrH_2+N_2 = 2ZrN+2H_2$ | 1200 |
| | $2ZrO_2+N_2+4C \longrightarrow 2ZrN+4CO$ | 1250~1400 |
| HfN | $2Hf+N_2 = 2HfN$ | 1200 |
| VN | $2V+N_2 \longrightarrow 2VN$ | 1200 |
| TaN | $2Ta+N_2 \longrightarrow 2TaN$ | 1100~1200 |
| CrN | $2Cr+2NH_3 \longrightarrow 2CrN+3H_2$ | 800~1000 |
| NbN | $2Nb_2O_5+2N_2+10C \longrightarrow 4NbN+10CO$ | 1200 |
| $Si_3N_4$ | $3SiO_2+6C+2N_2 \longrightarrow Si_3N_4+6CO$ | 1400 |
| | $3Si+2N_2 \longrightarrow Si_3N_4$ | 1350 |
| AlN | $2Al+N_2 \longrightarrow 2AlN$ | 1600 |
| | $Al_2O_3+N_2+3C \longrightarrow 2AlN+3CO$ | 1700 |
| BN | $2B+N_2 \longrightarrow 2BN$ | 1500 |
| | $B_2O_3+3C+N_2 \longrightarrow 2BN+3CO$ | 1700 |

2. 制取硼化物的碳化硼法

制取硼化物的碳化硼法是制取金属硼化物的主要工业方法，其基本反应为

$$4MeO+B_4C+3C \longrightarrow 4MeB+4CO$$

有时在反应中加入 $B_2O_3$ 以降低反应产品中碳的含量。上式也可用 $B_2O_3$ 作为硼的来源，反应为

$$2MeO+B_2O_3+5C \longrightarrow 2MeB+5CO$$

或者用金属还原剂代替碳，反应为

$$6MeO+3B_2O_3+10Al(Mg、Ca、Si) \longrightarrow 6MeB+5Al_2O_3(MgO、CaO、SiO_2)$$

用碳化硼法制取难熔金属硼化物的工艺条件见表 9-9。

**表 9-9 碳化硼法制取难熔金属硼化物的工艺条件**

| 硼化物 | 组分 | 炉内气氛 | 温度/℃ |
|---|---|---|---|
| $TiB_2$ | $TiO_2+B_4C+$炭黑 | $H_2$ | 1800～1900 |
| | | 真空 | 1650～1750 |
| $ZrB_2$ | $ZrO_2+B_4C+$炭黑 | $H_2$ | 1800 |
| | | 真空 | 1700～1800 |
| $CrB_2$ | $CrO_3+B_4C+$炭黑 | $H_2$ | 1700～1750 |
| | | 真空 | 1600～1700 |

3. 自蔓延高温合成法

金属元素的燃烧，是强烈的放热化学反应。如果利用这种反应热形成自蔓延的燃烧过程制取化合物粉体，此方法就称为自蔓延高温合成法(self-propagation high-temperature systhesis)，即 SHS 技术。SHS 技术最早于 1967 年在原苏联科学院物理化学研究所进行研究，取得了很大的成功，并应用这一技术生产了 400 多种化合物粉体。在 20 世纪 80 年代，美国和日本也进行了积极研究。SHS 技术制取粉体可概括为以下两大方向。

(1) 如果反应中无气相反应物也无气相产物，则称为“无气体合成”。如果反应在固相和气体混杂系统中进行，则称为“气体渗透合成”，主要用来制造氧化物和氮化物。例如

$$2Ti + N_2 \longrightarrow 2TiN$$

$$3Si + 2N_2 \longrightarrow Si_3N_4$$

如果金属粉体与 S、Se、Te、P、液化气体(如液氮)的混合物进行燃烧，由于系统中含有高挥发组分，气体从坯块中逸出，称之为“气体逸出合成”。

(2) 用金属或非金属氧化物为反应剂、活性金属为还原剂(如 Al、Mg 等)的反应,实际上是前面叙述的还原-化合法,或称为 Al(或 Mg)热法。

复杂氧化物的合成是 SHS 技术的重要成就之一。高 Tc 超导化合物的合成可写为

$$6Cu + 4BaO_2 + Y_2O_3 \xrightarrow{O_2} 2Y_1Ba_2Cu_3O_{11-x}$$

用 SHS 技术可制取多种复杂化合物,如表 9-10 所示。

**表 9-10 SHS 复杂化合物举例**

| 含 Bi 化合物 | 铌酸盐 | 钼酸盐 | 铁氧体 |
|---|---|---|---|
| $Bi_4V_4O_{11}$ | $LiNbO_3$ | $Bi_2MoO_6$ | $Ni_{1-x+y}2Zn_xCu_yFe_2O_4$ |
| $Bi_4Fe_2O_9$ | $NSNbO_3$ | $LiNb(MoO_3)_2$ | $CoFe_2O_4$ |
| $Bi_4Ti_3O_{12}$ | $KNbO_3$ | $PbMoO_4$ | $BaFe_2O_4$ |
| $Bi_3TiNbO_9$ | $NaBa_2Nb_5O_{15}$ | $Li(MoO_3)_2$ | $BaFe_{12}O_{19}$ |
| $Bi_3TiTaO_9$ | $KBa_2Na_5O_{15}$ | $Gd_2Mo_3O_{12}$ | $Li_2Fe_2O_4$ |
| $BaBi_2Nb_2O_9$ | $BaNb_2O_6$ | | |
| $PbBi_2Ta_2O_9$ | $Ba_5Nb_4O_{15}$ | | |
| $BiCu_3O_{12}$ | | | |
| **钽酸盐** | **钛酸盐和锆酸盐** | **稀土及稀有元素化合物** | **铝酸盐** |
| $LiTaO_3$ | $BaTiO_3$ | $Y_3Al_5O_{12}$ | $YAlO_3$ |
| $NaTaO_3$ | $BaZrO_3$ | $Y_3Fe_5O_{12}$ | $MgAl_2O_4$ |
| $KTaO_3$ | $PbTiO_3$ | $Gd_3Ga_5O_{12}$ | |
| $NbBaTi_5O_{15}$ | $PbZrO_3$ | | |

在单纯的固相反应中,由于反应物颗粒接触面的限制,常常影响反应速率。为了提高燃烧反应的速率,可以引入气相转移添加剂,使反应物形成液相,也可以施以超声振动等方法。例如,需要提高纯固相反应

$$A(s) + B(s) \longrightarrow C(s)$$

的燃烧速率时,可引入气相转移添加剂 D(g),使反应变为

$$A(s) + D(g) \xrightarrow{T_1} (AD)(g)$$

$$(AD)(g) + B(s) \xrightarrow{T_2} C(s) + D(g)$$

气体转移添加剂增加了颗粒间的有效接触面积,但不参与反应。不同的反应其气体转移添加剂是不同的,如碳可被氢携带、金属可被卤素携带。

在燃烧过程中形成熔体也可以大大提高固相反应的速率。此时,如果再辅以超声作用,则可进一步提高反应速率。SHS 技术用的是化学能而不是电能,快速内部自热而不是低速外部加热,简单的反应装置而不是复杂的高温装置,因此受到

重视。

4. 固相热分解法

硫酸铝铵[$Al_2(NH_4)_2(SO_4)_4 \cdot 24H_2O$]在空气中热分解可获得性能良好的$Al_2O_3$粉体，反应如下

$$Al_2(NH_4)_2(SO_4)_4 \cdot 24H_2O \xrightarrow{200℃} Al_2(SO_4)_3 \cdot (NH_4)_2SO_4 \cdot H_2O + 23H_2O$$

$$Al_2(SO_4)_3 \cdot (NH_4)_2SO_4 \cdot H_2O \xrightarrow{500 \sim 600℃} Al_2(SO_4)_3 + 2NH_3\uparrow + SO_3\uparrow + 2H_2O$$

$$Al_2(SO_4)_3 \xrightarrow{800 \sim 900℃} Al_2O_3 + 3SO_3\uparrow$$

$$\gamma\text{-}Al_2O_3 \xrightarrow{1300℃, 1.5 \sim 2.0h} \alpha\text{-}Al_2O_3$$

## 9.4 粉体表面改性

### 9.4.1 表面改性定义及目的

1. 表面改性定义

表面改性(surface modification，surface treatment)是指利用各类材料或助剂，采用物理、化学等方法对矿物粉体表面进行处理，根据应用的需要有目的地改善粉体表面的物理化学性质或物理技术性能，如表面晶体结构和官能团、表面能、表面润湿性、电性、表面吸附和反应特性等，以满足现代新材料、新工艺和新技术发展的需要。

表面改性虽然有时采用的是化学反应的方法，但这类反应只改变矿物界面层次的组分，不改变矿物材料的内部晶体结构及物理化学性质。

表面改性对产品性能的改善几乎是无止境的，其目的或是为了改善材料产品的功能，或是为了环保对材料使用的要求，有的则只为了装饰。表面处理方法的机制可能是物理-化学的作用，也可能仅仅是纯物理的吸附或包覆。表面改性通常意味着矿物材料的附加值显著提高，因此，表面改性为改善矿物材料的使用性能，提高使用价值并拓展新的应用领域提供了有效的技术手段。

2. 粉体表面改性的目的

在塑料、橡胶、胶黏剂等高分子材料及复合材料领域中，无机矿物填料占有重要的地位。这些无机矿物填料，如碳酸钙、高岭土、滑石、氧化铝、石英、硅灰石、石棉等，不仅可以降低材料的生产成本，还能提高材料的刚性、硬度、尺寸稳定性以及赋予材料某些特殊的性能，如耐腐蚀性、阻燃性和绝缘性等。但由于这些无机矿物填料与基质，即有机高聚物的界面性质不同，相容性差，因而难以在基质中均匀分

散，直接或过多的填充往往容易导致材料的某些力学性能下降以及易脆化等缺点。因此，除了粒度和粒度分布的要求之外，还必须对无机矿物填料表面进行改性，以改善其表面的物理化学特性，增强其与基质，即有机高聚物或树脂的相容性，提高其在有机基质中的分散性，以提高材料的机械强度及综合性能。由此可见，表面改性是无机矿物填料由一般增量填料变为功能性填料所必需的加工手段之一，同时也为高分子材料及复合材料的发展提供了新的技术方法。这是粉体表面改性最主要的目的之一。

提高涂料或油漆中颜料的分散性并改善涂料的光泽、着色力、遮盖力和耐磨性、耐热性、保光性、保色性等是粉体表面改性的第二个主要目的。涂料的着色颜料和体质颜料，如钛白粉、锌钡白、碳酸钙、碳酸钡、重晶石、石英粉、白炭黑、云母、滑石、高岭土、硅灰石、氧化铝、石墨等多为无机粉体，为了提高其在有机基质油漆涂料中的分散性，必须对其进行表面改性，以改善其表面的润湿性，增强与基体的结合力。在新发展的具有电、磁、声、光、热、防腐、防辐射、特种装饰等功能的所谓特种涂料，其中的填料和颜料不仅要求粒度超细，而且要求具有一定的"功能"，因此必须对其进行表面处理。此外，为提高某些颜料的耐磨性、耐热性、遮盖力和着色力等，用一些性能较好的无机物包覆之，如用氧化铝、二氧化硅包覆钛白粉可改善其耐磨性。这是粉体表面改性的目的之二。

当今许多高附加值产品，要求有良好的光学效应或视觉效果，使制品更富色彩。这就需要对一些粉体原料进行表面处理，使其赋予制品良好的光泽和装饰效果。如白云母粉经氧化钛、氧化铬、氧化铁、氧化锆等金属氧化物进行表面改性后，用于化妆品、塑料、浅色橡胶、油漆、特种涂料等，可赋予这些制品珠光效应，大大提高这些产品的价值。这是粉体表面改性的目的之三。

为了控制药效，达到使药物安全、定量和定位释放的目的，新发展的药物胶囊就是用某种安全、无毒的薄膜材料，如丙烯酸树脂对药粉进行包膜而制备的。

此外，为了保护环境，满足健康法的要求，对某些公认的对健康有害的原料如石棉，进行表面处理，用对人体无害的和对环境不构成污染又不影响其使用性能的其他化学物质覆盖、封闭其表面活性点，以维持在未来矿产品市场上的位置；对某些用作精细铸造、油井钻探等的石英砂进行表面涂敷以改善其黏结性能；对用作保温材料的珍珠岩等进行表面涂敷以改善其在潮湿环境下的保温性能；对膨润土进行阳离子覆盖以改善其在非极性溶剂中的膨胀、分散、黏结、触变等应用特性。

综上所述，虽然粉体表面改性的目的因应用领域的不同而异，但总的目的是改善或提高粉体原料的应用性能以满足新材料、新技术发展或新产品开发的需要。

### 9.4.2 表面改性的研究内容和基本方法

1. 表面改性的研究内容

矿物的表面处理(改性)与很多学科,如粉体工程、表面物理化学、胶体化学、有机化学、无机化学、高分子化学、无机非金属材料、复合材料、结晶学、化学工程、矿物加工工程、光学、电学、磁学、现代仪器分析与测试技术等学科密切相关。矿物表面改性至少应包括以下四个方面的内容。

(1) 表面改性的原理和方法。表面改性的原理和方法是矿物表面改性技术的基础。它涉及各种粉矿(包括选矿处理后的粉矿)的表面或界面性质;粉矿表面或界面与表面改性(处理)剂的作用原理,如吸附或化学反应的类型、作用力或键合力的强弱、热力学性质的变化等;各种表面改性方法的基本原理或理论基础,如表面或界面的物理、化学吸附或化学反应的过程,以及该过程的模型或数学模拟和化学计算等。表面改性的原理和方法是相互关联的,这是表面改性最重要的研究内容之一,是表面改性技术的基础。

(2) 表面改性剂。在大多数情况下,矿物表面性质的改变是依靠各种有机或无机化学物质(即表面改性剂)在粉体粒子表面的包覆或包膜来实现的。因此,从某种意义上来说,表面改性剂是矿物表面改性技术的关键。表面改性剂的研究内容涉及表面改性剂的种类、结构、性能或功能及其与各种矿物表面集团的作用机理或作用模型,表面改性剂的分子结构、相对分子质量大小或烃链长度、官能团或活性基团与其性能或功能的关系,表面改性剂的用量和使用方法,经表面改性剂处理后的应用特性(如表面改性填料对塑料或橡胶制品力学性能的影响,改性颜料对其润湿分散性及对涂料遮盖力、耐磨性以及光学效果等的影响),以及新型、特效表面改性剂的制备或合成工艺。

(3) 表面改性工艺与设备。工艺与设备是最终实现按应用需要改变矿物表面性质的重要技术环节。其研究内容包括:不同类型和不同用途矿物粉体表面改性的工艺流程和工艺条件,影响表面改性效果的因素,设备类型与操作条件等。表面改性工艺与设备是互相联系的,好的工艺必然包括良好性能的设备。因此,改性设备的研制开发也是表面改性工艺与设备研究内容的一个重要方面。

(4) 表面改性过程的控制与产品检测技术。这一研究领域涉及表面改性或反应过程温度、浓度、酸度、时间、表面包覆率或包膜厚度、表面包覆层的晶体结构、电性能、光性能、热性能等的检测方法,此外还包括建立控制参数与质量指标之间的对应关系,以及过程的计算机模拟和自动控制。

2. 表面改性方法分类

迄今为止,已研究出多种改性方法,对这些方法有不同的分类。综合各种分类方法,并深入分析改性作用的性质、手段和目的,可将表面改性分为包覆处理改性、表面化学包覆、沉淀反应包膜、胶囊化处理、机械化学改性等。

(1) 包覆处理改性。包覆也称涂敷,是利用有机高聚物或树脂等对粉体表面进行“包覆”以达到改善粉体表面性能的方法。如用酚醛树脂或呋喃树脂等涂敷石英砂以提高精细铸造砂的黏结性能。这种涂敷后的铸造砂既能获得高的熔膜铸造速度,又能保持膜具和膜芯生产中得到高抗卷和抗开裂性能。涂覆呋喃树脂的0.84～0.42mm 圆形高纯石英砂,在石油井孔内经高温固化可在裂隙中形成过滤层,提高滤油性,增加石油产量;用荧光涂料涂覆的石英砂作示踪矿物,可代替放射性同位素示踪粒子,且对生物机体无损害。包覆处理是对矿物表面进行简单改性处理的一种常用方法。

影响表面涂敷的主要因素有:颗粒的形状、比表面积、孔隙率、涂覆剂的种类、涂敷处理工艺等。研究结果表明,颗粒越细(比表面积越大)的粉体表面涂敷的高聚物量越多,涂层越薄。另外,带孔隙的颗粒,由于毛细管的吸力作用,涂敷材料(即高聚物)进入孔隙中,表面涂敷效果较差,无孔隙的高密度球形颗粒的涂敷效果最好。

(2) 沉淀反应改性。利用化学沉淀反应并将生成物沉积在颗粒表面形成一层或多层“改性层”的方法,称为沉淀反应改性。粉体经过“包膜”处理后,其表面性质,如光泽、着色力、遮盖力、保色性、耐久性、耐热性等得以改善,它是某些场合下应用广泛的有效改性方法。矿物表面涂覆 $TiO_2$、ZrO 等氧化物的工艺,就是通过沉淀反应改性实现的。其中,最典型的实例是云母钛珠光颜料和钛白的代用品——各类矿物复合钛白的加工合成。这种用作粉体表面沉淀反应改性的无机物一般是金属的氧化物、氢氧化物及其盐类。

粉体的沉淀反应包膜改性大多采用湿法,即在分散的粉体水浆液中,加入所需的改性(包膜)剂,在适当的 pH 和温度下,使无机改性剂以氢氧化物或水合氧化物的形式均匀沉淀在颗粒表面,形成一层或多层包膜,然后经过洗涤、脱水、干燥、焙烧等工序使该包膜牢固地固定在颗粒表面,从而达到改进粉体表面性能的目的。表面沉淀反应改性一般在反应釜或反应罐中进行。影响沉淀反应改性效果的因素比较多,主要有浆液的 pH、浓度,反应温度和反应时间,颗粒的粒度、形状以及后续处理工序(洗涤、脱水、干燥、焙烧)。其中 pH 及温度因直接影响无机改性剂(如钛盐等)在水溶液中的水解产物,是沉淀反应改性最重要的控制因素。

(3) 表面化学包覆。这是利用表面化学方法,如有机物分子中的官能团在无机粉体矿粒(填料或颜料)表面的吸附或化学反应对颗粒表面进行局部包覆使颗粒表面有机化而达到表面改性的方法。这是目前无机填料或颜料主要的表面改性处理方法。除利用表面官能团改性外,这种方法还包括利用游离基反应、螯合反应、溶胶吸附以及偶联剂处理等进行表面改性。

表面化学改性是目前生产中应用最广泛的改性方法，主要用来加工生产在橡胶和塑料中使用的以补强作用为目的的矿物填料，也用于其他行业，如在黏结永磁的生产中，使用锆类偶联剂对亲水的磁粉进行表面改性，可增加其与亲油性载体的黏合作用。

表面化学方法改性常用的改性剂主要有偶联剂、高级脂肪酸及其盐、不饱和有机酸和有机硅等。偶联剂是最常用的矿物表面改性剂，按照化学结构分为硅烷类、钛酸酯类、锆类和有机络合物等类型。高级脂肪酸及其盐是最早使用的矿物表面改性剂，特别适用于表面含金属活性粒子的矿物。近年来国内又合成出铝酸酯偶联剂及其有机铝、磷、硼等化合物，使用效果良好。

偶联剂等改性剂对矿物表面进行改性主要有预处理法和整体掺和法两种途径。预处理法是将矿物颗粒粉体首先进行表面改性，再加入到基体中形成复合体。预处理法又可分为干式和湿式两种处理方法。整体掺和法是将塑料等制品的部分加工工艺与矿物填料的改性工艺相结合，具体过程是矿物填料与高分子聚合物混炼时加入偶联剂原液，然后经成型加工或高剪切混合挤出，直接制成母料。一般认为，预处理改性的效果优于整体掺和法，因为在有树脂存在时，偶联剂受到稀释，而且还可能因树脂的作用而相互结块。

表面化学包覆改性一般在高速加热混合机或捏合机、流态化床、研磨机等设备中进行。这是因为粉体(如填料)的表面改性处理大多是在粉体物料中加入少量表面改性剂溶液进行的操作。溶液中进行的表面改性处理(如浸渍)也可以在反应釜或反应罐中完成，处理完后再进行脱水干燥。此外，还可采用所谓“流体磨”(fluid mill)对粉体进行表面改性处理，英国和日本等国家制造的这种设备已应用于生产实践。

(4) 机械化学改性。机械化学改性是利用超细粉碎及其他强烈机械力作用有目的地对矿物表面进行激活，在一定程度上改变矿粒表面的晶体结构、溶解性能(表面无定型化)、化学吸附和反应活性(增加表面的活性点或活性基团)等。

机械化学改性有两层含义：①利用矿物超细粉碎过程中机械应力的作用激活矿物表面，使表面晶体结构与物理化学性质发生变化，从而实现改性，满足应用需要；②利用机械应力对表面的激活和由此产生的离子和游离基，引发单体烯烃类有机物聚合，或使偶联剂等表面改性剂高效反应附着而实现改性。

显然，机械化学改性既是一种独立的改性方法，也可视为是表面化学改性和接枝改性等改性方法的实现与促进手段。

一般而言，仅仅通过粉碎机械力的激活不能满足应用领域对矿物表面物理化学性质的要求(如疏水性)，因而第一层含义无实际意义。机械化学作用激活了矿物表面，可以提高矿粒与其他无机物或有机物的作用活性；新生表面上产生的游离基或离子可以引发苯乙烯、烯烃类进行聚合，形成聚合物接枝的填料。因此，如果在粉碎过程中添加表面活性剂及其他有机化合物，包括聚合物，那么机械激活作用可以促进这些有机化合物分子在无机矿物粉体（如填料或颜料）表面的化学吸附或化学反应，达到边产生新表面边改性，即粒度减小和表面有机化二重目的。此外，还可以在一种无机非金属矿物的粉碎过程中添加另一种无机物或金属粉，使无机核心材料表面包覆金属粉或另一种无机物粉体，或进行机械化学反应生成新相。如将 ZnO 和 $Al_2O_3$ 一起在高速行星球磨机中强烈研磨 4h 以后，即有部分物料生成新相 $ZnAl_2O_4$（尖晶石型构造）；将石英和方解石一起研磨时生成 $CO_2$ 和少量 $CaOSiO_2$ 等。

(5) 胶囊化处理。胶囊化改性是在颗粒表面覆盖均质且有一定厚度的薄膜的表面化学改性方法。由药品药效的缓释性需求而出现的固体药粉的胶囊化改性是胶囊化改性的最初发展起因，微小胶囊化改性的另一个特点是能够将液滴固体（胶囊）化。

胶囊化改性的实例较多，如采用 *in situ* 聚合法可制成聚甲基丙烯酸酯包覆的钛白粉胶囊改性粉体，利用高速气流冲击法可实现聚甲基丙烯酸甲基（PMMA）在尼龙-12 上的包覆等。颜料的无机质壁的改性也常用胶囊化方法。

胶囊化改性工艺中，粉体颗粒一般称芯物质或核物质（core material），包膜物为膜物质（wall material）。胶囊的作用是：控制芯物质的放出条件，即控制制造胶囊的条件以调节芯物的溶解、挥发、发色、混合以及反应时间；对在相间起反应的物质起到隔离作用，以备长期保存；对有毒物质可以起到隐藏作用。

矿物粉体的微胶囊化是正在发展的领域，微胶囊壳体直径为 1～100$\mu$m，壳体壁膜厚度从几分之一微米到几微米。胶囊皮膜的制造方法有化学方法、物理化学方法和机械物理方法三大类。

化学方法包括：①界面聚合法（界面聚合反应）；②局部聚合法（表面或界面化学反应法）；③在液相中硬化覆盖层法。

物理化学方法包括：①水溶液的相分离法（单纯凝聚法和凝聚法）；②有机溶液的相分离法（界面析出、界面浓缩、温度变化法等）；③液相干燥法（界面沉淀法、界面硬化反应法、二次胶乳法等）④溶解分散冷却法（喷雾凝固造粒、凝固造粒）；⑤内包物交换法；⑥粉粒床法（液滴法、凝胶法、乳胶法等）。

机械物理方法包括：①气象悬浮覆盖法（流态化床法）；②无机物表面胶囊化（摩擦研磨法、胶体法、加热硬化法）；③真空镀膜覆盖法；④静电法；⑤喷雾凝固干燥法。

粉体微胶囊化改性的应用领域很多，技术方法也不尽相同，因此，影响因素很多。

(6) 其他表面改性方法。接枝改性是在一定的外部激发条件下，将单体烯烃或聚合烯烃引入填料表面的改性过程，有时还需要在引入单体烯烃后激发导致填料表面的单体烯烃聚合。由于烯烃和聚烯烃与树脂等有机高分子基体性质接近，所以增强了填料与基体间的结合而起到补强作用。

产生接枝聚合的外部激发条件有许多种，如化学接枝法、电解聚合法、等离子接枝聚合法、氧化法和紫外线与高能电晕放电方法等。在烯烃单体中研磨矿物实现接枝聚合物在矿物表面的附着也属于一种接枝改性的激发手段。

如用 $ArC_3H_6$ 低温等离子体处理后的 $CaCO_3$ 与未经处理的 $CaCO_3$ 相比，可改善 $CaCO_3$ 与 PP（聚丙烯）的界面黏结性。这是因为经低温等离子体处理后的 $CaCO_3$ 粒子表面存在一非极性基层作为界面相，可以降低 $CaCO_3$ 的极性，提高与 PP 相容性。将这些方法与前述各种表面改性方法并用，效果较好。但是，高能改性方法技术复杂、成本较高，在矿物粉体表面处理方面用得不多。

酸碱处理也是一种表面辅助处理方法，通过酸碱处理可以改善粉体表面（或界面）的吸附和反应活性。此外，还有化学气相沉淀（CVD）和物理沉淀（PVD）等方法。

### 9.4.3 表面改性剂及作用

粉体的表面改性主要是依靠改性剂（或处理剂）在粉体表面的吸附、反应、包覆或成膜等来实现的。因此，表面改性剂对于粉体的表面改性或表面处理具有决定性作用。

粉体的表面处理往往都有其特定的应用背景或应用领域。从分子结构上来说，用于无机矿物填料表面改性的改性剂应是一类具有一个以上能与矿粒表面的官能团和一个以上能与有机高聚物基结合的基团。由于粉体表面改性涉及的应用领域很多，可用作表面改性剂的物质也是很多的，以下主要介绍塑料、橡胶、胶黏剂等高分子材料，热塑性和热固性复合材料以及涂料中应用的无机填料或颜料等所用的表面改性结合制备药品（缓释）胶囊所用的包衣材料。

#### 1. 偶联剂及其作用机理

(1) 作用机理。对作填料用的矿物进行改性处理时，所有的偶联剂不仅应具有亲矿物基团，能与填料表面以化学键结合，另一端还应具有亲高聚物基团，能溶解、扩散于树脂的界面区域，在其中与树脂大分子链发生纠缠或形成化学键，即偶联剂的亲有机端应含有较长的柔软碳氢链段，以形成柔性的有利于应力松弛的界面层，提高其吸收和分散冲击能，使复合材料具有更好的抗冲击性能。这就是界面扩散理论，有关示意见图 9-27。

矿物填料属高能表面，为提高它和高聚物基体的相容性，必须借助偶联剂的—R基降低基质的表面能。理论和实践证明：—R 基中含有极性基（如—$NH_2$、—OH和环氧基）时，改性后的基质有较高的表面能；若—R 含不饱和双键，则可使基质有中等的表面能；若—R为不饱和氢键，则可使表面能最低。由于色散力具有加和性，长链烃基比短链烃基有较高的表面能。

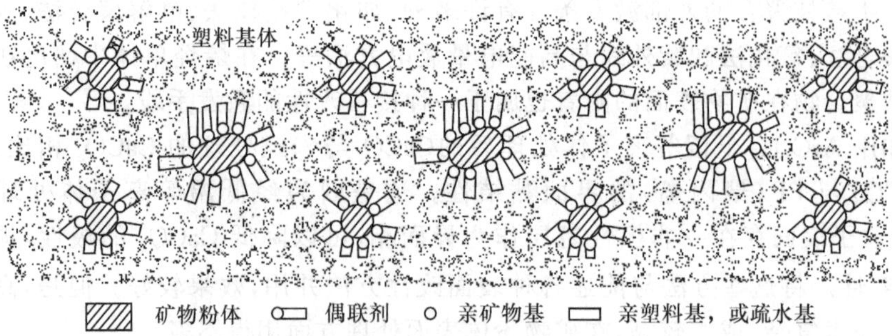


图 9-27 偶联剂在矿物粉体填料与塑料树脂基体之间的偶联作用示意图

当偶联剂和树脂基体相匹配时，树脂液就能润湿基质，这是制备性能良好复合材料最基本的热力学条件。因此，选择不同偶联剂处理矿粒，改变其表面能和树脂的润湿、吸附、黏结性能是复合工艺中的重要问题，这就是以表面能为出发点的表面能理论。

(2) 硅烷偶联剂。硅烷偶联剂的通式为 $RSiX_3$，其中 R 代表与聚合物分子有亲和力或反应能力的有机官能团，如氨基、巯基、乙烯基、环氧基和酰氧基等；X 代表可水解的烷氧基和氯离子。

硅烷偶联剂的疏水基性质也符合"相似者相亲"的原则。因此，疏水基——有机官能团 R 为乙烯基和甲基丙烯酰基时对不饱和的聚酯和丙烯酸树脂特别有效；当 R 为环氧基团时，对环氧树脂效果特好，同时也适用于不饱和树脂。含氨基的硅烷能和环氧树脂、聚氨酯发生化学反应，对酚醛树脂和三聚氰胺树脂的固体也有催化作用，故适用于环氧、酚醛、三聚氰胺、聚氨酯等树脂；含巯基的硅烷对硫磺硫化橡胶的偶联效果最佳，故含巯基的硅烷偶联剂是橡胶工业应用最广的品种。

硅烷偶联剂的亲水基也称水解性基团。顾名思义，该基团遇水可分解变成活性基团——硅醇($\equiv$Si—OH)。通过硅醇和无机矿物表面反应，形成牢固的化学结合或吸附于矿物表面。当 X 为—$OCH_3$ 和—$OC_2H_5$ 时，水解缓慢，且水解产物醇为中性物质，因此可用水为介质进行表面改性。因乙氧基的体积比甲氧基的大，乙氧基硅烷在水中的溶解度较小，所以，目前趋向采用含乙氧基类硅烷偶联剂。除此以外，还以—$OC_2H_4OCH_3$ 作 X 基团，不仅保留其水解性，而且还能提高水溶性、亲水性，应用时更为方便。

实验表明，硅烷偶联剂对具有活性羟基的硅石、玻璃、黏土、二氧化硅等有良好的偶联效果，对滑石、氧化铝、云母、氢氧化铝的效果一般，而对碳酸钙、二氧化钛、石墨、氮化硼等无效或效果极差。通常认为，硅烷偶联剂在无机填料表面的作用包括化学键、氢键和物理吸附作用。首先是硅烷偶联剂接触空气中的水分而发生水解反应，然后与无机填料表面的羟基形成氢键，再通过加热干燥发生脱水反应形成部分共价键，最终结果是无机填料表面被硅烷所覆盖，如图 9-28 所示。

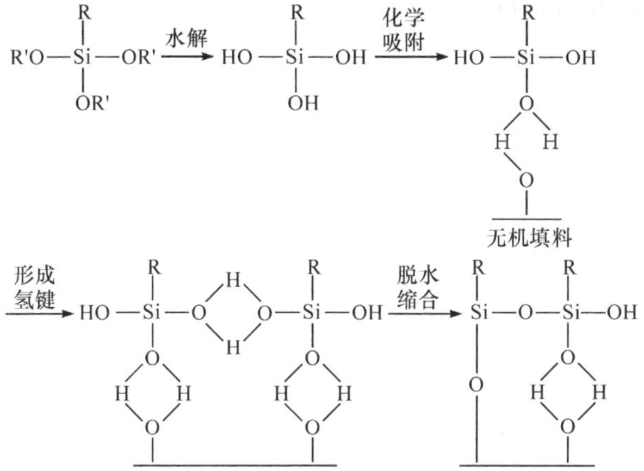


图 9-28　硅烷偶联剂在无机填料表面的作用

(3) 钛酸酯偶联剂。钛酸酯偶联剂是 20 世纪 70 年代 Kentich 石油化学公司开发的产品，具有独特的结构，可用通式 $(RO)_m Ti—(OX—R'—Y)_n$ 表示。式中符号含义及作用如下：R 是短碳链的烷基，$(RO)_m$ 是偶联剂和矿物表面相结合基团，$m$ 是该基团数，$1\leqslant m\leqslant 4$，Ti 是偶联剂分子的核心。—TiO—为酯基与烷基转移和交换功能基团，是钛酸酯的有机骨架，和聚合物羟基间进行交换，起酯基和烷基转移反应。钛和氧的结合松弛，体系中的有机酸容易游离出来作催化或缓效剂影响反应。X 代表 C、N、P、S 等元素。—X—是和分子核心钛相结合的基团，具体有焦磷酸酯[—O—PO(OH)—O—$PO(OR)_2$]、亚磷酸酯[—P—(OH)$(OR)_2$]、羟基[—COOR]、磺酸基(—$SO_3$)、氨基[—$O(CH_2)_2NH(CH_2)_2NH_2$]等。R′是长碳链烷基，碳数常为 12～18，它和聚合物的链发生缠绕作用，借助分子间的力结合在一起，从而可传递应力，提高冲击强度、剪切强度和伸长率。此外，长链烃还可改变矿物的表面能，降低体系黏度，使高充填聚合物也能显示出较好的熔融流动性，所以这种偶联剂特别适用于聚烯烃之类的热塑性树脂。Y 为胺基、羟基、环氧基或末端氢原子等，当这些活性基团连接在钛的有机骨架上，能使偶联剂和有机聚合物进行化学反应，通过偶联剂使矿物和有机基体相结合。$n$ 为官能团数目，当 $n>2$ 时为多官能团的钛酸酯，但 $m+n<6$。

根据分子结构及其偶联机理，钛酸酯偶联剂分四种类型：单烷氧基型、单烷氧基焦磷酸酯型、螯合型和配位体型。

①单烷氧基型钛酸酯偶联剂。特别适合不含游离水、只含化学键合水或物理

键合水的干燥填料，如碳酸钙以及水合氧化铝等。典型品种是三异硬脂酰基钛酸异丙酯（TTS），其与矿物表面反应机理如图 9－29。可见，这类偶联剂是通过单烷氧基和矿物表面的羟基发生化学反应，形成包围矿粒的单分子层，达到矿物表面改性的目的，同时放出异丙醇。

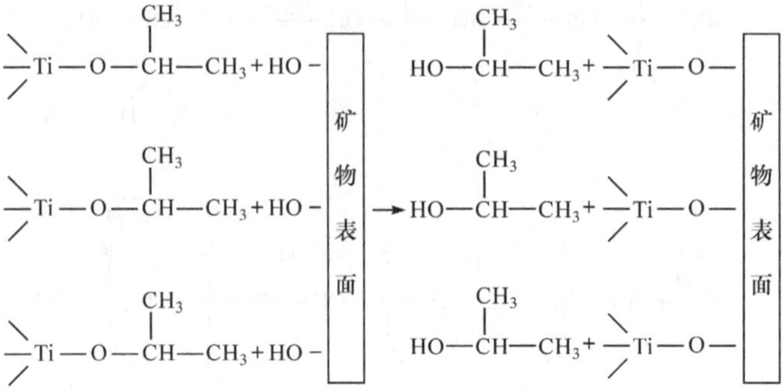


图 9－29　三异硬脂酰基钛酸异丙酯（TTS）与矿物表面反应机理

②单烷氧基焦磷酸酯基型。该类偶联剂比一般单烷氧基型钛酸酯耐水性好，适合于含湿量较高的矿物，如陶土、滑石粉等。在单烷氧基焦磷酸酯基型钛酸酯偶联剂中，除单烷氧基与矿物表面的羟基反应形成偶联外，焦磷酸酯基还可在分解形成磷酸之际，结合一部分水。其反应机理如图 9－30 所示。

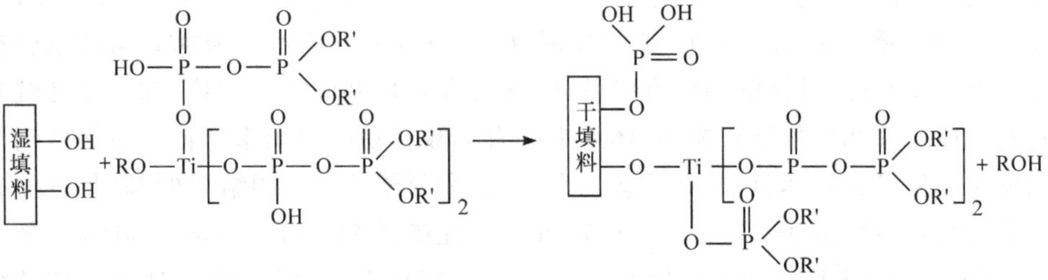


图 9－30　单烷氧基焦磷酸酯基型钛酸酯偶联剂与矿物表面的反应机理

③螯合型。螯合型钛酸酯偶联剂具有极好的水解稳定性，适用于高含湿量填料和含水聚合物体系，且可以在高温状态下使用。螯合型钛酸酯偶联剂根据螯合环的不同分为两种类型：螯合 100 型——二官能氧代乙酸酯型，螯合 200 型——二官能 A、B 乙撑钛酸酯。

④配位体型。配位体型钛酸酯偶联剂是为了避免四价钛酸酯在某些体系中的副反应，如在聚酯中的酯交换反应、在环氧树脂中与烃基反应、在氨脂中与聚醇或异氰酸酯反应而研制的。它适用于多种矿物和聚合物，对矿物的作用类似单烷氧基型钛酸酯偶联剂。这类偶联剂与矿物表面的作用如图 9－31 所示。

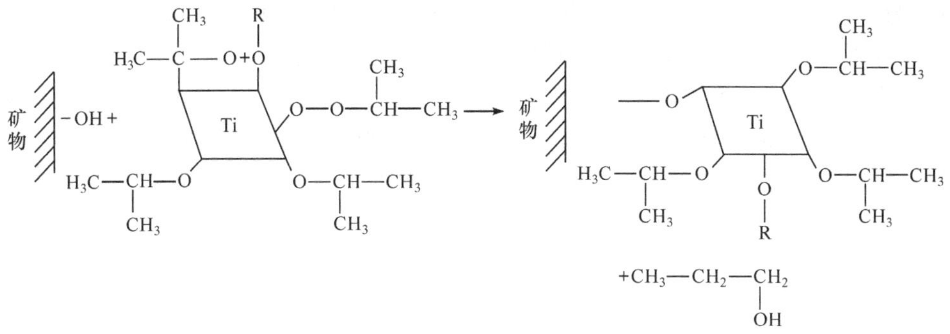


图 9-31 配位体型钛酸酯偶联剂与矿物表面的作用

钛酸酯偶联剂亲有机部分 R 通常为长链烃基($C_{12}$～$C_{16}$),可与聚合物分子链发生缠绕,借分子间的范德华力结合在一起。这种偶联作用对于聚烯烃类的热塑性塑料特别适用。长链的缠绕可转移应力应变,提高抗冲击强度、剪切强度和伸长率,同时可在保持抗张强度的情况下增加填料填充量。此外,长链烷基还可以改变矿物填料界面处的表面能,使黏度下降,使高填充聚合物显示出良好的熔融流动性能。

单烷氧基型偶联剂大多耐水性差,只能在有机溶剂中溶解和使用;螯合型和配位体型偶联剂耐水性好,既可以溶解在有机溶剂中,也可以在水相中使用。因而,单烷氧基型偶联剂一般溶解在少量甲苯和二甲苯等烃类溶剂中使用,螯合型和配位体型偶联剂一般溶解或分散在水中使用。

(4) 锆铝酸盐偶联剂。锆类铝酸盐偶联剂是美国 Cavedon 化学公司于 20 世纪 80 年代初开发的一种新型偶联剂,其商品名称为"Cavco Mod",它是以水合氯化氧锆($ZrOCl_2 \cdot 8H_2O$)、氯醇铝($Al_2OH_5Cl$)、丙烯醇、羟酸等为原料合成的。

锆类酸盐偶联剂通过氢氧化锆和氢氧化铝基团的缩合作用可与羟基化的表面形成共价联结。但是,其更为重要的特性是能够参与金属表面羟基的形成并与金属表面形成氧络桥联的复合物。由于锆铝酸盐偶联剂分子结构中含有两个无机部分(锆和铝)和一个有机功能配位体,与硅烷等偶联剂相比,锆类偶联剂的一个显著特点是分子中无机特性部分的比例大,一般介于 57.7%～75.4%,而硅烷偶联剂除 A-1100 外,其余均小于 40%。因此,与硅烷相比,锆类铝酸盐偶联剂分子具有更多的无机反应点,可增强与无机填料或颜料表面的作用。

根据分子中的金属含量(即无机特性部分的比例)和有机配位基的性质,锆铝酸盐偶联剂可分为 7 类,分别适用于填充聚烯烃、聚酯、环氧树脂、尼龙、丙烯酸类树脂、聚氨酯、合成橡胶的无机填料的表面处理。锆铝偶联剂性能较好,价格也较便宜,在很多情况下可代替硅烷偶联剂。

(5) 有机铬偶联剂。有机铬偶联剂即络合物偶联剂,开发于 20 世纪 50 年代初，为不饱和有机酸与三价铬原子形成的配价型金属络合物。有机铬偶联剂用于玻璃纤维增强的聚酯塑料中效果最好，且成本低廉，但品种单调，适用范围及偶联效果均不及硅烷偶联剂和钛酸酯偶联剂。有机铬偶联剂的主要类型是甲基丙烯氯化铬络合物(Volan-沃兰)。它一端含有活泼的不饱和基团，可与高聚物基料反应，另一端依靠配位价的铬原子与玻璃纤维表面的硅氧键结合，偶联作用机理如图 9-32所示。

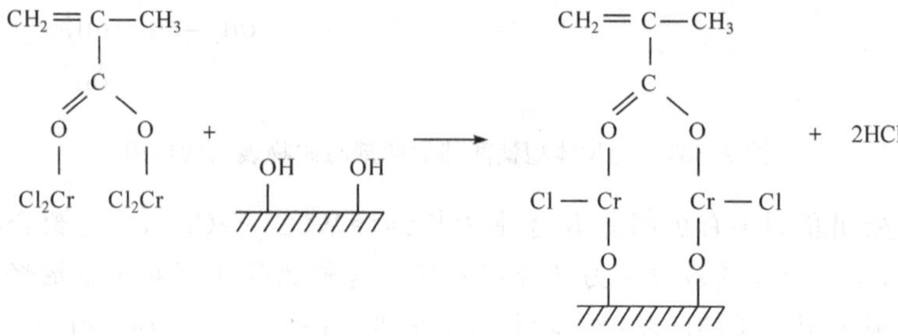

图 9-32　甲基丙烯氯化铬络合物的偶联作用机理

2. 有机酸及其盐类改性剂

(1) 高级脂肪酸及其盐。高级脂肪酸属于阴离子表面活性剂，其分子通式为 RCOOH。分子一端为长链烷基($C_{16}$～$C_{18}$)，无机填料或颜料常用的高级脂肪酸及其金属盐类表面活性剂有：硬脂酸、硬脂酸钙、硬脂酸锌等，用量约为填料或颜料质量的 0.5%～3%，使用时可直接与无机填料、颜料混合分散均匀，也可将硬脂酸稀释后喷洒在无机填料、颜料表面，搅拌均匀后再烘干、除去水分。高级脂肪酸的结构和聚合物分子结构相似，因而与聚合物基料有一定的相容性。分子另一端为羧基，可与无机填料或颜料表面发生物理、化学吸附作用。因此，用高级脂肪酸及其盐，如硬脂酸，处理无机填料或颜料起到类似偶联剂的作用，有一定的表面处理效果，可改善无机填料或颜料与高聚物基料的亲和性，提高其在高聚物基料中的分散度。此外，由于高级脂肪酸及其盐类本身具有润滑作用，还可使复合体系内摩擦力减小，改善复合体系的流动性能。

(2) 胺盐。高级胺盐属于阳离子表面活性剂。分子通式为 $RNH_2$(伯胺)、$R_2NH$(仲胺)、$R_2N$(叔胺)，其中至少有 1～2 个长链烃基($C_{12}$～$C_{32}$)。与高级脂肪酸一样，高级胺盐的烷烃基与聚合物的分子结构相似，与高聚物基料有一定的相容性，分子另一端的氨基可与无机填料或颜料等粉体表面发生吸附作用。

在对膨润土或蒙脱石型黏土进行有机覆盖处理以制备有机土时，一般采用季胺盐，即甲基苯基或二甲基二烃基胺盐。用于制备有机土的季铵盐，其烃基的碳原子数一般为 12～22，优先碳原子数为 16～18，其中 16 烃基占 20%～35%，18 烃基占60%～75%。阴离子盐类最好是氯化物、溴化物或其混合物，以氯化物为最佳。可用作膨润土覆盖剂的品种较多，如双烷基甲苯基二氢化牛脂氯化胺、甲基苯基椰子油酸氯化胺等都是国内外常用的制备有机土的覆盖剂。近年研究表明，使用混合覆盖剂比使用单一覆盖剂的效果要好。

(3) 不饱和有机酸。不饱和有机酸作为无机填料的表面改性剂带有一个或多个不饱和双键及一个或多个羟基，碳原子数一般在10个以下。常见的不饱和有机酸是：丙烯酸、甲基丙烯酸、丁烯酸、肉桂酸、山梨酸、2-氯丙烯酸、马来酸、衣康酸、乙酸乙烯、乙酸丙烯等。一般来说，酸性越强，越容易形成离子键，故多选用丙烯酸和甲基丙烯酸。各种有机酸可以单独作用，也可以混合使用。

含有活泼金属离子的无机填料常带有 $K_2O$-$Al_2O$-$SiO_2$、NaO-$Al_2O_3$-$SiO_2$、$CaAl_2O_3$-$SiO_3$ 和 MgO-$Al_2O_3$-$SiO_3$ 结构。由于填料表面这些活泼金属离子的存在，用带有不饱和双键的有机酸进行表面处理时，就会以稳定的离子键形式构成单分子层薄膜包覆在填料表面。由于有机酸中含有不饱和双键，在和基体树脂复合时由于残余引发剂的作用或热、机械能的作用，不饱和双键被打开，和基体树脂发生接枝、交联等一系列化学反应，使无机填料和高聚物基料较好地结合在一起，提高了复合材料的机械物理性能。因此，不饱和有机酸是一类性能较好、开发前途较大的新型表面改性剂。

3. 有机低聚物

聚烯烃低聚物主要品种是无规聚丙烯和聚乙烯蜡。

丙烯在高效催化作用下进行聚合反应，生成聚丙烯，反应式如下

$$nCH_3—CH═CH_2 \xrightarrow{\text{催化剂}} \left[\begin{array}{c}CH—CH_2\\|\\CH_3\end{array}\right]_n$$

生成的聚丙烯有三种不同的立体异构体，即等规立构聚丙烯、间规立构聚丙烯和无规立构聚丙烯。三种不同的立构聚丙烯的性能差异很大，等规立构聚丙烯和间规立构聚丙烯性能较接近，无规立构聚丙烯性能相差很远。无规立构聚丙烯作为无机填料的表面处理剂，可以发挥其特长。

聚乙烯蜡，即低相对分子质量聚乙烯，平均相对分子质量1500～5000，白色粉末，相对密度约0.9，软化点101～110℃。聚乙烯蜡可以专门合成生产，也可以和无规立构聚烯烃类似，将低压法生产高密度聚乙烯的副产品综合利用，即所谓的“低聚物”。其他有机低聚物包括聚乙二醇和双酸A型环氧树脂等。用聚乙二醇包覆处理硅灰石可显著填充聚丙烯(PP)的缺口冲击强度和低温性能。这种聚乙二醇的平均相对分子质量为2000～4000，另外聚乙二醇还可以对 $CaCO_3$ 进行表面改性。将相对分子质量340～630的双酚A型环氧树脂和胺化酰亚交联剂溶解在

乙醇中，加入适当的云母粉，经过一定时间搅拌后，即得到环氧树脂与交联剂包覆的活性填料。

聚烯烃低聚物有较大的黏附性能，可以和无机填料较好地浸润、黏附、包覆。同时，因其基本结构和聚烯烃相似，可以和聚烯烃很好的相容结合，广泛应用于聚烯烃类复合材料中无机填料的表面处理。

4. 覆膜用树脂涂层剂

与上述将矿物填料改性使其与有机合成材料基质良好结合这一目的不同，使用树脂对矿物进行改性的目的是使矿粒表面形成覆盖层，以便在后续应用过程中使矿粒间互相黏结以便成型。因此，作为处理剂的树脂起着黏结剂的作用，它与矿物之间不产生化学键，属于改善矿物机械加工性能的简单物理涂层。

铸造工业中所用的树脂砂(或称覆膜砂)，是将石英表面涂以酚醛或呋喃树脂，当把这种带涂层的砂倒入热模板，温度达到200℃左右时，树脂软化，将砂粒黏结在一起，当模制品冷却并硬化后，取下模具以便再次铸造用。这种壳型铸造是铸造工业中用来生产高光洁度产品的一种新技术，产品不需要进行机械精加工，而生产速度高、再现性好，适用于大规模生产。

在石油钻井工业中有一项将圆形石英砂用呋喃树脂涂敷以提高滤油性的技术。在油井钻探完成后，由于水压的作用，岩层经常被碎裂，当断裂压力被释放后，必须将矿物补强剂强力压入岩层，以提高其孔隙度。此时将带树脂涂层的硅砂用泵送入油井钻孔区，涂层在油井温度条件下固化，或用水蒸气或盐水使其固化(聚合)，砂子留在裂隙中并形成一个坚固的三维多孔网，即围绕油井形成一过滤层，原油可流入井内，而井壁不会有岩屑脱落。此外，树脂中带荧光染料的涂层砂，还用于海岸和海床运动的示踪研究及工业上粒状物料的流动情况研究。

(1) 酚醛树脂。酚醛树脂是由酚类(如苯酚、二甲酚)和醛类(如甲醛、糠醛)缩合而成树脂的统称。其中应用较多的是由苯酚和甲醛合成的酚醛树脂。在缩聚反应中，由于原材料配比和介质的不同，可以分别得到热塑性线型树脂和热固性体型树脂。树脂砂用的黏结剂为热塑性体型树脂，它是在苯酚过剩情况下(如苯酚与甲醛物质的量比1∶0.8)及乌洛托品(固化剂)的次甲基的作用下进行缩合而得到的。这种线型树脂为淡黄色固体，加热能熔化，具有可塑性，能溶于乙醇等有机溶剂中。

在覆膜砂生产中，要使酚醛树脂固化，单靠加热不行，必须另外加入固化剂。在固化剂参与反应的情况下才能使线性结构变成不熔化的体型结构，才能使铸造砂芯获得足够强度。常用的固化剂是六亚甲基四胺，即乌洛托品，分子式为$(CH_2)_6N_4$。乌洛托品起固化作用的主要原因，是它能与混合料中的水分发生反应生成甲醛和氨气。

$$(CH_2)_6N_4+6H_2O=\!=\!=6HCHO+4NH_3$$

生成的甲醛与线性酚醛树脂进一步反应,使树脂由线型转变成体型。$NH_3$ 造成的碱性气氛有利于这一反应。该反应首先在苯环羟基对位处生成羟甲基,含有羟甲基的线性树脂与另一树脂分子起缩合作用,形成体型大分子。这样就使树脂成为坚硬固体,即使提高加热温度也不会再软化。

(2) 呋喃树脂。用于覆膜的另一种树脂是呋喃树脂,是一种比酚醛树脂价廉易得的树脂。呋喃树脂Ⅰ型是由醇、尿素及甲醛为原料制得。线型结构的呋喃Ⅰ型树脂外观呈棕色或暗棕色黏稠液体,因其中含有羟基、活泼氢原子及不饱和键(呋喃环上双键),在固化剂(催化作用)和加热作用下,羟基和活泼氢可进一步失水缩合,双键又可以缩合,使线型分子交联成体型结构。固化后的体型树脂是一种不溶解、不熔融的坚硬固体。酸类或酸性盐类均可作呋喃Ⅰ型树脂的固化剂,生产上多采用酸性盐氯化铵($NH_4Cl$)作固化剂。

### 5. 沉淀反应改性

沉淀反应改性是利用无机化合物在颗粒表面进行沉淀反应,在颗粒表面形成一层或多层"包覆"或"包膜",以达到改善粉体表面性质,如光泽、着色力、遮盖力、保色性、耐候性、耐热性等为目的的表面处理方法。珠光云母就是用这种方法,即通过金属氧化物(氧化钛等)在白云母颗粒表面的沉淀反应包覆于云母颗粒表面而制得的。沉淀反应改性是无机颜料表面改性处理最常用的方法之一,如用氧化铝或二氧化硅处理二氧化钛(钛白粉)等。

粉体的沉淀反应改性,即无机物处理,大多采用湿法,在分散的粉体水浆液中,加入所需的改性(处理)剂,在适当的 pH 和温度下,使无机改性剂以氢氧化物或水合氧化物的形式均匀沉淀在颗粒表面,形成一层或多层包覆层,然后经过洗涤、脱水、干燥、焙烧等工序使该包覆层牢固地固定在颗粒表面,从而达到改进粉体表面性能的目的。

这种用作粉体表面沉淀反应改性的无机物一般是金属的氧化物、氢氧化物及其盐类。以二价金属离子(用 $Me^{2+}$ 表示)为例,在分散有粉体的料浆液中,可能存在以下几种反应生成物:$[MeOH]^+$、$Me(OH)_2$、$[Me(OH)_3]^-$、$[Me(OH)_4]^{2-}$、$[Me_2(OH)_4]^{3+}$、$[Me_4(OH)_4]^{4+}$和 $Me(OH)_2(s)$。其中 $Me(OH)_2(s)$为固体金属氢氧化物。

设 SOH 代表粉体表面,其可能的反应类型如下

$$SOH+Me^{2+}=\!=\!=[SOMe]^++H^+$$

$$SOH+2Me^{2+}+2H_2O=\!=\!=[SOMe_2(OH)_2]^++3H^+$$

$$SOH+2Me^{2+}+5H_2O=\!=\!=[SOMe_2(OH)_5]^{2-}+6H^+$$

$$SOH + Me^{2+} + H_2O \longrightarrow SOMeOH + 2H^+$$

$$2SOH + Me^{2+} \longrightarrow (SO)_2Me + 2H^+$$

$$SOH + 4Me^{2+} + 3H_2O \longrightarrow [SO(Me)_4(OH)_3]^{4+} + 4H^+$$

$$SOH + Me^{2+} + 2H_2O \longrightarrow (SOH)\cdots Me(OH)_2(s) + 2H^+$$

其中最后一式为表面沉淀反应。

## 习　题

1. 粉体颗粒、微细颗粒、纳米颗粒一般是如何划分的？
2. 纳米颗粒的纳米效应包括哪些方面？为什么纳米颗粒具有这些特殊的性质？
3. 为什么纳米颗粒具有特殊吸附行为、特殊化学反应活性和催化性质？
4. 超细颗粒与纳米颗粒有哪些方面的应用？
5. 粉体的物理制备方法主要有哪些？
6. 粉体的化学合成方法主要有哪些？
7. 试比较粉体的物理制备方法与化学合成方法的特点和应用。
8. 粉体表面改性的目的是什么？它主要针对何种粉体材料？
9. 粉体表面改性的基本方法有哪些？
10. 粉体表面改性剂主要有哪些品种？
11. 试比较矿物粉体表面改性剂、矿物浮选捕收剂和金属离子萃取剂在分子结构上的异同。

## 参考文献

曹茂盛. 1997. 超微颗粒制备科学与技术. 哈尔滨：哈尔滨出版社
曹茂盛等. 2001. 纳米材料导论. 哈尔滨：哈尔滨出版社
川北公夫. 1991. 粉体工程学. 武汉：武汉工业大学出版社
懒升，尾崎义治. 1991. 超微颗粒导论. 赵修建，张联盟译. 武汉：武汉工业大学出版社
刘嗜光，刘保安. 1995. 非金属矿表面改性及应用. 山东建材学院学报，9(1)：90～97
卢寿慈. 1999. 粉体加工技术. 北京：中国轻工业出版社
瞿秀静，周亚光. 1995. 纳米材料及制备技术. 哈尔滨：哈尔滨工业大学出版社
荣葵一. 1996. 非金属矿物与岩石材料工艺学. 武汉：武汉工业大学出版社
汪国忠，张立德. 1996. 化学共沉淀法制备尺寸可控纳米级钛酸盐化合物. 功能材料，1～2：79
王零森. 1994. 特种陶瓷. 长沙：中南工业大学出版社
魏诗榴. 1990. 超微颗粒学. 广州：华南理工大学出版社
徐如人，庞文琴. 2002. 无机合成与制备化学. 北京：高等教育出版社
严东生等. 1998. 材料新星－纳米材料科学. 长沙：湖南科学技术出版社
曾凡，胡永军. 1998. 矿物加工颗粒学. 徐州：中国矿业大学出版社
张立德，牟季美. 1994. 纳米材料学. 沈阳：辽宁科学技术出版社
张立德，牟季美. 2001. 纳米材料和纳米结构. 北京：科学出版社
张志琨，崔作林. 2000. 纳米技术与纳米材料. 北京：国防工业出版社
郑水林. 1993. 超细粉碎原理、工艺设备及应用. 北京：中国建材工业出版社

郑水林. 1993. 粉体表面改性. 北京：中国建材工业出版社

(德)H. 格莱特. 1994. 纳米材料. 崔平等译. 北京：原子能出版社

Jones R W. 1992. Fundamental Principles of Sol-Gel Technology. London: Institute of Metals

Newman R, Chrenko R M. 1995. Optical Properties of Nickel Oxide. Phys. Rev., 114(6): 1507～1511

Yamamoto T, Croft M C, Shull R D et al. 1995. Phase Identification of Superparamagnetic Iron-oxide/silver Nanocomposite. Nanostruc. Mater., 6(5～8): 965～968

# 第10章 粉体成型

粉体成型是指粒度较细的粉体物料加水润湿后，借助于外力将其加工成具有一定尺寸和形状的块状物体的过程。一般来说，粉体成型是一个工艺流程的中间环节，广泛应用于冶金工业的原料预处理、粉末冶金、耐火材料、陶瓷、型煤、食品、医药等工业中。

粉体成型的功能，主要包括：①使粉末成为具有一定尺寸和形状的块状物体；②成型制品具有一定的机械强度，以保证制品在工艺流程中转运和进一步加工时其尺寸与形状不会被破坏；③赋予制品进一步加工的良好性能。

## 10.1 粉体成型基本方法

作为一个中间环节，由于原料的性能不同，成型制品的用途不同，在长期的生产实践中形成了各种不同的粉体成型方法。这些方法按照外力施加方式的不同，可以分为滚动成型和压力成型两大类。

按照润湿程度的不同，可以分为半干法（物料水分5%左右）、可塑法（物料水分15%左右）和注浆法（物料水分40%左右）三大类。

### 10.1.1 滚动成型

滚动成型属于半干法成型，是将粉状物料加水润湿，在不断滚动的过程中机械力和毛细力共同作用而成型，常用于冶金过程的原料预处理，制品为对尺寸要求不很严格的球状物料。

在冶金工业的球团生产中，滚动成型称为造球，目的是将粒度为−0.075mm约占80%以上的细磨精矿制成9～15mm的球团矿；烧结生产中，滚动成型称为制粒，目的是将0～10mm的粉矿中的细粒物料黏附于粗颗粒上，形成制粒小球，以改善烧结过程的透气性。

目前，国内外广泛采用的滚动成型设备为圆盘造球机和圆筒造球机（或制粒机）。这两种滚动成型设备是按相同的工艺原理工作的：造球机旋转时，物料靠造球机内壁摩擦上升运动至一定高度，然后靠重力向下滚动，当物料滚动到造球机下部时，又靠造球机内壁摩擦而上升运动，如此循环往复，由于水分的作用，物料在滚动过程中互相黏附成型。二者主要差别在于：圆盘具有自动分级的特点，成型生球粒度较均匀。圆筒卸出的生球粒度差别大，作为造球设备，生球必须经过筛分，不合格生球返回圆筒造球机；作为制粒设备，卸出的制粒小球则直接进入下一道工序。

国内在烧结生产中，多采用圆筒作为制粒机，球团生产中多采用圆盘作为造球机。

### 10.1.2 压制成型

压制成型是指借助于机械压力和模型将粉体加工成规定尺寸和形状的制品的过程，广泛应用于粉末冶金、耐火材料、建筑材料、型煤生产等工业中，也可以用于生产规模较小的冶金原料预处理工艺。

压制成型方法很多，传统的成型方法包括机压成型法、可塑成型法、注浆成型法、等静压成型法、振动成型法、捣打成型法、挤压成型法、对辊成型法等。

(1) 机压成型法。机压成型法是目前耐火材料生产中使用最多的成型方法。该方法使用压砖机和钢模具将粉体压制成坯体。因一般机压成型均是指含水量为4%～9%的半干料成型方法，因而也称半干法成型。该方法常用的设备有摩擦压砖机、杠杆压砖机和液压机。

机压成型过程实质上是一个使物料颗粒密集、空气排出、形成致密坯体的过程。机压成型的制品具有密度高、强度大、干燥收缩和烧成收缩小、制品尺寸容易控制等优点，所以该方法在耐火材料生产中占主要地位。

(2) 可塑成型法。可塑成型法是指用含水量为16%以上呈塑性的泥料制成制品的方法。通常是将预制好的物料投入挤泥机中挤成泥条，然后切割，按所需要的尺寸制成荒坯，再将荒坯用压机压制，使物料具有规定的尺寸和形状。

可塑成型法多用来生产大型或特别复杂的耐火制品。与半干法相比，其缺点是坯体水分大，砖坯强度低，外形尺寸不准确，干燥过程复杂，收缩有时达到10%以上。因此，在耐火制品生产中，除部分制品外，一般很少采用可塑成型法。但在陶瓷工业中，可塑成型是一种古老的成型方法。在制造大型器物、薄胎器物、异型陶质制品时，仍采用该方法。在美国生产少量艺术瓷时也多采用可塑成型法的拉坯成型。

(3) 注浆成型法。注浆成型法是将泥浆注入石膏模型，借助于模型吸水制成坯体的方法。注浆成型的方式有空心浇注、实心浇注、压力浇注、离心浇注、真空浇注等，其中空心浇注是最主要的浇注方式。

空心浇注的特点是石膏模不带任何型芯，所以又称单面浇注或单面吸浆。泥浆注入石膏模型后，在模腔内壁形成坯体的外形，这种浇注方式适用于薄壁中空制品。壁厚大件或外形复杂的制品采用实心浇注方式，其特点是在石膏模腔内放置一个或几个型芯，以形成注件的内表面，所以又称为双面浇注或双面吸浆。

注浆成型用的泥浆水分一般达40%左右，它主要用于生产中空壁薄的高级耐火制品及特种耐火制品。在陶瓷工业中，注浆成型是一种适应性大、生产效率高的成型方法，凡是形状复杂或不规则，以及薄胎等制品，均可采用注浆成型法来生产。

(4) 等静压成型法。等静压成型法是应用帕斯卡原理，依靠高压液体或气体在粉体各个方向上施加等同压力进行成型的方法。常用的压力传递介质为液体。因刹车油或无水甘油的可压缩性极小，几乎可以把全部压力传递到弹性模具上，故多用这两种液体作为压力传递介质。

等静压成型的最大特点是粉体各部分受压均匀且压力很高，这样得到的制品密度高且均匀，从而使制品在烧成过程中的变形和收缩大大减少，不会出现一般成型法成型的制品因密度差产生应力而导致的烧成裂纹。

等静压成型按施压介质及成型温度可分为冷等静压成型法(介质为常温液体)和热等静压成型法(介质为气体，加压与加热同时进行)。耐火材料生产主要采用冷等静压成型法，通常所称的等静压成型法即指冷等静压成型法。

冷等静压成型方法有两种:湿袋法和干袋法。成型设备也相应分为湿袋法冷等静压机和干袋法冷等静压机。

(5) 振动成型法。振动成型法是利用振动作用使粉体成型的方法。振动成型方法的原理是:物料在频率很高(一般为 3000～12 000 次/min)的振动作用下，质点相互撞击，动摩擦代替质点间的静摩擦，粉体变成具有流动性的颗粒，在自重和外力作用下逐渐堆集密实形成致密的制品。

振动成型时，由于能量由振动输出，颗粒能在三维空间内活动，密集并填充于模型的各个角落而将空气排挤出去。因此，即使在很小的单位压强下也能得到密度较高的制品。振动成型适用于形状复杂及大型的制品，也适用于密度相差不太悬殊的物料成型。由于成型时物料不受破坏，容易水化的物料如焦油白云石、焦油镁砂料等多用此法成型。

(6) 捣打成型法。捣打成型法是用手动、风动或电动捣锤将粉体捣实成型的方法。捣打成型法一般用于成型形状复杂、体积较大的制品。捣打成型的粉体水分大多控制在 4%～6%的范围内，粉体的临界颗粒度比机压成型时要大，这有利于提高坯体的密度。

(7) 挤压成型法。挤压成型法是用强力挤压可塑性粉体使其通过孔模成型的方法。挤压成型与可塑成型都是采用可塑性粉体，两者的区别在于挤压成型需用强力挤压的挤压机，多用于特殊耐火材料的生产。

特殊耐火材料用的原料大多属于瘠性料，不具有可塑性。在挤压成型前必须将其塑化，通常加入塑化剂如糊精、工业糖浆、羧甲基纤维素、聚乙酸乙烯酯、聚乙烯醇等有机塑化剂或黏结剂使其成为可塑料。

(8) 对辊成型法。对辊成型广泛应用于氮肥工业中的煤球生产、竖罐炼锌的制团等处理量较小的工艺。压团采用对辊压团机。团矿的成型压力、形态及大小对团矿的强度、制团效率和蒸馏效率都有直接影响。

## 10.2　水分在成型过程中的作用

粉体物料分散度大，比表面积大，因而具有较大的表面能。从热力学的角度，高的比表面能是粉体成型的推动力。表面分子处于不均衡的力场中，当其与周围介质(气体或液体)接触时，颗粒表面就显示出电荷，如方解石、石英、膨润土、大多数的黏土、金属、金属硫化物，所带电荷多为负电荷，某些金属氢氧化物如氢氧化铁、氢氧化铝等所带电荷多为正电荷，并在颗粒表面的空间形成电场。当干燥的固体颗粒与水接触时，在电场范围内的极性水分子被吸附于颗粒表面，依次形成吸附水、薄膜水(图 10－1)；水分进一步增加时，则在粉体中形成毛细水。水分使粉体颗粒相互靠近、黏结，在外力作用下完成粉体成型。

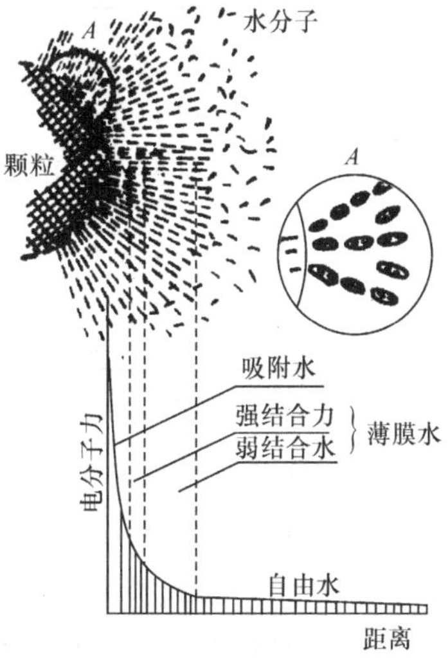


图 10－1　颗粒表面极化水分子的排列及电分子力的分布情况

### 10.2.1　吸附水的特性及其作用

粉体颗粒表面带有电荷，因此，在静电引力作用下具有偶极结构的水分子被吸附在固体颗粒的表面形成吸附水层，颗粒表面过剩能量因放出润湿热而减少。

吸附水的形成不一定要将颗粒放入水中，或往颗粒中加水，当干燥的颗粒与潮湿大气接触时，会吸附大气中的气态水分子。当相对水蒸气压很低时只能单分子层吸附，吸附的基础是靠颗粒表面的离子和水的偶极分子之间的静电吸引，这种吸引力的作用半径约 0.1nm 或零点几纳米，在离开颗粒表面距离超出水分子直径的地方，被吸附的多水分子层是靠范德华力。其次，每一个被吸附的水的偶极分子，由于吸附作用，不仅失去其活动性，同时，水的偶极子以正极或负极靠拢吸着点而呈定向排列状态。被吸着的第一层水分子表面，由被吸着水的偶极分子的正极或负极构成，这样一来，它们又形成新的吸着点。正因为如此，第一层偶极分子又会吸引着第二层偶极分子，第二层又吸引着第三层，依此类推。

吸附水层的厚度，是随着矿物成分或亲水性有所不同，同时也随着料层中相对水蒸气压力的增加而增大，当相对水蒸气压达到 100％时的吸附水含量达到最大值,称为最大吸附水。表 10-1 列出纯石英砂的最大吸附水量和水膜厚度。吸附水层的厚度一般在 0.002～0.008$\mu$m 之间。

**表 10-1　纯石英砂的最大吸附水量及水膜厚度**

| 粒度/mm | 平均直径/mm | 最大吸附水/% | 吸附水膜厚度/mm | 相当于水分子个数 |
|---|---|---|---|---|
| 0.25～0.10 | 0.175 | 0.0452 | $376\times10^{-8}$ | 137 |
| 0.10～0.05 | 0.075 | 0.0798 | $356\times10^{-8}$ | 129 |
| 0.05～0.02 | 0.035 | 0.0917 | $152\times10^{-8}$ | 55 |
| 0.02～0.01 | 0.015 | 0.1133 | $83\times10^{-8}$ | 30 |
| 0.01～0.005 | 0.0075 | 0.1474 | $52\times10^{-8}$ | 19 |
| 0.005～0.002 | 0.0035 | 0.2642 | $44\times10^{-8}$ | 16 |
| 0.002～0.001 | 0.0015 | 0.4963 | $36\times10^{-8}$ | 13 |
| 0.001～0.000 | 0.0005 | 0.3872 | $33\times10^{-8}$ | 12 |

注:水分子直径采用 0.276nm,测定时相对水蒸气压力 $p/p_{\circ}=0.94$。

虽然水分子力的作用半径在极小的范围内,但其作用力非常大。例如,直接附着在固体表面的第一层分子水,其作用力相当于 980MPa。在受范德华力作用的地方,其作用半径的大小至少达到数个水分子直径。虽然其作用力与距离的六次方成反比而递减,但受被吸附水的偶极分子呈定向排列的静电引力所补充,所产生的力极大,被吸附的多层水分子仍被牢固地保持在颗粒上(图 6-6)。吸附水的性质与一般液态水的性质有很大差别,它没有溶解盐类的能力,也没有从一个颗粒直接转移到另一个颗粒的能力,它的转移只能以水蒸气方式进行。吸附水密度大于 1(1.2～2.4),一般为 1.5。它不导电,在低于－78℃的温度时不结冰,这种水又称为固态水。

当细磨物料呈砂粒状态时(颗粒直径为 0.1～1.0mm),如果仅含有吸附水,仍是散粒状,当细磨物料呈黏土状态时(颗粒直径约为 1$\mu$m),如果只含有吸附水,可以成为坚硬的固体。所以,一般认为,适宜于滚动成型的物料层中,如果仅存在吸附水时,成型过程尚未开始。

### 10.2.2　薄膜水的特性及其作用

当固体颗粒表面达到最大吸附水层后,再进一步润湿颗粒时,在吸附水的周围就形成薄膜水,这是由于颗粒表面吸着吸附水后还有未被平衡掉的静电引力(主要是颗粒表面的引力,其次是吸附水内层的分子引力)的作用。但是,此引力较小,水分子定向排列较差、较松弛。薄膜水的内层与最大吸附水相接,引力为 3040kPa,外层为 610kPa。因此,薄膜水与颗粒表面的结合力比吸附水和颗粒表面的结合力要弱得多。然而,即使用 7 万倍重力加速度的离心机也不能使它从颗粒表面排出。薄膜水的平均密度为 1.25g/cm$^3$，溶解溶质的能力较弱，冰点为 −4℃。在分子力的作用下，从水膜厚处移向水膜薄处，其迁移的方式如下：有两个相邻且直径相等的颗粒甲和乙，当甲颗粒的薄膜水较乙颗粒的薄膜水厚（图10－2）时，位于 A 的薄膜水距离颗粒乙的中心比距离颗粒甲的中心近，因此，薄膜水 A 开始向颗粒乙移动，即颗粒甲周围较厚的薄膜水开始向颗粒乙移动。

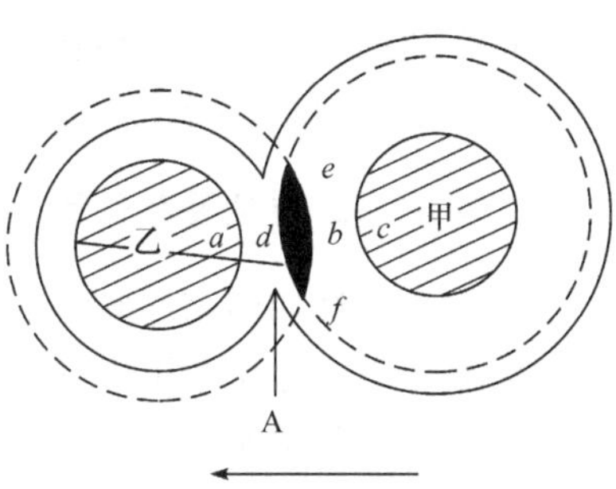

图 10－2　薄膜水移动示意图

这个过程进行到两个颗粒的水膜厚度相等时为止，这种迁移速度非常缓慢。薄膜水由于受到表面引力的吸引，具有比普通水更大的黏滞性。当两个颗粒间的距离 $ac$ 小于两个颗粒的表面引力半径 $ab$、$cd$ 之和时，两颗粒间引力相互影响 $ebfd$ 范围内的薄膜水，它同时受到两个颗粒的分子引力的作用，具有更大的黏滞性。颗粒间距离越小，薄膜水的黏滞性就越大，颗粒就越不容易发生相对移动。对成型制品来说，制品的强度就越好。

吸附水和薄膜水合起来组成分子结合水，在力学上可以看作是颗粒的外壳。在外力作用下结合水和颗粒一起变形，并且分子水膜使颗粒彼此黏结。这就是细磨物料成型后具有强度的原因之一。

各类铁矿石及常用添加物的最大分子结合水和最大毛细水含量见表 10－2。就铁矿石而言，致密的磁铁矿最大分子结合水的含量最小，而疏松的褐铁矿最大分子结合水的含量最大，并且其数值随着矿石粒度的减少而增大。各类常用的添加物，其最大分子结合水的含量，也与其本性有关，亲水性最好，比表面积最大的膨润土，其分子结合水具有最大值，消石灰次之。

**表 10－2　各类铁矿石及常用添加物的最大分子结合水和最大毛细水含量**

| 矿石名称 | 粒度/cm | 最大分子结合水含量/% | 最大毛细水含量/% |
|---|---|---|---|
| 磁铁矿 | 1～0 | 4.9 | 9.3 |
| | 0.15～0 | 6.4 | 14.3 |
| | 0.074～0 | 6.0 | 17.6 |
| 赤铁矿 | 1～0 | 5.2 | 11.0 |
| | 0.15～0 | 7.4 | 16.5 |
| | 0.074～0 | 7.3 | 17.5 |
| 褐铁矿 | 1～0 | 21.2 | 37.3 |
| | 0.15～0 | 21.3 | 36.8 |
| 膨润土 | 0.20～0 | 45.11 | 91.8 |
| 消石灰 | 0.25～0 | 30.1 | 66.7 |
| 石灰石 | 0.25～0 | 15.3 | 36.1 |

当物料达到最大的分子结合水后,细磨物料就能在外力(搓揉滚压)的作用下表现出塑性性能,在造球机中,成球过程才明显开始。

### 10.2.3　毛细水的特性及其作用

当细磨物料被润湿,并超过最大分子结合水时,物料层中就出现毛细水。毛细水是颗粒表面引力作用范围以外的水分,它的形成是靠表面张力的作用,是在直径为 0.001～1mm 的毛细管中,受毛细管引力作用保持的一种水分。水分所受到的引力在 9.8～24.5kPa 之间,视物料的亲水性和毛细管的直径而定。

当颗粒被水润湿超过薄膜水时,在颗粒之间出现了毛细水,开始出现的毛细水叫做触点态毛细水,见图 10－3(a),它使颗粒联系起来。继续增加水,以及毛细水表面张力或外力作用,颗粒靠拢,于是在它们之间形成了蜂窝状毛细水,见图 10－3(b),这时毛细水在颗粒之间开始连接起来,可以迁移。进一步润湿,则出现了饱和毛细水,见图 10－3(c),这时达到了最大毛细水含量。

(a)　(b)　(c)

图 10－3　毛细水的形成过程

毛细水能够在毛细压和能引起毛细管形状和尺寸改变的外力作用下发生迁移。物料的成球速度就取决于毛细水的迁移速度。

在造球过程中,毛细水起着主导作用。当物料润湿到毛细水阶段,物料的成球过程才明显进行,毛细力将水滴周围的颗粒拉向水滴中心,因而形成了小球。

### 10.2.4　重力水的特性及其作用

当细磨物料层完全为水饱和,即超过最大毛细水含量之后,超过的水分子不能为毛细管引力所保持,而受重力的支配,沿着颗粒间大孔隙向下移动,这种水分叫做重力水。重力水在成球过程中是有害的。

颗粒表面上的吸附水、薄膜水、毛细水和重力水的总和称为全水量。

综上所述,不同形态的水分对成型过程有不同的作用。毛细力能将颗粒拉向水滴而成球,范德华力能使颗粒粘在一起。毛细水在形成生球的过程中起主要作用,分子水在某种程度上能增加生球的机械强度。

# 10.3 粉体成型机理

## 10.3.1 细磨物料的滚动成型机理

在烧结、球团生产中,成球是将物料加水润湿,在机械力和毛细力作用下滚动而形成一定粒度的生球,它是烧结、球团矿生产过程中的重要工序之一。生球质量受原料种类、物化特性、黏结剂种类和用量、成型设备的工艺参数和操作等因素的影响。它的好坏在很大程度上影响着烧结矿、球团矿生产的质量。

### 1. 细磨物料在成球过程中的行为

细磨物料在成球过程中,首先形成球核,然后以成层或聚结的方式长大。但是,在球长大的过程中,还会发生一些其他的行为,如已经形成的球又被压碎等。一般细磨物料在成球过程中的行为可分为下列七种(图 10-4)。

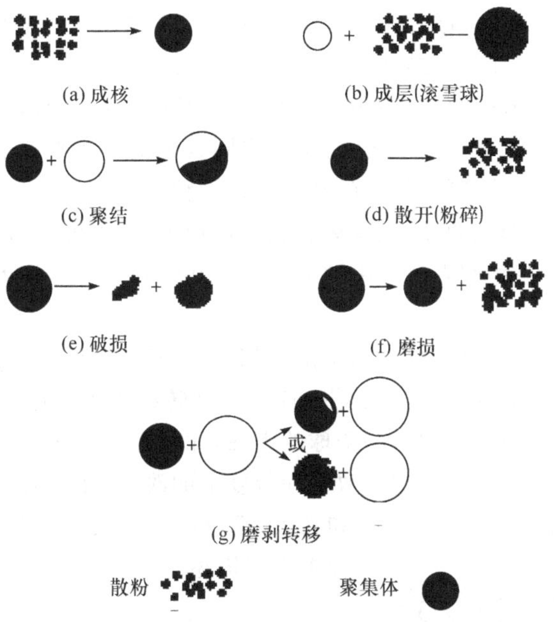


图 10-4 细磨精矿在滚动成型过程中的行为方式示意图

①成核。细磨物料开始形成小球的过程称为成核过程[图 10-4(a)]。湿料加到造球机中,或者干料在造球机中加水润湿后,在滚动过程中,颗粒互相靠拢,由于颗粒之间机械力和毛细力的作用而聚集成核,这是任何新球形成必不可少的过程。核的形成是造球的第一步,因此,核的形成速度与强度将影响生球的生产

质量。

②成层(滚雪球)。已经形成的球核,在滚动过程中其表面聚集新料而逐渐长大,称为成层长大[图 10-4(b)]。在连续往球核上加料加水的条件下,表面潮湿的核,由于毛细力的作用,在滚动时黏附上颗粒,使球的粒度连续增大。

③聚结。几个小球核联结在一起叫聚结[图 10-4(c)]。生球长大是由于小的球核在造球机内“瀑布式”的料流中,互相碰撞和挤压,球核逐渐变得密实,毛细管中的水被挤到球表面,在继续碰撞中彼此聚结在一起,因而导致球的长大。球核的聚结可以是两个或是多个的,以成对的或四面体的形式聚结在一起。球以聚结方式长大时,其长大速度比成层长大的快,成品的粒度范围比成层长大的宽。

④散开(粉碎)。已经形成的球核又被压碎[图 10-4(d)]。在造球过程中,部分原料虽然暂时聚集在一起,但由于水分少,毛细黏结力小,球核的强度小,在其他球核的撞击下而破碎。这在造球过程中是不可避免的,这部分散料在继续造球过程中会黏附到其他球核上。对于粒度较粗的物料或亲水性较差的物料,球核破碎的概率很大,往往导致造球过程不能顺利进行。这种物料一般称为成球性差或难成球的物料,必须添加某些黏结剂以改善其成球性。

⑤破损。已经形成的球,在继续长大的过程中,由于冲击或碰撞破裂成碎片[图 10-4(e)]。这种碎片往往形成球核或同其他的球聚结。若出现大量的球破碎,说明造球机的工艺参数不适宜,必须加以调整。

⑥磨损。已经形成的球,在继续长大的过程中,有些表面因水分不足或无黏结剂而黏附不牢,在互相磨剥过程中被磨损[图 10-4(f)]。这些磨损下来的粒子,又黏附到其他的球上。

⑦磨剥转移。在造球过程中,球由于相互作用和磨剥,一定数量的物料从一个球转移到另一个球上[图 10-4(g)]。这种磨剥转移是指在球相互碰撞时,少量的物料从一个球的表面转移到另一个球的表面,而不存在交换。

以上七种行为能引起生球在数量和粒度上的改变,在任何情况下,生球的形成和长大,都可以用这七种基本行为或其中的某几种来进行描述。

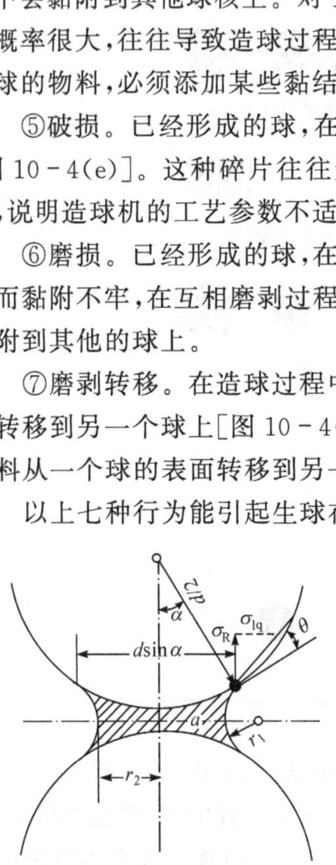

图 10-5　颗粒之间黏结力的推导

2. 生球的黏结机理

生球依靠自然力把颗粒黏结在一起,并具有一定的强度。自然力中对颗粒黏结起主导作用的是界面力和毛细力。当物料颗粒之间的孔隙中液体充满率较小时,颗粒之间存在界面力和毛细力;如果孔隙完全被液体充满,并且液体表面呈弧形时,颗粒之间的黏结力主要为毛细力。图 10－5 描述两个大小相同的球形颗粒之间的黏结,在两个颗粒之间形成一个双凹透镜形的液体连接桥。由于它的侧面是凹凸形的,所以具有两种曲率半径 $r_1$ 和 $r_2$。根据拉普拉斯公式

$$p_k = \sigma_{lg}\left(\frac{1}{r_1} - \frac{1}{r_2}\right) \tag{10-1}$$

式中:$p_k$——毛细压(凹液面的毛细压为负值,凸液面毛细压为正值)。

因为$|1/r_1| > |1/r_2|$,那么就得出毛细力

$$F_k = p_k A = \sigma_{lg}\left(\frac{1}{r_1} - \frac{1}{r_2}\right)\frac{\pi}{4}(d\sin\alpha)^2 \tag{10-2}$$

式中:A——曲面面积,

$$A = \frac{\pi}{4}(d\sin\alpha)^2$$

$\sigma_{lg}$——液体表面张力;

$d$——颗粒直径;

$\alpha$——连接桥所对半角。

两颗粒的三相(气、液、固)界面力 $F_R$ 可按式(10－3)计算,即

$$F_R = \sigma_{lg}\cos(90° - \alpha - \theta)\cdot\pi d\sin^2\alpha = \sigma_{lg}\sin(\alpha + \theta)\cdot\pi d\sin^2\alpha \tag{10-3}$$

式中:$\theta$——接触角。

总的黏结力 $F_H$ 为

$$F_H = F_K + F_R = \sigma_{lg}\pi d\left[\cos(90 - \alpha - \theta)\sin\alpha + \frac{d}{4}\left(\frac{1}{r_1} - \frac{1}{r_2}\right)\sin^2\alpha\right] \tag{10-4}$$

因为 $r_1$ 和 $r_2$ 与连接桥所对半角 $\alpha$、接触角 $\theta$、颗粒直径 $d$ 和两颗粒之间的距离 $a$ 有关,因此式(10－4)可写成

$$F_H = \sigma_{lg} d f(\alpha, \theta, a/d)$$

当 $\theta=0°$, $a=0$ 及 $\alpha=10°\sim40°$时,有

$$F_H = (2.8\sim2.2)\sigma_{lg} d$$

图 10－6 以液、固体积比($V_L/V_S$)作为参数,用无因次形式描述两个相同粒度颗粒黏结力 $F_H/\sigma_{lg}d$ 与距离比 $a/d$ 之间的关系。从图 10－6 中可以看出:$\theta=0°$, $a=0°$,可以得出 $F_{H,max}=\pi\sigma_{lg}d$,此时颗粒之间连接桥非常小。还可以看出,当液、固体积比($V_L/V_S$)变小时,黏结力对距离比值的变化反应很灵敏。液体连接桥由于颗粒之间的距离增大而被拉长,当颗粒距离达到临界值时,连接桥就变得不稳定而脱落。连接桥越小这种不稳定状态就越容易出现,这就是生球中水分太低时,生球强度小的原因。

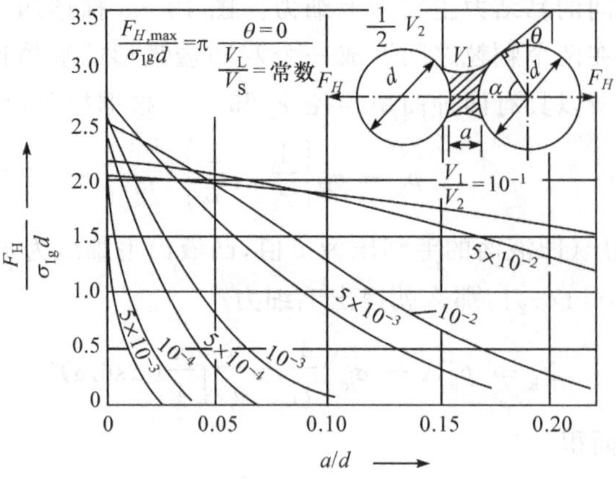


图 10-6 颗粒之间黏结力 $F_H/\sigma_{lg}d$ 与距离比 $a/d$ 的关系

当颗粒间的孔隙中液体充满率较大时，孔隙中的水才开始具有连续性和在毛细管内的可移动性，形成完全相连接的毛细水体系。蜂窝状毛细水的黏结力是触点态毛细黏结力的 1.5～2 倍。

Helmar Shuben 用图 10-7 描述了石灰石(平均粒度 71μm)团块抗拉强度的实测值、计算值及毛细压与液体充满率的关系，从图 10-7 看出，团块液体充满率为 0.9 时，团块抗拉强度最大，为触点态毛细水时的 3 倍左右。

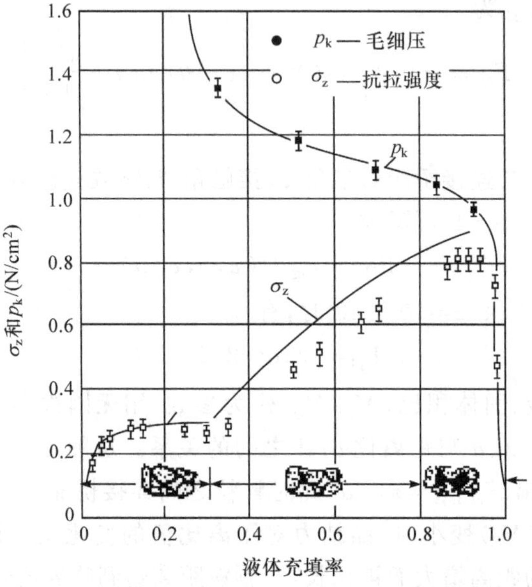


图 10-7 团块抗拉强度和毛细压与液体充满率的关系图

3. 细磨物料的成球过程

细磨物料造球有连续造球和批料造球两种。由于造球的方法不同,成球过程也有差别。大致分为三个阶段,即成核阶段、球核长大阶段和生球紧密阶段。

(1) 连续造球过程的三个阶段。

①成核阶段。当细磨物料表面达到最大分子结合水后,继续加水润湿,则在颗粒表面上裹上一层水膜[图 10-8(a)]。颗粒物料彼此有许多接触点,由于水膜的表面张力作用,在两颗粒之间便形成液体连接桥,使颗粒连接在一起[图 10-8(b)]。颗粒在造球机内通过运动,含有两颗或数颗颗粒的各个小水珠相互结合,便形成了最初的聚集体[图 10-8(c)]。这种聚集体靠液体连接桥使各个颗粒呈网状地保持在一起。此时液体填充率仅 20%左右,但聚集体是疏松的。

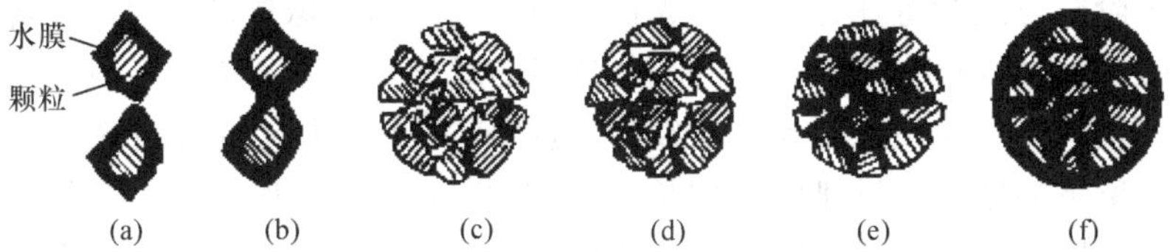


图 10-8 水对成球的影响图

在机械力的作用和增加水分的情况下,聚集体的粒子发生重新排列,部分孔隙被水充填,液体倾向融合,形成连续的水网。这时的聚集体为蜂窝状毛细水所连接[图 10-8(d)],当其中孔隙体积变小时,形成坚实稳定的球核,又称母球。这就是成核阶段,成核的速度与物料的比表面积和水分有关。这时的球核仍然是由固-液-气三相组成,球核强度不高。

②球核长大阶段。已经形成的球核,在机械力的作用下,使颗粒彼此靠拢,所有孔隙被水充满,球核内蜂窝状毛细水逐渐过渡到毛细管水[图 10-8(e)]。在球核表面孔隙中形成弯液面,由于毛细力将颗粒保持在一起。

继续滚动过程中,球核进一步被压密,引起毛细管形状和尺寸的改变从而使过剩的毛细水被挤到球核表面上来从而均匀地裹住球核[图 10-8(f)]。这样表面过湿的球核在滚动过程中就很容易沾上一层润湿程度较低的物料,使核长大。

球核的这种长大过程是多次重复的,直到球中颗料间的摩擦力比滚动成形时的机械压密作用力大时为止。此后,为使球继续长大,必须往球的表面喷水,使表面充分润湿,这时球主要以成层方式长大。

③生球紧密阶段。生球长大到粒度符合要求后便进入紧密阶段。要使生球紧密必须给予机械压力,在这一阶段应该停止补充润湿,让生球中挤出来的多余水分为未充分润湿的物料层所吸收。利用造球机所产生滚动和搓动的机械作用,生球

内的颗粒发生选择性的按接触面积最大的排列，使生球内的颗粒被进一步压紧，并有可能使这些颗粒的薄膜水层相互接触，这样薄膜水能沿颗粒表面迁移，使几个颗粒同为一薄膜水层所包围。生球中各颗粒靠着分子力、毛细力和内摩擦阻力作用相互黏合起来，这些力的数值越大，生球的机械强度就越大。

必须指出，上述成球过程中的三个阶段是为了分析问题而划分的。其实，三个阶段都在同一造球机中完成，各个阶段很难明显地划分。

在造球过程中，第一阶段具有决定意义的作用是润湿；第二阶段，除润湿作用外，机械作用也起着重大的影响；第三阶段机械作用成为决定的因素。

(2) 批料造球过程的三个阶段。所谓批料造球就是将造球物料润湿到含有适宜的造球水后，一次性加入到造球机中，在造球过程中不再加水加料。批料造球也可分为成核阶段、过渡阶段和长大阶段。

成核阶段与连续造球过程中的成核阶段是相同的。球核形成后紧接着是过渡阶段，在过渡阶段由于无新料和水加入，过湿的球核长大主要靠两个或几个球核相互聚结长大。少数球核在运动中被破碎，这些碎片或粉末又以聚结或成层的方式再分配到留下的球上。过渡阶段球长大最快(图 10－9)，因为在这阶段球核表面有足够的水膜，在“瀑布式”的料流中，球核相互碰撞时容易夹住水环而聚结。

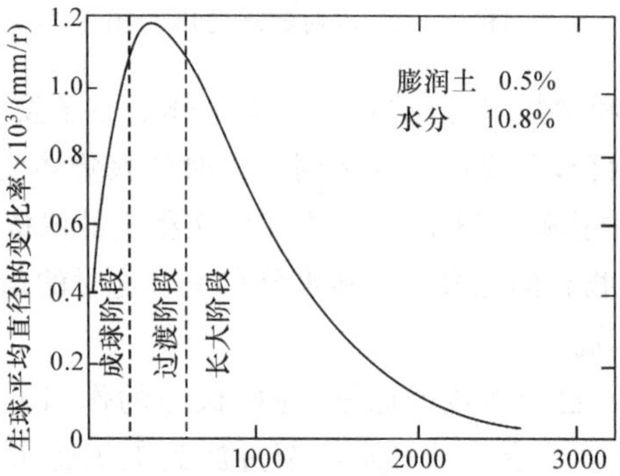


图 10－9　批料造球时各个成球阶段的平均直径变化速率

长大阶段，由于球核表面水分减少，碰撞时聚结的效率逐渐降低，所以球长大的速度较慢(图 10－9)，直到球中的水分不能再被机械作用力压出时为止。此外，球聚结长大还与当时所产生的力矩有关，当力矩所产生的分离力大于两个球的毛细黏结力时，聚结过程也会停止。

批料造球所获得的球，粒度不均匀，形状不规整，而且强度低。因此，批料造球方法一般只是实验室采用。

4. 细磨物料的成球动力学

成球动力学主要研究造球过程中生球生长的速度。生球成长速度一般用单位时间，或者造球机每转一圈，生球直径平均增大毫米数表示。由此，生球成长速度可按式(10－5)计算

$$v = D/t \quad \text{或} \quad v = D/n \tag{10-5}$$

式中：$v$——成长速度，mm/min 或 mm/r；

$D$——生球平均直径，mm；

$t$——造球时间，min；

$n$——造球机转数，r。

细磨物料的成球动力学受多种因素影响，如物料特性、黏结剂、水分及成球方式。

(1) 成球方式对成球动力学的影响。连续造球时，生球平均直径是造球机转数的函数(图 10－10)，而且生球的平均直径与造球机转数呈直线关系，说明连续造球时生球长大速度是均匀的。

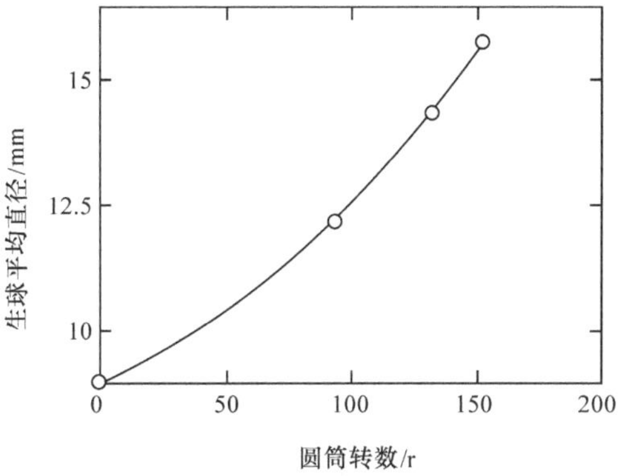


图 10－10　生球平均直径与圆筒转数的关系

批料造球时，生球平均直径也是造球机转数的函数，但生球成长曲线显示出一个 S 形(图 10－11)。这说明生球成长速度在成核、过渡和长大阶段是不同的。成核阶段，长大速度逐渐增加，过渡阶段长大速度最快，长大阶段成长速度降低。

(2) 水分对成球动力学的影响。细磨物料造球，在很大程度上取决于物料的水分含量。在不超过极限水分的范围内，随水分的增加成球速度加快，特别是批料造球时，水分的影响更明显。因为随着物料水分的增加，球核聚结效果变好。从图 10－12 看出，物料水分不同，生球长大速度出现不同的波峰。随着物料水分的降低，过渡阶段延长，波峰降低，说明成长速度下降。水分越低，曲线变化越不明显，说明生球成长速度趋向均匀。

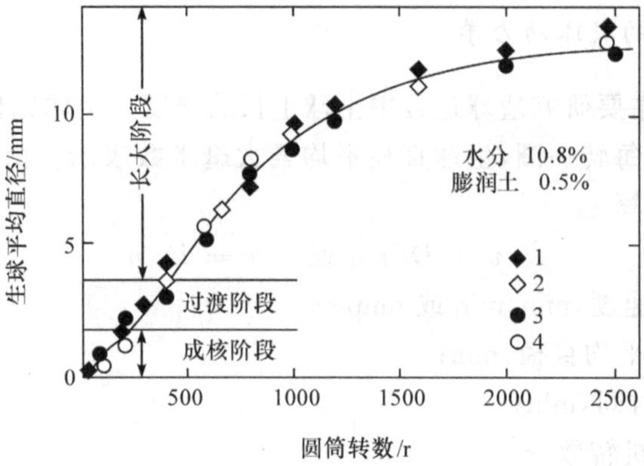


图 10 - 11 批料造球时生球平均直径与圆筒转数的关系

1. 2.5kg;2. 3.5kg;3. 5.0kg;4. 6.0kg

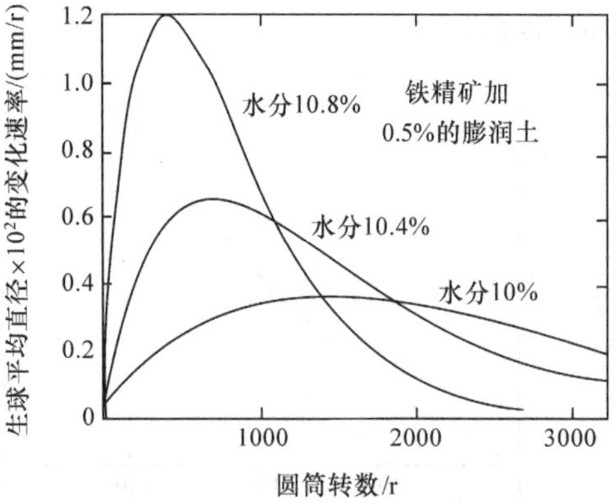


图 10 - 12 不同含水量的原料造球时生球成长速率的变化

(3) 黏结剂对成球动力学的影响。造球常用的黏结剂有膨润土和消石灰。近年来又研制了佩利多等有机黏结剂。

①膨润土。膨润土是一种良好的黏结剂,它能提高生球和干球的强度。但是膨润土的加入降低了生球成长速度,随着膨润土用量增加,生球成长速度降低,见图 10 - 13。膨润土降低生球成长速度的主要原因是:膨润土是层状结构,遇水后不仅表面吸水,其晶层间也要吸附一定量的水分,成为层间结合水,因而减少了造球过程中的有效水,使生球成长速度降低。膨润土对成球动力学的影响随着膨润土所吸附的阳离子不同而异。钙型膨润土对降低生球成长速度的影响比钠型膨润土的影响小,这是因为钠型膨润土电动电位高,水化膜较厚,能使更多的水分转化为水化膜中的弱结合水。

②消石灰。消石灰也有降低生球成长速度的作用(图 10 - 14),但不如膨润土效果明显。例如,添加 1%和 1.5%膨润土的生球成长速度仅为 0.898mm/min 和 0.85mm/min,而添加 3%和 5%消石灰时,生球成长速度分别为 1.75mm/min 和 1.12mm/min。产生这种差别的主要原因是:消石灰仅在颗粒周围形成弱的双电层结构的胶层,在造球过程中水分较易向生球表面迁移,因而生球成长速度较添加膨润土快。

③佩利多。佩利多是由纤维素基天然高分子聚合物经过化学变形而成,其主要组成部分为含有大量羟基和羧基的长链分子。佩利多同样有固定水分的特性。造球物料中添加佩利多能引起生球成长速度降低(图 10 - 15),佩利多的极性基团与水分子接触时,在很大范围内使水分子定向排列,将水束缚。虽然佩利多的用量比膨润土低得多,但佩利多降低生球长大速度的效果更明显。

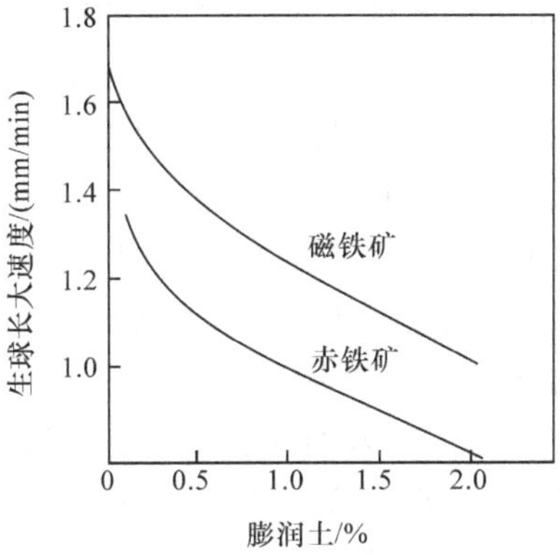


图 10 - 13　膨润土对生球长大速度的影响

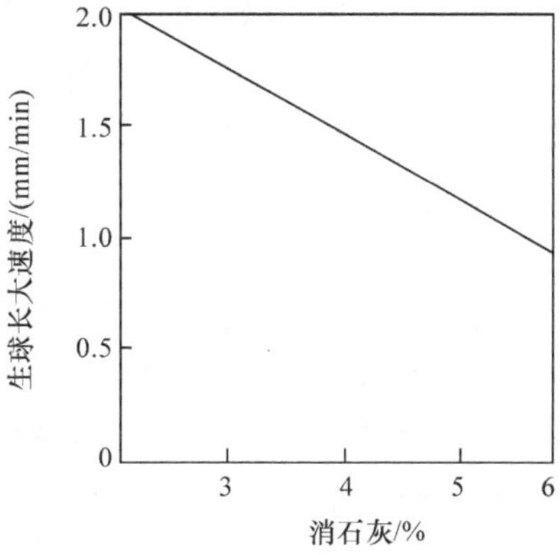


图 10 - 14　消石灰对生球长大速度的影响

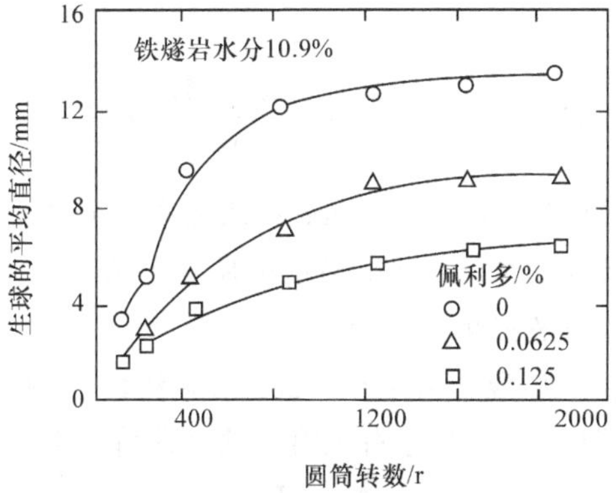


图 10 - 15　佩利多对生球成长动力学的影响

### 10.3.2 粉状物料衮动成型制粒机理

散粒物料的制粒对烧结的生产极为重要，因为制粒效果影响烧结料层透气性的好坏，从而在很大程度上决定垂直烧结速度，影响烧结机的生产率及能耗。

所谓制粒，就是借助于滚动成型工艺，处理含有大量粉末的散粒物料群(0～10mm)，使细粒粉末相互黏结，或者使细粒粉末黏附到较大颗粒上，从而使其整个物料群的平均直径增大，粒度范围变窄。制粒后的物料群应该只含有少量甚至不含细粒粉末，气流通过的阻力较小，从而改善了料层的流体动力学性质，为固体炭燃烧和热量传递创造良好的条件。

1. 混合料制粒性能和效果的评价

过去人们对制粒效果的评价多以最终烧结指标来衡量，如垂直烧结速度是否增大、烧结机利用系数是否提高等。这种评价虽能综合、直观地反映其烧结料的制粒效果，但它不能解释制粒效果好坏的原因，更不能揭示制粒机理。随着烧结技术的发展，烧结新工艺的出现，如厚料层烧结、低温烧结、小球烧结、球团混合烧结等，人们对混合料制粒进行了深入的研究，不仅研究制粒后混合料的粒度组成，而且研究了混合料小球的干、湿强度，结构及混合料原始粒度对小球结构的影响等，由此对混合料制粒效果赋予新的概念，下面介绍几种制粒效果的评价方法。

(1) 混合料粒度分布。把制粒后的混合料烘干至残留水为2%～3%，停放1h后，在不破坏小球形态的情况下，用人工筛分分级，计算不同粒级的出量。一般认为，烧结混合料的制粒小球中，2～5mm粒级应大于50%，其平均直径为2.4～2.6mm。

(2) 准颗粒指数GI。日本藤本政美提出用准颗粒指数GI作为评价指标表示细粉的黏附程度，即

$$GI=\left(\frac{A_1-B_1}{A_1}+\frac{A_2-B_2}{A_2}\right)\times 100\% \tag{10-6}$$

式中：$A_1$，$B_1$——制粒前后0.5～0.25mm粒级的质量分数；

$A_2$，$B_2$——制粒前后<0.25mm粒级的质量分数。

GI值越大，则制粒效果越好。

佐藤胜彦进一步指出，混合料中<0.25mm粒级的影响要比0.5～0.25mm粒级大得多，因此只取式(10-6)等号右边第二项来评价制粒效果，即

$$GI_0=\frac{A_2-B_2}{A_2}\times 100\% \tag{10-7}$$

(3) 透气性指数。以烧结混合料作填充层处理，测定在一定料层高度和一定

抽风负压条件下通过料层的风量，可用透气性指数JPU表示，即

$$\mathrm{JPU}=\frac{Q}{A}\left(\frac{H}{\Delta p}\right)^{0.6} \tag{10-8}$$

式中：Q——通过料层风量，$m^3/min$；

A——抽风面积，$m^2$；

$\Delta p$——抽风负压，$mmH_2O$（$1mmH_2O=9.806\ 65Pa$）；

$H$——装料高度，m。

一些研究者的研究结果表明，上述三种方法的评价指标有良好的对应关系

$$\mathrm{JPU}=-28.9+17.7d$$

$$\mathrm{JPU}=-104.6+1.41\mathrm{GI}$$

（4）制粒效率 $\eta_1$。我国常用这种方法评价制粒效果，即

$$\eta_1=\frac{q_2-q_1}{q_2} \tag{10-9}$$

式中：$q_1$，$q_2$——制粒前后+3mm粒级的质量分数。

2. 制粒后小球的结构

关于小球的结构，日本的山冈洋次郎用"准颗粒模型"来描述（图10-16）。准颗粒从中心到表层由三层粒度不同的颗粒组成：①起粒核作用的粗粒部分；②即使干燥也不剥落的细粉黏附的中间层，它包裹着核颗粒；③易碎裂的外层部分。这就形成了三种颗粒，即核粒、全干颗粒以及制粒粒子。用A、B、C指标表示三种颗粒的细粉末黏附率，即

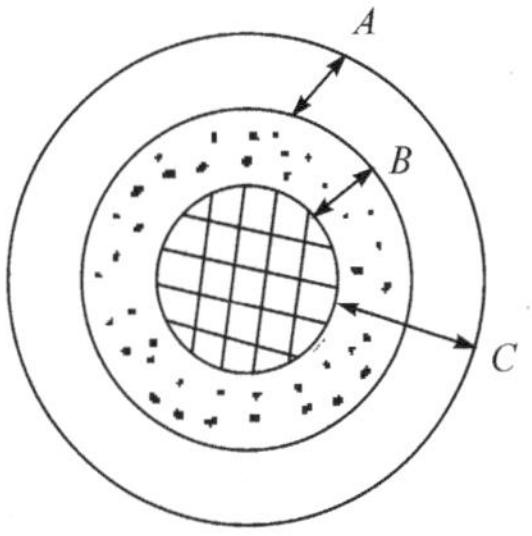


图10-16 制粒小球结构的"准颗粒模型"

$$A=[制_{(-0.5)}-干_{(-0.5)}]$$

$$B=[干_{(-0.125)}-洗_{(-0.125)}]$$

$$C=[制_{(-0.25)}-洗_{(-0.25)}]$$

式中：$制_{(-0.25)}$，$制_{(-0.5)}$——制粒原料粒度组成中小于0.25mm和小于0.5mm粒级的质量分数，%；

$干_{(-0.125)}$，$干_{(-0.5)}$——全干颗粒粒度组成中小于0.125mm和小于0.5mm粒级的质量分数，%；

$洗_{(-0.125)}$，$洗_{(-0.25)}$——水洗粒度组成中小于0.125mm和小于0.25mm粒级的质量分数，%。

A表示黏附在制粒粒子与全干颗粒之间受热应力作用破裂下来的黏附量。为了保证烧结过程中料层的透气性和烧结机产率，必须保持制粒粒子即使受热应

力作用也不破裂，希望黏附率 A 小，B 和 C 大。因此，除原料颗粒的形状和表面粗糙度外，细颗粒部分的粒度组成相中间颗粒所占的比例被认为是重要的制粒参数。所谓中间颗粒是指既不能作为核粒也不能作为黏附层的颗粒，即既不能吸附小颗粒也不能被其他颗粒所黏附的颗粒。中间颗粒所占比例大时，不利于烧结料的透气性。因此，一些研究者都试图定义“中间粒度颗粒”。有的将其定为小于 0.7mm、大于 0.2mm 的颗粒；有的将其定义为小于 2.0mm、大于 0.5mm 颗粒；还有的将其定义为介于黏附颗粒和核颗粒之间的分界颗粒；利斯特(J.D.Lister)把起粒核作用的那部分颗粒所占的比例定义为分级系数，即

$$a_i = \frac{m_{ii} + m_{ii+l}}{\sum_{j=1}^{n} m_{ij}} \tag{10-10}$$

式中：$m_{ij}$——在粒级为 $j$ 的准颗粒中发现的粒级为 $i$ 的颗粒质量。

此时，假定粒核出现在相同粒级的准颗粒中或出现在稍大一点粒级的准颗粒中(有细颗粒黏附时稍微增大了颗粒尺寸)，$a_i$ 为 1 时，表示全部为粒核颗粒；$a_i$ 为 0 时，表示全部为黏附颗粒。对于一般的烧结料来说，大部分是起粒核作用的颗粒，另一些颗粒起黏附作用。也就是说，$a_i$ 位于 0 与 1 之间(图 10－17)。分级曲线可用一个标准的对数函数来表示

$$a(x) = \frac{1}{\sigma\sqrt{2}\pi}\int_{-\infty}^{\ln(x)} \exp\left\{-\frac{[t-\ln(X_{0.5})]^2}{2\sigma^2}\right\} dt \tag{10-11}$$

式中：$X_{0.5}$——分级系数为 0.5 时的颗粒尺寸；

$\sigma$——中间颗粒粒度范围的延伸程度。

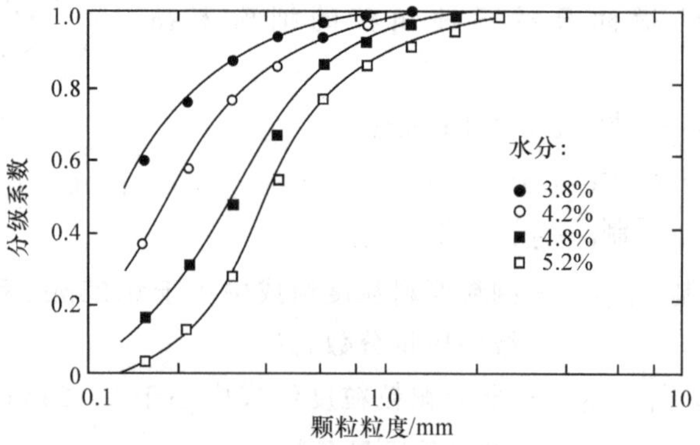


图 10－17　分级系数与颗粒粒度的关系

$X_{0.5}$实质是中间颗粒的粒度。当颗粒为这种粒度时，该颗粒可能作为核颗粒，也可能作为黏附颗粒，并且这两种可能性是相等的。$X_{0.5}$的数值越大，准颗粒的平均粒度也越大。

3. 小球形成的连接机理

散粒物料制粒是物料本身固有的自然力和机械外力共同作用的结果。散粒物料本身的自然力包括固体颗粒之间的范德华力、磁力和静电力，颗粒之间的相互作用的摩擦力，不能移动的连接桥中的附着力和内聚力以及由于液相存在的界面力和毛细力。

小球的强度主要靠自然力本身的作用，自然力的大小取决于颗粒的粒度、表面电荷、结晶构造、颗粒的接近程度和添加剂的种类和数量。有液体存在并完全润湿固体颗粒表面时，主要的物理力是颗粒间气-液界面的表面张力引起的毛细力。

对于有核小球，粒核周围黏附层的形成分两个阶段。首先，在粒核的周围形成很细的内层，然后在较细粒的基体中形成中间颗粒的外层。当中间颗粒与较大的准颗粒接触时，如果中间颗粒与黏附层中细颗粒之间的结合力超过使中间颗粒与黏附层脱离的力，则中间颗粒可能黏附于较大的准颗粒上。最终，中间颗粒将全部进入黏附层。其机理示意图如图 10 - 18 所示。

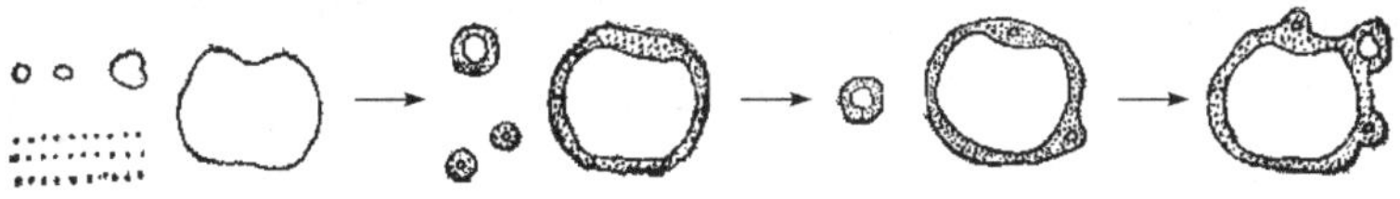

图 10 - 18 制粒机理示意图

颗粒与黏附层脱离的力为颗粒与其他颗粒和制粒圆筒碰撞时所产生的剪切力。在这种碰撞中，欲向黏附层黏附的大颗粒应具有较大的投影面积。如果颗粒大，则合力多半把颗粒剪切出去，而不是把颗粒推进黏附层。另外，大颗粒不能像小颗粒那样大量地进入已形成的黏附层，因为分裂力将随着中间颗粒粒度的加大而加强。对于某种粒度的颗粒，将出现分裂力和结合力达到平衡的现象。这种粒度的颗粒，即介于核颗粒与黏附颗粒之间的“分级颗粒”，即其分级曲线参数为 $X_{0.5}$。换句话说，能够被准颗粒约束住的颗粒粒度（或 $X_{0.5}$）将随着细颗粒黏附层中结合力的加强而增大。

在预测球团强度方面已有大量的理论著作和实践资料。Newitt 和 Conwayil Jones 认为，球团强度与球团孔隙率、球团饱和率以及组成球团的颗粒粒度互成函数关系。他们认为，影响细颗粒组成的球团强度的因素同样将影响铁矿石准颗粒中核颗粒周围细颗粒层的黏结强度。因此

$$X_{0.5} = f(\text{黏附层的黏结强度}) = f\left(\frac{1-\varepsilon_1}{\varepsilon_1}\frac{S_1}{d_1}\right) \tag{10-12}$$

式中，$S_1$——黏附层的相对饱和率；

$d_1$——黏附层中颗粒的平均粒度；

$\varepsilon_1$——黏附层的孔隙率。

这样，$X_{0.5}$的数值与黏附颗粒的粒度、黏附层的孔隙率以及黏附层的饱和率有关。

无核小球的形成机理与球团生产中母球形成机理相同。当细粒物料表面达到最大分子水后，继续加水润湿，则在颗粒表面裹上一层水膜，颗粒物料彼此有许多点接触，由于水膜的表面张力作用，在两个颗粒连接桥之间形成液体桥键，使颗粒连接在一起。颗粒在制粒机内通过运动形成最初的聚集体，这种聚集体是疏松的，液体桥键使各个颗粒呈网状分布，其中保留了大量的孔隙，液体填充率仅20%左右。在机械力作用和增加水分的情况下，聚集体的粒子发生重新排列，部分孔隙被水充填，液体融合，形成连续的水网，这时的聚集体为蜂窝状毛细水所连接，其中的孔隙体积减小，形成坚实稳定的球核。球核在机械力的作用下，使颗粒彼此靠拢，所有孔隙被水充满，球核内蜂窝毛细水逐渐过渡到毛细管水，在球核外围气孔上形成弯月面，由于毛细力的作用将颗粒联系在一起。如果球核进一步被压密，引起毛细管形状和尺寸的改变，过剩的毛细水将被挤到球核表面均匀地裹住球核。这样，表面过湿的球核在滚动过程中很容易沾上一层润湿程度较低的物料，使核长大成球粒。球核的这种长大过程多次重复，一直到球核中颗粒间的摩擦力比滚动成型时的机械压密作用力大时为止。无核小球的形成一般来说是成层长大的，由于水分过湿时也不排除少量的聚结形式。

### 10.3.3 压制成型机理

压制成型是在一定压力下使细粒物料在型模中受压后成为具有确定形状与尺寸、密度和强度的一种成型方法。该方法广泛应用于冶金、煤炭、化工、耐火材料、建材工业，因其工艺简单，特别适用于小规模生产的粉体成型。

1. 压制成型过程中细粒物料的位移和变形

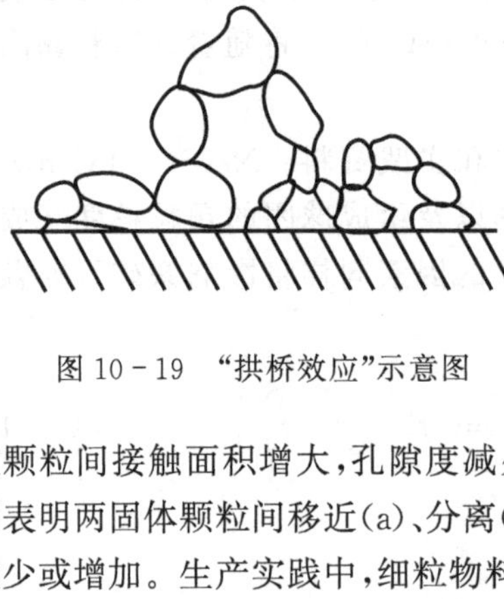

图 10-19 “拱桥效应”示意图

无外力情况下，模型内自由松装的细粒物料依靠颗粒之间的摩擦力和机械啮合相互搭接，在颗粒间形成大的孔隙，这种现象称为“拱桥效应”(图 10-19)。此时，颗粒间仅存在简单的面、线、点接触，处于暂时平衡状态。具有不稳定性和流动性，当对颗粒稍微施外力时，“拱桥效应”遭到破坏，颗粒向着有利的方向发生位移，产生重新排列，导致颗粒间接触面积增大，孔隙度减少。图 10-20 为颗粒粉末位移的多种形式，分别表明两固体颗粒间移近(a)、分离(b)、滑动(c)、转动(d)和嵌入(e)，使颗粒间接触面减少或增加。生产实践中，细粒物料为一群体，各种位移形式会同时发生。因为一个颗粒可能同时与多个颗粒以不同形式(包括方向和位置)接触,所以颗粒群体内位移是十分复杂的过程。位移的结果是使群体密度增大,其密度的增大量与所施压力成正比。施加压力的增大除了使颗粒间产生最大位移外,还发生颗粒变形。

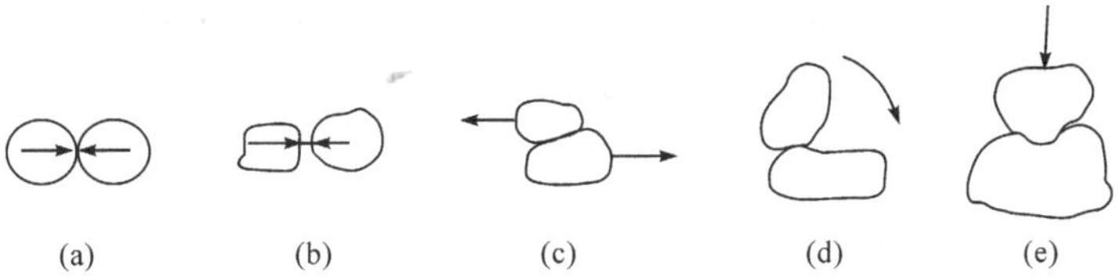


图 10-20　粉末位移的形式

细粒物料变形类别如下:

(1) 弹性变形。固体颗粒除去外力后可以恢复原状的变形。

(2) 塑性变形。具有塑性的固体颗粒除去外力后不能恢复原状的变形为塑性变形,且物料塑性越大变形越大,塑性变形程度随压力增大而增加。

(3) 脆性断裂。脆性物料在外力下产生的颗粒结构发生破坏性的变形,该变形易产生新的颗粒断面并使颗粒数增加。

固体颗粒的形状各种各样,通常矿物颗粒外表凹凸不平且有许多棱角,即使球形颗粒的表面也是不光滑的,颗粒之间的接触是通过棱角和凸峰来实现的。颗粒之间的接触面积很小,加压时,即使很小的压力,集中到这些小的接触区时,单位面积上的压力也会变得很大。如果该压力超过了物料变形的临界应力,则在颗粒的棱角和凸峰处首先开始变形,使颗粒间接触面积增大;如果压力继续增大,颗粒的变形就会向接触区的颗粒内部发展。

图 10-21 简略地表示了压制机理。假设外力 $p$ 作用于模型内一松散物料,在压制的第一阶段(A),颗粒位移重新排列并排除孔隙内气体,使物料致密化。在

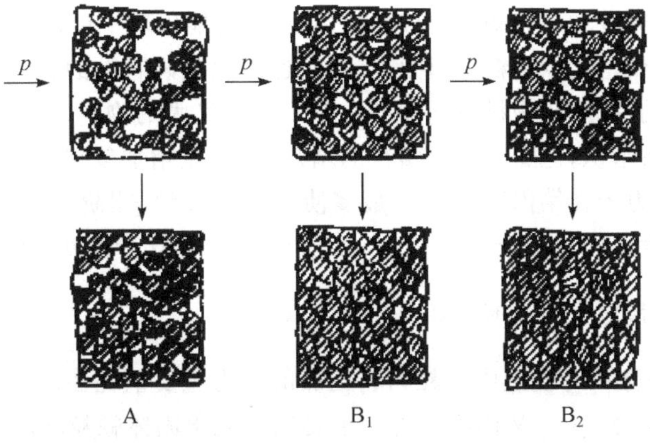


图 10-21　压制机理图

这一阶段耗能较少但物料体积变化较大。继续压制时,可能发生两种机理,究竟属于哪一种取决于被压制的物料是脆性变形体($B_1$)还是塑性变形体($B_2$)。脆性物料易被压碎,新生的细颗粒会充填在细小孔隙内,重新排列的结果是使密度增大,新生颗粒表面上的自由化学键使各颗粒黏结。若属塑性物料,颗粒发生塑性变形时其颗粒间相互围绕着流动,产生强烈的范德华力黏结起来。大多数情况下,两种机理同时发生,并在一定条件下引起机理的转换。

2. 细粒物料密度在压制时的变化规律

模型中细粒物料在加压时其密度变化可分为三个阶段(图 10－22)。

第Ⅰ阶段,因压力相对较低,对细粒物料初施压力后,料层内"拱桥效应"被破坏,颗粒发生相对位移并填充孔隙,结果松散料层体积大大减小,密度迅速增加(图 10－22 曲线 $a$)。

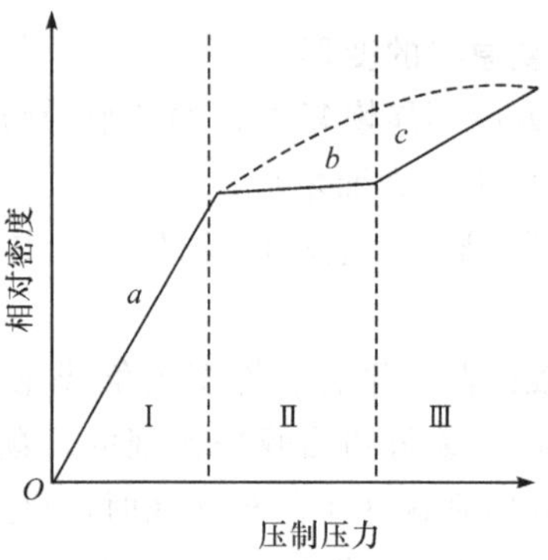

图 10－22　压块密度与压力的关系

第Ⅱ阶段,随道压力的增加和加压时间的延长,孔隙因达到最大物料充填减至最小,在每种细粒物料最佳压制压力情况下,密度达最大值,此时细粒物料层已出现一定的压缩阻力。在此阶段内,继续增大压力时,压块密度不再增大(图 10－22 曲线 $b$)。

第Ⅲ阶段,当压力继续增大并超过细粒的临界应力值(即极限强度)时,固体颗粒发生变形或裂碎,颗粒之间重新排列并相互充填,压块密度又随之增大(图 10－22 曲线 $c$),这是压制时所不希望的。

应该指出,在上述三个阶段中,固体颗粒的位移和变形不是截然分开的。在第Ⅰ阶段内,压块的密度增加以颗粒位移为主,同时也可能出现少量颗粒的变形。在第Ⅲ阶段内,压块的致密化以颗粒变形为主,同时也发生裂碎颗粒的少量位移。第Ⅱ阶段的情况是变化的,视压制物料不同而异。对于又硬又脆的物料,压制时,压块物料密度曲线变化比较平坦,但随着物料塑性的增加,其密度增加较快。对于任一种物料,压制时,加压压力皆在第Ⅱ阶段结束,最多使压力增大到第Ⅱ阶段的压力极限值。塑性好的物料密度加压时的变化见图 10－22 中虚线,即第Ⅱ阶段基本消失。

3. 压制过程中力的分布和压块密度变化

在压制过程中,对模型中细粒物料施加的压力主要消耗在两个部分。

(1) 内摩擦力($p_1$),又称静压力。主要用来克服固体颗粒间产生的摩擦,使颗粒产生位移甚至变形,最终达到紧密排列,获得压紧的效果。

(2) 外摩擦力($p_2$),又称压力损失。主要用来克服固体颗粒料层压实时易形成的对模型壁的侧压力,使固体颗粒在移动过程中与模型壁产生摩擦力,导致压块沿高度上减少。由此可知,压制过程中施加的总压力($p$)至少为静压力和压力损失之和,即

$$p = p_1 + p_2 \quad (\mathrm{N}) \tag{10-13}$$

而 $p_2$ 值的大小表示为

$$p_2 = \mu p_{侧} S \quad (\mathrm{N})$$

式中:$\mu$——物料与模壁间摩擦系数;

$p_{侧}$——侧压力,N/cm$^2$;

S——物料与模壁的接触面积,cm$^2$。

固体颗粒在压实时物料对模壁形成的侧压力($p_{侧}$),正好等于物料受压时横向膨胀给模壁产生的作用力,实际上是给模壁大小相等方向相反的作用力。侧压力的大小与压制压力、固体物料的塑性有关。压制压力大,物料传递给模壁的作用力也大,物料塑性好,更易产生侧向膨胀使侧压力增大,同时侧压力沿压块高度有所不同,一般都随压块高度降低而逐渐减少,这主要是因为外摩擦力的影响。

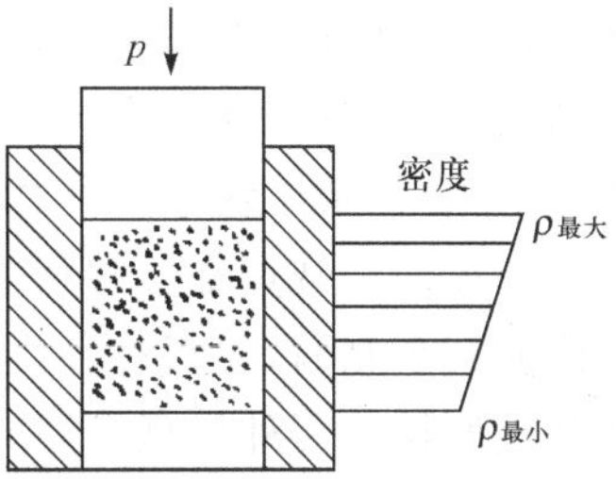

图 10-23 单向压制时压块密度沿高度方向的分布

单向压制细粒物料时压块内沿高度的密度变化见图 10-23。由图 10-23 可见,压块密度沿高度向下逐渐降低,即受压物料的上部密度大,离受压远的下部密度低,这是由于压制力沿高度减少所致。在横断面上,因边缘处摩擦阻力大,中心颗粒易位移,压块受压最上部中心密度远比边缘小。远离受压最下部因压力下降,则出现中心部分密度大于边缘部分。采用双面加压时,压块密度与强度都得以改善。

### 4. 压块黏结机理

关于压块黏结机理,在没有加黏结剂的情况下主要有两种观点。

一种观点认为:压块的强度取决于压块内固体颗粒间存在的摩擦力(即内摩擦力),因为细粒物料的颗粒表面是凹凸不平的粗糙体态,紧密接触后表面会相互楔住和钩结而发生颗粒间机械啮合。为了证明这种观点,人们在相同的压制压力下,对化学成分相同而颗粒结构(如颗粒外表形状、粒度组成等)不同的几种铁矿颗粒进行了成型试验。测得的各种压块强度结果表明:用树枝状或楔形的粒子比用球形或平滑粒子能够制得更牢固的压块,其抗压强度相差几十倍,而抗拉强度相差100倍左右。在测试过程中人们还发现每一种压块本身的抗拉强度比抗压强度要

小几十倍。在解释这种现象时认为如果颗粒间的黏结不是由于机械啮合的原因,而是颗粒间分子黏结力的相互作用,则压块的抗拉强度与抗压强度的差别应在3～5倍之间,不可能如此悬殊。因此确认,在压制过程中,随着压制压力的增加,颗粒间的接触表面积增加,促使固体物料颗粒间的啮合(如钩结、楔住)作用加强,颗粒间的摩擦力大大增加,从而使压块强度得到提高。

另一种观点认为:压块强度主要取决于颗粒间分子力的相互作用及薄膜水分子力和天然胶结物质分子力的作用,这三种力统称为分子黏结力。当压制压力逐渐增高时,物料颗粒间的接触表面积也相应增大,促使更多的接触表面处于分子力作用的范围,在宏观上就表现为压块强度的提高。为证实这一观点,人们举出一系列例子:在相同的压制条件下,塑性好的泥质氧化镍颗粒或泥质褐铁矿颗粒的压块强度远比硬而脆的假象赤铁颗粒和磁铁颗粒的压块强度大;干燥的磁铁颗粒尽管其颗粒形状不规则且很粗糙,只能在高压压制时才能获得一定强度的压块,然而经过适当润湿之后,虽颗粒形态和粗糙度不变,但是都可以在较低压力下获得强度较好的压块。此外,颗粒不易啮合的表面光滑的煤粉仍可很好地进行压制。因此可以得出以下结论:在压制过程中,随着压制压力的增加,颗粒间接触表面积也相应地增大,由于分子黏结力与颗粒间接触表面积成正比例地增大,从而分子黏结力的作用加强,导致压块强度提高。

上述两个观点都能解释实践中某些现象,说明了它们都能正确反映事物内部规律的某个侧面,但都有各自的片面性。事实上,在无黏结剂压制过程中,上述两个观点所描述两种机理是同时存在的,只是由于不同原料的颗粒物理性能(硬度、塑性、脆性和弹性等)、化学性能(润湿性,吸附能力及化学组成等)和压制过程进展的程度不同,因而表现出的作用强弱不一样。

无黏结剂压块的强度随矿物塑性增大而增大。例如,在相同压力的条件下,各种矿物的压块强度会依表10-3次序而下降。

**表10-3　相同压力的条件下,各种矿物的压块强度变化次序**

| 各种矿物的压块强度 | 强 ⟶ 弱 |
|---|---|
| | 泥质褐铁矿—泥质氧化镍矿—硅质氧化镍矿—铬铁矿—含水赤铁矿—假象赤铁矿—磁铁矿 |

这种现象是因为:塑性好的颗粒压制时,物料易于产生变形,使颗粒间接触面积迅速增大,毛细水分很容易被挤到压块的外表面,从而使得颗粒表面分子更多地处于分子力作用范围,薄膜水也能起到自己的作用,使分子间的联结作用非常强烈。这时压块强度由颗粒间的机械啮合和分子力的联结作用共同构成,而后者占主导。但对脆且硬的颗粒而言,其压制性较差,在压制过程中,压块内物料的弹性内应力作用显著,当压力去除时,由于“弹性后效”的作用,出模型后的压块体积增

大，颗粒间接触面积减少。这时，压块强度主要靠颗粒间的机械啮合(内摩擦力)起作用，而分子间的联结力及薄膜水的黏结力作用不显著，故硬而脆的颗粒所制成的团块强度较差，往往需要加入黏结剂后方可提高该压块强度。此外，就同一种颗粒而言(仅指适于高压压制的物料)，在压制的初始阶段，由于压制压力较小，团矿强度主要靠颗粒间机械啮合起作用，随着压制压力增加，颗粒接触面积增大，颗粒本身发生塑性变形，在颗粒间接触面上出现分子相互作用的数量增加，促使团矿强度进一步提高。因此，在正常压制压力，压块强度都是由颗粒间的机械啮合和分子力的相互联结两种机理共同作用的结果。

## 习　题

1. 什么叫粉体成型？粉体成型的目的是什么？其基本方法有哪些？
2. 试叙述粉体成型过程中，物料中各种形态水形成的原因及其在成型过程中的作用。
3. 叙述细磨物料在成型过程中的行为及其对成型过程的影响。
4. 叙述实验室造球过程的三个阶段。
5. 叙述制粒效果的几种评价方法。
6. 什么叫压团法、压团过程中的弹性后效、压缩比？
7. 细粒物料的团压压力主要消耗于何处？如何克服沿团块高度物料密度分布不均匀的情况？

## 参考文献

傅菊英，姜涛，朱德庆. 1996. 烧结球团学. 长沙：中南工业大学出版社

黄培云. 2000. 粉末冶金原理. 北京：冶金工业出版社

习乃文. 1993. 烧结技术. 昆明：云南人民出版社

许晓海. 2000. 耐火材料技术手册. 北京：冶金工业出版社

# 第 11 章　粉体固结

## 11.1　固结过程的气体力学

研究散料层内气体运动的基本规律,实质上是研究料层内的压力分布和气流分布,主要是后者。气流分布对球团及烧结过程都很重要。

### 11.1.1　料层透气性的概念

透气性是指固体散料层允许气体通过的难易程度,也是衡量混合料孔隙率的标志。透气性通常有两种表示方法。

(1) 在一定的压差(真空度)条件下,透气性用单位时间内通过单位面积和一定料层高度的气体量来表示,即

$$G = \frac{Q}{tF} \tag{11-1}$$

式中:$G$——透气性,$m^3/(m^2 \cdot min)$;

$Q$——气体流量,$m^3$;

$t$——时间,min;

$F$——抽风面积,$m^2$。

显然,当抽风面积和料层高度一定时,单位时间内通过料层的空气量越大,料层的透气性越好。

(2) 在料层高度一定,且抽风量不变的情况下,料层透气性可以用气体通过料层时压头损失 $\Delta p$ 表示,压头损失越高,则料层透气性越差,反之亦然。

### 11.1.2　厄贡方程

烧结球团焙烧过程的气体流动多数以厄贡方程来描述,其常用的公式为

$$\frac{\Delta p}{L} = \frac{150}{\varepsilon^3}\left(\frac{1-\varepsilon}{\phi d_p}\right)^2 \frac{\mu g}{\rho_g} + \frac{1.75}{\varepsilon^3}\left(\frac{1-\varepsilon}{\phi d_p}\right)\frac{G^2}{\rho_g} \tag{11-2}$$

厄贡方程等号右侧的第一项是黏性阻力,第二项是形状阻力或惯性力。表 11-1是烧结球团过程上述两项的计算结果,可见,在任何情况下,两项对总$\Delta p/L$都起了相当大的作用。

**表 11 - 1　厄贡方程计算的压力降数据**

| | 温度/℃ | 第一项/(kPa/m) | 第二项/(kPa/m) | $(\Delta p/L)$/(kPa/m) |
|---|---|---|---|---|
| 烧结 | | | | |
| $G=1.1\text{kg}/(\text{m}^2\cdot\text{s})$，$\varepsilon=0.45$ | | | | |
| $d_p=1.8\times10^{-3}\text{m}$，$\phi=0.6$ | | | | |
| (a) $L=0.4$ | 270 | 7.22 | 9.83 | 17.1 |
| (b) $L=0.04\text{m}$ | 1400 | 130.9 | 54.8 | 186 |
| 球团 | | | | |
| $L=0.5\text{m}$，$\varepsilon=0.40$ | | | | |
| $d_p=11.1\times10^{-3}\text{m}$，$\phi=0.9$ | | | | |
| (a) $G=2.5\text{kg}/(\text{m}^2\cdot\text{s})$ | 127 | 0.55 | 8.6 | 9.15 |
| | 850 | 1.44 | 7.41 | 8.85 |
| (b) $G=1.2\text{kg}/(\text{m}^2\cdot\text{s})$ | 1300 | 2.45 | 10.4 | 12.8 |

### 11.1.3　沃伊斯公式

沃伊斯等在试验的基础上提出了表达透气性的另外一个公式，即

$$Pe=\frac{Q}{F}\left(\frac{h}{\Delta p}\right)^n \tag{11-3}$$

式中：$Pe$——料层的透气性指数；

$Q$——通过料层的风量，$\text{m}^3/\text{min}$；

$F$——抽风面积，$\text{m}^2$；

$h$——料层高度，m；

$\Delta p$——负压，Pa。

料层的透气性指数 $Pe$ 是指在单位压力梯度下单位面积上通过的气体流量，因而它是表示料层透气性的一个指标。

由于流动状态不同，式(11 - 3)中的 $n$ 是变化的。根据原料的种类和粒度组成不同，$n$ 可以通过试验确定，一般取 $n=0.6$。

实际上，$n$ 与原料粒度大小及烧结过程有密切关系。

(1) 粒度对 $n$ 的影响。

粒度　10～0mm　$n=0.55$

6～0mm　$n=0.60$

3～0mm　$n=0.95$

$n$ 值随粒度变化而变化，因此烧结细精矿和烧结富矿粉 $n$ 值是不同的。

(2) 烧结过程中 $n$ 值的变化。

点火前 $n=0.60$；点火瞬间 $n=0.65$；烧结时的平均数 $n=0.60$；烧结后 $n=0.55$。

沃伊斯公式已广泛用于烧结机的设计及烧结生产过程的分析，优点是计算简

便，基本上反映出烧结过程中的主要工艺参数的相互关系。

### 11.1.4 料层结构主要参数与透气性的关系

在球团焙烧过程中球团的直径及球状变化不大，同时这些参数很易确定，因此球团料层的计算是很容易做的。然而，烧结料层的透气性在一定程度上受料层结构的影响，它的改善对降低料层气体阻力，提高料层透气性具有很大的作用，而决定料层结构的主要参数有混合料的平均粒径 $d$、形状系数（球形度）$\varphi$ 及料层的孔隙率 $\varepsilon$。

烧结原料由不同粒级的颗粒组成。混合料的平均粒径 $d$ 的表示方法，人们习惯使用加权算术平均值[式(2－13)]。但在研究散料层气体阻力时大多数采用加权调和平均值[式(2－15)]。因为散料层气体力学方程中 $d_p$ 的含义完全符合加权调和平均值的概念，即方程式本身已经规定了的。图 11－1 显示出阻力系数与调和平均值的关系要比算术平均值更靠近实际情况，因为调和平均值最靠近细粒度一端，而影响料层透气性的主要因素是细粒度部分的含量。因此，采用调和平均值就能更好地反映客观规律。由此可见，要减少料层阻力除了将各粒级普遍增大外，还必须降低混合料中的细粒部分。

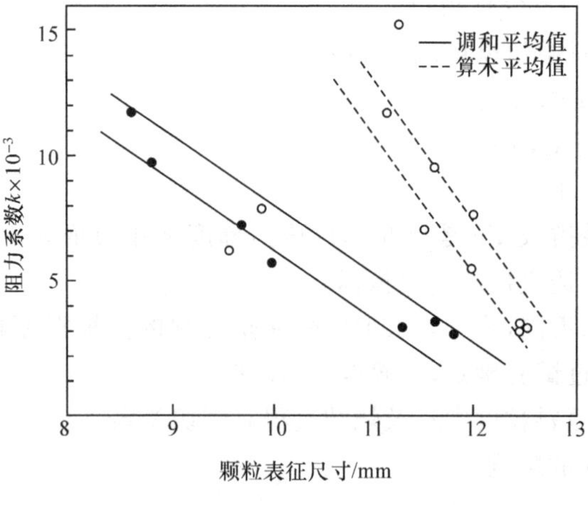


图 11－1 炉料表征尺寸与阻力系数的关系

料粒的形状系数 $\varphi$ 可由式(2－5)求得。但实验还指出，除了料粒的形状外，它的表面结构及粗糙度的影响也很大，所以应按实际表达式计算(表 2－1)。料层的孔隙率 $\varepsilon$ 是指气孔所占体积与料层所占总体积之比，常用式(11－4)计算

$$\varepsilon = 1 - \frac{r_{堆}}{r_{视}} \tag{11-4}$$

式中：$r_{堆}$——料层的堆密度，t/m³；

$r_{视}$——物料的真密度，t/m³。

均匀料粒所形成的料层孔隙率受其堆积方式的影响，两者的关系见表 11－2 和图 11－2。常见的堆积方式为Ⅰ、Ⅳ（表 11－2）或两者混合，Ⅱ和Ⅲ（表 11－2）由于堆积条件复杂，实际中不常见。根据球团矿 10 个数据的平均实测值为 0.478，它与最疏松排列简单立方体的理论计算值 0.4764 很接近，但由于振实程度的不同出现如表 11－2 所示，在 0.2595 与 0.4764 之间，其平均值为 0.3680。这正好是一些实测数据的另一个稳定值 0.37。烧结矿由于它的形状不很规则，因而更倾向于形成简单立方体排列，它们也有两种水平的稳定值，一般为 0.5～0.53；在振实的条件下可能降低到 0.43～0.46。

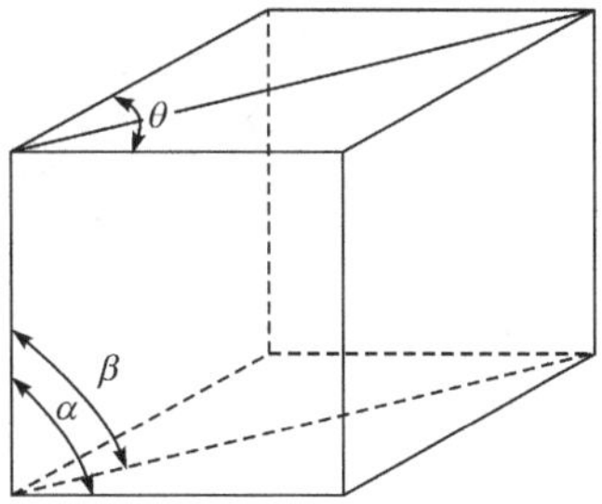


图 11－2　表 11－2 中简单正方体参考图

**表 11－2　均匀料粒堆积方式和孔隙率**

| 堆积方式 | 形状 | 特征[1)] | 配位数 | θ/(°) | α/(°) | β/(°) | ε |
|---|---|---|---|---|---|---|---|
| Ⅰ | 简单正方体 | 6 | 6 | 90 | 90 | 90 | 0.4764 |
| Ⅱ | 菱面体(之一) | 4 | 8 | 90 | 60 | | 0.3954 |
| Ⅲ | 菱面体(之二) | 2 | 10 | 60 | 60 | | 0.3109 |
| Ⅳ | 面心立方体 | 2 | 12 | 90 | | 45 | 0.2595 |
| Ⅴ | 密集立方体 | 0 | 12 | 60 | | 54.7 | 0.2595 |

1）指正方形表面个数。

在两种粒度不同配比下的孔隙率可参见 C.F.Furnas 曲线及实测的烧结矿曲线，如图 11－3 所示。从图 11－3 可知：① $d_m/d_k$ 越小，即细粒与粗粒直径相差很远，孔隙率 ε 变化很陡峭；② $d_m/d_k$ 比例固定时，当粗料 $d_k$ 质量占总量的 60%～70%时，ε 有最小值；③ ε 取决于粗粒的堆积方式，在不振动的堆积条件下，一般都以简单的立方体形式排列，如果料层振动，则孔隙率变小。

对多种粒级配合时孔隙率变化规律的研究结果表明，料层孔隙率呈现下列变化规律：①以最粗及最细两级之间的相互作用为主，并遵循两级颗粒配比时所呈现的规律；②中间级颗粒增加引起孔隙率的增大，不改变两级颗粒配比时的基本规律；③粗略地说，可以按 67∶33 的比例将所有粒级分成粗细两级，仍然会呈现出上述两级配比时的倾向性。

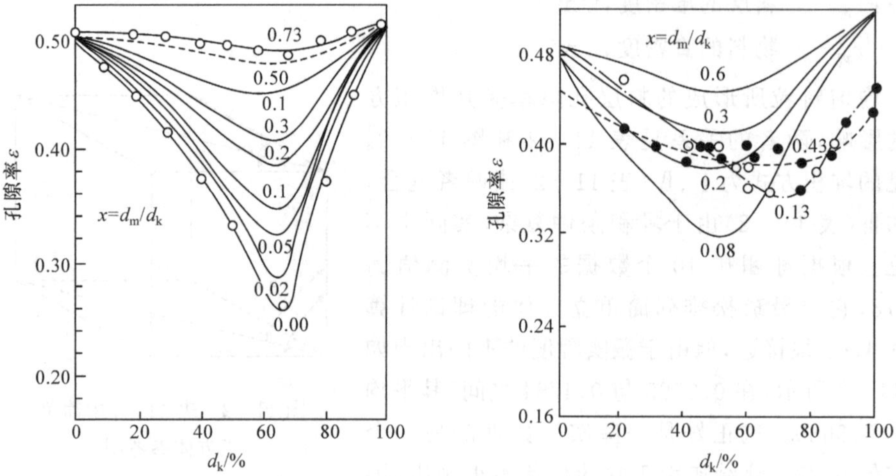


(a)理想球体(C.F.Furnas曲线)　　　　(b)烧结矿

图 11－3　两种不同粒度不同比例配合的孔隙率变化曲线

$m$ 为细粒级，$k$ 为粗粒级，$x = d_m / d_k$(直径比)

## 11.2　固结过程的传热规律

### 11.2.1　基本传热规律

凡是有温差的地方一定有热量转移，热量总是由高温物体传递给低温物体。热量的传递一般有三种基本方式，即传导、对流和辐射。传导传热是依靠物体中微观粒子的热运动，形成点阵振动波，并以声量子的形式进行传递；对流传热是流体流过某表面时与之进行的热交换，这种传热的前提是流体的流动；辐射传热是一种电磁波的传播、吸收和转化过程。实际的传热现象很少是某一种传热方式的单独作用，往往是两种或三种基本传热方式同时发生、综合作用的结果。

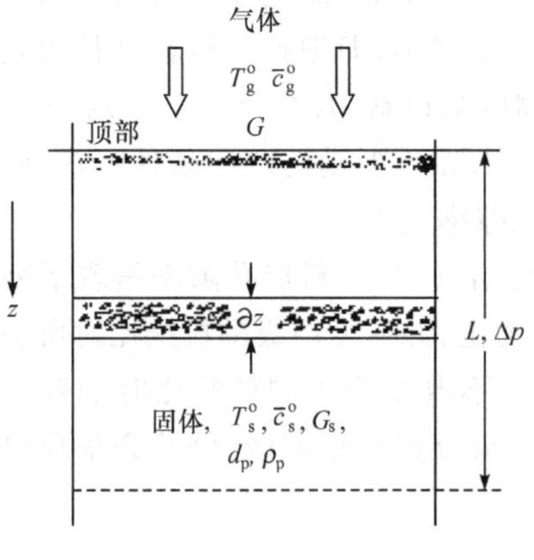


图 11－4　基本传热过程

烧结和球团过程都是不等温过程，空气通过料层时产生气-固相热交换，在对流传热的同时伴随有传导传热。由于料层中传热的作用，一个狭窄的高温带自散料充填床下降，最终完成固结过程。为了定量地评价和掌握这个过程的规律，1940 年德国的文德博恩将此过程分为三个部分。

(1) 热气体以稳定的质量流速通过冷料层，产生明显的温度前锋。

(2) 热的气体脉冲以比加热整个料层短得多的时间通过料层，然后其温度降到原始固体温度，质量速度保持常数，出现一个温度波。

(3) 同时考虑料层中的放热以及在(1)和(2)中发生的气-固相热交换过程。

这三个过程都服从于同一个数学描述公式，其物理基础如图 11-4 所示。

假定在轴向($z$)气体为均匀流动，在离床底任意高度的无穷小高度 $dz$ 的附近就气体和固体进行热平衡计算，分别得到式(11-5)和式(11-6)。

对于气相的基本传热方程

$$W_g\left(\frac{\partial T_g}{\partial z}\right)+C_g\left(\frac{\partial T_g}{\partial t}\right)+hS_B(T_g-T_s)-Q_R=0 \tag{11-5}$$

对于固相的基本传热方程

$$W_s\left(\frac{\partial T_s}{\partial z}\right)+C_s\left(\frac{\partial T_s}{\partial t}\right)+hS_B(T_g-T_s)-\frac{\partial}{\partial z}\left[k_{eff}\left(\frac{\partial T_s}{\partial z}\right)\right]-Q_R=0 \tag{11-6}$$

式中：$T_s$，$T_g$——固体及气体的温度，K；

$h$——气-固间对流传热系数，$W/(m^2\cdot s\cdot K)$；

$W_g$，$W_s$——料层单位横截面积的热流量，$J/(m^2\cdot s\cdot K)$，

$$W_s=v_sC_s,\quad W_g=v_gC_g/\varepsilon=G\,\overline{c_g}$$

$v_s$，$v_g$——固体及气体的流速(气体为空截面流速)，m/s；

$C_s$，$C_g$——料层及气体单位体积的热容，$J/(m^3\cdot K)$，

$$C_s=\rho_s\,\overline{c_s}(1-\varepsilon),\quad C_g=\rho_g\,\overline{c_g}\,\varepsilon$$

$\overline{c_s}$，$\overline{c_g}$——固体及气体的比热容，$J/(kg\cdot K)$；

$\rho_s$，$\rho_g$——固体及气体的密度，$kg/m^3$；

$G$——气体的质量速度，$G=v_g\rho_g$，$kg/(m^2\cdot s)$；

$S_B$——单位体积料层内颗粒的总面积，$S_B=\dfrac{6\times(1-\varepsilon)}{\phi d_p}$，$m^{-1}$；

$\varepsilon$——料层孔隙率；

$d_p$——颗粒直径，m；

$k_{eff}$——料层的有效导热系数，$J/(s\cdot m\cdot K)$；

$Q_R$——反应热，$Q_R=R_A\Delta H$[其中 $R_A$为单位体积反应速度，$(kg\cdot mol)/(m^2\cdot s)$；$\Delta H$ 为摩尔反应热，$J/(kg\cdot mol)$]，$J/(s\cdot m^3)$。

### 11.2.2　传热前沿

在充填床中，对于一微小料层面积，可以把它看作是处于静止状态的非稳态传热来分析(即 $v_s=0$)，而且假设料层仅仅发生气固热交换，没有发生任何化学反应

(即 $Q_R=0$)，料层内部不发生导热($k_{eff}=0$)，料层的传热系数很大，以致在料层内任何时刻任何点处固体和气体都具有相同的温度(即 $T_s=T_g$)。这样，传热方程变为

对于气体

$$W_g\left(\frac{\partial T_g}{\partial z}\right)+G_g\left(\frac{\partial T_g}{\partial t}\right)=0 \quad 或 \quad W_g\left(\frac{\partial T_s}{\partial z}\right)+G_g\left(\frac{\partial T_s}{\partial t}\right)=0 \tag{11-7}$$

对于固体

$$G_s\left(\frac{\partial T_s}{\partial t}\right)=0 \tag{11-8}$$

将式(11-7)和式(11-8)相加，并求其通解为

$$T_s=f\left[z-\left(\frac{W_g}{G_g+G_s}\right)t\right] \tag{11-9}$$

当初始温度 $t=0$ 时，温度场是沿料层距离 $Z$ 的函数；当 $t=t$ 的瞬间，与距离 $Z$ 有关的温度场增加了$[W_g/(G_g+G_s)]t$。其意义是，如果进气温度 $T_g^0$ 保持为常数，则原始温度场将以$[W_g/(G_g+G_s)]$的速度经料层稳定传播。这个速度称为温度前沿速度或传热前沿速度，即

$$v_B=\frac{G_g\overline{c_g}}{c_s\rho_s(1-\varepsilon)} \tag{11-10}$$

可见，传热前沿速度既不取决于气-固相的原始温差，也不取决于传热系数，而是取决于气体的质量流速 $G_g$、比热容以及固体的比热容、堆积密度和料层空隙率。上述方程同样适用于冷气体对热料层的冷却过程。

### 11.2.3 燃烧前沿

上一节考虑料层内既不放热也不吸热，其目的是要确立传热前沿的传播是一种物理过程，即对流传热。但在烧结和球团过程中还存在着燃烧放热、石灰石分解及造渣等热效应。本节主要讨论燃料燃烧在料层传播过程的作用。

图 11-5 是距料层顶部不同距离的料层内温度变化曲线。把料层中未加燃料而是外加热源的传热试验的温度变化曲线(实线)称为温度波(或称热波)；料层中配加燃料试验的温度变化曲线(虚线)称为燃烧波(火焰波)。图 11-5 中虚线比实线最高点的移动时间短，表示火焰波移动较温度波移动得快。换句话说，当料层中有燃料时，火焰波的传播速度加快。

研究传热规律和燃料燃烧就是研究料层中高温带的移动速度。高温带的移动速度一般是指燃烧带中温度最高点的移动速度，即垂直烧结速度。它除了与抽入空气的速度、原料的性质有关外，还取决于燃料燃烧速度和气-固热交换的传热速

度。燃烧速度是指单位时间内燃料与氧反应所消耗燃料的质量，而传热速度是指气-固相的热交换速度，希望这两种速度能够很好配合，即能“同步”进行。

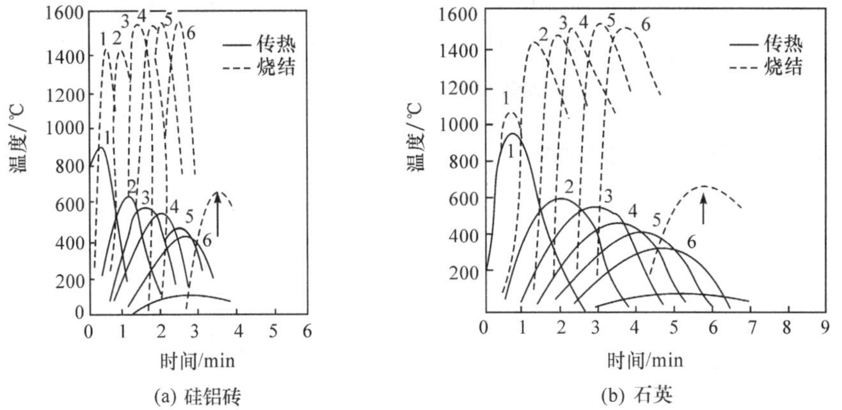


图 11－5　料层每一单元烧结与传热试验时的温度变化曲线

（箭头表示废气最高温度）

1,2,3,4,5,6 分别表示距料层顶部 6.35mm,31.75mm,57.15mm,88.85mm,107.95mm,133.35mm

为了进一步了解传热特性，E.W. 沃伊斯等对“传热前沿”及“燃烧前沿”进行了如下定义：在没有内部热源时，规定当料层温度开始均匀上升时传热前沿即已到达，一般以 100℃等温线为准；当配有燃料时，规定当料层温度迅速上升时表明燃烧前沿到达，一般以 600℃或 1000℃等温线为基准。比较两种曲线可以看出：

(1) 热波曲线是以最高温度为中心，两边对称的曲线。因为整个料层比热容相同，空气流速相同；燃烧波曲线由于配有燃料，所以曲线两边不对称，是不等温曲线。

(2) 热波曲线随着热波向下前进，最高温度逐步下降，而且热波曲线不断加宽；燃烧波曲线随着火焰波（或燃烧带）向下移动，最高点的温度升高。

燃烧前沿速度主要受下列因素制约：①空气中含氧量越大，燃烧前沿速度越大；②固体燃料的可燃性越好，粒度越小，燃烧前沿速度越大；③固体燃料用量与燃烧前沿速度间的关系有极大值；④增加风量会使燃烧前沿速度加快。

## 11.3　固结过程传质规律

在两种以上组分的物系中，当某组分存在浓度差时，该组分即由高浓度区向低浓度区转移，直至浓度差消失为止，这种物质分子定向迁移的过程称为“物质传递”，简称“传质”。在冶金、化工等过程中，传质现象普遍存在，而且起着重要作用。

传质现象从机理上可以分为两类：分子扩散和紊流混合。分子扩散即以分子热运动的形式实现的迁移，它与传热中的传导传热机构类似，也可称为传导传质；

呈紊流运动的流体内，分子的迁移可以直接借助于流体微团的混合而实现，它与紊流传热机构类似，又可称为紊流传质。

冶金和化工的实际传质问题多数发生于两相物质之间，如氧化、还原、燃烧等反应是气相与固相间的传质。这些传质过程往往发生集聚状态的变化或化学反应。所以，实际中的传质问题是多过程的综合。

### 11.3.1 气-固相反应的动力学

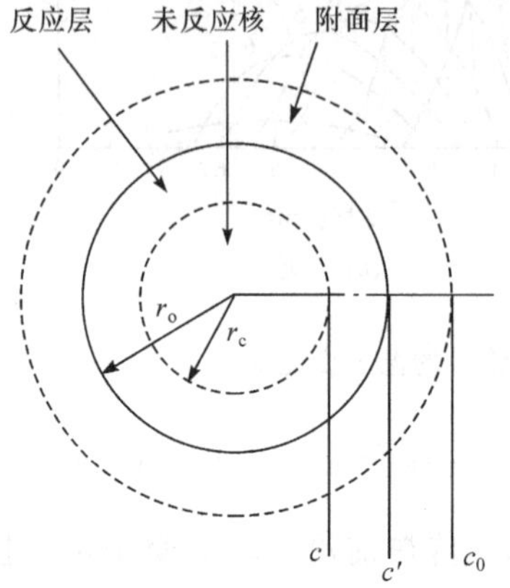


图 11-6 “单界面未反应核”模型

固结过程大多数是气-固相反应（燃料燃烧、氧化物的氧化、氧化物的还原等），符合未反应核模型。所谓未反应核模型（或收缩模型），是指当固相反应物致密时，化学反应从固相物的表面开始，逐渐向矿块中心推进，反应产物和产物层之间有较明显的界面存在；反应在层间的相界面附近区域进行，因此形成的固相产物出现在原来固相反应处，原固相物内部则是未反应的部分。其模型如图 11-6 所示。

反应经历三个时期：①诱导区。反应从固体表面的某些活性点（晶格歪扭程度大、缺陷多的地方）开始，由于新相核的生成有困难，故初时察觉不到；②自动催化期。新晶核长大期，新、旧两相的界面不断向矿块内扩大，这对气体的吸附及界面反应有催化作用，所以反应速率随着界面的扩大而加快；③反应界面缩小区。当各晶核发展出来的各反应界面的前沿达到极限，进而彼此开始重叠，使其从界面缩小时起，反应速率逐渐下降。

气-固相反应过程一般由以下三个环节组成：①气体在固体物外的外扩散；②气体与固体物的界面反应，包括气体在相界面上的吸附及脱附，界面反应和新相晶格的重建；③气体通过固相产物层的内扩散。

由上述环节组成的串联式气-固相反应的速率仍然取决于其限制环节的速率。在保持临界气流速度，即外扩散不成为限制环节时，反应过程由内扩散及界面反应组成。

在未反应核模型中，由于固相产物层的组成随着反应界面向中心推移不断减少，总反应的速率将随时间延续而减小。所以，难以保持稳定态的过程，而只能是准稳定态的过程，特别是反应的后期。

### 11.3.2 燃料的燃烧

固定碳在温度达 700℃以上即着火燃烧，发生如下反应

$$2C + O_2 = 2CO \qquad \Delta G^{\ominus} = -223\,426 - 175.31T \text{ J} \qquad (11-11)$$

$$C + O_2 = CO_2 \qquad \Delta G^{\ominus} = -394\,133 - 0.84T \text{ J} \qquad (11-12)$$

$$2CO + O_2 = 2CO_2 \qquad \Delta G^{\ominus} = -564\,840 + 173.64T \text{ J} \qquad (11-13)$$

$$CO_2 + C = 2CO \qquad \Delta G^{\ominus} = 170\,707 - 174.47T \text{ J} \qquad (11-14)$$

反应(11-11)称为不完全燃烧反应,反应(11-12)称为完全燃烧反应,这两个反应的 $\Delta G^{\ominus}$ 均具有较大的负值。反应(11-13)随条件不同可以正向进行,也可以逆向进行。反应(11-14)在高温下向正方向进行,低温下向逆方向进行,常称为歧化反应(也称碳素沉积反应)。

在料层中反应(11-11)和反应(11-12)都有可能进行。在高温区有利于反应(11-11)进行,但由于高温带较薄,反应(11-11)受到限制,在配碳过多且偏析较大时,此反应仍有一定程度的发展。反应(11-12)是料层中碳燃烧的基本反应易发生,受温度的影响较少。反应(11-13)和反应(11-14)的逆反应在较低温度时有可能发生。

碳的燃烧就是气-固界面上发生化学反应的传质过程。固体燃料呈分散状分布在料层中,其燃烧规律性介于单体焦粒燃烧与焦粒层燃烧之间,固体碳的燃烧属非均相反应。碳粒燃烧速率由氧向碳粒表面的扩散和相界面上的化学反应两个步骤控制。

在低温下,过程的总速度取决于化学反应速度,燃烧处于"动力学燃烧区"。在高温下,过程的总速度取决于氧的扩散速率,燃烧处于"扩散燃烧区"。

当燃烧处于动力学燃烧区时,燃烧速度受温度的影响较大,随温度升高而增加,而不受气流速度、压力和固体燃料粒度的影响。当燃烧处于扩散燃烧区时,燃烧速度取决于气体的扩散速率,而温度的影响不大。不同的反应由动力学区进入扩散区的温度也不同,如碳和氧气的反应于800℃左右开始转入,而C和 $CO_2$ 的反应则在1200℃时才转入。

### 11.3.3 分解反应

造块过程中可能发生的分解反应有结晶水的分解、碳酸盐的分解和铁氧化物的分解,它们也是在气-固界面上发生化学反应的传质过程。

#### 1. 结晶水的分解

矿石和添加剂中往往含有一定量的结晶水。表11-3是部分水合物、结晶水开始分解的温度及分解后的固体产物。可以看出,在700℃的温度下,水合物都会强烈分解。由于结晶水分解热消耗大,故其他条件相同时,含结晶水的物料较不含结晶水的物料需更多的热量。如果水合矿物的粒度过粗,就可能有部分结晶水进入高温带。当热量又不足时，一部分水合物及其分解产物未被高温带中的熔融物吸收，就会影响产品质量。

**表 11-3 水合物、结晶水开始分解的温度及分解后的固体产物**

| 原始相 | 分解产物 | 开始分解温度/℃ | 原始相 | 分解产物 | 开始分解温度/℃ |
|---|---|---|---|---|---|
| 水赤铁矿 $2Fe_2O_3·H_2O$ | 赤铁矿 $Fe_2O_3$ | 150～200 | 高岭土 $Al_2O_3·2SiO_2·2H_2O$ | 偏高岭土 $Al_2O_3·2SiO_2·2H_2O$ | 400～500 |
| 褐铁矿 $2Fe_2O_3·3H_2O$ ($H_2O$ 在 $\alpha$-FeO·OH 的固溶体) | 针铁矿 $Fe_2O_3·H_2O$ ($\alpha$-FeO·OH) | 120～140 | 拜来石 $(Fe,Al)_2O_3·3SiO_2·2H_2O$ | | 550～575 |
| 针铁矿 $Fe_2O_3·H_2O$ ($\alpha$-FeO·OH) | 赤铁矿 $Fe_2O_3$ | 190～328 | 皂土 $(Mg,Ca)O_2·Al_2O_3·4SiO_2·nH_2O$ | | 50～80>50 |
| 针铁矿 $Fe_2O_3·H_2O$ ($\gamma$-FeO·OH) | 磁性赤铁矿 $\alpha$-$Fe_2O_3$ | 260～328 | 石膏 $CaSO_4·2H_2O$ | 半水硫酸钙 $CaSO_4·0.5H_2O$ | 120 |
| 水锰矿 $MnO_2·Mn(OH)_2$ (MnO·OH) | 褐锰矿 $Mn_3O_3$ | 300～360 | 半水硫酸钙 $CaSO_4·0.5H_2O$ | 硬石膏 $CaSO_4$ | 170 |
| 水铝矿 $Al(OH)_3$ | 单水铝矿 $\gamma$-AlO(OH) | 390～340 | 臭葱石 $FeAsO_4·3H_2O$ | | 100～250 |
| 单水铝矿 $\gamma$-AlO(OH) | 刚玉(立方) $\gamma$-$Al_2O_3$ | 490～550 | 鳞绿泥石 $8FeO·4(Al,Fe)_2O_3·6SiO_2·9H_2O$ | | 410 |
| 硬水铝矿 $\alpha$-AlO(OH) | 刚玉(三斜) $\alpha$-$Al_2O_3$ | 450～500 | 缅绿泥石 $15(Fe,Mg)O·5Al_2O_3·16H_2O$ | | 390 |

### 2. 碳酸盐的分解

混合料中通常含有碳酸盐，如石灰石、白云石、菱铁矿等，这些碳酸盐必须先分解。碳酸盐分解反应的通式可写为

$$MeO + CO_2 \longrightarrow MeCO_3 \tag{11-15}$$

当在大气中焙烧碳酸盐时，大气压强为 $1\times10^5$ Pa，而大气中 $CO_2$ 含量为 0.03%，即大气中 $CO_2$ 的分压 $p_{CO_2}=30$Pa。因而碳酸盐的开始分解温度可由 $p_{CO_2}=30$Pa 求出。例如，$CaCO_3$ 的开始分解温度 $T_{始}$ 为 530℃；$MgCO_3$ 的开始分解温度为 320℃；$FeCO_3$ 的开始分解温度为 230℃。

随着温度的升高，碳酸盐的分解压也随之增大，通常将 $p_{CO_2}=1\times10^5$Pa(旧称

1atm)的分解温度称为碳酸盐的化学沸腾温度。例如，$CaCO_3$ 化学沸腾温度为 910℃，$MgCO_3$ 化学沸腾温度为 680℃，$FeCO_3$ 化学沸腾温度为 400℃。因此，这些矿物在料层内部不难分解。碳酸盐的稳定性顺序为：$ZnCO_3 < MnCO_3 < PbCO_3 < FeCO_3 < MgCO_3 < CaCO_3 < BaCO_3 < Na_2CO_3$。

碳酸盐的分解为多相反应，由相界面上的结晶化学反应和 $CO_2$ 在产物层 MeO 中的扩散环节组成。当分解过程由界面上结晶化学反应控制时，由于天然碳酸盐结构都很致密，球形或立方体颗粒分解反应符合收缩未反应核模型，其动力学方程为

$$1-(1-R)^{1/3}=\frac{k}{r_0\rho}t=k_1 t \tag{11-16}$$

式中：$R$——反应分数，又称离解率；

$k$——分解反应速度常数；

$r_0$——碳酸盐颗粒半径；

$\rho$——碳酸盐密度；

$t$——反应时间。

3. 氧化物的分解

氧化物如 $MO_2$ 的分解可表示为

$$MO_2(s)=\!=\!=M(s)+O_2$$

一般将分解压等于体系中氧的分压（空气中 $p_{O_2}=21kPa$）时的分解温度称为开始分解的温度，而把分解压等于体系总压（一般为 $1\times10^5Pa$，旧称 1atm）时的分解温度称为分解的沸腾温度。

有些元素，如铁、锰、铬、钒等往往有几种氧化物，它们的分解是逐级进行的。例如，铁氧化物的分解可表示为

$$2Fe+O_2=\!=\!=2FeO,\qquad \Delta G^\ominus=-27\,503/T+11.97\quad J \tag{11-17}$$

$$6FeO+O_2=\!=\!=2Fe_3O_4,\qquad \Delta G^\ominus=-33\,263/T+18.37\quad J \tag{11-18}$$

$$4Fe_3O_4+O_2=\!=\!=6Fe_2O_3,\qquad \Delta G^\ominus=-30\,690/T+22.78\quad J \tag{11-19}$$

当温度<570℃时

$$\frac{1}{2}Fe+O_2=\!=\!=\frac{1}{2}Fe_3O_4,\qquad \Delta G^\ominus=-29\,458/T+13.85\quad J \tag{11-20}$$

即氧化铁的分解是由高价氧化物经过中间价态的氧化物转变为铁，称为逐级转变原则。但是，FeO 仅在 570℃以上才能在热力学上稳定存在，570℃以下要转变成 $Fe_3O_4$，因为反应 $4FeO=\!=\!=Fe_3O_4+Fe(s)$ 的 $\Delta G^\ominus$ 在 570℃以下为负值。所以，氧化铁的分解以 570℃为界，在 570℃以上，分为三步进行，即

$$6Fe_2O_3=\!=\!=4Fe_3O_4+O_2$$

$$2Fe_3O_4 = 6FeO + O_2$$

$$2FeO = 2Fe + O_2$$

在 570℃以下分两步进行，即

$$6Fe_2O_3 = 4Fe_3O_4 + O_2$$

$$1/2Fe_3O_4 = 3/2Fe + O_2$$

$Fe_2O_3$ 的分解压在一切温度下比其他级氧化铁的分解压都高；在 570℃以上，FeO 分解压最小；在 570℃以下，$Fe_3O_4$ 分解压最小。由于 FeO 在 570℃以下不能稳定存在，所以在 570℃以下凡有 FeO 参加的反应，如式(11－17)和式(11－18)都不存在。式(11－17)、式(11－18)及式(11－19)反应的直线或曲线在 570℃相交。这些曲线把图形分为 $Fe_2O_3$、$Fe_3O_4$、FeO 及铁稳定存在的区域。

温度不变时，铁氧化物随着氧量的变化趋势，570℃以下时，为 $Fe \rightarrow Fe_3O_4 \rightarrow Fe_2O_3$，570℃以上的转变是 $Fe \rightarrow Fe_xO \rightarrow Fe_3O_4 \rightarrow Fe_2O_3$。

类似地，锰氧化合物的逐级分解过程为：$MnO_2 \rightarrow Mn_2O_3 \rightarrow Mn_3O_4 \rightarrow MnO \rightarrow Mn$。表 11－4 列出了铁氧化物和锰氧化物在部分温度下的分解压。

**表 11－4 铁、锰氧化物的分解压**(98 066.5Pa 或 1atm)

| 温度/℃ | $Fe_2O_3$ | $Fe_3O_4$ | $Fe_xO$ | $MnO_2$ | $Mn_2O_3$ |
|---|---|---|---|---|---|
| 327 | | | | $8.9\times10^{-3}$ | |
| 460 | | | | 0.21 | |
| 527 | | | | 0.69 | $2.1\times10^{-4}$ |
| 550* | | | | 1.00 | $3.7\times10^{-4}$ |
| 570 | | | | 9.50 | $1.2\times10^{-2}$ |
| 727 | | $7.6\times10^{-19}$ | | | |
| 827 | | | $10^{-18.2}$ | | |
| 927 | | $2.2\times10^{-13}$ | $10^{-16.2}$ | | 0.21 |
| 1027 | | | $10^{-11.5}$ | | |
| 1100 | $2.6\times10^{-5}$ | | | | 1,0 |
| 1127 | | $2.7\times10^{-9}$ | $10^{-13}$ | | |
| 1200 | $9.2\times10^{-4}$ | | | | 1.25 |
| 1227 | | | $10^{-11.7}$ | | |
| 1300 | $19.7\times10^{-3}$ | | | | |
| 1337 | | $3.62\times10^{-8}$ | $10^{-10.6}$ | | |
| 1383 | 0.21 | | | | |
| 1400 | 0.28 | | | | |
| 1452 | 1.00 | | | | |
| 1500 | 3.00 | $10^{-7.5}$ | $10^{-8.3}$ | | |
| 1600 | 25.00 | $10^{-5}$ | | | |

### 11.3.4　氧化物的氧化

对于多价态的金属，如金属铁，其氧化形成的氧化物层是由几种氧化铁组成的，各层的组成和层序与 Fe-O 状态图大致相同，但随温度及气相的种类变化会有所变化。在铁矿粉造块工艺中，氧化反应主要为低价铁氧化物的氧化，特别是 $Fe_3O_4$ 的氧化。低价铁氧化物的氧化程度决定了造块产品中铁的存在形态和固结方式，产品的矿相结构与产品性能。

烧结过程料层的温度和气氛由上而下出现不同的变化，导致烧结料层氧化度也不同。烧结料层中 FeO 变化趋势与温度分布的波形变化基本同步，而且在同一料层中靠近炭粒处发生局部还原，靠近气孔处发生氧化。对同一原料而言，尽力提高烧结矿的氧化度，降低结合态的 FeO 的生成，是提高烧结矿质量的重要途径。

磁铁精矿是生产氧化球团的主要原料，在焙烧过程中力求磁铁矿氧化成赤铁矿，有利于球团矿的固结。磁铁矿球团的氧化是成层状由表面向球中心进行的，一般认为符合化学反应的吸附-扩散学说。首先是大气中的氧被吸附在磁铁矿颗粒表面，并且从 $Fe^{2+} \longrightarrow Fe^{3+} + e$ 的反应中失去电子而电离。由于以上反应引起 $Fe^{3+}$扩散，晶格连续重新排列而转变为固溶体。

### 11.3.5　氧化物的还原

按照工业上利用的还原剂种类不同，可将还原过程分为三类：用可燃气体作还原剂的间接还原、用固体碳作还原剂的直接还原和用金属作还原剂的金属热还原法。本节主要介绍铁氧化物的间接还原和直接还原。

1. 铁氧化物的间接还原

铁矿石或高价铁氧化物被气体还原剂 CO(或 $H_2$)还原的反应在热力学上是逐级进行的，首先形成低价氧化物，最后生成铁。但在动力学上往往具有分层性的特点，即按照未反应核模型进行时，整个矿球从外而内具有和铁氧化时形成氧化铁层相反的层序结构

$$Fe_2O_3 \longrightarrow Fe_3O_4 \longrightarrow Fe_xO \longrightarrow Fe$$

(1) $Fe_2O_3$ 的还原。用 CO 还原 $Fe_2O_3$ 的反应为

$$3Fe_2O_3 + CO = 2Fe_3O_4 + CO_2$$

$$\Delta G^{\ominus} = -32\,970 - 53.85\,T \qquad \lg K_p = 1722/T + 2.81 \qquad (11-21)$$

式(11－21)表明，$K_p$ 为较大的正值，平衡气相中 $CO_2$ 浓度远比 CO 浓度高，这说明在一般 $CO^-$-$CO_2$ 气氛中，$Fe_3O_4$ 是比较稳定的。

(2) $Fe_3O_4$ 的还原。$Fe_3O_4$ 还原在高温与低温下有不同的反应。当温度高于

570℃时，反应为

$$Fe_3O_4 + CO \Longrightarrow 3FeO + CO_2$$

$$\Delta G^{\ominus} = 31\,500 - 37.06T \quad \lg K_p = -1645/T + 1.935 \qquad (11-22)$$

反应为吸热反应，随温度升高，$K_p$ 值增加，平衡气相 CO 浓度减小。

当温度低于 570℃时，反应为

$$1/4Fe_3O_4 + CO \Longrightarrow 3/4Fe + CO_2$$

$$\Delta G^{\ominus} = 3256 - 4.21T \qquad \lg K_p = 170/T - 0.22 \qquad (11-23)$$

(3) FeO 的还原。浮氏体，即通常所谓的氧化亚铁，其组成成分可以在一定范围内变化而形成缺位化合物，其还原反应为

$$FeO + CO \Longrightarrow Fe + CO_2$$

$$\Delta G^{\ominus} = -13\,175 + 17.24T \quad \lg K_p = 688/T - 0.90 \qquad (11-24)$$

按照式(11－21)～式(11－24)的计算，可将所得各种铁氧化物还原反应的平衡气相组成与温度关系曲线绘于图 11－7，得出的四条相应曲线，将全图分成 A、B、C 和 D 四区。

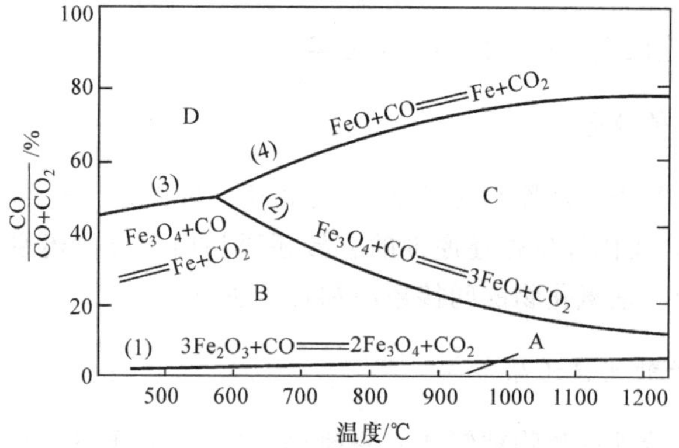


图 11－7 CO 还原铁氧化物的平衡气相组成与温度的关系

A. $Fe_2O_3$ 的稳定区；B. $Fe_3O_4$ 的稳定区；C. FeO 的稳定区；D. Fe 的稳定区

2. 铁氧化物的直接还原

在用固体碳还原铁氧化物过程中，铁氧化物的间接还原反应与布多尔反应同时进行。在冶金生产中，炉温较高，布多尔反应迅速，在有固体碳存在的条件下，反应气体产物基本上全部为 CO，而产出的 $CO_2$ 的量很小，可以忽略，故主要反应为

$$3Fe_2O_3 + C \Longrightarrow 2Fe_3O_4 + CO \qquad \Delta H^{\ominus}_{298K} = 108\,910J \qquad (11-25)$$

$$Fe_3O_4 + C \Longrightarrow 3FeO + CO \qquad \Delta H^{\ominus}_{298K} = 194\,472J \qquad (11-26)$$

$$FeO + C \longrightarrow Fe + CO \qquad \Delta H^{\ominus}_{298K} = 158\ 699J \qquad (11-27)$$

$$1/4Fe_3O_4 + C \longrightarrow 3/4Fe + CO \qquad \Delta H^{\ominus}_{298K} = 167\ 590J \qquad (11-28)$$

上述还原反应相当于铁氧化物同 CO 的反应与布多尔反应之和。将布多尔反应与反应(11-21)～反应(11-24)的平衡气相与温度的关系绘于同一图中，即为铁氧化物直接还原的平衡图，见图 11-8。

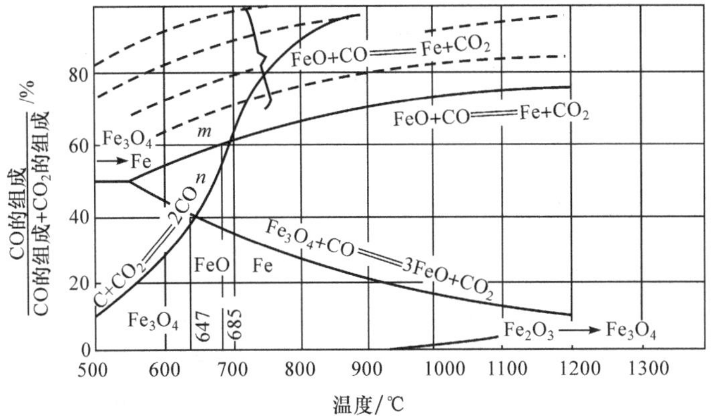


图 11-8　固体碳直接还原铁氧化物的平衡气相组成与温度关系图

由图 11-8 可见，布多尔反应的平衡曲线与 FeO 和 $Fe_3O_4$ 间接还原平衡曲线分别相交于 $m$ 和 $n$ 点。$t_m$=685℃，平衡气相中 CO 的组成为 60%；$t_n$=647℃，平衡气相中 CO 的组成为 40%。

从图 11-8 还可以看出，根据温度 $t_m$ 和 $t_n$，可将图划分为三个区。温度 $t > t_m$ 的区为 Fe 稳定区，$t_m > t > t_n$ 的区为 FeO 稳定区，$t < t_m$ 的区为 $Fe_3O_4$ 稳定区。温度 $t_m$ 为在 1atm 条件下铁氧化物还原成金属铁的开始还原温度。当体系压力改变时，开始还原温度也会随之改变。

### 11.3.6　固相反应

#### 1. 固相反应的类型和影响因素

固态物质中的质点不仅具有可动性，而且质点之间还可直接反应。物料在没有熔化之前，两种固体在它们的接触界面上发生的化学反应称为固相反应，它们的反应产物也是固体。根据塔曼学派的研究，固体物质开始反应的温度远低于它们的熔点或它们的低共熔点(表 11-5)，该温度与其熔点之间存在着一定的规律：对于盐类和氧化物，开始反应的温度 $T_{反}$ 约等于 $0.57T_{熔}$；对于硅酸盐及有机物，$T_{反}$ 约等于 $(0.8\sim0.9)T_{熔}$。人们称这种固态物质开始反应的温度为塔曼温度。

表 11-5 固相反应产物开始出现的温度

| 反应物 | 固相反应产物 | 开始反应的温度/℃ |
|---|---|---|
| $CaO+Fe_2O_3$ | $CaO\cdot Fe_2O_3$ | 500,520,600,610,650,675[1)] |
| $CaCO_3+Fe_2O_3$ | $CaO\cdot Fe_2O_3$ | 590 |
| $2CaO+SiO_2$ | $2CaO\cdot SiO_2$ | 500,510,690[1)] |
| $2MgO+SiO_2$ | $2MgO\cdot SiO_2$ | 680 |
| $SiO_2+Fe_2O_3$ | $Fe_2O_3$ 在 $SiO_2$ 中的固溶体 | 575 |
| $SiO_2+Fe_3O_4$ | $2FeO\cdot SiO_2$ | 990,1100[1)] |
| $MgO+Fe_2O_3$ | $MgO\cdot Fe_2O_3$ | 600 |

1) 不同研究者的数据。

固相反应有以下几种类型

$$MeO + C \longrightarrow Me + CO \quad \text{还原反应} \tag{11-29}$$

$$RO + R' \longrightarrow R'O + R \quad \text{置换反应} \tag{11-30}$$

$$RO + R'_2O_3 \longrightarrow RO \cdot R'_2O_3 \quad \text{化合物或共熔体} \tag{11-31}$$

$$mR_2O + nSiO_2 \longrightarrow mR_2O \cdot nSiO_2 \quad \text{化合物或共熔体} \tag{11-32}$$

$$R_mO_n + (m+n)C \longrightarrow mRC + nCO\uparrow \quad \text{还原反应} \tag{11-33}$$

影响固相扩散反应的因素很多,除温度和在高温下停留的时间外,凡能促进质点内扩散和外扩散的因素都能加速固相反应,如增加物料的粉碎程度、多晶转变、脱除结晶水或分解、固溶体的形成等物理化学变化都伴随着晶格的活化,促进固相扩散反应。除此之外,液相的存在对固相物质的扩散提供了通道,也是强化固相扩散反应不可忽视的重要因素。球团矿焙烧固结过程中,预热阶段(900～1000℃)进行的反应一般均为固相扩散反应,在烧结过程中,在烧结料部分或全部熔化以前,料中每一颗粒相互位置是不变的,因此,每个颗粒仅仅与它直接接触的颗粒发生固相反应。

2. 固相反应在烧结球团中的作用

(1) 固相反应在球团中的作用。球团矿焙烧固结过程中产生的固相扩散反应基本上分为三类。

①$Fe_2O_3$ 单元系。$Fe_2O_3$ 固相扩散是球团矿固结的主要形式。若生产球团矿的原料为磁铁矿时,由 $Fe_3O_4$ 氧化变成 $Fe_2O_3$,此时由于晶格结构发生变化,新生成的 $Fe_2O_3$ 具有很大的迁移能力。在高温作用下,颗粒之间通过固相扩散形成赤铁矿晶桥将颗粒连接起来,使球团矿具有一定的强度。

图 11-9 为 $Fe_2O_3$ 固相扩散固结示意图。由于两个颗粒是同质的,在颗粒之间的晶桥是 $Fe_2O_3$ 一元系;不过相邻颗粒的结晶方向很难一致,所以晶桥成为两

个不同结晶方向的过渡区，但其晶体结构极不完善。只有在 1200～1250℃高温下，$Fe_2O_3$ 发生再结晶和聚集再结晶，才能消除晶格缺陷，增加颗粒接触面积，增加球团矿致密化程度，球团矿才能获得牢固的固结和高的抗压强度。若原料为赤铁矿时，要在 1300～1350℃温度下，球团矿才能获得高的抗压强度。

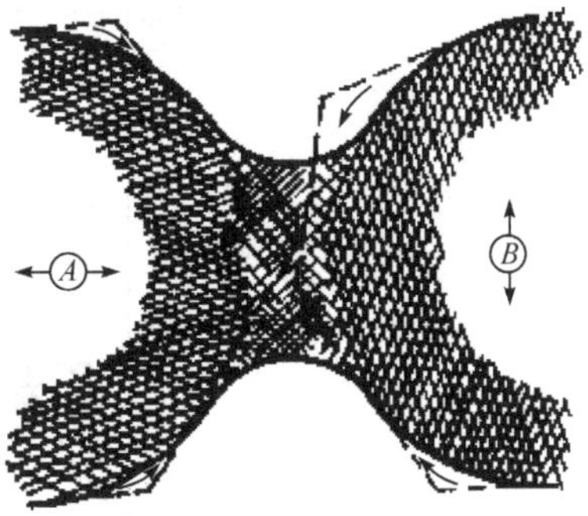

图 11-9　$Fe_2O_3$ 固相扩散固结示意图

②CaO(MgO)-$Fe_2O_3$ 二元系。当生产熔剂性球团矿或含 MgO 球团矿时，球团矿内出现了 CaO-$Fe_2O_3$ 或 MgO-$Fe_2O_3$ 二元系。在 500～600℃时开始进行固相扩散反应，首先生成 CaO·$Fe_2O_3$，其反应速度随温度升高而加快。800℃时已有 80% CaO·$Fe_2O_3$ 生成，1000℃时已完全形成。

若有 CaO 过剩时，则按反应式(11-34)进行

$$CaO \cdot Fe_2O_3 + CaO \xrightarrow{1000℃} 2CaO \cdot Fe_2O_3 \tag{11-34}$$

到 1200℃时结束。球团矿中含 CaO 太少时，铁酸盐难以生成。

虽然 CaO 与 $SiO_2$ 的亲和力大于 CaO 与 $Fe_2O_3$ 的亲和力，但由于 $Fe_2O_3$ 浓度大，在低温时优先生成 CaO·$Fe_2O_3$。这个体系中的化合物及其固溶体熔点比较低，出现液相后，$SiO_2$ 就和铁酸盐中的 CaO 反应，生成 CaO·$SiO_2$，$Fe_2O_3$ 被置换，重结晶析出。

MgO 与 $Fe_2O_3$ 在 600℃时开始发生固相反应，生成 MgO·$Fe_2O_3$。实际上总有少量的 MgO 进入磁铁矿晶格中，形成$[Mg_{(1-x)} \cdot Fe_x]O \cdot Fe_2O_3$，使磁铁矿晶格稳定下来，因此含 MgO 球团矿中 FeO 含量比一般球团矿的 FeO 高。

③CaO-$SiO_2$ 二元系。铁精矿中的脉石常为 $SiO_2$，生成自熔性球团矿时，$SiO_2$ 与熔剂中 CaO 作用，形成硅酸盐体系化合物(3CaO·$SiO_2$、2CaO·$SiO_2$、3CaO·2$SiO_2$ 和 CaO·$SiO_2$)。不论 CaO 的数量有多少，它们首先生成的是 2CaO·$SiO_2$。如果以过量的 CaO 和 $SiO_2$ 进行固相反应，最终产物是 3CaO·$SiO_2$ 和剩余的 CaO；相反，若以过量的 $SiO_2$ 和 CaO 反应，最终的产物是 CaO·$SiO_2$ 和多余的 $SiO_2$。

图 11-10 是 CaO 与 $SiO_2$ 相等物质的量的混合物在 1200℃下进行固相反应的生成物变化。首先生成的是 2CaO·$SiO_2$，其次出现的是 3CaO·2$SiO_2$，然后出现 CaO·$SiO_2$。6h 后，2CaO·$SiO_2$ 消失，3CaO·$SiO_2$ 也几乎消失，最终只有 CaO·$SiO_2$。应当指出，在实验室研究中，可以用很长的时间使反应在接近平衡的条件下进行，而生产实际中，反应时间很短，反应往往达不到平衡。

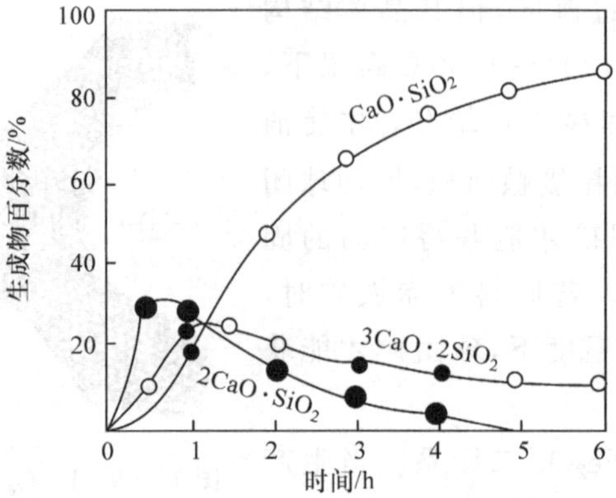


图 11－10 $CaO:SiO_2=1:1$ 时固相反应生成物变化

(2) 固相反应在烧结中的作用。在烧结过程中,固体燃料产生的废气加热了烧结料,为固相反应创造了有利条件。在烧结料部分或全部熔化以前,料中每一颗粒相互位置是不变的。因此,每个颗粒仅仅与它直接接触的颗粒发生反应。

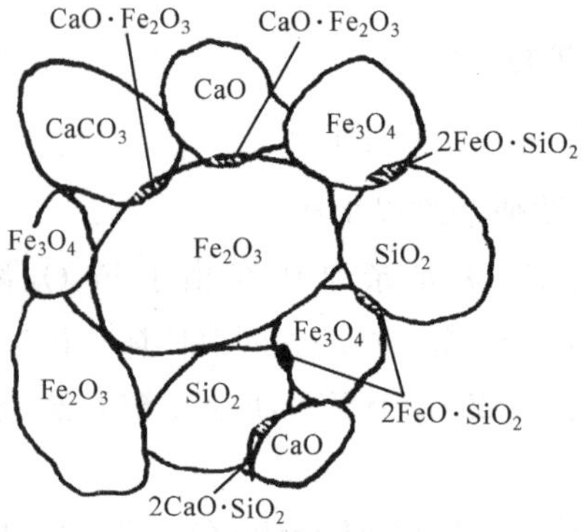


图 11－11 烧结混合料中各组分相互作用示意图

在铁矿粉烧结料中添加石灰时,主要矿物成分为 $Fe_3O_4$、$Fe_2O_3$、$SiO_2$、CaO 等。这些矿物颗粒之间互相接触,在加热过程中,固相就发生化学反应,如图 11－11 所示。反应生成物比单矿物熔点低,发生固相反应的原因是由于物料晶体中离子扩散的结果。

总结现有的各种不同关于固相反应的实验资料,可获得如下结论:

①当烧结非熔剂性烧结矿时,在固相反应中铁橄榄石只有在 $Fe_2O_3$ 还原或分解为 $Fe_3O_4$ 时才能形成。同样,在烧结熔剂性烧结料时,铁橄榄石在石英与磁铁矿颗粒的接触处形成。在固相中铁橄榄石的形成过程比铁酸钙形成过程缓慢,而后者在相当低的温度就开始。反应的总效果取决于燃料的消耗,在同样的条件下,提高燃料消耗促进铁橄榄石在固相中形成而阻止铁酸钙的生成。

②赤铁矿与石英及磁铁矿与石灰在中性气氛中不发生固相反应。

③在烧结熔剂性烧结料时,$CaO$-$Fe_2O_3$ 接触的机会增大。在温度大致相同的情况下,接触处形成铁酸钙较快。氧化条件(低配碳,低温烧结)促进铁酸钙在固相中形成。

④加热烧结料并不给固相物质间按化学亲和力的大小发生反应创造任何有利条件，每个颗粒与它周围接触的颗粒都是以同样的反应速率进行反应。有人用 CaO 与 $Fe_2O_3$ 的亲和力大的理由来解释在熔剂性烧结料固相反应中优先形成铁酸钙是不正确的，在固相中所发生的过程与已烧结好的烧结矿结构之间没有直接联系。

由于烧结时间短，高温带通常约 3min，固相反应产物虽不能决定烧结矿最终矿物成分，但能形成原始烧结料所没有的低熔点的新物质。在温度继续升高时，就成为液相形成的先导，使液相生成的温度降低。因此，固相反应的类型对最初形成的固相反应产物对烧结过程起着重要作用。

## 11.4 液相固结

液相固结就是在高温下产生的液相，在冷却过程中析出晶体或非晶质，将部分未熔化的颗粒黏结起来。烧结矿以液相固结为主，球团矿以固相固结为主，但因球团原料中不可避免地带进少量 $SiO_2$，或由于质量的要求在球团中需添加某些添加物，球团焙烧过程中会形成部分液相，这部分液相对球团固结起着辅助作用。

### 11.4.1 液相的形成

1. 液相的形成过程

混合料的组成成分较多，颗粒互相紧密接触，当加热到一定温度时各成分之间开始有了固相反应，在生成新的化合物之间、原料各成分之间以及新生化合物和原成分之间存在低共熔点物质，使得在较低的温度下就生成液相，开始熔融。例如，$Fe_3O_4$ 的熔点为 1597℃，$SiO_2$ 的熔点为 1713℃，而两固相接触界面的固相反应产物为 $2FeO·SiO_2$，其熔化温度为 1205℃，当焙烧温度达到该化合物的熔点时即开始形成液相。以铁矿烧结为例，原料所特有的化合物及混合物的熔化温度如表 11-6 所示。

表 11-6 烧结料形成的易熔化合物及共熔混合物

| 系统 | 液相特性 | 熔化温度/℃ |
|---|---|---|
| $SiO_2$-FeO | $2FeO·SiO_2$ | 1205 |
| $SiO_2$-FeO | $2FeO·SiO_2$-$SiO_2$ 共晶混合物 | 1178 |
| $SiO_2$-FeO | $2FeO·SiO_2$-FeO 共晶混合物 | 1177 |
| $Fe_3O_4$-$2FeO·SiO_2$ | $2FeO·SiO_2$-$Fe_3O_4$ 共晶混合物 | 1142 |
| MnO-$SiO_2$ | $2MnO·SiO_2$ 异分熔化点 | 1323 |
| MnO-$Mn_2O_3$-$SiO_2$ | MnO-$Mn_2O_3$-$2FeO·SiO_2$ 共晶混合物 | 1303 |
| $2FeO·SiO_2$-$2CaO·SiO_2$ | 钙铁橄榄石 $CaO_x·FeO_{2-x}·SiO_{2x}$=0.19 | 1150 |
| $CaO·Fe_2O_3$ | $CaO·Fe_2O_3$ ⟶液相+$2CaO·Fe_2O_3$(异分熔化点) | 1126 |

续表

| 系统 | 液相特性 | 熔化温度/℃ |
| --- | --- | --- |
| $CaO\cdot Fe_2O_3$ | $CaO\cdot Fe_2O_3$-$CaO\cdot 2Fe_2O_3$ 共晶混合物 | 1200 |
| $2CaO\cdot SiO_2$-FeO | $2CaO\cdot SiO_2$-FeO 共晶混合物 | 1280 |
| FeO-$Fe_2O_3\cdot CaO$ | (18%CaO+82%FeO)-$2CaO\cdot Fe_2O_3$ 固熔体-共晶混合物 | 1140 |
| $Fe_3O_4$-$Fe_2O_3$-$CaO\cdot Fe_2O_3$ | $Fe_3O_4$-$CaO\cdot Fe_2O_3$;$Fe_3O_4$－$2CaO\cdot Fe_2O_3$ | 1180 |
| $Fe_2O_3$-$CaO\cdot SiO_2$ | $2CaO\cdot SiO_2$-$CaO\cdot Fe_2O_3$-$CaO\cdot 2Fe_2O_3$(共晶混合物) | 1192 |

液相形成过程如下：

(1) 初生液相。在固相反应所生成的新生低熔点化合物处，随着温度升高而首先出现初期液相。

(2) 低熔点化合物加速形成。由于温度升高和初期液相的促进作用，在熔化时一部分分解成简单化合物，一部分熔化成液相。

(3) 液相扩展。物料中高熔点矿物熔点降低，大颗粒矿粉周边被熔融，形成低共熔混合物液相。

(4) 液相反应。液相中的成分在高温下进行置换、氧化还原反应，液相产生气泡，推动碳粒到气流中燃烧。

(5) 液相同化。通过液相的黏性和塑性流动传热，使温度和成分均匀化，趋近于相图上稳定成分的位置。

### 2. 影响液相形成量的主要因素

(1) 温度。包括最高温度、高温带厚度、温度分布等，由配碳量、点火温度、时间、料层高度与抽风负压来决定。图 11－12 说明，在不同的 $SiO_2$ 含量下，液相量随着温度提高而增加。

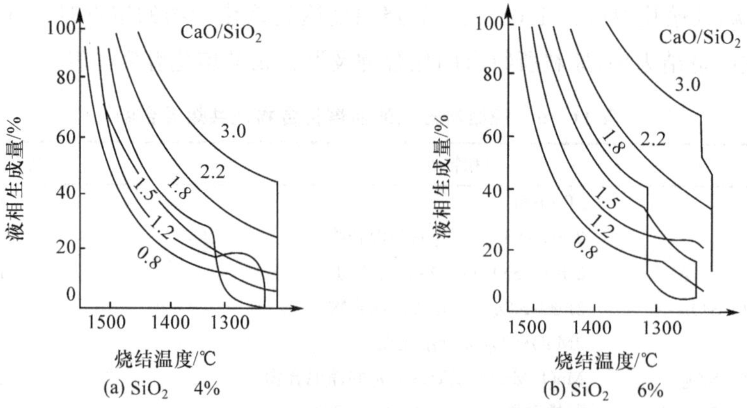


图 11－12 温度与液相量的关系(用相图计算结果绘制)

(2) 配料碱度($CaO/SiO_2$)。在一定的 $SiO_2$ 含量时，碱度表示 CaO 含量的多少。从图 11－10 中同样可以看出，液相量随着碱度($CaO/SiO_2$)提高而增加。

(3) 气氛。气氛直接控制铁氧化物的氧化还原方向，随着焦炭用量的增加，气氛向还原气氛发展，铁的高价氧化物还原成低价氧化物，FeO 增多。一般来说，其熔点下降易生成液相，影响到固相反应和生成液相的类型。

(4) 化学成分。$SiO_2$ 极容易形成硅酸盐低熔点液相，$SiO_2$ 含量过高液相量太多，过低则液相不足。$Al_2O_3$ 含量主要由矿石中的高岭土和固体燃料灰分带入，有使熔点降低的趋势。MgO 含量由白云石和蛇纹石等熔剂带入，有使熔点升高的趋势。

### 3. 液相的性质

(1) 润湿性。Г.Г.ЕФименко 和 Д.А.Ковапе 曾测定了在不同温度下不同成分的液相对自熔性原料各组分的润湿角，如图 11－13 所示，发现钙橄榄石($CaO_{0.5}\cdot FeO_{1.5}\cdot SiO_2$)液相除 CaO 和 MgO 外，很难润湿所有原料成分，赤铁矿与磁铁矿很难为液相所润湿；铁酸钙液相润湿天然赤铁矿要比赤铁矿($Fe_2O_3$)容易，而石英的润湿性高于 $Fe_2O_3$ 及 $Fe_3O_4$。

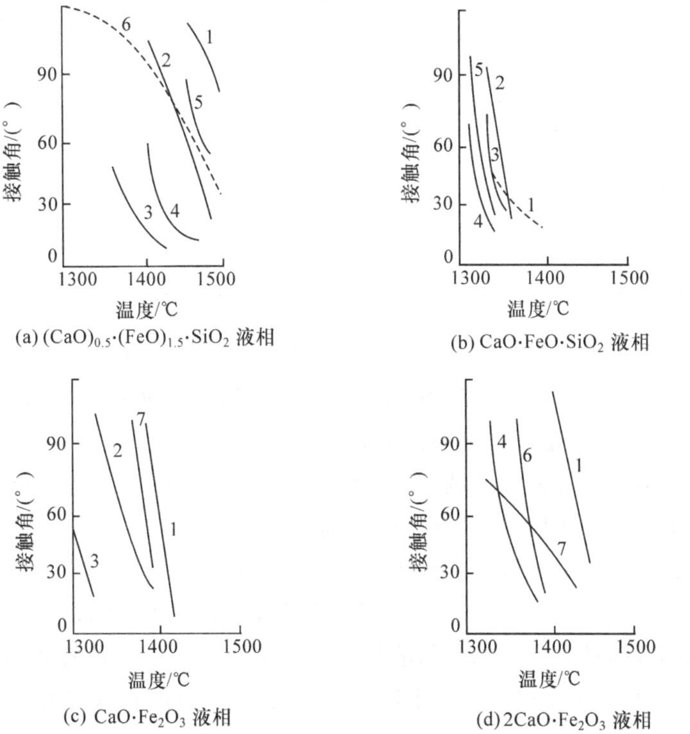


图 11－13 液相对烧结料的润湿角同温度的关系

底座材料：1. 磁铁精矿；2. 赤铁矿；3. CaO；4. MgO；5. $Al_2O_3$；6. $SiO_2$；7. $Fe_2O_3$

(2) 内聚功和附着功。烧结球团产品的结构强度取决于含铁矿物和黏结相的自身强度以及二者之间的接触强度(或相间强度)。前者同物质的内聚功($W_{内}$)有关,后者同相间的附着功($W_{附}$)有关。

物质的内聚功为

$$W_{内}=2\sigma\times10^{-7}\ J/cm^2$$

式中:$\sigma$——物质的表面张力。

相间的相间的附着功为

$$W_{附}=\sigma_{1.2}(1+\cos\theta) \tag{11-35}$$

式中:$\sigma_{1.2}$——1、2 相间界面张力,若 1、2 为液、固相,则为液-固相间界面张力;

$\theta$——液-固相之间的润湿角。

有关液-固相之间附着功的详细介绍见 6.2.2 节。

Каркаш 根据测定不同液相的表面张力和润湿角的数值计算了相应液相对 $Fe_3O_4$ 的附着功(表 11-7)。

**表 11-7　表面张力和润湿角对附着功的影响**

| 液相 | $\sigma/(10^{-7}J/cm^2)$ | $\theta/(°)$ | $W_{附}/(10^{-7}J/cm^2)$ |
|---|---|---|---|
| $CaO\cdot Fe_2O_3$ | 505 | 32 | 934.8 |
| $CaO\cdot SiO_2$ | 490 | 0 | 980.0 |
| $2FeO\cdot SiO_2$ | 480 | 61 | 712.0 |
| $CaO_{0.25}\cdot FeO_{1.75}\cdot SiO_2$ | 415 | 80 | 485.0 |
| $CaO_{0.5}\cdot FeO_{1.5}\cdot SiO_2$ | 390 | 58 | 597.0 |
| $CaO_{0.75}\cdot FeO_{1.25}\cdot SiO_2$ | 375 | 37 | 675.0 |

由表 11-7 可见,$Fe_3O_4$-$CaO\cdot Fe_2O_3$ 的黏结相强度及相间接触强度均很好,是应当发展的一种液相。$Fe_3O_4$-$CaO\cdot SiO_2$ 系的相间接触强度好,但其黏结相强度不好,易于破裂。其他相都不是理想的液相。

料层中最早产生液相的区域,一是燃料周围的高温区;二是存在低熔点组分的区域。当初生液相形成后,就可以通过对周围物料的熔解和离子扩散使液相不断增加和改变成分。N.Ponghis 等将具有一定形状的铁氧化物或矿石的试样,分别在 1350℃和 1400℃下浸入成分与初生液相相同的熔渣中,经过一定时间的作用后,取出急冷进行观测。结果表明,液相在铁氧化物晶粒间迅速浸透,浸透过程中液相中 $Ca^{2+}$ 向 $Fe_3O_4$ 晶格扩散,而 $Fe^{2+}$ 沿反方向扩散熔在液相中,故其成分变酸,$Fe^{2+}$ 含量升高。Mg、Al 离子也可在 $Fe_3O_4$ 中扩散,而在 $Fe_2O_3$ 中仅少量 Al 离子扩散。

### 11.4.2 液相的冷凝

料层中的液相在抽风过程中冷凝，从液相中先后析出晶质和非晶质，最后使物料固结。

高熔点的铁氧化物($Fe_3O_4$、$Fe_2O_3$)在冷却时首先析出，然后，它们周围的低熔点化合物和共晶混合物析出，质点从液态的无序排列过渡到固态的有序排列，体系自由能降低到趋于稳定状态。由于冷却速度快，结晶能力差的矿物就以非晶质(也称玻璃相)存在。

1. 结晶形式

(1) 结晶。液相冷却降温至某一矿物的熔点时，其成分达到过饱和，质点相互靠近吸引形成线晶，线晶靠近成为面晶，面晶重叠成为晶芽，以晶芽为中心，该矿的质点呈有序排列，晶体逐渐长大形成。这是液相结晶析出过程。

(2) 再结晶。在原有矿物晶体的基础上，细小晶粒聚合成粗大晶粒，这是固相晶粒的聚合长大过程。

(3) 重结晶。温度和液相浓度变化使已结晶的固相物质部分熔入液相中以后，再重新结晶出新的固相物质，这是旧固相通过固-液转变后形成新固相的过程。

2. 影响结晶过程的因素

结晶原则是根据矿物的熔点由高到低依次析出，影响结晶的因素如下。

(1) 温度。同种物质的晶体在不同温度下生长，所具有的形态是有差别的，因为结晶速度不同。

(2) 析出的晶体和杂质。由于结晶开始温度和结晶能力、生长速度的不同，后析出的晶体形状受先析出晶体和杂质的干扰。晶体外形可分为：①自形晶。结晶时自范性得到满足，以自身固有的晶形和晶格常数析出长大。②半自形晶。结晶能力尚可，自范性部分得到满足，部分晶面完好。③他形晶。温度低而结晶能力差的晶体析出时，自范性得不到满足，受先析出晶体和杂质的阻碍而表现形状不规整，无良好晶面。

(3) 结晶速度。结晶速度大，则结晶晶芽增多，初生的晶体较细小，很快生长成针状、棒状、树枝状的自形晶；反之，晶体多数成为粗大的粒状半自形晶或他形晶。当结晶速度极小时，因冷却速度大而来不及结晶，易凝结成玻璃相。

(4) 液相黏度。黏度很大时，质点扩散的速度很慢，晶面生长所需的质点供应不足，因而晶体生长很慢，甚至停止生长。但是晶体的棱和角，可以接受多方面的扩散物质而生长较快，造成晶体棱角突出、中心凹陷的所谓“骸状晶”。

总之，结晶过程既遵循布拉维法则，又受外部环境的影响，所以晶体的形状是由其内部构造和生成环境两个方面来决定。

3. 液相固结在烧结球团中的作用

(1) 液相固结在烧结中的作用。烧结矿以液相固结为主，液相在烧结中作用有：①液相是烧结矿的黏结相，将未熔的固体颗粒黏结成块，保证烧结矿具有一定的强度；②液相具有一定的流动性，可进行黏性或塑性流动传热，使高温熔融带的温度和成分均匀，液相反应后的烧结矿化学成分均匀；③液相保证固体燃料完全燃烧，大部分固体燃料是在液相形成后燃烧完毕的，液相的数量和黏度应能保证燃料不断地显露到氧位较高的气流孔道附近，在较短时间内燃烧完毕；④液相能润湿未熔的矿粒表面，产生一定的表面张力将矿粒拉紧，使其冷凝后具有较高强度；⑤从液相中形成并析出烧结料中所没有的新生矿物，这种新生矿物有利于改善烧结矿的强度和还原性。

(2) 液相固结在球团中的作用。铁精矿球团矿中，液相量虽然不多，但在球团矿的固结过程中起着重要的作用：①液相将固体颗粒表面润湿，并靠表面张力作用使颗粒靠近、拉紧、并重新排列，因而使球团矿焙烧过程中产生收缩，结构致密化；②使固体颗粒溶解和重结晶。由于一些细小的具有缺陷的晶体较之具有完整结构的大晶体在液相中的溶解度大，对正常的大晶体是饱和溶液，而对于细小的有缺陷的晶体却是未饱和的液相。这样，小晶体不断地在液相中溶解，大晶体不断地长大，这个过程称为重结晶过程。重结晶析出的晶体消除了晶格缺陷；③促使晶体长大。液相的存在可以加快固体质点的扩散，使相邻质点间接触点扩散速率增加，因此促使晶体长大，加速球团矿的固相固结。

## 11.5 固相固结

固相固结就是通过固体质点扩散反应形成连接桥(或连接颈)、化合物或固溶体把颗粒黏结起来。球团矿的固结主要靠固相黏结。

球团被加热到某一温度时，矿粒晶格间的原子获得足够的能量克服周围键力的束缚进行扩散，并随温度升高而加强，最后发展到颗粒互相接触点或接触面上扩散，使颗粒之间产生黏结。

如图 11-14，在晶粒接触处通过顶点扩散而形成连接桥(或称连接颈，颈半径为 $\chi$)。在连接颈的凹曲面上，由于表面张力产生垂直于曲颈向外的张应力($\sigma=-\gamma/\rho$，其中 $\gamma$是表面张力，$\rho$ 是颈的曲率半径)，使曲颈表面下的平衡空位浓度高于颗粒的其他部位。这种过剩的空位浓度梯度将引起颈表面下的空位向邻近的球表面发生体积扩散，即物质沿相反途径向颈迁移，使颈体积长大。因此，单位时间内物质的迁移量应等于颈的体积增大量，即有连续方程式

$$dV/d\tau = J_V A\Omega \tag{11-36}$$

式中：V——颈的体积，$V=\pi x^2\rho$，$\rho=x^2/2a$；

$\tau$——焙烧时间；

$J_V$——单位时间通过颈的单位面积流出的空位个数；

A——扩散断面积，$A=2\pi x\cdot 2\rho=2\pi x^3/a$；

$\Omega$——一个空位或原子的体积，$\Omega=d^3$（其中 $d$ 为原子直径）。

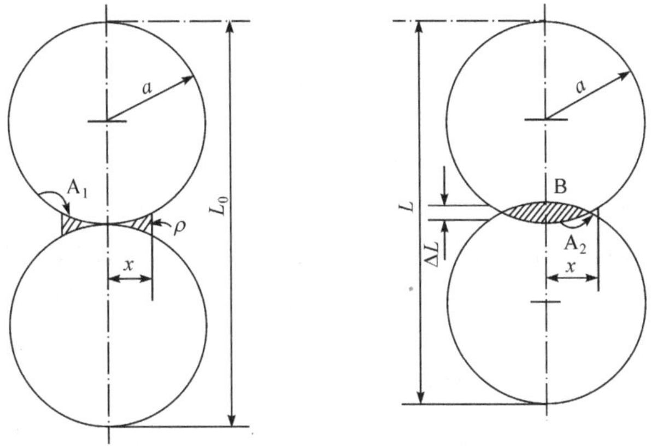


(a) 中心距不变 $\rho=x/2a$　　(b) 中心距减小，两球互相贯穿，$\rho=x^2/4a$

图 11-14　两个球形颗粒固相固结模型

$\rho$ 为颈部表面曲率半径；$x$ 为颈部半径；$a$ 为粒子半径；

$A_1$ 为体积扩散，凸表面到颈部；$A_2$ 为体积扩散，晶界到颈部；B 为晶界扩散

根据扩散第一定律

$$J_V = D'_V \nabla C_V = D'_V \Delta C_V/\rho \tag{11-37}$$

式中：$D'_V$——空位自扩散系数；

$\nabla C_V$——颈表面与球面的空位浓度梯度；

$\Delta C_V$——空位浓度差。

将式(11-37)代入式(11-36)，得

$$dV/d\tau = AD'_V\Omega(\Delta C_V/\rho) \tag{11-38}$$

原子自扩散系数为

$$D_V = D'_V C_V^0 \Omega$$

过剩空位浓度梯度为

$$\Delta C_V/\rho = C_V^0 r\Omega/(kT\rho^2)$$

将所有上述关系式代入式(11-36)，得

$$dx/d\tau = D_V r\Omega \frac{1}{kT} \frac{4a^2}{x^4} \tag{11-39}$$

积分，得

$$x^5/a^2 = \left(20 D_V \frac{r\Omega}{kT}\right)\tau \tag{11-40}$$

金捷里-柏格认为，空位是由颈表面向颗粒接触面上的晶界扩散的，单位时间和单位长度上扩散的空位流为：$J_V = 4D'_V \Delta C_V$，将这些关系式一并代入式(11-38)，积分后得

$$x^5/a^2 = \left(80 D_V \frac{r\Omega}{kT}\right)\tau \tag{11-41}$$

将式(11-40)和式(11-41)比较，只是系数相差4倍，形式完全相同。因此，按照体积扩散机理，连接颈长大应服从$(x^5/a^2)$-$\tau$的直线关系。

以铁精矿球团固结为例，球团焙烧初期，由于颗粒表面原子扩散，使球内各颗粒黏结形成连接颈[图11-15(a)]，颗粒互相黏结使球的强度有所提高。在颗粒接触面上，空位浓度提高，原子与空位交换位置，不断向接触面迁移，使颈长大。温度越高，体积扩散越强，颗粒接触面增加，粒子之间距离缩小，见图11-15(b)。起初粒子之间的孔隙形状不一，相互连接，然后就变成圆形的通道，见图11-15(c)。这些通道收缩，有的孔隙封闭，孔隙率减少，同时产生再结晶和聚晶长大，使球团致密，强度提高。

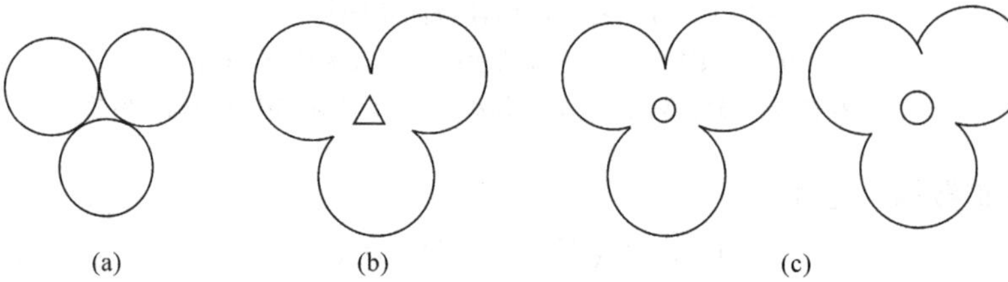


图11-15 球形颗粒焙烧时的黏结模型

## 习 题

1. “燃烧前沿”与“传热前沿”、“燃烧前沿速度”与“传热前沿速度”有什么区别？
2. 分析各因素对“燃烧前沿速度”和“传热前沿速度”的影响。
3. 分析固体燃料燃烧的热力学和动力学。
4. 计算$MgCO_3$在空气中开始分解温度和化学沸腾温度。已知：

$$MgO + CO_2 = MgCO_3 \qquad \Delta G_T^\ominus = -26\,470 + 28.71T$$

5. 在1393K时，反应$2CO_2 = 2CO + O_2$的平衡常数$K_p = 1.4\times10^{-12}$，问在此温度下，一个装有$Fe_2O_3$固体的密闭容器内，应控制氧的分压为多大，才不会有铁生成？已知反应$Fe_2O_3(s) + 3CO = 2Fe(s) + 3CO_2$在373K时$K_p = 1100$，在1273K时$K_p = 0.072$。

6. 铁锰矿中含 $Fe_2O_3$ 和 MnO，用 $CO+CO_2$ 混合气体在 900℃下还原，要求 $Fe_2O_3$ 还原为 Fe，而 MnO 不还原，问还原气体 CO 含量应控制多大范围？已知：

$$2Fe + O_2 \longrightarrow FeO \qquad \Delta G_T^{\ominus} = -129\,330 + 33.94T$$

$$6FeO + O_2 \longrightarrow 2Fe_3O_4 \qquad \Delta G_T^{\ominus} = -152\,220 + 61.17T$$

$$2Mn + O_2 \longrightarrow 2MnO \qquad \Delta G_T^{\ominus} = -183\,900 + 34.63T$$

$$2CO + O_2 \longrightarrow 2CO_2 \qquad \Delta G_T^{\ominus} = -135\,000 + 41.50T$$

7. 论述固相固结机理和液相固结机理。它们的区别有哪些？
8. 试述液相的形成过程及作用，影响液相生成量的因素。
9. 结晶的原则和形式是什么？
10. 比较磁铁精矿和赤铁精矿球团焙烧机理、固结形式、产品矿物组成与显微结构。
11. 比较烧结和球团两大造块方法在固结机理上的区别。

## 参 考 文 献

傅菊英，姜涛，朱德庆. 1996. 烧结球团学. 长沙：中南工业大学出版社

黄希古. 2002. 钢铁冶金原理. 北京：冶金工业出版社

梅炽. 1986. 冶金传递过程原理. 长沙：中南工业大学出版社

习乃文，黄天正，谢良贤. 1993. 烧结技术. 昆明：云南人民出版社

J. R. 温纳斯凯杰等. 1986. 铁矿石烧结及球团焙烧过程. 见：第四届国际造块会议论文选. 北京：中国金属学会

# 第 12 章　矿物微生物浸出

## 12.1　概　　述

中国是世界上最早采用微生物湿法冶金技术的国家。早在公元前 2 世纪，就记载了用铁自硫酸铜溶液中置换铜的化学作用，而堆浸和筑堆浸出在当时已成为生产铜的普遍做法。到唐朝末年及五代时期，出现了从含硫酸铜矿坑水中提取铜的生产方法，称为“胆水浸铜”法。到北宋时期，该方法已成为铜的重要生产手段之一。当时有 11 处矿场用这种方法生产铜，产量达百万斤，占全国总产量的 15％～25％。在欧洲，有记载的最早涉及细菌采矿活动是 1670 年在西班牙的里奥廷托(Rio Tinto)矿，人们利用酸性矿坑水浸出含铜黄铁矿中的铜。然而，在所有这些早期的溶浸采矿活动中，人们对浸出液中存在微生物且发挥着重要的浸矿作用却一无所知，只是不自觉地利用了它们。

1947 年，柯尔默(Colmer)和亨科尔(Hinkle)首次从酸性矿坑水中分离出一种微生物——氧化亚铁硫杆菌(*Thiobacillus ferrooxidans*)，并对其生理特性进行了鉴定。其后，坦波尔(Temple)、莱顿(Leathen)等对这种自养菌的生理生态进行了详细研究，发现这种微生物能将矿物中硫化物组分氧化生成硫酸，并能将二价铁离子氧化为三价铁离子。

这些研究成果对促进微生物湿法冶金的发展具有重要意义。正是由于揭示了氧化亚铁硫杆菌的这种生理特性，20 世纪 50 年代才掀起了生物湿法冶金研究的高潮。1954 年，布莱涅(Buyner)等从废铜矿堆的流出水中分离出该种细菌，在实验室用此细菌对多种铜硫化矿进行浸出试验，证明该细菌可以氧化大多数硫化矿。1958 年，美国肯尼柯特(Kennecott)铜矿公司的尤他(Utah)矿，首先利用该菌渗滤浸出硫化铜矿获得成功，并取得这项技术的专利。

从此细菌浸出的研究和应用开始受到各国重视，许多国家相继开展了由贫矿、废矿及表外矿石细菌浸出回收铜和铀的研究工作。从 20 世纪 60 年代起，细菌浸出铜和铀的技术用于工业生产。近 20 年来，细菌冶金已成为湿法冶金领域的热门研究课题。研究内容包括浸矿细菌的分离和鉴定、细菌浸出工艺、浸出动力学及浸出机理等。细菌浸出金属的种类也增加了，除 Cu、U 外，还有 Ni、Zn、Co、Mn 等有色金属及某些稀有金属，以及 Au、Ag 等贵金属。如今细菌冶金已发展成为一种新的湿法冶金方法，它的内容既包括从矿物中提取各种金属，也包括在其他湿法冶金工艺方法提取金属时用生物法除去有害组分。

## 12.2　浸矿微生物

### 12.2.1　浸矿微生物的种类、来源及生理生态特性

在自然界有一类微生物，可直接或间接地参与金属硫化矿物的氧化和溶解过程。金属硫化矿和煤矿的矿坑水以及土壤中能找到它们的踪迹。和矿物浸出有关的微生物大部分属于自养菌，这类微生物在生长和繁殖过程中，不需要任何有机营养，完全靠各种无机盐生存。还有一类微生物则与之相反，它们需要提供现成的有机营养才能生存，叫做异养菌。某些异养菌也可以溶浸金属矿物，但研究比较充分，在生产中得到实际应用的主要是自养类微生物，下面简要介绍几种常见的浸矿自养菌。

(1) 排硫杆菌(*Thiobacillus thioparus*)。该菌是硫杆菌属中较常见的一种，菌体呈杆状，在液体硫代硫酸盐培养基上可以生成小而圆的菌落，由于生成硫沉淀，菌落呈黄色。该菌通常只存活 1 个星期左右，它可将硫代硫酸盐氧化成元素硫，再将元素硫氧化成硫酸。

(2) 氧化硫硫杆菌(*Thiobacillus thiooxidans*)。该菌为圆头短杆状，通常以单个或成双、成短链状存在，在菌体两端各有一油滴，可将培养基中的硫溶入油滴之中再吸入体内进行氧化，该菌氧化元素硫的能力比氧化硫化合物的能力强，可以产生较多的酸，并有较强的耐酸性能，可耐 5%的硫酸。

(3) 蚀阴沟硫杆菌(*Thiobacillus concretivorus*)。该菌与氧化硫硫杆菌类似，它可以利用硝酸盐和铵离子作为氮源，不能利用亚硝酸盐。

(4) 氧化铁铁杆菌(*Ferrobacillus rerrooxidans*)。该菌呈短杆状，可将亚铁离子氧化成高铁离子，在液体培养基中由于生成 $Fe^{3+}$ 使培养基由浅绿色变成红棕色，在固体培养基上长成红棕色菌落。

(5) 氧化铁硫杆菌(*Thiobacillus ferrooxidans*)。该菌是浸矿细菌中最常见的一种自养菌，菌体呈杆状，可以氧化亚铁为高价铁，也可将硫代硫酸盐氧化为硫酸。在含亚铁的液体培养基中由于亚铁被氧化使培养基变成红棕色，最后由于 $Fe^{3+}$ 水解生成氢氧化物或铁矾而产生沉淀，在固体培养基上生长成棕色菌落。如果用不含铁的液体培养基，则由于硫代硫酸盐氧化生成硫酸，使培养基酸度提高。

以上几种细菌都属于化能自养菌，它们靠氧化培养基中的亚铁离子或硫化合物取得能量，以空气中的 $CO_2$ 作为碳源，并吸收培养基中的氮、磷等无机盐营养，合成菌体细胞。它们之间除了利用的能源有差异外，其他性质都十分相近。这些细菌生活中需要氧气，属于好氧菌，它们广泛生活于金属硫化矿和煤矿等矿山的酸性矿坑水中。以上几种主要浸矿细菌的特性如表 12-1 所示。

**表 12-1　几种主要浸矿细菌的特性**

| 项目 | 氧化硫硫杆菌 | 蚀阴沟硫杆菌 | 氧化铁硫杆菌 | 氧化铁铁杆菌 |
|---|---|---|---|---|
| 菌体大小/μm | 0.5×1.0 | 0.5×1.5～2.0 | 0.5×1.0 | 0.6～1.0×1.0～1.6 |
| 活动性 | + | + | + | + |
| 鞭毛 | 单鞭毛 | 极生鞭毛 | 极生鞭毛 | 极生鞭毛 |
| 革兰氏染色 | − | − | − | − |
| 适宜生长 pH | 2.0～3.5 | 2.0～4.0 | 2.5～3.5 | 3.5 |
| 适宜生长温度/℃ | 28～30 | 28 | 30 | 15～30 |
| 需氧情况 | + | + | + | + |
| 碳源(大气 $CO_2$) | + | + | + | + |
| 碳源(铵态氮) | + | + | + | + |
| 硝酸盐氮 | − | + | − | − |
| 氧化物 | − | + | + | |
| 硫磺 | + | + | − | − |
| 亚铁 | − | − | + | + |
| 硫代硫酸盐 | + | + | + | − |

注:"+"表示细菌能运动,需要和能利用;"−"表示革兰氏染色为阴性或不能利用。

其中氧化硫硫杆菌、氧化铁铁杆菌和氧化铁硫杆菌三种自养菌的性能十分相近,难以将它们分开,所以有人视它们为一种菌,定名为氧化铁硫杆菌。氧化铁硫杆菌的显微摄影照片如图 12-1 所示。

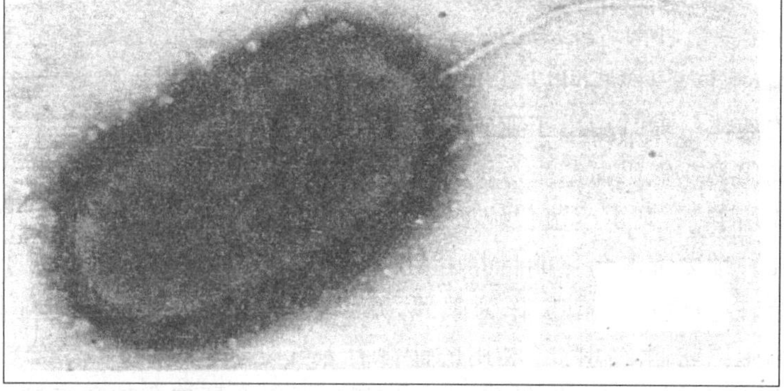

图 12-1　氧化铁硫杆菌的显微照片

### 12.2.2　浸矿细菌的培养基

微生物赖以生存和繁殖的介质叫培养基，分液体培养基和固体培养基两种。液体培养基用于粗略地分离培养某种微生物，而进行微生物的纯种分离则要用固体培养基。

浸矿自养菌的液体培养基由水和溶在水中的各种无机盐组成。每种细菌都有自己特有的培养基配方，这些配方是经过研究者的试验研究之后提出的。现将几种常见浸矿细菌的培养基配方列于表 12－2 中。

**表 12－2　氧化亚铁硫杆菌用培养基**

| 组成 | Leathen | 9K | Waksman | ONM | Colmer |
|---|---|---|---|---|---|
| $(NH_4)_2SO_4$ | 0.15g/L | 3.0g/L | 0.2g/L | 2g/L | 0.2g/L |
| KCl | 0.05g/L | 0.1g/L | | | |
| $K_2HPO_4$ | 0.05g/L | 0.5g/L | | 4g/L | 3g/L |
| $MgSO_4 \cdot 7H_2O$ | 0.05g/L | 0.5g/L | 0.5g/L | 0.3g/L | 0.1g/L |
| $Ca(NO_3)_2$ | 0.01g/L | 0.01g/L | | | |
| 蒸馏水 | 1000mL | 700mL | 1000mL | 1000mL | 1000mL |
| pH | 2.0 | 2.0 | 2～3.5 | 2～3.5 | 1.5～2.0 |
| $FeSO_4 \cdot 7H_2O$ | 10%（质量分数）溶液 10mL | 14.7%（质量分数）溶液 300mL | 0.01g/L | 0.01g/L | |
| $CaCl \cdot 2H_2O$ | | | 0.25g/L | 0.25g/L | |
| 硫磺粉 | | | 10g/L | 10g/L | |
| $Na_2S_2O_3 \cdot 5H_2O$ | | | | | 5g/L |
| $CaCl_2$ | | | | | 0.2g/L |

注：除 Colmer 培养基外，氧化铁硫杆菌还可以用 Leathen 和 9K 培养基。

用作平板分离的固体培养基，是在上述液体培养基中加入 1.5%琼脂（洋菜）或一定量硅胶制成的。首先在加热条件下配成一定浓度的琼脂溶液，该溶液消毒后再加入无菌过滤的 $FeSO_4$ 等无机盐母液，用 $H_2SO_4$ 调节好酸度，冷却至常温即制成固体培养基。

### 12.2.3　细菌的采集、分离和培养

浸矿细菌分布较广，土壤、水体及空气中都可能存在，相对比较集中的地方是金属硫化矿及煤矿的酸性矿坑水，所以这类菌的最佳取样点是煤矿、铜矿、铀矿等有酸性矿坑水的地方。现将浸矿细菌当中最常见的氧化铁硫杆菌的采集和分离培养方法简述如下。

取 50～250mL 细口瓶，洗净并配好胶塞，用牛皮纸包扎好瓶口，置于 120℃烘

箱中灭菌 20min，待冷却后即可作为细菌取样瓶，带取样瓶到上述矿山取酸性坑水。如果矿坑水的 pH 为 1.5～3.5 并呈棕色(说明有 $Fe^{3+}$ 存在)，则很可能存在氧化铁硫杆菌，可对此水样进行取样分离培养。

为了分离培养所需细菌，还需配制专供这种菌生长的 Leathen 或 9K 培养基。配好的培养基用蒸汽灭菌 15min，然后在无菌操作下分装于数个事先洗净并灭菌的 100mL 三角瓶中，每瓶装培养基 20mL，用洗净干燥的吸液管分别取 1～5mL 矿水样加到各三角瓶中，塞好棉塞置于 20～35℃恒温条件下，静置培养(或振动培养)7～10 天。由于细菌生长繁殖，三角瓶中培养基的颜色由浅绿变为红棕色，最后在瓶底出现高铁沉淀(与空白对照)。选择变化最快，颜色最深的三角瓶，在瓶中取 1mL 培养液，接种到装有新培养基的三角瓶中，同样培养，培养液将比头一次更快的变成红棕色。以后按同样办法反复转移培养，至少 10 次以上。每转移一次，接种量逐渐减少，只需 1～2 滴即可，而所培养的细菌却越来越活跃，只需培养3～5 天就可把培养基中的 $Fe^{2+}$ 氧化为 $Fe^{3+}$。在转移培养中，借助培养基的高酸度，可淘汰掉一些不嗜酸的杂菌，又由于培养基中的高浓度亚铁离子，只有氧化亚铁的细菌才能生长繁殖，其他菌则被杀死淘汰掉，氧化铁硫杆菌则得到充分繁殖，活性越来越大。

可用如下方法对所培养的氧化铁硫杆菌进行初步检查和鉴定。

(1) 肉眼观察。如有该菌生长，培养基中的亚铁将被氧化变成高铁，培养基的颜色由浅绿变成红棕色，最后产生高铁沉淀。

(2) 重铬酸钾容量法测定。用重铬酸钾容量法测定培养液中亚铁变成高铁的数量，变化越快，说明细菌生长越旺盛。

(3) 显微镜观察。通过显微镜观察细菌，是否具有氧化铁硫杆菌的形状特征。

用上述方法得到的菌种是不纯的，如果要分离纯种，上述分离过程要无菌操作，并且要作平板分离。但一般生产中应用，不需纯种菌。菌种培养好后，置于冰箱(4℃)条件下保存，过一定时间需重新转移培养。工业生产用菌的大量繁殖培养必须在专门的设备中进行。

平板分离(也可用斜面分离)的目的是把混合的具有氧化亚铁能力的细菌分离，获得从单一细胞来的纯菌种。方法是：把配制好的固体培养基倒入培养皿制成平板，然后在无菌操作下，用接种环取上述培养菌液在平板上划线分离，使所取菌液中的菌体细胞尽量沿划线分散开，然后将划好线的培养皿在 25℃～30℃条件下恒温培养。经 10 天左右就可以看到由单个菌株长成的很小的褐色菌落(可借解剖镜观察)，挑选适当菌落用取样针转移到装有数毫升培养基的小试管中恒温培养，一般 7 天左右培养液就可变成红棕色。将此培养液重新在固体培养基上划线分离，如此反复进行数次分离和培养，就可获得纯菌株。将这些从单一菌落来的培养物分别进行鉴定，具体方法可参见一般微生物方法手册。

### 12.2.4　细菌生长曲线

微生物的生长繁殖过程按其繁殖速度的快慢和活性大小，可以分成四个时期，即生长缓慢期、对数生长期、稳定生长期和衰亡期。这几个时期可以用细菌生长曲线表示，如图 12-2 所示。

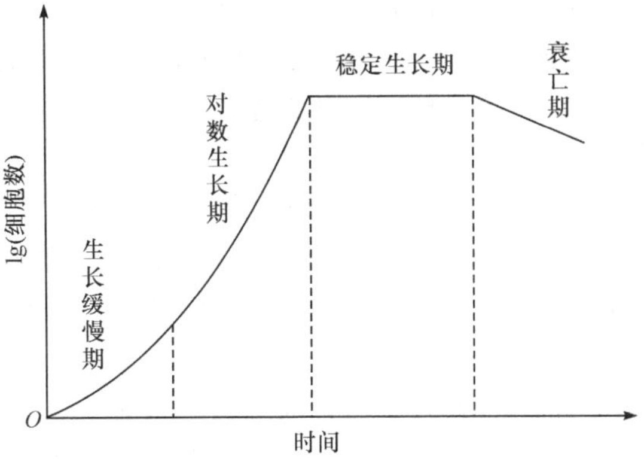


图 12-2　微生物生长曲线

当细菌由一个环境转移到一个新的环境时，会出现一个逐步适应的缓慢生长期，这个时期细菌的生长繁殖速度很慢，细菌也不活跃。被培养细菌对环境的适应性不同，这个时期可能很短，也可能较长，比较正常的情况是 2～4 周。如细菌在含硫化铜的培养基中培养，一般要 2～4 周方可适应，如果细菌的养料不变，转移当中的缓慢期就很短，甚至没有缓慢期。在缓慢期之后，随着细菌对环境的适应，开始进入对数生长期，这个时期细菌生长非常活跃，以对数增长的速度繁殖，此时细胞数目大量增加，对数生长期的曲线斜率就是细菌生长率 $\mu$，即

$$\mu = \frac{1}{n}\frac{\mathrm{d}n}{\mathrm{d}t} = \frac{\mathrm{d}(\lg n)}{\mathrm{d}t} \tag{12-1}$$

式中：$n$——细菌浓度，个/mL；

$t$——培养时间，d 或 h。

这个时期细菌也死亡，但新增加的细菌数目远远超过死亡的细菌数。

在对数生长期后，细菌进入稳定生长期，此时细菌死亡数目和新生数目大致相等，总的细菌数维持恒定。这个时期培养器内细菌的绝对数是最多的，但此时培养基中营养大量消耗，细菌已变得不太活跃。当进入大量培养或用于生产接种时，应当使用稳定期内尽量靠近对数期的细菌。

最后一个时期是衰亡期，在这一时期细菌开始大量死亡，培养器内总的细菌数目急剧减少，此时培养基中的营养物质已基本消耗完。

以上是所有微生物生长繁殖所必须经历的四个时期，每个时期的长短和细菌

的活跃程度受环境因素制约。

### 12.2.5 浸矿细菌驯化

细菌依赖一定的环境而生存，改变一种细菌已适应的环境，会给细菌的生长造成不利的影响，过分改变环境因素，会造成细菌死亡。和所有微生物一样，浸矿细菌的细胞膜也有渗透性，该膜类似于半透膜，可以透过水分，但对其他物质有选择性。与其他生物细胞相比，细菌对渗透压的变化有较强的适应能力，但这种适应能力有一定限度。所以，如果外界的盐分浓度过高，会抑制细菌生长，甚至会由于渗透压变化过大造成细菌死亡。

重金属离子可使细胞蛋白质凝固，所以大部分重金属离子对细菌都有毒性作用，超过一定限度，细菌会因细胞脱水而死亡。非金属离子对细菌影响较小，但浓度过高也不行。例如，细菌对 $F^-$ 很敏感，浓度每升超过几毫克就会严重抑制其生长。

不过，浸矿细菌对外界环境的变化有较强的适应能力，就是说有较大的可塑性。可以通过驯化的办法，使细菌逐步适应严酷的外界环境。办法是在逐渐变化外界条件的情况下对细菌进行转移培养，在驯化过程中，那些对新环境不适应的细菌死亡了，而某些活力较强的细菌会发生变异，演变成耐受性更强的细菌而活下来，形成新的耐受性菌株。

培养细菌对某种金属离子耐受力的方法是：首先在装有一定体积培养基的三角瓶中加入较低浓度的该金属离子，然后接入要驯化的细菌进行恒温培养，开始时细菌不适应，要较长时间才能生存，待细菌能正常生长后，再将它转移到含有更高浓度金属离子的培养基中继续培养，每转移一次都提高金属离子浓度，如此进行下去，就可以获得对该金属离子具有较强耐性的菌株。表 12－3、表 12－4 为氧化铁硫杆菌对铀和铜离子适应力的驯化结果。氧化铁硫杆菌对 $F^-$ 很敏感，未驯化的细菌，在 $F^-$ 浓度超过 10mg/L 的环境生长就很困难，而通过驯化后，可在 10mg/L 的 $F^-$ 离子浓度环境下正常生长，这充分说明该菌的可塑性是很大的。

**表 12－3 氧化铁硫杆菌对铀适应性的驯化**

| 铀浓度/(mg/L) | 氧化全部培养基中 $Fe^{2+}$ 所需时间/d | | | | |
|---|---|---|---|---|---|
| | 驯化前的细菌 | 第一次转移 | 第二次转移 | 第三次转移 | 第四次转移 |
| 0 | 4 | 4 | 4 | 4 | 4 |
| 100 | 4 | 4 | 4 | 4 | 4 |
| 200 | 4 | 4 | 4 | 4 | 4 |
| 300 | 7 | 4 | 4 | 4 | 4 |

续表

| 铀浓度/(mg/L) | 氧化全部培养基中 $Fe^{2+}$ 所需时间/d | | | | |
|---|---|---|---|---|---|
| | 驯化前的细菌 | 第一次转移 | 第二次转移 | 第三次转移 | 第四次转移 |
| 400 | 7 | 4 | 4 | 4 | 4 |
| 500 | 7 | 4 | 4 | 4 | 4 |
| 600 | 7 | 10 | 4 | 4 | 4 |
| 700 | 不生长 | 10 | 7 | 7 | 4 |
| 800 | | 不生长 | 10 | 7 | 7 |
| 900 | | | 10 | 7 | 7 |
| 1000 | | | 不生长 | 10 | 10 |

**表 12－4　氧化铁硫杆菌对铜适应的驯化**

| 铜浓度/(mg/L) | 氧化全部培养基中 $Fe^{2+}$ 所需时间/d | | | |
|---|---|---|---|---|
| | 驯化前的细菌 | 第一次转移 | 第二次转移 | 第三次转移 |
| 0 | 4 | 4 | 4 | 4 |
| 10 | 4 | 4 | 4 | 4 |
| 20 | 4 | 4 | 4 | 4 |
| 30 | 6 | 4 | 4 | 4 |
| 40 | 10 | 4 | 4 | 4 |
| 50 | 11 | 7 | 4 | 4 |
| 80 | 11 | 7 | 4 | 4 |
| 100 | 11 | 7 | 4 | 4 |
| 150 | 不生长 | 7 | 4 | 4 |
| 200 | 不生长 | 不生长 | 7 | 6 |

### 12.2.6　细菌的计量

培养到一定程度的细菌，在使用前必须知道所培养菌液中细菌的含量或浓度。对所培养菌液进行计量，一般用以下几种方法，其中比浊法和直接计算法可计量一定体积菌液中所含细菌的总数(包括活菌和死菌)。

(1) 比浊法。比浊法的原理是：利用菌液所含细菌浓度的不同，液体混合度不同，用分光光度计测定菌液的光密度的办法进行计算。用所测菌液的光密度和标准曲线对比，可以推知菌液的浓度。

(2) 直接计数法。利用血球计数器，取菌液样品直接在显微镜下观察计数。若测定单位菌液体积所含活菌数目，则必须用平皿计数法和稀释计数法。

(3) 平皿计数法。将稀释成一定倍数的菌液，用固体培养基制成平板，然后在一定温度下培养，使其长成菌落之后计算菌落数目，再乘以稀释倍数，则为所测菌液的活菌浓度。

(4) 稀释法。将菌液按 10 的倍数在培养基中连续稀释成不同浓度，然后进行培养。观察细菌能够生长的最高稀释度，此最高稀释度培养液中的细菌数目为 1 个，则可按总的稀释倍数计算出原菌液内所含活菌的浓度，一般达到正常繁殖情况下，菌液活菌浓度为 $1\times10^{6}\sim1\times10^{10}$个/mL。

## 12.3 微生物浸出基本原理

自 20 世纪 50 年代发现浸矿微生物以来，经过许多人的研究和实践，人们已基本掌握了微生物浸出过程的规律和作用原理。微生物浸出主要指氧化铁硫杆菌等自养细菌浸出，所以通常叫细菌浸出。现将细菌浸出所涉及的一些主要反应过程和多数研究者所认可的主要反应机理介绍如下。

### 12.3.1 细菌浸出直接作用

在有水和空气的条件下，受氧化铁硫杆菌作用，金属硫化矿会发生如下反应

$$2FeS_2 + 7O_2 + 2H_2O \xlongequal{细菌} 2FeSO_4 + 2H_2SO_4 \tag{12-2}$$

$$4FeSO_4 + O_2 + 2H_2SO_4 \xlongequal{细菌} 2Fe_2(SO_4)_3 + 2H_2O \tag{12-3}$$

$$CuS + 2O_2 \xlongequal{细菌} CuSO_4 \tag{12-4}$$

$$CuFeS_2 + 4O_2 \xlongequal{细菌} CuSO_4 + FeSO_4 \tag{12-5}$$

由于存在 $Fe_2(SO_4)_3$，通过 $Fe^{3+}$ 的氧化作用上述反应也能发生，所以很难说明上述反应是由细菌直接作用的。要证明细菌能够直接氧化金属硫化矿，必须排除 $Fe^{3+}$ 的氧化作用。已有证明，在无 $Fe^{3+}$ 条件下，细菌可以浸出辉铜矿和铜蓝。有人用纯的人造铜蓝(CuS)进行细菌浸出研究，发现细菌都是附着在被浸蚀的矿物表面，通过显微镜观察，发现在细菌浸出过的 CuS 晶格表面有明显被浸蚀的痕迹。还有人用细菌浸蚀元素硫，在硫的表面也有明显浸蚀的痕迹，细菌氧化硫的反应是

$$2S + 3O_2 + 2H_2O \xlongequal{细菌} 2H_2SO_4 \tag{12-6}$$

如果没有细菌，这样的反应是很难发生的。

有人用细菌浸出辉铜矿($CuS_2$)并和 $Fe^{3+}$ 浸出对比，发现二者的反应产物不同，$Fe^{3+}$ 氧化产生元素硫，反应如下

$$Cu_2S + 2Fe_2(SO_4)_3 \xlongequal{} 2CuSO_4 + 4FeSO_4 + S \tag{12-7}$$

而细菌氧化则不产生元素硫

$$Cu_2S + H_2SO_4 + 2\frac{1}{2}O_2 \xlongequal{\text{细菌}} 2CuSO_4 + H_2O \tag{12-8}$$

氧化铁硫杆菌对硫的氧化作用比对 $Fe^{2+}$ 氧化慢得多，在用该菌浸出铜的硫化矿时并未看到元素硫积累，说明细菌在氧化硫化矿的同时将产生的元素硫及时氧化掉了，因为在浸出当中，发现细菌首先附在矿物表面，如果细菌只能氧化 $Fe^{2+}$，它应当存在于溶液之中，而当溶液中出现大量细菌时，浸出反应已经完成了。

研究者用细菌浸出高品位的黄铜矿时发现，用含 $Fe^{2+}$ 的 9K 培养基浸出时，细菌生长很旺盛，但黄铜矿的浸出速度反而不如无 $Fe^{2+}$ 时快。在培养基中加了作为细菌能源的 $Fe^{2+}$，反而不利于黄铜矿的浸出。此现象也说明，黄铜矿的溶解，与其说是硫酸高铁化学氧化的作用，还不如说是由细菌直接对黄铜矿浸蚀的结果。

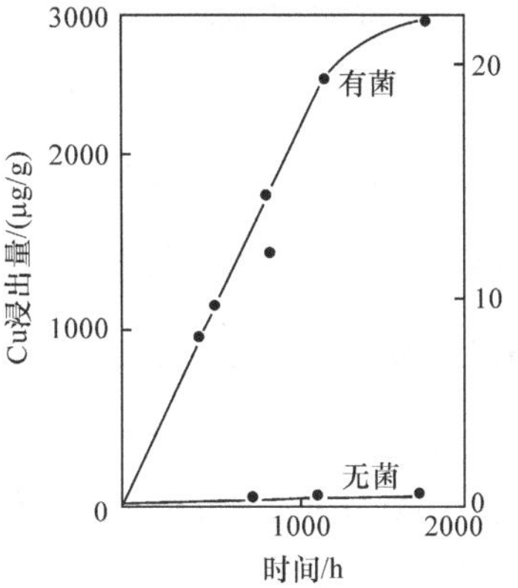


图 12-3　铜蓝长时间浸出结果

条件：在 9K 培养基中加入 −20+400 目的铜蓝矿粉；接种细菌振动浸出

有人用已知组成的铜蓝和辉铜矿研究了细菌浸出的作用机制。从图 12-3 看到，有菌与无菌条件下铜蓝的浸出速度相差很大。

由于浸出环境中没有 $Fe^{3+}$ 及其他氧化剂，所以浸出作用只能是由细菌引起的，在浸出期间酸耗等于零。矿物中 CuS 与 S 被等速浸出，反应如下

$$Cu + \frac{1}{2}O_2 + 2H^+ = Cu^{2+} + H_2O$$

$$S + 1\frac{1}{2}O_2 + H_2O = 2H^+ + SO_4^{2-}$$

总反应：

$$CuS + 2O_2 = CuSO_4 \tag{12-9}$$

用磨光的人造铜蓝进行同样的浸出试验，显微镜观测和电子探针分析表明，细菌浸出在整个矿物表面发生，浸出后矿物表面的化学组成未发生变化，说明浸出中没有转化为其他硫化物的中间过程，也没有产生元素硫。CuS 浸出的电化学反应如下

$$CuS = Cu^{2+} + S + 2e \quad \text{阳极反应}$$

$$2H^+ + \frac{1}{2}O_2 + 2e = H_2O \quad \text{阴极反应}$$

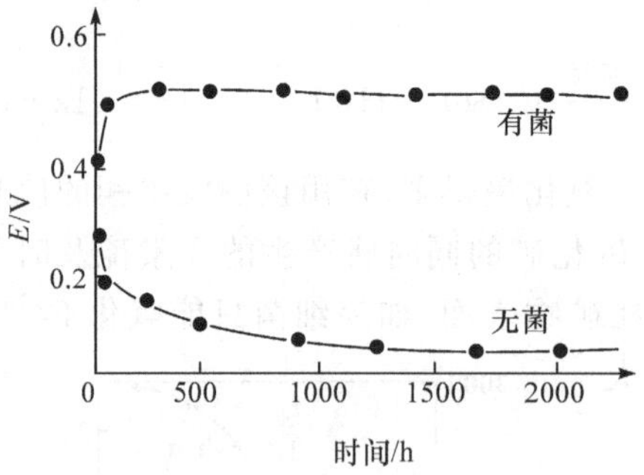


图 12-4　铜蓝浸出过程的静止电位测量

电化学反应在研究中除分析矿物的浸出速度外，还应用了电子探针和电位测量技术。静电位测定(图 12-4)显示出细菌在阴极表面的去极化作用，细菌直接氧化了矿物晶格中的硫，所以在浸出中没有产生元素硫。细菌代谢过程中产生的氧化型酶(oxides type enzyme)催化了矿物表面的阴极反应，因而促进了总的反应过程。所以，铜蓝的细菌浸出过程是受细菌直接作用机制控制的。除铜蓝外，煤炭中的细菌脱硫，陶土的细菌除铁等都是细菌直接作用的实例。

### 12.3.2　细菌浸出间接作用

在多金属的硫化矿床中，通常都含有黄铁矿($FeS_2$)。黄铁矿在自然条件下缓慢氧化生成 $FeSO_4$ 和 $H_2SO_4$，在有细菌的条件下，反应被催化快速进行，最终生成 $Fe_2(SO_4)_3$ 和 $H_2SO_4$[反应(12-2)和反应(12-3)]。$Fe_2(SO_4)_3$ 是一种很有效的金属矿物氧化剂和浸出剂，铜及其他多种金属矿物都可被 $Fe_2(SO_4)_3$ 浸出，这就是细菌浸出间接作用机制的论点。浸出示例如下

黄铁矿浸出

$$FeS_2 + 7Fe_2(SO_4)_3 + 8H_2O = 15FeSO_4 + 8H_2SO_4 \quad (12-10)$$

辉铜矿浸出

$$Cu_2S + 2Fe_2(SO_4)_3 = 2CuSO_4 + 4FeSO_4 + S \quad (12-11)$$

氧化铜浸出

$$Cu_2O + Fe_2(SO_4)_3 + H_2SO_4 = 2CuSO_4 + 2FeSO_4 + H_2O \quad (12-12)$$

铀矿浸出

$$UO_2 + Fe_2(SO_4)_3 = UO_2SO_4 + 2FeSO_4 \quad (12-13)$$

以上反应生成的 $FeSO_4$ 和 S 又被细菌氧化为 $Fe_2(SO_4)_3$ 和 $H_2SO_4$。

间接氧化浸出的例子很多，凡是利用 $Fe^{3+}$ 作为氧化剂的金属矿物浸出都是间接浸出。黄铁矿的细菌浸出有直接作用也有间接作用[反应(12-2)和反应(12-9)]，试验表明，有铁时的浸出速度比无铁时快得多，说明黄铁矿的细菌浸出时，高铁的氧化作用比细菌直接氧化作用更重要，浸出中加入 $Fe^{2+}$ 和加入 $Fe^{3+}$ 的效果不一样，说明细菌氧化 $Fe^{2+}$ 的速度远远高于 $Fe^{3+}$ 被黄铁矿还原的速度。黄铁矿细菌浸出以 $Fe^{3+}$ 间接氧化作用为主。

### 12.3.3　细菌浸出复合作用

复合作用机制是指在细菌浸出当中，既有细菌的直接作用，又有通过 $Fe^{3+}$ 氧化的间接作用。有些情况下以直接作用为主，有时则以间接作用为主，但两种作用都不可排除，这是迄今为止绝大多数研究者都赞同的细菌浸出机制。实际上，大多数矿石中，总会多少存在一些铁的硫化矿，所以浸出中 $Fe^{3+}$ 的作用不可排除，上面提到的黄铁矿的浸出，就是两种机制都存在的例子。再如辉铜矿直接浸出反应

$$Cu_2S + H_2SO_4 + 2\frac{1}{2}O_2 = 2CuSO_4 + H_2O \tag{12-14}$$

间接浸出反应如反应(12－11)所示，两个反应的区别是，直接作用不生成 S，间接作用生成 S，因为有细菌，所以生成的 S 又被氧化为硫酸，如果单独用 $Fe_2(SO_4)_3$ 浸出 $Cu_2S$ 则可以看到 S 沉淀生成。

### 12.3.4　电位-pH 图

Kaplan 等收集大量测量资料，绘制出各种自然环境下微生物活动和 E-pH 范围(图 12－5)。由图 12－5 可以看到，硫细菌和铁细菌的生活环境，正处于金属硫化矿及 $Fe^{2+} \longrightarrow Fe^{3+}$ 的氧化 E-pH 范围。说明属于这两类细菌的浸矿细菌可以在金属硫化物的氧化浸出条件下生存，并且参与矿物的浸出反应过程。

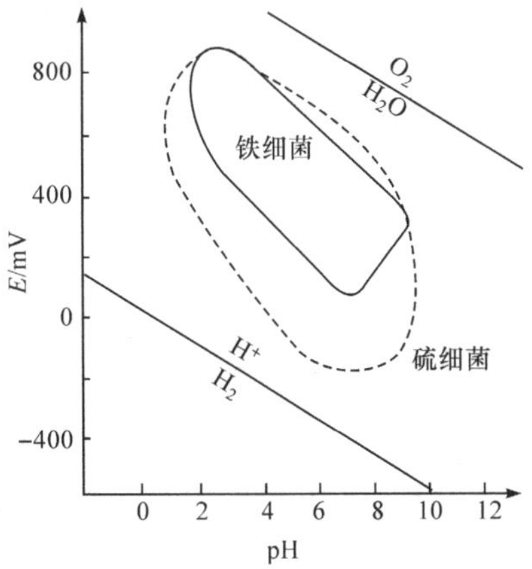


图 12－5　铁细菌和硫细菌活动的 E-pH 范围

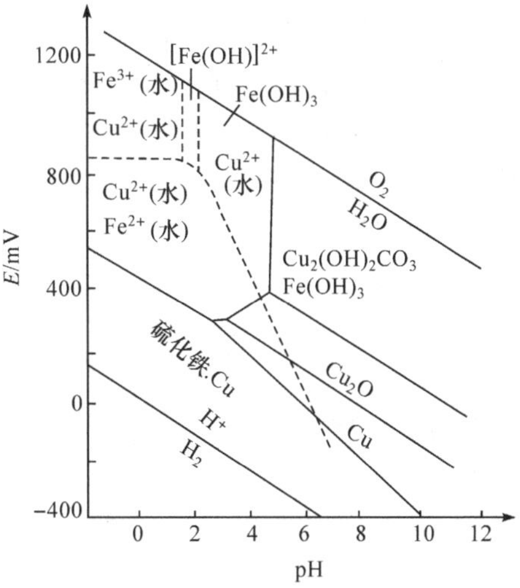


图 12－6　Fe-Cu-$CO_3$-S 系统 E-pH 关系

氧化还原电位及 pH 变化对金属硫化矿的浸出反应有很大影响，图 12－6 表示在酸性介质中孔雀石浸出过程的 E-pH 图。

由图 12－6 可以看到，为避免浸出当中产生铁沉淀，浸出酸度应控制在 pH＜1.8，在一定铁离子浓度下溶液的电位越低，则铁开始产生沉淀之前 pH 可以升得越高。实际上在细菌存在下，黄铁矿氧化产生硫酸亚铁的反应对溶液的电位影响很大，由于铁离子的缓冲作用，最终使环境电位维持于 400mV 左右，该电位下可以氧化大部分金属硫化矿物质，细菌的作用是不断将产生的 $FeSO_4$ 氧化为 $Fe_2(SO_4)_3$。

## 12.4 细菌浸出影响因素和浸出动力学

金属矿物的细菌浸出过程和矿物的化学浸出过程有所不同，细菌浸出是一个更复杂的反应过程，在这个过程中既有细菌生长繁殖和生物化学反应，又有浸出剂和矿物的化学反应，由于细菌生长繁殖速度比矿物化学浸出反应慢得多，所以细菌的生长状况是整个细菌浸出过程的制约环节。

### 12.4.1 细菌浸出过程的影响因素

1. 细菌培养基组成的影响

研究证明，金属矿物的浸出速度与浸出介质中细菌的浓度成正比，要取得高的矿物浸出速度，则必须保持高的细菌生长繁殖速度，作到这一点的重要条件之一是提供细菌生长所必需的足够的营养。试验证明，在供给足够 $CO_2$ 的情况下，培养基的各种营养中，氮对矿石浸出效果影响最明显（图 12－7，图 12－8）。有人用细菌浸出黄铜矿证明，当磷酸盐含量为 15mg/L 时，可看到最大浸出率，而浓度为 60mg/L 时浸出速率最高。由于多数矿石中都含有磷酸盐，所以浸出时可以不加或少加磷酸盐。

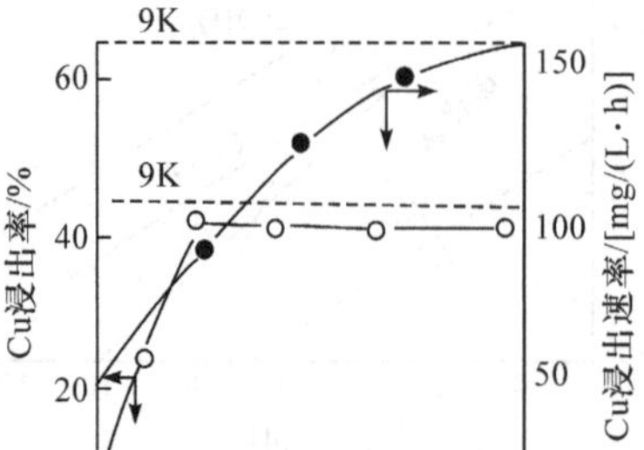


图 12－7 磷酸盐浓度对浸出影响

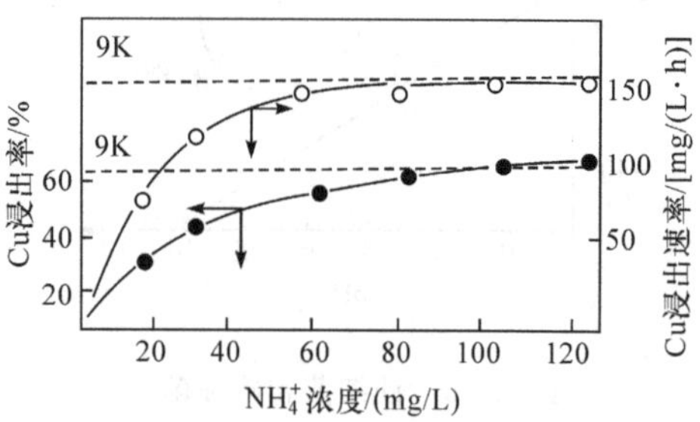


图 12－8 $NH_4^+$ 浓度对浸出的影响

试验表明，$NH_4^+$ 浓度为 40mg/L 时浸出速率最高，而浓度达到 80mg/L 时，可得到最高浸出率。在其他营养成分供应充足的条件下，磷酸盐浓度是浸出速率的限制因素，而铵离子浓度为总浸出率的限制因素。一般浸出液中都缺少 $NH_4^+$，应适当补充。但加入 $NH_4^+$ 后不会立刻看到效果，要过一定时间(数天)后，才可观察到细菌生长状况的改善，可以用$(NH_4)_2SO_4$ 来补充 $NH_4^+$，当 $NH_4^+$ 达到 20～60mg/L 时，细菌增长很显著。图 12－9、图 12－10 可以更明显地看到 $NH_4^+$ 及磷酸盐($P_2O_5$ 表示)对细菌浸出黄铜矿时的影响。

除提供细菌所需要的营养外，还要提供细菌进行代谢活动所需的能源。浸矿细菌的能源主要是 $Fe^{2+}$和 S，在培养细菌时可以适当加入这两种物质，但为了使细菌适应浸矿条件，应当在培育和驯化细菌的培养基中逐渐添加所要浸出的矿物，使细菌逐渐适应浸出矿物的条件，利用矿物中的组分作为代谢活动的能源。

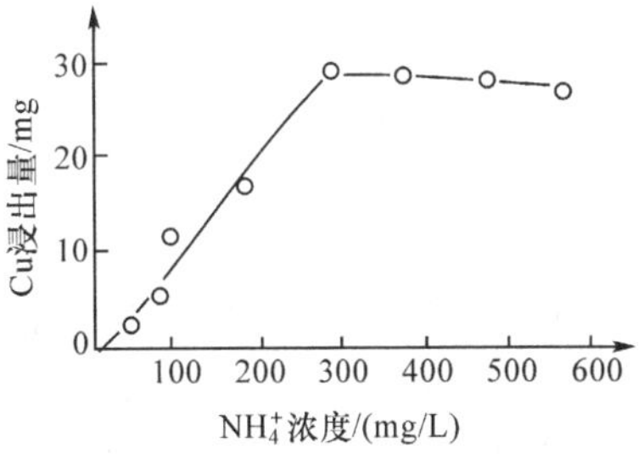


图 12－9　$NH_4^+$ 浓度对细菌浸出黄铜矿的影响

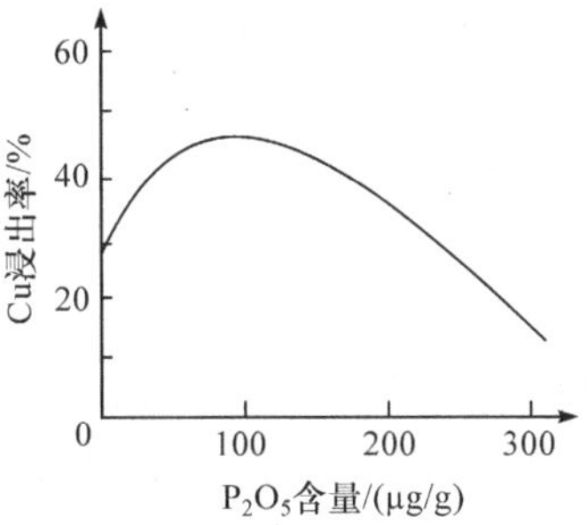


图 12－10　$P_2O_5$ 加入量对细菌浸出黄铜矿的影响

### 2. 环境温度的影响

每种细菌都有各自最适应的生长温度条件，氧化铁硫杆菌的最适生长温度是 30～32℃，当温度低于 10℃时，细菌活力变得很弱，生长繁殖也很慢。当温度高于 45℃时，细菌生长也受影响，甚至死亡。有人曾作过温度对氧化铁硫杆菌生长及氧化性能影响的试验(表 12－5，图 12－11，图 12－12)。

**表 12－5　环境温度对氧化铁硫杆菌的影响**

| 温度/℃ | 7 | 15 | 20 | 26 | 30 | 35 | 40 | 50 |
|---|---|---|---|---|---|---|---|---|
| $Fe^{2+}$氧化率/% | 0 | 38 | 100 | 100 | 100 | 46 | 29 | 29 |
| 细菌浓度/($10^8$ 个/mL) | 2.4 | 5.4 | 3.8 | 3.1 | 2.4 | 0 | 0 | |

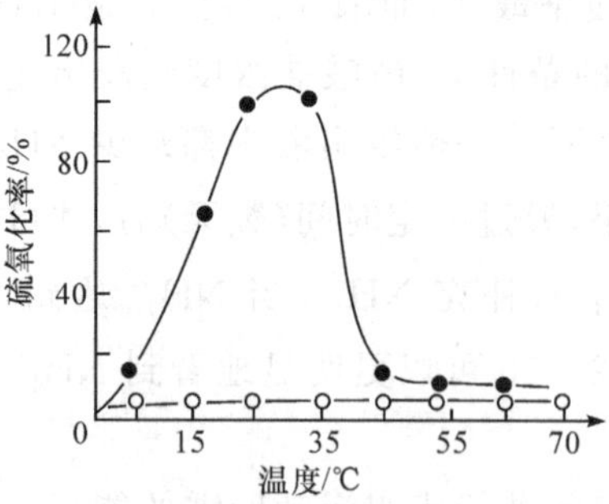


图 12-11　温度对细菌氧化元素硫的影响

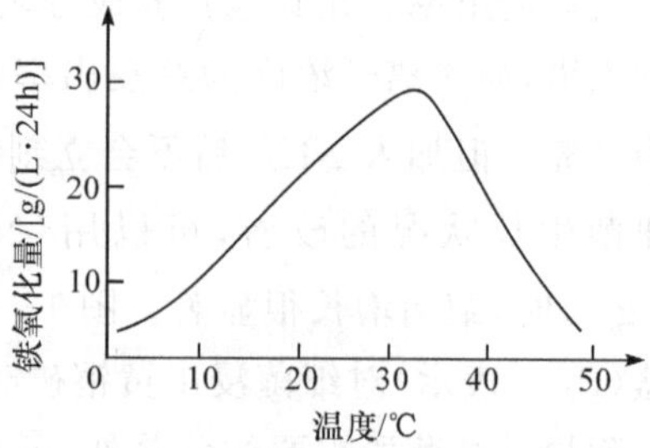


图 12-12　温度对细菌氧化铁的影响

由此可见，最适于细菌生长的温度，也是细菌氧化力最强的温度范围。金属硫化矿的氧化是放热反应，如果用细菌氧化含硫高的精矿，放热现象比较明显，这对不耐热的氧化铁硫杆菌不利。据报道，国外有人培养出一种耐热硫杆菌(sulpholbus)可以耐受 60～80℃的高温，还有人培养出一种中等耐热菌可以耐受 40～50℃温度。试验证明，耐热菌浸出金属硫化物精矿，效果比氧化铁硫杆菌好。

3. 环境酸度的影响

浸矿用的硫杆菌属细菌，是一种产酸又嗜酸的细菌，环境酸度对细菌生长有明显影响。酸度对细菌的影响如图 12-13、图 12-14 所示。环境酸度影响细菌的活性及繁殖速度，从而影响矿物浸出，此时酸度本身对矿物的作用不很重要。此外，由于浸出介质中有 $Fe^{3+}$，浸出时应控制酸度在 pH2 以下，防止铁沉淀。

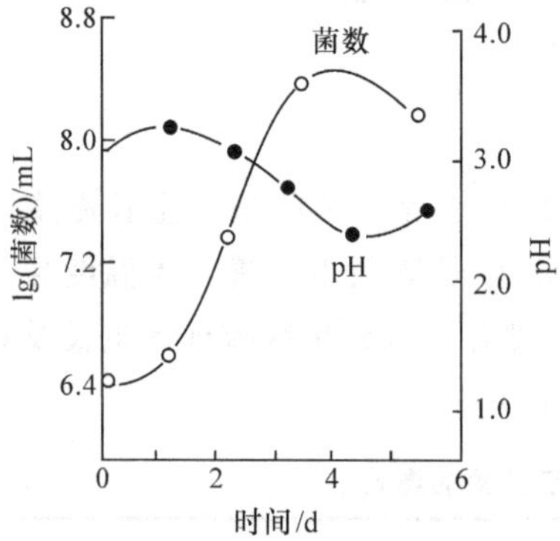


图 12-13　氧化铁硫杆菌在 9K 培养液中 pH 与菌浓度的关系

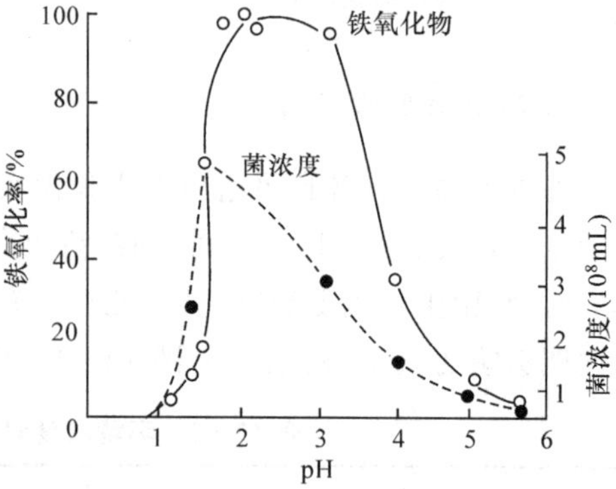


图 12-14　培养液 pH 对细菌的影响

4. 金属及非金属离子的影响

细菌培养基中含有数种微量金属离子，这些离子在细菌生长中起重要作用，其中钾离子影响细胞的原生质胶态和细胞的渗透性，钙离子控制细胞的渗透性并调节细胞内的酸度，镁和铁是细胞色素和氧化酶辅基的组成部分。但如果金属离子含量过高，将对细菌产生毒害作用。

金属以电解质的形式影响细胞的渗透压。浸矿细菌对渗透压的变化适应性较强，实践发现这类细菌对金属离子的耐受力越来越强，文献报道浸矿细菌对某些金属离子的耐受能力如表 12－6 所示。

**表 12－6　浸矿细菌对某些金属离子的耐受能力**

| 金属离子 | $Al^{3+}$ | $Ca^{2+}$ | $Mg^{2+}$ | $Mn^{2+}$ | $Mo^{2+}$ | $Zn^{2+}$ | $Cu^{2+}$ | $U^{2+}$ |
|---|---|---|---|---|---|---|---|---|
| 极限耐受浓度/(g/L) | 6.29 | 4.9 | 2.4 | 3.3 | 0.16 | 17 | 12 | 1.0 |

在含硫的培养基中加入其他离子，以硫为能源的细菌，其氧化硫的能力会受到影响。对细菌产生抑制作用的一些离子的极限浓度如表 12－7 所示。

**表 12－7　对细菌产生抑制作用的一些离子的极限浓度**

| 离子 | $Cl^-$ | $Ca^{2+}$ | $Cu^{2+}$ | $Ag^+$ | $SO_4^{2-}$ | $NH_3^-$ | $Cd^{2+}$ | $Na^+$ |
|---|---|---|---|---|---|---|---|---|
| 极限浓度/(mol/L) | 0.34 | 0.073 | 0.0071 | 0.0019 | 0.056 | 0.118 | 0.078 | 0.29 |

某些金属盐类对细菌的影响如表 12－8 所示，由表中数字可以看到 $F^-$ 对细菌氧化 $Fe^{2+}$ 的能力抑制最明显，每升含 300mg $F^-$，可将细菌对 $Fe^{2+}$ 的氧化能力抑制到零。

**表 12－8　某些盐类对细菌的影响**

| 盐类 | 浓度/(mol/L) | 抑制氧化 $Fe^{2+}$ 能力/% |
|---|---|---|
| NaCl | 0.2 | 0 |
| | 0.5 | 50 |
| | 1.0 | 90 |
| KCl | 0.2 | 0 |
| | 0.5 | 0 |
| | 1.0 | 90 |
| $Na_2SO_4$ | 2.0 | 0 |
| $K_2SO_4$ | 2.0 | 0 |
| $Al_2(SO_4)_3$ | 1.0 | 0 |

续表

| 盐类 | 浓度/(mol/L) | 抑制氧化 $Fe^{2+}$ 能力/% |
|---|---|---|
| $MnSO_4$ | 1.0 | 0 |
| $NaNO_3$ | 0.35 | 0 |
| | 0.6 | 40 |
| | 0.8 | 100 |
| $NH_4NO_3$ | 0.3 | 30 |
| | 0.8 | 100 |
| NaF | $3\times10^{-4}$ | 0 |
| | $1.7\times10^{-3}$ | 30 |
| | $6.7\times10^{-3}$ | 100 |

5. 铁离子的影响

在影响细菌生长的各种金属离子当中，铁离子是特别值得一提的，低价铁 $Fe^{2+}$ 是氧化铁硫杆菌的能源，细菌将 $Fe^{2+}$ 氧化为 $Fe^{3+}$ 而获得能量，$Fe^{3+}$ 是金属矿物的氧化剂。$Fe^{3+}$ 氧化金属矿物后还原为 $Fe^{2+}$，细菌又将 $Fe^{2+}$ 氧化为 $Fe^{3+}$，此氧化还原过程反复进行，所以在浸出介质中同时存在 $Fe^{2+}$ 和 $Fe^{3+}$。这两种离子是浸出环境电位和酸度的重要影响因素。

水溶液中铁的 $Fe^{2+}$ 和 $Fe^{3+}$ 都可形成一系列不同形式的离子。在有氧条件下，$Fe^{2+}$ 在热力学上不稳定，会被氧化为 $Fe^{3+}$，反应式如下

$$2Fe^{2+}+\frac{1}{2}O_2+2H^+ = 2Fe^{3+}+H_2O \qquad (12-15)$$

在酸性介质中反应式为

$$2FeSO_4+\frac{1}{2}O_2+H_2SO_4 = Fe_2(SO_4)_3+H_2O \qquad (12-16)$$

以上反应在常温下不易发生，当有细菌存在时，反应以较快的速度进行，反应是放热的，为细菌生长提供能量。

高价铁的浓度，主要受铁的氢氧化物溶解度控制。随溶液 pH 变化，$Fe^{2+}$ 和 $Fe^{3+}$ 可生成不同形式的沉淀物(图 12-15，图 12-16)。

$Fe_2(SO_4)_3$ 是金属矿物的氧化剂，随着溶液 pH 升高，硫酸铁水解，则失去氧化剂的作用，$Fe_2(SO_4)_3$ 水解反应如下

$$Fe_2(SO_4)_3+6H_2O = Fe_2(OH)_6+3H_2SO_4 \qquad (12-17)$$

$$Fe_2(SO_4)_3+2H_2O = 2Fe(OH)SO_4+H_2SO_4 \qquad (12-18)$$

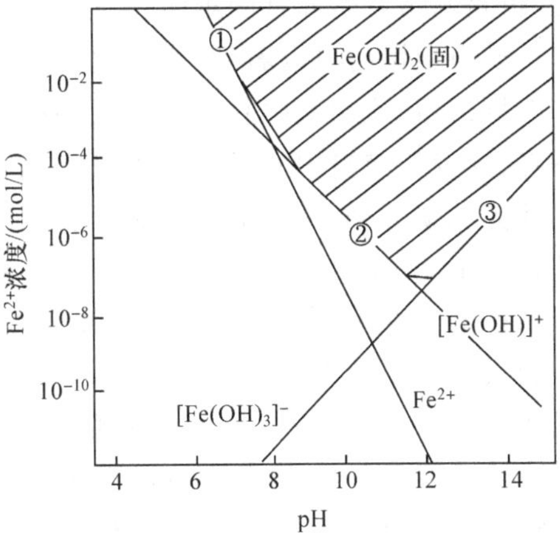


图 12－15　$Fe^{2+}$浓度与 pH 的关系

①$Fe(OH)_2(s) = Fe^{2+} + 2OH^-$

②$Fe(OH)_2(s) = [Fe(OH)]^+ + OH^-$

③$Fe(OH)_2(s) + OH^- = [Fe(OH)_3]^-$

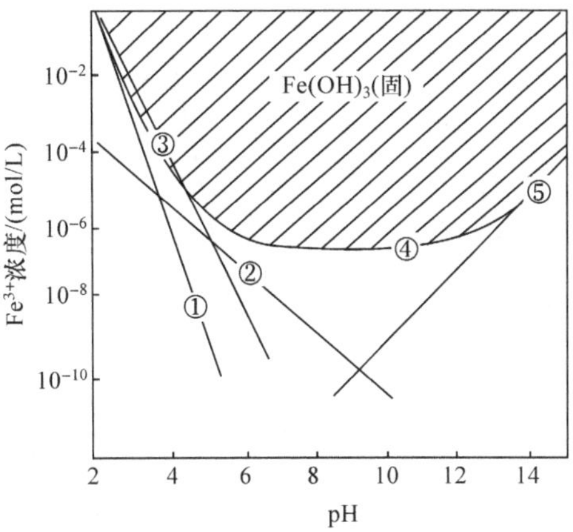


图 12－16　$Fe^{3+}$浓度与 pH 的关系

①$Fe(OH)_3(s) = Fe^{3+} + 3OH^-$

②$Fe(OH)_3(s) = [Fe(OH)_2]^+ + OH^-$

③$Fe(OH)_3(s) + OH^- = [Fe(OH)]^{2+} + 3OH^-$

④$Fe(OH)_3(s) = [Fe(OH)_3](l)$

⑤$Fe(OH)_3(s) + OH^- = [Fe(OH)_4]^-$

水解生成的氢氧化物和铁矾覆盖于矿物表面，妨碍细菌对矿石的氧化作用。用含菌及大量铁的 9K 培养基溶液浸出黄铜矿时，培养基中的 $Fe^{2+}$ 被氧化为 $Fe^{3+}$，当 pH 升至 2 以上时，可生成结晶性黄铁矾沉淀[carphosiderite，$Fe_3(SO_4)_2(OH)_5 \cdot H_2O$]。这种沉淀物包围在矿石表面，形成比较致密的包裹层，对细菌浸出影响较大。如果浸出时培养基中不加 $Fe^{2+}$，矿石中的黄铁矿受细菌氧化也会生成 $Fe^{3+}$，当 $pH>2$ 时，也会形成沉淀，但这时的沉淀物为 $Fe_2O_3 \cdot nH_2O$（氧化铁凝胶）是一种非结晶的胶状沉淀物，该沉淀物以类似悬浮的形状附于矿石表面，不妨碍细菌与矿物接触，不影响浸出。

$Fe^{3+}$在水溶液的溶解度有限，与溶液的 pH、温度及其他离子存在情况有关。当 $Fe^{3+}$的浓度超过它的溶解度或溶液 pH 增高时，部分 $Fe^{3+}$开始水解形成新的平衡

$$Fe^{3+} + 3H_2O = Fe(OH)_3 + 3H^+ \tag{12-19}$$

该反应对溶液起缓冲作用，水解反应还有以下平衡

$$[Fe(H_2O)_6]^{3+} + H_2O = [Fe(H_2O)_5OH]^{2+} + H_3O^+ \tag{12-20}$$

$$2[Fe(H_2O)_5OH]^{2+} = [Fe_2(H_2O)_8(OH)_2]^{4+} + 2H_2O \tag{12-21}$$

式(12－19)～式(12－21)缓慢达到平衡，已沉淀的铁盐，特别是老化后的沉

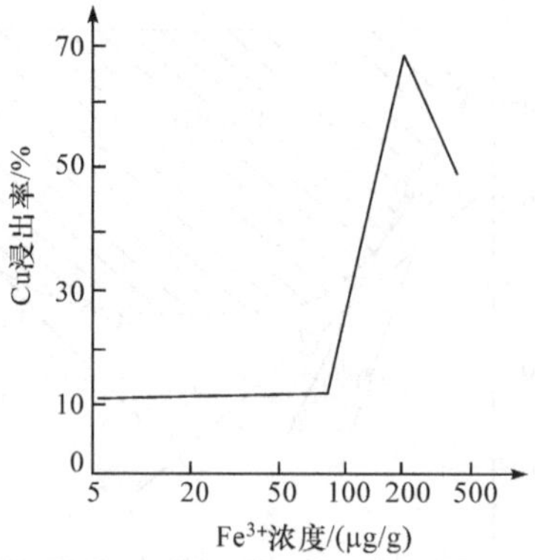


图 12-17　$Fe^{3+}$浓度对细菌浸出 Cu 的影响
（矿样：黄铜矿，粒度<235 目，含 Cu 30.09%）

淀，再重新溶解是非常困难的。

矿石堆浸时可以看到，当浸出液通过矿石堆以后，流出液中总的含铁量往往会下降，这说明溶液中的一部分铁以不同方式沉淀在矿石堆中。沉淀的铁可能包围矿石表面，妨碍矿石继续溶解，也有可能堵塞矿石中的孔隙，使矿堆渗透性变差，影响浸矿液的渗透。这种情况也影响空气在矿堆中流通，总之不利于细菌浸出，应当避免发生。可以用适当提高溶液酸度的办法来防止产生铁沉淀，为此浸出过程的酸度应控制在 pH<2，最好在 pH=1.5 左右。有时也可以采用适当减少溶液铁浓度的办法控制铁沉淀现象。一般认为，细菌浸出剂中需要有 $Fe^{3+}$，但过量 $Fe^{3+}$ 对浸出反而不利（图 12-17）。因此，要根据具体情况控制浸出剂的铁浓度，$Fe^{3+}$浓度的通常变化范围为 0.5～10g/L。

不同酸度下的各种形态高价铁离子的平衡如图 12-18 所示。由图 12-18 可以看到，在溶液中以未络合状态 $Fe^{3+}$形式存在的高价铁离子是有限的，pH 在 1～3 之间时有 80%以上的高价铁离子以 $[Fe(OH)]^{2+}$ 和 $[FeSO_4]^+$络离子形式存在，在 pH=1.5 左右，以上两种络离子的数量各占 50%。有研究者认为络合状态存在的高铁离子 $[FeSO_4]^+$比未络合的 $Fe^{3+}$氧化力更强。为使溶液中含有更多的 $[FeSO_4]^+$，应将溶液的 pH 控制在 1.5 以下。

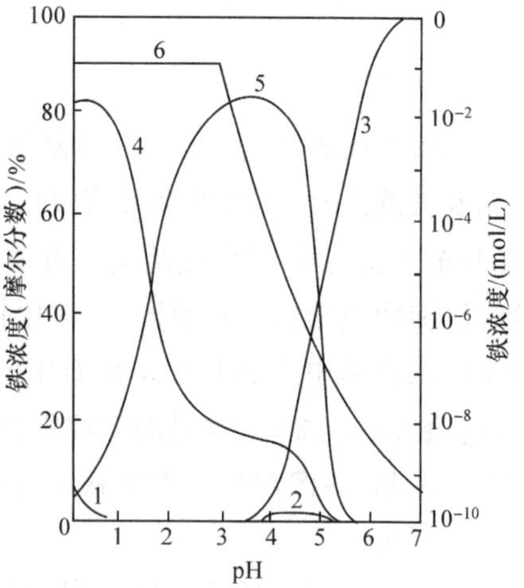


图 12-18　在总铁浓度为 5.6g/L，总 $SO_4^{2-}$ 浓度为 9.6g/L 的溶液中，25℃时各种铁离子的平衡图
1. $Fe^{3+}$；2. $[Fe(OH)]^{2+}$；3. $[Fe(OH)_2]^+$
4. $[FeSO_4]^+$；5. $[Fe(SO_4)]^{2-}$；6. $\sum Fe$

6. 固体物的影响

在细菌堆浸当中，发现大部分细菌吸附于矿石上，从矿石堆中流出的溶液，细菌含量并不多，说明细菌本身具有较大的表面活性，有吸附于固体物的倾向。在搅拌浸出中，也发现有这种现象，大部分细菌吸附于矿粒表面，固-液分离之后，溶液中细菌数量很少。实际上，正是这些紧密吸附在矿物表面的细菌促进了矿物浸出。

细菌搅拌浸出中，矿浆的含固量（矿浆浓度）对细菌生长及矿石浸出效果影响很大，当矿浆浓度为 10%～20%时，细菌生长和浸出效果不受影响；当矿浆浓度大于 20%时，金属浸出率明显下降；浓度达到 30%以上时，发现细菌很难生存。说明矿浆中的固体物含量高时对细菌不利。这可能是因为搅拌中的矿粒之间产生摩擦作用，使矿粒上细菌脱落，因而影响浸出效果，也可能因为摩擦造成细菌损伤，使细菌数量减少、活性降低。

7. 光线的影响

所有微生物对紫外线都很敏感，所以可用紫外线灭菌。用于浸矿的细菌，如果暴晒在直射光下，细菌即使不死亡，它们的活力和生长繁殖也会受到不利的影响，有人发现在暴露于阳光下的浅培养池中 0.6m 以内的深处，几乎观察不到细菌的氧化作用。堆浸中暴露于阳光下的矿堆表面，细菌的作用也很微弱。由图 12－19 可以看出光线对细菌浸出效果的影响。

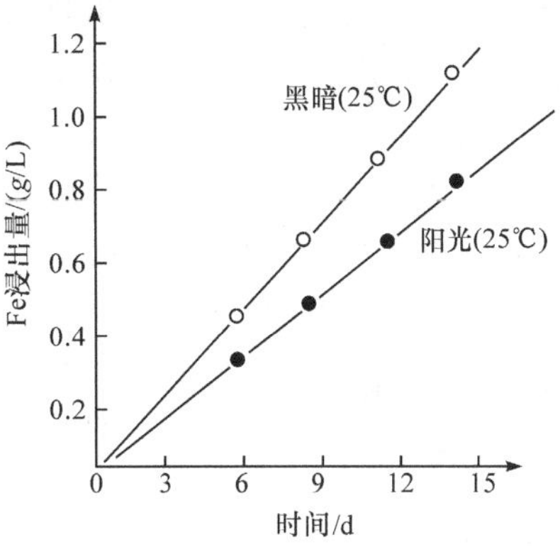


图 12－19　光线对黄铁矿细菌浸出的影响

8. 表面活性剂的影响

细菌浸出速度比较慢，这是细菌浸出的主要缺点，通常搅拌浸出要几天，而粗粒度的渗滤和堆浸要数十天甚至数百天才能完成浸出作业。有研究者利用表面活性剂改善矿石中的亲水性和渗透性，达到加快浸出速度的目的。他们认为对细菌浸出有促进作用的表面活性剂有如下几种。

(1) 阳离子型表面活性剂，如甲基十二苯甲基三甲基氯化铵、双甲基十二苯基二甲苯、咪唑啉阳离子季铵盐等。

(2) 阴离子型表面活性剂，如辛基磺酸钠、氨基脂肪酸衍生物等。

(3) 非离子型表面活性剂，如聚氧乙烯山梨醇单月桂酯(吐温 20)、苯基异辛基聚氧乙烯醇、壬基苯氧基聚氧乙烯乙醇等。

表面活性剂可以改变矿物表面性质，增加矿物的亲水性，有利于细菌和矿物接触。每种活性剂都存在一个最佳使用浓度，在此浓度下活性剂促进浸出效果最明显。

9. 通气条件的影响

浸矿细菌为好氧菌，靠大气中的 $CO_2$ 作为碳源。所以，在这类细菌的培养和浸出作业中，充分供气很重要。有人做过测定，细菌生长中实际消耗的氧比水中溶解的氧多两个数量级。所以，仅靠自然溶解在水中的氧远不能满足细菌需要，向溶

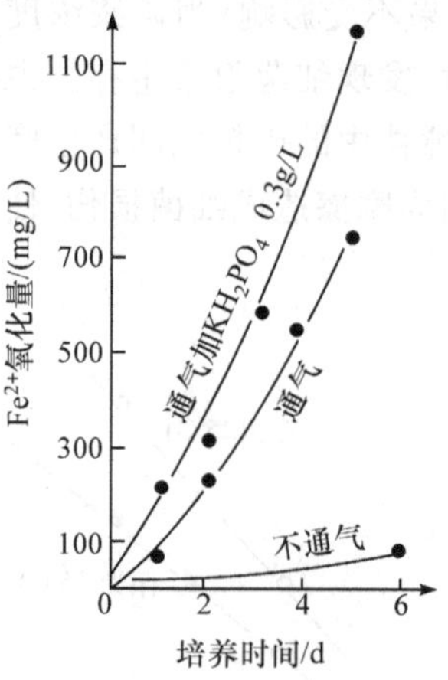


图 12-20 通气条件对细菌氧化 $Fe^{2+}$ 的影响

液中充气或加快溶液的循环速度，都可以改善溶液中氧的供应状况。常温常压下水中氧的溶解量为7mg/L。据测定在细菌分解黄铜矿的试验中，充入溶液的空气中氧的利用率仅为4.7%。

在细菌堆浸中，矿石堆中供气充分与否是影响浸出效果好坏的决定因素。供气中氧的利用率与供气速度和溶液循环速度之间的比例是否恰当有关。在浸出作业中需提供什么样的供气条件一般要通过试验确定。可以用 $Fe^{2+}$ 被细菌氧化的速度来测定通气与不通气的影响效果(图 12-20)。由图 12-20 可以看到，通气 4d 条件下，$Fe^{2+}$ 的氧化量为 660mg/L，而不通气时仅 50mg/L，也可以用测定溶液中细菌浓度的办法比较通气效果的好坏。

在实际浸出作业中，溶液中通气速度通常为 $0.06 \sim 0.1 m^3/(m^3 \cdot min)$。一般情况下，空气中的 $CO_2$ 量可以满足细菌需要，但有时为加快细菌繁殖速度，在供气中补加 1%～5%的 $CO_2$。

10. 催化金属离子的影响

大多数金属硫化矿的氧化反应速度都很慢，加入一些适当的催化离子可使反应明显加快。已经证明，一些金属离子(如 $Cu^{2+}$、$Hg^{2+}$、$Bi^{3+}$、$Co^{2+}$、$Ag^{+}$ 等)对闪锌矿和复杂金属硫化物精矿的细菌浸出有影响。

由浸出情况看，不同催化离子的作用效果差别较明显，对于复杂硫化矿：$Ag^{+} > Hg^{2+} > Co^{2+} > Bi^{3+}$；对于闪锌矿：$Cu^{2+} > Bi^{3+} > Co^{2+} > Hg^{2+}$。然而，由金属浸出速率看，复杂硫化矿物的顺序为：$Hg^{2+} \approx CO^{2+} \gg Bi^{3+} \approx Ag^{+}$，闪锌矿为：$Bi^{3+} \approx Ag^{+} > Hg^{2+} > Co^{2+}$。

细菌溶解 $CuFeS_2$ 的阳极反应为

$$CuFeS_2 = Cu^{2+} + Fe^{2+} + 2S + 2e \qquad (12-22)$$

细菌的作用是将 S 氧化为 $H_2SO_4$，将 $Fe^{2+}$ 氧化为 $Fe^{3+}$，从而促进总浸出反应。

### 12.4.2 细菌浸出动力学

细菌浸出过程包括细菌生长繁殖及矿物之间的生化反应，也包括细菌浸出剂与矿物之间的化学反应，这些反应过程之间的影响因素，有的相互统一，有的则相互矛盾和抵触。增加浸出过程的通气量和适当提高搅拌速度，对各反应过程都有利，但反应的环境温度和酸度则不同，有利于矿物浸出化学反应的温度和酸度，却不一定对细菌生长有利。相对于矿物浸出化学反应来说，细菌生长繁殖过程是个缓慢的过程，因此细菌浸出反应的总反应速度受细菌生长速度控制。

由试验和生产实践得知，细菌浸出速度与浸出介质中细菌的浓度成正比。细菌生长繁殖速度受环境因素控制，由细菌生长曲线(图 12－21)可知，细菌在对数生长期的曲线斜率为细菌生长率 $\mu$，$\mu$ 为单位时间单位体积内的细菌增长量。当环境的通气量与其他条件固定时生长率与培养基中某一组分浓度的关系如图 12－21 所示。

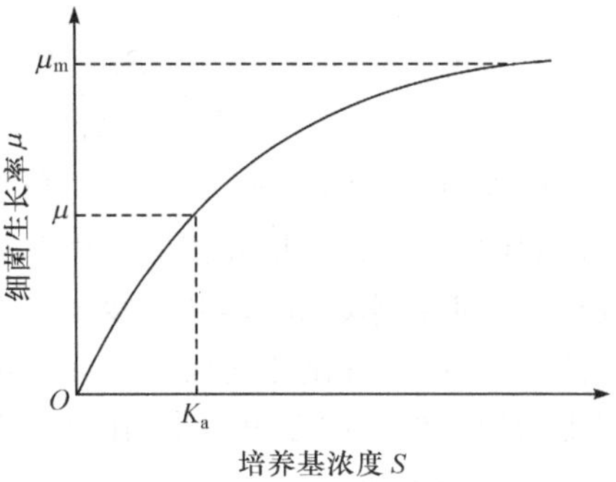


图 12－21 细菌生长率与培养基浓度的关系

该曲线可表示为式(12－23)

$$\mu = \mu_m \frac{S}{K_m + S} \tag{12-23}$$

式中：$\mu_m$——最大生长率；

$S$——培养基浓度；

$K_m$——米氏常数(最大生长率一半时的培养基浓度)。

在矿物浸出环境中，细菌从矿物取得营养，矿物相当于固体培养基，可取矿物的表面积为培养基浓度 S，见图 12－21。当连续培养达到稳定状态时，细菌生长繁殖和培养基消耗达到平衡，在此状态下，可得到

$$\frac{dN}{dt} = \mu N - DN = 0 \tag{12-24}$$

$$\frac{dS}{dt} = DS_r - DS - \frac{\mu N}{Y} \tag{12-25}$$

式中：N——细菌浓度，g/L；

$D$——稀释率(新培养基添加率或旧培养基流出率)，L/(h·L)；

$S_r$——流入液体培养基的浓度；

$S$——培养容器内已有培养基的浓度；

$Y$——每消耗 1g 培养基所产生的细菌数。

由以上关系式可知 $\mu = D$ 时，单位时间内细菌产量为

$$DN = DY = \left(S_r - K_m \frac{D}{\mu_m - D}\right) \tag{12-26}$$

由于细菌浸出速率和细菌产量成正比，此时培养基的消耗率 $\eta$ 为

$$\eta = \frac{S_r - S}{S_r} = \frac{\left(S_r - K_m \dfrac{D}{\mu_m - D}\right)}{S_r} \tag{12-27}$$

由式(12-26)和式(12-27)可以看出，稀释率 $D$ 越低，培养基在培养容器内的停留时间越长，则培养基的利用率越高。如果在此设备中进行连续细菌浸出，则浸出剂的消耗率越高，得到的浸出液金属浓度越高；相反，如果稀释率 $D$ 越高，则菌液流出越大，细菌浓度较低。如果用于浸出，浸出液金属浓度也较低。为取得更理想的细菌培养或浸出效果，在实践中要采用适当的稀释率，以控制细菌的产率和浓度以及理想的浸出速率。

当浸出矿石的品位较高、粒度较细时，相当于为细菌提供了充分的培养基，此时氧的供应量就成为细菌产量或矿石金属浸出时的限制因素。因此可引出如下关系式

$$\frac{dc}{dt} = a(c^* - c) - qN \tag{12-28}$$

式中：$c$——培养容器或浸出设备中溶解氧的浓度；

$c^*$——同样温度下氧的饱和溶解度；

$q$——细菌耗氧率，mL/(g·h)；

$a$——常数，和传质系数有关。

在细菌连续培养和矿石搅拌浸出条件下，$c$ 存在最佳值，式(12-28)中的其他项 $c^*$、$q$、$N$ 都是固定的，所以要取得充分的供氧量和理想的溶解氧浓度 $c$，只有改变常数项 $a$。由上式可以看到，供气量与 $a$ 成正比，而 $a$ 值与传质系数有关，传质系数越大，$a$ 值越大。要提高传质系数，应使供气的气泡细小，进入容器液体时气体要充分散开，尽量减小传质边界层的厚度，提高气液混合的湍流度。在堆浸条件下，提高供气的有效办法是采用喷淋方式布液，间断地周期性地向矿堆注入浸出剂，使矿石堆内保持良好的透气性和通畅的渗透性。

## 习　题

1. 简述微生物浸出的基本原理。
2. 影响微生物浸出的主要因素有哪些？
3. 说明微生物菌种采集的一般方法及应注意的事项。

## 参考文献

《浸矿技术》编委会. 1994. 浸矿技术. 北京：原子能出版社

聂树人，索有瑞. 1997. 难选冶金矿石浸金. 北京：地质出版社

童雄. 1997. 微生物浸矿的理论与实践. 北京：冶金工业出版社

杨显万，邱定蕃. 1998. 湿法冶金. 北京：冶金工业出版社